How To Make Profits In Trading Commodities

Explained Completely by Top Trader

江恩商品期货交易的盈利之道

顶级交易员深入解读

[美] 江恩(William D. Gann)/原著

魏强斌/译注

经济管理出版社

ECONOMY & MANAGEMENT PUBLISHING HOUSE

图书在版编目（CIP）数据

江恩商品期货交易的盈利之道：顶级交易员深入解读/(美）江恩原著；魏强斌译注.
—北京：经济管理出版社，2020. 6
ISBN 978-7-5096-7136-8

Ⅰ.①江… Ⅱ.①江… ②魏… Ⅲ.①期货交易 Ⅳ.①F830.93

中国版本图书馆 CIP 数据核字（2020）第 094101 号

策划编辑：勇　生
责任编辑：刘　宏
责任印制：黄章平
责任校对：陈晓霞

出版发行：经济管理出版社
（北京市海淀区北蜂窝 8 号中雅大厦 A 座 11 层　100038）
网　　址：www. E-mp. com. cn
电　　话：(010) 51915602
印　　刷：三河市延风印装有限公司
经　　销：新华书店
开　　本：787mm×1092mm/16
印　　张：33.75
字　　数：637 千字
版　　次：2020 年 9 月第 1 版　2020 年 9 月第 1 次印刷
书　　号：ISBN 978-7-5096-7136-8
定　　价：98.00 元

You probably bought when good news had been discounted, and sold when bad news had been discounted.

——**William D. Gann**

导言　成为伟大交易者的秘密

◇ 伟大并非偶然！

◇ 常人的失败在于期望用同样的方法达到不一样的效果！

◇ 如果辨别不正确的说法是件很容易的事，那么就不会存在这么多的伪真理了。

金融交易是全世界最自由的职业，每个交易者都可以为自己量身定做一套盈利模式。从市场中“提取”金钱的具体方式各异，而这却是金融市场最令人神往之处。但是，正如大千世界的诡异多变由少数几条定律支配一样，仅有的“圣杯”也为众多伟大的交易圣者所朝拜。现在，我们就来一一细数其中的最伟大代表吧。

作为技术交易（Technical Trading）的代表性人物，理查德·丹尼斯（Richard Dannis）闻名于世，他以区区 2000 美元的资本累积了高达 10 亿美元的利润，而且持续了十数年的交易时间。更令人惊奇的是，他以技术分析方法进行商品期货买卖，也就是以价格作为分析的核心。但是，理查德·丹尼斯的伟大远不止于此，这就好比亚历山大的伟大远不止于建立地跨欧、亚、非的大帝国一样，理查德·丹尼斯的“海龟计划”使得目前世界排名前十的 CTA 基金经理有六位是其门徒。“海龟交易法”从此名扬天下，纵横寰球数十载，今天中国内地也刮起了一股“海龟交易法”的超级风暴。其实，“海龟交易”的核心在于两点：一是“周规则”蕴含的趋势交易思想；二是资金管理和风险控制中蕴含的机械和系统交易思想。所谓“周规则”（Weeks’ Rules），简单而言就是价格突破 N 周内高点做多（低点做空）的简单规则，“突破而做”（Trading as Breaking）彰显的就是趋势跟踪交易（Trend Following Trading）。深入下去，“周规则”其实是一个交易系统，其中首先体现了“系统交易”（Systematic Trading）的原则，其次体现了“机械交易”（Mechanical Trading）的原则。对于这两个原则，我们暂不深入，让我们看看更令人惊奇的事实。

巴菲特（Warren Buffett）和索罗斯（Georgy Soros）是基本面交易（Fundamental Investment & Speculation）的最伟大代表，前者 2007 年再次登上首富的宝座，能够时隔

多年后再次登榜，实力自不待言，后者则被誉为“全世界唯一拥有独立外交政策的平民”，两位大师能够“登榜首”和“上尊号”基本上都源于他们的巨额财富。从根本上讲，是卓越的金融投资才使得他们能够“坐拥天下”。巴菲特刚踏入投资大门就被信息论巨擘认定是未来的世界首富，因为这位学界巨擘认为巴菲特对概率论的实践实在是无人能出其右，巴菲特的妻子更是将巴菲特的投资秘诀和盘托出，其中不难看出巴菲特系统交易思维的“强悍”程度。套用一句时下流行的口头禅“很好很强大”，恐怕连那些以定量著称的技术投机客都要俯首称臣。巴菲特自称85%的思想受传于本杰明·格雷厄姆的教诲，而此君则是一个以会计精算式思维进行投资的代表，其中需要的概率性思维和系统性思维不需多言便可以看出“九分”！巴菲特精于桥牌，比尔·盖茨是其搭档，桥牌游戏需要的是严密的概率思维，也就是系统思维，怪不得巴菲特首先在牌桌上征服了信息论巨擘，随后征服了整个金融界。以此看来，巴菲特在金融王国的“加冕”早在桥牌游戏中就已经显出端倪！

索罗斯的著作一大箩筐，以《金融炼金术》最为出名，其中他尝试构建一个投机的系统。他师承卡尔·波普和哈耶克，两人都认为人的认知天生存在缺陷，所以索罗斯认为情绪和有限理性导致了市场的“盛衰周期”（Boom and Burst Cycles），而要成为一个伟大的交易者则需要避免受到此种缺陷的影响，并且进而利用这些波动。索罗斯力图构建一个系统的交易框架，其中以卡尔·波普的哲学和哈耶克的经济学思想为基础，“反身性”是这个系统的核心所在。

还可以举出太多以系统交易和机械交易为原则的金融大师们，比如伯恩斯坦（短线交易大师）、比尔·威廉姆（混沌交易大师）等，太多了，实在无法一一述及。

那么，从抽象的角度来讲，我们为什么要迈向系统交易和机械交易的道路呢？请让我们给出几条显而易见的理由吧。

第一，人的认知和行为极易受到市场和参与群体的影响，当你处于其中超过5分钟时，你将受到环境的催眠，此后你的决策将受到非理性因素的影响，你的行为将被外界接管。而机械交易和系统交易可以极大地避免这种情况的发生。

第二，任何交易都是由行情分析和仓位管理构成的，其中涉及的不仅是进场，还涉及出场，而出场则涉及盈利状态下的出场和亏损状态下的出场，进场和出场之间还涉及加仓和减仓等问题。此外，上述操作还都涉及多次决策，在短线交易中更是如此。复杂和高频率的决策任务使得带有情绪且精力有限的人脑无法胜任。疲累和焦虑下的决策会导致失误，对此想必每个外汇和黄金短线客都是深有体会的。系统交易和机械交易可以流程化地反复管理这些过程，省去了不少人力成本。

第三，人的决策行为随意性较强，更为重要的是每次交易中使用的策略都有某种程度上的不一致，这使得绩效很难评价，因为不清楚 N 次交易中特定因素的作用到底如何。由于交易绩效很难评价，所以也就谈不上提高。这也是国内很多炒股者十年无长进的根本原因。任何交易技术和策略的评价都要基于足够多的交易样本，而随意决策下的交易则无法做到这一点，因为每次交易其实都运用了存在某些差异的策略，样本实际上来自不同的总体，无法用于统计分析。而机械交易和系统交易由于每次使用的策略一致，这样得到的样本也能用于绩效统计，所以很快就能发现问题。比如，一个交易者很可能在 1，2，3，…，21 次交易中，混杂使用了 A、B、C、D 四种策略，21 次交易下来，他无法对四种策略的效率做出有效评价，因为这 21 次交易中四种策略的使用程度并不一致。而机械交易和系统交易则完全可以解决这一问题。所以，要想客观评价交易策略的绩效，更快提高交易水平，应该以系统交易和机械交易为原则。

第四，目前金融市场飞速发展，股票、外汇、黄金、商品期货、股指期货、利率期货，还有期权等品种不断翻出新花样，这使得交易机会大量涌现，如果仅仅依靠人的随机决策能力来把握市场机会无异于杯水车薪。而且大型基金的不断涌现，使得单靠基金经理临场判断的压力和风险大大提高。机械交易和系统交易借助编程技术“上位”已成为这个时代的既定趋势。况且，期权类衍生品根本离不开系统交易和机械交易，因为其中牵涉大量的数理模型运用，靠人工是应付不了的。

中国人相信人脑胜过电脑，这绝对没有错，但也不完全对。毕竟人脑的功能在于创造性解决新问题，而且人脑的特点还在于容易受到情绪和最近经验的影响。在现代的金融交易中，交易者的主要作用不是盯盘和执行交易，这些都是交易系统的责任，交易者的主要作用是设计交易系统，定期统计交易系统的绩效，并做出改进。这一流程利用了人的创造性和机器的一致性。交易者的成功，离不开灵机一动，也离不开严守纪律。当交易者参与交易执行时，纪律成了最大问题；当既有交易系统让后来者放弃思考时，创新成了最大问题。但是，如果让交易者和交易系统各司其职，则需要的仅仅是从市场中提取利润！

作为内地最早倡导机械交易和系统交易的理念提供商（Trading Ideas Provider），希望我们策划出版的书籍能够为你带来最快的进步。当然，金融市场没有白拿的利润，长期的生存不可能夹杂任何的侥幸，请一定努力！高超的技能、完善的心智、卓越的眼光、坚韧的意志、广博的知识，这些都是一个至高无上的交易者应该具备的素质。请允许我们助你跻身于这个世纪最伟大的交易者行列！

Introduction　Secret to Become a Great Trader!

◇ Greatness does not derive from mere luck!

◇ The reason that an ordinary man fails is that he hopes to achieve different outcome using the same old way!

◇ There would not be so plenty fake truths if it was an easy thing to distinguish correct sayings from incorrect ones.

Financial trading is the freest occupation in the world, for every trader can develop a set of profit-making methods tailored exclusively for himself. There are various specific methods of soliciting money from market; while this is the very reason that why financial market is so fascinating. However, just like the ever-changing world is indeed dictated by a few rules, the only "Holy Grail" is worshipped by numerous great traders as well. In the following, we will examine the greatest representatives among them one by one.

As a representative of Techincal Trading, Richard Dannis is known worldwide. He has accumulated a profit as staggering as 1 billion dollar while the cost was merely 2000 bucks! He has been a trader for more than a decade. The inspiring thing about him is that he conducted commodity futures trading with a technical analysis method which in essence is price acting as the core of such analysis. Never the less, the greatness of Richard Dannis is far beyond this which is like the greatness of Alexander was more than the great empire across both Europe and Asia built by him. Thanks to his "Turtle Plan", 6 out of the world top 10 CTA fund managers are his adherents. And the Turtle Trading Method is frantically well-known ever since for a couple of decades. Today in mainland China, a storm of "Turtle Trading Method" is sweeping across the entire country. The core of Turtle Trading Method lies in two factors: first, the philosophy of trendy trading implied in "Weeks' Rules"; second, the philosophy of mechanical trading and systematic trading implied in fund man-

agement and risk control. The so-called "Weeks' Rules" can be simplified as simples rules that going long at high and short at low within N weeks since price breakthrough. While Trading as breaking illustrates trend following trading. If we go deeper, we will find that "Weeks' Rules" is a trading system in nature. It tells us the principle of systematic trading and the principle of mechanical trading. Well, let's just put these two principles aside and look at some amazing facts in the first place.

The greatest representatives of fundamental investment and speculation are undoubtedly Warren Buffett and George Soros. The former claimed the title of richest man in the world in 2007 again. You can imagine how powerful he is; the latter is accredited as "the only civilian who has independent diplomatic policies in the world". The two masters win these glamorous titles because of their possession of enormous wealth. In essence, it is due to unparalleled financial trading that makes them admired by the whole world. Fresh with his feet in the field of investment, Buffett was regarded by the guru of Information Theory as the richest man in the future world for this guru considered that the practice by Buffett of Probability Theory is unparallel by anyone; Buffett' wife even made his investment secrets public. It is not hard to see that the trading system of Buffett is really powerful that even those technical speculators famous for quantity theory have to bow before him. Buffet said himself that 85% of his ideas are inherited from Benjamin Graham who is a representative of investing in a accountant's actuarial method which requires probability and systematic thinking. The interesting thing is that Buffett is a good player of bridge and his partner is Bill Gates! Playing bridge requires mentality of strict probability which is systematic thinking, no wonder that Buffett conquered the guru of Information Theory on bridge table and then conquered the whole financial world. From these facts we can see that even in his early plays of bridge, Buffett had shown his ambition to become king of the financial world.

Soros has written a large bucket of books among which the most famous is *The Alchemy of Finance*. In this book he tried to build a system of speculation. His teachers are Karl Popper and Hayek. The two thought that human perception has some inherent flaws, so their students Soros consequently deems that emotion and limited rationality lead to "Boom and Burst Cycles" of market; while if a man wants to become a great trader, he must overcome influences of such flaws and furthermore take advantage of them. Soros tried to build a systematic framework for trading based on economic ideas of Hayek and philosophic thoughts of

Karl Popper. Reflexivity is the very core of this system.

I may still tell you so many financial gurus taking systematic trading and mechanical trading as their principles, for instance, Bernstein (master of short line trading), Bill Williams (master of Chaos Trading), etc. Too many. Let's just forget about them.

Well, from the abstract perspective, why shall we take the road to systematic trading and mechanical trading? Please let me show you some very obvious reasons.

First. A man's perception and action are easily affected by market and participating groups. When you are staying in market or a group for more than 5 minutes, you will be hypnotized by ambient setting and ever since that your decisions will be affected by irrational elements.

Second. Any trading is composed of situation analysis and account management. It involves not only entrance but exit which may be either exit at profit or exit at a loss, and there are problems such as selling out and buying in. All these require multiple decision-makings, particularly in short line trading. Complicated and frequent decision-making is beyond the average brain of emotional and busy people. I bet every short line player of forex or gold knows it well that decision-making in fatigue and anxiety usually leads to failure. Well, systematic trading and machanical trading are able to manage these procedures repeatedly in a process and thus can save lots of time and energy.

Third. People make decisions in a quite casual manner. A more important factor is that people use different strategies in varying degrees in trading. This makes it difficult to evaluate the performance of such trading because in that way you will not know how much a specific factor plays in the N tradings. And the player can not improve his skills consequently. This is the very reason that many domestic retail investors make no progress at all for many years. Evaluation of trading techniques and strategies shall be based on plenty enough trading samples while it's simply impossible for tradings casually made for every trading adopts a variant strategy and samples accordingly derive from a different totality which can not be used for calculating and analysis. On the contrary, systematic trading and mechanical trading adopt the same strategy every time so they have applicable samples for performance evaluation and it's easier to pinpoint problems, for instance, a player may in first, second... twenty-first tradings used strategies A, B, C, D. He himself could not make effective evaluation of each strategy for he used them in varying degrees in these tradings, but systematic

trading and mechanical trading can shoot this trouble completely. Therefore, if you want to evaluate your trading strategies rationally and make quicker progress, you have to take systematic trading and mechanical trading as principles.

Fourth. Currently the financial market is developing at a staggering speed. Stock, forex, gold, commodity, index futures, interest rate futures, options, etc., everything new is coming out. So many opportunities! Well, if we just rely on human mind in grasping these opportunities, it is absolutely not enough. The emergence of large-scale funds makes the risk of personal judgment of fund managers pretty high. Take it easy, anyway, because we now have mechanical trading and systematic trading which has become an irrevocable trend of this age. Furthermore, derivatives such as options can not live without systematic trading and mechanical trading for it involves usage of large amount of mathematic and physical models which are simply beyond the reach of human strength.

Chinese people believe that human mind is superior to computer. Well, this is not wrong, but it is not completely right either. The greatness of human mind is its creativity; while its weakness is that it's vulnerable to emotion and past experiences. In modern financial trading, the main function of a trader is not looking at the board and executing deals—these are the responsibilities of the trading system—instead, his main function is to design the trading system and examine the performance of it and make according improvements. This process unifies human creativity and mechanical uniformity. The success of a trader is derived from tow factors: smart idea and discipline. When the trader is executing deals, discipline becomes a problem; when existing trading system makes newcomers give up thinking, creativity becomes dead. If, we let the trader and the trading system do their respective jobs well, what we need to do is soliciting profit from market only!

As the earliest Trading Ideas Provider who advocates mechanical trading and systematic trading in the mainland, we hope that our books will bring real progress to you. Of course, there is no free lunch. Long-term existence does not merely rely on luck. Please make some efforts! Superb skill, perfect mind, excellent eyesight, strong will, rich knowledge—all these are merits that a great trader shall have to command. Finally, please allow us to help you squeeze into the queue of the greatest traders of this century!

目 录

商品期货市场存在客观规律。倘若交易者对特定商品的历史和基本面材料有深入而全面的了解，清楚其生产过程和产能周期，同时基于这些客观规律进行分析和操作，那么持续盈利的概率就会非常高。商品期货交易者必须学会根据客观条件进行分析和操作，隔绝情绪的干扰。在整个操作中，最为重要的一点是掌握止损单的运用，运用止损单来保护本金和利润。

一年有四个季度，每个季度的长度为三个月。通过绘制和研究季度高低价走势图，你

可以发现商品的季节性规律，从中发现趋势重大变化的苗头。你可以回顾各个品种的季度高低价走势图。通过研究历史走势图你会发现，市场首次跌破最近一个季度的低点之后，熊市降临的概率很大；相反，当市场首次升破最近一个季度的高点之后，牛市降临的概率很大。

主要趋势的变化需要从两个角度来考虑：第一个角度是关键点位，此前我们在讲解百分比点位时已经有全面的介绍；第二个角度是时间周期，这是本章要重点谈到的东西。如果交易者未能同时考虑这两个角度的东西，则不能轻易断言趋势发生了变化。当交易者认为趋势变化和逆转前，一定要先确认主要运动的持续时间已经达到甚至超过历史统计资料。时间周期与百分比点位结合起来确认趋势变化的信号。

多头陷阱是开立空头的好时机。什么情况下的多头陷阱应该参与？第一，市场高度一致地看多，极端乐观；第二，突破幅度不够，而且升破后快速跌回关键点位之下；第三，过度放量；第四，基本面反转；第五，持仓量特别是 COT 报告显示的周度持仓净头寸达到 2~4 年的极端值。

在上涨和下跌速度很快的活跃市场中，我更倾向于采用日度高低点走势图来确定趋势变化的初始信号。趋势变化的初始信号其实就是极端价位的确认，也就是顶部和底部的确认。我有三个法则或者说信号来确认极端价位，它们是反转信号日、缺口日、涨跌停日。

商品交易制胜的基石

(Foundation for Successful Trading in Commodities)

对于那些交易小麦、玉米、棉花或者其他任何商品期货的亏损者而言，我想提出一个反躬自省的问题——**“你是否曾经停下来反思过自己亏损的原因?”**

你是否曾经停下来反思过往，而不是纠结于过往?

倘若你曾经认真思考过这个问题，并且愿意诚实地给出自己的回答，那么答案必然是这样的：在商品期货上持续亏损的交易者，要么缺乏客观的进场条件，要么没有设定止损单。

为什么商品交易者会亏损呢？交易者可能凭着胡乱瞎猜就进场了；交易者盲目听从了经纪商的建议；交易者不加思考地采纳了某位“市场权威”的观点，这些所谓的权威自认为比你更了解商品期货市场，事实上不尽然。

你或许会在利多消息已经被市场完全“贴现”(Discounted）时做多，在利空消息被市场完全“贴现”时做空，这也是导致亏损的关键原因之一。

大部分交易者都忽略了消息（题材）的性质和生命力。题材按照性质可以划分为一次性利多、一次性利空、持续性利多、持续性利空、最后一次利多、最后一次利空。完全被市场贴现（兑现）的题材应该反向运用。例如，当一次性利多或者最后一次利多题材被市场吸收后，这个时候应该多头离场或者建立空头。

失败的商品交易者有一个鲜明的特征，那就是连续犯同样的错误。在屡屡犯错亏损之后，他们并不会做出改变，而是一如既往地操作，结果就是他们在整体上仍旧亏损，继续作为一个失败的交易者而存在。**继续同样的行为，却希望得到不一样的结果，这是最为典型的失败者特征。**

交易者继续同样的错误行为，其中一个重要的原因是他们不愿意承认犯错的必然性。在他们看来，既然可以完全避

免犯错，那么也就不需要保护资本的措施了。但事实上，犯错是不能完全避免的。

当交易者的判断或者操作出现错误和亏损时，应该从自己的身上寻找原因。**巨大的亏损都是因为交易者缺乏明确的进出场规则导致的，特别是离场规则。**

在分析和操作中，交易者应该基于科学规则进行，应该将贪婪与恐惧的消极影响排除在外。如果情绪不能干扰你的决策，而关于交易的科学知识正在引领你，那么你就会在成功交易的道路上勇往直前，持续盈利自然而至。

在什么情况下应该离场？如果交易者没有搞清楚这个问题，则必然铸下大错。我们在处理人生的任何事务上，都需要搞清楚在什么情况下应该“放手”和“退出”。没有止损点的交易是走向破产的交易，没有止损点的人生是走向破产的人生！不与烂头寸纠缠，不与烂人烂事纠缠，截短亏损，追逐利润！

商品期货市场存在客观规律。**倘若交易者对特定商品的历史和基本面材料有深入而全面的了解，清楚其生产过程和产能周期，同时基于这些客观规律进行分析和操作，那么持续盈利的概率就会非常高。**

商品期货交易者必须学会根据客观条件进行分析和操作，隔绝情绪的干扰。**在整个操作中，最为重要的一点是掌握止损单的运用，**运用止损单来保护本金和利润。

如果一笔交易出现了差错，一旦交易者觉察到了这一点就应该立即离场，这是解决问题的唯一办法。止损单会告诉你交易出现了差错，同时能够让你全身而退，大幅减少潜在的亏损幅度。

赌棍之所以容易破产，原因在于他们从来没有预想设置止损，遑论更复杂的资金管理。大多数人也是因为没有“及时止损”而陷入烂人烂事的格局中，毁掉了本可以美好的一生。要成为一个持续盈利的商品交易者，必须掌握止损，否则一切都是镜中花、水中月而已。

倘若交易者在某个商品期货上开立了头寸，并且以 1~5 美分的幅度建立止损单，那么就能极大地限制亏损。对于设定了止损点的交易者而言，他们可以预知亏损幅度。

例如，如果商品交易者做多或者做空棉花、毛皮、橡胶或者其他商品，并且以 20 个点或者 40 个点的幅度设置止损单。如此幅度的止损意味着一旦市场触及止损单，则交易者在每手合约上的最大亏损幅度为 100~200 美元。当商品交易者设置好止损单之后，他就能估计出自己承受的最大风险。因为亏损幅度并不大，因此即便触发了止损，交易者的本金仍旧充裕，可以继续操作下去。

要想交易稳健、本金安全，商品交易者就必须恪守规则，

这是迈向成功的唯一道路。想要成功，**交易者必须熟稔商品的历史表现和周期规律**，同时掌握我后面阐释的交易法则，除此之外别无他法。

如果你交易白糖，那么你知道白糖的“三年周期”吗？

历史是未来的线索。倘若交易者通晓了特定商品的历史表现，那么就能够更好地预估其未来的走势。商品的价格是由供给与需求的关系确定的，也就是说所有的买卖都体现在了价格的波动之中。换言之，重要的驱动信息其实都蕴含于价格走势中。如果交易者能够正确地分析商品的价格走势，那么将比绝大多数经纪商和媒体，以及所谓的内幕消息更准确地预判出未来的价格走势。**在这个分析过程中，时间周期（Time Period）是最为关键的因素，因为时间会透露出价格的未来动向。**

江恩理论非常注重周期与点位两个因素。但是，周期这个东西，一旦从机械化的角度去厘定，则容易误入歧途。

交易者要学会独立分析和操作。我能给予你的最大帮助是让你学会自助。倘若一个交易者完全依赖别人的建议或者消息进行交易，那么就不可能在金融交易或者是任何活动中获得成功。

在成功之前，交易者必须学会独立自主，通过亲身实践来掌握交易的要领。只有躬身实践，才能真正了解市场和自己。只有依据自己的经验和总结去交易，才能具备成功所需要的自信和勇气。

间接知识的作用在于启发你，而不是代替你的直接经验。

每一个具备理性的人都不会在缺乏调查和分析的前提下轻信或者盲从别人的观点。只有在他亲身体悟那些预判商品趋势的规则之后，才能够屹立于金融交易界。

只有体悟得出的经验才能为他们提供果断行动所需要的自信和勇气。当交易者基于实践建立起自己的理论体系之后，他就不会再求助于外界了，他也不会说：“如果我能够获得关于小麦的有效消息，那么我就能够正确地做空或者做多10万蒲式耳（Bushel）小麦了。”如果交易者独立研究得出了小麦的趋势，那么他就会对自己的预判更有信心，而不是带着恐惧与希望进行盲目地操作。

蒲式耳是一个计量单位。它也是一种定量容器，好像我国旧时的斗、升等计量容器。一蒲式耳在英国等于八加仑，相当于3688升（公制）。在美国，一蒲式耳相当于35.238升（公制）。一蒲式耳油料或谷类的重量各异。即使同一种油料或谷物也因不同品种或产地实际换算也有些差别。

可以将商品期货交易看作是一门生意。不管你对什么生

意感兴趣，你要想做好它都必须深入而全面地了解它。任何生意都需要保护资本，资本是除了健康之外最为重要的东西。在商品期货交易中要深入而全面地研究市场才能更好地保护资本。记住，永远不要将最重要的事情委托于他人之手。

计划你的交易，交易你的计划。

再者，商品交易者需要在交易之前制订清晰无疑的计划。商品交易者应该静下来制订一个明确的交易计划或者目标。商品交易者无论是在做多，还是做空，都必须恪守自己定下的交易法则。

如何才能让自己恪守这些交易法则呢？首先，你需要证明我给出的这些法则是行之有效的。在本书中，我给出了一系列规则，它们整体上都是行得通的。我花费了差不多 40 年的时间来实践，最终沉淀提炼出了这些规则，可以说这些经验是我花费了大量真金白银才得到的。

有所舍，才能有所得，因为人的资源和精力是有限的，必须投入到战略性关键点上。

在内心深处，我对这些交易法则的效力深信不疑。不过，对于本书的读者而言，**你们则不能轻信，不能盲目地认可我提出的东西。**你们需要身体力行地去验证它们的有效性。而这种验证是需要花费大量的时间，投入大量的精力，意味着你们必须放弃一些其他的事务。

倘若你们舍不得下苦功夫，不愿放弃一些其他事务，那么就很难取得真正的进步，当然也就谈不上成功了。就我而言，40 年的时间和精力投注于此，每年我都在改进和提高自己的交易策略。学习和进步是永无止境的，即便到了这个年龄我仍旧希望自己能够有更大的进步和发现。

多年的实践和总结，让我不断对商品交易的这套法则进行修改和精炼。只有不断化繁为简，才能让整套法则更加有用和有效。简单的法则不仅更方便了自己，也方便了后来的学习者们。那些多余的东西已经被我去掉了，这就极大地减少了使用者的工作量，整体上起到了事半功倍的作用。

如果使用者能够严格遵循这套法则，那么整体上就能获利。所以，我对读者的建议是下定决心恪守这套法则。倘若你做不到这点，无法自律，那么就不要掺和到商品交易或者

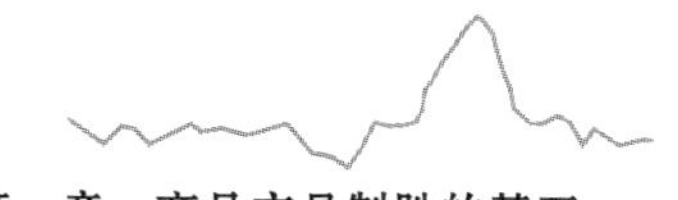

说金融投机中来。缺乏自律，你在任何事务上都会远离成功。

最后，我想要强调一下**“知识为成功之母”。**丰厚的利润不是凭空产生的，知识是致富之门的钥匙。而知识源自勤奋，如果你懒惰，那么就无法获得有效且足够的知识。

失败不是成功之母，从失败中获得的知识才是成功之母。

持之以恒地学习和实践，最终必然带来商品交易上的丰厚利润。商品交易之路并不平坦，而勤奋却是通达目标的唯一要件。知识是财富之源，两者如影随形。

最有效的学习是从自己的实践中获得有效回馈，并根据回馈修正自己的行为。

总之，正确有效的交易策略是一种知识，一旦你掌握了这种知识，那么就能让资本增值，让利润增长，这才是聪明的商品投机之道。

第1节　成功的要素 (Qualifications for Success)

第一个要素是知识（Knowledge）。知识之于交易成功的重要性，无论如何强调都不过分。获得知识需要花费时间，也就是说知识不可能不劳而获。商品期货交易的盈利需要知识，这种知识的获得也不存在快捷方式。只有你投入了经历和时间去获取和掌握这种知识，那么盈利才能得到水到渠成的结果。

什么类型的知识对于商品交易的成功最为重要呢？

你投入了多少时间到这个过程中，那么最终的盈利与此成正比。一分耕耘，一分收获。当然，学习知识本身就是一个实践的过程，知行合一才能带来实际的利润。

第二个要素是耐心（Patience）。成功的商品交易不能缺少耐心这个要素。在交易过程中，刚开始你要耐心等待最佳的机会出现。最佳的交易机会是明确的做多或者做空信号给出的。

交易界最近十来年流行“鳄鱼法则”的说法，强调趋势交易者要像鳄鱼一样耐心等待，一击而中。

不要勉强为之，要耐心等待最有把握的机会。恪守法则，要求耐心等待时机。**在离场时，也需要耐心等待趋势结束的明确信号，而这种信号建立在你的市场知识之上。**

追求完美，不容犯错，结果就是胆子越来越小。交易必然掺杂盈亏，如果你不能容许适当的亏损，那么就无法获得巨大的盈利。一阴一阳，谓之道。

第三个要素是胆量（Nerve）。哪怕一个猎人握着世界上最先进的枪支，如果缺乏胆量操作的话，也是枉然。

同理，即便一个商品交易者已经拥有了最优秀的交易策略，如果他缺乏胆量使用，那么也不可能交易致富。

有效的知识可以带来整个正面的结果，而这能够增强人的胆量，促使交易者在恰当的时机采取恰当的行动。如果交易者未能在恰当的时机建仓或者平仓，此后他将变得犹豫，胆子就会越来越小。但是，恐惧并非谨慎，对于交易有害无利。

恐惧与谨慎，贪婪与勇敢，如何区分它们呢？是依据交易的结果，还是依据交易的规则？

如果交易者未能遵循有效的交易法则，而是受到盲目乐观情绪的驱使在高点做多，那么这就是缺乏知识支持下的胡乱决策。这种胆大妄为或许偶尔能够带来盈利，但持续下去必然是失败的。

总之，**如果一个商品交易者沦为情绪的奴隶，将知识弃之不顾的话，那么结果必然是悲惨的。**

决策时放下情绪，行动时利用情绪做动力。如何管理情绪？不是对抗，不是陷入，而是利用和超越。交易者如何摆脱情绪的负面效应呢？第一，降低情绪的波动，可以通过EFT和禅定等手段；第二，根据交易法则行事，用流程来制约自毁行为；第三，做释放情绪的其他活动，例如运动和娱乐；第四，作息尽量规律，熬夜很容易导致焦虑、抑郁以及急躁。

第四个要素是健康（Good Health）。倘若商品交易者的健康水平不佳，那么就很难有效地处理相关事务。耳聪目明既是一种心智状态，也是一种生理状态。疲劳多病的身体，使得交易者既缺乏精力，又容易受到情绪的干扰。

糟糕的健康状况促使交易者变得急躁，缺乏耐心和勇气。抑郁、沮丧、犹豫和恐惧往往与健康状况不佳有关。这些消极的情绪使得交易者容易错失时机，盲目行动或者久拖不决。

我在商品期货市场已经闯荡多年，经历了各种情况，这些情况在以后还会出现。经验是最好的老师，让我从市场中学到了许多知识。但是，**即便我具有了丰厚的市场经验和交易知识，仍旧不能忽视身体状况的影响。**

有时候健康状况欠佳，但我勉强为之，交易结果当然也就非常糟糕了。相反，如果健康状况良好，同时我恪守交易法则，那么往往都能乘势当机，取得较好的业绩。

因此，我要告诫大家的是：倘若你的健康状况堪忧，那

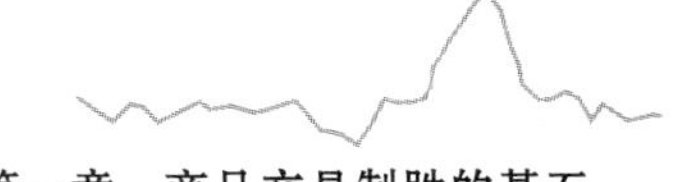

么最好就是先恢复过来再去考虑交易的事情。毕竟，**健康是比金钱更为重要的财富。**

第五个要素是资本（Capital）。万事俱备，只欠资本，你也无法取得商品交易的成功。不过，对于那些已经具备前述条件的交易者而言，可以尝试小规模资本开始交易。无论你的起始资金是多少，严格止损，避免重仓是取得成功的前提条件。

场内重仓，场外资金管理做得好，也是可以的。

止损、避免重仓，这是关键的两点。第三点则是不要逆势，也就是说要顺势而为。交易者需要首先确定趋势，其次顺着趋势操作。一旦你能够恪守顺势的原则，那么情绪和市场短期波动都无法影响你，成功是必然的。

逆势、重仓、不止损，是期货者的三个致命杀手。逆势如何定义？重仓如何定量化？止损具体如何执行？这些都是每个商品期货交易者成功之前需要有效解答的问题。

需要反复强调的一点是恪守自己的交易法则，顺应趋势，不要受到情绪和外界的干扰！

第 2 节　应该知晓的商品交易真相
（Facts You Should Know about Trading in Commodities）

第一个问题是：我谈一下如何解读谷物或者是棉花期货的盘口（Tape）。谷物期货交易所在芝加哥，棉花期货交易所在纽约。许多外地交易者认为如果他们能够在芝加哥或纽约从事交易的话，则能够更快地获得行情数据，从而更加及时有效地解读盘口，那么成功就是轻而易举的事情。

Tape 从狭义上来讲是报价纸带，广而言之其实就是盘口。

恕我直言，这样的想法是错误的。我认为在商品期货交易者待在经纪公司中长时间盯着报价波动的做法是愚蠢的，这将浪费大量的时间。想要从盘口的微小波动中榨取所有利润，这种想法是天真幼稚的。

如果你认为通过紧盯盘口来博取细微的价差是商品期货交易的王道，那么你就犯了方向性错误。我们这些过来人都明白这样的操作很难取得长时间的成功。当然，成功的盘口解读者和刮头皮式交易者肯定存在，但是他们的数量少之又少。

抢帽子和刮头皮式的交易法事实上只适合于刚踏入交易界的年轻人。如果你志在高远，那么应该从趋势交易入手。为什么这样说呢？第一，炒单这类做法劳动强度很大，非常消耗精力；第二，炒单对于手续费等规则非常敏感，微小的变化就会导致利润大幅变动；第三，炒单容纳的资本规模有限。

要想有效地解读盘口，需要持续不断的学习，穷尽一生，也未必能够取得惊人的交易业绩。为什么会这样呢？因为盘口虽然体现了趋势，但是也伴随着噪音，各种幅度的波动，其中包含着快速反转，以至于没有人能够完全预判出现在是趋势反转还是调整。

如果你对我的上述说法存在疑惑，那么可以亲自去询问一下某个正直诚实的经纪人——那些成天待在经纪公司盯着行情的交易者，他们的绩效到底如何？这类交易者当中到底有多少人在持续挣钱？

场内交易者更适合盯盘，这点无可否认。场外交易者则更加适合趋势交易或者价值投资。

如果经纪人足够坦诚的话，他会告诉你，如果以数年作为时间框架来评价的话，这些盯盘交易者当中有98%整体上亏损的。绝大多数盯盘交易者处于亏损状态，并非经纪人的过错，当然也不是金融行业的过错。

交易者自己造成了亏损，为什么这样说呢？因为他们的交易方法是错误的，他们不恪守任何有效的交易法则。当然也就无法成功了。

交易者在经纪公司里面常常被各种谣言和传闻所包围。即便意志力足够强大的人，也无法完全对这些东西“免疫”。经纪公司充斥着各类传言，如某个大佬在做多或者做空，但这些传言从来都是模糊不清的，他们到底是在做多，还是平空；是在做空，还是平多。要知道建立多头头寸，与平掉空头头寸，并非是一回事；而建立空头头寸，与平掉多头头寸也不是一回事。

成功的商品期货交易并不是一件容易的事情。成功的交易可以带来大量的金钱利益，如果真的那么容易的话，所有人都能因此快速致富。

我们需要牢记的一点是“预先取之，必先予之”。在你从商品期货市场上获取利润之前，你必须先投入精力去学习和研究。在这个过程中，存在太多的陷阱和旋涡。例如，待在经纪商的交易大厅毫无章法地盯盘，这些错误的做法将让你浪费掉大量的精力和时间，在错误的方向上越走越远。

江恩与J.Livermore接触过，还曾经提供过资金给J. Livermore，长期接触下来让江恩成了趋势交易的忠实拥趸。

经纪商的交易大厅中提供了行情报价机，不断传来的行情资料既体现了趋势，也夹杂着噪音。**当交易者盯着这些混乱的资料时，他们的判断很容易被干扰。**

隔离噪音，把握趋势。远观市场，而不是远离市场。“远”在于隔离噪音，“观”在于把握趋势。如果缺乏明确的观察框架和交易法则，盯盘反而使得交易者陷入催眠状态，最终迷失在波动之中。

相反，倘若交易者在自己家中或者办公室中，沉静下来，有条不紊地分析走势图表，基于清晰的市场信号进行交易，那么成功的概率就显著提高了。

我并不是毫无根据地乱说一气，上述这些观点都是有坚实基础的。在金融市场上，我已经跌宕起伏许多年，失败的教训与成功的经验一样多。最初，我也迷信盯盘，认为这是盈利的不二法门。

最初的数年当中，我的办公室里面装设了各种行情报价机。当时的我认为，一个成功的交易者须臾不能离开这些设备。但事实上，毫无章法的我在行情报价机的蛊惑下屡屡犯错。一方面我时刻盯着盘口，另一方面却没有有效的分析框架，这让我迷失在细小的波动之中。由于受到市场噪音的误导，我经常逆势而为，赚少亏大，冲动交易，长期下来损失惨重。

趋势交易为什么与我们的天性相悖？

痛定思痛，于是我将这些设备从办公室清理出去，不再受到短期波动的打扰。结果，我取得了意想不到的巨大成功。过去的十年当中，我的办公室没有安装任何实时报价系统。

停止那些让你亏损的做法。幸福、快乐和成功的秘诀在于立即停止那些让你不幸福、不快乐和不成功的做法和关系，离开那些让你不幸福、不快乐和不成功的环境。

说到这里，我想要给出的忠告是，**不要浪费时间去解读盘口细小的变化，不要花费大把时间待在经纪公司看行情。**这样的方式很难让你赚到钱。请按照我后面给出的交易规则行事。真正行之有效的方法是静下心来研究商品日线及日线以上级别的走势图，以有效而科学的方法来解读它们，进而交易。如此操作，你才能从商品期货市场挣钱，而不是亏掉老本。

第二个问题是：我要谈一下行情。准确来讲，并非行情在误导交易者，也就是说并不是行情在给交易者使绊子，而是**交易者自己在误导自己。**

自我挫败是人的天性。无论是在交易中，还是在人生的其他事务上，我们都习惯于“放任亏损，截短利润”。我们习惯于在糟糕的岗位、关系和环境上停留，而这是自我挫败的具体形式。

例如，当小麦、玉米或者是棉花等其他任何商品期货的

价格出现飙升时，那些缺乏观察框架的盯盘交易者就会被蛊惑，他们会被乐观情绪冲昏头脑。市场将涨得更高的预期充斥其间，于是这些交易者会变得异常乐观，极度亢奋，以至于他们经常在顶部附近做多。

交易者一定要注意市场舆情，大众一致看涨，甚至自己都忍不住想做多时，往往是顶部，至少是阶段性的顶部。

见顶之后，市场开始下跌。持续一段时间之后，下跌加速。这个时候，恐惧蔓延，盯盘交易者们已经由先前的乐观情绪转变为了悲观，绝望开始出现了。许多盯盘交易者受到市场恐慌的影响，争先恐后地平掉多头，甚至开立空头。但此时，他们又往往在底部做空或者平掉了多头头寸。

只见树木不见森林，**如果交易者死死盯住行情波动，那么就很容易被催眠，自然也就会丧失理性的判断**。当交易者受到情绪影响时，他会违背交易规则和计划，贪婪和恐惧主导了他的一切行为。总之，当一个交易者紧盯行情报价时，他很容易情绪起伏，进而影响判断和操作。

盯盘容易被行情催眠，好的盯盘者必须有一套完备和清晰的解盘和交易法则。

例如，某个交易者整天都盯着谷物期货的实时报价。最近这个品种一直处于上涨状态中，到了下午 2 点左右，价格突然暴跌。临近收盘时，价格创出新低。这位交易者目不转睛地盯着价格下跌走势，他越发认为价格会继续走低，于是平掉多头，甚至反手做空。

实际上，趋势并未向下。收盘最后一个小时或是 15 分钟的下跌只不过是场内交易者平仓引发的。这些场内交易者不存在经纪费用，他们通常倾向于赚取场内的价差，而不会持有隔夜头寸。临近收盘的 15 分钟，他们会平掉当日的头寸，而这种操作往往引发与趋势方向相反的调整，但其实趋势并未改变。

利用对手盘的非理性，而不是让对手利用自己的非理性。如何做到这点呢？具体的方法有很多，这里略说一二。第一，一定要截短亏损，这是投机者必须恪守的原则，违背这个原则就是非理性了，就会被对手盘利用；第二，关注大众和自己情绪的极端变化，这些可以从媒体口径、持仓统计以及成交量极端值看出来。做期货的交易者一定要关注 COT，一些关键的反转点是可以从 COT 上面看出来的。

次日，随着做多的热情恢复，市场转而上涨，而那位盯盘交易者则因为昨日收盘前的恐慌而丧失了自己的多头头寸，甚至现在还持有亏损的空头头寸。即便他现在追涨做多，那么成本价已经提高了很多。

当然，相反的情形也会发生。当市场处于下跌趋势时，临近收盘的一个小时或者 15 分钟，场内交易者会平仓，而这会导致尾盘反弹出现。某位盯盘交易者本来判断趋势向下，但当快速反弹出现时，他开始怀疑自己的判断了，急于了结空头头寸，甚至反手做多。结果，次日开盘，市场恢复下跌走势。

总之，**过度关注实时的价格波动很容易让交易者丧失理性和冷静**。紧盯盘口很容易让交易者功亏一篑，丧失盈利机会，这是交易者的一个大忌。

当你盯着价格波动时，很容易在顶部附近做多，在底部附近做空。除此之外，频繁交易也会随之出现，这是交易者的另外一个大忌。

频繁交易与高频交易的关键区别在于是否恪守纪律和规则。你是情感的君王，还是情感的奴隶？利用情感，还是被情感所利用？

交易的次数越多，则支付的手续费也就越高。盈利的机会只有那么多，交易的次数越多意味着犯错的次数也就越多。一年大概有 300 个交易日，如果每日交易一次，则交易次数将达到 300 次左右。谷物期货的手续费为 0.5 点，一年下来如果交易 300 次，那么交易成本就有 150 个点。棉花期货的情况也类似。

相反，如果交易者能够恪守规则，采用趋势跟踪的操作策略，那么即便每个月只进行一次交易，那么一年只需要支付 12 笔佣金，而不是 300 笔。那么，全年的交易成本只有 6 个点，而不是 150 个点。

商品期货交易也是一门生意，在任何生意上想要取得成功，都必须考虑成本问题。商品期货交易中，无论是亏损还是佣金和手续费都属于成本的范畴，降低成本是盈利的重要前提之一。

倘若交易者包括亏损在内的总成本超过了收益，那么净利润就是负值，亏损不可避免，交易获利也就变得不可能。

经常被交易者们忽略掉的真相是**进出越频繁，则观点越多变**。自然，他们就会犯下更多的错误。

集思广益，落于一点。果断执行这一点，等待足够的样本给出有效回馈后，再系统反思和改进。

不管是上涨猛烈的牛市，还是下跌犀利的熊市，反向修正都会频繁出现。修正走势非常容易误导交易者，特别是频繁进出的交易者。

如果交易者能够过滤掉这些噪音，顺应趋势，则能够获得丰厚的利润。相反，如果交易者频繁买卖，离市场太近，那么不仅赚不到丰厚的利润，反而很可能大幅亏损。

我们不能乱做一气，交易需要基于健全的事实和良好的法则。只有那些被成功者证明的法则才能称为良好的法则。成功的交易不受希望和恐惧所驱使。

心血来潮了，研究几天，然后几个月甚至一年多不碰，二十年也搞不清交易的真谛。

成功的交易需要下足功夫。那些长年累月长时间待在经纪公司傻傻看着行情的人士并能够静下心来科学而持续地研究市场，那么他们肯定能够在未来取得成功，从商品市场上赚取丰厚的利润。

时间是最为宝贵的，在资本市场中时间等于金钱。交易者要有效地利用时间，坚持那些有效果的做法，不要将时间浪费在无效和错误的做法上。按照科学有效的方法去研究商品市场，天道酬勤，水到渠成，丰厚的回报将自然而至。

对冲基金巨擘 Ray Dalio 最为看重的东西有两个："真相"和"模型迭代"。用不断迭代的模型去接近真相。

第三个问题是：我谈一下幻想（False Hope）。当你做多或者做空后遭受浮动亏损，那么人性会驱使你幻想市场逆转。这种幻想容易导致交易者铸下大错。

如果市场的走势对头寸不利，交易者应该坦然面对这个事实。当头寸处于浮亏时，交易者需要检讨头寸，查看是否犯错。**如果犯错了，那么犯错的原因是什么呢？**

当行情走势不利于我们的头寸时，我们要客观地检视，而不要受到幻想与恐惧的驱使。如果市场的走势让我们感到迷惑，无法做出有效的判断，那么及时离开截短亏损是明智的选择。

如果头寸处于浮动亏损状态，而交易者却幻想市场掉头，甚至寄希望于奇迹出现，结果往往不妙。当行情不利时，放任亏损扩大，这是极其不负责任的危险做法。

当行情不利时，马上截短亏损，而不是抱着幻想久拖不决。当行情有利时，则应该坚守头寸，让利润奔跑。

截短亏损，并非是趋势交易者的黄金原则。短线交易者也需要恪守这一准则。那些在场内从事短线买卖的职业交易

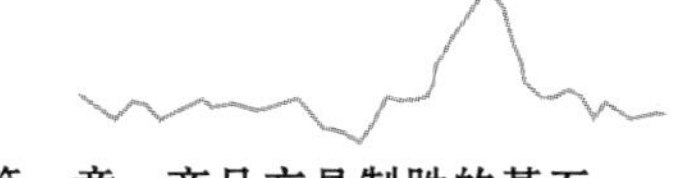

者们，不需要缴纳佣金，他们频繁进出，赚取价差。他们并不追求让利润奔跑，但是却恪守截短亏损的原则。当亏损出现时，他们毫不犹豫，手起刀落，砍掉亏损，绝不会放任亏损扩大。

与日内交易者相比，趋势交易者更注重风险报酬率。但是，无论是什么类型的交易者都会恪守限制亏损扩大的原则。

第四个问题是："学会直面现实，排除希望和恐惧的干扰"。假设某位交易者在早盘时段的做多操作中出现了显著亏损，于是被经纪商追加保证金。基于本书提出的法则，他正确的做法应该是先结束这笔交易，而不是通过补充保证金来继续维持这一头寸。**不断亏损的头寸意味着交易者很可能对趋势的判断出现错误。**

市场不断地亏损，当交易者持有的头寸持续亏损时，往往意味着趋势操作。

不过，这位交易者并未及时离场，而是死守头寸，希望在收盘前行情能够逆转，变得对自己有利。他向经纪人保证说自己会补充保证金，或者是在收盘前平仓。在苦苦支撑一整天之后，行情并未变得有利。市场快要收盘了，他有了幻灭的感觉，在绝望中他不得不平仓离场。

在这一个交易日当中，许多人处于类似的情况中。由此导致了收盘前的恐慌性杀跌，整个市场在收盘前就阶段性见底了。这位交易者开始反思和复盘，他发现如果在接到保证金催缴通知时就立即平仓，那么结果要好得多。

做空时死守头寸也会遭遇相同的窘境。假设这位交易者持有空头头寸，当日早盘市场出现了显著上扬。不过，这位交易者并不认为自己判断错误，因此未能及时离场。他幻想着市场转而下跌，这样自己的空头头寸就能在更加有利的点位上离场。

不过，市场可不理会你的主观意愿。午盘时，市场并未出现任何显著的跌势，下午一点到两点都未出现任何显著下跌。临近收盘了，市场上的空头们开始变得恐慌起来，匆忙地回补空头，这导致市场加速上涨。这位交易者也变得恐慌起来，于是割肉离场。这个时候他完全被市场吓坏了，恐惧主导了他。一旦空头集体离场，上涨行情也就到了阶段性的尾声。次日，市场可能步入下跌走势。不过，对于已经离场

什么时候顺着大众的意见去操作？什么时候逆着大众的意见去操作？复盘一下比特币的历史走势，你会发现很多窍门。利用舆情来判断顶部和底部，是有章可循的。

的空头而言，下跌已经毫无意义了。

一个成功的交易者揣摩人性，同时逆着大众的普遍做法去操作。行情在怀疑中持续，在坚信中反转。我们来看一个下跌走势中的例子。一位交易者在商品价格下跌的第一天并不认为下跌会持续，他认为这不过是短时间的回调而已，市场将在次日恢复上涨态势。

不过，接下来的第二个和第三个交易日，市场仍旧下跌。交易者并未因此怀疑自己的看涨观点，而是认为市场越来越可能见到阶段性底部了。他认为市场马上就会转而上涨。

如果市场处于下跌趋势中，主要运动就是下跌，上涨顶多是反弹，幅度小，持续性差。在下跌趋势中，市场可能连续七到十天都在下跌。

如果是在经纪商的交易室里面做交易，要学会观察周围人的情绪变化。行情在绝望中展开，在怀疑中持续，在亢奋中结束。为什么新手容易在底部附近做空，在顶部附近做多？不是市场在与他们作对，而是他们的天性在作怪！

当市场不断下跌磨损掉这位交易者的信心之后，他开始绝望，承受不了继续下跌的压力。他不再维持看涨观点，转而认为市场还会下跌。人性中的恐惧开始紧紧抓住他。当他抵不住恐慌，开始追随大众了结多头头寸时，市场或许就见底了。

人的天性使得这位交易者很难在下跌的第一天就及时止损多头，即便市场已经发出了警报。接下来的第二天和第三天下跌，交易者往往会选择继续持有浮亏不断扩大的头寸。在持续七天到十天的下跌之后，他开始动摇和绝望，转而看空。他认为趋势真的变化了，于是仓皇逃跑。最初他因为幻想而持有浮亏不断扩大的多头头寸，最终他因为恐惧而在底部附近了结多头头寸。这位交易者受到人性的困扰，幻想和恐惧主导了他的整个交易，事实和规则被他完全忽略掉了。

与一般人所想的恰恰相反，当大的趋势来临时，上涨或者下跌会持续很长时间。在上涨几个星期甚至几个月后，趋势在怀疑中会继续，最后阶段的冲刺会将那些死空头或者死多头击溃。最终，那些死抱着亏损头寸的交易者们彻底绝望了，幻想破灭，他们不得不转变观点。一旦乐观或者悲观达到极致，亏损头寸集体平仓之后，趋势就反转了。

绝大多数交易者并非依据客观的事实和有效的规则进行买卖，他们任凭幻想和恐惧摆布。这些就是乌合之众的特点。**如果你想要成为商品交易的赢家，则必须恪守规则，同时与绝大多数人的一致做法相反。**

第3节 商品市场贴现未来事件
（Commodity Markets Disount Future Events）

大多数情况下来讲，商品市场会提前贴现农作物报告以及其他可预期的重大事件。当然，突发事件和预期之外的重大事件不在此列。所以，那些根据已经发生的事件，而不是根据预期进行操作的交易者往往错得离谱。

焦点预期、市场情绪、资金流向、价格表现等因素是成熟投机客非常关心的。在进行投机时，你关心了其中几个？

显著利多的农作物报告公布时，市场往往见到阶段性高点；显著利空的农作物报告公布时，市场往往见到阶段性低点。市场提前有所反应的报告，在公布时如果与预期一致，则往往形成反转走势。

行情会贴现一部分预期，如果实际值与预期一致甚至不如预期，那么反转就会出现。

你能够通过绘制、保存和跟踪走势图来确认趋势，**同时将消息面与走势结合起来研究。**通过这种方法，你能够大致判断出一波趋势的开始，同时判断出消息的性质与进出场时机。

通常而言，交易者应该在利空兑现时做多，在利多兑现时做空。这样去操作就能赚到丰厚的利润。

严格来讲，应该在一次性利多或最后一次利多出现后做空；在一次性利空或最后一次利空出现后做多。题材性质要区分清楚，这个可以参考《题材投机：追逐暴利的热点操作法》一书。

不过，需要注意到另外一种情况。如果趋势持续向上，利好不断，则上涨会持续到绝大多数都做多为止。当利多不涨的异常出现时，市场疲态就出现了。在持续上涨走势中，如果市场首次出现利好不涨的迹象时，警报就拉响了。在这种情况下，你应该了结多头头寸。在持续下跌走势中，如果市场首次出现利空不跌的迹象时，警报就拉响了。在这种情况下，你应该了结空头头寸。利空的农作物报告或者其他消息出现时，市场并未下跌，这是一种异常。显然，一些聪明

对于投机客而言，事件的性质并不重要，重要的是市场对事件的反应。大利好补涨，大利空不跌，市场转势的可能性就非常大。

投资者发现价格已经非常低了，于是他们大举买入，在利空出现时市场反而并不下跌。供需的变化决定了市场什么时候构筑顶部和底部。记住，**交易者需要结合走势图与消息面来确认市场给出的信号。**

交易者应该恪守的根本操作原则是：严格遵从自己的交易法则，计划你的交易，交易你的计划，切忌草率行动，**不要直观地根据消息的多空性质进行操作，除非市场表现与消息呈现背离，这往往就是趋势反转的时刻。**

第4节　人性的最大弱点
(Human Element the Greatest Weakness)

当交易者盈利的时候，他通常归因为自己判断准确，成功完全是靠自己赢得的；当交易者亏损的时候，他却往往会采取相反的态度，将失败归结为外界原因，**他很少回去寻找亏损的真正原因。**

市场持续给我们回馈，善意地帮助我们进步，但是又有几个人重视这些回馈呢？切掉自己交易中的障碍点，才能不断进步。

当交易者亏损时，人性的最大弱点开始暴露出来，不愿面对真相，不愿探究真相，将失败归结为意外或者是他人的建议。他寻找许多借口来搪塞自己，反正自己一点错误都没有。**未能从市场的回馈中汲取教训，那么交易者就会重复这些错误。**

交易者必须从自己身上汲取经验与教训，自助者天助之。坦然面对亏损，寻找背后的根源，承担起自己的责任，不要委过于他人。**如果不能正视失败，那么就永远无法克服障碍，当然也就无法取得进步。**毕竟，阻碍交易者成功的直接因素是交易者错误的行为，他亲自妨碍了自己的进步。反求自身，因为自身恰恰是成败的根源所在。交易者从自己身上找到原因，克服它，只有这样才能最终成功。

导致交易者亏损的罪魁祸首之一就是不独立思考。对别人的建议趋之若鹜，其实他们自己的判断力反而好得多。想

要在商品交易上取得成功，交易者要亲自进行调查和研究。只有从盲从的羊群中脱身，成为独立思考者，寻找真相，你才能真正成功。盲从的交易者不可避免地会被追加保证金的通知所绞杀。自助者，天助之。

别人的话的真正价值在于提供一种新的思路，真正有效的思路还是靠自己尝试和总结出来的。

我能提供最有效的交易法则给你，一套确认商品趋势阶段的最佳法则。即便这样，你仍旧会因为人性的最大弱点而功败垂成。为什么会这样呢？因为人性让你偏离交易法则，你并未基于事实进行交易，而是受到幻想与恐惧的驱使。情绪让你偏离规则，拖延或者是冒进，最终会因为人性的弱点而失败。不过，你很难从失败中总结教训，反而倾向于怨天尤人。

我们应该时刻清晰一点：**持续亏损的根源在于你自己，而并非市场和主力。**导致持续亏损的根源在于天性让你违背有效的交易法则。因此，除非你能够恪守有效的交易法则，否则就不要参与商品交易。如果肆意妄为，那么下场肯定不会好。

抱怨转化为追问“怎样去改变”；批判转化为追问“为什么会这样”。

倘若交易者能够深入研究人性，研究人性中的弱点，明白常人的糊涂和盲从之处，你就能利用人性获利。逆着绝大多数人的操作进行交易，成功就是水到渠成的事情，获利就是这么简单。

投机高手的四个特点：第一，非常关注货币政策的重大变化；第二，非常关注“重大利空不跌或者重大利好不涨”的异常时刻；第三，注意舆情高度一致的时候，这个时候自己很容易盲从大众，在顶部做多，在底部做空；第四，风险控制做得好。

基于有效的交易法则和品种基本面知识，你能够在商品处于底部附近时进场做多，在商品处于顶部附近时进场做空。当你这样操作的时候，往往会与市场上输家们的操作相反。当你基于有效的策略和流程去研究商品的价格运动和时间周期时，回报自然丰厚。

价格运动的敛散周期是最为重要的周期，因为这个周期最为实用，最不玄乎。价格运动的敛散特性可以参考本书的附录一。

第 5 节 保存价格走势记录的原因
（Why Keep a Record of Prices）

人的记忆力是有限的，因此你应该保存市场的价格历史

走势图。通过研究过去的行情走势，你会发现未来在很大程度上都在重复历史。**相同的基本面和时间规律会导致类似的走势出现**。要想寻找到行情波动的真正基本面因素，你往往需要回溯很长的时间才行。例如，战争导致商品价格大幅运动，但是你需要研究战争的起因和过程，才能搞清楚行情的根源和特点。

搞清楚最高点和最低点的基本面背景，你就能够判断出当下的行情能否突破这些极端点位。

任何人的记忆力都是有极限的，况且他会倾向于记住那些符合自己心智模型的信息，以及那些符合他幻想和恐惧的事件和资料。思考耗费精力，常人都倾向于放弃独立思考，依赖他人的建议。

一方面人的记忆力有限，另一方面人的记忆和判断存在偏差，因此交易者需要保存历史行情记录。**借助于历史数据，他可以更加客观和全面，从历史中学习。已有之事，后必再有。**

交易者不应该让亢奋的情绪影响自己的判断，不要在市场极端乐观的时候做多，抱着幻想持仓，认为大跌不会出现。只要人类世界存在，那么市场就避免不了恐慌和危机的出现。当然，在危机之后牛市就会出现。这就是**经济和金融的周期，像潮汐一样无法避免**。人的天性促成和加剧了周期的波动。乐观加速了市场的上涨，而悲观加速了市场的下跌。大众的情绪让市场从一个极端摆动到另外一个极端。

世界从来都是螺旋式前进的，周期的幅度与持续时间是负相关的。当宏观政策制定者缩减周期幅度时，那么周期的持续时间就会延长。日本为什么一直走不出通缩的境地？因为政策制定者一直试图缩减衰退的幅度，那么衰退的长度就会延长。

回过头来看 1929 年发生的一切，商品交易者在商品牛市中的早期和中期阶段往往执迷不悟地越涨越做空，等待行情快要见顶了才匆忙转而做多。如果交易者保存了单个商品期货的历史数据，那么他就可以避免类似的错误。因为走势图显示了商品的大趋势。**走势图显示低点和高点都越来越高**，特别是一些龙头强势品种。在这种情况下，交易者不应该反复去做空。恰当地分析走势图，交易者会发现所有商品都显示出上涨趋势，因此应该顺势做多，这样就不会逆势做空，从而连续犯错。

日 K 线如何确认趋势？第一，依据突破法；第二，依据均线法。这是两种最常用趋势确认法。如何预判趋势呢？

做空交易者并未根据客观的走势图来决策，而是受到幻

想和恐惧的影响，这样的交易基本上都受失败幻想和恐惧的影响，这样的交易基本上都以失败告终。**除了顺势之外，交易者还要为自己的错误预先设定可承担的成本。**他应该设定止损单，这样即便犯错了，也能够保全大部分资本。

“保护本金”并不是说杜绝亏损，亏损是交易盈利需要支付的成本。保护本金的确切含义是保护大部分资金。

交易商品期货之前，一定要先仔细研究其历史走势，对先前的价格数据进行复盘。如果这个品种的价格几年前曾经出现过大行情，而现在处于窄幅整理走势中，也就是所谓的横向震荡中，那么就应该等待价格突破，确认趋势的出现。

大赚之后为什么要休息？第一，主观交易者的心态需要平复，避免非理性决策和交易；第二，单边走势与震荡走势是交替的，敛散具有周期性，单边走势早晚会出现震荡走势，后面这种走势风险报酬率很差，波动杂乱，胜算率很多时候也会显著降低。

如果你准备参与的这个品种在上一轮商品大牛市中是龙头品种，或者是上一轮商品大熊市中的领跌品种，那么就不太可能成为下一轮行情的引领者。当然，一切以走势图为准，如果走势图确认了它是新一轮行情的引领者，那么我们也要顺势跟进。

在研读走势图时，**要观察反向波段的情况，**如下跌后的反弹，或者是上涨后的回落，以便判断趋势持续或是反转。上涨后价格回落，你可以仔细分析来判断出行情是仍旧处于上涨趋势中，此后价格将恢复上涨，还是下跌趋势已经开始，还要跌三到五波才会真正见底。

反向波动持续的时间和幅度与最近顺向波动进行比较，这是江恩确认趋势持续概率的方法之一。可以参考江恩在一系列股票专著中的观点和方法。

复盘一下走势图，你会发现几乎每一种商品都会在下跌三到四波后才见到大底。第一波下跌以近乎陡直的形式在顶部后出现；然后价格会反弹，不过反弹会遭遇抛盘；第二波下跌紧随着反弹到来；第二波反弹会引来抛压；第三波下跌紧随而至；第三波后的反弹非常弱；最后市场出现恐慌式的暴跌，无论是投资者还是投机者，所有参与者都陷入恐慌之中。极端悲观点出现，大众一致认为商品将继续下跌，一些死多头开始转而看空。当这个情景出现时，商品的底部就出现了，下一轮大牛市的买入点出现了。

商品交易中如何识别极端悲观点和极端乐观点？生产商的盈亏平衡点和需求方的盈亏平衡点分别有什么指导意义？蛛网周期如何与市场一致预期结合起来使用？商品的价值投资与题材投机分别需要注意些什么要点？

趋势转变的时候，交易者要及时调整，否则可能遭遇功亏一篑的大败局。例如，上涨趋势可能持续了数年，做多交易者从中赚取的浮动盈利如果没有跟进止损，那么可能在几周的暴跌中损失殆尽。例如，E.A.克劳福德博士（Dr.E.A.

Crawford)，他被1933年7月的暴跌打得措手不及，遭遇滑铁卢。

为什么会出现这种悲惨的结局呢？**绝大多数情况下都是交易者未能采用跟进止损保护浮动盈利。**止损单是交易者的安全带，如果递进场内，那么它可以自动生效，预防各种突发情况。或许交易者拥有一个心理止损点，但价格真的触及时，交易者倾向于拖延。

复合式出场策略更加有效，出场的充分条件至少要有两个，其中一个是跟进止损。

大多数情况下，也就是普通的市况中，波动大概有5~12个点，一旦出现异常波动，如10~20个点，交易者就会自我安慰认为跌幅应足够了，因此多单可以继续持有。但是，市场如果继续下跌，比如1929年大恐慌时那样。当时许多大宗商品下跌了50~100个点。如果交易者在当时不采用止损单，或者没能及时卖出，那么就不要指望能够幸免市场的大屠杀。

异常值或者说“黑天鹅”是区分一般交易者和顶尖交易者的试金石。一将功成万骨枯的格局往往都是“黑天鹅”造成的。

商品交易者应该与时俱进，研究历史，但是不要受制于历史。不过，人性习惯于刻舟求剑，无论是在交易还是在其他事务上莫不如此。什么是与时俱进？**你要通过研究历史走势图和资料来判断现在和未来的走势是正常值还是异常值。历史提供了参考。**

如果现在处于战争时期，你想知道战争对于大宗商品的影响如何。你要怎么做呢？你可以研究大宗商品在历史上那些战争时期的表现。如果你想要知道战后恢复和平之后，金融市场恢复正常后，大宗商品会怎么波动，也应该去研究历史。战后的商品价格波动区间肯定与战争时期存在显著差别。

研究历史，不能简单地看商品价格的绝对高低。研究者应该讲价格与当时的供求大背景结合起来分析。如果一种商品显著供过于求，绝对价格低并不意味着牛市会出现。如果一种商品显著供不应求，即便绝对价格已经很高，如果趋势显示向上，也应该继续做多，你可能把握住了一轮大牛市。

价格与基本面，以及心理面始终应该结合起来分析。不过，投机客的任何操作都是落实到价格信号上。如果一味忽略价格信号，很可能一次输掉此前所有的盈利。

交易者应该永远保持进取之心（Always be Progressive）。不要因循守旧，无论是老观念还是理论都不能成为交易者的准绳。商品交易者应该以顺应趋势为圭臬。不要受到幻想、主观看法以及公开数据的误导。顺势而行，绝不逆势而为，这才是赚钱的关键。

什么是交易的最佳之道（The Best Way to Trade）？绝大多数利润都来自于波段交易（Swing Trade）或者是长线交易（Long Pull Trade）。因为这两种交易都是随着一定的趋势展开的，属于顺势而为的类型。上涨趋势中做多，下跌趋势中做空。

顺势而为是最佳的交易之道。交易者需要学会等待有效规则产生的清晰信号，如等到市场突破区间或者是趋势线。当你进行长线交易时，需要等待市场向上突破或者下跌的清晰信号。如此仍然不够，你还应该总是假设自己会犯错，市场可能会朝着不利于自己的方向运动。这意味着**你必须坚持利用跟进止损单，利用它持续保护你的浮动盈利，同时给予市场一定的发展空间。**当然，你也可以在市场出现转势的明确信号时主动离场。

不止损，无交易；不止损，难人生。坚持止损，不仅是交易的最大要求，也是人生的最大要求。多少本来可以更好的人生陷入到了烂人和烂事中，最后惨淡收场。

那么交易应该何时离场或者算什么时候应该保持观望呢？每个交易者都应该清楚这个问题的答案。我们不可能每日都在市场中游荡，每日都进出市场是很难持续赚钱的。

一些时候，交易者应该待在场外，耐心观察和等待，直到趋势出现了明确的变化。这个时候交易者获得了放松和休息，有利于身心恢复最佳状态，最终有利于交易决策。持续健全的决策意味着丰厚的利润。

如果你持续跟踪和研究市场就会发现，市场也有休整时期。在大牛市中，市场会出现休整时期，在这期间的回调幅度不会太大。并且需要经过一段较长时期的修正之后，价格才会恢复上涨趋势。在大熊市中，也有类似的现象。下跌的商品会在某一区间企稳，然后进行窄幅整理。市场处于休整和犹豫之中，蓄积能量，为继续下跌进行准备。

市场周期与交易者的心理和操作周期存在错配，如果不了解这点并采取有效措施则不可能成为“市场寿星”。交易界许多曾经璀璨的明星，之所以成不了寿星，皆是因为他们无法解决这个问题。市场的单边走势和震荡走势交替进行，而交易者的操作却可能与之错配。为什么大赚后要收手一段时间？如何把握这个度，这里面有许多细节需要学习才能真正落地。

当市场处于休整阶段时，交易者可以选择在场外观望，等待趋势恢复后再入场。当交易者并未持仓时，他就能够维持一个客观和冷静的心态和视角，对市场未来的发展会有一个清晰的全景认识。

如果你持续处于市场中，那么肯定摆脱不了情绪的影响，幻想和恐惧将缠绕你，你将被市场催眠，幻想市场能够如你所愿。而当你身处市场之外，保持一定距离的时候，你会发现市场的实相。市场的实相就是趋势，无论趋势向上，还是向下，你都能顺应的，而不是先入为主。当你持有不偏不倚的立场时，就能在趋势转变时调整自己的持仓方向，而不是一味死拿硬抗。

如果商品价格朝着不利于你的方向运动，你该如何处置呢？当你持有一笔头寸，而市场朝着不利的方向运动。当浮动亏损达到一定幅度的时候，你必须止损，并明白错误所在。

市场在不断通过头寸的盈亏变化与你对话。哪些是真话？哪些是噪音？你如何区分呢？通过跟进止损，你可以做出一些区分。

当头寸的浮动亏损持续扩大时，你就在犯错，这表明你的头寸很可能与趋势不符，这个时候抱着市场逆转的幻想继续持仓是于事无补的。这个时候的正确操作应该立即了结头寸，离场才能真正地停止损失扩大。当你离场后，你的心态会更加正常，判断更加冷静，然后你可以以更好的姿态来应对这个市场，进行新的交易，胜算率更高。永远不要忘记一点，死守一个亏损的头寸难逃厄运。

市场可以说假话，但很难持续说假话。连续出现的噪音往往不是噪音，而是真相。

当你的账户出现连续亏损时，应该怎么办呢？**如果你连续三笔同向的头寸出现亏损，那么无论幅度大小，都表明你对趋势的判断出现了错误。**这个时候千万别埋怨市场，甚至与市场赌气。

当你出现连续亏损的时候，往往意味着你此前笃信的趋势很可能已经发生了变化。遇到这种情况，你应快速离场，静下来研究亏损背后的原因。

需要牢记的一点是，只要你不持有头寸，那么就不会有任何亏损。而最糟糕的情况无非是你持有浮动亏损不断扩大的头寸，大多数情况下这样的头寸都会继续扩大亏损。所以，遇到这种情况最佳的办法是及早认赔出场。

交易者一定要顺着大的趋势去交易，不要在上涨趋势中做空，这是逆势而为，很难做空在真正的顶部。不要在下跌趋势中做多，这也是逆势而为，很难做多在真正的底部。**逆势的操作不仅胜算率低，而且风险报酬率也很低。**

一般而言，当做多或者做空谷物期货时，你持仓的头寸浮动亏损达到了 3~5 美分的幅度，则往往表明你持有了错误的头寸。这种情况下你应该立即抽身离场。就谷物期货而言，你的浮动亏损如果达到这个幅度，而你还不减仓的话，那么亏损往往会扩大到 15 美分或者 20 美分。

就棉花期货而言，止损幅度是 40~50 美分，如果亏损达到甚至超出这个幅度则意味着你的头寸是错误的。这个时候最好立即了结离场。

不要认为市场涨了就会马上跌，跌了就会马上涨。市场有时候会处于持续上涨或者下跌的超预期状态之中。这个时候如果你与市场为敌，那么不仅难以获利，而且会遭受灭顶之灾。小麦和棉花，以及其他大宗商品期货的飙升或者暴跌行情通常持续 6~7 周，有时候甚至会持续几个月，其间没有大幅度的修正运动。如果你在这种极端市况下逆势而为，那么爆仓，甚至破产都是正常的情况。

“黑天鹅”在金融市场上其实并不少见，你只要参与这个市场，那么就摆脱不了异常值。限制亏损，让利润奔跑就是与“黑天鹅”为友。

如果你能够复盘走势图，那么就能让你确信我上面讲的这些东西是真实不虚的。结合历史行情，你可以更好地理解我给出的建议和交易法则。通过回溯历史，你可以发现上涨趋势中价格上涨的幅度有多大，而回调的幅度有多小；在下跌趋势中，你会发现价格下跌的幅度有多大，而反弹的幅度有多小。

顺着趋势交易，可以获得更好的风险报酬率，或者说更大的盈亏比。

你可以坦诚地询问自己：在这些上涨行情中持续做空的话会亏掉多少钱？在这些下跌行情中持续做多的话会亏掉多少钱？如果你诚实地回答，那么答案将会是：“亏掉所有钱！”

止损单就是你头寸证伪的条件。止损是有幅度的，不是一浮亏就止损。

正确的做法不言而喻——你应该与趋势共舞！如果你持有空头，而市场处于上涨中，那么就应该反手做多；如果你持有多头，而市场处于下跌中，那么就应该反手做空。顺势者胜，逆势者败。

利润目标如何确定呢（How Much Profits to Expect）？许多

交易者都难免陷入一个误区，那就是想要在常态市况下获得超常的利润。他们的利润预期远远超过了实际上能够赚取的利润。除非是战争时期等异常市况下，否则即便顺势交易你也无法获得暴利。

趋势交易的法则与日内交易的法则存在共同处，如截短亏损。但也存在许多差异，这是不可否认的。不要在日内交易时照搬趋势交易的所有法则。

不要强行定下不切实际的利润目标，你只需要在头寸被市场证明为正确的情况下坚持下去。同时，不要忘记利用跟进止损来保护你的浮动利润。除非趋势变化，否则不要匆忙离场。

大多数进入商品或者股票投机行当的普通人，都对利润有着不切实际的预期，他们想要在常态市况下，在数日、数周或者是数月的时间内将本金翻上几倍。**偶然会出现这种的机会，不过这不是常态。**那些希望第一笔交易就能暴利的普通交易者往往会因为急功近利而爆仓，甚至破产。

成功之路在于拥有并且遵循一套规则，这样至少你能够保护大部分本金，一旦坚持下去在未来数年你将获得超过大众的回报水平。你是否曾经计算过，每年复利 25%，维持 20 年，最终会有多少财富？

假设你以 1000 美元作为初始本金，每年复利 25%，那么 10 年之后将增值到 9313.25 美元；如果初始本金是 10000 美元，每年复利 25%，那么 10 之后将增值到 93132.17 美元。

从这些简单的计算，你可以发现，复利的威力，如果你稳健地操作，不要急功近利，那么经历一段时间后你会积累丰厚的财富。但是，绝大多数交易者都无视现实，他们急于发财，他们希望马上暴富。在常态市况下，就算是最顶尖的交易者也无法获取暴利。追求暴利又枉顾形势，他们必然会重仓频繁交易。最终的结果显而易见，他们会亏掉本金，然后怨天尤人，将失败归罪于芝加哥商品交易所、华尔街以及其他任何替罪羊。

问题的实质是什么呢？这些交易者未能诚实对待自己和市场，他们行不可能之事，这不是在追求利润，而是自杀式的赌博。

不要为了追求常态市况下不可能的利润而去承受过大的风险，不要在常态市况中希望获得暴利。耐心地恪守交易法则，这样就会极大地提高你在市场中的生存能力，成功的概率自然也就提高了。

接着，我会讲到如何应付保证金催缴（How to Answer Margin Calls）。当你做多或者做空某个商品期货合约时，往往你进行的保证金交易，也就是说你并未全额提供合约金额，经纪商为你的交易提供了杠杆。当行情朝着不利的方向运动时，你可能面临保证金不足的情况，这个时候你会收到保证金催缴通知。保证金催缴通知的出现表明你的头寸与趋势相反。

保证金催缴通知的出现表明你处于下面三种情况之中：第一，逆势；第二，重仓；第三，不止损。

倘若你在每蒲式耳上下注 10 美分，而市场朝着不利你的方向运动了 6~7 美分，那么你就严重亏损了。为什么交易者死守着亏损的头寸不放手呢？当保证金余额不足时，经纪商就会催缴。交易者这个时候的正确做法就是立即平仓，然后厘清问题所在。解决问题后，按照有效而明确的交易法则，进行新的一笔交易。不要为亏损的头寸注入新的保证金。

下面，我要谈一下联名账户（Joint Account）的问题。我的建议是尽可能避免开立联名账户，也不要与别人合伙操作一个账户。如果两个人操作同一个账户，也许他们在进场决策上能够达成一致，但是在离场决策上却鲜能形成一致意见。其中一人想要落袋为安，另外一个人则想要继续持仓，让浮盈扩大。这就是联名账户在结束交易时经常会遭遇的情况，矛盾被激化了。例如，其中一人有效判断出行情已经结束了，但是另外一人却坚持要继续持有。结果，行情并未继续发展，最终他们不得不亏损平仓。

除非采用同一个系统进行操作，否则联名账户会是一个十分糟糕的选择。

联名账户给推诿责任提供了借口，决策责任承担者不明确，早晚会引发激烈矛盾。

交易者必须学会独立分析与决策，不要受到外界的干扰，不要受到其他人观点的影响。独立自主是交易者应有的态度和风格，如果你认为时机已到，那么就不要受任何人的影响和干扰，不要因为外界而停止行动。

那么，如何恰当地操作联名账户呢？我给出的建议是倘

若两个人采用了联名账户，那么其中一个人负责交易，而另一个人只负责止损单。倘若交易出现了问题，那么止损单会起到保护作用。倘若行情有利，交易顺利，浮盈增长，那么跟进止损单就能保护头寸。

一个交易者专注于胜算率，另一个交易者专注于风险报酬率。

我曾经亲眼看见有人按照上述方法去操作联名账户：其中一人负责买卖，另外一人则负责止损单，也就是说后者负责风险控制和盈利保护。

下面，我们再来探讨一个问题——时间止损（Time Limit to Hold for Profit）。当交易者进行一笔交易的时候，他需要根据有效的交易法则和信号进行操作。他在进场和持仓时，应该对潜在利润空间和行情发动的时机有一定的把握。

交易者需要清楚地明白一点，那么就是当你进行一笔交易的时候，行情可能朝着不利于你的方向运动，这个时候你需要依靠止损来停止错误扩大。不过，还存在另外一种情况，那就是行情长时间处于不愠不火的状态，长时间在狭窄的区间来震荡。这种情况下行情虽然没有朝着不利于你的方向显著运动，但是时间成本上你在大幅亏损。如果你预期头寸大概率不会很快盈利的话，那么也应该立即退出。

不要过早介入震荡行情。对于交易者我想给出的忠告是，在进场之前一定要确定市场存在行情爆发的较大可能或者是市场已经处于活跃当中。这样你才能有较大的概率在合理时间内获得合理的利润。

如何判断熊市和牛市？这方面可以参考的东西很多，《道氏理论》是一个参考，但是这远远不够。你还应该从流动性和市场舆情的角度去剖析。建议参考拙作《股票短线交易的24堂精品课》。

倘若市场已经处于大牛市或者大熊市之中，则你需要顺势而为，顺着趋势的方向操作，在显著运动方向上建立头寸。相反，如果市场陷入交投清淡或者是震荡行情中，那么你就很容易变得焦躁，而且本金也会遭受利息损失。这些利息就是时间成本，一个理性的交易者不得不对此做出考虑。

如何识别商品期货爆发前的临界点呢？基本面重大新题材出现、异常大的成交量、持仓快速增加或者减少，等等，这些都是可以参考的因素。

如果交易者能够在行情爆发前的临界点介入，那么就能极大地提高资金的利用效率，在更短的时间内赚取更多的利润。一个成功的交易者并不是时刻待在市场之中，他可以凭借在场外的等待来获得更好的机会。空仓还是持仓取决于所处的行情阶段以及相应的市场信号。

空仓与做空是两个不同的概念。空仓不持有多头头寸，也不持有空头头寸，做空则是持有空头头寸。简而言之，做空就是看跌行情的操作。关于做空，存在许多你不甚了解的真相（Facts You Never Hear about Short Selling）。下面我们就来谈一下做空一些重要事实。

部分交易者并不适应做空这个概念，他们就是所谓的天然多头。他们很难理解先卖出再买入的操作过程。在卖出之前，他们需要先买入。

部分交易者惧怕做空，因为他们被历史上那些著名的逼空操作吓住了。当你告诉他们应该做空时，他们则会告诉你逼空的风险如何巨大。

其实，他们极大地高估了逼空的风险。如果他们能够查询过往的行情记录，就会发现每种商品期货平均下来每隔15~20年才会遭受一次显著的逼空。统计资料告诉我们做空一种商品期货，因遭受逼空行情而破产的概率是非常低的。

在未来的交易世界当中，如果你真想有立足之地，应该掌握Python这种编程语言的使用。逐渐学会利用数据和模型去决策，未来交易者必须具备的职业素养。

逼空的时候交易者怎么办呢？如果你持续研究和跟踪市场，同时恪守顺势的原则，那么当市场出现逼空时，你应该做多而不是做空。

研究历史吧，从中你可以得到真相。如果你了解逼空的历史，那么就不会畏惧做空交易。当趋势转而向下的时候，做空会带来丰厚的利润，这与趋势向上时做多一样能够成为交易者的利润源泉。

做多赚大钱，做空赚快钱。为什么会这样呢？简单讲一些理由。期货交易是杠杆交易，从50元涨到100元，是100%的增长，如果是10倍杠杆，不加仓的情况下利润大概是10倍。如果价格从100元跌到50元，那么下跌幅度是50%，不加仓的情况下利润粗略来算只有5倍。这就是做多比做空的利润空间更大的原因。另外，商品牛市的底部持续时间很长，上涨耗时较长；而商品牛市的顶部持续时间很短，下跌前半段非常迅速。这就是做空盈利更迅速的原因。当然，还有一些其他理由，这里暂且不表。

不过，媒体和政府往往对做空深恶痛绝，为什么会这样呢？政客们并非是基于真相而发表自己的言论，他们总是寻找一些靶子进行攻击，博取大众的支持。大众也不会喜欢面对残酷的事实，他们可不愿意承认亏损的主要原因在于自身。让做空者成为替罪羊成了政客和大众们的最佳选择之一，媒体则推波助澜。证券和商品交易所，纽约的华尔街和芝加哥的商品期货交易所，成了媒体、政客和大众的抨击对象，似乎是交易所一直在密谋让交易者们亏损。

相比肮脏的政治而言，美国的商品交易所更值得信赖，甚至可以说金融交易这个行业比其他任何行业都公平，交易所的会员们比其他行业的从业者更值得尊敬。

商品交易所的管理者不会去操纵市场，当然也不应该为交易者的非理性行为承担责任，更不应该因此而遭受指责。不过，政客们可不这么想，为了掩盖自己的无能和错误，他们经常让金融市场背黑锅。毕竟，政客必须通过反对一些人和事来获取支持率。

总之，不要对做多和做空存在偏好和偏见，顺应市场的趋势才是你的原则。交易者既要学会在牛市中做多，也要学会在熊市中做空，不要后知后觉，不要形成惯性，在熊市开始时仍旧坚持牛市思维，或者是在牛市开始时仍旧坚持熊市思维。

进入交易界，交易者的最主要目标是赚钱，而不是坚持对错。多空本身并无对错，关键是能不能赚钱。顺应趋势，交易者才能真正成功。

第 6 节　战争与繁荣的原因
（What Causes Booms and Wars）

战争周期与大宗商品周期有什么关系呢？

从人性中解释一切，其实一切都未能被解释。道德和人性不能被用来解释大的历史进程和规律。

历史表明每隔 20~25 年就会爆发一次战争。历史同样表明每隔 20~25 年，基本上每个国家都会出现一次巨大的繁荣与泡沫。

为什么战争和繁荣泡沫会存在周期规律呢？我认为主要的原因在于亘古不变的人性之中。因为每隔 20 年就会诞生新的一代人，新生代的人群总是富有激情和乐观进取，追逐潮流，勇于创新。但是缺点却是经验匮乏，自然也就对现实和风险认知不足。战争和苦难对于他们而言是陌生的，因为他们从未经历过战争，他们甚至渴望尝试这一新鲜的事物。政客们总是抓住这一点，怂恿和蛊惑年轻人投入到战争之中。

但是，那些经历丰富的中老年人却很难受到政客的影响，因为他们目睹甚至饱尝战争带来的苦涩。青年人精力旺盛，未经世事，容易受到煽动，热衷于争斗和比赛。

商品期货市场上的新手和老手也有同样的情况。年轻人无论是继承了家财还是白手起家，一旦他们进入商品期货市场都会呈现出豪赌的心态。冒险和追逐暴利是新手和年轻人的特点，他们迫不及待地想要在投机事业中一争高下。

当商品处于大牛市末期时，他们往往会受到市场狂热氛围的影响，除了疯狂做多之外，他们哪里有半点判断力？在癫狂之中，这些新手将商品价格推高到基本面供求无法理喻的高度。一旦泡沫破灭，这些新手们就会遭受巨大的亏损，虽然他们获得了血的教训，但是很多人却会因此退出市场，不再对金融交易抱有任何热情。

刚开始是初生牛犊不怕虎，最后是一朝被蛇咬十年怕井绳。一个理性的人应该是刚开始抱有敬畏之心，最后则是百折不挠，矢志不渝。

世上新人赶旧人，世代轮替。新人会不断初选，因此经济和金融市场的繁荣也会不断出现，房地产等资产泡沫以及投机狂潮在周期中现身。年轻人在狂潮中涌入金融市场，他们有权利参与其中。而这一切体现为历史的轮回。轮回是因为人生不变，新人不得不经历老人们曾经经历过的一切。

人口周期与通胀增长周期，以及技术创新和泡沫周期密切相关。

投机泡沫的形成、发展和破灭过程中，交易者可能进出场太早或者太晚，最终亏钱。交易者应该学会耐心等待明确的进出场信号。当市场显著突破区间波动的时候再进场，如当价格向上突破盘整行情时进场做多。

另外，倘若市场已经出现了显著的上涨，那回调很可能会出现。如果你刚进场做多就出现了回调，自然会感到沮丧。缺乏交易法则约束的前提下，你变得悲观和恐慌，于是平仓离场。然后，当你离场之后，市场又恢复了上涨运动。

新手总感觉到市场在与自己作对，为什么会这样呢？如果观察心态与市场走势的关系，你就会发现其中的周期错配现象。震荡周期与群体心理的关系密切，可以从这个指标来观察自己的心态波动。

做空交易者常常面临过早做空的窘境。当市场大幅上涨后，多头往往会过早了结盈利空头，而空头则会过早做空，因为价格看起来很高了。你认为市场已经涨得过头了，不过只是一厢情愿的想法而已。你必须面对现实，等待趋势明确转跌的信号。如果你过早地做空，而市场继续上涨，仓位很

重的情况下你就会遭受巨大的亏损。等待市场真正见顶之时，你可能已经爆仓了。

因此，我不遗余力地强调要顺应趋势（Follow the Trend）。当上涨或者下跌趋势明确的时候再入场交易。一旦信号出现，就要果断入场，不要犹豫和拖延。机不可失时不再来，否则会错失巨大的机会。失去机会也是遭受亏损的另外一种形式。错失利润与亏损，本质上是一样的。**乘势当机，一方面要求顺应趋势，另一方面要求把握时机，在恰当的时机做恰当的操作。**果断，应势当机而发！

不过，要做到乘势当机，就必须面对事实和真相。但要做到这点其实非常困难，因为交易者往往不愿意面对事实和真相。指出这一点是非常残酷的，让人感到不舒服。但是，怀着对本书读者的善意和尊重，我有必要指出来。

不可否认的是我们都有程度不同的“巨婴症”，而金融市场是治疗“巨婴症”的良药。

市场中的许多交易者都难以坦然地面对事实和真相。他们希望市场能够按照他们的想法运动，而且只允许市场如此。这其实不过是一厢情愿罢了，市场不会在乎任何人的愿望。当交易者处于金融市场中时，应该维持客观的态度，坦然面对错误。如果发现自己的头寸与市场趋势相反，那么就应该立即认赔止损。

投机界久远以来流传的圭臬之一是当你疑惑时离场观望。除了幻想之外，你缺乏客观有效的证据来支持头寸的话，也应该迅速离场。不要寻求外界的心理支持，你需要通过系统而理性的分析来判断正确与错误。坦然面对事实，接受事实，修正自己的判断，提升自己的交易理念和模型。因势而动，你将无往不胜。

不要依靠情绪来交易，要依靠规则来交易。

运势好的时候，要用足风帆；运势差的时候，要韬光养晦，谨小慎微。换成交易术语就是“截短亏损，让利润奔跑”。

市场的趋势会变化，个人的运势也会变化。当一个人的运势发生变化时（When a Man's Trend Changes），那么如何应对呢？如果一个交易者最近很长一段时间的操作都非常顺利，盈利丰厚，那么这是一段运势不错的时期。这样的时期可能持续几周、几个月，甚至几年。但是，好运势不可能一直持续下去，正如市场的趋势有转折和变化。

当你运势不好的时候，交易绩效持续不佳，这种情况也可能持续几周甚至几个月。当你运势不佳的时候，应该更加谨慎和保守操作。

那么，如何确定运势的确变差了呢？如果你的某笔交易触及了止损点，平仓离场。接下来的第二笔和第三笔交易也出现了亏损，那么就意味着你的运势变差了。或许是因为市场的趋势转折了，或许是因为你对趋势的判断出错了。

当你的运势走衰时，最好立即离场观望，继续跟踪和分析市场。当你发现趋势明确之后，你可以再度入场交易。

赌场里面有“点灯”的说法，金融市场里面则有“反指”的说法。

再度入场之后，如果你的头寸开始盈利，那就意味着你的运势开始变好了。这时候你应该积极进取，继续交易。但是如果出现连续亏损，那么最好退出一段时间，反思一下，休养生息，静待下次机会。

如何应对市场周期的变化？江恩注重开头三笔单子的验证功能。其实，你可以用敛散的周期性来应对。

接连亏损意味着你状态不佳，或者是判断出现问题，或者是市场的趋势发生了变化。反正你遇上了麻烦，这时候你能够采取的明智行动只有一个，那就是离场观望。

在行情的波动中，交易者难免经历希望与恐惧的过山车。我在所有的作品中频繁提到希望与恐惧。即便如此，我仍然认为反复强调它们是有价值的，也是必要的。

普通交易者做多商品期货合约是因为他们怀抱上涨的希望，这种希望可能来自于他人的建议。但是，这样的决策是非常危险的。因为决策是基于希望，而不是基于事实。

希望和幻想可以让人不切实际，进而陷入疯狂的自毁之中。从市场实际出发，直面事实，基于客观数据进行交易，而不是抱着幻想操作。

在绝望中寻找希望，而不是在希望中等待绝望。

恐惧下的决策带来大量的亏损。当做多者恐慌时，他们集体选择卖出，这使得价格迅速构筑底部。回头来看，这些做多者经常在底部附近割肉。

市场筑底回升，上涨一段时间之后，场外交易者开始恐惧错失赚钱机会，结果他们匆忙入市，买在了阶段性高点。一定要牢记，切不可因为恐惧而交易。**你应该了解真相，真**

一切从实际出发，坦然接受真相和事实，这些最古老最淳朴的智慧却因为情绪的干扰而无法得到有效贯彻。

相让你自由。

区分正常市况与异常市况，对于交易者而言也是非常重要的工作。通过研究过去的历史，特别是战争前后和持续期间的金融市场波动，你会明白正常实况和异常市况的区别，也会大致清楚什么时候会出现异常市况，什么时候会出现正常市况。

“黑天鹅”能够大概率地被预判吗？换而言之，异常值能够提前被预判吗？

通常而言，**金融市场在战争期间会处于异常市况**。不过，目前（1941 年 10 月 1 日）这场战争仍然是一个例外，因为小麦等大宗商品目前并未出现异常波动。

为什么现在持续的这场战争并未引发小麦等大宗商品异动呢？主要原因在于国外为了战争储备了大量的谷物，同时谷物的产量显著增加了。英国从加拿大进口了大部分的谷物，而美国的小麦产量持续增加。当然，由于美国政府的战时管制措施，导致我们小麦价格比国际社会要高 40~50 美分。

如果一定要说这场战争中，什么商品出现了异动的话，那么只有大豆勉强符合。战争导致了大豆的需求激增。其实，美国是大豆主要生产国，因此战争对大豆的需求产生的影响，进而支持了价格。

做大宗商品的趋势交易，不能不懂蛛网周期。做大宗商品的价值投资，也不能不懂蛛网周期。

当然，**供求关系也就有周期性**。我们不能不重视这一周期规律。如果某种商品的价格大幅上涨，那么生产者的利润就会大幅提高，进而刺激它的产量。产量提高必然导致价格下降。现在的谷物正要经历这样的过程。如果有一天政府不再控制谷物的产量，那么在目前的价位上将刺激更多的生产，最终导致价格下跌到目前水平之下。谷物产量过剩，必然导致其价格下跌。战争过后，谷物的需求下降，产量上升，这会导致大宗商品处于多年的下跌阶段。即便战后可能会出现经济和贸易的繁荣，农产品也难以避免下跌的命运。

通过研究历史上的范例，你可以明白战争结束后的商品价格运行规律。商品价格是大概率处于正常市况，还是异常市况，我们可以从历史中得到启示。

关于异常市况和正常市况的经验和规律，我已经和盘托

出。这些东西可以在不同市况时给交易者提供参考和帮助。

大多数商品交易者在面对浮动亏损时都有“锁仓”（Hedging）的习惯。当他们的某一个头寸出现亏损时，锁仓的冲动就出现了。例如，交易者持有多头头寸，但是市场却下跌了，浮动亏损在扩大。交易者于是做空这个品种或者是其他品种来锁定亏损。

锁仓容易，解仓难。理论上，你可以设计很多巧妙的锁仓模型，实际运用中会遇到很多问题。锁仓与套利交易是两回事。

锁仓这种操作其实是非常有害的，最后很容易两个头寸都是亏损离场的。正确的做法是：如果你发现自己处于亏损交易中，那么唯一合理的做法是离场观望，直到趋势确立，明确的进场信号发出。

一位交易者或许想要做空小麦的 5 月合约（May Wheat），不过行情朝着不利的方向运行。于是，他决定做多小麦的 12 月合约（December Wheat）来对冲，或者说锁仓。交易者经常因此犯下另外一个错误。

这位交易者同时做空小麦 5 月合约和做多 12 月合约。如果小麦期货价格出现下跌，那么他会在 5 月合约上盈利，而 12 月合约则会出现亏损。通常这位交易者倾向于了结盈利的 5 月合约，同时继续持有亏损的 12 月合约。

假设市场的趋势是下跌的，继续持有 12 月合约的空头头寸就会导致亏损不断扩大。最终，此前的锁仓操作只不过增加了亏损而已。

锁仓加上倾向效应，会让交易者在懵懵懂懂中亏损。交易者选择了结的盈利头寸在接下来的数月中却倾向于有超过不了结的亏损头寸的表现，这估计就是绝大多数交易者折戟于金融市场的最大原因：是天性使我们亏损，而不是因为我们没有更好的交易指针和圣杯策略。个人交易者具有很强的倾向了结浮利头寸并继续持有亏损头寸，这是比如 Andreassen Paul 这样的行为金融学家长期实证研究得出的结论。这样的交易天性使得账户倾向于遭受更高的平均亏损和获得更低的平均盈利。更深入的了解和解决之道，参考《外汇短线交易的 24 堂精品课》的第 8 课“悖逆交易成功法则的天性：不兑现亏损的心理倾向”。

锁仓永远不是一种明智的做法，出于限制一个头寸的亏损而开立新的反向头寸，这是错误的。锁仓之后解仓得到的结果往往不及预期，因此交易者必须尽量避免锁仓操作。如果你的头寸出现了亏损，并且触及了止损点，那么正常的操作就是立即平仓，离场观望，等待新的明确入场信号。切忌在浮亏中进行锁仓操作。

识别并且追顺趋势，而不是简单地进行锁仓操作。交易者要想有效地把握趋势，当趋势出现改变时，价格波动的幅度也会变化。上涨趋势中，价格上升波段和回调波段有一个正常的范围。例如，小麦和玉米等谷物期货在上涨趋势中每

隔一段时间会出现 5~6 美分的正常回调。当它们涨到更高价位时，每隔一段时间则会出现 10~12 美元的正常回调。持续上涨后，在牛市的最后阶段它们每隔一段时间则会出现 15~20 美分的正常回调。最终，回调幅度会超出正常值，这个时候上涨趋势就结束了。

下跌趋势中，价格下跌波段和反弹波段也有一个正常的范围。最初阶段，小麦等谷物期货每隔一段时间会出现 5~6 美分的反弹。几个波段之后则会出现 10~12 美分的反弹。再后来，则会出现 15~20 美分的反弹。最终市场在转势阶段会出现大于 20 美分的上涨，这就是趋势变化的信号，你应该保持警惕，然后顺势而为。

除了谷物期货之外，其他商品期货合约也有类似的特点。因此，你应该密切关注回调和反弹波段的幅度变化，一旦超出正常值，则需要确认趋势是否转变。在本教程后面我会给出一些更加具体的例子和更具可操作性的交易法则。

投机客一定要重视异常值。例如，价量异常值，波幅异常值，波段异常值，等等。

有一种特别的市况需要我们注意，那就是缓慢上行的市场（Creeping Market）。这种市况容易出现在牛市的初始阶段，在小麦、棉花等商品合约上都能看到这种现象。最初它们的上涨非常缓慢，不过低点和高点却逐渐抬高。在经过长时间的缓慢上行后，市场进入到加速上涨阶段，飙升出现了，回调幅度显著减小，甚至根本没有回调。

如何从波动率和成交量来识别市场是否处于疯狂状态？

缓慢上行的市场呈现出弱势的假象，因为回调频繁，以至于招来不少缺乏经验的交易者持续做空。他们想要从看似虚弱的市场中分一杯羹。不知不觉中，市场进入到飙升状态，他们仍旧持有空头头寸，在幻想中最终被市场绞杀。

价格周期与交易者的心理周期错配。交易者还按照震荡周期进行高抛，但是市场已经完全进入到上涨趋势阶段。

与缓慢上行的市场相反的是缓慢下行的市场。在某些熊市中，市场最初会缓慢地下行，并且间隔着正常幅度反弹。最后阶段，价格开始暴跌。那些习惯了缓慢下跌夹杂着显著反弹的做多交易者很快就被市场惊呆了。暴跌使得他们中的很多人无法脱身。由于缺乏止损决心，他们被套牢了，缓慢下跌变成了暴跌，做多者们亏损严重。

第7节 大众高度关注的价位 (Popular Trading Prices)

由于人性不变，因此人的心智在绝大多数时候以同样的方式运行。在商品期货市场上，大众习惯于在特定价位上买卖，这就是大众高度关注的价位。

普通交易者高度关注5或者10的倍数价位，如25、50、60、75、100、150、175等。大众倾向于在这些点位做多或者做空，建仓或者平仓。这也是棉花、小麦和玉米等商品期货价格会在触及这些点位之后修正或者反转的原因之一。

如果许多交易者在75美分的附近点位处放置小麦空单或者是多头平仓订单，那么小麦合约涨到74.75~74.875美元就可能遭受强大的抛压，以至于价格不会触及75美分。小麦合约的价格未能涨到75美分，做空者在75美分的挂单未能成交，市场就转而下跌了。

场内交易者对于大众订单的集中区域非常熟悉，这是他们的优势之一。不过，整数点位附近或者是前期高低点以及成交密集区域都是潜在的重要支撑阻力点位。

做多的商品交易者也会倾向于在上述价位进场，他们会在50、75、100、12和150这样的价位进场。当然，56、58、60、62、82或者是86等价位也是做多交易者高度关注的。不过，市场可能在触及这些点位之前就拐头了，当价格在距离这些关键点位0.125或者0.375美分之前就会掉头。因此，有经验的交易者不会刚好在关键点位处设置订单，否则容易错失良机。

交易的时候尽量采用市价单，而不是限价单。交易者永远不要设定一个固定价位的订单。如果根据交易规则，市场走势发出了交易信号，那么就应该下市价单，无论做多还是做空都是如此，无论进场还是离场也是一样。

限价订单导致许多交易者付出了不菲的成本。由于限价单导致成交失败或者是成交延误，结果通常是糟糕的。当你按照信号做多或者做空时，就采用市价单，这样可以规避掉许多问题和成本，利润也会相应增加。

你可以去回顾和研究一下历史上的那些极端高点（Extreme High）和极端低点（Extreme Low）。这些点位通常与受到高度关注的整数点位存在些许距离，市场往往在触及后者之前就会形成极端高点或者极端低点。

市场高度一致预期的点位要么根本到不了，要么远远被超过。

还有一个问题，我们需要牢记在心。**做多交易者喜欢在看似绝对低价的地方进场，这是人的天性导致的。但是一旦价格持续上涨，他们又会在很高的位置忍不住追进。**

趋势发动时，普通交易者喜欢高排低吸；趋势结束时，普通交易者喜欢追涨杀跌。如何区分趋势发动还是结束呢？看市场情绪和共识预期。当行情与共识预期一致时，行情结束；当行情与共识预期不一致时，行情持续。如何区分普通交易者与职业交易者呢？观点与市场共识预期高度一致的交易者是普通交易者；观点与市场共识预期不一致的交易者是职业交易者。

如果小麦等商品合约的价格长期波动在 1 美元以下，那么当其价格首次触及 1 美元时，许多交易者就会倾向于做空，因为他们认为相比历史而言，现在太高了。

价格在向上突破 1 美元后，继续高歌猛进，这些交易者逐渐动摇了做空的信念，他们转而认为价格会涨到 2 美元。最终，在极端乐观情绪的驱使下，他们进场做多，最终在最高点附近进场，结果肯定是亏损。

历史的高点和低点，进场点位都会产生瞄定效应。

他们受到情绪和历史高低点的影响而误判了趋势，当趋势改变时，他们并不清楚。**当价格突破历史区间时，市场从正常波动变成了异常波动，趋势发生了变化。**

通过研究过往的行情数据，交易者会发现大多数商品一旦突破 1 美元这个关键点位，则后市大概率会出现较大的涨幅。以小麦期货合约为例，如果它向上突破了 1 美元这个关键点位，则会继续上涨到 1.15 美元、1.20 美元或者是 1.25 美元的价位，甚至更高的价位。当然，如果小麦期货从高位下跌，当它跌破 1 美元这个关键价位后，往往会跌到更低的位置。

如果上证指数突破 7000 点，你认为会涨到多少点呢？统计一下周围人的看法，市场非常大的概率不会停留在多数人认同的点位区域。

讲到这里，我专门讲一下棉花的情况。大众已经习惯了棉花价格在 8~10 美分的区间波动。持续数年的震荡走势之后，基本面其实已经发生了变化，这个时候棉花价格向上突破了 10 美分。大多数交易者会习惯性地认为高抛的机会出现了。

当棉花价格涨到 12 美分时，大多数交易者更加坚信做空

的机会来临了。他们认为棉花的价格太高了，即将下跌。他们不断在上涨过程中做空。最后，当棉花价格涨到 15 美分的时候，对于下跌他们最后一丝信心都被消灭了。于是，他们转而在 15 美分的点位附近做多，价格或许会在大众的疯狂中飙升到 17 或者 18 美分。很快 200~300 点的大跌就紧随而至了。他们未能跟随客观的趋势，未能洞察到基本面背景已经发生了改变。

如果你身边最坚定的空头都在上涨中闭嘴了，甚至转而开始做多，那么上涨行情也就见顶了。交易并不是简单地盯着价格波动，你还需要关注其他参与者的态度和情绪。

请牢记，**供求格局主导着价格的趋势。**当市场创出新高时，如果需求大于供给，那么价格会继续上涨，这时候逆势做空好比螳臂挡车。当市场创出新低时，如果供给大于需求，那么价格会继续下跌，这个时候做多也是鲁莽的。当市场跌破长期的低点时，抛压如果比较大，那么你应该顺势做空，而不是逆势做多。

如何从持仓量和基本面背景判断真假突破？如何结合仓位管理为判断失误提供安全保护？

第 8 节 挑选商品涨跌龙头的诀窍
(How to Select the Commodity that will Lead a Decline or an Advance)

通过绘制和跟踪所有商品期货合约的月度高低价走势图、解读高低价走势图，特别是其中活跃合约的走势图，你能够确定商品牛市或者熊市中的龙头品种。

如果你能够恪守后面给出的判市法则，就能够大致判断出涨跌的龙头品种。这些判市法则关心价格是否正在创出新高或者是新低，是否已经突破阻力点位并且维持在上方较长时间，或者是跌破支撑点位并且维持在下方较长时间。

商品龙头与股票龙头的甄别方法有什么异同之处？

回顾历史走势，你会发现商品牛市中，某个商品最先上涨，其他品种则跟随上行。**在牛市末尾阶段，这个领涨品种往往也会最先下跌。**

当然，商品的涨跌并非完全同步。因此交易者需要关注单个品种的趋势。不要认为猪油（Lard）合约价格下跌了，大豆合约的价格也会下跌；不要看到了棉花合约价格下跌，则

关注龙头品种有什么用处？

认为小麦价格也会下跌。除非交易者能够根据该品种的走势图确认趋势。

你需要基于走势图来选择品种，除非走势图给出了清晰无疑的信号，否则不应该主观臆断。需要记住一点：**供求关系重大变化推动的价格调整需要足够的时间来完成。**当价格充分甚至过度调整后，趋势就会改变，反向运动就临近了。整个过程会持续很长时间，这就是趋势的可持续性。通过翻阅历史的走势图，结合我给出的判市法则，你就能搞明白其中的诀窍。

在中国大陆的期货市场中，什么品种是短线投机客最爱的？

龙头品种是商品大势的风向标。除了关注龙头品种之外，我们还需要关注一些最适合交易的商品（Best Commdities to Trade in）。正常市况下，交易者可以通过参与小麦、玉米和大豆期货来获得大部分利润，因为这些品种的波动幅度很大，也容易预判。

农产品期货要关注天气变化和蛛网周期。

当然，燕麦（Oats）期货也是一个比较好的交易品种，虽然长期窄幅波动，但是比较容易预测。存在一些异常年份，其间燕麦收成极差或者是黑麦（Rye）收成极好，而这会导致燕麦或者黑麦的价格出现大幅波动。

普通而基础的大宗商品能够在数年的时间里带来最大的利润回报，如棉花，因为生产和贸易厂商大量参与其中，套利和套保的需求旺盛，促进了交投活跃。价格的大幅波动会加剧供求的变化。

除了研究上述普通品种之外，你也应该研究其他商品的历史走势图，看看异常波动的时机和背景。大部分交易者喜欢交易普通品种，如小麦、玉米和大豆，还有棉花。相比可可豆、咖啡豆和糖而言，大部分交易者更加熟悉棉花。

交易者应该放宽视角，选择那些波动幅度更大的龙头品种，这样才有更大的获利空间和机会。

第 9 节 顶部或者底部的形态
(Formations at Top or Bottom)

交易者在分析商品的历史行情数据时，需要着重研究周度高低价或者是月度高低价对应的顶部或者底部形态。通过研究这些顶部或者底部形态，你可以在预判未来的趋势转折点上享有更大的优势。在任何重大趋势变化出现时，你往往会看到这些形态。

请记住一句话："一张好图抵过千言万语"（One Good Picture is Worth a Thousand Words）。因此，我们需要坚持绘制和跟踪走势图，不断研究历史行情走势，通过研究这些形态可以更好地甄别趋势变化。后续的章节中，我将更加具体而详细地讨论各类顶部和底部形态。

江恩此处的分析有点过时了。在那个信息传播缓慢的年代，重大事件的信息传播存在很长的链条，少数人具有极大的信息优势。现在，信息传播链条变短，很多人都能够在同一时间接触到同一信息。市场对重大的逻辑的吸收需要很长时间，对于具体事件的吸收是非常迅速的。

谈到顶部和底部等趋势转折形态，不得不谈到突发意外新闻（Sudden Enexpected News）。我常常收到不少交易者的来信，他们在信中询问："当某种突发事件出现时，如战争爆发、总统死亡、棉花遭受重大风暴灾害、大的经纪商或者交易商破产，等等，你预判市场的反应呢？我们又该如何应对呢？"

我给出的标准答案是事件的出现是有征兆的，市场也会提前对此进行贴现，在事件发生并未被公众知晓之前，趋势已经有了体现。下面，我们来看具体的例子：

1916 年 11 月，小麦见到高点 195 美分。此前市场走了一波上涨行情，接着疲态显现。到了同年 12 月，跌到低点 154 美分。短时间快速下跌意味着反弹即将出现。

1917 年 1 月，小麦见到高点 191 美分，与此前的高点 195 美分相比，低了 4 美分，**高点降低意味着趋势向下**。这个市场信号指示交易者应该做空。

1917 年 2 月 2 日，德国宣布无限制潜艇战（Unrestricted

U–boat War），棉花和小麦暴跌。市场的恐慌使得小麦大幅跳空低开，跌至154.5美分。在此之前，市场已经发出了趋势向下的明确信号，那时候交易者就应该做空了。

不过，小麦并未跌破12月的最低点154美分，这表明这里存在较强的支撑，阶段底部出现了。美国参战无疑，经济利空兑现，一旦战争持续，小麦的需求量就会增加，而这对小麦则是利多。

我们再来看棉花的情况。

1916年11月，棉花期货见到最高点21.5美分。见顶之前的这波上涨是从8月低点13.8美分开始的。大幅上涨之后，下跌出现了。同年12月，见到低点16.5美分跌幅有400点。反弹紧随而至。

1917年1月，棉花见到反弹高点19.1美分，比前高低了240点，这是趋势向下的明确信号。这个时候交易者应该做空。

当无限制潜艇战的新闻导致大幅低开时，你已经持有空头头寸坐巨额利润了。

1917年2月2日，棉花大幅低开了三四百点，跌至13.75美分附近。此前你应根据市场信号进场做空，这个时候你应该在大幅低开后及时了结空头头寸。

什么性质的利空会导致市场反转？什么性质的利空会导致市场回调？什么性质的利空会导致市场继续下跌？答案分别是“最后一次利空题材”“一次性利空题材”和“持续性利空题材”。如果你想要深入了解题材的性质，特别是股票题材的性质可以参考《题材投机：追逐暴利的热点操作法》这本书。

后面我会解释为什么应该在大幅跳空之后及时平掉空头仓位。很多缺乏经验的交易者这个时候在利空消息出现导致跳空后才进场做空棉花和小麦，基本上是在底部附近做空。这个低点是多年来的新低。事实上，在利空消息兑现之前市场已经开始出现下跌趋势了。

我们再来看体现消息与价格的微妙关系的另外一个实例。1933年3月，小麦见到历史性低点46美分。**罗斯福总统就职并宣布放弃金本位制（Gold Standard），小麦价格迅速上涨。**这种走势虽然发生在和平时期，但是具有战争期间的异常波幅特征。

1933年7月18日，小麦价格触及高点1.28美元，在4

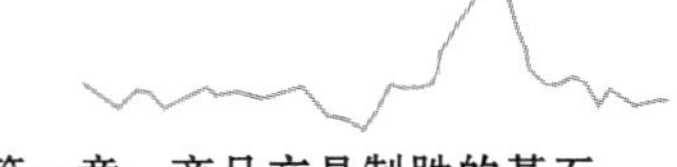

个月时间内涨幅达到了 72 美分。这轮牛市中的最后一波上涨是从 6 月 19 日出现的阶段性低点 97.5 美分开始的，19 天内涨了 30.5 美分。

为什么废除金本位制会导致小麦价格暴涨？从通胀预期和货币发行机制的角度思考。

在大名鼎鼎的 E.A.克劳福德博士（Dr.E.A.Crawford）爆仓之前，小麦市场已经出现了明显见顶信号。当市场因为克劳福德博士爆仓的新闻而出现跳空低开时，你已经持有空头头寸了。因此，利空消息加速了你的盈利，此后三天内小麦跌了 30 美分。

内幕人士通常并不会对所谓的意外事件感到意外，因为他们的消息灵通，能够先于大众知晓重要事件。**市场趋势变化的信号往往因为他们的行动而出现。**

等到新闻公布，大众知晓时，利空兑现，往往就是做多时机，或者是利多兑现，则往往是做空时机。市场往往会在走势图上给出一些信号，提示你即将公布消息的性质和影响程度。

不能简单地认为"利空兑现就会涨，利多兑现就会跌"。如果这么简单，那么交易就太容易了。要注意利空和利多的性质。

接下来，我讲一下多空力量对比与行情走势的关系。当多头强于空头时，市场上涨，因为需求相对供给增加了。多头强于空头，则低点渐次升高，高点也渐次升高，直到多头弱于空头，上升趋势就结束了。

当空头强于多头时，市场下跌，因为供给相对需求增加了。空头强于多头，则低点渐次降低，高点渐次降低，直到跌到关键支撑点位，多头力量开始逆转多头力量。那么，趋势也会跟随逆转，至少会暂时反弹。要想搞清楚多空力量对比变化，本书读者可以参考我提供的所有判市法则，基于走势图确定趋势变化的信号。

用多空对比来替代价格涨跌，并不能提供可供分析和操作的方案。

在商品牛市的最后加速阶段，价格回落非常小，因为极端乐观精神主导着市场。在这个阶段，多头力量急剧释放，追买行为膨胀，逢低做多的单子根本无法成交。交易者不应该期望飙升走势中出现大幅回调。在上涨趋势中，多头可以利用浮盈顺势加码，于是涨势越来越猛。当然，在牛市开始阶段的回调幅度可能都比较大，这个不应该感到意外。

K 线的 TR 值超过 ATR 值三倍，你认为这体现了什么市场情绪？你能够如何利用这一点？

在商品熊市的最后加速阶段，价格反弹幅度非常小，因为极端悲观情绪蔓延。此前的长时间下跌，并未完全让死多头认赔离场，他们仍旧幻想市场反转，随着行情继续下跌，他们开始变得恐慌，于是不得不平仓。多头转空头的过程中，空头力量相对增强，因为多头信心大幅下降。在下跌趋势中，多头的亏损越来越大，做多的能力也就越来越差，因为他们的保证金越来越少。因此，市场显著下跌处于低位之后，多头力量反而更弱，因此做空反而胜算率和风险报酬率更高，反弹的程度也就越来越小。

除了空头强于多头和多头强于空头两种情况之外，市场也会处于多空平衡的状态。当小麦、棉花或者其他商品期货长时间上涨之后，他们最终会到达一个多空平衡点位或者区间。然后市场会在这个区间窄幅波动，时间大概数日或者数周，最终多空打破均衡，趋势出现。

底部可能出现长期盘整的走势，而顶部则是急涨上去后急速下跌。当然，也有少数例外。

多空均衡更容易出现在底部，而不是顶部。平衡状态在高点很难维持，顶部附近的多空转换是迅速的。

当市场经历长时间的下跌后，会进行一段时间的休整或者说多空平衡阶段。横盘整理期的交易策略是高抛低吸。如果预判横盘整理结束后，下行趋势恢复，趋势交易者就应该逢高卖出，在高点之上设定止损。对于博取短线价差的交易者而言，几美分下跌之后，触及区间底部，则应该做多。

市场的区间震荡行情会持续数周甚至数月时间，在这期间多空力量处于平衡状态。当行情走势处于这种市况时，你需要密切跟踪和研究走势图，应用我提出的法则，等待趋势明朗的重大机会。

如果你从事交易的时间足够长久，就会发现所谓的震荡市场并非都是规则的，存在很多亚型，不要认为区间内波动的高点和低点非常规则。为什么存在许多假突破？因为区间并不规则，高点与高点之间，低点与低点并不整齐。

你要耐心等待区间突破的机会，当多方战胜空方时，向上突破区间顶部；当空方战胜多方时，向下跌破区间底部。本教程的后面部分将会介绍一些盘整市况的实例，在这些实例当中多空处于均衡状态。

我们要注意一种比较特殊的窄幅整理行情，那就是在最高价附近的震荡走势。当小麦等商品少数情况下在见到历史

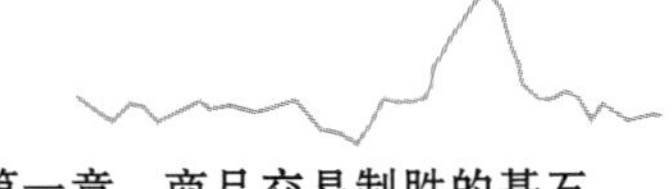

高点之后，交投清淡，波动率下降。这时候交易者应该在场外观望，如果价格跌破关键支撑点位，那么继续下跌的可能性很大。

第 10 节　政府对商品市场的干预和调控
(Government Control of Commodities)

当罗斯福总统的新政（New Deal）实施后，政府开始对商品价格进行管控，他们试图无视供求规律。我认为这种干预和调控对于经济的健康发展是弊大于利的，全美大多数精明的商人，包括谷物行业的商人们都认同我的观点。

我们一致认为政府的这种价格和生产管控会在战争结束后停止，因为政府财政无法持续负担补贴农民减产的行为，也不可能继续对商业和工业征收重税，因为这样会导致经济停滞甚至萎缩。

当价格和生产管控政策结束后，市场就会重新发挥其正常的调节作用，价格会根据供求关系自然调整以便市场出清。

自然界和社会经济都有自身的运行规律。气候和天气会发生周期性变化，数个好年份之后，必然出现差年份，而这会导致农业从丰收变成减产。政府不可能管控气候，更不可能违背和干预自然规律。

政府最好管住自己的手，不要干预生产和市场的运行，让供求规律发挥应有的作用。当市场主导一切时，商人、投资者和投机客都能够更好地预判未来的趋势。

艾略特波浪理论和加特利波浪理论能够在受到扭曲和管制的市场中有效运用吗？

第 11 节　成交量
(Volume of Sales)

当商品合约跌破底部或者支撑点位且出现放量情况，那

无论在股票市场，还是在期货市场，江恩都是一个推崇跟随趋势的交易者。

么向下趋势大概率开始了。相反，当商品合约突破顶部或者阻力点位且出现放量情况，那么向上趋势大概率开始了。交易者应该耐心等待成交量萎缩的震荡市况出现变化，当放量突破区间的走势出现时，机会就来了。

谷物等商品合约在长期上涨之后会出现疲态，当市场开始转势后，反弹幅度越来越小，这就是极端疲弱的表现。此前的牛市中，交易者们会在价格每次回调时逢低买入，不断创出新高，最终市场会达到一个极端超买的状态，最终趋势转而向下。

做空进场点有哪些类型？这个问题要搞清楚。所有进场做空点都离不开附近的关键点位作为止损基准。

当下跌趋势确立以后，空方力量压倒对方力量，承接的单子相对较少，支撑点位逐一被击穿。随着那些高位做多的交易者不断平仓，价格持续走低，反弹幅度越来越小。在大跌之后，不要惧怕做空，此刻做空其实更加安全。

第 12 节　市场最强势或是最弱势的时间窗口
(When the Market is in Strongest Position or in Weakest Position)

小麦等商品长期下跌之后出现了底部抬升的现象，这时候就是市场最强势的时候。尤其是**最后一波下跌近乎垂直而且幅度巨大的情况下**，更是如此。**在市场抵达强势位置之前，也就是下跌趋势尚未结束之前，市场的反弹幅度性对于下跌幅度都是非常小的。**

江恩这几段话都在讲 N 字结构在趋势判断中的运用。

长期下跌后市场开始回升，第二个和第三个低点相对第一个低点在逐步抬高，并且反弹的高点越来越高，那么市场就已经处于最强势的阶段。不断升高的低点意味着多头力量在增强，而一轮牛市的开端往往是在第三个或者第四个更高的低点。一旦商品步入牛市，那么上涨行情更为持续，在这期间回调的幅度也会显著小于上涨幅度。**当你抓住牛市主升浪时，赚钱的速度是非常快的。**

在商品牛市中简单做多并不能暴富，懂得加码才行。

长期上涨后市场开始回落，高点越来越低，当第三个或

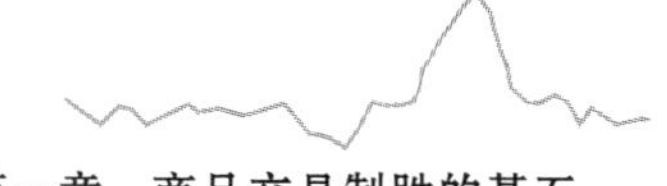

者第四个高点出现后价格跌破了临近的低点，这就是市场最弱势的时候。趋势向下明确无疑，后续下跌将加速。

第13节 商品交易所的服务是有价值的
（Commodity Exchanges Serve a Useful Purpose）

别有用心的政客们总是通过抨击商品交易所来博取无知大众的好感，他们宣称要让交易所破产关门。

辩证地看待问题，你遭遇的问题就会减少。至少自己给自己挖坑的情况会减少很多。

事实上，美国各地的商品期货交易所就像杂货铺和百货商场一样，都是不可或缺的。它们让价格信息更加透明，让供求调整更加有效。农场主们从商品期货交易所获益甚多，因为他们可以更加快速地了解市场信息和价格波动，同时还能够套保对冲价格波动的风险。

那些大规模种植小麦、玉米或是燕麦的农场主能够通过商品期货交易所锁定有利的销售价格。其中一个这样的农场主在收获之前发现小麦市场价格很高，大约在1美元/蒲式耳。他预计自己大概可以收获2000蒲式耳的小麦。同时，他有很大把握断定等到收获季节时，小麦的市价将跌到1美元/蒲式耳之下。

当他做出上述判断的时候，正是5月，小麦在芝加哥商品交易所（Chicago Board of Trade）和堪萨斯商品交易所（Kansas City Board of Trade）上的期货合约在1美元/蒲式耳附近成交。于是，他给自己的期货经纪人下达了做空指令，他在7月合约、9月合约以及12月合约上总共做空了2000蒲式耳的小麦。换而言之，他对自己未来收获的2000蒲式耳小麦进行了套期保值操作。

此后，当这位农场主开始收获小麦时，小麦已经跌到了80美分。他在现货市场上以80美分的价格出售了自己手头2000蒲式耳的存货。同时，他在期货市场上了结了2000蒲式耳的空头头寸。他从期货市场上每蒲式耳获利20美分，加上

套期保值。

现货的 80 美分，那么相当于他实际上是按照 1 美元/蒲式耳的价格卖出了自己收获的小麦。当然，他也可以选择在商品期货交易所对空头合约进行实物交割。

当然，政客们从来不会如实相告，他们总是找各种理由抨击商品交易所。事实上，商业离不开商品期货交易所。假定某纺织大型企业计划采购 10 万包（Bale）棉花。尽可能以较低的价格买入大量的棉花，在棉花用完之前还希望价格不要下跌，否则会让自己处于成本上的弱势地位，缺乏市场竞争力。因此，这家企业需要进行套期保值操作。

期货市场的套期保值并不需要全额资金，它只需要为每包棉花投入 5~7 美元的保证金即可。在合适的价格水平做多期货，相当于锁定了现货买入价格。即便价格出现了大幅上涨，它的实际买入成本也限制在了期货合约的做多价格附近。

一家面粉厂也可以对手中大量的小麦进行风险对冲。如果它预计小麦价格将大幅下跌，那么自己的成本相对于其他能够采用更低价小麦的面粉厂就处于显著劣势中。因此，这家面粉厂可以通过做空小麦期货合约来对冲潜在的经营风险。无论此后小麦的价格跌到什么价位，它都可以保持自己的成本竞争优势。

套保最大的风险是在价格波动中迷失了套保的初衷。

如果此后小麦大幅下跌，跌到 1932~1933 年的极端低点 44 美分附近，那么此后转为持续牛市的可能性就很大。这个时候如果面粉厂预判小麦将最终上涨到 1 美元甚至更高的点位，那么它就可以进入商品期货市场，做多半年或者 9 个月之后交割的小麦合约。

倘若此后小麦真的触及 1 美元，甚至更高的价位，则面粉厂已经从期货合约上获得了丰厚的浮盈，这样就锁定了购入小麦的成本，不必通过显著提价转嫁给消费者，极大地提高了市场竞争力。

除了套期保值这种具体的案例可以证明商品期货交易所的价值。历史也可以佐证商品期货交易所的价值，许多国家的商品期货交易所差不多有百年的历史了，直到现在仍旧持续地满足经济和商业的各种需求。

例如，芝加哥商品交易所成立于 1848 年，到写作本书为止有一百多年时间了。纽约棉花交易所（New York Cotton Exchange）创建于 1870 年，它给棉花的生产方和需求方都带来极大的经济和社会利益。

我们不能将自己的过错算在商品交易所身上。不管从事什么商业活动，总会有一些人糊涂犯错。我们不能因为这些人自己的错误而怪罪商品期货交易所。少数人犯下的大错不能成为公众和政客抨击商品期货交易所的理由。

倘若有人在商品期货和股票的交易上亏了钱，那都是他自己操作导致的，不应该怨天尤人。要想在这个行当进步和成功，必须勇于承认自己的错误，修正自己的错误，通过避免犯下同样的错误而最终持续盈利。怨天尤人并不能帮助我们走向快乐和成功。

持续寻找最大的“漏洞”，修补这一“漏洞”，你就能取得最大的进步。

第 14 节 建仓和平仓的过程

（How Trades are Made and Closed）

假设有一交易者简称为 A 君，他在 1 月的时候给自己的期货经纪商下达了做多指令。具体来讲是在 85 美分的价位做多 5000 蒲式耳的 5 月小麦合约。当然，A 君向经纪商提供了充足的保证金。

进场后，如果小麦短时间内上涨到了 95 美分，那么他就可以要求经纪商平仓。平仓后减去佣金的净利润，A 君可以继续保留在保证金账户上进行下一笔交易。当然，A 君也可以将合约持有到 5 月进行交割。

再看另外一种情况，A 君通知经纪商在 85 美分做空 5000 蒲式耳的 5 月小麦合约。进场后，小麦合约却开始上扬了。于是他在 95 美分平掉空头。甚至在触及 95 美分之前 A 君的账户保证金就不够了，这样的话他必须补充保证金或者被经

纪商强平。

在这笔做空交易中，A 君在 85 美分建仓，在 95 美分平仓，亏损幅度达到了 10 美分，另外还有佣金成本。

上面仅以小麦合约为例，但同样的交易方式也适用于其他商品期货，如大豆、玉米等谷物，以及棉花、棉籽油等。当然，他们也能以同样的方式交割。

站在商品期货交易所的角度来看，卖出在未来交割合约的操作方被称为“空头”(Shorts)，买入在未来交割合约的操作方被称为“多头”(Longs)。在上涨走势中，我们会经常听到“空头回补”(Shorts Covering) 的说法；在下跌走势中，我们经常听到“多头抛售”(Longs Unloading) 的说法。

多头和空头都是相对的，这个角度分析问题其实很难抓住本质。

在本章最后，我们谈一下如何挑选商品期货的经纪商。当你准备进入商品期货市场的时候，资金安全和经济商的可靠性是首要考虑的问题。因此，最重要的一点是一定要在正规商品期货交易的会员机构那里开立账户进行交易。

下面提到的这些商品期货交易所是正规合法的：芝加哥商品交易所 (Chicago Board of Trade)、温尼伯格谷物交易所 (Winnipeg Grain Exchange)、堪萨斯商品交易所 (Kansas City Board of Trade)、新奥尔良棉花交易所 (New Orleans Cotton Exchange)、纽约棉花交易所 (New York Cotton Exchange)、纽约商品交易所 (Commodity Exchange Inc of New York)、纽约咖啡和白糖交易所 (Coffee and Sugar Exchange of New York)、纽约可可交易所 (Cocoa Exchange of New York)、芝加哥商业交易所 (Mercantile Exchange in Chicago)、纽约农产品交易所 (Produce Exchange in New York)。这些交易所受到了最为公平公正的监管，这些交易所的会员当然值得信赖。如果某家经纪商是这些交易所的会员，那么你在客户那里可以保证资金和交易的安全。

千万不要在对赌交易商 (Bucket Shop) 那里开户和交易，他们完全依靠你的亏损来盈利。当然，现在这类非法的交易商几乎不存在了，偶尔还会看到。但是，为了保护你的本金和交易，务必在正规交易所会员那里开户。如果经纪商是正规交易所的会员，那么你的客户权益才有保证。银行对经纪商的合规情形非常了解，并且每个经纪商都必须公布自己是会员的交易所名单。

本章原著金句

1. I ask you this question—“Did you ever stop and consider why you have lost money?”

2. You probably bought when good news had been discounted and sold when bad news had been discounted.

3. Remember, you must pay in advance for what you get by time and study, and the time you spend in a brokerage office is wasted in most cases.

4. When you get too close to anything, especially to the ticker tape, it wraps your judgment, and causes you not to follow rules or act on a well-difined plan, but to trade on hope or fear.

5. Another fact that traders often overlook is that the more times a man gets in or out of the market, the more times he changes his mind.

6. Learn to face the facts and to eliminate hope and fear.

7. A successful trader studies human nature and does the opposite of what the general public does.

8. If you will only study the weakness of human nature and see what fools these mortals be, you will find it easy to make profits by understanding the weakness of human nature and going against the public and doing opposition of what other people do.

9. By studying past history and knowing that future is but a repetition of the past, you can determine the cause according to the time and conditions.

10. When you are in a war period, by studying past war periods, you know about how commdities will act.

11. Always figure that YOU CAN BE WRONG and that the market could reverse. therefore, follow your profits up with a STOP LOSS ORDER, or get out when you get a definite indication that the market has reached a turning point and that the trend is changing.

12. Never trade on hope. Hope wrecks more people than anything else. Study the market and determine the trend. Face the facts, and when you trade, trade on facts, eliminating hope.

13. Remember that supply and demand govern prices.

14. By keeping up a monthly high and low chart, or a quarterly chart on any commodity, and by keeping up charts on most of the active commodities, you will be able to determine which commodity is going to lead in a bull market or which commodity is getting ready to lead in a bear market.

解读形态
(Form Reading)

第 1 节　分析商品趋势的法则
(Rules for Determining the Trend of Commodities)

首先，我们来了解一下“研究”(Study) 的重要性。那些不愿意下功夫去研究的人是很难在任何领域取得成功的。**作为一个商品期货交易者，你需要投入大量的时间和精力进行研究，如复盘小麦、大豆和棉花数年来的行情资料。**经过复盘，你对我提供的分析和交易规则将更加有信心，相信自己能够通过商品的大趋势挣到丰厚的利润。

没有复盘，就没有进步。

重要的分析方法之一是解读形态。视觉提供了85%的信息，正如老话所说“一张好图胜过千言万语”(One Good Picture is Worth a Thousand Words)。这些都证明了解读形态在判市时的重要价值。未来是历史的重演。重复出现的形态可以用来确定趋势。而历史上的极端点位和中间点对当下和未来的行情有启示意义，它们是趋势的指示器。

当交易者第二次或者第三次见到同样的形态后，他就能清晰地明白它的指示意义。我给出的各种形态和相应的交易法则具有稳定的效力，它们的效力如同过去一样。当然，**你不必盲目地相信我这句话，你可以亲自来实践验证。**当你最

真知不怕检验和竞争。

终信任这些法则后，那么就能通过恪守它们来挣得丰厚的利润了。

如果你不愿意下功夫自己研究，只想通过打听内幕消息或者乱猜一通来交易，那么你绝不可能成功。交易需要汗水和纪律，知识和法则是基础，你必须恪守那些被证明为有效的法则才能成功。

第 2 节　所需资本
（Capital Required）

交易者在商品期货市场上运用任何策略之前首要面临的问题就是资本。交易者需要一笔本金进行操作，这笔本金能够在长达数年的操作中保存下来，并且能够赚取利润，这才符合交易的初衷。

保本的同时获利，这样的策略是每个成功交易者所遵循的。就我个人的经验而言，交易 1 万蒲式耳的小麦所需的最小资本额应该为 3000 美元，其他商品大致类似。与此同时，你需要明了的是交易 1 万蒲式耳小麦的止损幅度应该控制在 3 美分以内。

以上述资本额和止损幅度进行操作，交易者可以做 10 笔交易，除非 10 笔交易都连续亏损，否则市场不可能掏空你的本金。当然，如果你能够恪守我给出的商品期货交易法则，则绝不可能连续 10 次亏损。

不管你利用多少本金进行操作，务必恪守下面的仓位管理法则：**第一，将资金分成 10 等份；第二，在任何单笔交易中不要动用超过 10%的资金去承担风险；第三，倘若你连续亏损了三笔，那么就应该减少仓量，只留 10%的资金去承担风险。**

仓位管理不仅是限制风险，也包括扩大战果。“海龟交易法则”的最大亮点在于给出了践行上述理念的模型，这样才能让仓位管理落地。

如果你能够恪守上述仓位管理法则，那么长期下来交易肯定能够取得成功。

当谷物期货在 40~60 美分/蒲式耳的低价位交投时，所需的起始本金可以低至 1000 美元，每笔可以交易 5000 蒲式耳。第一笔交易的止损幅度不超过两美分。

当然，如果可能的话，尽量将首笔单的亏损限制在 1 美分。在这样的低价位区间内，如果你有 1500 美元，那么应该考虑至少能够承受连续七到十次的亏损。倘若你真按照我给出的仓位管理策略和交易法则去操作，那么市场不可能让你破产。

如果商品期货的价格位于高价位区间，那么上述仓位管理策略仍然是你的赚钱法宝。当小麦或者大豆等谷物期货在 1.75~2.5 美元/蒲式耳的价位交易时，操作 5000 蒲式耳所需要的资金为 2000 美元。

如果你资金相当匮乏，只能交易 1000 蒲式耳，那么至少应该有 300 美元，同时初始止损幅度不能超过 3 美分。尽可能地将第一笔交易的初始止损幅度设置在 1~2 美分的幅度。

投资和投机的本质区别是什么？是仓位管理吗？还是盈利机制？

请牢牢记住本小节提到的仓位管理要点之一——**“不要在单笔交易中亏损超过 10%的本金”**。

第 3 节　采用图表的类型
(Kind of Charts to Use)

海龟交易法则采纳的周规则反映出其对周度和月度高低价的重视。

一个忙碌的交易专家应该保存并且跟踪小麦、玉米、棉花、大豆以及其他感兴趣品种的周度高低价走势图。除此之外，月度高低价走势图也应该保存并且关注。

交易者应该从这两种走势图中洞悉趋势的变化。当价格向上突破历史顶部并且交投活跃时，做多的良机出现了；当价格向下跌破历史底部并且交投活跃时，做空的良机出现了。

除了周度和月度高低价走势图之外，季度高低价走势图也值得关注。因为交易者采用走势图的时间周期越长，则越能有效地确认趋势的变化。一年的时间长度可以绘制 4 根季

一般而言，商品底部突破可以用时间较长的高低价走势图。对于商品顶部的观察和捕捉而言，则应该采用时间周期较短的高低价走势图。

节高低线，具体来讲 1~3 月绘制一根高低价走势图，这根线覆盖了冬季的价格变化幅度；4~6 月绘制一根高低价走势图，这根线覆盖了春季的价格变化幅度；7~9 月绘制一根高低价走势图，这根线覆盖了夏季的价格变化幅度；10~12 月绘制一根高低价走势图，这根线覆盖了秋季的价格变化幅度。

对于农产品期货而言，蛛网周期与季节性规律相比，前者更为重要。当然，原油价格现在对农产品价格的趋势变化也有很大的影响。

一年有四个季度，每个季度的长度为三个月。**通过绘制和研究季度高低价走势图，你可以发现商品的季节性规律，从中发现趋势重大变化的苗头。**你可以回顾各个品种的季度高低价走势图。通过研究历史走势图你会发现，**市场首次跌破最近一个季度的低点之后，熊市降临的概率很大；**相反，**当市场首次升破最近一个季度的高点之后，牛市降临的概率很大。**

当然，交易者倘若能够将季度高低价走势图与月度高低价走势图结合起来研读，注意小麦等商品的相对位置变化，则可以发现大势比较容易确定。因此，我建议本教程的研读者绘制和跟踪每个品种的季度高低价走势图。

最后，还有一个问题——什么时候应该采用日度高低价走势图呢？如果行情极度活跃，波幅巨大，特别是牛市或者是熊市尾声的时候。这个时候你应该采用日度高低价走势图。如果你交易的小麦或者大豆处于牛市或者熊市的尾声阶段，则应该采用小麦或者大豆的日度高低价走势图。日度走势图的使用方法与周度走势图法基本一致，要特别注意其中的关键支撑或者阻力点位。趋势的变化会首先体现在日度走势图上，直到周度走势图确认。我将在后面的章节中详述点位的重要性。

第 4 节　主要趋势和小型趋势
（Major and Minor Trends）

通过跟随市场的主要趋势，你总是能够赚到绝大部分的

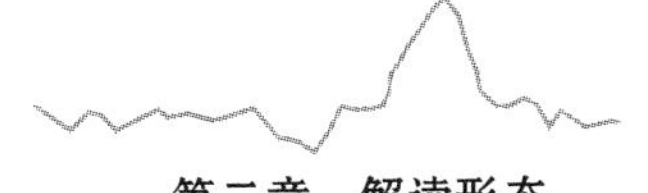

利润。当然，顺应大趋势意味着你会错失一些波幅巨大的次级走势。那么，如果你想要低风险地交易这些次级走势该如何做呢？你必须等待有效的交易法则给出阶段性低点做多或者是阶段性高点做空的信号，然后设置幅度较小的止损来限制亏损幅度。

舍而方能得，静而方能虑。

止损点的寻找主要依托于关键点位。如果止损点过远，导致风险报酬率不合算，则放弃这笔交易。

市场存在两种趋势层次：主要趋势和小型趋势。小型趋势与主要趋势的方向相反，持续时间较短。如果主要趋势向下，那么小型趋势则是反弹，不过抢反弹远没有在反弹快结束时做空更明智。

江恩的“主要趋势”相当于道氏理论的“主要运动”，“小型趋势”相当于道氏理论的“次级折返”。

如果主要趋势向上，市场处于牛市或者上升趋势中，则与其做空回调，不如在回调临近结束时逢低做多。总而言之，在做多或者做空之前，等待趋势确认信号，则你可以最大化交易利润。

这里江恩非常推崇见位进场。

第5节　价格走势透露趋势
(Price Tells the Trend)

由于历史的轮回，因此小麦等商品的价格走势能够预示市场未来的趋势。价格走势是所有参与者共识的体现。除非需求相对供给增加，否则商品价格不会上涨；同样，除非供给相对需求增加，否则商品价格不会下跌。小麦等商品的价格波动体现了供求关系的动态变化，是所有参与者共识预期和集体行为的综合体现。

价格走势吸收了一切预期到的信息。

江恩提了很多好的观点，他是如何将这些观点做出模型的？把后面这个问题搞清楚更有实际价值。

贪婪和追逐暴利的本性是不会改变的。这些因素深深植根于人性之中，普通交易者和普罗大众深受其害，由此带来了交易的持续亏损和商业的破产。

人性妨碍了及时退出。对于利润不切实际的追求使得交易者忽略了趋势的变化。当头寸遭受浮亏时，交易者幻想市场能够转向对自己有利的情形，他们拒绝止损离场。虽然亏损不断扩大，但是他们拒绝止损，总是被市场修正走势勾起

人性的本质是几百万年来生存进化的沉淀。快速发展的现代社会使得人本身还没有来得及调整某些生存机制和策略。

希望。逃避现实成了他们的非理性选择。

要学会"内观"自己的情绪，"外观"大众的情绪。这两个情绪指标是相当好的反向指标。逆人性则生，顺人性则死。

如果市场运动方向与持仓头寸背离，那么交易者越早止损越好。但现实却是残酷的，多头在面对市场下跌时往往寄希望于反弹走势来拯救自己，而不是主动采取行动。最终，交易者是在希望中等来了绝望。等到市场暴跌见底时，多头往往也止损了，几乎在最低点附近才平仓离场。

恐惧驱使交易者离场和减少头寸，希望则促成交易者进场和放大头寸。

绝不要在恐惧时交易，也不要在贪婪时交易。要基于规则分析和操作，而不是乱猜一气或者乱赌一气。如何成功地进行交易呢？你需要基于有效且明确的规则去分析和跟踪趋势，而不是毫无章法地交易。比较而言，太多的希望比恐惧更容易招致巨大的危险。

第 6 节　高低价以及波幅的百分比点位
（Percentage of Highest Selling Price，Lowest Selling Price and Range）

斐波那契点位是任何投机客都必须了解的百分比点位。至少你应该了解下 50%点位的重要性。无论是斯坦利·克罗还是查尔斯·道都非常注重这个百分比点位。关于斐波那契点位在交易中的具体实践可以参考三本拙著《斐波那契高级交易法：外汇交易中的波浪理论和实践》《黄金短线交易的 24 堂精品课：超越 K 线战法和斐波那契技术》和《高抛低吸：斐波那契四度操作法》。这三本书分别讲解和演示了斐波那契点位在外汇、黄金和股票市场的运用。当然，并不局限于斐波那契点位。

数学是一门精确的科学（Exact Science）。所有民族都一致将数学作为一门精确的科学来运用。除了数学，其他大多数学科都存在各种分歧。但是在数学领域，无论你是化学家、天文学家还是经济学家，以及会计都会认同和遵循相同的规则。他们都认为二加二等于四。

商品期货交易也需要运用数学，数学法则体现在了行情走势当中。**小麦等商品期货合约走势的高点或者低点之间存在精致的数学比例关系。**

第 7 节　底部对未来顶部的预测
（Bottoms Forecast Future Tops）

如何从历史或者现在的底部预测未来的顶部呢？规则如下：从小麦、大豆或者棉花等商品的显著低点作为基准，乘以百分比确定上涨途中的阻力点位。

比较重要的百分比点位是以 8 为分母的点位：12.5%、25%、37.5%、50%、62.5%、75%、87.5%和 100%，当然还包括 1/3 和 2/3 两个点位。

上述点位是非常关键的百分比点位。以显著低点或者高点为基准，**50%是最为重要的百分比点位。**第二重要的百分比点位是 75%，而 100%或者说一倍点位则是第三个重要的百分比点位。

现在回到本小节的主题，从显著低点（底部）上涨 50%或者 100%，是未来顶部的两个可能点位。**在预判未来顶部时，除了利用基于底部的百分比点位，还应该结合时间周期。**

为什么没有 75%呢？江恩的逻辑有时候确实让人摸不着头脑。

以低点作为基数预测未来的高点，我们来看一个具体的实例。以小麦为例。1852 年，小麦见到历史性低点 28.5 美分。如果上涨 100%则为 57 美分；如果上涨 200%则为 85.5 美分；如果上涨 250%则为 99.75 美分。我个人的判市法则是从最低点开始上涨 50%、150%、250%或者 300%是最为重要的潜在高点或者顶部点位。在这几个点位中，尤其以 50%和 100%最为重要。

第 8 节 高低点的整数百分比点位 (Even Percentage of High and Low Prices)

此前我们已经提到了一些基于八分法或者三分法的百分比点位，如 12.5%、1/3 和 2/3 等。不过，对于棉花、猪油(Lard)、毛皮（Hide）以及橡胶等商品期货而言，关键点位往往是顶部或者底部的整数百分比点位，具体而言是 10%、20%、30%、40%、50%、60%、70%、80%。

江恩的百分比点位太多了，这样就缺乏实践价值了。

在上涨趋势中，如果市场非常强势，那么回调的幅度可能达不到 12.5%，回调 10%就结束了。同样，如果下跌趋势非常强劲，那么反弹的幅度可能达不到 12.5%，反弹幅度达到

10%就结束了。

从波动百分比可以看出走势的强弱，如果一波上涨行情的百分比涨幅是10%而非12.5%，则表明上涨态势较弱。同样，上涨20%就结束的行情要弱于上涨幅度达到25%的行情。

你可以将10%和20%等整数百分比点位运用于小麦、玉米等以每蒲式耳几十美分标价的商品合约。基于高点或者低点计算这些商品合约的整数百分比点位。

江恩倾向于将初始阶段的波幅、高低点作为观察趋势的参照系。例如，利用第一个次级折返的幅度、牛熊市第一个季度的高低点作为基准点来观察趋势变化。

如果市场已经构筑了终极底部（Final Bottom），上涨过程中出现了首次重要的次级折返（Secondary Reaction）。**交易者应该计算首次回调的百分比幅度，然后作为判断未来回调幅度和走势强弱的标杆。**假设上涨趋势中首次回调的幅度为20%，此后如果出现大于20%的回调则意味着上涨趋势在变弱，转势可能性增加。

在下跌趋势中，假定第一次反弹的幅度为20%或者是25%，甚至50%。在此后的反弹中，你需要比较这些反弹与第一次反弹的百分比幅度。如果下跌趋势已经持续了很长时间，符合了周期规律，那么就应该等待如下市场信号出现：**最近的反弹百分比首次超过了上一次或者第一次反弹的百分比。**这是市场趋势发生变化的信号。

不过不要忘记最为重要的一点，那就是时间周期（Time Period）。如果走势已经显著超过了平均的时间周期，失衡就出现了，趋势调整的可能性就增加了。在这种情况下，时间就比空间百分比的重要性更大。

次级折返在空间上的幅度或者时间上的长度出现异常值，则表明趋势很可能发生了变化。

例如，在上涨趋势中，如果一种商品的回调持续时间超过2个月或者1个月，那么，当最近的回调时间首次超过这个时间长度的话，则意味着趋势发生了变化。

上涨趋势的变化中也有类似的规律存在。在下跌趋势中，如果反弹的时间长度首次超过此前最长的反弹时间长度，则至少表明趋势出现了暂时的变化。

第9节　顶部预测未来的底部或者低点
(Tops Forecast Future Bottoms or Low Levels)

交易者通过基于顶部乘以百分比可以用来预测接下来下跌中的关键支撑点位。这些关键支撑点位很可能成为阶段性低点或者底部。

当然，交易者还应该使用极端高点和极端低点之间的幅度乘以百分比来推断未来重要的关键点位。50%是其中一个非常关键的点位，75%则是下一个非常重要的点位，而100%则是最为重要的点位。交易者在预测点位的时候，一定不要忘记使用极端低点或者是其他显著低点，当然也不能忘记极端高点和其他显著高点。其中最为重要还是极端低点和极端高点。

第10节　阻力水平
(Resistance Levels)

如果我们想要在投机中避免挫败，就必须搞清楚市场波动背后的机制和原因。

宇宙中的万事万物都基于精致的比率关系。这些比率关系并非是基于巧合，根本的数学原理体现在万事万物之中。法拉第（Faraday）曾经说过："支配宇宙万物的除了数学法则之外，别无他者。"

每一个商品的顶部或者底部都与此前某个高点或者低点存在明确的数学比例关系。

小麦或者其他任何商品无论进行或大或小幅度的运动时都会制造出显著高价或者是显著低价。通过对高低价之间的波动区间进行百分比分割可以得出一系列关键点位。利用这

点位是术，趋势才是道。本末万不可倒置，不可沉迷于术，而忽略了道。

些关键点位可以预判此后反向波动可能会遭遇的阻力或者支撑水平。

如果交易者能够将空间的百分比点位与时间周期结合起来分析，则可以获得更大的成功。不仅能够更加精确地判市，也能够将止损幅度设置得更小。因为通过更加准确地判断行情运行的关键点位，你能够判断出小麦等商品是否会在历史高点或者低点附近转折，进而精确入市。

第 11 节 价格波动的区间 (Range of Fluctuations)

如何才算显著的波动呢？在《斐波那契高级交易法——外汇交易中的波浪理论和实践》当中，通过设定固定的点数值来筛选“显著波动”，然后通过回溯历史走势来优选参数，可资参考。

如何得到价格波动的区间，并对其进行重要的分割呢？首先确认任何显著波动的最高点和最低点，其次用最高点减去最低点，这样就得到了价格波动的区间。

那么如何进行百分比分割呢？有两种方法，第一种是八分法。将价格波动区间除以 8，就得到了 12.5%或者说 1/8 这一点位。然后，你还可以得到其他八分法的点位，如 25%、37.5%等。这些就是关键的支撑或者阻力点位，也是潜在的交易点位。

点位与时间周期结合起来属于术的层面，理论上好看，实际上难用。最好将点位与基本面和心理面结合起来使用，这就是道术结合了，虽然不好看但是好用。

当小麦等商品合约在这些关键点位受到阻力形成顶部或者底部时，时间周期也出现了变化。空间上的点位和时间上的周期共同确认了交易的点位。

小麦和大豆等商品合约有些时候会在这些重要的关键点位附近波动三到七天，形成底部或者是顶部。**甚至有时候会在这些点位附近震荡数周，这表明这些点位附近进行了集中的筹码交换。**

除了八分法和三分法，还有斐波那契分割法，后者重要的点位有 38.2%和 61.8%。这两个点位与八分法的 37.5%和 62.5%，以及三分法的 1/3 和 2/3 非常接近。就实际交易而言，采纳 38.2%~61.8%的区间作为支撑阻力点位最简洁有效。

第二种是三分法。将价格波动区间除以 3，得到 1/3 和 2/3 两个比较重要的点位。这两个点位的支撑和阻力作用非常显著，特别是它们与此前的高低点重叠时，或者是它们与更大波动区间的分割点位重叠时。

第 12 节 最高价

(Highest Selling Price)

以最高价为基准得到的百分比点位是比较重要的一个点位。将最高价除以 8，就得到了 12.5%等系列点位；将最高价除以 3，就得到了 1/3 和 2/3 等重要点位。

以最高价乘以 50%得到的价格是非常重要的一个点位。当某种商品合约跌到了最高价和最低价之间的波动区间的 50%之后，最高价的 50%就是下跌的下一个目标点位。

要注意区分最高价的 50%，以及最高价和最低价波动区间的 50%。

当小麦等商品期货合约上涨的时候，如果它们向上穿越了最高价的 50%，那么接下来的目标就是最高价和最低价之间的波动区间的 50%了。

现在我们梳理一下用以分割的重要基数到底有哪些？第一个重要基数是历史极端高点和历史极端低点，以这两点作为基数进行分割。当你分析和交易小麦、大豆、棉花或者是其他商品的时候需要首先考虑这一分割得出的重要阻力支撑点位。

以连接极端高点和低点的波段作为单位一进行分割。

第二个重要基数是历史最高价，在这个点值的基础上乘以百分比，得到一系列重要的阻力支撑点位。

第三个重要基数是那些持续上涨或者下跌了长达一年甚至超过一年的行情波幅。以这些行情的高点和低点之间的波幅作为单位一进行百分比分割，特别是八分法，这样能够得到一系列重要的阻力支撑点位。

江恩的百分比点位法其实有两大基数：第一大类基数是以某段走势的波幅作为单位一；第二大类基数是以某个高点或者低点的价格作为单位一。

第四个重要基数是历史第三和第四高点或者低点，以这个点值乘以百分比，通常是八分法，得到一系列重要的阻力支撑点位。

接下来，我们谈一下次级底部（Secondary Bottom）和次级顶部（Secondary Top）的问题。

当熊市形成终极底部之后，第一波回升就出现了，然后

会出现上涨趋势中的第一次回调。这波回调的低点就是次级底部。第一波回调的起点也就是第一波回升的高点。这波回调行情的50%点位，也就是回调行情高点和低点的中间点是一个非常有效的支撑点。

N字底部中间那波回调的中点是一个有效的支撑点。

当牛市形成终极顶部之后，第一波下跌就出现了，然后会出现下跌趋势中的第一次反弹。这波反弹的高点就是次级顶部。第一波反弹的起点也就是第一波下跌的低点。这波反弹行情的50%点位，也就是反弹行情低点和高点的中间点是一个非常有效的阻力点。

N字顶部中间那波反弹的中点是一个有效的阻力点。

行情发展到不同水平的关键点位意味着不同的行情力度(Strength)。以上涨行情为例，当某个商品合约的价格上涨突破25%点位之后，下一个重要的关键点位就是50%。

行情上涨突破50%之后，接下来的关键点位则是62.5%。再接下来则是75%。如果行情非常强劲，那么87.5%则会被触及。这个点位容易成为上涨行情的顶部。

交易者在观察和分析上述点位的时候一定要结合周度高低价走势图上的历史高低点以及时间周期进行分析，结合我给出的各种形态分析法则进行分析。当小麦等商品合约在这些关键点位附近构筑顶部或者底部时，交易者可以获得一个潜在的安全交易机会。

第13节　50%回撤点位

(The 50% or Half-Way Point)

交易者始终要牢记和关注50%回撤点位。这个点位是回调走势的支撑点，或者是反弹走势的阻力点。我们说它是一个平衡点（Balancing Point），因为它将波动区间划分为两个均等部分（Two Equal Parts）。

期货投机名家斯坦利·克罗非常注重50%回撤点位的运用。

当小麦等合约上涨或者下跌到50%回撤点位时，交易者应该做空或者做多，同时将初始止损设置在这个点位外侧，

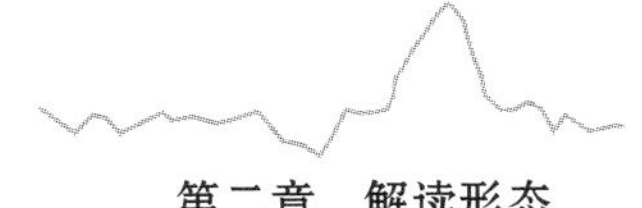

止损幅度控制在 1~3 美分。

一个波段的持续时间越长，波动幅度越大，则基于它为得到的 50%回撤点位就越重要。这条法则非常重要，交易者仅仅需要恪守这条判市和交易法则就能赚到不少钱。你可以对任何商品合约的历史走势进行复盘，这将进一步证明这条法则的有效性和盈利能力。

关键点位提供了一个恰当的风险报酬率和一个恰当的胜算率。

较小波段的高点和低点，我称之为小顶部和小底部。它们之间的 50%点位也具有一定的指示意义。当行情回撤到这些小型中位点时，往往也会出现一些行情阶段性反转点。

通过观察价格在 50%点位与邻近点位的波动情况可以做出一些有用的预判。例如，当 50%~62.5%点位的幅度为 8~12 美分，甚至更大时，且价格已经突破了 50%点位，则价格会触及 62.5%点位并在此反转或者回撤。62.5%是一个非常重要的点位，小麦期货经常会在触及 62.5%点后回撤到 50%点位，然后在 50%点位企稳，这就构成了一个新的进场机会。无论是下跌或者是上涨情形，都符合上述法则。

尽量只依据超大型波动进行百分比点位划分，尽量只采纳 1~3 个关键点位。这是我个人的经验。将江恩的全部点位采纳到实际判市和操作中，其实很难落地。江恩提供了一种思路，这种思路任何结合到个人交易实践中，需要大家“由博返约”和“去伪存真”。

当小麦合约处于窄幅整理状态时，通常震荡区间位于 50%与 62.5%两个关键点位之间，或者是 37.5%和 62.5%之间。这个窄幅震荡区间的幅度差不多相当于此前单边走势幅度的 25%。可以参照本教程后面给出的相关实例。

当小麦等商品期货合约上涨触及 50%点位后小幅回落几个点，最终成功向上突破 50%时，你可以预判涨势将持续到下一个关键阻力点位。

当小麦等商品期货合约下跌触及 50%点位后小幅反弹几个点，最终成功向下跌破 50%时，你可以预判跌势将持续到下一个关键支撑点位。

很多时候短期行情的发展不是一蹴而就的，这种曲线路径也使得不少短线交易者迷失方向，被市场“瞒天过海的伎俩”所扰乱。在面临关键支撑和阻力的时候，行情的发展倾向于两次突破，第一次突破的节奏比较快，而第二次突破的节奏则比较慢；第一次突破的目的是打掉反向仓位的止损盘，所以有“热刀过黄油”的快速态势，第二次突破的目的是逐渐击退那些反方向进场者的进攻，这个过程不能太快，要慢慢消磨其力量，否则容易引发此后关键价位筹码的集中倾泻。参考《外汇狙击手》一书中的“直接+间接进攻突破模式”(Direct & Indirect Attack Pattern)。

在本小节最后，我补充谈一下最强点位（Strongest Points）和最弱点位（Weakest Points）。当一种商品跌到某个 50%点位上方，离 50%还有 1 个或者几个点时就获得了支撑，那么这个 50%点位就是市场运行中的最强点位，下方多单承接有力。此后价格往往会大幅上涨，升破此前的历史高点。

当一种商品涨到某个50%点位下方，离50%点位还有1个或者几个点时就遭遇了阻力，那么这个50%点位就是市场运行中的最弱势点位，上方空单抛压沉重。此后价格往往会大幅下跌，跌破此前的历史性低点。

第14节　下一个阻力点位 (Next Resistance Levels)

当最重要的50%点位被突破之后，接下来的重要点位就是先前某个50%点位。什么是最重要的50%点位呢？指的是小麦或者其他商品期货合约历史上最大波段的50%点位。

当这个最重要的50%点位被突破之后，下一个重要的点位就是最高价乘以50%得到的点位，这个点位要比小波段的50%点位更具影响力。价格突破这个次重要点位的幅度如果未能达到3美分，则这是一个反向操作的进场点位。无论商品合约的价格处于什么水平，这个点位都具有参考和操作价值。

当两个50%点位或者是其他关键点位处于同一水平附近时，那么这一水平往往都是非常重要的支撑阻力点位。如果两个点位存在一定距离，则两个点位之间的中间水平，也就是另外一种形式的50%点位，这个点位也具有显著的支撑阻力作用。

化繁为简才是交易王道！通过实践去掉多余无效，或者低效的部分，这就是化繁为简的具体做法。

寻找那些多个重要点位重叠的价格水平，这些价格水平是效力非常高的阻力支撑点位。当你发现一个50%点位之后，你可以进一步确认这个点位附近是否存在其他关键点位，如各种八分法点位或者是三分法点位。或许你会发现附近存在三四个其他关键点位，甚至更多。越多的点位重叠或者汇集，则意味着这一区域的支撑或者阻力作用越强。为了进一步明确这些支撑阻力所在的水平，你可以将其中的最高点位和最低点位加起来得到一个平均值，这就是一个具体的点位值。

将汇聚或者重叠的点位值加起来得到平均值，这算得上是化繁为简的一种技术手段。

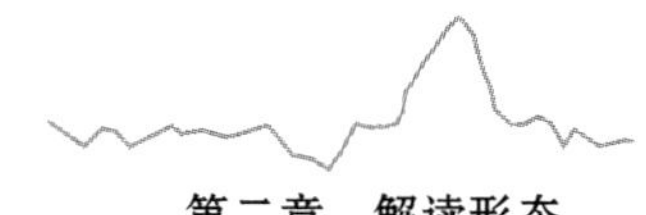

当小麦或者其他商品合约靠近这些点位时，密切观察价量变化。如果价格放量升破或者跌破这些点位，则其支撑或者阻力作用就很微弱，价格继续前进的可能性很大。除非价格在这些点位附近停留了一两天，那么你可以逢高卖出或者逢低买入，并且在这些点位外侧设置初始止损单。当然，要想高抛低吸还要考虑上涨或者下跌趋势是否结束。如果趋势已经运行到了第三或者第四阶段，现在在关键点位附近受到阻力或者支撑，则可以考虑高抛低吸。由此可见，**除了空间点位之外，时间周期是另外一个需要交易者重点考虑的因素。**

斐波那契点位和江恩点位是两种比较常见的空间点位；斐波那契数列和卢卡斯数列则是两种比较常见的时间周期。

交易者要想确认趋势的反转点，不但要对八分法点位和三分法点位非常熟悉，还需要借助于几乎所有判市法则。

交易者需要重视一个事实，那就是**筹码交换的事实。**在上涨趋势开始之前，筹码在底部的交换需要时间；在下跌趋势开始之前，筹码在顶部的交换需要时间。**筹码交换的时间越长，则此后行情持续的时间越长。**当然，凡事皆有例外，**当基本面出现重大变化时，在筹码未能充分交换的情况下也会出现大幅反转的行情。**

投资者从价值的角度审视标的；投机者从筹码的角度审视标的。无论是价值还是筹码，都涉及预期和资金。

当小麦或者其他商品合约跌到前期顶部之下，那么前期顶部和底部之间的关键点位就是判市者需要考虑的重要支撑点位。本教程后面会给出一系列有用的实例。

当趋势接近尾声的时候，盈利速度通常会下降。例如，当小麦或者其他商品合约处于牛市末期，多头的浮盈会增加速度下降，这表明空头的力量在增强。

具体假设小麦正处于上涨趋势中，价格向上突破了前期高点，上涨幅度达到了 20 美分，回调了 10 美分。接下来一波上涨了 15 美分，回调了 5~7.5 美分。然后，上涨了 10 美分，但是回调幅度却超过了 5 美分，这表明上涨呈现疲态，顶部临近，盈利幅度越来越小。在狂热的市场氛围中，市场最后飙升的幅度可能会很大，因此不符合上述规律。

在分析熊市尾声阶段时，也可以反过来利用上述规则。例如，小麦合约此前数次呈现 10~20 美分的下跌波动，但是

跌幅却越来越小，持续时间也在缩短。这表明空头力量在衰减，下跌趋势要变化了。当然，在极端恐慌的市场氛围中，市场最后下跌的幅度可能会很大，因此不符合上述规律。

牛市或者熊市往往终结在某个重要的 50%点位附近，特别是价格未能继续有效突破这些点位超过 3 美分时。

为什么采用突破幅度达到 3 美分作为有效突破的标准呢？因为市场波动存在噪音，有时候阻力看起来被升破，支撑看起来被跌破，但很快市场却反转了。被突破的点位其实起到了阻力或者支撑的作用，突破只是假突破而已。

商品市场上存在大量的噪音，假突破随处可见。假突破的平均幅度是 1.875 美分，也就是说大多数假突破都不会超出支撑阻力点位达到 3 美分的幅度。**通过突破幅度，我们可以大致判断出假突破的概率，进而高抛低吸。另外，我们在设置止损幅度时也会过滤掉市场噪音，**将止损幅度设置在 3 美分左右，这样可以避免错失顺势头寸。

“海龟汤交易法”和“空头/多头陷阱交易法”与江恩的高抛低吸思路很接近，可以了解下。

当小麦或者是大豆等商品合约出现放量飙升或者暴跌时，假突破往往会超过 50%或者其他关键点位达到 1.875 美分的幅度，但基本上都不会超过 3 美分幅度。假突破时，价格往往会超过一个关键点位达到 1.875 美分，但是不会达到或者超过 3 美分。

这种情况类似于引力作用下的惯性运动。假设我们在地球上贯穿一个通过中心的洞，然后丢进去一个球，在惯性作用下这个球会在抵达中心之前逐渐减速。商品价格的关键点位对价格运动有类似的作用力。

点位不及趋势重要。但交易者如想要把握趋势，则必须从点位入手。顺势而为是理念，进出加减是实践。

如果交易者深入研究商品价格的顶部和底部之间的关键点位，就会发现市场是如何在关键点位之间来回波动的。

第 15 节　确定做多点的规则
（Rules to Determine Buying Levels）

本小节我会介绍确定做多进场点的九条规则。

第一条规则是在前期底部或者顶部进场做多。当某个商品合约跌到前期底部或者顶部附近时，一个潜在的进场做多点就出现了。交易者可以在这个点位进场，然后将初始止损放置在该点位下方。

进场点的选择要考虑顺势、过滤市场噪音以及止损幅度等因素。

交易者在选择进场做多点时要先估算止损幅度，如果止损幅度超过 5 美分，那么就不要选择进场做多。

具体来讲，如果交易棉花合约，且合约价值较高时，则初始止损幅度大概控制在 20~40 点，绝不要超过了 60 点。

利用第一条规则进场做多时需要牢记一点：**当某种商品合约第一次、第二次或者是第三次跌至前期顶部时，做多的胜算率是很高的。但是，如果价格第四次跌至前期顶部，那么做多的胜算率就非常低了，**因为价格很可能彻底跌破前期顶部，跌到更低的点位。

双底和三重底在江恩理论体系中非常重要，但是四重底在江恩个人的经验来讲是极少出现的。

当小麦等商品合约如果跌到了前期顶部或者底部之下不超过 3 美分的位置，则表明支撑仍旧有效，可以进场做多。价格如果只是触及前期顶部或者底部，甚至维持在这些关键点位之上，则表明支撑更加强劲。

虚假突破和不突破都是反向操作的信号。

当然，当小麦合约价格很高的时候，如超过 1 美元的时候，则可能跌破前期顶部超过 3 美分，达到 5 美分，但是上升趋势仍旧完全，可以进场做多。当然，如果小麦回调时仅仅触及前期顶部，或者是跌破前期顶部达到 1~2 美分，则表明上升趋势非常强劲。

总之，如果小麦合约的上涨趋势非常强劲，则回调时不要跌破前期顶部达到 5 美分的幅度。除非上涨趋势并不强劲，或者市场处于宽幅震荡走势之中，这类例外情况实属罕见。

第二条规则属于破位进场做多，第三条规则属于见位进场做多。不过见位进场做多之前还是需要市场向上突破确立趋势。

第二条规则是涉及较为安全的进场做多点。当小麦、棉花或者是其他商品合约突破此前数周的数个高点时，走势图显示出趋势反转向上时进场做多。

第三条规则提供了最安全的进场做多点。商品价格已经超出了前一周的高点，同时上涨突破了下跌趋势中的最大反弹的高点。此后，当价格出现回调时逢低进场做多。

第四条规则是当价格从极限低点开始的第一波反弹，其持续时间超过此前熊市下跌的最大反弹的持续时间，则可以进场做多。

第五条规则是从极限低点开始的第一波反弹，如果其持续时间超过了市场触及极限低点之前一波反弹的持续时间，则可以进场做多。例如，跌至极限低点之前市场有一波反弹，持续时间有三四周时间。当市场从极限低点开始回升时，持续了超过三四周的时间，则可以确认趋势已经反转向上了。那么交易者可以在小幅回调后进场做多。本教程后面将提供的例子将进一步证明这条规则的有效性。

第六条规则比较含糊。一般而言，短线投机客会追逐主升浪，也就是N字结构出现后的上涨机会。也就是艾略特波浪理论所谓的第三浪。

第六条规则是价格向上有效突破关键点位，则此后进一步上涨的可能性很大，幅度也很可观。进场做多后，交易者可以在短期内获得可观的利润。

第七条规则涉及50%点位。**当小麦、玉米、棉花等商品合约跌到最高价的50%，或者是极端高点到低点的波幅的50%时，一个安全的进场做多点就出现了。**本教程后面的实例就很好地证明这一点。

一波上涨之后，价格出现50%的回撤，如果趋势仍旧向上，那么回撤50%就是一个良好的进场做多机会。除了50%回撤之外，各个八分点回撤也是潜在的做多点位，如12.5%、25%、37.5%、62.5%、75%、87.5%等。因此，交易者需要关注这些重要的回撤点位。倘若商品合约在其中某个点位附近企稳数日甚至数周，则可以进场做多，在点位外不远处设定保护性止损。我个人的经验是25%、50%和75%在趋势向上时是非常有效的回调做多点位。

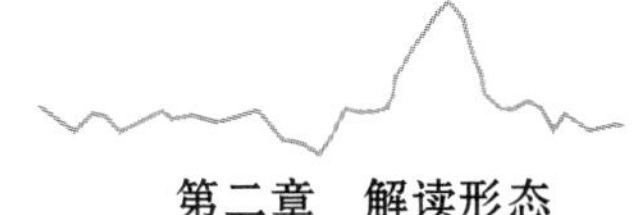

第八条规则是**基于双重或者三重底部做多，又或者是在第一个、第二个或者第三个更高的底部做多。如果你已经持有多头头寸，那么可以在第二个或者第三个更高底部形成，并且价格突破了前期顶部时加码做多。**

如何加码，这是顺势交易者的法宝。

当然，**无论你如何做多，都务必以止损单进行保护，以便在判断错误的情况下及时脱身。交易者不可能永不犯错。止损可以让你在犯错的情况下及时抽身。**只要尽力做到亏小赚大，你才能够在商品交易中独占鳌头。

第九条规则涉及价格在高位飙升时的做多策略。小麦、大豆和棉花等商品在牛市的最后阶段或许会出现飙升走势，其间回调幅度很小。如果出现连续两天回调，则可以选择进场做多，将止损单放置在两日最低价下方 1~2 美分的位置。当价格触及止损单时，则迅速离场。有时候，市场会在你进场做多后 10~30 天都不会跌破这一点位。

第 16 节 确定做空点的规则
（Rules to Determine Selling Levels）

在本小节我将要介绍做空点，了结多头头寸或者是开立空头头寸的点位。下面是确定做空点的九条规则。

第一条规则是在前期顶部或者底部附近做空。在前期顶部附近，或者是当小麦等商品期货第一次、第二次或者是第三次反弹到前期底部附近时，是多头平仓或者做空的时机。

但是，如果商品期货合约第四次反弹到同样的点位，那么做空的胜算率就非常低了。因为当价格第四次涨到同一个点位时，继续上涨的可能性很大。

当交易者遵循这条规则进行做空时，不要忘记设置初始止损。将止损放置在前期顶部或者底部之上 1~3 美分的水平。倘若交易操作的是棉花合约，则应该将止损放置在前几期顶部或者底部之上 20~60 个点的水平，止损幅度不要超过 60

个点。

如果合约价格在 1 美元之上，则止损幅度可以适当放大到 5 美分的幅度。因为合约价值较高时，假突破的幅度会超出 3 美分，但是不会超出 5 美分，为了过滤掉市场的噪音，应该将止损幅度扩大到 5 美分。

当小麦、大豆和玉米等谷物期货在超过 1 美元的水平上交易时，如在每蒲式耳 1.25 美元、1.50 美元或者 2 美元水平交易时，价格在关键点位的假突破或许会达到 5 美分的幅度，但是价格不会继续前进。不过，这种情况出现的频率不高，研究前期顶部和底部附近的价格波动数据可以证实这一点。这种情况基本上出现在合约价值较高，且市场波动异常活跃时。

3 美分是通常的真假突破过滤参数，5 美分是高价水平的真假突破过滤参数。当然，这是江恩的一种真假突破过滤思路，可以借鉴，不能照搬。

如果趋势向下，那么价格反弹不会超过前期顶部，反弹突破前期底部的幅度也不会超过 2 美分。如果超过 3 美分，则反弹可能继续。如果趋势向下，这些关键点位被跌破超过 5 美分，则表明市场确实非常疲弱。

第二条规则涉及更加安全的做空点。当小麦、大豆、棉花或者其他商品期货合约的价格跌破前一周或者前几周的数个低点时，则做空机会出现。

第三条规则提供了最安全的做空点。当小麦等商品合约的价格跌破此前数周的低点或者是跌破最近一次回调的低点，下行趋势确立后，则交易者可以在反弹时逢高做空。这就是在下跌趋势的第一个次级反弹快结束时做空。大熊市来临后的第一波垂直下跌后会出现第一波反弹，这波反弹乏力时就是做空机会。

第四条规则是当价格从极限高点开始的第一波回落，其幅度超过牛市上涨的最大回调的幅度，或者是超过了最近一次回调的幅度则可以进场做空。

第五条规则涉及多头陷阱。**当价格向上突破，但是很快就又掉头向下，跌破刚被突破的关键阻力点位，那么做空机会就出现了。**

“海龟交易法则”做真突破；“海龟汤交易法则”做假突破。

第六条规则是首次下跌的时间长度超过了此前最后一波回调的持续时间，做空机会就出现了。

例如，如果小麦或者是其他某个商品合约此前已经上涨了数月或者是一年，甚至更长时间。在此期间的最长回调时间是 4 周。现在，市场又出现了新的下跌，且下跌持续时间超过了 4 周，这是牛市中首次出现这种情况，这表明趋势很可能已经发生了变化。交易者可以选择这波下跌后的反弹进行逢高做空，这样更加安全。

第七条规则是当价格反弹到 50%点位时做空。具体来讲分为两种 50%点位：第一种类型是最近一个下跌波段的 50%点位，也就是高点和低点之间波段的 50%；第二种类型是最高价乘以 50%得到的点位。例如，当谷物或者棉花，以及其他商品期货合约反弹到前一波下跌幅度的 50%时，做空时机就出现了。在本教程的后面部分我会给出更多的实例作为参考。

第八条规则是在双重或者三重顶部形成后，或者是更低顶部或者底部形成后做空。什么是更低顶部做空？具体来讲就是谷物或者其他商品合约形成第二个、第三个或者第四个更低顶部后做空。

当然，交易者也可以在市场跌破双底或者三重底部的低点时做空。无论你采取什么具体的做空点，都必须设定初始止损单，并且顺着大趋势进行交易。

第九条规则用在熊市最后的暴跌阶段，在此期间如果出现了两日反弹，那么就可以做空，初始止损设置在两日最高点上方 1 美分的地方。如果价格快速反弹触及，则可以迅速离场。进场做空之后，市场往往会在此点位下方运行 10~30 天，不会触及初始止损点。相关的例子会在本教程后面列出。

江恩尝试将经验转化为规律。如果换作是掌握编程和现代统计工具的我们，是否可以做得更好？

第 17 节　顶部和底部的意义
(What is Meant by Tops and Bottoms)

为了让你更加清晰明了接下来的陈述，我需要先让你搞清楚顶部和底部的含义。底部并不一定等于任何一日或者一周，或者一个月的最低价；顶部也不并不一定等于任何一日或者一周，或者一个月的最高价。当然，任何一日或者一周，或者一个月的最低价确实是那段时间的底部；任何一日或者一周，或者一个月的最高价确实是那段时间的顶部。交易者如果想要确定做多点或者做空点，则需要更加有意义的定义。

当然，什么是单重顶部、双重顶部或者三重顶部呢？价格在日度或者周度高低价走势图上上涨形成高点之后，然后向下波动，往往会跌破某个低点，或者是形态的颈线。单重底部、双重底部或者是三重底部也可以反过来理解。

阶段性低点是阶段性底部，阶段性高点是阶段性顶部；上涨趋势的最后一个极限高点，称为终极顶部；下跌趋势的最后一个极限低点，称为终极底部。在本教程后面，我会给出一些具体的实例来说明各种顶部和底部。

这里先介绍一下各类顶部和底部的模型。单重顶部是谷物或者棉花等期货合约上涨到某个高点，此后数天或者数周，甚至数月都再也没能回升到这一高点，这就形成了单重顶部。

单重底部是谷物或者棉花等期货合约下跌到某个低点，此后数天或者数周，甚至数月都再也不能回跌到这一低点，这就形成了单重底部。

抬升的低点和高点，意味着什么？降低的低点和高点，意味着什么？

从单重顶部下跌后，如果趋势向下，则新的顶部会越来越低；从单重底部上涨后，如果趋势向上，则新的底部会越来越高。

双重顶部是价格形成某个高点后回落，然后再度上涨到同一点位，然后再度下跌。如果两个顶部之间间隔数周、数

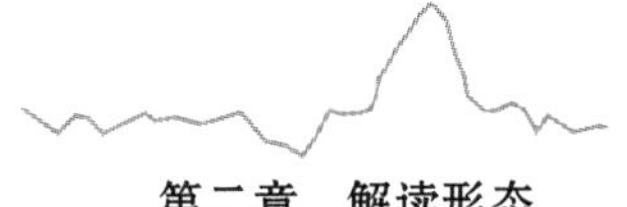

月甚至数年，那么这样的双重顶部就具有更大的影响力。**顶部或者底部之间的间隔时间越长，则市场影响力越大。**

比如小麦合约形成了一个最高点，间隔一年之后又在同一点位附近形成了另外一个高点。价格达到前期最高点时并未形成突破，这表明转而大跌的可能性很大，熊市即将紧随而至。

底部也有类似的规律。如果两个底部出现在几乎相同的水平，间隔时间长达数年，那么随后上涨的概率和幅度都会很大。这就是一个大型的双重底部。

在双重顶部附近做空，并采纳初始止损单保护本金是最为安全的做空操作之一；同样，在双重底部附近做多，并采纳初始止损单保护本金是最为安全的做多操作之一。在双重顶部做空时，初始止损放置在前期顶部之上 3 美分左右的位置；在双重底部做多时，初始止损放置在前期底部之下 3 美分左右的位置。如果你按照上述要求恰当地放置初始止损，则止损被触及的概率是非常低的。

身边有趋势交易者和日内交易者专门操作双顶或者双底形态，胜算率和风险报酬率都很不错。

我认为相比双重顶部和底部，三重顶部和底部是更为重要的，甚至是最重要的形态。通过对历史走势复盘，你会发现最大幅度的上涨或者下跌，以及持续时间最长的行情基本上都是从三重顶部或者底部开始的。

顶部或者底部之间间隔市场越长，则影响力越大。例如，底部间隔数周的三重底部就比底部间隔数日的三重底部更重要；间隔数月的三重底部则比间隔数周的三重底部更重要；而那些超级大行情则往往开始于间隔数年的三重底部或者三重顶部。

例如，在三年当中，价格三次在同一点位附近构筑底部或者是构筑顶部，这表明大规模的趋势反转即将来临。趋势反转后将出现持续时间很长和幅度很大的行情走势。

总之，交易者要密切跟踪三重底部和顶部的出现，因为它们昭示着趋势的重大转折，具有重大的交易价值。本教程后面的部分会给出一些三重底部和顶部的案例。

三重底部和顶部与长时间的盘整行情关系密切。有些商品投资者就非常重视商品低位的长时间盘整走势。有一句老话与此相关——“横有多长，竖有多高”。底部长期横盘震荡其实是在去产能和去产量。当产能和产量显著下降后，一旦需求端有异动，那么大行情就很容易发动。无论是工业品还是农产品都存在类似的规律，这条规律对于趋势交易者而言非常有价值。

读者或许会好奇地问道是否存在四重顶部和底部。现在我就接着讲这个问题。

四重顶部其实极少出现，一旦出现四重顶部，如谷物或者棉花等商品合约第四次上涨到同一点位，但是未能突破这一高点，那就意味着上涨趋势转为下跌趋势，暴跌将紧随而至。

价格第四次来到同一点位附近，先等待顺势突破进场的机会，再等待假突破的机会。简而言之，“破位进场优先，败位进场第二”。

事实上，一旦谷物或者棉花等商品合约第四次涨到同一点位，则往往意味着价格会最终突破这一阻力点位，继续上涨。因此，**交易者应该等待价格向上突破的信号，然后顺势做多。如果价格未能突破，甚至在向上突破后又跌穿这个点位，那么就应该顺势做空。**

四重底部也极少出现。当谷物或者棉花等商品合约第四次跌到同一点位时，如果未能跌穿这一支撑点位，那么趋势可能转而向上。一旦出现这种迹象，那么价格无疑会继续上涨。这种情况出现的概率较低。大多数情况当价格第四次跌到同一低点后，往往会跌破这个支撑水平，继续下挫。下跌期间会有些小反弹。因此，交易者应该首先关注顺势做空的机会。

做多商品期货挣大钱，做空商品期货挣快钱。

还有一个规律需要我们记住：**商品筑底的时间往往比筑顶的时间长很多。**长时间下跌之后，市场需要很长时间来进行筹码交换和恢复信心。

第 18 节　二十八条高价值的交易法则
（Twenty-Eight Valuable Rules）

交易者要想在商品期货市场获得真正可持续的成功，就必须具有并且恪守明确的交易法则。我在下面列出一些从亲身经验中提炼出来的交易法则，恪守这些法则可以让任何人成功盈利。

第一条法则是“科学地进行资金管理”。将本金分成十等

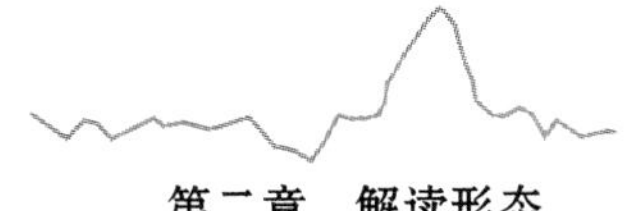

份，在每笔交易中都不能动用超过 1/10 的本金去承担风险。

第二条法则是**“一定要采用止损”**。当你入场时，一定要采纳幅度为 1~3 美分的止损单去保护自己的头寸。止损幅度永远不能超过 5 美分。对于棉花而言，止损幅度控制在 20~40 点，绝不要超过 60 点。

第三条法则是**“不要重仓交易”**（Never Overtrade）。重仓交易违背了第一条法则。

第四条法则是“绝不要让盈利变成亏损”。当交易者获得了 3 美分甚至更多的浮动盈利时，就应该立即跟进止损到盈亏平衡点。如果此后价格反向运动，你也不会遭受本金亏损。

如何运用盈亏平衡点止损？初始止损、盈亏平衡点定损和跟进止损，三者是什么关系？采用的次序是什么样呢？各类型的止损在整体上起的关键作用是什么？答案之一是“让风险报酬率朝着有利于自己的方向变化”。

对于棉花合约而言，如果浮动盈利达到了 60 点，则应该移动止损单到盈亏平衡点。

第五条法则是“切勿逆势而为”（Do not Back the Trend）。倘若你不能基于走势图和法则确认趋势，那么就不要轻易操作。

第六条法则是“对市场走势图困惑时，要离场观望”。如果你对市场趋势看不懂，那么就不要进场。

第七条法则是**“尽量只参与活跃合约和市场”**。交易者应该远离那些交投清淡的品种和市场。

第八条法则是“合理分散风险”。尽可能地同时参与两三个品种，不要重仓压在一个品种上。

海龟交易法非常注重关联度低的组合交易。

第九条法则是“不要采用限价单，尽量采用市价单，基于市价买卖”。

第十条法则是“不要贸然平仓，离场需要理由”。交易者应该倾向于采用跟进止损来保护浮动利润，并在价格触及跟进止损时才离场。

第十一条法则是“落袋为安”。当交易者连续获取大额利润之后，应该将部分利润提取出来存入到储蓄账户，以备不时之需。

第十二条法则是“不要追逐小额利润而频繁进出市场”。

第十三条法则是**“不要通过逆势加码来降低成本”**。这是

投机不能越亏越加码，投资不在此列。

一个常见的错误。

第十四条法则是“持仓要有耐心，空仓等待机会也要有耐心。”基于有效法则操作，不要受到情绪驱使。

截短亏损，让利润奔跑。如何做到这点？第一，重视均线和基本面大周期；第二，重视止损。

第十五条法则是“避免亏大钱赚小钱”。

第十六条法则是**“不要随时取消止损单和放大止损幅度”。**

第十七条法则是“不要频繁操作”。

第十八条法则是“根据市场采取多空操作，不要固执于做多”。交易者的原则是顺势盈利。

第十九条法则是**“不要因为价格看起来低而做多；不要因为价格看起来高而做空”**。

如何加码是趋势交易者的最大秘密。

第二十条法则是**“在恰当的时机加码”。**等合约波动活跃，且突破了关键点位时再加码做多或者做空。

第二十一条法则是“做多强势品种，做空弱势品种”。

第二十二条法则是**“切忌锁仓”。**不要通过做多来限制空头头寸的浮亏，也不要通过做空来限制多头头寸的浮亏。通过止损而不是锁仓来认错。离场比锁仓更加有效。

锁仓就是“讳疾忌医”。

第二十三条法则是“不要在缺乏有效理由的时候改变头寸”。交易者要根据明确有效的法则进行决策和操作。在趋势没有出现明确变化之前，不要随意操作或者离场。

第二十四条法则是“不要在持续赚钱后盲目大幅增加交易规模”。

第二十五条法则是“不要武断顶部或者底部，让市场告诉你顶部或者底部”。**让客观的走势来告诉你，让有效的法则来辅助你。**

第二十六条法则是“除非对方确实比你更了解市场，否则不要听从任何人的市场意见”。

第二十七条法则是“亏损后可以减少交易规模，绝不要增加交易规模”。

第二十八条法则是**“离场比进场更容易犯错，负面影响也更大，要避免入场后错误地离场”。**

当你进行一笔交易时，一定要不要违背上述二十八条法则中的任何一条，这些法则关系着交易的成败。当你亏损或者犯错时，需要回过头来检查是否违背了上述任何一条法则。这样可以避免重复犯错。检视历史和积累经验，可以让你对这些法则更有信心；观察和研习可以让你形成自己的有效交易法则。

第 19 节　顶部和底部形态 (Tops and Bottoms)

在顶部和底部形态中，我们首先要关注的是**底部抬升和顶部抬升形态**（Higher Bottoms and Higher Tops）。

供求关系主导着商品市场的波动。商品价格上涨要求需求大于供给；商品价格下跌要求供给大于需求。如果商品价格成功构筑了底部，趋势转而向上，那么就会形成底部抬升和顶部抬升形态。牛市的一个必要条件就是更高的顶部和底部。

与数字三有关的法则需要我们重点记住。第三个更高的底部与三重底部一样重要，因为这是市场走强的主要特征。当市场在波动中形成第三个更高的底部并创出新高后，则意味着价格将持续走强。

再强调一下，**当市场进入上升趋势时，必然会出现底部和顶部抬升形态。相反，当市场进入下跌趋势时，必然会出现底部和顶部降低形态（Lower Bottoms and Lower Tops）**。这种情形下，空头强于多头，趋势向下。如果价格长时间处于横盘整理状态，那么要密切关注后价格向上或者向下突破区间后的形态变化。当价格向上突破后，出现底部和顶部抬升形态，则趋势确认向上；当价格向下突破后，出现底部和顶部降低形态，则趋势确认向下。

N 字结构是金融市场的根本运动形态。

交易者除了关注抬升和降低形态之后，还要关注价格穿越（Crossing）重要的历史顶部或者底部。比如谷物或者其他

期货合约向上穿越前期高点或者是前一次重大行情的最高点。**当价格向上突破这些关键点位达到 3~5 美分的幅度之后会回调确认突破的有效性。一部分回调会触及关键点位，另一部分回调则会跌到关键点位之下 2 美分的位置，很少会跌到下方 3 美分的位置**。所以，当回调出现时，买入机会就出现了。具体的买入机会可能出现在回调触及关键点位时，另一部分买入机会则可能出现在回调到关键点位下方 1~2 美分的位置。进场做多后，初始止损的幅度限制在 3 美分。

有些突破会回撤确认，有些突破则不会回撤确认。

当商品价格跌破历史重要底部时，那么向下趋势就确认了。重要历史底部可能出现在周度走势图上，也可能出现在月度走势图上。市场在跌破历史重点底部达到 5 美分甚至更大幅度之后经常出现回撤，也就是小幅反弹。有时候反弹会升到底部之上 1~2 美分的位置，但很少超过 3 美分。小幅反弹结束后，市场继续下跌，这个时候此前底部就变成了顶部了。这就是阻力和支撑相互转化。当阻力被向上突破后，可能就变成了回调的支撑；当支撑被向下跌破时，可能就变成了反弹的阻力。

这几段描述了 N 字顶部的形成过程。

下降趋势可以从反弹和更低的高点得到确认。商品价格长时间上涨之后会构筑终极顶部，然后暴跌。第一波暴跌会持续一两周或者一两个月，有时候则会持续三周或者三个月。这波暴跌之后，市场会在进入窄幅盘整区间，耗时十天或者是两三周，另外一些情况下则会耗时更长时间。

如何确认下跌趋势中反弹的高点或者是结束点？第一，通过斐波那契比率；第二，通过震荡指标；第三，通过商品基差或者升贴水；第四，通过成交量；第五，通过 K 线形态；等等。其中第二项还可以从三个子项目进行分析：第一，金叉和死叉；第二，极端阈值；第三，顶背离和底背离。可以参考《高抛低吸：斐波那契四度操作法》这本书提供的框架，加上升贴水/基差和题材性质这两个维度，你可以在商品期货的操作中更加高效。

接着，反弹会出现。相对于下跌趋势运动，这波反弹属于次级的修正走势。这波反弹某些时候会触及前面的终极顶部，有些时候则会在终极顶部之下几点的地方遭受沉重的抛压。

查看历史行情记录，你会发现市场在从牛市转向熊市的过程中极少不会出现这种反弹。**趋势向下中的反弹是做空的最安全时机**。这波反弹之后，行情将加速下跌，在这期间的反弹幅度会变小。在本教程后面我会给出相关的实例。

一旦你明白了下跌趋势中会出现反弹，就可以更加灵活地调整仓位。当行情暴跌时，你预期到快速反弹会紧随而至，因此可以适当减轻空仓。如果你要抢反弹做多，那么就要眼捷手快，不要等到反弹明显时才进场做多。

做空的最安全位置是反弹快要结束的时候，当价格跌破前日或者前一周的最低点时，下跌趋势就恢复了。

交易者应该密切注意更低的高点，无论是第一个，还是第二个或者是第三个更低的高点，因为它们都非常重要。这些高点都是逢高做空的好位置。在聪明资金和主力派发筹码时，市场会有两三次显著反弹，在长期熊市成形之前，市场会构筑两到三个更低的高点。

上涨趋势可以从回调和更高的低点得到确认。熊市临近结束的尾声阶段，行情可能以暴跌或者慢跌的形式展开。终极底部探明之后，行情会出现持续数周到两个月的上涨，接着回调出现，一个更高的低点或者说底部确立。这波回调的低点是最稳妥的做多机会。

当回调显露出结束迹象时，你要抓住机会进场做多。**牢记一点，你要等待客观的信号，而不是主观臆断，更不是情绪驱使。**不客观的瞎猜会让你“失之毫厘，谬以千里”。想要做到高抛低吸，必须基于客观有效的市场信号。

还有一种高点和低点的组合形态值得交易者注意，那就是**更高的低点和更低的高点组合**。当市场处于横盘震荡走势时，就常常形成这种组合。低点抬升，高点下降。多空处于平衡之中，接下来突破可期。

收缩三角形态是许多形态交易者的最爱，因为其胜算率和风险报酬率都很高。

此后，如果价格向上突破，则趋势向上可期；如果价格向下突破，则趋势向下可期。

在上涨中，如果价格未能突破前期高点，那么涨势持续的可能性较低。在这种情况下你就不能做多这个品种，即便整个商品市场处于牛市之中。在商品牛市中，你应该做多最强势的品种。至于那些表现落后的品种，你应该避免做多它们。或许，它们后来也会突破前期高点，但最好等待它们突破时再做多。当然，这类牛市中的弱势品种，往往是市场牛

没有比较，就无法做出有效的选择。品种之间的比较，市场之间的比较，策略之间的比较。比较才能做到优胜劣汰，强者生存。

转熊后的最佳做空标的。

在下跌中，如果价格未能跌破前期低点，那么跌势持续的可能性较低。在这种情况下你就不能做空这个品种，即便整个商品市场处于熊市之中。在商品熊市中，你应该做空最弱势的品种。至于那些表现坚挺的品种，你应该避免做空它们。也许这些品种此后会跌破前期低点，但最好等待它们跌破时再做空。当然，这类熊市中的强势品种，往往是市场熊转牛后的最佳做多标的。交易者一定要顺势而为，同时做多强者做空弱者。例如，在某些时期，玉米会歉收，而小麦却丰收，那么玉米容易上涨，而小麦容易下跌。比较之下，交易者做多的话应该选择玉米，做空的话应该选择小麦。

无论是农产品还是工业品，任何商品都存在相应的周期，周期与趋势关系密切。记录和跟踪各种商品的数年走势，你会发现历史走势中的高低点具有非常重要的参考和指示意义。你应该留意历史重要底部和顶部被升破或者跌破的情况，这是市场趋势启动的特征。

交易者应该聆听市场的声音，而价格突破重要点位就是市场发出的最强音。另外，市场转势也需要充分的筹码集中交换，因此长期下跌或者上涨之后的筹码交换都需要充分的时间来完成。通过研究历史资料，你可以估算出筹码集中交换所需要的大致时间。

4 年的高点和低点是非常重要的点位，趋势交易者可以选择只做这些点位附近的交易。突破时，破位进场；突破失败时，败位进场。

当行情跌破数年的最低点时，意味着下跌空间被打开了，跌势还将持续很久；当行情升破数年的最高点时，意味着上涨空间被打开了，升势将持续很久。

有时候市场会在极端高点或者低点附近较长时间地横盘整理，这就形成了一种平顶或者平底的形态。在极端高点附近横盘整理时，如果价格突破区间高点，则涨势继续；如果价格跌破区间低点，则可能转为跌势。在极端低点附近横盘整理时，如果价格跌破区间低点，则跌势接续；如果价格升破区间高点，则可能转为涨势。**在价格突破区间之前，你无法断定趋势将持续还是反转。**

基本面重大变化可以做出突破方向的预判，但是最终要以市场运动为准。

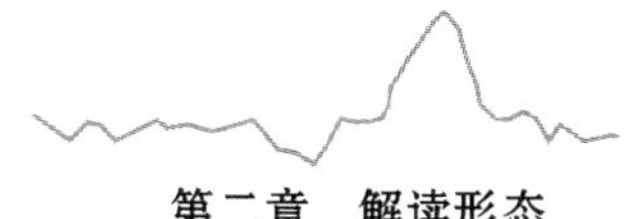

本小节最后我要提一下“收敛波动”(Within Moves)。什么是收敛波动呢?谷物或者棉花等商品在一个区间内窄幅整理了数日、数周或者数月。**这个窄幅整理时期,市场在蓄积单边行情的动力,或许是进行筹码集中交换,或者是等待基本面的重大变化发生。**

收敛波动中,市场在最近一个高点和低点之间波动,持续很长一段没有跌破区间的高点,也没有跌破区间的低点,波幅在15~20美分。只要波动显著下降,并且维持在窄幅区间之内,那么就不是显示出上涨或者下跌的趋势,除非价格突破区间高点或者低点。复盘过去的行情数据,交易者会发现大量的类似行情走势。

利用布尔带来捕捉“收敛波动”被打破的机会,具体参考《黄金短线交易的24堂精品课》(上册)一书的详细讲解和示范。

第20节 顶部和底部的各种形态 (Top and Bottom Formations)

在本小节,我会介绍各种顶部形态和底部形态。第一种重要形态是单重顶部和底部(Single Tops and Bottoms)。单重顶部可能是快速下跌形成的,当然也可能是缓慢下跌形成的。单重顶部后出现下跌,无论下跌速度如何,在下跌之后很可能出现一波快速反弹,在触及单重顶部的高点之前不会出现回调走势。单重底部形成于快速下跌之后,单重底部构筑之后会出现一波回升,往往会触及前高。本教程后面会给出相关的实例。

第二种重要形态是U形底部(U Bottom)或者平底(Flat Bottom)。小麦或者是其他商品合约在低位窄幅盘整了3~10周,甚至更长时间,数次形成相同的高点和低点。当价格向上突破区间高点时,底部却完全形成了,突破就是做多机会。

关于底部形态的较为全面的论述可以参考一些综合性的技术专著,如约翰·墨菲的相关著作。不过一定要与实践结合起来使用。

无论是顶部形态还是底部形态,突破点(Breakaway Points)是交易者最为关心的形态要素。长时间盘整之后,趋

势运动从突破点开始启动。如果突破是真的，那么这个点就是迅速赚钱的进场位置。你可以全面而深入地研习本教程后面给出的一系列突破点实例，从中你可以发现突破点的重大意义和价值。

J.L 提出的枢纽点或者说轴心点（Pivots）本质上其实就是突破点。当然，现在外汇日内交易经常用到的轴心点系统更像是一个分割点位系统。

当主力或者聪明资金花费很长时间在底部完成筹码收集或者是在顶部完成筹码派发之后，那么突破点就会出现了。交易者掌握在突破点交易的有效技巧，就能迅速在商品市场积累起丰厚的利润。

交易者要静下心来研究价量变化，价格在空间和时间上的周期和规律。我最为看重的是时间周期。市场运动会在时间上重复自己。例如，相隔数年后，价格在同一月份构筑高点或者低点。

接下来我会介绍其他集中顶部和底部形态。

第三种重要形态是 W 形底部（W Bottom）或者说双重底部（Double Bottom）。当小麦或者是其他商品下跌形成第一个底部之后，接着反弹。反弹持续两三周甚至更久，然后再度下跌，构筑第二个底部。第二个底部形成之后，价格上涨突破此前反弹的高点，这就形成了 W 形底部或者说双重底部。当价格向上突破形态中间的高点时，做多是安全的。

顶部或者底部形态的颈线就是所谓的突破点。

第四种重要形态是 WV 形底部（WV Bottom）或者三重底部（Triple Bottom）。在双重底部形成之后，价格第二次回升，但是很快再度回落，在双重底的同一水平附近再度探底，形成第三个底部。当小麦等商品形成 WV 形底部后，并且突破 W 的中间高点时，做多机会就出现了。在这个突破点做到是比较安全的。

第五种重要形态是 WW 形底部（WW Bottom）或者四重底部（4 Bottom Formation）。连续四个低点出现在同一水平附近，当商品向上突破第二个 W 形底部的中间高点时，做多机会就出现了。这个时候买入是非常安全的。

接着，我继续介绍一些重要的顶部形态。

第六种重要形态是 A 字顶部（Single A Top）或者尖顶

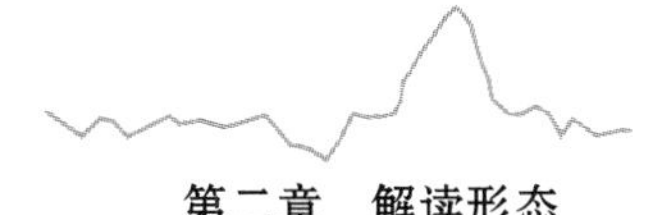

(Sharp Top)。商品牛市中，长期上涨结束之后，小麦等商品合约往往构筑一个尖顶。牛市尾声阶段，上涨持续 17~26 周，甚至更长时间。期间会出现 10~14 天的小幅回调。一旦见到终极高点，市场开始暴跌。交易者可以选择在此后的反弹中做空，这是一个安全的做空点。稳健的交易者可以在反弹结束，第二波下挫跌破第一波跌势的低点时才进场做空。

见位做空和破位做空的区别在这里有简单描述。

第七种重要形态是倒 U 形顶部或者平顶（Flat Top）。当商品在高位附近横盘震荡，窄幅波动的高点几乎处于同一水平，低点也几乎处于同一水平。此后如果价格跌破区间低点，则平顶得到确认。跌破低点就是做空的好机会。

第八种重要形态是 M 形顶部（M Top）或者双重顶部(Double Top)。当小麦等商品合约大幅上涨后见到高点，接着回落 3~7 周，然后再回升到同一高点附近，这就形成了一个 M 型顶部或者说双重顶部。当价格跌破 M 形顶部中间的低点时，做空更加安全。

第九种重要形态是 MA 形顶部（MA Top）或者说三重顶部（Triple Top）。当谷物或者棉花等商品合约几乎在同一高位形成三个高点之后出现了下跌，这就是 MA 形顶部或者三重顶部。后面两个顶部略低于第一个顶部，则看跌意味更浓。

这么多顶部和底部形态如何化繁为简？N 字结构是良方。参阅拙著《短线法宝：神奇 N 字结构盘口操作法》一书的前两章。

价格长期上涨之后出现三重顶部，则后市大跌的可能性很大。三重顶部耗时越长，则下跌的概率和幅度都会很大。当价格跌破形态中间的低点时，做空是有很高胜算率的。

第十种重要形态是 MM 形顶部（MM Top）或者四重顶部(4 Top Formation)。当小麦等商品合约在同一高位水平附近形成四个连续的高点后，价格跌破第二个 M 的低点，则此时做空是极其安全的。

第 21 节 市场行情的主要阶段
(Sections of Market Campaigns)

小麦等商品合约在一轮牛市行情（A Bull Campaign）或者一轮熊市行情（A Bear Campaign）中往往要经历三到四个主要阶段。

先来看牛市（Bull Market）的主要阶段。牛市第一阶段（1st Section），价格见到终极底部之后转而上涨，然后出现第一次回调。

牛市第二阶段（2nd Section），价格创出上涨以来新高，超过了第一波上涨的高点和过去数周的高点。价格出现第二次回调。

牛市第三阶段（3rd Section），继续创出新高，完成主升浪。这个时候交易者需要明确关注上涨趋势衰竭结束的迹象。

牛市第四阶段（4th Section），牛市或许会在第三阶段完成后结束，有时候会出现第四波上涨。一旦出现第四波上涨，则需要明确关注上涨衰竭的迹象和牛市结束的特征。

有些小型牛市可能在第二波上涨后就结束了，特别是第一阶段出现过 V 字反转，快速飙升上涨的情况时。交易者一定要密切关注第二波上涨之后的市场态势，看是否有转势的迹象。

我们再来看熊市（Bear Market）的主要阶段。熊市与牛市的主要阶段呈现镜像关系。

熊市第一阶段（1st Section），第一波显著下跌。市场急剧下跌，接着会出现一波反弹。反弹的尾声阶段是一个逢高做空的机会。反弹结束意味着牛市第一阶段完成。

熊市第二阶段（2nd Section），第二波下跌展开，价格跌到更低的水平，接着会出现一个幅度中等的反弹。

“一波三折”体现了牛市或者熊市的三阶段规律。

熊市第三阶段（3rd Section），价格展开第三波下跌，创出

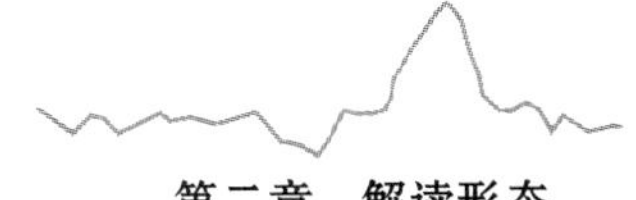

下跌以来的新低。熊市可能在这个阶段就完成了。

熊市第四阶段（4th Section），大多数情况下的熊市会出现第四波下跌，交易者要密切关注终极底部出现的时机。你需要综合所有有效的规则来确认终极底部和熊市结束的特征。

那些持续时间不足一年的小型熊市往往只有两波上涨，在第二阶段就完结了。特别是当第一阶段呈现大幅暴跌走势时，更是如此。所以，交易者也要关注熊市在第二阶段结束的迹象。

大多数情况下，一轮牛市会有三到四波上涨，一轮熊市会有三到四波下跌。但少数情况下，则会出现牛市或者熊市延长的例外。例如，1915~1921 年的超级熊市以及 1923~1925 年的超级牛市，都出现了七波下跌或者上涨。这是异常值，很多年才会出现一轮这样的牛市和熊市。复盘那些历史行情，你会发现正常情况和异常情况各自的表现和特征。

第 22 节 通过空间运动确认主要趋势的变化
（How to Determine Change in the Main Trend by Space Movements）

在上涨趋势中，如果商品价格的跌幅超过了此前的最大跌幅，则趋势大概率出现重大变化。

更准确的分析法则是，如果牛市已经至少上涨了三个显著波段，那么你可以查看上涨过程中的最大回调幅度。最大回调幅度可能是 10~30 美分，甚至更大。

我们以小麦合约为例，假设它已经上涨了很久，几波回调中最大的一次达到了 10 美分。此前小麦已经上涨了三到四波。此后，如果小麦跌幅超过 10 美分，那么意味着牛市大概率终结了。

牛市终结并不是说不能出现反弹。要知道，**熊市第一波下跌之后也会出现反弹走势。**牛市顶部的筹码集中交换需要一定的时间才能完成。

阴在阳之内，不在阳之对。

因此，当交易者觉察到上涨趋势即将反转的征兆之后，不要匆忙做空，最好在反弹快要结束时再做空。当然，有时候交易者也可以在跌破前期低点创出新低时进场做空。无论是反弹做空，而是破位做空，都需要利用我给出的准则来综合判断。

见位做空和破位做空，除此之外还可以败位做空。

除了利用波动幅度来分析趋势之外，还可以基于时间周期（Time Period）进行分析。例如，**上涨行情已经走出了三到四波，而当下这波回调的时长超过了此前最长耗时回调的持续时间。那么，上涨趋势大概率结束了。**

利用回调的时间周期来判断牛市是否结束需要回顾此前的走势。从牛市此前的走势中确定最长时间回调所持续的时间长度，比如最长的回调持续了 4 周。那么，当市场回调超过 5 周甚至更长时间，那就意味着牛市很可能已经结束了，那么应该利用反弹的机会逢高做空。

交易者同样也可以利用时间周期来判断熊市结束的迹象。当然，也不要忘了可以利用反弹的幅度来判断熊市是否结合。当反弹的幅度超过此前最大反弹的幅度时，大概率表明熊市转牛市。

当然，在牛市或者熊市第二阶段的发生大幅修正并不像第三或者第四阶段那么具有预示意义。

本教程后面的部分，我将以 1841~1941 年的小麦牛熊走势为例来说明如何具体运用上述判市和交易法则。

如果小麦等商品合约持续两周到六周，或者是十周到十三周窄幅盘整，接着突破数周的高点或者跌破数周的低点，则表明趋势已经显现，交易者应该顺势而为，朝着突破的方向跟进。要记住一个重要的规律：**价格窄幅盘整的时间越长，则突破后的行情越大。**本教程后面会给出许多这样的例证。

“横有多长，竖有多高”。筹码集中交换的时间越长，则后期行情的幅度越大。

说到这里，我进一步介绍一下市场的盘整运动，或者说横向运动。通常，你会听到交易者们谈论商品的走势，要么是上涨，要么是下跌。听起来市场无非两种波动形式，非常容易判断。事实上，这种说法并不完全准确。

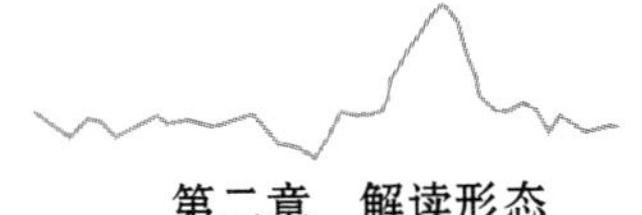

倘若商品的价格要么直线上涨，要么直线下跌，那么赚钱就易如反掌了。但事实上，除了上涨和下跌之外，商品价格还经常处于横向震荡之中。

道生一，一生二，二生三，三生万物。

当商品价格的横向震荡走势经常持续数周甚至数月时间，价格不会升破区间高点，也不会跌破区间低点。震荡走势经常把交易者搞得晕头转向，令他们持续亏损。

例如，当小麦合约的价格在区间内上涨时，交易者们认为价格会继续上涨，于是开立多头头寸。不过价格很快就停止上涨，并且出现了下跌。跌到区间较低位置后再度上涨。

当小麦等商品合约出现这种震荡状态时，交易者应该选择离场观望，直到价格突破震荡区间时再采取行动。

当价格突破震荡区间，或者说筹码集中交换区域后，就会进入新的价格波动区间，这个新区间可能更高，也可能更低。**突破时，交易者才能更好地分析趋势。**本教程后面将会列出相应的实例。

许多经典都反复强调"聆听市场的语言"或者是"让市场告诉你该怎么操作"。那么，具体来讲什么是市场的语言呢？简单而言，突破就是市场的最重要语言。无论是假突破，还是真突破，都值得我们去聆听。突破时的成交量和持仓量如何变化，突破时的舆情和共识预期如何，突破时基本面是否有重大变化，突破时是否有相应的题材，题材的性质是什么？这些都是应该下功夫的地方。

如果交易者等到明确突破才介入的话，可以节省数周甚至数月的精力和时间，减少资金的机会成本，避免大量不必要的亏损。**当价格突破后进入到一个新的区间，交易者可以在靠近突破点的位置设置更加紧密有效的止损。**这样的止损点，一方面可以限制潜在的风险，另一方面又可以过滤掉市场的噪音波动。

如果交易者鲁莽而频繁地介入到震荡市场中，则获利的概率和幅度都会很小。横向运动是市场的蓄势阶段，新的单边波动需要一个蓄势的过程。

震荡走势或者横向运动与筹码的集中交换紧密联系在一起。当行情走到牛市的第三或者第四阶段时会出现暴涨。接着或许会出现高位的震荡走势，这就是主力和聪明资金派发筹码的时间。这一震荡走势的高点或许会比牛市的终极顶部低几个点。交易者在分析这一形态时，重点需要关注这一派发区间内的高点和低点。价格反弹到区间高点，可以逢高做空；价格跌破区间低点，可以顺势做空。在向下突破点做空

转势第一波后可能会出现一波长时间的横盘整理行情，也仅仅是简单的回撤走势。如果是前者，则很容易让交易者陷入到心理周期与市场周期错配的陷阱中。关于周期错配可以深入参阅《外汇狙击手》的"市场周期和心理周期错配"一节。

可能更谨慎一些。

就熊市而言，在见到终极底部之后会有第一波上涨，然后回落进入到长时间的震荡走势中。这个低位的横向震荡走势就是主力和聪明资金吸纳筹码的阶段。当价格突破震荡区间的高点后，做多更加安全，因为上涨的空间被打开了。

在本教程的后面部分我会列出大量的高位和低位筹码集中交换的实例，这些实例出现在牛市或熊市的不同情形中。

当然，牛市最后阶段结束后可能出现高位震荡，也可能出现快速下跌。牛市最后的飙升阶段结束后，可能会出现暴跌，趋势就此反转。

艾略特波浪理论有第二浪和第四浪形态交替的规律：如果第二浪是复杂调整，那么第四浪就是简单调整；如果第二浪是简单调整，那么第四浪就是复杂调整。复杂调整可以简单地认为是长时间的横向震荡走势，基于区间形态来确认。简单调整则可以利用斐波那契点位来确认。

熊市也有类似的情况，在最后阶段，价格跌破了那些看似坚不可摧的支撑点位，基本没有像样的反弹。见到终极底部后，价格出现第一次上涨，接下来回调并未演变成低位震荡。

无论转势阶段是否出现横向震荡运动，交易者都不应该逆势操作。

当然，低位的横向震荡出现之后趋势未必转而上涨；高位的横向震荡出现之后趋势未必转而下跌。因此，交易者还需要根据具体的突破幅度和方向来判断此后的趋势方向。

除非价格跌破了数周的低点或者是升破了数周的高点，否则不要草率入市。当然，突破的幅度很重要，如果仅仅是跌破低点 1 美分，那么价格可能会回升；如果仅仅是升破高点 1 美分，那么价格可能会回落。当突破幅度达到 3 美分时，行情继续前行的可能性很大。如果跌破低点超过 3 美分，则可能继续下跌；如果升破高点超过 3 美分，则可能持续上涨。

第 23 节 商品真突破时的回撤极限值
(How Far Should Commdities Decline Below Old Tops After Advancing Above Them)

3 美分是一个区分真假突破的关键幅度。假设小麦等商品合约上涨突破前期高点，然后回落，如果趋势真的向上，那么价格就会维持在前期高点之上，最多低于前期高点 1~2 美分，极少情况下会达到 3 美分。但是，如果回落到前期高点之下超过 5 美分的位置，则上涨趋势结束的可能性很大，下跌趋势开启的可能性很大。此后，价格会继续下跌。当小麦合约的价格回落到前期高点之下 5 美分时，行情很可能仍旧处于熊市之中。当然，所有的判断都要基于牛熊市所处的阶段，第三个阶段或者第四个阶段的信号是最有价值的。

真突破，做破位交易；假突破，做败位交易。

第 24 节 商品价格在高位快速波动和在低位缓慢波动的原因
(Why Commodities Move Faster at High Levels and Slower at Low Levels)

小麦合约的价格水平越高，则波动速度越高，当然获利的机会也越大。普通的小资本交易者喜欢在合约价格较低的时候参与其中。例如，小麦价格在 75 美分这样的低价位长时间波动时，大众参与其中。持续的买入使得价格上涨到 90 美分。当价格涨到 100 美分时，大众开始变得恐高，于是小资本交易者开始了结多头头寸，甚至转而做空。这些小资本交易者奉行高抛低吸的投资之道，当他们集体卖出时，价格会回落，甚至暴跌。当他们卖出或者做空时，聪明资金和主力资金会反向做多，他们对商品的分析更加全面和长远，他们认为小麦价格还会上涨，可以在更高的价格水平上了结多头。

聪明资金和主力资金可快速拉升小麦价格，因为空头的力量远不及他们。一旦小麦价格涨到 180~200 美分的高位，空头会出现疯狂的回补。当价格突破 2 美元的时候，主力与散户的矛盾更加突出，主力仍旧在做多，而散户却倾向于做空，因为在后者看来价格太高了。

对应到股市上，高价股和低价股，你认为哪种股票的赚钱效应最持久？

商品合约价格从 2 美元涨到 3 美元的耗时要显著短于此前从 50 美分涨到 1 美元的耗时。高位参与的交易者更具资金实力，交易量要大得多。

商品价格在高位上涨了较大幅度和较长时间之后，才会遭遇足够的抛盘，最终转为跌势。

第 25 节　熊市中小麦跌破前期底部的可能幅度
(Wheat How Far Can it Decline Under Old Bottoms in Bear Markets)

现在我们讨论熊市中的规律和法则。当小麦等商品合约反弹到前期底部附近时，抛压就会出现，这个时候前期底部现在成了发挥阻力作用的顶部。如果价格反弹到前期底部之上 1~2 美分，至多不超过 3 美分的幅度，则下跌趋势不变。但如果上涨突破前期底部的幅度超过了 5 美分，那就意味着趋势可能已经转而向上了，价格还会涨得更高。

第 26 节　快速波动幅度达 10~12 美分
(Fast Moves Up or Down Over a Range of 10 to 12 Cents)

成交量和持仓量的异常时，交易者应该找出背后的原因。

不管行情处于单边走势还是震荡走势，只要波动活跃，相比清淡的市场都能给出更有价值的精确信号。

先看震荡走势中波动活跃的情况。当小麦等商品合约已经走了三四波上涨行情之后步入震荡走势。价格横向波动，

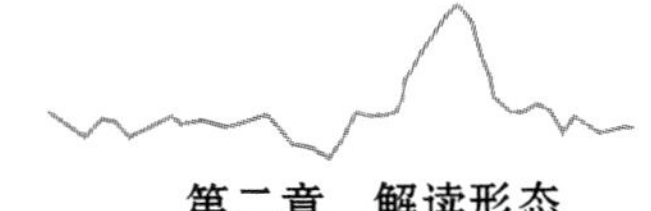

走出了数个 10~12 美分幅度的波段，若干个高点和低点在震荡中形成。这种活跃的走势意味着主力和聪明资金在派发或者吸纳筹码。

如何区分到底是哪种情况呢？如果价格跌破震荡区间低点，则表明价格会继续走低；如果价格升破震荡区间高点，则表明价格会继续走高。无论是哪种情况，交易者都要重视横向震荡区间的研究。

再来看单边走势波动活跃的情况。以上涨行情为例，单边上涨行情中或许出现了数次 10~12 美分的回调。但是突然出现了一个 20~24 美分的回调。根据经验，一旦价格回调超过 20 美分，则接下来价格将下跌 30~40 美分。你可以查看历史行情记录，然后就会发现这个规律非常有效。

大数据统计和分析可以得出许多阶段性有效的结论，但最好依赖更高效的科学手段。在这方面，大奖章基金的西蒙斯做得更好。江恩开辟了利用统计学研究市场波动的新领域，但真正在这个领域大放异彩的还是一些量化对冲基金。

第 27 节　利润最大化的做法
(How to Make the Greatest Profit)

交易者通过跟随主要趋势总是能够做到利润最大化。如果交易者频繁进出市场，执迷于小额利润，那么赚到大钱的可能性几乎为零。交易者应该将时间和精力投入到洞察和捕捉主要趋势上，顺势而为，直到市场显示出趋势变化的明确信号才离场。

如此操作，交易者才能赚到大钱。每年交易顺势主要趋势交易三四次往往胜过交易一两百次。**交易的次数越频繁，则绩效往往越不尽如人意。**

冲动交易和高频交易的区别是什么？

交易者应该将自己的原则确立为“顺应趋势，绝不逆势而为”。倘若搞不清楚趋势，那么就不要胡乱介入。

倘若你认真揣摩我给出的交易法则，并且复盘多年的行情走势，那么就会对这些法则更有信心。通过遵循这些法则，你可以把握顺势挣大钱的机会。这些法则告诉你没有趋势时需要耐心等待，只要等待，那么机会肯定会出现。一旦机会出现，遵循法则的你必然能够大有斩获。

本章原著金句

1. You can never make a success of anything, if you just guess, follow inside information so-called, tips, or trade on hope. You must not trade on what you think, but on what you know. You must follow proven rules that have proved to be accurate by past history.

2. Divide your capital into 10 equal parts and never risk more than 10 percent of your capital on any one trade.

3. Do not guess. Follow my rules. Success can only be attained by following definite rules. Change when conditions change and when the trend changes, but have a rule and a reason, so that you will not guess that the trend is changing, but will know.

4. The most important thing is the Time Period and when time overbalances or shows a change in trend, it is much more important than a percentage of prices.

5. By using the percentage of the Tops, you can determine resistance points or bottoms on the way down. Follow this rule. You must also use the range between extreme high and extreme low, 50% of this range is very important resistance point; 75% next important and 100% most important.

6. Always remember that the 50% reaction or half-way point of the range of fluctuation of the extreme highest point is a point for support on the down side or for meeting selling and resistance on the way up.

7. A study of the resistance levels between bottoms and tops of different commodities will prove how accurately the market works out to these important points.

8. Equal distribution of risk. Trade in 2 or 3 different commodities, if possible.Avoid tying up all your capital in any one commodity.

9. Avoid taking small profits and big losses.

10. Be carefull about pyramiding at the wrong time. Wait until the commodity is very active and have crossed Resistance levels before buying more and until it has broken out of the zone of distribution before selling more.

11. Reduce trading after first loss, never increase.

12. You can never make much money jumping in and out of the market trying to scalp it. If you will put in time and study to determine the main trend, and then follow it the length of time that is should run and not get out until you get a definite indication of change in trend, you will make big profits.

预判商品价格的波动
(Forecasting Commodity Moves)

第1节 重要时间周期
(Important Time Periods)

时间是所有因素中最为重要的一个。除非持续足够的时间长度，否则重大的价格波动是不会出现的。具体而言，时间因素远胜空间和成交量等因素。

一旦时间因素满足条件，那么价量的显著变化就会出现。另外，当日度、周度和月度重大波动完成阶段市场需要足够的时间来完成筹码集中交换的过程。

主要趋势的变化需要从两个角度来考虑：第一个角度是关键点位，此前我们在讲解百分比点位时已经有全面的介绍；第二个角度是时间周期，这是本章要重点谈到的东西。如果交易者未能同时考虑这两个角度的东西，则不能轻易断言趋势发生了变化。

江恩理论的两大要素：周期和点位。周期主要基于统计而非玄学。

当交易者认为趋势变化和逆转前，一定要先确认主要运动的持续时间已经达到甚至超过历史统计资料。时间周期与百分比点位结合起来确认趋势变化的信号。

道氏理论也非常注重统计次级折返的百分比规律以及波段运行时间长度的规律。

观察年度顶部或者底部之间的相对位置能够预判趋势的变化，这种策略其实结合了时间与空间两个因素。例如，某

个商品年度低点连续 5 年走高，接下来第 6 年却出现了走低，这就是趋势转跌的信号，长期下跌趋势可能由此开始。当然，也可以观察商品年底高点的相对位置变化。

交易者也可以利用时间框架更低的月度高低点来预判趋势变化，通过一些长期存在的时间周期结合高低点，可以预判未来的高低点。例如，重要底部间隔 3 个月或者 7 个月后会出现另外一个底部或者回调低点。

还有一条规律是强劲上涨中的回调通常不会超过 2 个月，一旦回调 2 个月，则第三个月上涨的可能性很大。在牛市的极端行情阶段，回调可能只持续两三个星期，很快就会恢复上涨趋势。在牛市极端行情阶段，上涨可能持续长达 12 个月，月度低点渐次抬高，不会跌破前一月低点。在谷物气候的熊市极端阶段，反弹不会超过两周。

当然，大多数牛市中的回调可能持续三四个月，然后恢复上涨；大多数熊市中的反弹可能持续三四个月，然后恢复下跌。

上面介绍了年度和月度的波动规律，下面接着介绍周度价格波动规律。周度价格波动体现了趋势的短期变化，当然有时候短期变化也是中长期变化的领先信号。

谷物期货的牛市行情中，回调通常持续两三周，当然也可能达到四周。回调结束后，恢复上行走势。行情通常只会逆着趋势波动三周，第四周恢复上涨。谷物期货的熊市行情则存在相反的规律。

江恩给出的时间周期这个理念我们可以吸收，至于具体的时间周期规律则需要我们自己去统计。

在成交活跃的行情中，趋势回调之前行情会持续六七周时间。在某些极端行情中，如 1916 年、1917 年、1924 年、1925 年、1933 年、1937 年和 1941 年，单边快速行情持续了 13~15 周的时间，甚至更长。

那么，重要的时间周期节点具体有哪些呢？七周是一个重要的时间节点，行情转折点可能出现在这个周期上。也就是说重要点位间隔七周可能是另外一个波段高低点，或者是行情上涨或者下跌七周后会出现反转或者修正。七周是一个概数，具体可以观察第 49 到第 52 天的波动情况。

一年的 1/8 是 45 天，因此这也是一个重要的时间节点。价格波动有时会在 42~45 天发生转折。

与重要高点或者低点间隔 90~98 天或者是 120~135 天的节点也值得注意，这些时间节点上容易出现价格反转。

江恩的时间周期模型太过庞杂，如何化繁为简？

与重要高点或者低点间隔 30 天、60 天、90 天、120 天或 180 天的时点容易出现趋势的变化。特别是 180 天是非常重要的时间节点，往往会出现价格的趋势性转折。另外，270 天和 330 天的间隔也需要注意。

30 的倍数是江恩比较注重的一个时间节点。

另外，小麦等商品合约如果持续下跌七周，那么接下来会持续两三周的横盘震荡走势，然后转而上涨。

交易者要站在牛熊市的大背景下观察年度和月度的价格变化趋势。在牛市中，谷物期货回调两三周，接着横盘整理三四周，然后恢复上涨持续六七周甚至更长时间，创出新高，步入新的运动区域。这个横盘整理区间是交易者需要特别关注的。

某个商品合约见到高点后下跌了两三周，接着反弹两三周，反弹并未突破前面的高点。反弹结束后，价格进入两三周的横盘震荡走势，价格既不会升破区间的高点，也不会跌破区间的低点。

在这种横盘震荡走势中，交易者存在两种选择：第一种选择是高抛低吸，在低点附近做多，在高点附近做空，利用 1~3 美分的初始止损进行保护；第二种选择是等待商品突破后再介入，向上突破区间高点则做多，向下突破区间低点则做空。第二种选择要优于第一种选择，这才是顺势而为。

高抛低吸有两种：一种是单边走势中顺着趋势方向的操作，另一种则是震荡走势中的双向操作。前者要优于后者。高抛低吸属于见位交易，突破介入则属于破位交易。

无论是周度还是月度价格变化都会首先体现在日度价格的变化上。日度价格波动是一个领先指标，虽然只是周度或者月度价格波动的一部分，却是趋势变化的最早体现。

在行情快速波动的单边市场中，价格可能出现连续两日的反向修正，到了第三天价格就可能恢复到此前方向的运动中，顺着趋势发展。具体的例子可以参考 1941 年大豆价格的

A 股指数处于强劲牛市时，可以利用连续两根阴线的第二根阴线最低点作为所有持股的跟进止损点。

行情走势。在正常的单边市场中，价格则可能出现连续 7~10 天的修正。修正结束后，价格恢复此前的趋势运动。

本小节最后部分我想补充一些自然月内的价格波动节点。在一个自然月内，有若干潜在的价格转折节点，它们是一个自然月的第 6 天到第 7 天、第 9 天到第 10 天、第 14 天到第 15 天、第 19 天到第 20 天、第 23 天到第 24 天、第 29 天到第 31 天。商品价格波动的高点和低点容易出现一个自然月内的这些天当中。

第 2 节　关注趋势变化的重要日期
(Important Dates to Watch for Trend Changes)

开盘 20 分钟内形成的高低点作为趋势参照点，与这里的思路类似。

一年当中有些日期特别容易出现趋势的转折。比如 1 月 2 日到 7 日或者是 15 日到 21 日。**一年之初的这段时间形成的高点和低点可以作为重要的趋势参照点。当此后的价格突破这期间的高点或者低点时，交易者就能确认上涨或者下跌趋势。**

商品价格经常在 1 月初的时候见到低点，这个低点有时候会成为全年低点，而另外一些时候则会在 7 月或者 8 月被跌破。即便在熊市中，这个规律也同样有效。当然，商品价格也可能在 1 月见到高点，这个高点也可能成为全年高点。本教程后面将举例予以说明。当然，**除了年初之外，年末也是趋势可能改变的时间窗口。**

交易者也应该关注特定商品出现高点或者低点日期的规律。重要高点或者低点间隔一年、两年或者三年的节点往往也会出现重要的顶部或者底部。

除此之外，交易者需要注意重要高点或者低点之后第 3 个月、第 4 个月、第 6 个月或者是第 7 个月等时间节点，因为顶部或者底部可能出现在这些日期。某些时候，第 10 个月或者第 11 个月也可能发生较为重要的趋势性变化。

更为重要的变化发生在与重要高点或者低点间隔 12 个月、18 个月、24 个月、30 个月、36 个月、42 个月以及 48 个月的时间节点上。在这些重要的高点或者低点当中，最重要的起始日期应该是终极顶部或者底部形成的日期。

要证实上述时间节点的重要价值是非常容易的，因为你只需要关注这些时间节点附近的趋势变化，查看单个品种的趋势是如何在这些时间窗口发生变化的。

第 3 节　一年周期分割法
（How to Divide the Yearly Time Period）

一年之中的重要时间节点可以通过五种分割方法得到。第一种是二分法，将一年除以 2，则为 6 个月，或者是 26 周。这个节点是潜在的趋势转折点。第二种是三分法，将一年除以 3，则为 4 个月，或者是 17 又 1/3 周。第三种是四分法，将一年除以 4，得到 3 个月或者 90 天，或者 13 周。第四种是八分法，将一年除以 8，得到 45 天或者 6.5 周，与 7 周接近。前面我们已经提到了 7 周的重要性。

当江恩试图建立一个解释和预测一切转折点的框架时，他就走入了“过度优化”的陷阱。

第五种是十六分法，将一年除以 16，得到 22.5 天，或者说 3 周。前面我们提到过 3 周波动现象，指的是价格上涨 3 周或者下跌 3 周就会转向。另外，如果商品的价格连续上涨 4 周或者下跌 4 周，则会继续前行。第 5 周也是一个时间窗口，值得交易者留意。

上述法则可以用来预判中期价格趋势变化，那么如何预判短期价格趋势变化呢？我们以小麦市场为例来具体说明。小麦合约价格上涨后见到高点，并且在高点附近横盘窄幅震荡两周甚至更长时间。此后，价格跌破震荡区间的低点，则表明短期趋势转而下跌。

小麦合约价格下跌后见到低点，并且在低点附近横盘窄幅震荡两周甚至更长时间。此后，价格升破震荡区间的高点，

广义的市场调整包括两种情况：第一种是横盘震荡；第二种是显著回撤，包括上涨趋势中的回调和下跌趋势中的反弹。

则表明短期趋势转而上涨。

从上面两种情况可以看出，**当市场处于任何水平的窄幅区间震荡走势时，交易者应该密切关注市场的突破方向，并且顺势而为。当行情处于沉闷市况（Dull Market）时，意味着正在积蓄力量，交易者应该耐心等待明确的方向和趋势。**

除了横盘整理这种市况之外，我们还需要关注单边走势中的回撤走势。首先讲一讲牛市中的回调。在牛市或者上涨趋势中，回调持续的时间大多数为三四周。通常情况下，回调会在第 4 周结束，随后恢复上涨走势。有些时候会急跌两周，然后恢复上涨。

在牛市中，如果出现三四周的下跌，然后回升，但是很快又跌破此前回调的低点，则往往表明趋势发生了重大变化。

在某些极端情形中，牛市第二波上涨后出现的回调会持续六七周，不过很少下跌更长时间，然后上涨走势恢复。

讲完牛市中的回调，那么就应该讲一讲熊市中的反弹。熊市的情况可以比照牛市中的情况，但是两者互为镜像。熊市或者下跌趋势中的熊市会持续 2~4 周。倘若反弹持续了 5 周，那么就可能继续 6 周或者 7 周，如果反弹时间持续如此长，那么趋势上可能已经出现了重大改变。

除了反弹时间超过正常范围会引发趋势变化之外，反弹高点被突破也会导致趋势变化。熊市中出现持续三四周的反弹后，价格回落，不久市场再度回升，并且突破了前期反弹的高点，那么趋势很可能已经发生了变化。价格继续上行的可能性很大，即便熊市并未完全结束。

第 4 节　筹码吸纳和派发所需要的时间（Accumulation and Distribution Time Required）

通过回顾和研究谷物等商品期货合约的历史表现，交易者会得到主力和聪明资金在底部吸纳筹码以及在顶部派发筹

码的时间长度规律。一旦掌握这种时间上的规律，那么交易者就可以用它来预判未来的价格趋势。总之，**交易者要想在未来取得成功就必须持之以恒地研究过去的历史**。毕竟，市场未来的走势不过是过去的某种重复而已。

吉姆·罗杰斯在商品投资上取得了很大的成功，这要归功于他耗费了大量时间和精力来研究商品的历史。

那些商品的终极顶部和底部究竟有些什么特征呢？**在一个极端兴奋和活跃的牛市中，当市场见到终极顶部时，成交量往往是巨大的**。重要顶部或者终极顶部的日内走势具有如下特征：**当日可能高开也可能低开，但盘中可能创出上涨以来的新高，然后跌破开盘价，在最低价附近收盘**。盘中大幅走高意味着不少开盘做多的交易者处于浮盈状态，但是收盘未能维持高位表明抛压沉重。

天量是筹码集中交换的表征之一。天量可能是主力在吸纳筹码，也可能是主力在派发筹码。筹码交换情况要与题材性质和市场共识预期结合起来分析。

也可以在周 K 线作类似的分析。假定市场在一周当中走高，但在一周结束前在最低点附近收盘，同时周度成交量非常巨大，那么趋势转而下跌的可能性很高。

总是，**如果日 K 线或者周 K 线的波动幅度很大，走高后低收或者是走低后高收，对应的成交量巨大，则趋势反转可能性很大。**

天量、高波动率和长影线或者吞没 K 线，与顶部或者底部关系密切。

第 5 节 如何通过开盘价和收盘价预判趋势的最初变化 (How to Determine First Change in Trend by Opening and Closing Price)

同时显示了开盘价、收盘价以及最高价和最低价的周度走势图最适合用来判断小麦以及其他商品期货的趋势变化。这就是我偏爱周度走势图的原因，通过它我能够更好地预判趋势的变化。

收盘价是非常重要的，无论是周度收盘价还是日度收盘价。为什么这样说呢？因为收盘价体现了当周或者当日进场者的盈亏情况。

周一的开盘价具有很强的趋势预示意义。在一个活跃的牛市中，价格已经上涨了很长时间，触及历史高点或者已经

进入了变盘阶段，那么交易者就应该关注周一的开盘价。

一周的收盘价如果低于周一的开盘价，以接近当周最低价收盘，则上涨趋势结束的可能性很大，这是趋势变化的最初信号。当然，交易者还应该结合其他趋势分析法则进行分析。最好给予一定波动幅度的过滤，或者是等待前一周的低点被跌破再断言上涨趋势结束。

在活跃的熊市中，也存在类似的规律，不过需要反过来解读。交易者要关注周一的开盘价，并将周末的收盘价与之进行比较。**如果周度收盘价显著高于周一的开盘价，则趋势可能已经转而向上。**这条判市法则最好结合上周高点被突破、时间周期和突破幅度过滤等法则来运用。

此外，交易者应该在一周收盘时搞清楚周度收盘价是低于历史底部或者是前期底部，还是高于前期历史顶部或者是前期顶部。通过比较周度收盘价与前期高点和低点的相对位置，可以确认市场处于强势还是弱势。

通过周度开盘价和收盘价可以判断市场的趋势，从而在适当的时候进场，但这并不够。不少交易者在恰当的时机进场，却在错误的时机离场。

比如交易者可能在恰当时机进场做多，但却不知道如何判断商品见顶的时机。假定小麦合约的多年走势图显示出其上升趋势已经持续多年了，交易者在确认趋势后选择了恰当的时机进场做多。开立多头头寸之后，交易者必然追求最大化利润。

多头头寸的利润最大化必然要求交易者确定平仓的最佳时机。确定离场最佳时机要求交易者关注一些技术特征。在小麦牛市的开始阶段，上涨比较缓慢，其间会出现数次回调。在牛市的尾声阶段，价格通常会飙升，这个时候回调的次数和幅度都比较少。

如何加码？如何跟进止损？这是趋势交易者要解决的两大关键问题。

无论在牛市的哪个阶段持有多头头寸，趋势交易者都要恪守我强调的一个原则：只要商品合约的价格朝着有利的方向运动，你就应该利用跟进止损单进行保护，直到价格回调

触及止损才离场。

大多数谷物期货合约在牛市的尾声阶段往往会以六七周的飙升结束，这种持续暴涨有时甚至持续到十周，上涨的速度非常快。当成交量迅速增长，放出天量或者巨量时，表明大量交易在高位展开，这个时候主力和聪明资金正在进行密集的筹码派发。简而言之，**如果商品在长期上涨后出现持续六到七周的飙升，则赶顶的可能性很大；如果商品在长期下跌后出现持续六到七周的暴跌，则赶底的可能性很大。**无论是在赶顶还是在赶底过程中，往往都伴随着巨大的成交量。此前持有丰厚浮盈头寸的交易者应该在这个时刻离场平仓。

更进一步讲，暴涨之后往往紧接着暴跌。同样，在暴跌之后往往紧接着暴涨。在这期间会有反弹或者是回调，但交易者不要被这些次级折返走势迷惑了，不要逆势而为。

在整个交易过程，止损都是必要的措施，是交易者的保护神。当商品价格朝着不利的方向运动并触及止损时，交易者应该迅速离场。当市场朝着不利方向运动时，交易者不要为亏损不断扩大的头寸补充保证金。相反，当市场朝着有利方向运动时，交易者应该乘胜追击，恰当且及时地加码。

判断一个人这辈子快乐和成功的程度，重点看两点：第一，及时止损的能力；第二，适时加码的能力。懦弱者不敢止损；胆小者不敢加码。

当商品升破多年最高点时就创出了新高；当商品跌破多年最低点时就创出了新低。当商品出现这样的走势时，交易者应该有可以明确的操作指南。

交易者需要综合运用所有交易法则，切忌在趋势并未出现明确改变时进行操作。要想有效判断出趋势变化，需要结合前述的趋势阶段性。例如，如果商品价格见到一个多年的高点，特别是这个高点是在牛市的第一阶段或者第二阶段出现的，即便它是最近某个高点或者低点的百分比点位，上涨趋势就此反转的可能性也比较低。但如果这个新高点出现在牛市的第三阶段或者第四阶段，则需要注意趋势的反转迹象。

江恩讲趋势的阶段性，艾略特波浪理论讲趋势的阶段性，道氏理论也讲趋势的阶段性。

倘若商品上涨或者下跌到一个新的区间，或者是见到一个数月甚至数年都未触及的点位，这表明市场在这个方向上存在强大的驱动力。驱动力推动商品价格升破阻力或者跌破

支撑，如同洪水冲破了大坝的阻拦。在遇到下一座大坝阻挡之前，水会继续前进。

因此，交易者应该关注商品在历史重要点位的表现。**一个重要点位发挥阻力作用的时间越长，价格升破这个阻力点位后的运动幅度也就越大；一个重要点位发挥支撑作用的时间越长，价格跌破这个支撑点位后的运动幅度也就越大。**

为什么会这样呢？因为积蓄能量所耗的时间越长，则积蓄的能量越大，所以可以产生更大幅度的运动。

交易者也可以从具体品种的波动幅度中寻找阶段性转折点。例如，价格经常在上涨 7 点、10~12 点、25~36 点等幅度时出现阶段性高点。在飙升行情中，价格经常在上涨 40~45 点时见到阶段性高点。这些潜在的波动高点并不一定实现，往往取决于许多其他因素，如商品的活跃程度和价格水平。上述法则的熊市版本也可以类推得到。

商品的价格水平对阶段性高低点的形成有显著的影响。当商品在 50~125 美分的水平波动时，则常见的阶段性波幅为 7 点、10 点、15 点、20 点和 24 点。当商品在 125~200 美分的水平波动时，则波动的幅度会更大。当商品在 200 美分以上的水平波动时，则波动的幅度会更大。具体波幅大小去解决于行情阶段、价格水平高低等因素。

第 6 节　商品的成交量 (Volume of Sales of Commodities)

关键点位可以通过斐波那契点位来确定；时间周期可以通过 KD 等震荡指标来确定；再加上 K 线形态和成交量，那么技术上的分析就非常完备高效了，这就是“斐波那契四度操作法”的模型。在这个模型的基础上加上对商品基本面，特别是题材性质的把握，则对趋势和时机的分析就非常到位了。

我们已经介绍了影响商品价格波动的三个重要因素，依次是形态（Formations）、时间（Time）和关键点位（Levels）。本小节将要介绍第四个重要因素——成交量，具体来讲是顶部或者底部的成交量变化。

成交量是驱动市场的真正因素，直接体现了供求的变化。重要参与者的动向都会体现在成交明细上，包括职业交易者和主力等。当然，普通参与者的动向也会体现在成交量上。因此，交易者可以通过有效地研究成交量变化提高对趋势的分析能力。**当交易者能够综合分析形态、时间、点位和成交量时，则对趋势的认知会上升到一个大众难以企及的高度。**

下面我就给出基于成交量分析价格顶部的法则（Rules for Determining Culmination by Volume of Sales）：

第一条法则，**商品牛市或者上涨趋势结束阶段，通常伴随成交量的显著增加。**这表明至少上涨趋势暂时完结了。**天量后价格暴跌，然后出现缩量反弹，这就进一步确认了牛市的终极顶部，趋势转而向下。**

海龟交易法则有无必要增加一个成交量维度？

第二条法则，**在次低顶部形成后，商品价格进入到窄幅横盘整理状态，然后放量跌破区间低点，则表明价格将进一步下跌。**

江恩判断趋势有两条底层逻辑：第一，当下价格相对前期低点和高点的位置；第二，最近低点或者高点相对临近低点或者高点的位置。此外，江恩最常用的形态有两个：一是窄幅整理区间；二是N字顶部或者底部。

第三条法则，**在长时间的趋势性下跌之后，价格波动率显著下降，相应的成交量也显著萎缩了，这表明正在构筑底部，**趋势即将转而向上。

第四条法则，**当下跌趋势转为上涨趋势出现第一波上涨之后，首次回调会出现，如同下跌趋势开始后的第一次反弹一般。如果回调伴随着成交量萎缩，接着价量齐升，则表明价格将继续上涨。**交易者需要牢记一点，在第一波回升之后，回调几乎总是紧随而至，可以参考1933年7月、1937年3月、1940年5月到6月以及1941年8月到9月的价量变化。

上述成交量分析规则适合芝加哥和纽约两大商品交易所，以及其他普通商品交易所。为了更好地运用这些法则，商品交易者应该保存好日度、周度和月度成交量资料。

现在我要总结一下成交量的相应规律。**顶部容易见到天量，底部容易见到地量。**当然，极端市场则可能违背这个规律，如1929年10月到11月，金融市场出现了恐慌性下跌，底部附近反而见到了天量，一个V字底形成，报复性反弹由此触发。

在商品期货市场，持仓量（Open Interest）是与成交量密

CFTC 的 COT 数据是非常重要的持仓量数据，当然国内期货持仓龙虎榜也很容易，还有持仓量指标（OI）本身。如何解读 COT 数据可以参阅《期货短线交易的 24 堂精品课》的相关专题章节。

切相关的一个因素。交易者应该对极端高点或者低点的持仓量进行研究和分析，看看持仓量的高点是否出现在价格顶部附近。如果持仓量的高点与顶部接近，这表明聪明交易者在顶部附近与亢奋的普通交易者进行了筹码交换。

如果价格上涨到更高水平，而成交量大幅增加，同时持仓量也在显著增加，那么价格处于上涨的过程中。如果成交量大幅增加，而持仓量在显著减少，那么价格正在接近顶部。

如果市场长时间下跌后经历长时间缩量低位震荡，然后成交量和持仓量显著增加，这是做多的机会。

第一步，确定正常范围值；第二步，确认异常值；第三步，分析异常值，并做出预判。

最后给出一条简单的成交量规律：日成交量的高点往往与阶段性价格高点对应。我们来看芝加哥小麦期货的成交量规律。**从 1938 年 10 月到 1939 年 4 月，这个品种的最高日成交量为 2200 万蒲式耳，最低成交量为 500 万蒲式耳，以此作为一个参照基准，观察后续的成交量变化。**接下来查看表 3-1。

表 3-1　1939 年 5 月至 1941 年 11 月小麦日度成交量变化

年份	时间	总成交量	备注
1939	5 月 2 日	6900 万蒲式耳	显著放量，小麦市场出现趋势性变化
	8 月 24 日	500 万蒲式耳	**地量**
	9 月 7 日	5800 万蒲式耳	**成交量高点，**趋势性变化明显。显著放量是因为战争爆发后投机者大量做多。除了小麦之外，燕麦、玉米和黑麦的成交量也非常大
	12 月 7 日	5000 万蒲式耳	整个 12 月，小麦的成交量都非常巨大
	12 月 13 日	5300 万蒲式耳	
	12 月 19 日	7100 万蒲式耳	**小麦价格在 12 月见到顶部，天量表明大众在高位做多。这是多年来的最高成交量。**接下来的 1940 年 1 月和 2 月，小麦价格转而下跌，日均成交量也萎缩到了 1000 万蒲式耳，中间仅有几天的成交量达到了 3500 万蒲式耳水平
1940	4 月 9 日	6000 万蒲式耳	**小麦成交量再度见到极大值**
	4 月 17~18 日	日均 4500 万蒲式耳	
	5 月 1 日	5000 万蒲式耳	
	5 月 4 日	1500 万蒲式耳	
	5 月 10 日	4500 万蒲式耳	小麦价格在 5 月初见到终极高点。5 月 10 日，希特勒发动对法国和比利时的战争，整个商品市场都暴跌。小麦价格连续几天大幅跳空低开，成交量暴增

续表

年份	时间	总成交量	备注
1940	5月15日	8000万蒲式耳	下跌过程中的最大成交量，恐慌性抛售显著增加，但价格并未见底。此后数日，成交量从6500万蒲式耳降到4500万蒲式耳，**最终于5月24日降到地量1000万蒲式耳，阶段性抛售和下跌结束了**
	8月16日	3300万蒲式耳	5月以来首次放量到如此水平。8月16~20日，小麦价格构筑终极底部，上涨开始，持续到1940年11月
	11月7日	2900万蒲式耳	价格大幅上涨，公众高位追进做多。此后价格持续走低3个月时间
1941	2月17~18日	日均成交量降到5000万蒲式耳	价格底部出现。从1940年12月以来，日成交量从未超过1500万蒲式耳。18日之后，价格开始上涨，到3月见到最高日成交量2000万蒲式耳
	5月14日	3200万蒲式耳	
	5月19~22日	2500万蒲式耳	价格在5月见顶，接着持续下跌到6月2日，见到地量1000万蒲式耳。这表明大众缺乏做多兴趣
	7月31日	1000万蒲式耳	
	8月2日	2000万蒲式耳	
	8月13日	4100万蒲式耳	价格低点，1940年8月以来最大成交量。此后，价格上涨见到新高，多逼空行情出现，大众做多。价格持续上涨到了9月12日，见到最高价
	8月27日	2200万蒲式耳	
	9月3日	2000万蒲式耳	
	9月4日	2000万蒲式耳	
	9月5日	2400万蒲式耳	
	9月9日	2500万蒲式耳	三日后见到大顶部，大众仍旧在高位做多，而聪明资金在平掉多头头寸
	9月10~12日	日均成交量2200万蒲式耳	见到最高价当日成交量下降
	9月20日	2000万蒲式耳	暴跌，见到阶段性底部，反弹
	9月30日	1100万蒲式耳	见到反弹高点，反弹成交量比最高价附近下降了一半。公众在反弹中做多，但是力量已经显著下降了。此后的下跌成了做空良机
	10月16日	3200万蒲式耳	8月4日以来最大成交量，当日恐慌性下跌了10美分，属于日最大跌幅值。阶段性底部显现，反弹可期
	10月17日	2800万蒲式耳	反弹出现
	10月23日	1700万蒲式耳	反弹结束，恢复下跌
	10月28日	1300万蒲式耳	见到阶段性低点，缩量，抛压减轻。反弹可期
	11月5日	1460万蒲式耳	
	11月6日	970万蒲式耳	
	11月7日	1068.5万蒲式耳	反弹中，上涨速率下降，多头乏力

极端异常值非常有预判价值。

交易者可以通过研究谷物等期货合约在极端高点的历史成交量来推断未来的顶部或者底部。所有的期货品种都有类似的规律，而且品种之间会有价量共振的现象，如当小麦成交量极大值或者极小值出现时，其他谷物期货也会出现成交量的极大值和极小值。

接下来我们以小麦期货为例展示持仓量与价格的关系。从 1940 年初开始，小麦的日均持仓量为 1.3 亿蒲式耳，此后持续下降到 1941 年，如表 3–2 所示。

表 3–2 小麦日度成交量变化（1940 年 1 月至 1941 年 9 月）

年份	时间	总成交量	备注
1941	1 月 21 日	4700 万蒲式耳	接下来一段时间成交量徘徊在 5000 万蒲式耳之下。小麦价格从 1941 年 2 月低点开始上涨，持仓量持续下降
	4 月 9~12 日	4100 万蒲式耳	**持仓量多年来的最小值。**小麦为主的谷物期货从四五月启动上涨，持仓量增加
	5 月 10~13 日	4700 万蒲式耳	持仓量再度开始减少
	5 月 22 日	3900 万蒲式耳	**持仓量减少到极端小值，**小麦等谷物期货见到价格高点
	5 月 28 日	4200 万蒲式耳	
	6 月 9 日	3800 万蒲式耳	**持仓量极端小值**
	6 月 19 日	4200 万蒲式耳	
	6 月 30 日	4000 万蒲式耳	此后持仓量逐渐增加
	8 月 1 日	5300 万蒲式耳	
	8 月 14 日	4900 万蒲式耳	最近持仓量的低点，小麦和大豆期货从这个时候开始上涨
	9 月 12 日	5300 万蒲式耳	小麦价格涨到高位后开始下跌，持仓量随着下跌开始增加
	10 月 6 日	5950 万蒲式耳	高持仓量一直持续到 10 月 11 日，但是并未进一步增加。在高位，大众在做多，而聪明资金在平掉多头头寸。从 10 月 11 日开始持仓量开始逐渐下跌
	10 月 17 日	5100 万蒲式耳	小麦价格跌到极端低点，这个低点是 9 月 5 日以来的最低点，比 9 月 5 日的价格低了 15 美分。在短于一周的时间当中，持仓量大幅下降了 8 万蒲式耳，表明下跌过程中出现了大量平仓盘，此前高位做多的大众在恐慌离场
	10 月 22 日	5300 万蒲式耳	持仓量直到 11 月 8 日仍旧维持在 5200 万蒲式耳上下，偶尔稍微低于这一水平

如同此前一样，持仓量未能增加到1亿蒲式耳以上是因为政府采取了管制措施，因为许多大型交易者不会持有大量的隔夜头寸。1940年5月，小麦的价格是1.13美元，对应的持仓量是1.3亿蒲式耳；1941年9月，小麦的价格比1940年5月高出15美分，对应的持仓量却不到1940年5月的一半。

除了政府管制之外，导致小麦持仓量不高的原因还有：第一，大豆等其他谷物期货吸引了大量的资金参与其中；第二，棉花期货的巨大盈利机会吸引了不少资金涌入，以至于不少谷物期货交易者转向了棉花市场。直接结果就是棉花交易量和持仓量猛增，而小麦交易和持仓量下降。

持仓量的变化体现了趋势的某些变化，因此交易者要下功夫研究持仓量，同时也不要忘了结合成交量来分析。通过将持仓量和成交量结合起来分析，你能够预判出价格什么时候能够达到极端低点和高点。

本章原著金句

1. At the end of any important movement, time must be allowed for accumulation or distribution or for buying and selling to be completed.

2. It is important to note whether a comodity is making higher or lower bottoms each year.

3. It is also very important to know at the end of the week if prices close under old bottoms or under bottoms of previous weeks or close above old tops or above tops of previous weeks as it is an indication of weekness or strength.

4. Study the past record of open interest, when extreme high or extreme low is reached, and see if the highest open interest occurs several days or several weeks before extreme high prices are reached.

谷物期货的时间周期、关键点位以及交易实例
（Time Periods，Resistance Levels and Trading Examples on Grain）

第 1 节　天然的百分比点位
（Natural Percentage Resistance Point）

小麦期货在多个交易所交易：芝加哥商品交易所（Chicago Board of Trade）、温尼伯格谷物交易所（Winnipeg Grain Exchange）、堪萨斯市商品交易所（Kansas City Board of Trade）以及明尼波利斯商会交易所（Minneapolis Chamber of Commerce）等。

全美最大的谷物交易中心在芝加哥市，而最大的期货交易中心则在芝加哥商品交易所。本教程中有关小麦等谷物的期货交易数据都来自于芝加哥商品交易所。

芝加哥商品交易所一份标准的小麦合约是 5000 蒲式耳，报价单位是美分，最小变动价格幅度是 0.125 美分/蒲式耳。交易一份标准合约的手续费是 15 美元。保证金要求随着价格变化而调整，每份合约 300~1000 美元。如果小麦合约价格上涨，则手续费也会随之上涨。

除了标准合约之外，芝加哥商品交易所还提供迷你合约，一份迷你合约是 1000 蒲式耳，保证金比例与标准合约一致。迷你合约使得交易者在芝加哥商品交易所可以交易 1000 蒲式耳、2000 蒲式耳、3000 蒲式耳或者 4000 蒲式耳的小麦或者其他谷物合约。

在本小节我主要介绍小麦为主的谷物期货的百分比点位。首先我们要了解一下美元的记账和结账习惯。100 美分构成 1 美元。多年以来，大众习惯于将 1 美元划分成 8 等份，这也构成了金融市场报价的基础，同时也成了谷物等期货价格的天然百分比点位。

将1美元除以8，我们得到一系列八分法下的数字：

1/8美元，12.5美分；

1/4美元，25美分；

3/8美元，37.5美分；

1/2美元，50美分；

5/8美元，62.5美分；

3/4美元，75美分；

7/8美元，87.5美分；

1美元，100美分。

这些点位是小麦、玉米、大豆和燕麦等谷物期货的关键阻力支撑水平。通过回溯历史行情走势，就会发现顶部和底部常常出现在这些关键点位附近。

倘若价格上涨超过1美元（100美分），那么接下来的天然阻力/支撑点位依次是：

112.5美分；

125美分；

137.5美元；

150美分；

162.5美分；

175美分；

后面会提到175美分这个重要点位的实例。

187.5美分；

200美分；

212.5美分；

225美分；

237.5美分；

250美分；

262.5美分；

275美分；

300美分；

312.5美分；

325美分；

337.5 美分；

350 美分。

还可以将 1 美元进行十六分法，则可以得到 6.25 美分乘以 1~16 倍的各个点位。

除了上述点位之外，还有如下重要点位：

18.75 美分；

43.75 美分；

56.25 美分；

68.75 美分；

81.25 美分；

93.75 美分；

118.75 美分；

131.25 美分；

143.25 美分；

156.25 美分；

168.75 美分；

181.25 美分；

193.75 美分；

206.25 美分；

218.75 美分；

231.25 美分；

243.75 美分；

256.25 美分；

268.75 美分；

281.25 美分；

306.25 美分；

318.75 美分；

331.25 美分；

343.75 美分。

谷物期货的一些重要顶部和底部常常出现在这些点位。除了百分比点位之外，交易者们普遍偏好在一些整数（0 和 5 结尾）点位交易，谷物期货的价格高点和低点经常出现在这些点位，它们是：

30 美分；

40 美分；

45 美分；

55 美分；

60 美分；

65 美分；

70 美分；

80 美分；

85 美分；

90 美分；

1870 年，小麦期货价格在 95 美分获得支撑。

95 美分；

105 美分；

110 美分；

115 美分；

120 美分。

另外，以高低点之间的波段为单位一进行百分比分割得到的点位也是未来行情潜在的支撑阻力点位。

当小麦等谷物期货的交易价格（以下简称价格）**超过 1 美元时，我们可以通过最近的极端高价乘以特定百分比来预判未来的顶部，也可以通过最近的极端低价乘以特定百分比来预判未来的底部。**

我们以小麦为例来展示上述一系列规律。1841 年，小麦价格向上突破 100 美分，见到 110 美分高点，仅仅比 112.5 美分这个重要点位低了 2.5 美分。同时，110 美分本身就是一个整数点位。

1850 年，小麦价格经历数年大幅震荡后首次向上突破 100 美分整数关口，见到高点 103 美分。未能向上突破 103 美分表明市场处于弱势状态。

1853 年，小麦价格向上突破了 100 美分，见到高点 110 美分。110 美分也是 1841 年的历史性顶部。双重顶部形成了，做空点出现了。

1854 年，见到低点 92 美分，接下来回升，向上突破了 100 美分，**见到高点 130 美分**。以 130 乘以 7/8，得到 113.75 美分这个百分比点位；130 乘以 6/8 得到 97.5 美分这个百分比点位；130 乘以 5/8 得到 81.25 美分这个百分比点位；130 乘以 4/8 得到 65 美分这个百分比点位。最后这个点位，其实就是 50%点位，算得上是最为重要的点位。

此后在 1859 年，小麦价格再度见到 130 美分这个高点，形成双重顶部。

上面这些是八分法，我们也可以利用三分法得到一些重要的点位：130 乘以 1/3 得到 43.5 美分这个重要点位；130 乘以 2/3 得到 87 美分这个重要点位。

当小麦价格于 1854 年见到高点 130 美分之后，持续下跌，见到低点 90 美分。130 乘以 2/3，得到关键点位 87 美分，而 90 美分在这个关键点位之上 3 美分。上涨后出现 1/3 的回撤，这表明上涨趋势仍旧完整。

1855 年，小麦价格再度向上突破了 100 美分。6 月，触及历史性高点 170 美分，比 1854 年的高点还要高出 40 美分。**175 美分是一个重要的点位**，170 美分仅仅比这个点位低了 5 美分。

我们对极端高点 170 美分进行八分法，可以得到一系列重要的支撑阻力点位：170 乘以 25%或者 2/8，得到 42.5 美分；170 乘以 50%或者 4/8，得到 85 美分；170 乘以 1/8 或者 12.5%，得到 21.25 美分；170 乘以 7/8 或者 87.5%，得到 148.75 美分。最后这个点位对于上涨趋势的维持非常重要，如果价格跌破这个 148.75 美分，则价格会进一步下跌。

除了八分法之外，我们还可以对 170 进行三分法分割：170 乘以 1/3 得到 56.625 美分；170 乘以 2/3 得到 113.25 美分。

1856 年，小麦价格再度跌到了 100 美分重要关口之下。当年见到低点 77 美分。100 美分的 6/8 分割点位是 75 美分，77 美分仅仅比这个关键点位高了 2 美分。另外，170 美分的 50%分割，得到重要点位 85 美分，77 美分仅仅比这个重要点位低了 8 美分。价格跌到 77 美分后回升，上涨到了 85 美分之上，这表明价格还会继续上涨。

有效突破的幅度是多少美分？

1857 年，小麦价格再度向上突破了 100 美分。当年 5 月，见到高点 128 美分，**比天然阻力支撑点 125 美分高出 3 美分。**

接下来，**小麦价格又跌破了 100 美分整数关口，跌到 50 美分的低点。**当价格跌到 100 美分的 50%点位时，我们应该计算出一系列重要点位：

28 美分是 1852 年的极端低点，也是我们一系列天然点位计算的基值；

170 是极端高点，同样也是我们一系列天然点位计算的基值；

170 加上 28，再乘以 50%，得到 99，如果价格向上突破 99 美分和 100 美分，则趋势向上的可能性就非常大；

28 美分乘以 2，得到 56 美分，意味着价格从极端低点上涨一倍；

实际运用中，你能够采纳这么多点位吗？

28 美分乘以 3，得到 84 美分，意味着价格从极端低点上涨两倍；

28 美分乘以 4，得到 112 美分，意味着价格从极端低点上涨三倍；

28 美分乘以 5，得到 140 美分，意味着价格从极端低点上涨四倍；

28 美分乘以 6，得到 168 美分，意味着价格从极端低点上涨五倍；

28 美分乘以 7，得到 196 美分，意味着价格从极端低点上涨六倍；

28 美分乘以 8，得到 224 美分，意味着价格从极端低点上涨七倍；

28 美分乘以 50%，得到 14 美分，将这个幅度加到任何顶部或者底部的数值之上都能得出重要点位；

28 美分乘以 25%，得到 7 美分，将这个幅度加到任何顶部或者底部的数值之上都能得出一些重要点位。

点位的重叠！

另外，**85 是 170 的一半，**84 则是 28 的三倍，因此 84~85 这一带是非常重要的支撑阻力区域。如果小麦价格向上突破这两个点位则可以涨到更高的点位。

1859 年，小麦价格向上突破了 84 美分和 85 美分关键区域，接着又成功向上突破了 100 美分关键阻力点位。**当年 5 月，见到高点 130 美分，这也是 1854 年的高点。这个价格只比 1857 年 5 月的高点高出 2 美分，这是一个做空信号。**

假突破形成的多头陷阱，往往是做空良机。

此后，小麦价格再度跌到 100 美分以下，并且跌破了 84 美分和 85 美分两个支撑点位。

接下来的 8 月，**小麦价格见到低点 50 美分，触及 1857 年和 1858 年的历史底部，双重底部形成了。**同时，50 美分还是 100 美分的 50%分割点位。极端低点 28 美分乘以 2 得到 56 美分，因此 50 美分与 56 美分之间存在强大的支撑。

当价格在 50~56 美分附近获得支撑并且回升后，接下来需要关注最近高点 130 美分加上最近低点 50 美分乘以 50%得到的 90 美分这个点位。当小麦价格向上突破 90 美分这个点位之后，接下来就要关注 99 美分的阻力。前面已经提到过 99 美分这个重要点位，它是极端高点 170 加上极端低点 28 后乘以 50%得到的重要点位。当价格向上突破 99 美分后，上涨态势将继续。

1860 年，小麦价格突破上述重要阻力以及 100 美分整数关口，**见到高点 114 美分。**

28 美分乘以 4，得到 112 美分，意味着价格从极端低点 28 美分上涨三倍多一点。

此后，价格下跌，跌破 100 美分，弱势尽显。

1861 年 6 月，小麦价格见到低点 55 美分，比历史双底低点 50 美分高出 5 美分。极端低点 28 美分乘以 2 得到 56 美分，55 美分与之仅相差 1 美分，这表明小麦价格很好地在此点位附近获得了支撑。

1862 年，美国南北战争爆发，**小麦价格窄幅震荡，**当年价格未能触及 100 美分关键点位。**低点在 75 美分左右。**

1863 年，小麦价格向上突破了 100 美分关键点位，**见到高点 112 美分。**下半年，小麦价格又跌到了 100 美分之下，

见到低点 80 美分，这是大涨之前的最低点，比 170 美分的 50%点位低了 5 美分。

1864 年，小麦价格向上突破了 100 美分，接着一口气突破了 128 美分和 130 美分两个历史高点，上涨空间被进一步打开了。当年，**小麦价格继续向上突破了 1855 年的历史高点 170 美分，大牛市特征明显，继续上涨态势明显。**

升破历史最高价或者跌破历史最低价时，要关注基本面是否发生了重大变化，同时也要关注多头陷阱和空头陷阱的技术特征。

当年 9 月，**小麦价格见到高点 220 美分。**极端低点 28 美分乘以 8，得到 224 美分。220 美分与之仅仅相差 4 美分。

220 美分下方有哪些关键支撑点位呢？

极端高点 220 美分减去极端低点 28 美分乘以 12.5%得到 21.5 美分，再从 220 美分减去 21.5 美分得到 198.5 美分，如果价格跌破这个低点，则倾向于跌到更低的位置；

130 美分乘以 1.5 得到 195 美分；

极端高点 220 美分减去极端低点 28 美分再乘以 50%，得到 124 美分；

220 美分乘以 50%，得到 110 美分。

1865 年 4 月，小麦价格见到低点 102 美分。这个价格在整数关口 100 美分之上，比极端高点 220 美分的 50%点位 110 美分低了 8 美分。

接下来，价格向上突破了 110 美分和 124 美分，这表明价格会继续上涨。

在 50%附近获得支撑则做多，在 50%附近遭受阻力则做空。

当年 9 月，见到高点 151 美分。高点 220 美分到低点 102 美分的 50%是 156 美分。**价格停留在 50%阻力点位下方，表明做空良机出现。**

1866 年 2 月，小麦价格见到低点 116 美分。下方的 110 美分是天然支撑；上方的 124 美分是天然阻力。**110 加上 124 后乘以 50%得到 117 美分，与 116 美分接近。**

接下来，小麦价格显著回升，突破重重阻力，最终突破极端高点 220 美分。

1867 年 4 月，小麦价格创出最高价 300 美分。以 1865 年最高价 161 美分乘以 2，得到 302 美分，与之相差仅仅是 2 美分。300 美分也是 100 美分的 3 倍。由此可见，300 美分是一个重要的阻力点位。

交易者可以利用极端高点 300 美分与众多低点来计算关键点位，如 300 美分与 28 美分，300 美分与 102 美分，等等。

交易者可以基于价格极端值来推断空间点位和时间周期。

例如，300 美分加上 28 美分，再乘以 50%，得到关键点位 164 美分；

300 美分减去 50 美分，再乘以 50%，得到关键点位 175 美分；

300 美分加上 102 美分，再乘以 50%，得到关键点位 201 美分。

同时，交易者还可以利用八分法来分割 300 美分：

300 美分乘以 1/8，得到 37.5 美分；

300 美分乘以 2/8，得到 75 美分；

300 美分乘以 4/8，得到 150 美分；

300 美分乘以 7/8，得到 262.5 美分。

小麦趋势走弱的第一个信号是价格跌破了 262.5 美分。

1867 年，8 月到 9 月期间，小麦价格见到低点 170 美分，这是 1855 年 6 月的高点。同时，300 加上 28，再乘以 50%得到的关键点位 164 美分也在其下方不远处。因此，小麦价格很可能出现回升，趋势仍旧呈现强势特征。

1868 年 5 月，小麦价格见到最高点 221 美分，这个点位与 1864 年的高点非常接近。从 170 美分上涨到 221 美分，涨幅为 51 美分。

接下来，小麦价格暴跌，持续跌破重重支撑点位，**低点和高点越来越低。**

1869 年 4 月，小麦价格见到低点 103 美分，与 1865 年 4 月的低点一致，但仍旧位于 100 美分关口之上。同时，100 美分是 300 美分的 1/3。另外，102 美分是 1865 年的低点。因此，103 美分是一个良好的做多点。

接下来的 8 月，小麦价格见到高点 145 美分，但并未触及 150 美分。150 美分是 300 美分的 500%。

10月，小麦价格跌破100美分大关，这是1863年以来首度跌破这个关口。市场弱势尽显，下跌空间被打开了。

1870年3月，小麦价格见到最低价74美分。1862年11月的低点为75美分。在重要支撑点之上，做多机会出现。

1870年夏季，小麦价格继续上行，突破100美分大关。7月，见到高点120美分。从74美分到120美分，上涨幅度为46美分。

1870年11月，小麦价格见到低点95美分，虽然跌破100美分，但是受到了95美分重要点位的支撑。市场出现做多机会。

实际上，小麦跌破100美分的幅度已经有5美分了，按照江恩自己的突破幅度过滤参数，已经算有效跌破了。江恩此处很难自圆其说，存在过度拟合之嫌。

1871年初，价格再度向上突破100美分大关。

当年4月，见到高点134美分，这高点低于此前高点。

接下来的8月，见到低点99美分，较100美分仅仅低了1美分。无论是99美分还是100美分都是重要的支撑点位。

1872年8月，小麦价格见到高点156美分。300美分的50%是150美分，156美分比150美分高出6美分，不过很快跌到150美分之下，这表明这个区域存在天然的阻力。

1872年11月，小麦价格见到低点102美分，仍旧位于100美分关口之上，上涨趋势并未完全破坏。价格见底后回升。

1873年8月，小麦价格见到高点146美分，低于300美分的50%点位150美分，也低于1872年的高点。所有这些迹象表明市场不够强势，此后价格暴跌，跌破许多支撑点位。

1873年9月，小麦价格见到低点89美分，跌到一个天然的支撑点位后受到支撑，反弹如期而至，向上突破100美分关口。

这里有必要反复强调的一点是：江恩理论的两大支柱是点位和周期。

1874年4月，见到高点128美分，比天然阻力125美分仅仅高出3美分，突破无效。下半年小麦价格跌破100美分大关。

1874年10月，见到低点81美分，跌破1872年的低点，不过价格维持在1870年的低点之上，支撑有效。随之出现回升。

1875 年 2 月，小麦价格出现上涨，又一次向上突破 100 美分关口。当年 8 月，见到高点 130 美分，只比 1874 年的高点高出 2 美分。双重顶部的特征明显。

接下来，小麦价格跌破了 100 美分关口。到了 12 月份，小麦价格已经跌至了 94 美分的低点，下方显示出承接有力，中等幅度的反弹开始出现。

1876 年 5 月，小麦价格见到高点 108 美分。接下来再度跌破 100 美分关口。7 月，见到低点 83 美分，高于 1874 年的低点，同时也比 1870 年 3 月的低点高出 2 美分，一个做多机会出现了。

当年 10 月，小麦价格再度向上突破 100 美分，上涨空间打开。

1877 年 5 月，见到高点 176 美分。与天然阻力位 175 相差仅仅 1 美分，做空机会显现。

300 美分的 50%是 150 美分；300 美分到 28 美分的 50%是 164 美分。因此，当小麦价格跌破 164 美分后又接着跌破 150 美分，则表明小麦价格虚弱，继续下跌的概率很高，潜在幅度也很大。

1877 年 8 月，小麦价格见到低点 100 美分，这是一个重要的支撑点和做多点。

从 1870 年的低点 74 美分，到高点 176 美分，这一波上涨的 50%点位是 125 美分；**176 美分的 50%是 88 美分。**当价格跌破 125 美分之后，暴跌出现了。

1878 年 2 月，见到低点 101 美分。小麦价格保持在 100 美分之上，回升紧随而至。

4 月，见到高点 114 美分。这个点位距离天然阻力 112.5 美分非常近。

6 月，**见到低点 88 美分**，这是 176 美分的 50%点位，一个重要的支撑点位，也是潜在的做多点位。

接下来，价格向上突破 100 美分。

8 月，小麦价格见到高点 1.08 美分，接下来跌破 100 美分。

10 月，小麦价格见到低点 77 美分。与 1874 年的低点 76 美分接近，比 1870 年的低点高出 3 美分。一个非常重要的三重底部形成了，做多机会出现了。

1879 年，小麦价格向上突破了 88 美分，也就是 176 美分的 50%点位。接下来，向上突破了 114 美分高点。

当年年末，小麦价格见到高点 133 美分。接着价格回落。

1880 年 1 月，见到高点 132 美分，然后下跌，一个双重顶部形成了。价格跌破了 125 美分，这是 74 美分到 176 美分波段的 50%点位，接下来价格跌破了 100 美分。

9 月，见到低点 86 美分，比 176 美分的 50%点位仅仅低了 2 美分，比 1879 年 8 月的低点 84 美分要高。接下来，小麦价格向上突破了 100 美分和 125 美分两个关键点位。

1881 年 10 月，见到高点 143 美分，比 1877 年 7 月的高点要低，也低于 300 美分的 50%点位，这表明市场非常疲弱。

1882 年 2 月，见到低点 120 美分，低于 125 美分关键点位，较前一高点 143 美分更低，表明趋势走弱。

1882 年 4 月，见到高点 140 美分，比 1881 年高点更低，双重顶部形成，一个做空机会出现。

接下来，小麦价格出现快速下跌，接连跌破 125 美分和 120 美分两处关键支撑点位。趋势向下无疑，此后跌破 100 美分关口。

1882 年 12 月，见到低点 91 美分，不过维持在 176 美分的 50%点位——88 美分以上，也在 1880 年的低点之上。这是一个做多的机会。

1883 年 2 月，见到高点 111 美分，与天然阻力点 112.5 美分非常接近。

当年 5 月，见到高点 113 美分。113 美分并未超过 2 月高点，111 美分超过 2 美分，表明走势疲态尽显。接下来，小麦价格跌破了 100 美分关口。

1884 年，小麦价格继续下跌，低点和高点也越来越低。最终跌破了 176 美分的 50%点位 88 美分。

当年年末，小麦价格见到低点 70 美分，比 1870 年低点低了 4 美分，此后反弹展开。

1885 年 4 月，见到高点 92 美分，比 176 美分的 50%点位仅仅高出 4 美分，突破无效，价格随后下跌。

1886 年 7~10 月，形成双重底部，低点分别是 71 美分和 72 美分，比 1884 年 12 月的低点更高。一个做多机会出现了。此后，小麦价格回升。

江恩早期以 3 个点作为有效突破的过滤参数，后来他将 5 个点作为有效突破的过滤参数。

1887 年 6 月，见到高点 95 美分，低于 100 美分关口，走势不强。接下来价格跌破了 88 美分，也就是 176 美分的 50%点位。**当月月底，见到低点 65 美分，这是 1862 年以来的最**

低点。与天然支撑 67.5 美分非常接近，一个做多机会出现了。

此后，价格回升，向上突破 88 美分。

从 1883 年以来，小麦成交价格都未曾触及 100 美分，长期在这个关键阻力下方徘徊。当小麦价格向上突破 100 美分时，继续上涨的空间就被打开了。下一个阻力点位是 113 美分，这是 1883 年的最高点。

65 美分到 176 美分的 50%点位是 120.5 美分，小麦价格接下来向上突破了这一点位。

1888 年，小麦价格继续上扬，快速突破 143 美分，这是 1881 年的高点。接着又势如破竹，向上突破了 1887 年 5 月的高点 176 美分。

当年 9 月，见到高点 200 美分，这是 300 美分的 2/3 分割点位。200 美分回撤 12.5%是 175 美分，当价格跌破这个点位后将继续下跌。

以 200 美分为基准得出的其他重要回撤点位还有 150 美分、125 美分、100 美分和 75 美分等。当价格跌破 175 美分之后，就需要进一步观察这些点位的支撑情况。

1888 年 9 月能够涨到 200 美分的高点是逼空行情的体现。在主力多头大举逼空之后，暴跌会紧随而至。同时，小麦每年秋季入市交割后都容易出现季节性下跌走势。

诸多不利因素叠加起来，使得小麦价格从 200 美分开始暴跌，跌到了 150 美分以下，低于 300 美分的 50%点位。暴跌中出现了巨大的向下跳空缺口。

随后，价格跌破了 132.5 美分，也就是 65 美分到 200 美分的 50%点位。当小麦价格跌破 100 美分大关后，市场已经非常弱势了。

1889 年 6 月，小麦价格见到低点 75 美分，但仍旧在 1888 年低点之上。也处于 65 美分到 200 美分的 87.5%分割点位之上。做多机会出现。

此后，小麦价格回升。

同年 10 月，反弹见到高点 96.5 美分，仍然受阻于 100 美分，上涨态势疲弱。

1890 年 1 月，见到低点 74 美分，**仅仅比 1889 年 1 月的低点低 1 美分，同时高于 1888 年的低点，这表明支撑有效。**

1890 年 5 月，小麦合约价格上涨触及 100 美分关口。价格并未有效向上突破这个点位。

同年 7 月，价格见到低点 85 美分，这是一个天然的支撑点位。接下来上涨突破 100 美分。

接下来的 8 月，见到高点 108 美分，接下来又跌破 100 美分关口。

1891 年 1 月，见到低点 87 美分，恰好在 1890 年 7 月的低点之上。也接近 65 美分

到 200 美分的 5/8 分割点位。一个做多机会出现了。此后，价格向上突破 100 美分。

同年 4 月，见到高点 115 美分，仍然比 1888 年 10 月的高点更低。价格跌破 100 美分。此后跌破 94.5 美分。94.5 美分恰好是 74 美分到 115 美分的 50%点位。

1892 年 12 月，**小麦价格见到低点 67 美分，比 1887 年的低点高出 2 美分。底部抬高，这是一个天然的做多点位。**

1893 年 4 月，见到高点 85 美分，这是 65 美分到 200 美分的 5/8 分割点位。这是一个做空点位，此后价格下跌，跌破了 1870 年的最低点，这表明趋势向下。

1894 年 7 月，见到低点 50 美分，也就是 100 美分的 50%点位，或者是 200 美分的 25%点位。50 美分也是 1853 年 4 月后的最低点。几个关键点位叠加在一起的 50 美分成为一个最佳的做多点。此后，小麦价格处于长时间的窄幅盘整状态。

同年 12 月，见到高点 57 美分，这仅仅是一个小幅度的反弹。

1895 年 1 月，小麦见到低点 49 美分，较此前的最低点低了 1 美分，这表明支撑有效。当价格跌到 49 美分之后，横盘窄幅波动了半年之久。

此后，价格突破最近半年的高点，这表明向上趋势确立。此后见到高点 81 美分。而 82 美分恰好是 1891 年 4 月高点 115 美分到低点 49 美分的 50%点位。因此，81 美分成了做空点位。价格此后转而下跌。

低点抬高。

1895 年 12 月，**小麦价格见到低点 54 美分，与 1895 年 4 月的低点一致，一个做多机会出现了。比极端低点 49 美分高出 5 美分。**

1896 年 2 月，小麦价格见到高点 67 美分。**1 月和 7 月的最低价为 54 美分，**与 1895 年的一致，双重底部形成了，一个做多机会出现了。随后价格回升，上涨超过了前高 67 美分，向上突破了 1896 年 2 月的最高价，价格继续上涨的空间打开了。

1896 年 11 月，价格见到高点 86 美分。这个高点接近 85.75 美分。85.75 美分是 49 美分的 1.75 倍。另外，1893 年 4 月的高点为 85 美分，做空的机会出现了。

1897 年 4 月，见到低点 64 美分。比 1896 年的最低点 54 美分高出 10 美分。接下来，价格向上突破了 1887 年和 1888 年的高点，进一步上涨空间被打开了。

同年 8 月，见到高点 100 美分，这是 200 美分的 50%点位，也是 300 美分的 1/3 点位。价格此后下跌。

接下来的 10 月，价格见到低点 88 美分，触及前期高点和低点，做多机会出现。此后价格回升，向上突破 115 美分的历史高点，接着突破 125 美分，进一步上涨的空间被打开了。

1898 年 5 月，小麦见到高点 185 美分，这是大多头莱特尔（Leiter）发动逼空行情导致的。而大空头阿穆尔（Armour）则通过特快列车将大量小麦运到芝加哥交易所交割，导致小麦价格暴跌，导致大多头莱特尔破产。许多做多的人在此次暴跌中爆仓。

低点 49 美分到高点 185 美分的 50%点位是 117 美分；

185 美分的 50%点位是 92.5 美分；

185 美分的 12.5%或者 1/8 点位是 23.125 美分。

再以 49 美分为基础推到重要百分比点位：

49 美分上涨 50%则为 73.5 美分；

49 美分上涨 100%则为 98 美分；

49 美分上涨 150%则为 122.5 美分；

49 美分上涨 200%则为 147 美分；

49 美分上涨 225%则为 159.25 美分。

1898 年 9 月，见到低点 62 美分，比 1897 年 4 月的低点仅仅低了 2 美分，支撑作用显著，一个做多机会出现了。

1899 年 1 月，见到高点 79 美分。49 美分到 300 美分的 12.5%是 80.375 美分。价格在天然阻力点位之下受阻，下跌随之出现。

同年 7 月，价格反弹见到高点 79 美分，与 1 月高点一致，双重顶部形成了，做空机会出现了。

1900 年 5 月，见到低点 63 美分，比 1898 年 9 月的低点高出 1 美分，双重底部形成了，做多机会出现了。

同年 10 月，见到高点 81 美分，仅仅比 1899 年的高点高出 2 美分。81 美分接近 49 美分到 185 美分的 25%分割点是 83 美分。一个做空机会出现了。

$(185-49)\times 0.25+49=83$

1901 年 9 月，见到低点 63.125 美分，与 1900 年 5 月的低点差不多，双重底部形成了，做多机会出现了。

1902 年 1 月，见到高点 85 美分，仅仅比 83 美分高出 2 美分，做空机会出现了。

同年 8 月，见到低点 68.5 美分，低点升高了。66 美分是 49 美分到 185 美分的 12.5%分割点位，而 69.375 美分是 185 美分的 3/8 分割点位。另外，67.5 美分是一个天然的支撑阻力点位。现在市场维持在其上方 1 美分处。

$185\times 0.375=69.375$

1903 年 8 月，市场见到高点 85.75 美分，仅仅比 1902 年 5 月的高点高出 0.75 美分，仍旧低于 92.5 美分。92.5 美分是 185 美分的 50%点位。

同年 11 月，市场见到低点 76 美分。100 美分的 75%或者说 4/8 是 75 美分。而 49 美分的 1.5 倍是 73.5 美分，因此这个低点附近是一个良好的做多点位。

1904 年 1 月，价格向上突破历史高点 85 美分和 86 美分，进一步上涨的空间被打开了。此后，接连突破 98 美分和 100 美分关口。98 美分是 49 美分的两倍点位。当小麦价格向上突破 100 美分后，进一步上涨的号角吹响了。

同年 2 月，价格见到高点 109 美分。185 美分到 49 美分的 7/8 分割点位是 108 美分。同时，**108 美分到 110 美分之间存在许多高点和低点。**

低点和高点的密集区是非常重要的观察区间，一旦显著突破，则势如破竹。

7 月，见到低点 81 美分。49 美分到 300 美分的 1/8 分割点位是 80.375 美分，而 49 美分的 1.5 倍点位是 73.5 美分。79 美分和 81 美分是重要的前期高点。因此，这附近存在重要的支撑，做多机会出现。

接下来价格企稳回升，涨到 92.5 美分，也就是 185 美分的 50%点位。接下来升势并未止步，而是继续上涨突破 100 美分。

9 月，见到高点 119 美分。49 美分到 185 美分的 50%点位是 117 美分。突破幅度只有 2 美分，做空机会出现。

10 月，见到低点 108 美分。109 美分是 1904 年 2 月的高

点。一个做多机会出现了。

1905 年 2 月，见到高点 121.5 美分，仅此 1904 年 9 月的高点高出 2.5 美分。双重顶部形成了，做空机会出现。

此后小麦价格跌破 117 美分，也就是 185 美分到 119 美分的 50%点位。接下来跌破 108 美分，这是一个前期低点。

市场非常疲弱，接连跌破此前半年的低点，意味着下跌空间打开了。

1901 年的低点 63 美分到 1905 年的高点 121.5 美分的 50%分割点位是 91.5 美分。除了 91.5 美分之外，63 美分和 121.5 美分之间还存在如下重要点位：

70.5 美分，7/8 分割点位；

78.75 美分，6/8 分割点位；

85 美分，5/8 分割点位；

92.25 美分，4/8 分割点位；

95.875 美分，3/8 分割点位；

107 美分，2/8 分割点位；

114.5 美分，1/8 分割点位。

1905 年 6 月，见到低点 82 美分。而 81 美分是 1904 年的低点，在此点位附近形成了一个做多机会。

同年 10 月，见到高点 93 美分。63 美分到 121.5 美分的 50%点位是 92.25 美分，而 92.5 美分是 185 的 50%点位。因此，93 美分是一个显著的做空点位。

1906 年 9 月，见到低点 75.5 美分。63 美分到 121.5 美分的 3/4 分割点位是 77.75 美分。同时，75 美分是一个天然支撑点。1906 年 3 月的低点是 76.5 美分。一个双重底部形成了，做多机会出现了。

1907 年，见到低点 75 美分，第三次触及这个价位，三重底部出现，做多机会出现了。

同年 4 月，小麦价格向上突破了前 6 个月的高点，上涨空间打开了。高点 121.5 美分到低点 75 美分的 50%点位是 98.25 美分。接下来，价格向上突破了 98.25 美分和 100 美分，强势显现。

1907 年 10 月，见到高点 112.5 美分。低点 63 美分到高点 121.5 美分的 7/8 分割点位是 114.25 美分。同时，从低点 75 美分到 112.5 美分还是 100 美分的 3/8。这附近存在较强的阻力，做空机会出现。接下来，价格继续下跌，跌破了 100 美分关键点位。

1908 年 4 月，见到低点 89 美分，恰好低于 92.5 美分这个 50%点位，但并未有效

92.5 美分是 185 美分的 50%点位。

跌破，表明支撑有效。随后价格反弹，向上突破 92.5 美分和 100 美分。

同年 5 月，见到高点 111 美分，比 1907 年 10 月的高点更低。接下来的 7 月，见到低点 92 美分，与 92.5 美分非常接近，比 4 月低点 89 美分高一些，这是一个做多点位。

同年 12 月，见到高点 111 美分，价格三次在这个点位受阻，做空机会出现。随后，价格回调。

1909 年 1 月，见到低点 104 美分，价格没有跌到 100 美分的关键点位，表明上升趋势完好。随后，价格向上突破 111 美分和 112 美分两个高点。接着又向上突破了 114.25 美分，这是 63 美分到 121.5 美分的 7/8 分割点。然后向上突破 117 美分，这是 49 美分到 185 美分的 50%点位，市场步入强势状态。

同年 5 月，见到最高点 135 美分。低点 49 美分到高点 185 美分的 5/8 分割点位是 134 美分；高点 185 美分的 6/8 分割点位是 138.75 美分；137.5 美分则是一个天然阻力点。因此，135 美分是一个做空点。

1907 年的低点是 75 美分，然后涨到 135 美分，涨幅为 60 美分。这波涨幅的 1/8 是 7.5 美分。以 135 美分为起点，以 60 美分幅度为单位一，得到下列回撤点位：

7/8 回撤点位，82.5 美分；

6/8 回撤点位，90.75 美分；

5/8 回撤点位，97.5 美分；

4/8 回撤点位，105 美分；

3/8 回撤点位，112.5 美分；

2/8 回撤点位，120 美分；

1/8 回撤点位，127.5 美分。

交易者也可以对最高点 135 美分进行八分法分割，得到一系列重要的点位，如 4/8 点位是 67.5 美分；5/8 点位是 83.75 美分；6/8 点位是 101.25 美分；**7/8 点位是 118.125 美分。**

无论是对波段还是高点进行分割，都可以得出一些重要的支撑和阻力点位。

1909 年 8 月，见到低点 97 美分。97 美分到 135 美分的 5/8 分割点位是 97.5 美分。价格受到显著支撑，向上突破 100 美分关口。

1910 年 2 月，见到高点 116 美分，5 月见到高点 117 美分。**从 135 美分回撤 1/8 得到关键点位 118.125 美分。**75 美分到 135 美分的 1/2 分割点位是 120 美分。当价格受阻于上述高点时，做空机会出现了。

同年 7 月，见到低点 92 美分。75 美分到 135 美分的 3/4 分割点位是 90 美分。这个水平附近也存在众多的低点和高点，支撑作用明显，做多机会出现。当月，见到高点 115 美分。价格第三次触及这个点位，做空机会出现。

当价格跌破 105 美分时，弱势显现。105 美分是 75 美分到 135 美分的 50%点位。接下来价格跌破 100 美分。

1911 年 3 月和 4 月，见到低点 85 美分。高点 135 美分的 3/8 点位是 84.375 美分，75 美分到 135 美分的 7/8 分割点位是 82.5 美分。85 美分存在显著支撑，做多机会出现。

此后，价格向上突破 97.5 美分。97.5 美分是 75 美分到 135 美分的 5/8 点位。接下来，价格向上突破 100 美分。

同年 10 月，见到高点 107 美分，市场高位震荡数月形成了一个做空机会。

1912 年 1 月，见到低点 98 美分。75 美分到 135 美分的 5/8 分割点位是 97.5 美分，而 100 美分是一个天然的支撑点位。

97.5 美分只低于 100 美分这个关键点位 2.5 美分，并未达到江恩突破有效的过滤参数 5 美分。

同年 5 月，见到高点 119 美分。高点 135 美分回撤 1/8 则为 118.125 美分。低点 75 美分到高点 135 美分的 1/2 分割点位为 120 美分。因此，119 美分附近的阻力强大，这是一个天然的做空点位。

此后，小麦价格下跌。

135 美分到 185 美分的 50%点位是 110 美分；85 美分到 119 美分的 50%点位是 102 美分。价格先是跌破了 110 美分，接着又跌破了 102 美分。当小麦价格跌破 100 美分时，下跌趋势就非常明显了，暴跌紧随而至。

100 美分是江恩在从事谷物期货交易时常用的一个关键点位。在国内的白糖和棉花期货上是否有同样性质的点位呢？

1913 年 3 月，小麦价格见到低点 88 美分。比 1911 年的低点高 3 美分，表明向上趋势不改。接下来，市场出现了一个小幅较小的回升。

同年 7 月，见到高点 99 美分，并未触及 100 美分或者 102 美分。102 美分是 85 美分到 119 美分的 50%点位。小麦价格在 99 美分之下徘徊两个季度，做空机会明显。

接下来，价格走跌，持续跌至 88 美分附近。

1914 年 6 月，见到低点 76.75 美分，这个低点在 1906~1907 年低点之上。做多机会出现了。

危机和战争是金融市场大行情的重要催化剂之一。

接下来的 7 月，**第一次世界大战爆发，通胀出现。战争导致小麦价格飙升，特别是战前小麦价格处于低位整理时。**战前小麦的波动范围是 76.75 美分到 135 美分。

9 月，小麦价格见到高点 132 美分，只比 1909 年的高点 135 美分低 3 美分。**短期内小麦价格飙升了 55 美分。**

49 美分到 185 美分的 5/8 分割点位是 134，这附近存在显著的阻力作用，加上 132 美分低于 1909 年的高点 135 美分，因此一个做空机会出现了。

接下来的 10 月，见到低点 111 美分，跌到前期高点和低点构成的支撑之下。112.5 是一个天然的支撑点位。而 85 美分到 135 美分的 50%点位为 110 美分；75 美分到 135 美分的 3/8 分割点位是 112.5 美分。

突破大顶部或者跌破大底部，无论是有效突破还是假突破都意味着有大行情，因此可以将历史大顶部和大底部作为观察窗口。

价格在 111 美分见底后恢复上涨。此后，价格向上突破了 119 美分，以及 1909 年的大顶部 135 美分，进一步上涨的空间就打开了。

90.25 美分的 1/8 应该是 11.28 美分。接下来江恩列出的分割点，其计算也存在错误。

1915 年 2 月，小麦价格见到高点 167 美分。低点 49 美分到高点 185 美分的 7/8 分割点位为 168 美分。另外，76.75 美分到 167 美分的波幅为 90.25 美分，这一波幅的 1/8 为 11.25 美分。则可以得到下列重要的点位：

97 美分，7/8 分割点位；

107 美分，6/8 分割点位；

117 美分，5/8 分割点位；

127 美分，4/8 分割点位；

137 美分，3/8 分割点位；

147 美分，2/8 分割点位；

167 美分，1/8 分割点位。

高点 167 美分的 1/8 是 20.875 美分，176 美分的 1/16 是 10.375 美分。从高点 167 美分回撤这些幅度的倍数后容易出现支撑。

167 美分的 1/16 应该是 10.4375 美分。

小麦价格从 167 美分开始暴跌，跌到 155.75 美分，这是低点 76 美分到高点 167 美分的 2/8 分割点位。进一步下跌的空间打开了，随后跌破 150 美分，这是 300 美分的 50%点位。接着又跌破了 144.5 美分，也就是 76.75 美分到 167 美分的 2/8 分割点位。

当小麦价格跌破 121.875 美分，也就是低点 76.75 美分到高点 167 美分的 50%点位时，市场的下行趋势就非常明显了。

同年 9 月，小麦见到低点 93 美分。从 167 美分跌到 93 美分，跌幅为 74 美分。在 93 美分附近存在许多重要的点位：

1929 年 5 月，小麦价格再度见到低点 93 美分。

76.75 美分到 167 美分的 7/8 分割点位是 88.125 美分；

167 美分的 9/16 分割点位是 94 美分；

9/16 分割点位很少在江恩的点位理论中出现。

极端低点 49 美分的两倍点位是 98 美分；

低点 63 美分的 1.5 倍点位是 94.5 美分。

这些点位的叠加使得 93 美分成了一个重要的支撑水平。价格止跌企稳后向上突破 100 美分的关口，接着向上突破 111.25 美分。111.25 美分是高点 167 美分到低点 93 美分的 2/8 分割点位。

同年 12 月，见到高点 127 美分。高点 167 美分到低点 93 美分的 50%点位为 130 美分。

1916 年 1 月，见到高点 138 美分。高点 167 美分的 3/8 分割点位为 133.25 美分；高点 167 美分到低点 93 美分的 5/8 分割点位为 139.25 美分。做空机会出现了。

同年 5 月，小麦价格见到低点 104 美分。高点 167 美分的 5/8 分割点位是 104.375 美分。同时，100 美分也是重要的

点位。104 美分在低点 93 美分之上 11 美分。由此可见这里存在一定的支撑。

138 美分到 104 美分的 50%点位为 121 美分。当价格向上突破 121 美分后，进一步上涨的空间被打开了。

8 月，价格突破前期高点 138 美分，随后突破前期高点 167 美分。价格继续上扬的迹象明显。

接下来，小麦继续向上突破 1898 年的高点 185 美分，以及 1888 年的高点。

同年 11 月，见到高点 195 美分，恰好在 200 美分的历史高点之下，抛压沉重，做空机会显现。

1917 年 2 月，见到低点 154.5 美分。1916 年 10 月的低点是 154 美分，双重底部形成了。同时，150 美分是一个天然支撑点，150 美分是 300 美分的 50%点位。

4 月，小麦价格超过 200 美分，这是 1867 年之后的最高点位。这波上涨的速度非常快。

5 月，小麦价格见到高点 325 美分，这是历史最高点。此时政府停止了小麦期货的交易。

交易者应该计算如下分割点位：

第一，从极端低点 28 美分到 325 美分的重要分割点位；

第二，从低点 49 美分到 325 美分的重要分割点位；

第三，从低点 63 美分到 325 美分的重要分割点位；

第四，从低点 75 美分到 325 美分的重要分割点位；

第五，从低点 93 美分到 325 美分的重要分割点位。

这些点位构成了下行的关键支撑，也成了反弹的关键阻力。

第 2 节　小麦现货价格
(Cash Wheat Prices)

现货市场可以称为 Cash Market 或者是 Spot Market，现货称为 Cash Commodity。

小麦期货交易被政府停止后，现货交易继续进行。

1918 年 9 月，小麦现货价格见到低点 222 美分。

1919 年 4 月，小麦现货价格见到高点 292 美分。

同年 8 月，小麦现货价格见到低点 224 美分。

12 月，见到高点 350 美分，这是历史性高点。这个点位是 300 美分到 400 美分的 50%点位，因此是一个天然的阻力和做空点位。

从 1919 年 4 月的低点 220 美分到 12 月的高点 350 美分，这波走势的 50%点位是 285 美分。一旦价格跌破 285 美分，则下行趋势确立。

1919 年，小麦现货价格快速下跌。下跌过程中可以参考：从低点 28 美分到高点 350 美分的分割点位；从 1895 年低点 49 美分到高点 350 美分的分割点位；从 1914 年 6 月低点 76.75 美分到高点 350 美分的分割点位；高点 350 美分的分割点位；等等。

交易者需要注意 350 美分的 6/8 分割点位，也就是 262.5 美分。一旦价格跌破这个点位，那就意味着市场非常弱势。220 美分也是衡量市场走势的一个基准，如果跌破这个点位，则价格会继续下跌到 175 美分附近，也就是 350 美分的 50%分割点位，或者说 4/8 分割点位。

189 美分是 28 美分到 350 美分之间的 50%分割点位，这个关口也非常重要。

如果上述重要的支撑点位被跌破，则交易者应该坚持持续做空。

1920 年 7 月，小麦期货交易恢复。**第一笔小麦期货合约的成交价就在 275 美分附近，**比 285 美分低了 10 美分，趋势向下无疑。

期货和现货市场应该结合起来分析，特别是升贴水出现极端值时应该深入分析。

1920 年 12 月，见到低点 152 美分。低点 49 美分到高点 350 美分的 1/3 分割分割点位是 149.33 美分；300 美分的 50%点位为 150 美分。在 150 美分附近存在大量的支撑，是一个天然的做多点位。另外，低点 28 美分到高点 350 美分的 3/8 分割点位为 148.75 美分。

$(350-49)/3+49=149.33$

此后，小麦价格出现回升。

1921年1月，见到高点175美分。175美分是350美分的50%点位，这是一个天然的做空点位。价格恢复下跌走势。

同年3月，小麦价格见到低点137美分。重要点位228美分和高点350美分之间的1/3分割点位是135.375美分。另外，135美分是1909年的高点。在135美分到137美分附近做多时，需要设定止损单，避免判断失误。

接下来，小麦价格出现了一个中等幅度的反弹。反弹结束后，小麦价格跌破了135~137美分的关键区域。

1921年4月，见到低点119美分。在这个价格水平附近存在大量的高点和低点，以及一系列重要的分割点位：低点49美分到高点350美分的2/8分割点位为124美分，高点350美分的1/3分割点位为116.625美分。

急跌后在119美分附近构筑阶段性底部，然后报复性反弹如期而至。

低点28美分与350美分的中间点位为189美分，高点350美分的50%点位为175美分。189美分与175美分两个点位的中间点位就是182美分。具体计算过程是：(189+175)/2=182。

同年5月，见到高点184美分。**从低点119美分涨到高点184美分，涨幅为65美分。**这个高点低于28美分低点与350美分高点的50%点位，也就是189美分；同时，这个高点比高点350美分的50%点位（175美分）高出9个点。**两个高点相加后平均得到182美分。**许多历史高点和低点出现在182美分附近。

趋势仍旧朝下，因此184美分成了一个逢高做空点。

前一日的中间值也能作为次日盘中短线买卖的参考点。

小麦期货交易恢复后的最高点为275美分，此后跌到119美分，两者之间的中间点位为197美分。现在市场反弹到184美分就拐头下跌了，并未触及甚至突破197美分，这表明市场仍旧处于弱势之中。

从高点350美分跌到低点119美分，下跌幅度为231美分。231美分的1/3为77美分。

5月时，**小麦价格从低点119美分涨到高点184美分，涨幅为65美分。这个幅度低于77美分，并未达到此前下跌幅度的1/3，这表明反弹无力。**

231美分的2/8是57.75美分，与低点119美分相加，得到 176.75 美分，这是一个关键点位。当小麦价格跌到 176.75 美分以下，则表明市场疲软。

另外，119 美分到 184 美分的 50%点位为 151.5 美分。当小麦价格跌破这个点位时，下跌会加速，最终跌破更低的关键点位 119 美分。

1921 年 11 月，见到低点 98 美分。这个低点只比 100 美分关口低了 2 美分，同时高于 1915 年的低点。诸多迹象表明趋势仍旧向上。

1923 年 7 月，价格会再度靠近 98 美分。

另外，交易者需要注意 1916 年的低点是 104 美分，**在此前多轮大行情发动过程中，诸多高点和低点位于 100 美分这一线。每轮大涨行情中，每当价格发动第一波冲击 100 美分的攻势时，附近都存在支撑力量，从而使得该点位附近成为回调做多区间。当行情在 100 美分附近完成回调后，主升浪行情就展开了。**

1922 年 2 月，小麦价格见到高点 150 美分；同年 4 月，小麦价格见到高点 148 美分。

350 美分到 149 美分的 1/3 分割点位是 149.33 美分；低点 28 美分到高点 350 美分的 3/8 分割点位是 148.75 美分；119 美分到 149 美分的 50%点位是 151.5 美分。交易者应该在 150 美分附近做空，进场同时设定保护性止损单，限制风险。

低点 84 美分到高点 198 美分的 50%点位是 141 美分。当价格跌破 141 美分后，应该加码做空。

随着市场持续下跌，同年 8 月见到低点 105 美分。**这个低点高于前期系列低点，**如 1916 年 5 月的低点是 104 美分；低点 28 美分到高点 350 美分的 2/8 分割点位为 108.625 美分。同时，**这个低点也高于 100 美分关口，因此反弹可期。**

9 月，小麦价格见到高点 126 美分，此后恢复跌势。

1923 年 4 月，**见到高点 127 美分，与 9 月的高点 126 美分构成一个双重顶部。**另外，低点 49 美分到高点 359 美分的 2/8 分割点位是 124.25 美分；低点 98 美分到高点 150 美分的 50%点位为 124 美分。几个月以来，小麦价格并未突破 124 美

分超过 5 美分，因此当价格再度跌回到 124 美分下方时，应该立即做空。当小麦跌破两个季度以来的最低点时，走势更加疲软，应该继续以做空为主。

同年 7 月，见到低点 96 美分，价格跌回到 1915 年 10 月的低点。另外，比起 1921 年 11 月的低点，仅仅低了 2 美分。再者，价格并未低于 95 美分。所有这些特征加起来表明市场仍旧处于强势状态。在这一线附近，出现了数年才能见到的三重底部。

1921 年 11 月，见到低点 98 美分。

从这个三重底起步，当小麦价格向上突破 100 美分关口时，市场就会真正呈现出强势。此后的三个季度当中，行情处于窄幅横盘整理状态。区间整理期间，112~114 美分形成了三个高点。

1924 年 3 月到 4 月，小麦见到低点 103 美分，这个价格在 100 美分关口以上。**低点抬高了，上升趋势显现出来。即便成交量仍然低迷，而且仍旧处于窄幅整理区间，但是市场下方的承接力量增强了，这是一个做多机会。**

除了有效突破高点做多之外，江恩还提出了可以低点抬高做多。前者是破位进场，后者是见位进场。

小麦价格向上突破了 112 美分的高点，这附近有三个高点。向上突破盘整区间表明市场处于强势状态中。接下来，价格进一步向上突破了 128 美分等多个高点，市场强势表露无遗。

从低点 96 美分到高点 150 美分的 50%点位为 123 美分。从 1921 年 5 月高点 184 美分到 1923 年 7 月低点 96 美分的 50%点位为 140 美分。当价格向上突破 123 美分和 140 美分两个关键点位之后，市场加速上扬。

很快市场向上突破了 175 美分这个关键点位，这是高点 350 美分的 50%点位。接着，市场又向上突破了 189 美分，这是低点 28 美分到高点 350 美分的 50%点位。

1925 年 1 月，小麦 5 月合约（May Wheat）见到高点 205.875 美分，这是这轮涨势的顶部。

200 美分是一个重要的天然阻力点位，有经验的交易者会预期到价格会在这附近遭受沉重的抛压。查看历史走势图，交易者会发现从高点 350 美分到低点 49 美分的 50%点位为 199.5 美分。

市场的乐观情绪和舆论带动资金做多小麦合约，升破了 199.5 美分这个点位，但是突破后很快就掉头下跌。当价格跌破 200 美分时，市场走低的迹象就更加明显了。这个时候交易者应该了结多头头寸，开立空头头寸。

多头陷阱是开立空头的好时机。什么情况下的多头陷阱应该参与？第一，市场高度一致地看多，极端乐观；第二，突破幅度不够，而且升破后快速跌回关键点位之下；第三，过度放量；第四，基本面反转；第五，持仓量特别是 COT 报告显示的周度持仓净头寸达到 2~4 年的极端值。

另外，还有一点需要注意。从高点 326 美分到低点 96 美分的 50%分割点位是 210.5 美分。小麦价格未能触及这个点位也表明了市场的弱势。

接下来，小麦价格暴跌。接下来应该关注的重要点位位于 205.87 美分到 96 美分之间。**186 美分是其中特别重要的点位。**这个点位是低点 49 美分到高点 325 美分的 50%分割点位。当小麦价格有效跌破这个点位时，市场弱势将持续。

下一个重要点位是 178.5 美分，这是 96 美分到 206.875 美分的 2/8 分割点位。再下一个重要点位是 151.5 美分，这是 96 美分到 205.975 美分的 50%分割点位。当价格跌破这两个点位之后，价格将继续下跌，交易者应该坚持做空思路。

1925 年 4 月，见到低点 137 美分。低点 96 美分到高点 205.875 美分的 3/8 分割点位是 137.25 美分。在 151.5 美分这个点位被跌破后，137.25 美分就是下一个重要支撑点位。在这个点位附近存在许多高点和低点。137.5 美分也是 100 美分的 1.375 倍点位。因此，137 美分企稳后是做多的良机。

同年 7 月，价格见到高点 164 美分。**从高点 205.875 美分到低点 137 美分的 50%点位为 171.5 美分。如果价格不能超过这个点位，则表明下跌趋势不变。**

江恩有许多判断趋势下降的法则：第一，高点降低；第二，向下突破横盘震荡区间下边缘；第三，反弹未能超过下跌波段的 50%；第四，跌破上一个重要低点；第五，下跌幅度或者是持续时间超过上一个下跌波段；第六，跌破初始阶段的低点……

10 月，见到低点 135 美分，触及前期低点，但并未有效跌破。交易者应该立即回补空头，并且开立多头。接下来，价格迅速上涨。

12 月，见到高点 185 美分。这附近有前期有 3 个高点。另外，189 美分是低点 28 美分和高点 350 美分的 50%点位。

(28+350)/2=189 或者是 (350−28)/2+28=189。

1926 年，小麦价格步入下跌走势。交易者需要计算低点

135 美分到高点 185 美分的重要分割点位。160 美分是最为重要的一个分割点位，它是 135 美分到 185 美分的 50%点位。当小麦价格跌破这个点位时，意味着市场步入弱势。

150 美分是下一个关键点位，当其被跌破时市场就进入到了更加弱势的状态中，下跌空间被进一步打开了。在整个 1926 年，小麦价格处于持续下跌走势中。

1927 年 3 月，见到低点 131 美分。需要注意的是高点 350 美分回撤 37.5%或者说 3/8 的点位是 131.25 美分。在此前的几波大行情中在这个点位附近形成了许多高点和低点。因此，当价格在这个点位附近出现企稳迹象后，做多机会出现了。

同年 5 月，小麦价格见到高点 158 美分。需要注意的是 161.875 美分是低点 49 美分到高点 350 美分的 3/8 分割点位。现在市场未能触及 161.875 美分，意味着市场仍旧处于下跌趋势中。同时，158 美分也低于高点 350 美分的 50%点位，这也表明下跌趋势不变。第三个趋势向下的证据是从低点 96 美分到高点 350 美分的 2/8 分割点位是 159.5 美分，价格未能触及这个点位。

当价格跌破 150 美分附近的重要点位时，下降趋势恢复了。当价格进一步跌破 145 美分，也就是 131 美分到 158 美分的 50%分割点位时，进一步下跌的空间被打开了。交易者应该趁机做空。

乘势当机是交易者的最高原则。如何做到乘势？如何做到当机？江恩强调从空间点位和时间周期两个维度入手。

当年 11 月，价格见到低点 126 美分，这附近有一系列低点和高点：

1924 年 3 月的低点是 131 美分，**仅仅低了 5 美分；**

低点 49 美分到高点 350 美分的 2/8 分割点位为 124.25 美分；

低点 96 美分到高点 350 美分的 1/8 分割点位是 127.75 美分。

江恩此处的分析很难做到理论逻辑自洽。按照他的理论，突破关键点位的幅度一旦达到或者超过 5 美分就算作有效突破了。

接下来几个月时间当中，价格在这个水平附近窄幅震荡。企稳迹象明显，因此交易者应该回补空头，开立多头。当价格向上突破最近一个季度的高点 137 美分时，进一步上涨的空间就被打开了。交易者应该加码做多。随后，价格显著上涨。

1928 年 5 月，见到高点 171 美分。这附近有一系列的重要点位：

175 美分是高点 350 美分的 50%点位；

163.375 美分是低点 96 美分到高点 205.875 美分的 3/8 分割点位；

1926 年 5 月的高点为 171 美分；

……

价格并未触及 350 美分的 50%点位，这表明趋势仍旧向下。诸多特征表明交易者应该在 170 美分到 171 美分附近做空。此后，价格果然出现了暴跌。

最近低点 126 美分到最近高点 171 美分的 50%分割点位是 148.5 美分，当价格跌破这个点位时，走势已经非常疲软了。其实，当价格跌破 150 美分这个天然支撑点位时，进一步下跌的空间就被打开了。随后小麦价格继续下跌，跌到了 126 美分的低点，在这期间只有小幅反弹。

1929 年 5 月，降到低点 93 美分。1928 年 5 月时小麦在 171 美分附近交易。现在价格触及了 1915 年 9 月以来的低位，当时 5 月小麦合约也在 93 美分附近交易。由此可见，93 美分是一个坚实的支撑点位。交易者应该在此做多，并且设定幅度为 3 美分的初始止损。

当价格再度向上突破 100 美分关口时，交易者应该加码做多。因为诸多迹象表明小麦价格会进一步上涨。当价格突破 103 美分时，上涨空间被进一步打开了。103 美分是高点 205.875 美分的 50%分割点位。

双零价位和 50%点位是江恩用来甄别牛熊的另外一个利器。

此后，价格出现了飙升。同年 8 月，见到高点 164 美分。这附近存在一系列重要的点位：

161.875 美分是低点 49 美分到高点 350 美分之间的 3/8 分割点位；

162.5 美分是高点 325 美分的 50%点位，而 325 美分是 1917 年 5 月小麦价格的最高点。

当价格在这个点位附近震荡时，**空头势力增强的迹象明显，因为期间的高点越来越低。**良好的做空机会出现了。

在继续分析之前，我们有必要复盘一下 1925~1929 年的高点排列特征：

1925 年 1 月见到高点 205.875 美分，同年 12 月见到低点 185 美分；

1926 年 1 月见到高点 180 美分；

1928 年 5 月见到高点 171 美分；

1929 年 8 月见到高点 164 美分。

从中可以发现**年度高点越来越低了，这表明大趋势向下。**

另外，我们还需要考虑低点 93 美分和高点 164 美分之间的重要分割点位：

第一个点位是 146.25 美分。这是高点 164 美分回撤 25%得到的点位。当价格跌破上一轮上涨幅度的 25%时，市场就疲软了。

第二个点位是 150 美分。这附近存在一系列高点和低点。一旦价格跌破这个点位，则下跌继续的可能性很大。

第三个点位是 138.5 美分。这是低点 93 美分到高点 164 美分的 50%分割点位。接下来，当价格跌破这个点位时，市场更加弱势了。政府尝试救市，但是于事无补。

第四个点位是 93 美分。这是战后市场最低点，一旦跌破，则下跌空间完全打开。

第五个点位是 76.75 美分。很快小麦价格就跌破了这个点位，它是 1914 年 6 月见到的极端低点。

1930 年 11 月，小麦价格见到低点 73 美分。这个点位附近存在一系列重要点位，例如：

从 1901 年到 1903 年，年度低点都在这附近；

重要点位 68.25 美分，它是低点 28 美分到高点 350 美分的 1/8 分割点位；

重要点位 87.5 美分，它是低点 28 美分和高点 350 美分的 2/8 分割点位；

重要点位 81.25 美分，它是极端高点 325 美分的 1/4 分割点位。

1931 年 5 月，见到高点 86.5 美分。这个点位处于高点 350 美分的 2/8 分割点位之下，未能触及前期低点 93 美分，市场弱势凸显无疑。

同年 11 月，见到低点 59 美分。这正是 1895 年 1 月的最低点。另外，下方的 50 美分则是 100 美分的 50%点位。反弹可期。此后价格在窄幅盘整之后出现中等规模的反弹。

1932 年 9 月，小麦价格见到高点 65 美分。这个高点仍旧低于低点 28 美分到高点 350 美分的 1/8 分割点位。这波反弹持续时间仅仅为 10 个月，所以这波反弹持续时间也不强。一个做空机会出现了。

当下跌趋势恢复后，需要注意的第一个支撑点位是 57 美分。它是低点 49 美分到高点 65 美分之间的 50%点位。当价格跌破这个点位时，意味着上个季度的最低点已经被跌破，进一步下跌空间打开了。

当年 11 月，小麦 5 月期权合约见到低点 43.25 美分。而小麦 5 月期货合约见到低点 41.5 美分。

附近的 43.75 美分是一个重要的点位，它是高点 350 美分回撤 7/8 后的点位。另外，40.625 美分是 5 月小麦期货合约高点 325 美分回撤 7/8 后的点位，这是一个强有力的支撑点位。

1932 年 11 月的低点是小麦长达 80 年的最低点。最近一次如此低的点位出现在 1852 年。

当价格短时间暴跌到如此低的水平之后，市场见底并出现大牛的概率非常高。**50 美分显著低于小麦的生产成本，因此如果进行商品的长期投资，那么在这个时候应该建仓做多。**

“商品的价值投资”是个非常有意义的主题，这方面可以参阅一本权威著作《商品期货中的价值投资：如何使用尺度交易赢利》。

另外一个值得关注的点位是 54.25 美分，它是高点 65 美分到低点 43.625 美分的 50%点位。当小麦价格向上突破这个点位后，上涨空间将被打开。

1933 年 3 月，见到高点 66.5 美分。

接下来的 4 月，见到低点 45 美分。向上趋势开始明显了，原因有两个：

第一，低点抬升了；

第二，市场上小麦价格在 50%点位 43.625 美分之上。

随后，价格向上突破了 57 美分，也就是上个季度的最高点，价格继续上涨空间打开了。交易者应该加码做多。

接下来交易者应该确定高点 205.875 美分到低点 43.25 美分之间的重要点位以及高点 325 美分到低点 43.25 美分之前的重要点位。

除此之外，还应该考虑小麦 5 月期货合约高点 185 美分、171.5 美分、164 美分各自到低点 43.25 美分的重要分割点位。

当小麦 5 月期货合约突破 63.875 美分或者是 64.375 美分时，上涨空间将被打开。其中，63.875 美分是低点 43.25 美分到高点 185 美分的 1/8 分割点位；64.375 美分是 71.5 美分的 3/8 分割点位。

上述高点的 50%回撤点位是非常重要的：

205.875 美分的 50%回撤点位是 103 美分；

185 美分的 50%回撤点位是 92.5 美分；

174.875 美分的 50%回撤点位是 85.75 美分；

164 美分的 50%回撤点位是 82 美分。

另外，高点 164 美分到低点 43.25 美分的 50%回撤点位是 103.625 美分。当小麦价格突破 100 美分和 103.625 美分之后，价格进一步上涨的空间就被打开了。

7 月，小麦见到高点 128 美分。这个水平附近存在大量的重要点位：

第一个重要点位是 131.25 美分，它是高点 350 美分的 3/8 分割点位；

第二个重要点位是 128.625 美分，它是高点 205.875 美分的 5/8 分割点位；

第三个重要点位是 124.625 美分，它是低点 43.25 美分到高点 205.875 美分的 50%分割点位；

第四个重要点位是 128.75 美分，它是高点 171.5 美分到低点 43.25 美分的 2/3 分割点位；

第五个重要点位是 123 美分，它是高点 164 美分的 6/8 分割点位；

第六个重要点位是 129.75 美分，它是低点 43.25 美分的 3 倍分割点位。

上述重要点位构成重重阻力，同时还有另外四个利空因素：第一，**高点附近成交量巨大；**第二，此前价格在短期内上涨了 85 美分，接近 100 美分的 7/8，上涨乖离率过大；第三，**所有人都一致看涨；**第四，市场明星 E.A.克劳福德博士（Dr E.A. Crawford）大量买入小麦等商品合约。

此后，随着价格下跌，克劳福德破产，大众这个时候转而恐慌抛售，加剧了下跌。小麦价格在短短 3 天内下跌了 30 美分。政府不得不出面干涉，停止了芝加哥商品交易所的交易。

下跌过程中，交易者需要关注低点 43.25 美分到高点 128.25 美分之间的关键点位，如回撤 1/8 的 117.625 美分；回撤 2/8 的 107 美分；回撤 3/8 的 96.625 美分。下跌幅度很大，反弹幅度很小。

1934 年 4 月，小麦价格见到低点 73 美分。这附近存在一系列高低点：

1930 年 11 月的低点为 73 美分；

1931 年 10 月的高点为 73 美分；

1932 年 5 月的高点为 74 美分；

……

因此，73 美分是一个重要的支撑点位。另外，75 美分是 100 美分的 6/8 分割点位。交易者应该在此做多。

当价格开始上涨后，我们需要关注 100.5 美分和 100 美分。100.5 美分是高点 128.25 美分和低点 73 美分之间的 50%点位。当价格继续上涨突破 86.75 美分，也就是下一波下跌幅度的 25%时，进一步上涨的空间被打开了。

如果前一个季度高点 97 美分被突破，同时 100 美分也被突破，那么市场显然就处于强势之中。此后市场在 6 月出现回调，见到低点 88 美分，然后恢复上涨，开始主升浪。

如何把握主升浪？

同年 8 月，见到高点 117 美分。这附近存在许多重要的点位：

114.25 美分，这是低点 73 美分到高点 128 美分的 5/8 分割点位；

116 美分，这是高点 350 美分的 1/3 分割点位；

117.875 美分，这是低点 49 美分到高点 325 美分的 1/4 分割点位；

115.625 美分，这是高点 185 美分的 5/8 分割点位；

114.125 美分，这是低点 43.25 美分到高点 185 美分的 50%分割点位；

114.375 美分，这是高点 171.5 美分的 2/3 分割点位；

118.75 美分，这是低点 43.5 美分到高点 164 美分的 5/8 分割点位。

这些点位叠加在一起，使得 117 美分成了一个非常强劲的阻力点位。**除了空间点位之外，时间周期指向了空头走势。小麦价格在 8 月份下跌的概率非常大，即便是 8 月出现了飙**

大众商品的趋势交易，在基本面/驱动面分析上要注意两个关键因素：第一个关键因素是供求大格局，工业品侧重需求分析，农产品侧重全供给分析；第二个关键因素是季节性。江恩注重的时间周期有三重具体含义：第一重含义是行情持续时间的常态区间；第二重含义是波段持续时间的比较；第三重含义是季节性。

升，那么暴跌也会很快到来。

因此，当小麦在 8 月见到高点之后大概率会出现暴跌。交易者应该在这个点位附近了结多头或者开立空头。下跌过程中，需要注意的重要点位是 95 美分，这是低点 73 美分到高点 117 美分的 50%点位。

另外，100 美分也是非常重要的点位。当价格跌破这个关键点位后，那么进一步下跌的空间就被打开了。跌破 95 美分则进一步确认了趋势向下。此后，价格的反弹幅度将会减小。

1935 年 7 月，见到低点 81 美分。这附近许多高点和低点，另外还存在一些重要的分割点位：

81.625 美分，它是低点 43.25 美分到高点 350 美分的 1/8 分割点位；

81.25 美分，它是高点 325 美分的 2/8 或者说 25%分割点位；

……

做空时在关键点位之上设定初始止损单和跟进止损单，做多时在关键点位之下设定初始止损单和跟进止损单。关于止损单的具体设定方法，参阅《商品期货短线交易的 24 堂精品课》一书的相关章节。

因此，81 美分是一个天然的支撑点位，当价格在此有企稳迹象时应该做多，**同时在支撑点位下方设定初始止损单。**

当小麦价格从 81 美分上涨时，需要关注第一个重要阻力点位是 99 美分，**它是高点 117 美分到 81 美分的 50%点位。**所以，当小麦价格向上突破 100 美分时，进一步上涨的空间被打开了。

同年 10 月，见到高点 107 美分。这个点位恰好是低点 81 美分到高点 117 美分的 75%或者说 6/8 分割点位。行情在高点附近进入到窄幅震荡状态，升势乏力，顶部迹象明显。所以，这是一个做空机会。进场后务必记得设定初始止损。

下跌过程中需要注意的第一个支撑点位是 94 美分，它是低点 81 美分到高点 107 美分的 50%点位。

1936 年 5 月，见到低点 90 美分。这附近存在许多重要的点位：

92.5 美分，这是高点 185 美分的 50%分割点位；

90.5 美分，这是高点 185 美分到低点 43.25 美分的 1/3 分

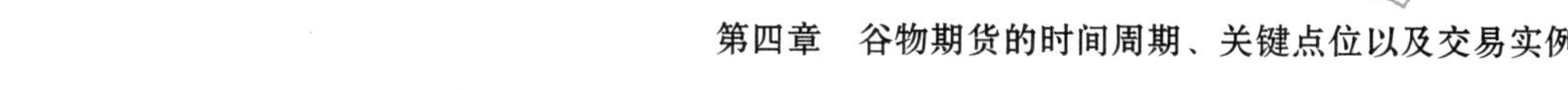

割点位；

91.375 美分，这是低点 43.25 美分到高点 171.5 美分的 37.5%或者 3/8 分割点位；

88.5 美分，这是低点 43.25 美分到高点 164 美分的 37.5%或者是 3/8 分割点位。

另外，低点在不断抬高，具体来讲是从 1932 年 12 月开始，低点逐渐升高。不过，从 1933 年 7 月见到高点之后，低点却有所下降，具体来讲是 1934 年 8 月和 1935 年 10 月的低点都降低了。

接下来，如果价格向上突破 94 美分，甚至向上突破 100 美分，则进一步上涨的空间就被打开了。

94 美分是低点 81 美分到高点 107 美分的 50%点位。

实际上，价格向上突破了 103 美分到 105 美分的季度高点以及 1935 年 10 月的高点 107 美分。这表明价格将继续上涨。

同年 7 月，价格见到高点 117 美分，触及 1934 年 8 月的高点。此后，小麦价格出现中等幅度的回调。

10 月，小麦价格见到低点 110 美分。在此前的高点和重要点位之上。然后价格回升，并且向上突破 117 美分这个双重顶部。接下来，小麦价格向上突破了 1933 年 7 月的高点 128 美分。此刻，交易者应该顺势做多，并且设定幅度较小的紧密止损。

江恩的双重底部或者双重顶部并不要求顶部之间相邻。

1937 年 4 月，见到这波牛市的顶部 145.125 美分。这波小麦牛市从 1932 年 12 月开始，涨幅为 102 美分。为什么会在这里见顶呢？因为这个顶部附近存在一系列重要高点：

145.5 美分，它是高点 350 美分到低点 43.25 美分的 1/3 分割点位；

140.875 美分，它是低点 49 美分到高点 325 美分的 1/3 分割点位；

148.875 美分，它是高点 325 美分到低点 43.25 美分的 5/8 或者说 62.5%分割点位；

144.875 美分，它是高点 205.875 美分到低点 43.25 美分

的 5/8 分割点位；

138.75 美分，它是高点 185 美分的 75%或者 6/8 分割点位；

149.625 美分，它是高点 185 美分到低点 43.25 美分的 75%或者 6/8 分割点位；

150 美分，它本身就是一个天然的重要关口，也是高点 171.5 美分的 87.5%或者 7/8 分割点位；

143.5 美分，它是高点 164 美分的 87.5%或者 7/8 分割点位；

148.875 美分，它是高点 164 美分到低点 43.25 美分的 87.5%或者 7/8 分割点位；

……

上述这些点位都在 150 美分这个关口之下。另外，151.375 美分也是一个重要的阻力点位，它是低点 43.25 美分的 3.5 倍点位。当市场在这些点位附近出现显著筑顶迹象后，可以大胆进场做空。哪些迹象表明筑顶了呢？

第一，跌破关键日低点；

第二，三日波段图显示转向；

第三，跌破周低点；

第四，回撤最近涨幅的 25%，也就是低点 90 美分到高点 145 美分的 55 美分涨幅的 25%。具体来讲就是跌到 131.25 美分。

价格未能有效突破 145 美分，这表明 145 美分本身就是一个做空点。随着见顶迹象明确，交易者进场做空。

当小麦价格跌破 131.25 美分或者说达到 25%回撤幅度，则表明进一步下跌空间打开了。下一个关键支撑点位是 129.75 美分，这是低点 43.25 美分的 3 倍点位。这附近还有另外一个重要点位为 128 美分，这是 1933 年 7 月的高点。当价格跌破这两个点位时，表明下跌趋势将继续，弱势凸显。

接下来交易者需要关注高点 145.125 美分以及这个高点到低点 43.25 美分的各种分割点位：

72.5 美分，这是高点 145.125 美分的 50%点位；

94.125 美分，这是高点 145.125 美分到低点 43.25 美分的 50%点位。

小麦价格持续下跌，大宗商品在 1937 年的夏秋两季出现了恐慌性抛售。此时，小麦价格跌破了 94.125 美分。

1937 年 11 月，小麦价格见到低点 87 美分。这个点位位于 1936 年 5 月的低点之下 3 美分。另外，90.75 美分是高点 145.125 美分的 5/8 分割点位。价格在此处获得支撑，出现了中等幅度的回升。

1938年1月，见到高点99美分，未能突破100美分表明市场仍旧处于弱势状态。接下来，**小麦价格掉头跌破94.125美分，这是低点43.25美分到高点145.125美分的50%点位。**市场恢复下跌走势。交易者应该顺势做空。下跌过程持续，市场接连失守多个重要支撑点位，在这期间反弹微弱。

1936年5月，见到低点90美分。这附近存在许多重要的点位：92.5美分，这是高点185美分的50%分割点位；

90.5美分，这是高点185美分到低点43.25美分的1/3分割点位；

91.375美分，这是低点43.25美分到高点171.5美分的37.5%或者3/8分割点位；

88.5美分，这是低点43.25美分到高点164美分的37.5%或者3/8分割点位。

1938年9月，小麦见到低点63美分。这附近存在一系列重要的点位：

63.875美分，这是高点205.875美分到低点43.25美分的1/8分割点位；

61美分，这是高点185美分到低点43.25美分的1/8分割点位；

61.5美分，这是高点164美分的3/8分割点位；

……

另外，在1932年的波动中，有一个高点在65美分，有两个高点在63美分。

接下来的半年内，小麦市场在这一线附近筑底，窄幅震荡。

1939年1月，小麦价格见到高点71美分，并未触及甚至突破72.5美分。**72.5美分是高点145美分的50%点位。**这表明小麦期货还未步入上涨趋势。接下来，价格出现了中等程度的下跌，在67美分附近止跌回升，然后突破72.5美分。

50%点位是江恩经常运用的牛熊分界线。100美分也经常如此运用。

同年5月，小麦价格见到高点80美分。这附近存在两个重要的点位：

第一个重要点位是81.375美分，它是高点145.125美分到低点43.25美分的5/8分割点位；

第二个重要点位是83.375美分，它是高点145.125美分到低点63美分的2/8分割点位。

此后，市场步入窄幅震荡走势，构筑顶部后**跌破72.5美分，**价格进一步走跌。

8月，见到低点64美分。**双重底部出现，新底部较前期底部抬升了2美分，下方承接有力，做多机会出现。**如果价

低点抬升，趋势向上。

格上涨突破 145.125 美分的 50%点位 72.5 美分，则价格会进一步走高。

9 月 1 日，世界大战爆发，小麦价格迅速升高，见到高点 91 美分。此时，还未触及低点 43.25 美分到高点 185 美分的 50%点位。

在 91 美分附近存在许多前期低点，另外 90.125 美分是一个重要点位，它是低点 63 美分到高点 145.125 美分的 1/3 分割点位。

随后小麦价格下跌，在 10 月见到阶段性底部 79.25 美分。价格并未跌至 76.5 美分，它是低点 63 美分到高点 90 美分的 50%分割点位。这表明市场走势坚挺，不久价格回升，向上突破 90 美分，接着又向上突破了 94 美分。**94 美分是高点 145.125 美分到低点 43.25 美分的 50%点位。**这一上涨的空间被打开了。战争对于小麦是利多消息，大众蜂拥做多。

当年 12 月，小麦见到高点 111 美分。需要注意的是 110 美分是 1937 年 10 月的高点。价格未能有效突破 110 美分超过 5 美分，阻力明显。

1940 年 2 月，见到低点 95.5 美分，并未跌破 94.125 美分超过 5 美分。94.125 美分是低点 43.25 美分到高点 145.125 美分的 50%点位。市场仍旧维持上升趋势。

同年 5 月，小麦价格继续上涨见到高点 113 美分。**小麦价格在 5 月上涨的概率很大。**113 美分附近存在许多重要的点位：

114.25 美分，它是低点 63 美分到高点 145.125 美分的 5/8 分割点位；

111.125 美分，它是低点 43.25 美分到高点 145.125 美分的 2/3 分割点位；

108.875 美分，它是高点 145.125 美分的 6/8 分割点位。

这附近抛压沉重，做空机会显现。价格在此附近窄幅横盘震荡了几周，直到希特勒进攻法国和比利时，才大幅跳空低开，直接跌破多个重要支撑点位。这波暴跌幅度巨大，每日下跌 8 美分左右，基本触及跌停价。当下跌启动时，交易者需要迅速计算出接下来的重要支撑点位，它们是：

第一个重要支撑点位是 106.75 美分，它是低点 62.75 美分到高点 113 美分的 7/8 分割点位；

第二个重要支撑点位是 100.375 美分，它是低点 62.375 美分到高点 113 美分的 6/8 分割点位；

第三个重要支撑点位是 100 美分，**当价格跌破 100 美分时，市场就非常疲弱了，进一步下跌的空间打开了；**

第四个重要支撑点位是 94.125 美分，**它是高点 145.125 美分到低点 43.25 美分的 50%分割点位。**

价格在跌至 77 美分之前并未出现任何显著反弹。价格见到低点 77 美分时出现了 6~7 美分幅度的反弹，很快就恢复跌势。

1940 年 8 月，小麦价格见到低点 70 美分。这波跌势的大底部终于出现了。这附近存在许多重要点位提供了显著的支撑，这些点位是：

69 美分，它是低点 62.75 美分到高点 113 美分的 1/8 分割点位；

70 美分，它是低点 64 美分到高点 113 美分的 1/8 分割点位；

64 美分，它是 1939 年的低点；

68.75 美分，它是高点 145.125 美分到低点 43.25 美分的 2/8 分割点位；

69.375 美分，它是高点 185 美分的 3/8 分割点位；

……

小麦价格并未跌破 70 美分超过 3 美分，做多机会出现。从季节性规律的角度来讲，8 月是小麦趋势变化的节点之一。如果 8 月走势低迷，那么就是做多良机。

如何将技术分析与季节性规律结合起来?

接下来，小麦价格向上突破了 72.5 美分这个关键点位，继续上扬。到了 11 月，见到高点 90 美分。**这个高点不及 145.125 美分到 43.25 美分的 50%分割点位**，同时处于几个前期高点和低点之下。阻力强大，小麦价格出现了中等幅度的回撤。

94.125 美分是高点 145.125 美分到低点 43.25 美分的 50%分割点位。

1941 年 2 月，小麦见到低点 78 美分。80 美分是一个支撑，它是低点 70 美分到高点 90 美分的 50%分割点位。价格并未跌破 80 美分超过 3 美分，表明支撑有效。交易者应该进场做多，同时设定初始止损单。

江恩早期的突破过滤参数是 3 美分，后来改成了 5 美分。

此后，上行趋势恢复，向上突破 1940 年 11 月的高点 90 美分。涨势日趋强劲，在这期间仅仅出现了 5~6 美分的中等幅度回撤。

1941 年 5 月，小麦期货突破 100 美分关口，触及 102 美

分。接下来势如破竹，在 7 月到 8 月出现强劲涨势，接连突破重要阻力，翻越了 113 美分，这是 1940 年的高点。后市有望进一步走高。

同年 9 月，小麦见到高点 129.625 美分，这个高点附近存在许多重要的点位：

131.25 美分，它是高点 350 美分的 3/8 分割点位；

128.625 美分，它是高点 205.875 美分的 5/8 分割点位；

127 美分，它是高点 145.125 美分的 6/8 分割点位，也是高点 171.5 美分的 6/8 分割点位；

124.625 美分，它是低点 43.25 美分到高点 205.875 美分的 50%或者说 4/8 分割点位；

124.5 美分，它是低点 62.75 美分到高点 145.125 美分的 6/8 分割点位。

查看此前的行情走势，交易者会发现大量的低点和高点分布在 126 美分到 130 美分之间。现在价格在此区域窄幅整理，直到跌破 123.125 美分和 122.125 美分。123.125 美分是低点 78 美分到高点 129.625 美分的 25%回撤点位。122.125 美分是低点 70 美分到高点 129.625 美分的 25%回撤点位。当小麦跌破这两个点位后，进一步下跌的空间就打开了。此时，做空才是顺势而为。

9 月 22 日，小麦跌至 100 美分关口之上不远处，然后止跌回升。

高点降低，趋势向下。也可以等待 N 字顶部成形后再做空。

10 月 2 日，**见到高点 128.25 美分，然后下跌，反弹形成一个更低的高点。**

当小麦价格跌破 124 美分和 122 美分时，交易者应该加码做空。此后，价格大幅跳空下跌。

1941 年 10 月 17 日，小麦价格见到低点 109.5 美分。这附近存在许多重要的点位：

106.125 美分，它是低点 64 美分到高点 113 美分的 7/8 分割点位；

106.75 美分，它是低点 62.75 美分到高点 113 美分的 7/8

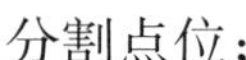

分割点位；

107.625 美分，它是低点 70 美分到高点 113 美分的 7/8 分割点位；

109.75 美分，它是低点 70 美分到高点 129.625 美分的 2/3 分割点位；

110.25 美分，它是低点 78 美分到高点 129.625 美分的 5/8 分割点位。

这附近的系列点位提供了强大的支撑，特别是巨量暴跌后价格企稳。

10 月 16 日，小麦价格暴跌 10 美分，触及当日跌停价。

10 月 17 日，跳空低开 0.5 美分开盘，小麦 5 月合约跌至 109.5 美分。当日就出现了报复性反弹，幅度为 7 美分。

小麦从高点下跌了 30 美分，如果出现 50%幅度的反弹，则会触及到 119.625 美分。行笔至此时，现在是 1941 年 10 月 21 日，小麦 5 月合约已经反弹到了 121.75 美分。倘若价格进一步反弹到 122 美分到 124 美分，则会遭遇强大的抛压和阻力。接下来，如果价格跌到反弹涨幅的 50%，特别是跌破 115.5 美分，则意味着价格会进一步下跌。

中线、均线和 50%点位等关键值都是重要的趋势分水岭。

交易者应该全面分析重要高点和低点之间的分割点位，研究周度、月度和季度高低价走势图，进而判断出小麦价格的趋势变化和时间周期。

倘若价格在关键点位附近窄幅横盘震荡，那么就要等待市场突破区间来确认趋势。如果价格跌至区间低点或者支撑点位附近，那么交易者需要等待有效跌破的发生，进而顺势做空；如果价格升至区间高点或者阻力点位附近，那么交易者需要等待有效升破的发生，进而顺势做多。

交易者除了要注重空间点位之外，还需要关注和分析时间周期。具体来讲就是综合运用我提出的各种周期分析规则，如重要日期节点和波段周期等。**通过结合空间点位和时间周期，你可以较为准确地推断出趋势是否出现了重大变化。**

懂得了行情的敛散周期性，并能够运用于操作中，这就是纯技术分析的最高境界。大幅波动之后，市场容易进入震荡，此时你该如何？窄幅盘整后，市场容易步入单边大行情，此时你又该如何？

除了空间点位和时间周期之外，交易者还要注意观察交

易量和持仓量，在极端高点和低点附近，交易量和持仓量也会出现极端值。

要想将本书的规则熟练运用，必须坚持绘制走势图。熟记规则，在绘制和分析走势图时，综合运用这些规则。如果你违背了其中某个重要的规则，那么很容易就会错过趋势的起点和转折点，进而错失大利润，遭受大损失。

第 3 节　小麦价格百年走势的季节性规律
(Wheat-Seasonal Trend from 1841 to 1941)

做商品期货，除了研究供求大周期之外，季节性是第二重要的驱动面/基本面研究。

观察和分析从 1841~1941 年这段时期的小麦价格走势，经过统计你会发现，极端低点出现在各个自然月的次数存在规律（见表 4–1）。

表 4–1　小麦价格极端低点的月度规律

月份	极端低点出现次数	备注
1	2 次	极端低点出现频率最低月份 1881 年 1 月和 1895 年 1 月
2	7 次	
3	12 次	
4	14 次	
5	5 次	
6	9 次	
7	6 次	
8	16 次	极端低点出现频率最高月份
9	8 次	
10	13 次	
11	10 次	
12	12 次	

从上述统计资料，你会发现许多极端低点出现在 3 月和 4 月，而 **8 月是极端低点出现最多的月份**。另外，极端低点出现在 10 月和 12 月的次数也非常多。而 1 月则是极端低点现身最少的月份，5 月和 7 月出现极端低点的概率也不高，然后

是 2 月和 9 月。

从下面的统计你会发现**极端高点出现在 5 月的频率最高**，而上述统计则表明极端低点出现在 3 月和 4 月的频率最高。因此，当小麦价格在 5 月见顶下跌后，在次年 3 月和 4 月处于低位时交易者应该择机做多。回过头来讲，5 月就是做空的机会。简而言之，交易者应该顺应季节性规律。

那么，从 1841~1941 年的小麦价格走势中，极端高点的分布存在什么季节性规律呢？如表 4–2 所示。

表 4–2　小麦价格极端高点的月度规律

月份	极端高点出现次数	备注
1	15 次	
2	6 次	
3	1 次	极端高点出现频率最低月份
4	11 次	
5	19 次	极端高点出现频率最高月份
6	2 次	
7	7 次	
8	10 次	
9	9 次	
10	11 次	
11	2 次	
12	11 次	

从统计数据可以发现，1 月小麦见到极端高点的频率很高，也就是说 1 月容易见顶，接下来下跌可能性很高。3 月、6 月和 11 月是出现极端高点频率非常低的月份。极端高点只在 3 月出现过一次，极端高点也仅仅在 6 月和 11 月各出现两次。2 月和 7 月的出现次数要稍微高一点，但绝对值仍旧不高。

从统计资料中，你会发现极端高点在 5 月出现了 19 次。由此可见，5 月是做空的重要时间节点。5 月见顶概率高，8 月见底概率高，意味着行情经常从 5 月跌到 8 月。

极端高点在 4 月和 10 月各出现了 11 次，在 8 月出现了 10 次。这表明 8 月到 10 月期间，小麦市场容易见顶。这段时期是小麦趋势转折的重要观察窗口。

如果小麦价格在 8 月到 10 月期间处于低位，那么 12 月则是观察顶部迹象的下一个窗口。

动手研究下各大商品的季节性规律吧，比如白糖和天然橡胶等品种。

基差、季节性、点位、持仓量和成交量可以结合起来分析。在容易见顶的月份出现了基差极端值或者是成交量极端值，K线的看跌形态出现在关键阻力点位附近，则是进一步确认了顶部。

其实，年末的12月和年初的1月是交易者观察趋势变化的重要时间窗口。如果价格持续上涨，那么4月和5月非常可能出现顶部。从历史数据来看，小麦价格的飙升和顶部大多出现在5月，逼空行情也容易出现在5月。倘若交易者能够结合点位等其他因素来运用季节性规律，则可以更好地判断出小麦等大宗商品的趋势变化。

第4节　小麦价格的顶部形态
（Wheat Top Formation）

当小麦价格见顶的时候会出现一些常见的顶部形态，如单重顶部、双重顶部、三重顶部等标志性形态。通过回顾历史，交易者能够更好地判断出行情会在什么价位见顶，在什么价位见底，下面我就对小麦的主要历史顶部和少数底部形态进行分析：

1841年9月，见到高点110美分，单重尖状顶部；

1842年2月和3月，双重顶部；

1842年7月，较低的顶部，市场疲弱，下降趋势显著；

1842年12月，首次见底，单重底部；

1843年2月和3月，双重底部，只比1842年12月低点低了1美分，相当于价格三度跌至这一线，做多机会出现了；

1844年7月，单重顶部，下跌紧随而至；

1845年10月，单重底部，上涨随之而来；

1845年12月，单重顶部，随后下跌；

1846年3月和4月，双重顶部形成；

1846年6月和7月，双重底部形成，随后上涨；

1846年11月，三重底部形成，做多机会显现，大涨行情来临；

1847年8月，单重底部；

1847年11月和12月，三重底部形成；

1848 年 9 月，单重顶部形成，暴跌紧随而至；

1847~1850 年，价格接连触及 50 美分低位，也就是 100 美分的 50%点位，价格多次在 50 美分获得强劲支撑，做多机会显现；

1850 年 5 月，见到高点 103 美分，单重顶部形成；

1850 年 6 月，见到高点 100 美分，单重顶部形成，略低于前顶，市场弱势显露；

1850 年 10 月和 11 月，见到低点 35 美分，与 1846 年和 1847 年低点接近，三重底部出现了；

1851 年 1 月，见到高点 60 美分，头部迹象明显，做空机会显现；

1851 年 8~10 月，见到低点 30 美分；

1851 年 11 月，见到低点 28 美分，与前期低点形成双重底部。做多机会出现了；

1852 年 4 月和 5 月，见到低点 28 美分，三重底部形成了；

28 美分比 100 美分的 2/8 分割点位（25 美分）高出 3 美分，支撑强劲，此处做多小麦是安全空间极大的选择。此后，小麦价格大幅上涨，这波大牛市持续到了 1855 年 6 月，见到大顶部 170 美分。

为什么会在 170 美分见到终极顶部呢？以最低点 28 美分为基准，上涨 5 倍，就得到了 168 美分，与 170 美分仅仅相差 2 美分。

1853 年 1 月，见到高点 80 美分，单重尖状顶部形成；

1853 年 4 月，见到低点 50 美分，单重尖状底部形成，略低于前低，一个安全的做多机会出现了；

1853 年 8 月，见到低点 52 美分，底部抬高，做多机会显现。随后价格显著上涨，触及 1841 年 9 月以来高点；

1853 年 10 月，见到高点 110 美分，与 1841 年 9 月高点构成双重顶部，做空机会来临。此后价格持续下跌。

接下来我们回顾一下小麦从 1919 年 12 月高点到 1930 年 12 月低点的波动情况（Wheat Swings from Top，December 1919 to Low，December 1930）：

1919 年 12 月，见到高点 350 美分；

1920 年 7 月，见到高点 275.5 美分；

1920 年 9 月，见到高点 249.5 美分；

1920 年 11 月，见到高点 209.5 美分，此后再也未能触及这个高点；

1925 年 1 月，见到高点 205.875 美分，未能触及 1920 年 11 月的高点；

1925 年 12 月，见到高点 180 美分；

1926年4月，见到高点171.5美分；

1928年4月，见到高点171美分；

1929年8月，见到高点164美分；

1933年7月，见到高点128美分；

1937年4月，见到高点145.125美分；

1940年4月，见到高点112美分；

接下来的5月，见到高点113美分，双重顶部形成；

1941年9月，见到高点129.625美分。

交易者应该记住重要的高点或者说顶部，跟踪价格突破这些高点，这意味着进一步上涨的空间可能打开了。

当小麦价格于1932年12月见到低点之后，高点（顶部）和低点（底部）就在渐次降低，这是趋势向下的特征。如果此后高点和低点渐次抬升，则表明趋势转而向上了。所以，交易者应该关注过去两三年当中的反弹高点或者说顶部，其中比较重要的高点是65美分。

如果小麦价格有效升破65美分，则趋势大概率已经转而向上了。接下来的关键阻力点位在73美分。此后较为重要的关键阻力定位依次为：86美分、114美分、117美分、130美分以及1929年12月的143.5美分。

当行情上涨到历史低点附近时，你也要密切关注价格在附近的波动状况，能否有效突破，或者是突破后出现多头陷阱走势。本教程后面的行情数据和走势图给出了一些实例，你可以从中验证上述规律。

总之，交易者应该密切关注重要的历史顶部和底部。当然，顶部和底部是相互转化的，并且在上涨的过程当中底部和顶部之间的关键点位也会发挥阻力作用。

交易者需要牢记一点，那就是当商品价格接近前期高点或者低点后，是否能够突破这些关键点位需要一些时间作进一步的观察。**最后的结果可能是有效突破，也可能是突破失败，无论是哪种情况往往都是有价值的介入机会。**

另外，即便我们的分析能力高超，也免不了会遭遇失误，而且这种情况出现的次数不会少，频率不会低。因此，交易者应该时刻牢记在进场后要及时设定止损单，目的是保护自己的本金。我要不厌其烦地强调一点，你也需要牢记一点：**任何人都会犯错，止损单可以显著地限制并降低你的犯错成本。**

现在回到小麦期货。当它的价格于1932年12月见到底部后，交易者应该计算从顶部下跌过程中产生的所有重要50%点位，例如：

73.75 美分，它是高点 147.5 美分的 50%点位；

65 美分，它是高点 130 美分的 50%点位；

57.5 美分，它是高点 115 美分的 50%点位；

43 美分，它是高点 86 美分的 50%点位，而 86 美分是 1931 年 1 月形成的顶部。

最终，市场在 43.25 美分附近见到了底部，一个做多的机会出现了。此后，市场开始上涨了，当价格向上突破 50 美分的时候，上涨态势就确立了。

接下来比较重要的几个观察点位是 57 美分和 58.5 美分、65 美分。65 美分是高点 130 美分的 50%点位。再往上的一个重要点位是 71.5 美分，它是最高点 143 美分的 50%点位。73 美分的点位也非常重要，有一些高点和低点在这个点位出现。

另外，也可以通过底部 43.25 美分来预判上涨途中的阻力点位：

65 美分，它是 43.25 美分上涨 50%得到的点位；

86.5 美分，它是 43.25 美分上涨 100%得到的点位；

108.25 美分，它是 43.25 美分上涨 150%得到的点位；

120.25 美分，它是 43.25 美分上涨 200%得到的点位；

140.875 美分，它是 43.25 美分上涨 212%得到的点位。

当交易者计算出上述点位，就可以在市场上涨的过程中关注价格在这些点位附近的表现。当价格向上有效突破这些点位时，进一步上涨的空间就被打开了。同样的方法也能用来研究任何谷物或者其他任何商品的价格趋势。

所有人生和事业的失败可以归结为四种基本类型：第一种，不敢犯错或者是拒绝犯错，这种人不愿处于学习区，因此能力难以提高。不愿承担风险，则意味着难以主动把握机会，人生就是随波逐流，完全看运气，有时候运气来了也缺乏胆量把握。第二种，鲁莽冒进，但却缺乏风险控制思维，没有计算清楚收益和成本的关系，很容易一蹶不振。第三种，任由烂人烂事摆布，被沉默成本迷惑，不懂得及时止损，截短亏损。第四种，不懂得在限制风险的前提下乘胜追击，扩大战果，停留在最初的运作规模。第四种情况虽然也会过得不错，但是机会成本太大，也归结于失败的一类。

关口太多，如何化繁为简？

为什么要计算上涨 212%或者说 3.12 倍的点位呢？

在江恩理论体系中，点位和周期谁更重要？

第 5 节　小麦价格大幅波动的走势规律
(Great Swings in Wheat)

小麦交易者应该研究这个品种持续数年的大幅波动走势，从中可以找出预判未来大行情持续时间长度的有效规律。

第一波大行情：1841 年 9 月，小麦价格见到高点 110

美分。

1852 年 4 月，小麦价格见到极端低点 28 美分，这波跌势持续了 128 个月，跌幅达到 82 美分。在这期间出现了一波持续 26 个月的反弹，反弹幅度为 60 美分。

1867 年 4 月，见到高点 300 美分。涨幅为 272 美分，这波涨势持续了 180 个月，也就是 15 年。这一期间的最大回调从 1856 年 1 月的 135 美分跌到了 1856 年 11 月的 77 美分，跌幅为 58 美分。这波回调持续了 10 个月。

在 1867 年 4 月基础上加上 15 年，就到了 1882 年 4 月，这与另外一个高点的时间非常接近了。

1882 年 5 月，小麦价格见到高点 140 美分。在此之前，1881 年 10 月见到过一个高点。

从 1882 年 5 月的极端高点开始，到 1884 年 12 月见到低点 69 美分，这段时间小麦价格从未向上突破 140 美分。这表明时间周期在其中发生了重要的作用，**时间周期制约着行情的发展。**

时间和空间都是驱动因素透过心理因素进行运动的具体形式。

1884 年 12 月，见到低点 69 美分。如果从 1867 年 4 月的 300 美分算起，则跌幅为 231 美分，下跌持续了 212 个月。

1887 年 6 月，见到低点 65 美分，如果从 1867 年 4 月的高点算起，则跌幅为 235 美分，持续了 242 个月。这个低点加上 242 个月，则表明 1907 年 8 月是一个关键节点。

1907 年 8 月，见到低点 94.375 美分。

1907 年 10 月，见到高点 112.625 美分。

1908 年 2 月，见到低点 90.75 美分。

1908 年 5 月，**见到高点 111 美分，稍微低于 1907 年 10 月的高点，做空机会出现了。**

再来看第二波大行情：1888 年 9 月，小麦价格见到高点 200 美分。

1895 年 1 月，小麦价格见到低点 49 美分。跌幅为 151 美分，持续了 76 个月。

1895 年 1 月加上 76 个月，就是 1901 年 5 月。小麦价格在 1901 年 5 月见到低点 63.625 美分，这是最后一个极端低点。

1901 年 7 月，小麦价格见到次低点 64.5 美分，这是大幅上涨前的最后一个极端低点，有一个重要时间节点出现在这里。

再来看第三波大行情：1898 年 5 月，小麦价格见到高点 185 美分。

1898 年 9 月，见到低点 62.625 美分。

1900 年 5 月，见到低点 63.625 美分，与 1898 年 9 月的低点构成了双重底部。从 1898 年 5 月开始下跌，跌幅为 121.375 美分，持续了 24 个月。

在 1900 年 5 月的基础上加上 24 个月，则为 1902 年 5 月。

1902 年 5 月，小麦价格见到了高点 76.5 美分。此后下跌到了 8 月，见到了低点 68.5 美分。此后，小麦价格一路上涨。

1909 年 5 月，小麦价格见到高点 135.25 美分，这是 1895 年以来的最高点。

第四波大行情我们从 1895 年 1 月开始计算。当时，小麦价格见到低点 49 美分，涨了 172 个月，于 1909 年 5 月见到高点 135.25 美分，涨幅为 86.25 美分。

1909 年 5 月加上 172 个月则为 1923 年 9 月，这是第五波大行情的开始。

1923 年 10 月，小麦价格见到高点 114.625 美分。此后价格步入跌势。

来看第六波大行情。当然，大行情之间存在重叠部分。1901 年 5 月，小麦价格见到低点 63.625 美分。此后开始上涨。

1909 年 5 月，小麦价格见到高点 135 美分，涨幅为 61.25 美分，时间跨度为 108 个月。在 1909 年的基础上加上 108 个月（也就是 9 年）则为 1918 年，当年 5 月由于政府停止了商品期货交易，因此没有可靠的期货交易数据进行比较。

第七波大行情结束于 1914 年 6 月，当时小麦见到低点 76.5 美分。这波行情从 1909 年 5 月见到高点 135 美分开始，跌幅为 58.5 美分。下跌持续了 61 个月，也就是 5 年零 1 个月。

在 1914 年 6 月的基础上加上 61 个月，则为 1919 年 7 月，当时小麦价格见到一个高点，但此前期货交易停止了一段时间。

我要描述第八波大行情从 1914 年 6 月见到低点 76.5 美分开始，经过 66 个月于 1919 年 12 月，见到高点 350 美分。涨幅为 273.5 美分。

第九波我要描述的小麦大行情从 1914 年 6 月见到低点 76.5 美分开始，上涨到了 1917 年 5 月，见到高点 325 美分。涨幅为 248.5 美分，持续时间为 36 个月。

在 1917 年 5 月的基础上加上 36 个月，则得出了 1920 年 5 月。事实上，包括小麦在内的所有商品的价格都从 1920 年 4 月开始下跌。

第十波我要描述的小麦大行情从 1895 年 1 月的低点 49 美分开始，上涨到了 1919 年 12 月见到高点 350 美分，涨幅为 301 美分。

第十一波我要描述的小麦大行情从 1919 年 12 月见到高点 350 美分开始，跌到了 1921 年 11 月见到低点 103.25 美分，跌幅为 246.75 美分，持续时间为 23 个月。

第十二波我要描述的小麦大行情从 1917 年 5 月的高点 325 美分开始，跌到了 1921 年 11 月见到低点 103.75 美分。跌幅为 221.25 美分，持续时间为 54 个月。

第十三波我要描述的小麦大行情从 1919 年 12 月的高点 325 美分开始，跌到 1923 年 6 月的低点 101.5 美分。跌幅为 248.5 美分，持续时间为 42 个月。

第十四波我要描述的小麦大行情从 1917 年的 325 美分开始，跌到 1922 年 3 月的低点 100.75 美分，跌幅为 224.25 美分，持续时间为 82 个月。

第十五波我要描述的小麦大行情从 1919 年 12 月的高点 350 美分，跌到了 1924 年 3 月的低点 100.75 美分，跌幅为 249.25 美分，持续时间为 51 个月。

第十六波我要描述的小麦大行情从 1924 年 3 月的低点 100.75 美分开始，快速涨到了 1925 年 1 月，见到高点 205.12 美分，涨幅为 105.875 美分，持续了 10 个月时间，这是历史上涨速最快的行情之一。1925 年的这个高点距离 1895 年的 49 美分低点恰好为 30 年时间，这是一个重要的时间节点。

第十七波我要描述的小麦大行情从 1923 年 6 月的低点 101.5 美分开始，涨到了 1925 年 1 月的高点 205.875 美分。涨幅为 104.375 美分，持续了 18 个月。其中存在重要的百分比分割点位：100.25 美分的两倍是 200.5 美分；101.5 美分的两倍是 203 美分，而 101.5 美分是 1923 年 6 月的低点。因此，1925 年 1 月的高点附近是重要的做空点位。

第十八波我要描述的小麦大行情从 1914 年 6 月的低点开始，涨到 1919 年 12 月见到高点。这波上涨持续了 66 个月。

1919 年 12 月加上 66 个月，则为 1925 年 6 月。事实上，1925 年 4 月，市场见到低点 136.5 美分，误差为 2 个月；而 1925 年 8 月，市场见到高点 164 美分，误差也是 2 个月。8 月见到高点之后暴跌。价格持续下行，高点和低点都逐渐降低。

当价格接连跌破 103 美分和 100 美分时，意味着已经从最高点 205.875 美分下跌了超过 50%。小麦市场持续走低，非常疲软，在这期间的反弹幅度非常小。

第十九波我要描述的小麦大行情从 1895 年持续到 1919 年 12 月，总共运行了 300 个月或者说 25 年。300 个月的 50%为 150 个月，在 1919 年 12 月基础上加上 150 个月，则为 1932 年 6 月，后者成了一个重要的时间节点，趋势容易在这个节点上发生显著改变。

果然，小麦价格在 1932 年 6 月见到低点 49.375 美分，然后回升，于 1932 年 9 月见到高点 68 美分。

1932 年 6 月加上 75 个月，就是 1938 年 9 月。小麦价格在 1938 年 9 月见到低点 62.75 美分，持续上涨到了 1937 年 4 月见到高点 145.125 美分。

第二十波我要描述的小麦大行情从 1938 年 9 月的低点 62.75 美分开始，持续上涨到了 1937 年 4 月见到高点 145.125 美分。1938 年 9 月加上 36 个月，就是 1941 年 9 月。

1941 年 9 月 12 日，小麦 5 月合约的成交价为 129.625 美分。需要强调的一点是在顶部和底部，时间长度和空间幅度的百分比法则都在发挥作用。在 1938 年 9 月的基础上加上 37 个月，则为 1941 年 10 月。小麦价格从 1941 年 10 月初的 128 美分跌到了 109.5 美分，然后继续跌到了 1941 年 10 月 17 日的低点，其中时间周期发挥了显著的作用。

1919 年 12 月加上 25 年，则为 1944 年 12 月，这是一个观察小麦未来趋势发生变化的重要时间节点。

第 6 节　小麦价格涨跌幅度的规律
（Advances or Declines from Top to Bottom）

小麦等谷物价格的所有波动都受到了自然数学法则的制约和主导，它们的波动幅度都符合清晰的规律。

我以小麦价格的涨跌幅度为例来说明其中隐含的数学法则与规律。小麦价格的正常涨跌幅度为 5~7 美分、11~12 美分。而异常的涨跌幅度为 24 美分、36 美分或者 48 美分。

从任何重要高点或者低点起，小麦价格的波幅通常为 12 美分或者其特定倍数。另外，小麦波动的天然阻力或者支撑区域如下：

12.5 美分到 25 美分；

37.5 美分到 50 美分；

62.5 美分恰好是 100 美分的 62.5%或者 5/8。

62.5 美分到 75 美分；

87.5 美分到 100 美分；

112.5 美分到 125 美分；

137.5 美分到 150 美分；

162.5 美分到 175 美分；

187.5 美分到 200 美分；

……

另外，从高点或者低点回撤的幅度也是重要的阻力或支撑点位，比如下列回撤点位：

12.5%；

25%；

37.5%；

50%；

62.5%；

75%；

87.5%；

100%。

上述点位是八分法点位，还存在三分法点位：1/3 或者 2/3。最后，100 美分的 1/16，也就是 6.25 美分也是一个非常重要的波动幅度，在重要点位基础上加上或者减去这个幅度也是重要的点位。

江恩这本期货书在编排实例的时候比较散乱，并不是非常具有逻辑性。

下面我们在看一些小麦行情的简单例子，以进一步印证上述规律。

1938 年 5 月，小麦见到低点 64 美分。

1938 年 12 月，小麦价格见到低点 62.5 美分。

1941 年，小麦价格见到高点 125 美分，涨幅为 62.5 美分，也就是低点 62.5 美分上涨了 100%。

1941 年 9 月，小麦见到高点 129.625 美分，涨幅为 65.625 美分。如果从另外一个低点 62.75 美分算起，则涨幅为 66.875 美分。如果从低点 70 美分算起，则涨幅为 59.625 美分，这个涨幅几乎为 12 美分的 5 倍，且恰好在**天然阻力点位**

62.5 美分之下不远处。

1941 年 9 月，小麦 5 月合约见到高点 129.625 美分。接下来的 10 月，则见到低点 109.5 美分，跌幅为 20 美分。这个跌幅为低点 70 美分到高点 129.625 美分的 1/3。

1/3 幅度的回调和 2/3 幅度的反弹。

随后，小麦价格从 109.5 美分上涨到了 122.75 美分，反弹幅度恰好为高点 129.625 美分到低点 109.5 美分的 2/3。

事实上，不光是小麦，所有的谷物期货都遵循大势（Follow General Trend）。在大多数情况下，当小麦期货合约价格出现趋势性上涨行情时，玉米、黑麦和燕麦都紧跟着小麦的上涨，大豆也不例外。

大多数情况下，它们的高点和低点是同步出现的。当然，例外情况不可避免，这需要交易者深入分析。毕竟，小麦和玉米的成熟和收获的季节存在差异。如果某一年小麦丰收，而玉米歉收，那么玉米价格的上涨幅度和速率将会大于小麦。过去的历史行情中，玉米的价格最高点曾经多次高于小麦的价格最高点。

第 7 节 小麦价格和玉米价格的比较
（Comparison of Wheat and Corn Prices）

交易者通过观察小麦和玉米的底部形态以及从底部上涨的时间周期，可以更好地把握谷物大势的变化。两者同时上涨时，做多玉米期货往往会带来比小麦期货更多的利润。**在玉米收成不佳的异常年份当中，玉米价格的波动率要显著大于小麦。**

再者，如果在显著阻力点位附近，玉米的价格与小麦一致，甚至比小麦价格还高，那么就意味着做空的机会出现了。不过，有一个前提需要厘清，那就是要确认趋势应转而向下，否则不能盲目做空或者追空。

下面来看一些具体的例子：

1932 年 12 月，小麦 5 月合约见到低点 43.25 美分。

1933 年 2 月，玉米 5 月合约见到低点 23.5 美分，从中可以发现小麦的底部要比玉米高 20 美分。

1934 年，玉米收成极差，仅有 1146684000 蒲式耳。

1935 年，玉米收成仍然不佳，低于正常水平，为 2015017000 蒲式耳。

1936 年，玉米收成恶化，只有 1253763000 蒲式耳。

玉米供给端出现严重问题，造成了 1935~1936 年的玉米大牛市。这波牛市中，玉米的价格始终高于小麦的价格。通过比较 1935~1936 年小麦和玉米的价格，你会发现玉米价格上涨幅度要大于小麦，最终在绝对价格上超过了小麦。

1933 年 2 月，玉米 5 月合约见到低点 23.5 美分。随后，7 月见到高点 83 美分，9 月见到低点 43 美分，10 月见到高点 50 美分。

1934 年 4 月，玉米 5 月合约见到低点 40 美分。随后，5 月见到高点 59 美分，8 月见到高点 88.5 美分，10 月见到高点 95 美分，12 月见到高点 93 美分。

1935 年 3 月，玉米 5 月合约见到低点 76 美分。随后，4 月见到高点 92 美分，8 月见到高点 56 美分，10 月见到低点 62 美分，11 月见到低点 57 美分。

1935 年 3 月，小麦 5 月合约见到低点 90 美分。此刻，小麦价格比玉米价格高出 14 美分。4 月小麦价格见到高点 103 美分，6 月见到低点 78 美分，7 月见到高点 96 美分，8 月见到低点 85.25 美分，10 月见到高点 109.5 美分，11 月见到低点 93 美分。

1936 年 1 月，玉米 5 月合约见到低点 63 美分。随后，3 月见到高点 68.5 美分，4 月见到低点 65.5 美分，7 月见到高点 85 美分，8 月刷新高点 99 美分，9 月见到低点 87.5 美分。

1936 年 1 月，小麦价格见到高点 104 美分，同时期玉米价格的高点为 85 美分，要比小麦低 41.5 美分。接下来的 5 月，小麦价格为 83 美分。7 月，小麦价格为 110.5 美分，玉米价格为 85 美分，小麦只比玉米高出 25.5 美分。8 月，小麦价格见到高点 116.5 美分，而玉米价格见到高点 99 美分，小麦比玉米低了 17.5 美分。玉米相对小麦的价格上涨更显著。9 月，小麦见到高点 117.25 美分，而玉米为 87.5 美分，后者比前者低了 30 美分。

1937 年 1 月，玉米 5 月合约见到高点 113 美分。随后，2 月见到低点 104 美分，5 月见到高点 140 美分。

1937 年 1 月，小麦 5 月合约见到高点 113.5 美分，玉米高点则为 113 美分，小麦高点只比玉米高点高出 0.5 美分。2 月，小麦则在 129 美分附近成交，而玉米则在 104

美分附近成交，后者比前者低了 25 美分。5 月，小麦为 110 美分，玉米为 140 美分，后者比前者高出了 30 美分。1937 年夏天，玉米期货价格高出小麦期货的价格。随后，小麦先于玉米出现下跌。当玉米期货合约出现下跌趋势时，这是一个较小麦合约更好的做空标的。此后，玉米价格持续下跌到 1938 年。

总之，**交易者应该持续比较小麦和玉米价格的高低点差异和涨跌强弱，只有这样才能抓住趋势变化的契机，并从波动率更大的玉米期货上获得更大的收益，另外一些时候则需要从小麦期货上获得更好的收益**。记住，永远顺势交易。

没有比较，就很难获得真知！没有比较，就很难获得进步！

第 8 节　小麦价格月度涨跌规律
(Wheat Monthly Moves Up and Down)

如果小麦价格并未跌破前一个月的低点，那就处于上行态势中，这种态势持续的时间就是上涨持续时间；如果小麦价格并未升破前一个月的高点，那就处于下行态势中，这种态势持续的时间就是下跌持续时间。如果小麦价格跌破前一个月的低点，则上行态势结束；如果小麦价格升破前一个月的高点，则下行态势结束。

基于月度高低点走势图分析趋势。

在小麦长达百年的价格走势记录中，只有两次上涨态势持续了 10 个月而未出现跌破前月低点的情况。异常上涨第一次发生在 1881 年，第二次发生在 1924 年。

从另外一个角度来推论可以知道如果小麦价格出现持续 9~10 个月的上涨，在这期间并未跌破前一个月的低点，则意味着顶部可能临近了，而且可能是终极顶部。大幅回调，甚至反转可期。

概率分布的思维能够让江恩的理论体系更有效地运用起来。

我们来看小麦百年走势当中蕴含的月度涨跌的时间规律：

持续 9 个月上涨或者下跌行情的出现次数为 4 次。

持续 7~8 个月上涨或者下跌行情的出现次数为 24 次。

通过分析历史数据计算出波幅分布图，进而对未来进行贝叶斯推理。

持续 5~6 个月上涨或者下跌行情的出现次数为 47 次，当小麦从任何重要高点持续下跌或者从任何低点持续上涨 5~6 个月后，那么市场反转的概率非常大了。同时，如果最近一个月的波动率很高，则接下来反转的可能性就很大了。

持续 3~4 个月上涨或者下跌行情的出现次数为 106 次。这个数字是 5~6 个月持续运动行情的两倍多。3 个月恰好为一个季度，这表明趋势运动与季节性关系密切。当最近一个月价格波动幅度非常大，超出正常范围时，那么趋势变化的可能性就非常大了。

持续 2 个月上涨或者下跌行情的出现次数为 107 次，与持续 3~4 个月行情出现的次数差不多。

我曾经提出过一个重要的规则：**在牛市结束前，这个期间的回调只会持续 2 个月；在熊市结束前，这个期间的反弹只会持续 2 个月。**

还有一种短期波动（Short Time Moves），发生在趋势的回撤阶段，持续时间为 28~36 天，当这种短期回撤结束后，主要趋势运动又会恢复。

Robert Rhea 在《道氏理论》一书中也全面地统计了回撤持续时间的规律，这对于见位交易者非常有用。

在牛市当中，当价格回调 28~36 天，那么逢低做多的机会就出现了，这时做多是较为安全的；在熊市当中，当价格反弹 28~36 天，那么逢高做空的机会就出现了，这时做空是较为安全的。

在过去的百年时间当中，小麦上涨或者下跌行情仅仅持续 1 个月的情况有 120 次。**从高点上涨或者从低点下跌持续的月数决定了接下来 1 个月反向运动的性质。**

除了运用月度涨跌规律之外，交易者还应该结合百分比为主的点位以及其他时间周期来判断趋势的转折点。交易者需要牢记我反复强调的那些基本原则：要等待趋势变化的信号明确后再操作；不要胡思乱想，也不要受到情绪的驱使，基于客观规则和市场走势做出分析；永远设定保护性止损单来预防最坏的情况发生。

年度后面的上涨或者下跌持续月数并不完全在该年度之内，往往是跨年的，因此会有重叠。

一波完整的上涨或者下跌运动未必都发生在一年之内。

例如，一波上涨在年末运行了持续了 2 个月，次年继续上涨了 3 个月，总共已经上涨了 5 个月。下面，我们看一下小麦的月度涨跌统计资料。

1841 年末到 1842 年，5 个月上涨；

1842 年到 1843 年，8 个月上涨，5 个月下跌；

1844 年，8 个月上涨，5 个月下跌；

1845 年，7 个月上涨，4 个月下跌，2 个月上涨；

1846 年，6 个月下跌，2 个月上涨，2 个月下跌；

1847 年，6 个月上涨，3 个月下跌，2 个月上涨，1 个月下跌；

1848 年，6 个月上涨，2 个月下跌，2 个月上涨，3 个月下跌；

1849 年，2 个月上涨，4 个月下跌，2 个月上涨，4 个月下跌；

1850 年，6 个月上涨，5 个月下跌，1 个月上涨，3 个月下跌，1 个月上涨，3 个月下跌；

1851 年，8 个月下跌，1 个月上涨，2 个月下跌；

1852 年，3 个月上涨，2 个月下跌，9 个月上涨；

1853 年，3 个月下跌，6 个月上涨，2 个月下跌；

1854 年，5 个月上涨，3 个月下跌，2 个月上涨，1 个月下跌；

1855 年，7 个月上涨，2 个月下跌，4 个月上涨；

1856 年，3 个月下跌，2 个月上涨，6 个月下跌；

1857 年，7 个月上涨；

1858 年，7 个月下跌，6 个月上涨，3 个月下跌；

1859 年，5 个月上涨，3 个月下跌；

1860 年，9 个月上涨，1 个月下跌，2 个月上涨，4 个月下跌；

1861 年，5 个月上涨，2 个月下跌，3 个月上涨，1 个月下跌；

1862 年，8 个月上涨，1 个月下跌，1 个月上涨，1 个月下跌；

1863 年，3 个月上涨，6 个月下跌，5 个月上涨；

1864 年，1 个月下跌，4 个月上涨，3 个月下跌，1 个月上涨；

1865 年，5 个月下跌，2 个月上涨，1 个月下跌，3 个月上涨；

1866 年，5 个月下跌，5 个月上涨，1 个月下跌，3 个月上涨，1 个下跌；

1867 年，5 个月上涨，1 个月下跌，1 个月上涨，1 个月下跌，1 个月上涨，1 个月下跌；

1868 年，5 个月上涨，8 个月下跌；

1869 年，2 个月上涨，3 个月下跌；

1870 年，4 个月上涨，7 个月下跌；

1871 年，5 个月上涨，4 个月下跌，1 个月上涨，2 个月下跌；

1872 年，2 个月上涨，1 个月下跌，2 个月上涨，2 个月下跌，1 个月上涨，4 个月下跌；

1873 年，2 个月上涨，2 个月下跌，1 个月上涨，2 个月下跌，1 个月上涨，1 个月下跌；

1874 年，7 个月上涨，6 个月下跌，2 个月上涨；

1875 年，2 个月下跌，3 个月上涨，1 个月下跌，3 个月上涨，4 个月下跌；

1876 年，5 个月上涨，1 个月下跌，7 个月上涨，1 个月下跌；

1877 年，2 个月上涨，4 个月下跌，1 个月上涨；

1878 年，6 个月下跌，2 个月上涨，2 个月下跌，2 个月上涨，2 个月下跌；

1879 年，5 个月上涨，1 个月下跌，3 个月上涨，2 个月下跌，4 个月上涨；

1880 年，4 个月下跌，1 个月上涨，3 个月下跌，3 个月上涨，1 个月下跌；

1881 年，10 个月上涨，2 个月下跌；

1882 年，1 个月上涨，4 个月下跌；

1883 年，5 个月上涨，5 个月下跌，2 个月上涨；

1884 年，1 个月下跌，1 个月上涨，2 个月下跌，1 个月上涨，8 个月下跌；

1885 年，1 个月上涨，2 个月下跌，1 个月上涨，5 个月下跌，1 个月上涨；

1886 年，7 个月下跌，2 个月上涨，3 个月下跌，3 个月上涨；

1887 年，1 个月下跌，4 个月上涨，1 个月下跌，4 个月上涨；

1888 年，3 个月下跌，2 个月上涨，1 个月下跌，3 个月上涨；

1889 年，4 个月下跌，1 个月上涨，4 个月下跌，1 个月上涨，1 个月下跌，2 个月上涨，2 个月下跌；

1890 年，5 个月上涨，1 个月下跌，2 个月上涨，4 个月下跌；

1891 年，4 个月上涨，3 个月下跌，1 个月上涨；

1892 年，7 个月下跌，2 个月上涨，6 个月下跌；

1893 年，4 个月上涨，3 个月下跌，2 个月上涨，2 个月下跌；

1894 年，1 个月上涨，2 个月下跌，3 个月下跌，1 个月上涨；

1895 年，1 个月下跌，4 个月上涨，4 个月下跌，1 个月上涨，2 个月下跌；

1896 年，4 个月上涨，2 个月下跌，5 个月上涨；

1897 年，4 个月下跌，4 个月上涨，1 个月下跌；

1898 年，9 个月上涨，5 个月下跌，1 个月上涨，1 个月下跌；

1899 年，2 个月上涨，2 个月下跌，4 个月上涨；

1900 年，9 个月下跌，5 个月上涨，2 个月下跌；

1901 年，1 个月上涨，3 个月下跌，4 个月上涨，2 个月下跌；

1902 年，2 个月上涨，3 个月下跌，2 个月上涨，2 个月下跌；

1903 年，5 个月上涨，2 个月下跌，5 个月上涨，3 个月下跌；

1904 年，3 个月上涨，2 个月下跌，1 个月上涨，1 个月下跌，3 个月上涨，2 个月下跌；

1905 年，4 个月上涨，4 个月下跌，1 个月上涨，1 个月下跌，3 个月上涨；

1906 年，5 个月下跌，3 个月上涨，3 个月下跌，1 个月上涨；

1907 年，1 个月下跌，1 个月上涨，1 个月下跌，4 个月上涨，1 个月下跌，2 个月上涨，1 个月下跌，1 个月上涨；

1908 年，2 个月下跌，1 个月上涨，1 个月下跌，1 个月上涨，1 个月下跌，6 个月上涨；

1909 年，1 个月下跌，4 个月上涨，3 个月下跌；

1910 年，7 个月上涨，2 个月下跌，1 个月上涨，4 个月下跌；

1911 年，2 个月上涨，3 个月下跌，2 个月上涨，2 个月下跌，3 个月上涨，2 个月下跌；

1912 年，5 个月上涨，4 个月下跌，1 个月上涨，2 个月下跌；

1913 年，1 个月上涨，2 个月下跌，1 个月上涨，1 个月下跌，3 个月上涨，2 个月下跌；

1914 年，2 个月上涨，2 个月下跌，1 个月上涨，1 个月下跌，3 个月上涨，1 个月下跌；

1915 年，4 个月上涨，1 个月下跌，1 个月上涨，5 个月下跌；

1916 年，4 个月上涨，2 个月下跌，1 个月下跌，7 个月上涨；

1917 年，1 个月下跌，1 个月上涨，1 个月下跌，3 个月上涨，2 个月下跌，1 个月上涨；

1918 年，3 个月下跌，3 个月上涨；

1919 年，1 个月下跌，3 个月上涨，2 个下跌，1 个月上涨，1 个月下跌，5 个月上涨；

1920年，8个月下跌，1个月上涨，2个月下跌；

1921年，2个月上涨，3个月下跌，1个月上涨，3个月下跌，1个月上涨，2个月下跌；

1922年，1个月上涨，1个月下跌，3个月上涨，4个月下跌；

1923年，8个月上涨，3个月下跌，3个月上涨，2个月下跌；

1924年，2个月上涨，1个月下跌，10个月上涨；

1925年，3个月下跌，1个月上涨，6个月下跌，2个月上涨；

1926年，3个月下跌，2个月上涨，4个月下跌，1个月上涨，1个月下跌；

1927年，1个月上涨，2个月下跌，1个月上涨，6个月下跌；

1928年，5个月上涨，4个月下跌，2个月上涨，3个月下跌；

1929年，2个月上涨，3个月下跌，3个月上涨，3个月下跌，1个月上涨；

1930年，5个月下跌，2个月上涨，4个月下跌；

1931年，2个月上涨，2个月下跌，2个月上涨，5个月下跌，2个月上涨，1个月下跌；

1932年，2个月上涨，1个月下跌，1个月上涨，2个月下跌，3个月上涨，4个月下跌；

1933年，6个月上涨，3个月下跌，1个月上涨，1个月下跌；

1934年，2个月上涨，2个月下跌，4个月上涨，2个月下跌，2个月上涨；

1935年，3个月下跌，1个月上涨，1个月下跌，6个月上涨，1个月下跌；

1936年，2个月上涨，4个月下跌，4个月上涨，1个月下跌；

1937年，7个月上涨，2个月下跌，1个月上涨，4个月下跌；

1938年，2个月上涨，8个月下跌；

1939年，2个月下跌，2个月上涨，1个月下跌，1个月上涨，2个月下跌，3个月上涨；

1941年，截止到10月，2个月下跌，7个月上涨，1个月下跌。

接下来，我们给出一些小麦价格的极端低点（Extreme Low Prices of Wheat），基于这些点位给出未来值得关注的时间节点。

1932年12月，小麦5月合约见到低点43.5美分，而小麦12月合约则见到低点41.5美分。小麦5月合约从1919年12月的高点350美分跌到了43.5美分，跌幅为306.5美分。下跌持续了156个月，将这个时间长度加在1932年12月上，则为1945年12月，这个节点非常重要。其他时间周期也在1945年12月形成共振。

1917 年 5 月，小麦价格见到高点 325 美分，12 月见到低点 43.25 美分，下跌了 281.75 美分。下跌持续了 187 个月，在底部加上这个周期，则为 1947 年 7 月，这是值得关注的时间节点。

1932 年 12 月，从低点 43.25 美分开始上涨，于 1937 年 4 月 10 日见到高点 145.25 美分。涨幅为 102 美分，持续时间为 51.5 个月。将这个时间周期加在 1937 年上，则为 1941 年 7 月 25 日。小麦价格从 1941 年 7 月 25 日开始上涨，持续到 1941 年 9 月才见顶。

小麦价格从 1937 年 4 月跌到 1938 年 9 月，见到低点 62.75 美分。跌幅为 87.875 美分，持续了 18 个月。

1938 年 9 月，小麦价格见到低点 62.75 美分，此后上涨了 36 个月，直到 1941 年 9 月 12 日见到高点 129.625 美分。这波涨势持续了 36 个月，恰好与 1937 年 4 月到 1940 年 4 月的市场周期等长。

从 1938 年 9 月到 1940 年 4 月，小麦价格在 19 个月内上涨了 50.75 美分，见到高点 113 美分，仅仅比上个阶段多了 1 个月。从 1937 年 4 月到 1940 年 4 月，刚好 36 个月或者说 3 年。

1940 年 8 月，小麦 5 月合约见到低点 70 美分。从 1940 年 4 月的高点下跌了 43 美分，持续了 4 个月。

统计那些历史行情，你会发现重要的顶部或者底部存在 36 个月的间隔周期。

下面我们来看一下小麦重要顶部或者底部之间的间隔时间。

1841 年 9 月到 1843 年 8 月和 12 月，间隔时间分别为 24 个月和 27 个月。

1845 年 12 月到 1848 年 9 月，间隔时间为 45 个月。

1848 年 9 月到 1850 年 5 月，间隔时间为 20 个月。

1850 年 5 月到 1855 年 6 月，间隔时间为 60 个月。

1841 年 9 月到 1885 年 6 月，间隔时间为 165 个月。

1855 年 6 月到 1857 年 7 月，间隔时间为 24 个月。

1857 年 6 月到 1859 年 5 月，间隔时间为 24 个月。

1859 年 5 月到 1861 年 5 月，间隔时间为 24 个月。

1861 年 5 月到 1864 年 9 月，间隔时间为 40 个月。

1864 年 9 月到 1867 年 4 月，间隔时间为 31 个月。

1855 年 6 月到 1865 年 4 月，间隔时间为 122 个月。

1855 年 6 月到 1864 年 9 月，间隔时间为 111 个月。

1867 年 4 月到 1872 年 6 月和 8 月，间隔时间分别为 62 个月和 64 个月。

1872 年 8 月到 1873 年 8 月，间隔时间为 12 个月。

1873 年 8 月到 1877 年 5 月，间隔时间为 45 个月。

1867 年 4 月到 1877 年 5 月，间隔时间为 121 个月。

1877 年 5 月到 1879 年 12 月，间隔时间为 31 个月。

1879 年 12 月到 1881 年 10 月，间隔时间为 22 个月。

1881 年 10 月到 1888 年 9 月，间隔时间为 83 个月。

1867 年 4 月到 1888 年 9 月，间隔时间为 257 个月。

1877 年 5 月到 1888 年 9 月，间隔时间为 135 个月。

1888 年 9 月到 1891 年 4 月，间隔时间为 31 个月。

1891 年 4 月到 1898 年 5 月，间隔时间为 85 个月。

1888 年 9 月到 1898 年 5 月，间隔时间为 115 个月。

1898 年 5 月到 1905 年 2 月，间隔时间为 81 个月。

1905 年 2 月到 1909 年 5 月，间隔时间为 52 个月。

1898 年 5 月到 1909 年 5 月，间隔时间为 132 个月。

1909 年 5 月到 1915 年 9 月，间隔时间为 76 个月。

1915 年 9 月到 1917 年 5 月，间隔时间为 20 个月。

1898 年 5 月到 1917 年 5 月，间隔时间为 228 个月。

1917 年 5 月到 1919 年 12 月，间隔时间为 31 个月。

1898 年 5 月到 1919 年 12 月，间隔时间为 247 个月。

1867 年 4 月到 1888 年 9 月，间隔时间为 257 个月，与之非常接近。

1919 年 12 月到 1925 年 1 月，间隔时间为 49 个月。

1925 年 1 月到 1926 年 1 月，间隔时间为 12 个月。

1926 年 1 月到 1928 年 5 月，间隔时间为 26 个月。

1928 年 5 月到 1929 年 8 月，间隔时间为 15 个月。

1929 年 8 月到 1933 年 7 月，间隔时间为 47 个月。

1933 年 7 月到 1934 年 8 月，间隔时间为 13 个月。

1933 年 7 月到 1937 年 4 月，间隔时间为 47 个月。

1937 年 4 月到 1940 年 5 月，间隔时间为 37 个月。

1940 年 5 月到 1941 年 9 月，间隔时间为 16 个月。

1925 年 1 月到 1937 年 4 月，间隔时间为 147 个月。

在 1937 年 4 月的基础上加上 147 个月，则为 1949 年 7 月，这是未来趋势变化的重要窗口，需要小麦期货交易者关注。

更为详细的数据如表 4–3 和表 4–4 所示。

螺旋历法事后分析也非常精彩，但是很难单独做出简单有效的预判。江恩的周期理论也是如此。

表 4–3 1841~1941 年小麦价格的波动统计

时间	高点（美分）	低点（美分）	涨跌幅（美分）	持续时间（月）
1841 年 9 月	110			
1843 年 2 月		30	90	18
1845 年 12 月	90		60	34
1846 年 6 月		35	55	6
1848 年 9 月	95		60	26
1849 年 6 月		50	45	9
1850 年 5 月	103		53	12
1852 年 4 月		28	75	23
1854 年 6 月	130		102	26
1854 年 10 月		90	40	4
1855 年 7 月	170		80	8
1855 年 8 月		100	70	1
1855 年 11 月	146		46	3
1855 年 12 月		125	21	1
1856 年 1 月	135		10	1
1856 年 11 月		77	58	10
1857 年 7 月	127		50	8
1858 年 2 月		52	75	7
1858 年 8 月	100		48	6
1858 年 11 月		54	46	3
1859 年 5 月	130		76	6
1859 年 8 月		50	80	3
1860 年 5 月	114		64	9
1860 年 12 月		66	48	7
1861 年 5 月	125		59	5
1861 年 7 月		55	70	2
1861 年 10 月	75		20	3
1862 年 1 月		64	11	3

续表

时间	高点（美分）	低点（美分）	涨跌幅（美分）	持续时间（月）
1862 年 8 月	92		28	6
1862 年 11 月		75	17	3
1863 年 3 月	112		37	4
1863 年 8 月		80	32	5
1863 年 10 月	115		35	2
1863 年 12 月		105	10	2
1864 年 8 月	226		121	8
1864 年 10 月		150	76	2
1864 年 11 月	192		42	1
1865 年 3 月		102	90	4
1865 年 9 月	151		49	6
1866 年 2 月		78	73	5
1867 年 5 月	300		222	15
1867 年 8 月		155	145	3
1867 年 10 月	203		48	2
1867 年 12 月		180	23	2
1868 年 5 月	221		41	5
1868 年 11 月		105	116	6
1868 年 12 月	133		28	1
1869 年 4 月		103	30	5
1869 年 8 月	147		44	4
1869 年 12 月		76.5	70.5	4
1870 年 2 月	82		5	2
1870 年 4 月		73.25	8.75	2
1870 年 7 月	131.5		58.25	3
1870 年 11 月		103	28.5	4
1871 年 4 月	134		31	5
1871 年 8 月		99	35	4
1871 年 9 月	132		33	1
1871 年 12 月		117	15	3
1872 年 8 月	161		44	8
1872 年 11 月		101	60	3
1873 年 8 月	146		45	10

续表

时间	高点（美分）	低点（美分）	涨跌幅（美分）	持续时间（月）
1873 年 9 月		89	57	1
1874 年 4 月	128		39	7
1874 年 10 月		81	47	6
1874 年 12 月	93		12	2
1875 年 2 月		83	10	3
1875 年 8 月	130		47	6
1875 年 12 月		94	36	4
1876 年 5 月	108		14	5
1876 年 7 月		83	25	2
1877 年 5 月	176		93	10
1877 年 8 月		100	76	3
1877 年 9 月	118		18	1
1878 年 2 月		101	17	5
1878 年 4 月	114		13	2
1878 年 10 月		77	37	6
1879 年 7 月	110		33	9
1879 年 9 月		85	25	2
1879 年 12 月	133		48	3
1880 年 8 月		86	47	8
1880 年 11 月	112		26	3
1881 年 1 月		95	17	2
1881 年 10 月	143		48	9
1882 年 2 月		120	23	4
1882 年 5 月	140		20	3
1882 年 11 月		91	49	6
1883 年 5 月	113		22	6
1883 年 10 月		90	23	5
1883 年 12 月	99		9	2
1884 年 4 月		76	23	4
1884 年 5 月	95		19	1
1884 年 12 月		69	26	7
1885 年 1 月	81		12	1
1885 年 3 月		73	8	2

续表

时间	高点（美分）	低点（美分）	涨跌幅（美分）	持续时间（月）
1885 年 4 月	92		19	1
1885 年 9 月		76	16	5
1885 年 11 月	91		15	2
1886 年 6 月		71	20	7
1886 年 8 月	79		8	2
1886 年 10 月		69.75	9.625	2
1887 年 4 月	84		14.625	6
1887 年 6 月		65	19	2
1887 年 12 月	79		14	6
1888 年 4 月		71	8	4
1888 年 9 月	200		129	5
1889 年 1 月		94	106	4
1889 年 2 月	108		14	1
1889 年 6 月		75	33	4
1889 年 7 月	85		10	1
1889 年 8 月		75	10	1
1889 年 10 月	83		8	2
1890 年 2 月		74	9	4
1890 年 5 月	100		26	3
1890 年 7 月		85	15	2
1890 年 8 月	108		23	1
1891 年 1 月		87	21	5
1891 年 4 月	116		29	3
1891 年 7 月		84.75	31.25	3
1891 年 9 月	100		15.25	2
1892 年 1 月		84	16	4
1892 年 2 月	92		8	1
1892 年 10 月		69	23	8
1893 年 4 月	85		16	6
1893 年 7 月		54.5	30.75	3
1893 年 9 月	69		14.75	2
1894 年 2 月		54	15	5
1894 年 4 月	64		10	2

续表

时间	高点（美分）	低点（美分）	涨跌幅（美分）	持续时间（月）
1894 年 7 月		50	14	3
1894 年 12 月	57		7	5
1895 年 1 月		49	8	1
1895 年 5 月	81		32	4
1895 年 12 月		54	27	7
1896 年 4 月	67		13	4
1896 年 7 月		54	13	3
1896 年 11 月	85.875		31.875	4
1897 年 4 月		64.125	21.75	5
1897 年 8 月	100.5		36.375	4
1897 年 10 月		87.5	13	2
1898 年 5 月	185		97.5	7
1898 年 9 月		62.625	122.375	4
1899 年 1 月	79.5		17	4
1899 年 3 月		66.375	13.125	2
1899 年 5 月	79.5		13.5	2
1900 年 5 月		63.625	16	12
1900 年 7 月	83		19.375	2
1901 年 7 月		64	18.5	12
1901 年 8 月	80.5		16	1
1901 年 10 月		72	8.5	2
1902 年 1 月	84.75		12.75	3
1902 年 4 月		70.625	14.125	3
1902 年 5 月	76.5		5.125	1
1902 年 8 月		68.5	7.75	3
1903 年 1 月	82.75		14.25	5
1903 年 2 月		71.5	11.25	1
1903 年 10 月	89.25		18.25	7
1904 年 6 月		79.25	10	8
1904 年 9 月	118.75		39.5	3
1904 年 11 月		108	10.75	2
1905 年 2 月	121.5		13.5	3
1905 年 6 月		80.5	41	4

续表

时间	高点（美分）	低点（美分）	涨跌幅（美分）	持续时间（月）
1905 年 10 月	92.875		12.375	4
1905 年 12 月		86.5	6.375	2
1906 年 1 月	89.125		3.375	1
1906 年 7 月		73.875	15.5	6
1906 年 10 月	80.375		6.5	3
1907 年 3 月		74.625	5.75	5
1907 年 6 月	101		26.625	3
1907 年 8 月		94.375	6.625	2
1907 年 10 月	112.625		18.252	2
1908 年 2 月		90.75	22	4
1908 年 5 月	111		21.25	3
1908 年 6 月		83.5	27.5	1
1908 年 12 月	111		27.5	6
1909 年 8 月		96.75	14.25	8
1910 年 5 月	116.25		19.5	9
1910 年 6 月		88.375	28	1
1910 年 8 月	111		22.625	2
1910 年 12 月		95	16	4
1911 年 1 月	102.375		7.625	1
1911 年 4 月		84.375	18.25	3
1911 年 5 月	104.75		20.37518.75	1
1911 年 7 月		86	18.75	2
1911 年 10 月	107.25		21.25	3
1912 年 1 月		98	9	3
1912 年 5 月	119		21	4
1912 年 12 月		88.5	30.5	7
1913 年 2 月	95.625		6	2
1913 年 7 月		85.5	9.125	5
1913 年 8 月	98.25		13	
1914 年 7 月		76.5	21.75	11
1914 年 9 月	132		55.5	2
1914 年 10 月		111.25	21.75	1
1915 年 2 月	167		55.75	4

续表

时间	高点（美分）	低点（美分）	涨跌幅（美分）	持续时间（月）
1915 年 9 月		93	74	7
1916 年 2 月	136		43	5
1916 年 6 月		102.5	33.5	4
1916 年 11 月	195.75		93.25	5
1917 年 2 月		154.5	41.25	3
1917 年 5 月	325		170.5	3
1917 年 8 月		199.75	125.25	3
1917 年 9 月	260		60.25	1
1918 年 6 月		217	43	10
1919 年 5 月	280		63	11
1919 年 8 月		260	20	3
1919 年 12 月	350		90	4
1920 年 2 月		235	115	2
1920 年 5 月	345		110	3
1921 年 3 月		137.5	207.5	10
1921 年 5 月	187		49	2
1921 年 7 月		114	73	2
1921 年 9 月	142.75		28.75	2
1921 年 11 月		103	39.5	2
1922 年 2 月	149		46.25	3
1922 年 9 月		104.5	45.375	7
1922 年 12 月	126.875		22.25	3
1923 年 1 月		115.25	11.5	1
1923 年 4 月	127.25		12	3
1923 年 6 月		101.5	25.75	2
1923 年 10 月	114.625		13.125	4
1924 年 3 月		100.25	14.375	5
1925 年 1 月	205.875		105.625	10
1925 年 4 月		136.5	69.375	3
1925 年 8 月	168		31.5	4
1925 年 10 月		133	35	2
1925 年 12 月	185		52	2
1926 年 6 月		130.75	54.25	6

续表

时间	高点（美分）	低点（美分）	涨跌幅（美分）	持续时间（月）
1926年7月	155		25.25	1
1926年9月		138	17	2
1926年10月	150.625		12.625	1
1927年1月		136.25	14.375	3
1927年2月	143		7.25	1
1927年4月		130.25	13.25	2
1927年5月	156		26.5	1
1927年10月		126.75	30	5
1928年4月	171.5		44.75	6
1928年10月		48.75	37.5	5
1928年11月	73		24.25	1
1932年3月		52	21	4
1932年5月	60.375		8.375	2
1932年6月		49.375	11	1
1932年9月	65		15.625	3
1932年12月		43.25	21.75	3
1933年1月	51.75		8.5	1
1933年3月		46.125	5.625	2
1933年7月	128.125		82	4
1933年10月		75	52.625	3
1933年11月	96.875		21.875	1
1934年1月		83	13.875	2
1934年2月	93.625		10.625	1
1934年4月		72.875	20.75	2
1934年8月	117		40	4
1934年10月		93.375	23.625	2
1934年12月	105.125		11.75	2
1935年3月		90.5	14.625	3
1935年4月	102.625		12.125	1
1935年6月		78.875	23.75	2
1935年10月	107		28.125	4
1935年12月		94.375	12.625	2
1936年1月	104.125		9.75	1

续表

时间	高点（美分）	低点（美分）	涨跌幅（美分）	持续时间（月）
1936年6月		83.625	20.5	5
1936年12月	137.75		54.125	6
1937年1月		125.75	12	1
1937年4月	145.125		19.375	3
1937年6月		105	40.125	2
1937年7月	132.125		27.125	1
1937年11月		85.125	47	4
1938年1月	99.25		14.125	3
1938年9月		62.25	37	9
1939年5月	81.25		19	8
1939年7月		63.875	17.375	2
1939年9月	90.625		26.75	2
1939年10月		79.5	11.125	1
1939年12月	109.75		30.25	2
1940年1月		96.125	13.625	1
1940年4月	113		16.875	3
1940年5月		76.75	36.75	1
1940年6月	86.5		9.75	1
1940年8月		70	16.5	2
1940年11月	89.75		19.75	3
1941年2月		78	11.75	3
9月12日	129.625		51.625	7
10月17日		109.5	21.125	35日
10月24日	122.75		13.25	7日
10月28日		116.25	6.5	4日
11月7日	122.75		6.5	10日
11月12日		116.5	6.25	5日

表4–4　小麦5月合约的价格波动极点与波段长度

年份	月份	波段极点	波段持续时间（月）
1895	1	49	
	5	81	4
	12	55	7

续表

年份	月份	波段极点	波段持续时间（月）
1896	2	67	2
	6	54	4
	11	86	5
1897	4	64	5
1898	5	185	13
	9	62	4
1899	1	87	4
	7	87	10
1900	5	63	10
	10	89	5
1901	4	70	6
	8	89	4
	9	63	1
1902	1	85	4
	8	69	7
1903	1	82	5
	3	71	3
	8	86	5
	11	76	3
1904	2	109	3
	6	81	4
1905	2	121.5	8
	6	82	4
	10	93	4
1906	3	77	5
	6	89	3
1907	3	75	9
	10	112	7
1908	4	89	6
	5	111	1
	7	92	2
1909	5	135	10
	8	97	3

续表

年份	月份	波段极点	波段持续时间（月）
1910	5	117	9
	6	92	1
	7	115	1
1911	3	85	8
	10	107	7
1912	1	98	3
	5	119	4
1913	3	88	10
	7	99	4
	10	87	3
1914	5	100	7
	6	77	1
	9	132	3
	10	111	1
1915	2	167	4
	9	93	7
1916	1	138	4
	5	104	4
1917	5	325	12
	7	210	3
1918	12	242	18
1919	2	223	2
	4	222	4
	8	220	6
	12	350	4
1920	2	236	2
	5	345	3
1921	4	119	11
	5	184	1
	11	98	6
1922	2	150	3
	8	105	6
	9	126	1

续表

年份	月份	波段极点	波段持续时间（月）
1923	1	115	4
	4	127	3
	7	96	3
	10	114	3
1924	3	101	5
1925	1	205.875	10
	4	137	3
	7	164	3
	10	135	3
	12	185	2
1926	3	154	3
	5	171	2
1927	3	131	10
	5	158	2
	11	126	6
1928	5	171	6
1929	1	115	9
	2	133	1
	5	93	3
	8	164	3
	11	120	3
1930	1	138	2
	11	73	10
1931	5	86	6
	9	50	4
	10	73	1
	11	49	1
1932	2	63	3
	3	52	1
	4	63	1
	5	52	1
	9	65	4
	12	44	3

续表

年份	月份	波段极点	波段持续时间（月）
1933	7	128	7
	12	80	5
1934	2	94	2
	4	73	2
	8	117	6
	12	94	4
1935	3	91	3
	4	103	1
	7	81	3
	10	107	3
1936	3	95	5
	4	105	1
	5	90	1
1937	4	145	11
	11	85	7
1938	1	99	2
	9	63	9
1939	5	80	8
	8	64	3
	12	109	4
1940	2	95	2
	5	113	3
	8	70	3
	11	90	3
1941	2	78	3
	9	129.625	7
	10	109.5	1

第 9 节　小麦和玉米在全球的收获季
(Wheat and Corn Harvest Time)

对于国内农产品期货而言，大豆的种植区域与收获季分布是最为重要的驱动因素之一。因为大豆不仅与粕类关系密切，而且与油脂类关系密切。当然，白糖和棉花有自己独特的种植区域收获季分布规律，也需要专门掌握，可以参考《白糖期货交易的 24 堂精品课》一书。

小麦在全球许多地区都有种植，下面是主要种植区收获季的月度分布：

1 月收获的主要种植区为澳大利亚、新西兰和智利。

2~3 月收获的主要种植区为埃及北部地区。

4 月收获的主要种植区为埃及南部、叙利亚、塞浦路斯、印度、古巴和墨西哥。

5 月收获的主要种植区为阿尔及利亚、中亚地区、中国、日本、摩洛哥、美国（得克萨斯州和佛罗里达州）。

6 月收获的主要种植区为土耳其、意大利、西班牙、葡萄牙、法国南部、美国（加利福尼亚州、路易斯安那州、密西西比州、阿拉巴马州、乔治亚州、南卡罗莱州、北卡罗莱州、田纳西州、弗吉尼亚州、肯塔基州、堪萨斯州、阿肯色州、犹他州以及密苏里州）。

7 月收获的主要种植区为罗马尼亚、保加利亚、奥地利、匈牙利、俄罗斯南部、德国、瑞士、法国、英格兰南部、美国（俄勒冈州、内布拉斯加州、明尼苏达州、威斯康星州、科罗拉多州、华盛顿州、爱荷华州、伊利诺伊州、印第安纳州、密歇根州、俄亥俄州、纽约州）以及加拿大的安大略省。

8 月收获的主要种植区为比利时、荷兰、丹麦、波兰，加拿大魁北克省、哥伦比亚省以及加拿大的西部地区，美国的南达科他州和北达科他州。

9~10 月收获的主要种植区为苏格兰、瑞典、挪威，以及俄罗斯北部地区。

11 月收获的主要种植区为秘鲁、南非和阿根廷。

12 月收获的主要种植区为缅甸和阿根廷。

上述是小麦主要种植区的收获季，接着介绍玉米主要种植区的收获季分布。

1 月收获的主要种植区为澳大利亚新南威尔士州。

3~4 月的主要种植区为阿根廷。

9~10 月的主要种植区为欧洲地区以及美国。

美国农业部的月度农作物报告提供了许多有价值的信息，值得我们追踪这份报告。这份报告在各个月份提供了如下信息：

1~2 月，全美以及全球的农用牲畜的存栏量和价值，各种作物生长情况。

3 月，全美小麦、玉米和燕麦的种植面积和供应量，世界小麦供应量估计。

4 月，冬小麦和黑麦的生长状况，农用牲畜的存栏量和因病致死数量。

5 月，冬小麦和黑麦的生长状况，牧场情况，棉花的种植面积和生产情况。

6 月，小麦、黑麦、大麦、燕麦、苜蓿、棉花和大米的种植面积评估和生长情况，以及牧场情况。

7 月，玉米种植面积和生长情况以及小麦、黑麦、燕麦、大麦、番茄、棉花、荞麦、土豆等的生长情况。

8 月，玉米、小麦、黑麦、燕麦、大麦、番茄、棉花、荞麦、土豆等的生长情况。

9 月，玉米、小麦、黑麦、燕麦、大麦、番茄、棉花、荞麦、土豆等的生长情况以及生猪养殖情况。

10 月，玉米、小麦、黑麦、燕麦、大麦、番茄、棉花、荞麦、土豆等亩产情况。

11 月，玉米、小麦、黑麦、燕麦、大麦、番茄、棉花、荞麦、土豆等产量的年度同比增长情况。

12 月，当年玉米、小麦、黑麦、燕麦、大麦、番茄、棉花、荞麦、土豆等的种植面积和产量，以及 12 月 1 日主要农产品价格。

关于小麦，最后我再补充两个统计数据：第一个是小麦极端波动和逼空行情统计数据；第二个是小麦从极端低点到极端低点的涨跌幅和间隔时间统计数据（见表 4–5）。

首先来看小麦极端波动和逼空行情统计数据。

1867 年 5 月 18 日，小麦价格飙升到了 285 美分，但却大幅低收于 216 美分。

1871 年 8 月，小麦价格逼空到了 130 美分，但却大幅低收于 110 美分。

1872 年 8 月，小麦价格涨到了 161 美分，但却大幅低收于 119 美分。

1881 年 8 月，小麦价格从 119 美分飙升到了 138 美分，以最高价 138 美分收盘。

1887 年 6 月，辛辛那提小麦出现逼空行情，价格从 80.615 美分开始上涨，但很快就暴跌到了 68 美分。这次逼空行情让大众印象深刻。

当时的小麦逼空行情容易出现在5月、8月和9月三个月份上。

1888年9月，小麦价格从89.75美分飙涨至200美分，当日以最高价收盘，这是一次成功的逼空操纵走势。

1898年5月，小麦价格触及高点185美分，但却大幅低收于125美分。

1902年9月，逼空走势中小麦价格高收于95美分。

1909年5月，逼空行情中小麦价格高收于134美分。

1915年9月，触及最高点115.25美分的当日上涨了6美分。

1921年5月，小麦价格从132美分上涨到了187美分，最高点187美分也是收盘价。

1922年5月，小麦价格涨至147.5美分，却大幅低收于116美分。

表4–5　小麦从极端低点到极端低点的涨跌幅和持续时间统计数据

时间	极端低点（美分）	涨跌幅度（美分）	间隔时间（月）
1841年8月	56		
1843年3月	30	–26	31
1844年12月	38	+8	21
1845年11月	37	–1	11
1846年7月	35	–2	8
1846年11月	35	0	4
1847年8月	40	+5	9
1848年8月	50	+10	12
1849年12月	50	0	16
1850年3月	50	0	3
1850年11月	35	–15	8
1851年11月	28	–7	8
1852年4月	28	0	12
1852年6月	35	+7	2
1854年10月	90	+55	4
1855年8月	100	+10	10
1856年4月	100	0	8
1856年10月	77	–23	6
1858年2月	52	–25	16

续表

时间	极端低点（美分）	涨跌幅度（美分）	间隔时间（月）
1859 年 8 月	52	0	18
1860 年 12 月	67	+15	16
1861 年 10 月	55	−12	10
1863 年 8 月	80	+25	22
1865 年 4 月	102	+22	20
1865 年 7 月	104	0	3
1866 年 2 月	116	+12	7
1867 年 2 月	170	+54	12
1869 年 12 月	78	−92	34
1870 年 3 月	74	−4	3
1871 年 8 月	99	+25	17
1872 年 11 月	101	+2	15
1873 年 9 月	89	−12	10
1874 年 10 月	81	+8	13
1875 年 2 月	83	+2	4
1876 年 7 月	83	0	17
1877 年 8 月	100	+17	13
1878 年 10 月	78	−22	14
1879 年 4 月	84	+6	6
1879 年 8 月	84	0	4
1880 年 9 月	86	+2	13
1882 年 12 月	91	+5	27
1883 年 10 月	90	−1	10
1884 年 12 月	70	−20	14
1885 年 3 月	73	+3	4
1885 年 9 月	76	+3	6
1886 年 10 月	74	−2	13
1887 年 6 月	65	−9	8
1888 年 4 月	71	+6	10
1889 年 6 月	75	+4	14
1889 年 8 月	75	0	2
1890 年 2 月	74	−1	6
1891 年 7 月	85	+11	17

续表

时间	极端低点（美分）	涨跌幅度（美分）	间隔时间（月）
1892 年 10 月	69	+16	15
1892 年 12 月	69	0	2
1893 年 6 月	55	−14	6
1894 年 7 月	50	−5	13
1895 年 1 月	49	−1	6
1895 年 12 月	54	+5	11
1896 年 6 月	54	0	6
1897 年 4 月	64	+10	10
1898 年 9 月	62	−2	17
1899 年 3 月	67	+5	6
1900 年 5 月	64	−3	14
1901 年 4 月	70	+6	11
1902 年 8 月	69	−1	16
1903 年 3 月	71	+2	7
1904 年 6 月	81	+10	15
1905 年 6 月	82	+1	12
1906 年 3 月	77	−5	9
1906 年 9 月	75.5	−1.5	6
1907 年 3 月	75	−0.5	6
1908 年 4 月	91	+16	13
1909 年 8 月	97	+6	16
1910 年 6 月	91	−6	10
1911 年 4 月	84.5	−6.5	10
1912 年 12 月	89	+4.5	20
1913 年 3 月	88	−1	3
1913 年 5 月	88	0	2
1913 年 10 月	86	−2	5
1914 年 6 月	84.5	−1.5	8
1915 年 9 月	93	+8.5	15
1916 年 5 月	104	+11	8
1917 年 2 月	154.5	+50.5	10
1918 年 9 月	222	+77.5	19
1919 年 8 月	220	−2	11

续表

时间	极端低点（美分）	涨跌幅度（美分）	间隔时间（月）
1920 年 11 月	152	−68	15
1921 年 4 月	119	−33	5
1921 年 11 月	104	−15	7
1922 年 8 月	105	+1	10
1923 年 7 月	104	−1	11
1924 年 3 月	101	−3	8
1925 年 4 月	137	+36	13
1925 年 10 月	135	−2	6
1926 年 11 月	137	+2	13
1927 年 4 月	131.5	−5.5	5
1927 年 11 月	127.5	−4	7
1928 年 12 月	117	−10.5	13
1929 年 5 月	93.5	−23.5	6
1930 年 11 月	73	−20.5	18
1931 年 10 月	49	−24	11
1932 年 12 月	43.25	−5.75	14
1933 年 2 月	46	+2.75	4
1934 年 4 月	73	+27	14
1935 年 5 月	82.5	+9.5	13
1936 年 5 月	90	+7.5	12
1937 年 11 月	85.5	−4.5	18
1938 年 9 月	62.75	−22.5	11
1939 年 8 月	64	+1.25	11
1940 年 8 月	70	+6	12
1941 年 2 月	78	+8	6

第 10 节　大豆价格的盈利波动
(Money–Making Moves)

棉花在多年以来一直是最具盈利潜质的品种，其交易量一直超过其他任何品种。由于棉花的波动幅度大，因此提供了极好的赚钱机会。不过，现在大豆已经取代了棉

如何寻找波动率最大的品种呢？第一，确定基本面迎来重大变化的品种；第二，寻找突然大举增仓的品种；第三，比较中期波动率。

花的地位，前者的波动幅度更大。一些大行情最近都是由大豆产生的。倘若你掌握了追随大势的策略，那么大豆提供了最佳的盈利机会。

美国大豆的产量在第一次世界大战之前极其少，不过此后却逐年增长。除了产量显著增加之外，大豆的用途也日益广泛，算起来差不多有超过百种用途，当然也包括大量的食品行业用途。大豆可以用来制作油脂、面包、饲料、胶水、肥料、肥皂。在新兴领域方面也有长足的发展，如亨利·福特（Henry Ford）正在试图用大豆取代木材和钢铁来制造汽车。

大豆种植的历史非常悠久，在中国已经有数百年的历史了。在美国，1924 年大豆总产量为 4947000 蒲式耳；1925 年大豆总产量是 4875000 蒲式耳，这是一个历史低点，此后大豆的总产量再也没有低于这个水平了；1931 年大豆总产量为 10733000 蒲式耳，当年创出了历史新高；1932 年大豆总产量为 14975000 蒲式耳；1933 年大豆总产量为 13149000 蒲式耳，这是自 1931 年以来大豆连续第二年减产，此后产量上升；1935 年大豆总产量是 44878000 蒲式耳，创出了历史新高；1936 年大豆总产量是 29943000 蒲式耳，产量大幅下降导致 1937 年 4 月合约的价格上涨到了 182.5 美分；1940 年大豆总产量为 79837000 蒲式耳；1941 年大豆总产量预估为 111000000 蒲式耳。

替代作物的比较收益对种植面积的估算很有帮助。

大豆需求的迅猛增长，导致大豆价格显著高于玉米和小麦等作物，进而驱使农民放弃玉米等作物，变更为种植经济效益更高的大豆。在种植成本方面，大豆与玉米和小麦等作物齐平，而前者大豆收益最高，这使得农民们自然会倾向于减少玉米和小麦的种植，增加大豆的种植。**任何可以种植玉米的地方都可以种植大豆**，种植棉花的美国南方也适合种植大豆。大豆与玉米的季节性规律相似，它们的收获季差不多，大致在秋季。

蛛网周期是商品期货价格大行情的基本解构模型。

当然，**利润与供给量是相互作用的。任何商品的利润过大时，产量就会过剩。**当美国的土地上种植大量大豆后，那

么大豆的供给量必然会显著增加，而这最终会导致过剩，供大于求的格局出现，大豆价格必然会跌到一个非常低的水平。

芝加哥商品交易所的大豆期货是从 1936 年 10 月 6 日开始挂牌交易的，到写作本教程为止已经上市 5 年了。此前大豆走势的高低点价格并未准确地保存下来，不过我仍旧将官方统计的 1913~1941 年的现货大豆价格数据整理进来（见表 4–6）。从长期的历史数据提供价格高低点数据中，我们可以看到这些极端点位的月度分布，这些统计数据可以用来确定大豆价格走势的季节性规律。

表 4–6　1913~1941 年大豆价格高低点的月度分布

月份	最高点出现次数	最低点出现次数
1	4	7
2	3	7
3	2	0
4	1	0
5	3	0
6	3	0
7	3	2
8	1	2
9	1	1
10	3	11
11	1	5
12	2	5

从表 4–6 我们可以看到 1913~1941 年大豆价格高低点的月度分布数据。

上述统计数据表明，大豆价格的最高点经常出现在 1 月，当然这也是玉米和小麦季节性低点出现频率较高的月份。在 2 月、5 月、6 月、7 月和 10 月当中，各出现了 3 次最高点。最高点出现频率较低的月份是 4 月、8 月、9 月和 11 月，在长达 28 年的走势当中，这几个月各自只出现了一次最高点。

从上述统计数据当中，你会发现大豆容易在 1 月和 2 月出现最高点，接下来容易出现最高点的月份为 5 月、6 月、7 月和 10 月。需要注意的是 1 月和 2 月各出现了 7 次最低点，因此在年初出现价格最低点的概率最高。而 3~6 月这段时间，并未出现过最低点，因此这段时间内不要轻易做空，反而应该倾向于做多为主，因为价格在这段时间倾向于上涨。

最低点出现得最多的月份是 10 月，最低点 11 次出现在这个月。11 月和 12 月则各有 5 次最低点。另外，大豆和玉米的季节性趋势非常接近，具体而言是 10 月到次年 1 月容易出现最低点，有时候最低点会出现在 2 月。接下来，它们往往会在 2~5 月期间上涨，涨势甚至可能持续到 6 月和 7 月。夏季时，如果丰收的迹象明显，那么价格倾向于在 8~9 月下跌；相反，如果歉收的迹象明显，那么价格倾向于在 8~9 月上涨。

收获季节前期，行情会加速发展。

为了高效地判定大豆的价格趋势，交易者应该在运用其他规则的基础上加入季节性规律的运用。**交易者需要注意高低点之间的时间周期、关键点位等因素，也要注意季节性因素。**最高点和最低点的月度分布、历史上顶部和底部出现的日期等统计数据可以帮助我们更好地预判未来的高点和低点。

接下来，我们回顾一下从 1913~1941 年大豆高点到低点的波动情况。

1913 年 10 月，大豆价格见到高点 196 美分，11 月见到低点 157 美分。

1915 年 1 月，大豆价格见到高点 235 美分，10 月见到低点 188 美分。

1918 年 2 月，大豆价格见到高点 382 美分。

1919 年 2 月，大豆价格见到低点 300 美分。

1920 年 2 月，大豆价格见到高点 405 美分，这是历史最高点，可以计算它到历史最低点 44 美分的主要分割点位。

1921 年 10 月，大豆价格见到低点 208 美分。

1922 年 2 月，大豆价格见到高点 260 美分。

1923 年 2 月，大豆价格见到 213 美分，10 月见到 209 美分。

1924 年 2 月，大豆价格见到 226 美分，11 月见到 260 美分。

1925 年 2 月，大豆价格见到 264 美分，同年 12 月见到 217 美分。

1926 年 1 月，大豆价格见到高点 238 美分，同年 12 月见到低点 180 美分。

1927 年 2 月，大豆价格见到高点 220 美分，同年 12 月见到低点 161 美分。

1928 年 2 月，大豆价格见到低点 169 美分，6 月见到高点 212 美分，11 月见到低点 169 美分。

1929 年 1 月，大豆价格见到低点 182 美分，7 月见到高点 246 美分，11 月见到低点 170 美分。

1930 年 6 月，大豆价格见到高点 216 美分，这是大豆价格最近一次触及这么高的水平。

1931 年 12 月，大豆价格见到低点 52 美分。

1932 年 3 月，大豆价格见到高点 67 美分，同年 12 月见到低点 44 美分。44 美分是大豆最后的低点。

1933 年 7 月，大豆价格见到高点 104 美分，同年 10 月见到低点 68 美分。

1934 年 7 月，大豆价格见到高点 154 美分，同年 11 月见到低点 88 美分。

1935 年 2 月，大豆价格见到高点 126 美分，同年 10 月见到低点 68 美分。

1936 年 8 月，大豆价格见到高点 119 美分，9 月见到低点 110 美分。同年 10 月 6 日，期货交易开始在芝加哥商业交易所挂牌。大豆 5 月合约在 10 月触及低点 110 美分。

1937 年 1 月，大豆价格见到高点 170 美分，2 月见到低点 151 美分，4 月见到高点 182.5 美分。7 月大豆价格见高点 177 美分，这是最后的高价，此后大豆价格大幅下跌。到了 8 月见到低点 93 美分，9 月反弹触及 105 美分，10 月见到低点 93 美分，这个点位与 8 月的一样，双重底部形成了。此后，价格开始反弹回升。

1938 年 2 月，大豆价格见到高点 107 美分，10 月触及低点 68 美分，这个点位与 1933 年和 1935 年 10 月的低点一致，三重底部形成了。另外，10 月是低点出现频率较高的月份，叠加三重底部，则一个做多胜算率较高的机会出现了。

通常意义上江恩不认可四重底部或者顶部，但是此处又有不同的主张。因此，江恩理论此处看似很难自洽。

1939 年 5 月，大豆价格见到高点 98.75 美分，7 月见到低点 67 美分，**这是第四次触及同一点位，**这仍旧是基于保护性止损做多大豆的良机。同年 12 月，大豆上涨触及高点 131 美分。

1940 年 2 月，大豆价格见到低点 102 美分，3 月见到高点 117.5 美分。同年 8 月，大豆 5 月合约见到低点 69 美分，这是价格第五次见到同一水平。不过低点有所抬升，比先前两个低点高出 1~2 美分。大豆价格连续三年在同一水平形成三重底部。这里要提到我的一项重要法则：**如果三重底部跨越了三年，那么行情就出现最大的涨幅**。当大豆在 1940 年 8 月最终完成三重底部时，最大的牛市开启了。

查看一下大宗商品历史上那些大行情是否在技术层面上符合江恩此处的主张。

1940 年 11 月，大豆价格见到高点 105 美分，12 月大豆价格见到低点 85.5 美分，低点显著抬升了，做多的良机再次出现。

1941 年 1 月，大豆价格见到高点 101 美分。2 月见到低点 89.25 美分，**这个低点比 1940 年 12 月的低点更高，**体现了下方承接有力，这是一个良好的做多机会。当大豆价格超过 105 美分，也就是向上突破 1940 年 11 月的高点时，交易者应该顺势做多。

创出新高和低点抬升，哪个是更为有效的趋势向上信号？向上突破后价格继续上涨的概率与低点抬高后价格继续上涨的概率，何者更高？

当大豆价格继续向上突破 1940 年的高点 117.5 美分时，做多的机会继续存在。

1941 年 5 月，当月即将交割的大豆合约见到高点 143.875 美分，次年 5 月交割的大豆合约在 7 月以 139.75 美分开盘后出现暴涨，向上突破高点 143.875 美分，这意味价格进一步上涨的空间被打开了。

接下来，大豆价格向上突破了 1934 年 7 月的高点 154 美分，持续上涨的迹象明显。接下来的两个关键阻力点位是 1937 年 4 月的高点 182.5 美分，以及 1930 年的高点 216 美分。

1941 年 6 月 27 日，1941 年 10 月交割的大豆合约见到高点 148.75 美分。这波涨势从见到低点 98 美分开始，涨幅为 50.75 美分。在触及 148.75 美分之前的两天时间里面，日均涨幅为 11 美分。148.75 美分附近存在大量的关键点位：

98 美分的 1.5 倍是 147 美分；

从见到低点 44 美分到见到高点 182.5 美分的 75%分割点位是 148 美分；

见到低点 44 美分的 3.33 倍是 146.625 美分；

见到低点 66 美分的 2.25 倍是 147.625 美分；

100 美分的 1.5 倍是 150 美分，这是一个天然的阻力点位。6 月 27 日，大豆 12 月合约见到高点 150.25 美分，这是一个适合做空的点位。

接下来，大豆的价格暴跌了 4 个交易日。

1941 年 7 月 2 日，大豆价格见到低点 133.5 美分。从 121 美分到 148.75 美分，134.5 美分是 50%分割点位，这是做多的位置。当然，支撑也可以转化成为阻力，这是我们的判市法则之一。

大豆价格站稳在 133 美分以上，表明做多的机会出现了。从见到高点 148.75 美分到跌至 133 美分，跌幅大约为 15 美分，这是从见到低点 89.25 美分开始上涨以来的最大跌幅。不过，这波下跌仅仅持续了 4 天时间，并不能表明趋势已经转而向下了。

回撤的周期可以用来研判趋势是否已经转变，如何具体运用呢？江恩此前已经有过多次解释。

通常而言，价格第一次暴跌之后会出现一次显著的反弹，这是一个抢反弹做多的机会。

1941 年 7 月 8 日，大豆见到高点 146.5 美分，这波反弹持续了 5 日。高点降低了，这是做空的良机，做空者应该同时在 148.75 美分之上设定初始止损单。

7 月 11 日，见到低点 137.5 美分，下跌持续了 4 日。

7 月 12 日，见到高点 145.5 美分，一日游行情出现，新的反弹仅仅持续了一日，第三个较低的高点出现而来，这也是一个做空的机会。

7 月 17 日，大豆价格见到低点 137 美分，仅仅比此前的低点低了 0.5 美分，这是下方承接有力的特征。

7 月 21 日，见到高点 142 美分，这波反弹持续了 3 日，

江恩经常利用50%点位作为牛熊市分界线。

但是高点仍旧在走低，这是做空信号。

7月23日，见到低点135美分，下跌迅速。但是**这个低点仍旧在7月2日低点之上2美分处，50%点位之上，这是趋势转而向上的标志，**空头应该回补，交易者应该建立多头头寸。

7月26日，大豆价格见到高点143美分，这是一波持续4日的上涨，也是7月8日以来第一波显著的上涨，趋势向上的特征明显，交易者可以在此后回调时做多。

7月30日，大豆价格见到低点137.5美分，回调仅仅持续了两个交易日，低点也在抬升，这是做多的良机。交易者应该建立多头，并且利用初始止损单保护本金。

此后，大豆10月合约向上突破了此前反弹的高点。8月9日，大豆价格见到高点147.5美分。尽管突破了前期一系列高点，但是仍旧处于148.75美分之下。8月12日，见到低点142美分。这个点位在148.75美分到133.5美分的50%点位之上，这表明市场趋势仍旧向上。当日收于最高价，价格进一步走强的态势明显。

8月20日，大豆10月合约上涨突破了148.75美分的前期高点，进一步上涨的空间被打开了，做多的信号出现了。接下来，大豆价格出现了数年未见的暴涨，期间从未出现超过两日的回撤，也未出现任何超过5美分的回调。这是短期暴富的机会。

9月12日，大豆10月合约见到高点194.75美分，大豆12月合约见到高点197.5美分，大豆5月合约见到极端高点202美分。3个合约的均价为198.08美分，低于200美分这个天然阻力点位。

为什么大豆5月合约会在202美分形成高点呢？因为这附近存在一系列重要的点位：

202.5美分是极端高点405美分的50%点位，最高点的50%通常是一个安全的做空点位，特别是在长期上涨之后；

低点65.75美分的3倍是197.25美分，而12月大豆价

格的高点为 197.5 美分，交易者可以在这个点位附近做空，这是一个安全的做空点，初始保护性止损为 3 美分；

……

除了点位，时间周期也提供了充足的做空理由。9 月是大豆季节性高点出现频率较高的月份，这是趋势转而向下的节点。大豆从 1940 年 8 月的低点开始上涨，涨势已经持续了 13 个月；从 1941 年 2 月的低点计算，则涨势已经持续了 7 个月。根据我的法则，7 个月和 13 个月以及年末年初是趋势容易变化的节点。

10 月将是 1938 年 10 月低点以来的第三年，而 10 月很容易出现低点，因此交易者可以预期大豆价格将在 10 月出现下跌。

另外，交易者应该认真研究 1940 年 8 月以来的最大回撤。大豆 5 月合约的最大回撤是从 105 美分跌至 85.5 美分，跌幅为 19.5 美分；大豆 10 月合约和 12 月合约的最大跌幅为 15.5 美分。因此，当大豆 12 月合约的跌幅超过 15.5 美分时，通常意味着下跌空间打开了。

再啰嗦一下，推断大豆 5 月合约会在 202 美分形成顶部的理由是非常有意思的。1920 年 2 月形成的极端高点为 405 美分，其 50%点位为 202.5 美分，这是非常强大的阻力点位。

另外，低点 44 美分的 4.5 倍是 1.98 美分；大豆 5 月合约的另外一个极端低点是 67 美分，其 3 倍是 201 美分；从低点 67 美分到高点 202 美分，涨幅为 135 美分，而 100 美分上涨 37.5%则为 137.5 美分。

上述计算表明大豆价格是如何以精确的数学比例展开波动的，具体而言表明了大豆为什么会在 200 美分形成高点。

当然，时间节律也需要我们作进一步的分析。为什么我会预判出大豆价格会在 8 月到 9 月出现顶部，因为最后的低点出现在 1940 年 8 月。重要低点或者高点间隔 1 年、2 年和 3 年后，容易出现趋势变化的节点。再者，因为大豆价格的大多数低点出现在 10 月，所以我预判大豆在 9 月会跌到 10 月，因此应该在 9 月做空。

10 月会继续大跌，原因是低点 68 美分曾经出现在 1933 年 10 月，在 1935 年 10 月再次探到这个低点。此后，1937 年 10 月见到低点 94 美分，1938 年 10 月见到低点 68 美分，1939 年 7 月见到低点 67 美分，1940 年 8 月见到低点 69 美分。

1941 年 2 月，大豆价格见到底部 89.75 美分，当底部出现 6~7 个月后需要注意趋势的变化。大豆从底部上涨持续到了第 7 个月，从 89.75 美分，上涨到了 202 美分，涨幅为 112.25 美分，一个强劲的阻力点位出现了。这个涨幅相当于 100 美分的 1.125 倍。

当大豆价格触及 202 美分时，上涨已经持续了 7 个月，这意味着顶部将近。

到了大豆 12 月合约报价 197.5 美分，我在 195.875 美分附近进场做空。此后持续加码，到了 1941 年 10 月 16 日，大豆、小麦、黑麦、玉米等农产品期货的 5 月合约出现了 8~10 美分的当日暴跌，于是我及时回补了空头头寸，并适当开立了多头头寸。

10 月 17 日，大豆小幅低开，然后每蒲式耳反弹的幅度达到了 8 美分。当日，大豆合约报价为 154.5 美分。从 9 月 12 日高点算起，大豆价格已经下跌了 47.5 美分。

从低点 67 美分到高点 202 美分，涨幅为 135 美分。

整个涨幅为 135 美分，其 1/3 为 45 美分，从 202 美分减去 45 美分为 157 美分，这是一个强有力的支撑点位或者说做多点位，最高点位的 25%为 50.5 美分，或者是 151.5 美分。

下面我们对上述大豆期货合约的走势进行一番回顾，以便厘清其中的分析和操作脉络。

价格上涨到某个关键点位，如何判断其受到了阻力呢？价量形态是非常关键的。例如，价格在阻力点位附近出现流星K线，放出天量，等等。

1940 年 11 月，大豆 5 月合约见到高点 105 美分，高点 105 美分到另外一个极端高点 202 美分的 50%点位是 153.5 美分，这是一个关键点位。大豆价格于 1941 年 10 月 17 日见到低点 154.5 美分，从极端低点 44 美分上涨 2.5 倍则为 154 美分，这也是一个关键点位。如果价格上涨过程中在此受阻，则是做空机会。

为什么 1941 年 10 月 17 日会构筑底部？另外一个因素是这个点位附近存在历史高点。1934 年 7 月，大豆见到高点 154 美分。此前我就反复提到一个规则，那就是阻力和支撑是可以相互转化的，历史高点可以成为后期的低点，而历史低点也可以成为后期的高点。

大豆 5 月合约已经跌至了 154.5 美分，下跌幅度为 47 美分，相当于从低点 67 美分到高点 202 美分的 1/3。此后价格反弹，我推断将会出现一波相当于高点 202 美分到低点 154.5 美分幅度 1/3 的反弹，具体而言反弹目标为 170.125 美分。

10 月 22 日，大豆 5 月合约上涨到了 169.75 美分。这附近存在一系列历史高点和低点，以及其他天然阻力支撑点位。我在这个位置附近做空了大豆，因为认为价格会转而下跌。预计下跌后会构筑双重底部，或者是跌到 10 月 16 日高点附近。

到了 10 月 28 日时，大豆 5 月合约跌到了 155.5 美分，这个低点较前期低点高出 1 美分。一个做多的机会出现了。于是，我在空翻多。接下来上涨迅速展开，到了 1941 年 10 月 31 日，大豆 5 月合约再度上涨到了 169.5 美分。

1941 年 11 月 7 日，大豆价格见到高点 178 美分，这是高点 202 美分到低点 154.5 美分的 50%点位。当价格反弹到这个 50%点位时，做空机会就出现了。我在这个位置附近进场做空，我的部分客户也在我的建议下在 177.75 美分附近做空。暴跌紧随而至，到了 11 月 13 日，大豆 5 月合约已经跌到了 164.75 美分。

164.75 美分附近存在许多关键点位。例如，164.75 美分本身就是 154.5 美分到 168 美分的 50%点位，当价格跌到这附近时，市场存在反弹动力。接下来，市场从 11 月 13 日的低点 164.75 美分开始反弹。到了 11 月 14 日，市场见到高点 170.375 美分。

从低点 139.75 美分到高点 202 美分的 50%点位是 170.875 美分。当价格涨到这附近时，抛压增加了。因此，170 美分附近出现了做空机会，而我在 169.5 美分处进场做空。

11 月 15 日，大豆价格已经跌到了 163.5 美分。当日低收，表明价格疲软，趋势向下。此后，只有当大豆价格向上突破了 171 美分，才表明下跌趋势结束了。只有当价格进一步向上突破了 178 美分，才表明向上趋势确立了。178 美分是低点 154.5 美分到高点 202 美分的 50%点位。当大豆价格跌破 161.25 美分时，也就是 154.5 美分到 168 美分的 50%点位，则表明趋势向下了。当大豆价格跌破 154.5 美分时，则意味着进一步下跌的空间被打开了，价格将进一步跌至 140 美分，甚至更低。

可以通过升破高点确定向上趋势，也可以通过跌破低点确定向下趋势；可以通过升破 50%点位确定向上趋势，也可以通过跌破 50%点位确定向下趋势。

另外一个关键点位是 151.5 美分，它是高点 202 美分回撤 25%得到的点位，当价格跌至这个点位时意味着态势极度疲弱。

上面是从空间点位的角度确定趋势变化的信号，还可以从时间周期的角度来确定趋势变化的信号。1914 年 12 月 12 日是大豆价格趋势变化的第一个时间节点，这一天距离 9 月最高点恰好 3 个月时间。第二个重要时间节点是 1942 年 1 月 12 日，这一天距离 9 月最高点恰好 4 个月时间。就月份而言，12 月和 1 月本身就是大豆趋势变化的重要窗口。如果价格此时处于低水平，且位于关键点位附近，那么就是做多的时机。

如何同时从时间节点和空间点位两个维度展开有效研判，对于交易者而言是极大的挑战。

总而言之，**要综合运用所有的研判维度，在趋势确立或者转变的明确信号确立之前，不要轻易做多或者抄底。**

那么，为什么普通人不能获得这样预期中的收益呢？人性导致了不及预期的结果。人性使得普通人受到情绪的驱使而采取行动，而非基于事实和原则。

下面我们来看一个大豆期货交易的实际例子，整个交易从 1940 年 8 月 20 日持续到 1941 年 10 月 16 日，相关的图表请查看教程后面的附录，包括价格走势和成交量，以及持仓量变化。交易实例是基于本书提出的规则展开的。我希望让每一个人明白，只有清晰地掌握了这些规律，并且按照规律来行动，那么才能获得预期中的收益。

1940 年 8 月 20 日，大豆 5 月合约见到低点 69 美分，做多的原因是因为三重底部形成了。我以 1000 美元作为起始资金，以 70 美分买入 5000 蒲式耳的大豆 5 月合约，初始止损单设置在 66 美分处。这样的话，亏损额度就被限在了 200 美元上，当然还要加上手续费。

10 月 8 日，随着行情朝着有利的方向发展，我将止损跟进到 74 美分处。

10 月 29 日，进一步将止损提升到 81.25 美分，在最近低点下方 1~3 美分处。

11 月，当价格向上突破高点后，在 89 美分加码 5000 蒲

式耳的多头头寸。同时为总计 10000 蒲式耳的多头头寸在 86 美分处设定止损单。

11 月 18 日，大豆价格见到高点 105 美分，在这期间最大回撤仅仅是 5 美分。

跟进止损单已经上移到了 99 美分。此后，大豆价格触发止损，在 99 美分了结了 10000 蒲式耳的多头头寸。

整笔交易承受的风险是 200 美元，盈利 2500 美元，佣金 25 美元。此后，你可以利用利润来承担风险，而不让起始资本承担风险。

在 99 美分了结多头头寸的同时，我做空了 5000 蒲式耳大豆，初始止损设置在 106 美分，较 11 月 18 日的高点高出 1 美分。

11 月 22 日，大豆见到低点 91.75 美分。

11 月 25 日，见到高点 100 美分。

此后继续恢复下跌，于是我们将止损单下移跟进到 101 美分。

当价格继续下跌时，我在 90.75 美分加码做空 5000 蒲式耳大豆。

12 月 18 日，大豆见到低点 85.5 美分。此后价格在 87 美分附近企稳，于是我在 87 美分回补空头 10000 蒲式耳。为什么价格会在 87 美分附近企稳呢？因为 87 美分恰好是 69 美分到 105 美分的 50%点位。

到目前为止，我的总利润为 3287.5 美元。

接着，我在 87 美分开立 5000 蒲式耳的多头头寸，将初始止损单设置在 84 美分处。

1941 年 1 月 7 日，见到高点 101.5 美分。

1 月 21 日，见到低点 95.25 美分。

1 月 25 日，见到高点 98.5 美分。第二个次低的高点形成了，将止损上移到 94.5 美分，价格触及止损，了结多头头寸。这笔交易的利润为 363.5 美分，累计净利润为 3650 美元。

在 94.5 美分做空 5000 蒲式耳。

2 月 18 日，大豆价格见到低点 89.25 美分。

2 月 21 日，大豆价格见到高点 92 美分。

2 月 24 日，大豆价格见到低点 89.25 美分。这个低点较 12 月低点更高，而且是一个双重底部，且在 50%点位之上。

这时候应该空翻多了。平掉空头，累计净利润为 3762.5 美元。

在 92 美分做多 10000 蒲式耳，初始止损设定在 86 美分。

当价格向上突破 105 美分之后，在 106 美分处加码做多 5000 蒲式耳。同时在 102 美分为 15000 蒲式耳头寸设定止损，这比关键点位 105 美分低 3 美分。

江恩大部分操作都是突破而作，但这附近却见位而作。

3 月 19 日，大豆价格见到高点 109 美分。

3 月 23 日，见到低点 104 美分。

在 101 美分处加码做到 5000 蒲式耳。同时，将 20000 蒲式耳的止损上移到 106 美分，这比高点 109 美分低了 3 美分。

4 月 17 日，见到高点 125.5 美分。

4 月 24 日，见到低点 117.625 美分。

将 20000 蒲式耳的止损上移到 114.625 美分。

江恩基本上还是采用金字塔顺势加码。

在 125.5 美分再加码做多 5000 蒲式耳，同时将 25000 蒲式耳的多头头寸的止损上移到 122.5 美分。

现在，市场正处于飙升状态，交易者应该顺势而为，以低于前日最低价 1 美分的点位设定止损。

5 月 21 日，见到高点 143.875 美分。

5 月 22 日，见到低点 136 美分。

随着行情发展，将止损点上移到 136.875 美分处。

价格下跌，触发止损，在 136.875 美分处平掉 25000 蒲式耳的多头头寸。减去佣金的净利润为 11706.25 美元。

接下来，我们再以大豆 10 月合约为例进行操作说明。

5 月 31 日，见到低点 121 美分。

6 月 4 日，大豆价格见到高点 126.875 美分。

6 月 6 日，见到低点 121 美分，双重底部形成了。交易者应该等待幅度为 3 美分的伸张，以便确认底部支撑确立。此后方能做多。

在 124 美分处，开立 20000 蒲式耳多头头寸，初始止损单设置在 120 美分。

在 134 美分处，加码做多 10000 蒲式耳。将 30000 蒲式耳多头的止损设置在 131 美分处。

仅仅高出关键点位 1 美分，严格来讲并不符合江恩自己提出的有效突破法则。

为什么会在 134 美分处加码做多呢？因为 133 美分是 1941 年 5 月的高点，突破这个点意味着上涨空间进一步打开了。

6 月 27 日，见到高点 148.75 美分。

将 30000 蒲式耳多头的止损设置在 142.75 美分，比前一日的低点低 1 美分。

此后，价格跌至 142.75 美分，将 30000 蒲式耳多头头寸了结。累计获利 15931.25 美元。

同时，我在 142.75 美分做空 20000 蒲式耳。

7 月 2 日，见到低点 133.5 美分。跌至前期低点，同时也是低点 121 美分与高点 148.75 美分的 50%分割点位。支撑明显，于是我在 134.5 美分处回补空头。累计盈利为 17581.25 美元。

同时，我在 134.5 美分处做多 20000 蒲式耳，初始止损设置在 131 美分处。

7 月 27 日，见到低点 135 美分，**低点抬升了。**

将止损上移到 132.5 美分。

7 月 30 日，见到高点 137.5 美分。将止损上移到 134.5 美分。

8 月 23 日，在 150 美分处加码 20000 蒲式耳多头。

将 40000 蒲式耳多头头寸的止损上移到 145.75 美分处。

9 月 6 日，在 172 美分处加码做多 10000 蒲式耳。

同时，将 60000 蒲式耳多头的止损位设置在 169 美分处。

9 月 22 日，在 162 美分处加码做多 10000 蒲式耳。

同时，将 50000 蒲式耳的止损位上移到 155 美分处，这比 8 月 29 日的低点低了 1 美分。

这是一个多空力量对比完全失衡的市场，大豆价格期间的回调并未超过一个交易日，回调的幅度也从未超过 5 美分。书后附录的大豆成交量和持仓量显示了这一点。

交易不是脑袋发热，而是基于清晰有效的规则。为什么要在 9 月 12 日对大豆 10 月合约多翻空？相关原因我们已经在实例中讲明了。上涨过程中，我们应该向上移动止损点，将止损设置在前日最低点下方 1 美分处。

9 月 12 日，大豆价格见到顶部 194.75 美分。

随着行情朝着有利的方向发展，提升止损点到 185 美分，这是前日高点之下 1 美分处。

一路加码，同时跟进止损，这是趋势交易的精髓啊！

除了价格运行的空间点位和时间周期之外，成交量和持仓量也是我们要重点分析的因素。将价格与量结合起来分析，这才是上善之道。

投机需要分散风险，投资呢？有波动风险、流动性风险等，投资至少也要考虑流动性风险。

9 月 14 日，价格触及止损，于是在 185 美分处做空 60000 蒲式耳。

截至当时，累计利润为 44481.25 美元。当资金规模达到这个水平时，你可以开立 50000 蒲式耳甚至 100000 蒲式耳的头寸，因为你有足够的本金。即便如此，你仍旧需要遵从资金管理的基本规则，不能在单笔交易中承受超过 10%的风险。

9 月 14 日，在 185 美分处做空 20000 蒲式耳大豆 10 月合约。

在 175 美分处加码做空 10000 蒲式耳。

9 月 22 日，在 172 美分处回补 30000 蒲式耳空头头寸。累计获利 47381.25 美元。

9 月 27 日，在 177 美分处做多 20000 蒲式耳，以前日最低点之下 1 美分处设定保护性止损。

9 月 30 日，价格反弹触及止损点，在 177 美分了结多头，累计盈利 48381.25 美元。

同时，在 177 美分处做空 20000 蒲式耳。

10 月 7 日，在 165.5 美分处加码做空 20000 蒲式耳。

10 月 16 日，在 149 美分处回补 40000 蒲式耳空头。这附近有一个重要点位 148.75 美分，它是 6 月 27 日形成的高点。

截至当时，全部利润为 57281.25 美元。

上述整个交易持续了 14 个月，从 1000 美元起始资本出发，最初承受的风险为 200 美元。整个操作基于合理的原则，而不是随意而为，否则是无法获得上述成绩的。在芝加哥商品交易所肯定有人以上述方式操作，并且绩效差不多。

需要反问的是，既然绩效如此优秀，这样的机会数年就会出现一次，为什么只有很少的人会按照规则这样去操作呢？之所以会这样，根源在于人性。人性中的恐惧和贪婪主导了绝大部分交易者的行为。当大豆从 69 美分上涨到 150 美分以后，还有多少人会认为大豆会在短短 30 天的时间当中，从 8 月 13 日到 9 月 12 日，飙升到 195 美分和 202 美分呢？但事实不可否认。当趋势向上时，你就应该持续做多，遵从法则，

不要因为绝对价格看起来高就逆势而为去做空。不要受到价格水平的干扰，克服“恐高症”，顺着上涨的趋势持续做多。有效的交易规则本身才是你应该恪守的。

当大豆 5 月合约的价格在 1937 年 4 月见到高点 182.5 美分时，有多少人会想到半年后的 1937 年 10 月，大豆将跌到 93 美分处；又有多少人会想到 18 个月后，大豆将会在 67 美分和 68 美分处交易。

行情的发展往往出乎大多数人的预期，因为永远不要依据情绪化的决策进行交易，事实才是你决策的唯一基础。恪守规则，顺应趋势，你就能盈利，同时还要利用止损单进行保护，不要将所有资金孤注一掷。人人都无法避免犯错，因此你不能将全部资金投掷在一个交易之上。另外，如果你将全部资金放在一个交易机会上，也意味着你会错失其他机会。

我最后要强调的一点是，交易一定要恪守清晰有效的法则。如果你做不到这一点，则应该放弃交易，在市场外休息。如果你依据毫无根据的臆测，或者是受到情绪的干扰，那么失败和亏损将如影随形。

如何基于事实和规则进行有效判断和交易呢？我们接着看大豆的实例。

1936 年 10 月 6 日，芝加哥交易所开始重启期货交易。大豆 5 月合约的开盘价为 120 美分，下方支撑明显。为什么这个点位会成为阶段性底部呢？因为此处存在一系列关键点位：

大豆 5 月合约价格的极端低点 44 美分的 187%是 121 美分，如果价格向上突破或者站稳 121 美分，则进一步上涨的空间被打开了；

从高点 216 美分到低点 44 美分的 50%点位是 130 美分；

低点 44 美分的 3 倍是 132 美分。

1936 年 10 月 16 日，当周高点为 129 美分。

1936 年 10 月 24 日，大豆 5 月合约的见到低点 121.75 美分，相对于此前的低点，低点抬高了，一个做多机会出现了。

10 月 31 日，见到高点 127.25 美分，高点降低了。

11 月 14 日，见到低点 123.25 美分。需要注意的是 124.5 美分是低点 120 美分到高点 129 美分的 50%分割点位。第三个较高的低点出现了。下方承接有力，一个新的做多机会出现了。

接下来，力量的天平向多头显著倾斜。

11 月 23 日，大豆价格向上突破 129 美分这一前期高点。接下来向上突破 132 美分，这是低点 44 美分的 3 倍点位。因此，当突破时交易者可以在 133 美分这个水平做

多。当市场突破关键位置后，上涨会紧随而至。飙升果然出现了，在这期间的回调幅度非常小。

1937 年 11 月 6 日，见到高点 162 美分。这附近存在一系列关键点位：

162 美分是 1930 年高点 216 美分的 0.75 分割点位；

164.375 美分是高点 405 美分到低点 44 美分的 1/3 分割点位；

158.75 美分是高点 216 美分到低点 44 美分的 2/3 分割点位；

160.5 美分是 1936 年 12 月形成的一个高点，一个双重顶部形成了。

股价在受到阻力后出现下跌。

1937 年 2 月 27 日，见到低点 151.25 美分，回撤幅度达到了 12.5%，这是正常情况下的回调，无论是幅度还是时间都比较正常。正如此前我提出的法则，回调一般持续 3~6 周，然后会恢复此前的趋势。

要对正常回撤的幅度和持续时间有数，这样才能有效地区分回撤与趋势反转。

在低点 151.25 美分附近存在一系列关键点位：

151.875 美分是高点 405 美分的 3/8 分割点位；

151.5 美分是低点 44 美分到高点 216 美分的 5/8 分割点位。

另外，从时间周期来讲 2 月是季节性低点出现的月份。回调只不过是牛市的正常现象，恢复上涨是大概率事件。

1937 年 3 月 27 日，非常可靠和安全的做多点位出现了。当价格向上突破 3 周的最高点 156 美分时，这是一个 50%点位，做多是非常安全的。

当大豆价格继续向上突破 162 美分时，也就是前期高点时，交易者仍旧可以入市做多，同时利用止损单进行保护。

此后，大豆价格快速上涨。

1937 年 4 月 10 日，见到高点 182.5 美分。这附近存在一个关键点位：**179.375 美分是高点 405 美分到低点 44 美分的 3/8 分割点位。**

3/8 分割点位也就是 37.5%分割点位，与斐波那契分割点位 37.2%非常接近。

当然，**不能光看点位，你还需要等待中期趋势变化更加**

明确有效的信号。

4 月 17 日，见到低点 173.5 美分。

4 月 24 日，见到高点 181.5 美分。高点降低了，形成了一个不那么标准的双顶顶部。做空的机会出现了，初始止损放置在第一个高点之上 3 美分的位置或者 184.5 美分处设置止损。

第二个高点降低，其实就形成了 N 字顶部的大部分。

1937 年 5 月 1 日，见到低点 170.5 美分，跌破了三周以来的最低点意味着趋势向下。这是一个良好的做空点位。

5 月 1 日后，你应该做多大豆 7 月或者 12 合约。正如我们此前指出的那样，不要做多那些面临交割的合约。因此，我们应该做多 7 月或者 12 月合约。

8 月 7 日，大豆 5 月合约见到低点 97 美分。注意，这附近存在一系列关键点位：

91.25 美分是高点 182.5 美分的 50%点位；

95.75 美分是低点 44 美分到高点 182.5 美分的 3/8 分割点位；

100 美分也是一个天然关键点位；

99 美分是低点 44 美分的 2.12 倍；

……

因此，97 美分附近存在强劲的支撑。

1937 年 8 月 14 日，见到高点 110.75 美分。这波反弹仅仅持续了一周时间。这附近存在一系列关键点位：

110 美分是低点 44 美分的 2.25 倍；

108 美分是高点 216 美分的 50%点位；

108.5 美分是低点 44 美分到高点 216 美分的 3/8 分割点位；

113.5 美分是低点 44 美分到高点 182.5 美分的 50%点位；

……

市场在此区域遭受阻力，表明态势疲弱，这是一个做空良机。

1937 年 9 月 4 日，见到低点 94 美分。这附近存在一个关

键点位：95.75 美分是低点 44 美分到高点 182.5 美分的 3/8 分割点位。

价格企稳，反弹随之而来。

1937 年 9 月 11 日，见到高点 105 美分。这波反弹持续了一周长的时间，涨幅为 13%。无论从时间还是从幅度来讲，都只能算是下跌趋势中的正常反弹，趋势并未改变。另外，105 美分是 1936 年低点 120 美分的 1/8 点位。

1937 年 9 月 25 日，见到低点 93 美分。

10 月 16 日，见到低点 92 美分。这附近存在一系列关键点位：

90.25 美分是高点 120 美分的 25%回撤点位；

90.125 美分是低点 44 美分到高点 182 美分的 1/3 分割点位；

……

接下来，大豆 5 月合约在 90 美分之上窄幅盘整数周，形成震荡走势。

“海龟交易法则”采纳的是 4 周参数为主。

1937 年 12 月 25 日，**价格向上突破 5 周高点，**进一步上涨空间被打开了，这是安全做多机会。

1938 年 1 月 29 日到 2 月 12 日，连续出现了三个接近的高点，大致分布在 106 美分到 106.5 美分这个范围。这三个高点在前期高点 105 美分之上，但仍旧在 108 美分之下。**108 美分是高点 216 美分的 50%分割点位。**价格上升的受阻迹象还是比较明显的，应该选择做空。

50%点位再次被用于判断趋势。

1938 年 2 月 19 日，价格跌破前三周的最低点，空头趋势确立。随后，大豆价格跌破低点 92 美分，下跌趋势完全确立。

4 月 30 日，大豆价格见到低点 89.5 美分。当价格跌破这个点位时，可以做空大豆 7 月或者 12 月合约，顺势而为。

8 月 6 日，大豆 5 月合约见到高点 83.5 美分，走势相当疲弱。

9 月 10 日，见到低点 76 美分。

9 月 17 日，见到高点 82.75 美分。这波反弹仅仅持续了一周时间，做空机会出现。

10 月 22 日，见到低点 68.5 美分。从时间周期来讲，10 月是大多数季节性低点出现的月份，因此可以做多；从空间点位来讲，这附近存在许多低点，构成了双重和三重底部：

1932 年 3 月的低点 67 美分；

1933 年 10 月的低点 68 美分；

1935 年 10 月的低点 68 美分。

此后，价格回升。76.125 美分是高点 83.75 美分到低点 68.5 美分的 50%点位，一旦价格向上突破这个点位，则进一步上涨的空间就被打开了。

10 月 29 日，见到高点 75.5 美分。

11 月 5 日，见到低点 72 美分。低点抬高了，做多信号出现了。

12 月 3 日，价格向上突破了 6 周的高点 77 美分。力量均衡被多头打破了，做多机会出现了。

1939 年 1 月 14 日，见到高点 84.75 美分，比 1938 年 8 月的高点高出 1 美分。此后，市场进入窄幅横盘整理状态。

2 月 11 日，见到低点 79 美分。这波回调持续了 4 周时间，幅度为 5.75 美分，只是一个牛市中的小幅回调而已。回调企稳是做多的良机。

3 月，价格突破前期高点。

5 月 20~29 日，见到高点 99 美分，受阻于 100 美分，做多机会出现了。这期间容易出现季节性高点。此时，交易者应该交易大豆的 7 月或者 12 月合约。

5 月 27 日，大豆 12 月合约以 83.5 美分开盘，位于前期高点之下，弱势明显。交易者应该做空。价格不断走低，反弹微弱。83.5 美分是高点 99 美分到低点 68 美分的 50%点位，当大豆 12 月合约跌至 83.5 美分以下时，市场就处于弱势中，应该做空或者持有空头。

8 月，大豆 5 月合约见到低点 67 美分，大豆 12 月合约见到低点 65.75 美分。一个双重和三重底部形成了，做多机会出

有四种震荡行情：第一种，成交量和持仓量均很低；第二种，成交量高，但持仓量低；第三种，成交量高，持仓量高；第四种，成交量低，持仓量高。这背后的逻辑有什么显著差异？

现了。做多后，应该在低点下方 3 美分处设置初始止损。66 美分是低点 44 美分的 1.5 倍，这附近支撑显著。

大豆 12 月合约陷入震荡行情，窄幅整理，连续 4 周时间低于 68.75 美分，但是高于 65.75 美分。

到了 8 月 26 日，多空均衡被打破了。大豆 12 月合约向上突破了 69 美分，做多机会出现了。

74.5 美分是一个关键点位，它是高点 83 美分到低点 65.75 美分的 50%点位。

9 月 2 日，价格向上突破 74.5 美分，上涨到了 75.75 美分，上涨趋势明显。

9 月 9 日，见到高点 90 美分，低于前期高点，做空信号出现。这附近存在一些关键点位：

90.125 美分是高点 182.5 美分到低点 44 美分的 1/3 分割点位；

88 美分是低点 44 美分的 2 倍点位；

……

这波上涨持续了三周，在这期间没有任何调整，回调即将展开。

10 月 14 日，见到低点 78 美分。这波下跌幅度为 12 美分，持续了 5 周时间，属于上涨趋势中的正常回调。另外，78 美分是低点 66 美分到高点 99 美分的 50%点位。因此，这是一个回调做多机会。

从时间周期来讲，10 月份也是季节性低点出现的节点，因此这个时候做多胜算率较高。

接下来，涨势恢复，向上突破了 90 美分。向上突破了前期的关键点位，在这期间并未出现显著回调。

12 月 23 日，见到高点 129.5 美分。这附近存在两个关键点位：

124.75 美分，它是高点 182 美分到低点 67 美分的 50%点位；

130 美分，它是高点 216 美分到低点 44 美分的 1/3 分割点位。

此时，大豆价格已经持续上涨 4 个月了，属于正常现象。我们开始移仓换月，交易 1940 年 5 月交割的大豆合约。

12 月 23 日，大豆 5 月合约见到高点 131.5 美分，市场出现了 V 字形反转。

1940 年 1 月 6 日，见到低点 116 美分。接着反弹到 119 美分。

随后，跌破了数周的低点 116 美分。120.75 美分是低点 67 美分到高点 131.5 美分的 12.5%回撤点位。当价格跌破这一点位时，下跌的大门就打开了。

随后跌破了 67 美分到 131.5 美分的 25%回撤点位——115 美分，进一步下跌的空间打开了。

2月3日，见到低点102美分，做多机会出现了。99.25美分是低点67美分到高点131.5美分的50%点位，市场维持在此之上，表明上涨趋势依旧。而且，100美分是一个天然点位，价格在此之上企稳，也表明看涨。

3月16日，见到高点117.75美分，恰好位于前期两个高点之下。116.25美分是高点131.5美分到低点102美分的50%点位，这时候应该逢高做空。

4月13日，见到低点106美分。小幅度的反弹紧随而至。

4月27日，见到高点111.75美分，做空机会出现了。

随后，价格持续下挫，跌破几乎所有的关键点位。趋势向下，显露无疑。

5月18日，见到低点91.25美分，趋势仍旧向下。此时，应该移仓换约，交易大豆7月和12月合约。

6月29日，大豆12月合约见到低点71.5美分。而72美分是高点216美分的1/3分割点位。强支撑出现了。

8月3日，见到高点77美分。这波反弹持续了5周时间，做空机会出现了。

8月10~24日的这3周当中，价格在67.5美分到70美分之间形成了三重底部。另外，从时间周期来讲，8月是季节性底部出现的节点。并且，最近数年大豆价格屡次在67美分或者68美分附近构筑底部。因此，一个胜算率较高的做多机会出现了。在低点之下3美分处设置止损单进行保护。

市场窄幅整理的幅度为2美分，持续了2周时间，此后趋势转而向上。

1940年9月7日到10月12日，大豆合约持续在高位徘徊，在76美分到77.5美分之间盘整了6周。直到10月19日这一周才最终向上突破，多空力量对比转而失衡，价格快速上涨。

1940年11月23日，见到高点107美分。这附近有一个关键点位是108美分，它是高点216美分的50%点位。一个

江恩找出来的这些点位，你认为是“事前”还是“事后”确定的？

做空机会出现了。

1940 年 12 月 21 日，大豆合约价格跌到了低点 85.5 美分，这是一个天然的支撑点位。因为附近的 87 美分是低点 69 美分到高点 105 美分的 50%点位。因此，这是一个理想的做多点位。

1941 年 1 月 11 日，在持续三周反弹之后价格见到高点 101.5 美分。附近的 101.25 美分是高点 405 美分的 25%分割点位，而 103.5 美分则是低点 69 美分的 1.5 倍点位。

1941 年 2 月 22 日，见到低点 89.25 美分。**这个低点较 12 月的低点抬高了。**而且附近存在一个关键点位 87 美分，它是低点 69 美分到高点 105 美分的 50%点位。**低点 89.25 美分在此 50%点位之上，意味着趋势向上。**做多机会出现了。

做商品期货交易，需要对每个品种的季节性走势图烂熟于心。这些规律可言参考我们的商品期货系列教程。

另外，**从时间周期上来讲，2 月是季节性低点出现频率较高的月份。**

随后，价格开始回升，向上突破了 101.25 美分。接下来，快速向上突破 105 美分的前期高点。进一步上涨的空间被有效打开了，价格上行趋势强劲。即便在这些高位顺势做多也是合理的操作，大豆合约仍旧是做多的优良标的。

这段走势还展示了一个大概率的现象：当大豆或者小麦合约的价格向上突破 100 美分后小幅回落到 100 美分之下，然后再第二次或者第三次向上突破 100 美分，那么上行趋势就确立了，上涨会持续较长一段时间。

接下来，**113.25 美分是一个关键点位，因为它是低点 44 美分到高点 182.5 美分的 50%点位。**一旦价格向上突破这个关键点位，则表明上涨趋势会继续，应该加码做多。上涨过程中的回调幅度非常小，上行趋势明显。

1941 年 5 月 21 日，主力合约见到高点 143.875 美分。这附近存在一个关键点位 144 美分，它是低点 67 美分到高点 182.5 美分的 2/3 分割点位。

而对于 1941 年 10 月交割的近期合约而言，在 5 月 21 日这天，它见到高点 133 美分。这个近期合约从 3 月 31 日低点

98 美分开始上涨，涨幅为 35 美分。为什么会在 133 美分遭受强大阻力呢？注意这附近存在多重关键点位：

135 美分是高点 405 美分的 1/3 分割点位，也是高点 216 美分的 5/8 分割点位；

134.25 美分是低点 44 美分到高点 405 美分的 1/4 分割点位；

132 美分是低点 66 美分的 2 倍点位；

130.75 美分是低点 44 美分到高点 182.5 美分的 5/8 分割点位；

130 美分是低点 44 美分到高点 206 美分的 50%分割点位。

上述这些关键点位的叠加使得 133 美分成了强劲的阻力点位，也是较为安全的做空点位。**特别是此前的上涨速率很大，因此现在下跌也会比较快。**

关键点位究竟是反转点还是爆发点，如何判断？单从技术面的角度来讲，可以从价量形态去研判。关键点位见到持续 K 线形态，则爆发的可能性较大；关键点位见到反转 K 线形态，则反转的可能性很大。如果反转 K 线形态伴随着天量出现，则反转可能性进一步增加。还可以结合消息性质来研判：关键点位出现一次性利多或者是利多出尽，则反转可能性较大。

1941 年 5 月 31 日，见到低点 121 美分。回落幅度只有 12.5%，持续时间为 10 日，无论是幅度还是时间周期都表明这仅仅是一个上涨过程中的正常回调而已。

1941 年 6 月 4 日，见到高点 126.875 美分。

1941 年 6 月 6 日，跌至低点 121 美分。与 5 月 31 日的低点 121 美分构成一个小型双重底部。

为什么会在 121 美分附近企稳呢？首先，121 美分是低点 44 美分的 1.875 倍；其次，120.75 美分则是低点 69 美分的 1.75 倍。

这波下跌仅仅持续了两周时间，下跌幅度也很小，因此这是一个回调做多的机会。

此后，价格向上突破了 127 美分。127 美分是高点 133 美分到低点 121 美分的 50%点位，这表明价格将继续走高。

接下来，价格向上突破了 133 美分，这表明强劲的上涨趋势确立了，应该坚定做多。

有一个特征需要注意，这一期间的回调并未超过两个交易日，这是牛市的显著特征。交易者应该坚持做多，止损单可以设置在前一日的最低点之下不远处。

第 11 节　玉米
(Corn)

商品期货需要进行大数据分析，特别是供求周期和季节性。

玉米合约在芝加哥商品交易所（Chicago Board of Trade）、堪萨斯商品交易所（Kansas Ctiy Board of Trade）、温尼伯格谷物交易所（Winnipeg Grain Exchange）挂牌交易。一份标准玉米合约是 5000 蒲式耳，最小价格波动幅度为每蒲式耳 0.125 美分。一手标准合约的交易手续费为 12.5 美元。合约价格会变化，因此保证金的也会随着变化，从 300~1000 美元不等。

从表 4–7 我们可以看到 1859~1941 年玉米价格高低点的月度分布数据。

表 4–7　1859~1941 年玉米价格高低点的月度分布

月份	最高点出现次数	最低点出现次数
1	5	37
2	3	17
3	17	5
4	5	11
5	20	4
6	15	2
7	5	9
8	17	1
9	12	2
10	6	11
11	10	2
12	9	20

从表 4–7 你可以发现玉米价格的一些季节性规律，**高点出现频率最高的是 5 月份，有 20 次。接着是 8 月和 6 月，分别有 17 次和 15 次之多。**从这个数据可以看出，5 月和 8 月是玉米价格最容易季节性见顶的月份，这两个月份非常重要，

值得重点关注。

玉米价格也容易在6月份见顶，而这个顶部往往是价格在5月创出新高后高位盘整的结果，直到6月初才完成顶部构筑。

3月和9月也容易形成高点，接着是11月和12月。

那么，那些月份出现高点的频率很低呢？**高点在2月只出现了3次，这是高点出现频率最低的月份。接下来则是4月、7月和10月。**这些月份中高点出现的频率大致相等。高点在这些月份出现的频率是差不多的。

交易者应该遵从季节性变化的规律进行操作。首先需要注意5月和8月的见顶迹象，它们是做空交易胜算率最高的月份。

为什么许多高点出现在8月呢？因为玉米在7月和8月出现供不应求的概率远远高于其他任何月份。

接下来的9月和10月，异常霜冻天气如果出现则会导致作物歉收。

通过历史数据，你可以预判未来的走势。如果玉米价格在12月或者1月见底回升，那么你就不应该在2月就匆忙进场做空，你应该等待3月，查看是否有见顶迹象。如果价格在3月仍旧持续上涨，那么就应该等到5月寻找做空机会。

交易者应该在价格飙升后，在容易见顶的月份形成双重顶部等见顶特征，进而做空。在时间周期和价格形态出现顶部特征之前，交易者应该逢低做多，而不是鲁莽做空。

时间周期与空间点位，以及价量形态结合起来，是不是就足够了呢？能不能再结合驱动面和心理面呢？

如果玉米在年末开始上涨，而且在5月和6月并未出现顶部迹象，那么交易者应该重点观察8月是否见顶。如果你要进行做空操作，那么一定要在空头趋势信号确立时进场，不要随意做空。

接着，我要给出最容易见到阶段性底部或者季节性低点的月份。从上述数据中，你会发现玉米在1月份见底的次数为37次。低点在12月出现了20次。

在长达82年的数据当中，1月和12月的低点出现频率总

计达到了 57 次。因此，交易者应该重点关注这两个月份低点出现的信号。为什么玉米价格容易在这两个月出现低点呢？因为大量的玉米上市供应是从 11 月持续到 1 月的，而这往往导致玉米价格下跌。

除了 1 月和 12 月之外，2 月是另外一个容易出现低点的月份，频率有 17 次。

1 月和 2 月容易出现做多玉米合约的机会。进场做多后，如果玉米价格持续上涨，那么就要等到 5 月或者 6 月初出现见顶信号。如果涨势强劲，那么则要等到 8 月。从 2 月低点开始算起，涨到 8 月，则表明涨势已经持续了 6 个月时间了。按照我给出的法则：**一定要在极端低点或者高点出现后的第 6 或者 7 个月关注趋势转折的信号。**

除此之外，4 月、7 月和 10 月也非常容易出现低点。其中 10 月相对比较重要，因为 10 月也会因为新玉米大量上市预期而出现低点。

那么，那些月份出现低点的频率最低呢？从 82 年的数据当中，可以发现 6 月、9 月和 11 月三个月的低点出现频率只有 2 次。其中，只有 1861 年和 1896 年的 9 月出现过低点。

8 月也是一个非常典型，在 82 年的数据当中，最低价出现在 8 月的频率只有一次。具体来讲就是 1909 年的 8 月出现过一次低点。因此，倾向于做多的交易者要谨慎对待 8 月这个节点，因为玉米价格在这个月份更容易见顶而不是见底。季节性趋势表明玉米是见到高点次数第二多的月份。

在 82 年的统计数据当中，3 月只出现过 5 次低点，5 月只出现过 4 次低点。如果在这两个月份做空，则胜算率非常低，风险非常高。

供求大周期是最重要的趋势驱动因素，然后才是季节性规律。

当然，**季节性规律不能对抗供求规律**。当农作物歉收时，价格会出现反季节性变化。季节性规律很难连续三年应验，一旦连续出现三年甚至三年以上的季节性走势，那么接下来很可能就会出现反季节性变化。

交易者要注重规律的运用，除了供求周期规律之外，还

要注重季节性规律。通过把握供求和季节性两个周期，交易者可以更加有效地预判高点和低点出现的时机。

第 12 节　玉米价格的重大波动
(Great Swings on Corn)

交易者倘若能够全面地研究玉米在极端高点和极端低点之间的重大波动，厘清期间的关键点位，那么就能更为有效地预判未来的高点和低点。

下面我们就来一起回顾一下玉米价格的极端点位与重大波动。

1859 年 10 月，玉米价格见到极端高点 81 美分。

1861 年 10 月，玉米价格见到极端低点 20 美分。此后，美国南北战争导致玉米供给缺口扩大，价格飙升。20 美分是玉米价格大牛市之前的最后一个低点。

1864 年 11 月，玉米价格见到极端高点 140 美分。交易者应该计算从 140 美分到一些重要极端低点的百分比分割点位。例如，从低点 20 美分到高点 140 美分之间存在如下重要分割点位：

125 美分，1/8 分割点位；

110 美分，2/8 分割点位；

100 美分，1/3 分割点位；

95 美分，3/8 分割点位；

80 美分，4/8 分割点位；

65 美分，5/8 分割点位；

60 美分，2/3 分割点位；

50 美分，6/8 分割点位；

35 美分，7/8 分割点位。

另外，还应该以极端高点 140 美分本身进行分割：

122.5 美分，140 美分的 7/8 分割点位；

105 美分，140 美分的 3/4 分割点位；

92.25 美分，140 美分的 2/3 分割点位；

70 美分，140 美分的 1/2 分割点位；

46.625 美分，140 美分的 1/3 分割点位；

35 美分，140 美分的 1/4 分割点位；

17.5 美分，140 美分的 1/8 分割点位。

如果玉米价格跌破 100 美分，那么就表明态势疲软，进一步下跌的空间被打开了。1865 年南北战争结束以后，所有商品的价格都出现了显著的下跌。

1866 年 2 月，玉米价格见到极端低点 33.75 美分。这与关键点位 35 美分非常接近。因此这是一个天然的支撑点位。

1867 年 10 月，玉米价格触及高点 112 美分。这附近存在一个重要的点位 110 美分，它是低点 20 美分到高点 140 美分的 1/4 分割点位。

另外，100 美元的 1.125 倍是 112.5 美分，这是一个天然的阻力点位。

25%其实就是 2/8 回撤点位，八分法当中的一个重要点位。

如果价格跌破 100 美分，也就是低点 33.75 美分到高点 112 美分的 25%回撤点位，那么进一步下跌的空间就被打开了。

1869 年 1 月，玉米价格见到极端低点 44 美分。这附近存在一个重要的点位：**46.625 美分，140 美分的 1/3 分割点位。**一个阶段性底部在这里形成了，做多机会出现了。

当玉米价格继续上涨，向上突破 50 美分之后，态势强劲。

江恩将空间点位（100 美分）与时间周期（8 月）结合起来研判趋势转折点。

1869 年 8 月，玉米价格见到极端高点 97.5 美分，并未突**破 100 美分，**这表明上涨动量减弱。这是一个做空信号。另外，**8 月是一个季节性高点，**结合上述因素预判趋势将转而向下。因此，这是一个做空的机会。

1873 年 4 月，玉米价格见到极端低点 27 美分，比 1861 年的低点要高 7 美分。112 美分下跌 6/8 是 28 美分，一个天然的支撑点位在附近。另外，100 美分的 1/4 是 25 美分，这也是一个重要的点位。价格在此之上意味着上涨即将来临了。

严格来讲，用 92.25 美分断定 86 美分处存在阻力有点牵强附会。

1874 年 9 月，玉米价格见到高点 86 美分。极端低点 27 美分的 3 倍点位就是 81 美分。另外，**140 美分的 3/2 分割点位是 92.25 美分，**价格停留在此之下，表明阻力非常强劲。做空机会出现了。

1879 年 1 月，见到低点 29.5 美分，比 1873 年 4 月的低点高出 2.5 美分。低点出现了抬升的双重底部形成了，这是一个做多信号。

1882 年 9 月，玉米价格见到高点 81.5 美分。**从空间点位来讲，80 美分是一个重要点位，因为它是低点 20 美分到高点 140 美分的 50%点位。从季节性规律来讲，9 月容易出现高点，这是做空的时点。**

此处江恩又一次展示了如何同时运用时间周期与空间点位来预判转折点。除了商品之外，股指期货能够运用季节性规律呢？有一种说法叫“年初建仓，十年不败”，其实就是股指运行的季节性规律。

1883 年 10 月，玉米价格见到低点 76 美分，**这是一个季节性低点容易出现的月份。**

1884 年 9 月，玉米价格见到高点 87 美分，与 1874 年的高点一起构成了双重顶部。**9 月份是季节性高点出现频率较高的月份，从时间周期来讲这是一个做空胜算率较高的良机。**

接下来的 10 月，玉米价格见到极端低点 34.5 美分。这是 1873 年之后的第三个较高的低点。这附近存在一个重要点位 35 美分，它是低点 20 美分到高点 140 美分的 7/8 分割点位。价格在此附近见底回升，中期反弹出现了。

1885 年 4 月，玉米价格见到高点 49 美分，恰好在重要点位 50 美分以下，因此这是一个做空信号。

在外汇市场当中 50 和 00 结尾的价位都是比较重要的支撑阻力点位。

1886 年 10 月，玉米价格见到低点 33 美分，仅仅比 1884 年 10 月的低点低 1.5 美分。**双重底部形成了，价格回升紧随而至。**

1888 年 12 月，玉米价格见到高点 61 美分。这附近存在一些重要的点位：60 美分，它是低点 20 美分到高点 140 美分的 2/3 分割点位；66 美分，它是低点 33 美分的 2 倍点位。玉米市价在 66 美分之下，表明弱势。

1889 年 9 月，玉米价格见到高点 48 美分。此前的统计表明，**9 月份是出现季节性高点的高频率月份**。另外，**这个高点比 1885 年 4 月的高点要低 1 美分。**同时，48 美分也低于天然阻力点位 50 美分，这显然是一个做空机会。

1890 年 1 月，玉米价格见到极端低点 27.5 美分。一个双重底部出现了，做多信号出现了。根据我给出的法则，**两个**

底部的间隔时间越长，则上涨的概率越大，上涨的空间越大。

接下来，玉米价格出现了迅速上扬。

1891 年 6 月，玉米价格见到高点 75.5 美分，与一个关键点位 75 美分接近，后者是 100 美分的 6/8 分割点位。同时，高点 75.5 美分在低点 20 美分到高点 140 美分的 50%点位之下 5 美分处。

上述是空间点位分析，我们还应该结合时间周期。就季节性规律而言，玉米价格的低点经常出现在 1 月份，现在价格已经持续上涨了 6 个月，而这是一个趋势变化的节点，空头趋势已经显现了。

能够在趋势交易和价值投资当中利用季节性规律吗？

1892 年 1 月，玉米价格见到低点 36.5 美分。低点出现了抬升，同时 1 月份也容易出现季节性低点。做多时机出现了。

此前在 27.5 美分出现过双重底部，而现在的低点 36.5 美分要高出 9.5 美分，这表明向上趋势确立了。另外，此前几个月价格已经出现了缓慢爬升的迹象，并且向上突破了一些前期高点。

1892 年 5 月，玉米价格见到高点 100 美分。从 1867 年以来，玉米价格第一次触及 100 美分这个关键点位。此前，1869 年曾经见到高点 97.5 美分。一个双重顶部形成了。

交易者要善于利于此前的低点 27 美分计算出重要的阻力点位。当然，也不要忘记了利用极端低点 20 美分和极端高点 140 美分计算重要分割点位。

另外需要注意的是 20 美分的 5 倍点位是 100 美分；27 美分的 3.5 倍点位也临近 100 美分。因此，100 美分是一个做空点位。

价格从 100 美分下跌后会经历几个重要的支撑点位：

95 美分；

87.5 美分，它是 100 美分的 1/8 回撤点位；

75 美分，它是 100 美分的 2/8 回撤点位；

63.5 美分，它是低点 27 美分到高点 100 美分的 50%点位；

……

如果价格跌破 75 美分到 95 美分这一区域的重要点位，则表明价格将会持续走低。

1894 年 1 月，玉米价格见到低点 34 美分。**从季节性规律来看，这个时候容易确立低点。**这个低点比 1892 年 1 月的低点要低 2.5 美分。**两个低点间隔了两年时间。两个低点相差不到 3 个点，意味着下方支撑有效。**一个做多信号出现了。

江恩的时间周期囊括许多方面，但是最为有用的部分有两个：第一，季节性走势规律；第二，驱动波段和回调波段的持续时间分布规律。

1894 年 8 月，玉米价格见到高点 59.5 美分。这附近存在两个关键点位：第一个是 60.5 美分，它是低点 20 美分到高点 100 美分的 50%点位；第二个是 63.5 美分，它是低点 27 美分到高点 100 美分的 50%点位。

价格在这两个 50%点位之下意味着市场疲弱。通常而言，如果价格有效跌破中长期的 50%点位，则会在其下方运行数年之久。

此后，价格跌至 34 美分后出现了回升，涨至 59.5 美分高点。继而回落到 50 美分以下，进一步跌破 47 美分。当价格最终跌破 34 美分时，极端弱势显而易见。

1896 年 7 月，玉米价格见到极端低点 19.5 美分。这个低点与 1861 年 10 月的低点一起构成了双重底部。

此时，玉米价格已经跌到了生产成本之下。一个胜算率较高的做多机会出现了。这附近存在一些关键点位：100 美分的 80%点位；1864 年高点回撤 7/8 点位。

商品价格长时间在生产成本之下运行，引发产能和产量显著下降，那么大牛市就不远了，这种行情最容易出现暴富案例。

价格低位窄幅整理，持续了数月。在这种情况下，交易者应该分析月度和季度高低价走势图。

1897 年第一个季度，玉米价格出现了显著回升。3 月，玉米价格已经超出 1896 年同季度的高点。这是一个做多的信号，交易者应该坚定持有多头头寸，直到趋势改变的信号出现。

交易者需要预估出上涨过程中的潜在阻力点位，可以利用低点 20 美分到高点 140 美分的波段计算分割点位。除此之外，还可以利用低点 20 美分到高点 112 美分的波段以及低点 20 美分到高点 100 美分的波段来计算重要阻力点位。

1897 年 8 月，玉米价格见到高点 38 美分。附近存在一个关键点位 39 美分，它是低点 19.5 美分的 2 倍点位。

从时间周期的角度来看，8 月是除 5 月之外见到季节性高点次数最多的月份。

10 月，玉米价格见到低点 28 美分。这附近有低点 19.5 美分到高点 38 美分的 50%点位。做多机会出现了。

1898 年 12 月，见到高点 39.5 美分。**反季节性的走势出现了，容易形成低点的月份却出现了高点。**这时候交易者应该做空，特别是在价格受阻于 40 美分的前提下。

1899 年 7 月，见到低点 29 美分。**反季节性走势再度出现了，容易出现高点的月份却出现了低点。**这个低点比 1897 年 10 月的低点更高，这表明趋势向上了。

1900 年 5 月，见到高点 42 美分。这个月份容易出现季节性高点，当然也是做空良机。另外，这个高点并未超过 1898 年 12 月高点达到 3 美分的幅度，也提高了做空信号的有效性。

1900 年 8 月，见到低点 34.5 美分，恰好在低点 29 美分到高点 42 美分的 50%点位之上，这是一个做多机会。

更好的做多机会出现在 1901 年 1 月，当时价格向上突破了 38 美分，这是前一个极端的高点。突破表明趋势向上。玉米价格很快上涨超过了 42 美分的前期高点。这时候，交易者应该加码做多，坐待价格继续走高。

1901 年全年玉米价格的涨势是迅速的。当年 12 月，见到高点 69 美分，相当于从低点 19.5 美分上涨了 1.5 倍。这附近还存在一个关键点位 70 美分，它是高点 140 美分的 50%。这是一个反季节性的表现，因为通常 12 月容易形成低点，而非高点。

12 月的高点是一个胜算率较高的做空机会。玉米出现丰收的预期。

高点向下，交易者应该估计出从高点 69 美分到低点 19.5 美分的关键分割点位。当玉米价格此前上涨波段的 25%时，下跌的第一个信号就出现了。另外，还需要考虑低点 34.5 美分与高点 68 美分之间的重要分割点位。

57.5 美分是最近两个季度的低点，一旦价格跌破这一低点，则市场将进一步下跌。

1902 年 7 月，玉米价格见到低点 38.5 美分。

下方有一个关键点位 34.5 美分，它是高点 69 美分 50%的分割点位。低点 38.5 美分在 50%点位之上，意味着强势调整，后市看涨。另外，这附近还存在另外一个关键点位 39 美分，它是低点 19.5 美分的 2 倍点位。低点逐年上升，正如季度走势图上所展示的那样，上升趋势明显。

1903 年 9 月，见到高点 53 美分。这附近存在一个重要点位 53.5 美分，它是高点

69 美分到低点 38.5 美分的 50%点位。这附近存在阻力，因此应该逢高做空。

同年 10 月，见到低点 41 美分。10 月份见到低点，与季节性规律一致。这个低点比 1902 年的低点更高。低点附近成交萎缩，波动率显著降低。缓慢形成的双重底部，让你有足够的时间进场做多。

1904 年 2 月，见到高点 58 美分。

1904 年 4 月，见到低点 42 美分。这个低点比此前的低点更高，且附近存在许多前期高点和低点。这是一个做多的机会。

同年 8 月，见到高点 55 美分，高点降低了，做空意味浓厚。

接下来的 10 月，玉米价格见到低点 44 美分。

1905 年 1 月，再度见到低点 44 美分。价格窄幅整理。

同年 3 月和 5 月，两次见到高点 49.5 美分。价格无法触及 50 美分，市场疲态尽显。5 月是高点出现频率较高的月份，这进一步提升了做空的胜算率。

1905 年 7 月，第一次见到低点 42.5 美分。

同年 10 月，第二次见到低点 42.5 美分。

1906 年 1 月，第三次见到低点 42.5 美分。价格连续三个季度位于同一水平，且高于此前低点，三重底部形成了。价格即将上涨的迹象明显。

1906 年 6 月，见到高点 53.5 美分。高点升高了，但仍旧未能触及 1904 年 8 月的高点。上方阻力明显，应该采取做空操作。

接下来的 7 月，见到低点 42 美分。玉米价格连续三年在这一水平附近构筑了阶段性底部。更为重要的是，从 1902 年以来，底部逐渐抬升。下方承接的力量越来越大，这是做多的信号。

当三重底部出现时，上涨的概率增加了，潜在的上涨幅度也会比较大。

53.75 美分是高点 69 美分到低点 38.5 美分的 **50%点位，当价格向上突破这一点位时，进一步上涨的空间就被打开了。**

附近的 53.5 美分也是一个重要的点位，它是 1906 年 6 月的高点。

此后，当价格突破上述关键点位时，价格继续走高，在这期间只有小幅的回调。

1908 年 3 月，玉米价格见到高点 68 美分。与 1901 年 12 月的高点共同构成双重顶部，做空的信号明显。

同年 5 月，见到低点 55 美分。**这个低点在 50%点位之上，也在众多前期高点和低点之上，**这是做多机会。快速回升紧随而至。

同年 9 月，玉米价格见到高点 83 美分。从 1892 年以来，价格首次触及这一高点。

这附近存在一个关键点位 80 美分，它既是低点 20 美分到高点 140 美分的 50%点位，也是低点 19.5 美分的 4 倍点位。

价格在高点 83 美分附近上行受阻，抛压沉重，价格暴跌。

同年 10 月，玉米价格见到低点 59.5 美分。这附近有许多重要的点位，低点有抬升之势。此后，价格反弹回升。

什么样的技术条件下可以逢高做空呢？均线之下，震荡指标超买，高位放量叠加看跌 K 线……

1909 年 3 月，见到高点 59 美分。**反弹不过前低，是做空机会。**

同年 5 月，见到低点 58 美分，虽然低于此前低点，但是幅度并未达到 3 美分。双重底部形成，是做多机会。

接下来的 6 月，见到高点 75.5 美分，**恰好距离上一个高点 12 个月，是做空机会。**

同年 8 月，见到低点 52.5 美分，唯一一次玉米价格在 8 月构筑低点，这是反季节性的表现。这个低点在 50 美分以上，而 50 美分是 100 美分的 50%点位。交易者应该趁机做多。

按照江恩的早期理论，如果高出 70 美分时达到 3 美分以上的幅度，则算有效的向上突破，阻力变支撑。按照江恩后期理论，则有效突破的过滤参数为 5 美分。

1910 年 3 月，见到高点 70.5 美分，高点降低。这个高点附近存在一个关键阻力点位 70 美分，它是高点 140 美分的 50%点位。阻力明显，做空机会显现。

同年 7 月，见到低点 52.5 美分。双重底部形成，做多机会出现。

价格随后回升，于 8 月见到高点 56 美分。高点降低了，做空机会出现了。

同年 10 月，见到低点 47 美分。

1911 年 1 月和 4 月，玉米价格两度见到低点 46.6 美分。这个点位差不多是高点 140 美分的 1/3 分割点位，也是低点 19.5 美分的 2.25 倍点位。众多点位提供了坚实的支撑，做多机会显现。

价格在 46.6~47 美分附近徘徊了 9 个月，**三重底部出现了，**做多机会出现了。当价格向上突破 52.5 美分时，加码做多的机会出现了。

1911 年 8 月，玉米价格见到高点 68 美分。在 68~69 美分附近存在大量的前期高点和低点，这些都是强大的阻力。另

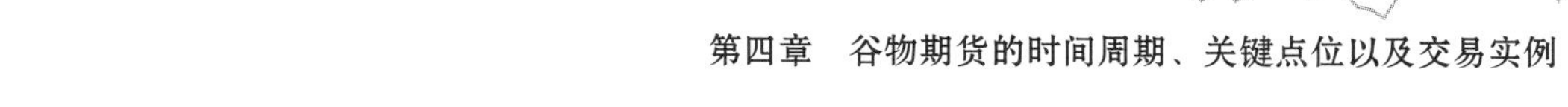

外，从时间周期来看，8 月是玉米价格最容易出现高点的月份，当然也是做空的良机。

1912 年 1 月，玉米价格见到低点 62 美分。这附近存在一系列重要点位：低点 19.5 美元的 3 倍点位为 58.5 美元；60 美分则为低点 70 美分到高点 140 美分的 2/3 分割点位……因此，62 美分附近的强大支撑使得价格触底反弹。

1912 年 6 月，玉米价格见到高点 83 美分，与 1908 年 6 月的高点形成双重顶部。此处做空是非常安全的。下跌过程中的支撑水平应该从低点 19.5 美分到高点 83 美分的分割点位中得出。比较重要的点位有：

19.5 美分到高点 83 美分的 50%点位是 51.25 美分；

高点 83 美分的 50%点位是 41.5 美分；

……

当价格从高点 83 美分下跌 25%后，下跌趋势的首个信号出现了。

1912 年 10 月，玉米价格跌到低点 47 美分。前期有低点也在这个位置，**一起构成了双重底部和三重底部**。价格窄幅盘整了数周，差不多两个多月时间，这是一个做多机会。

长时间窄幅盘整后的突破是非常好的机会，特别是低位盘整后向上突破是做多的良机。

1913 年 1 月，见到低点 48 美分，接近前期低点。

从时间周期来讲，1 月是季节性低点出现频率较高的节点，因此这是一个做多的机会。

此后，价格快速上涨，在这期间回调幅度很小。

1913 年 9 月，玉米见到高点 75.5 美分，在前期高点附近。**从时间周期来讲，9 月是季节性高点出现频率较高的月份，临近的 8 月更是如此。**从空间点位和时间周期两个维度综合评估，这是一个做空机会。此后，价格下跌。

1914 年 4 月，玉米价格见到低点 64 美分。需要注意的是，从低点 47 美分到高点 83 美分的 50%分割点位是 65 美分。在 65 美分附近还存在大量的其他重要支撑点位。因此，这是一个做多的位置。

此后的 7 月，大战爆发了，玉米价格随之暴涨。

1914 年 9 月，玉米价格见到高点 79.5 美分，低于前期高点 83 美分。接下来，价格出现了下跌。

10 月，见到低点 68.5 美分，**低点出现了抬升。**

1915 年 2 月，见到高点 83 美分。玉米价格第三次触及这个水平。按照季节性规律，2 月见到低点的概率非常大，而现在却见到高点。交易者应该注意逢高做空的机会。

如果价格如预期一样下跌，那么当价格跌破 50%点位时，则完全确认弱势。

1915 年 10 月，见到低点 55 美分。价格在 50 美分之上，表明市场并不太弱。从时间周期的角度来看，10 月经常出现高点。现在却反常地出现低点，因此应该做多。战争对玉米等商品产生了强劲的上涨推动力量。

天灾人祸都是驱动商品大行情的重要因素。

1916 年 3 月，玉米价格见到高点 81.5 美分，低于 1915 年 2 月的高点。高点下降，做空机会出现，价格随之下跌。

1916 年 5 月，见到低点 63 美分。这附近存在许多重要点位，因此支撑强劲。从时间周期来讲，价格呈现反季节变化，5 月出现高点的概率很高，但现在却出现了低点。总之，这是一个做多的安全位置。

技术面异常往往是很好的交易机会，如多头陷阱和空头陷阱，以及此处的反季节性高点和低点，等等。

价格现在维持在 1915 年低点之上，表明走势强劲。高点 83 美分到低点 63 美分的 50%点位是 72 美分。一旦价格向上突破 72 美分，则进一步上涨的空间就被打开了。

随后，价格持续上涨，第四次向上触及了 83 美分这个高点。按照我给出的法则，价格第四次触及同一高度时，那么大概率会向上突破。此后，价格确实突破了 83 美分，并且接连突破南北战争以来所有高点以及 100 美分重要关口。

下一个重要阻力点位为 112 美分。再下一个重要阻力点位为 140 美分。上涨期间出现了中等程度的回调，但重要阻力并未遏制上涨的态势。

1917 年 6 月，玉米 5 月合约见到高点 162 美分。从 20 美分涨到 162 美分。这附近存在一些重要点位：166 美分，它是高点 83 美分的 2 倍点位；163 美分，它是高点 81.5 美分的 2

倍点位。阶段性顶部大概率就在这附近，这是一个做空机会。此后，价格暴跌。不久，政府关闭了小麦期货交易，而玉米合约仍旧可以交易。

政府干预市场时，重新分配了流动性，投机力量从小麦合约集中到了玉米合约。

1917年7月，见到低点103美分。价格从162美分跌至103美分，跌幅为49美分。**价格仍旧维持在100美分关口之上，走势并不疲弱。**

1918年8月，见到高点166.5美分。**从时间周期来讲，8月容易出现阶段性高点。从空间点位来讲，价格并未突破1917年6月高点达到5美分的幅度，因此阻力显著。**此后，价格出现了暴跌。

到了10月，跌至低点108美分，高于1917年的低点。**低点出现了抬升。**

上涨趋势恢复，最终向上突破了167美分的历史高点。下一个重要阻力关口是200美分，也就是100美分的2倍点位。

1919年9月，**玉米价格见到高点199美分，未能触及200美分关口，抛压沉重。**交易者此时应该计算出如下基准的关键分割点位：

第一，低点108美分；

第二，从低点19.5美分到高点199美分的大波段；

第三，低点47美分；

第四，低点41美分。

1919年1月，玉米价格见到低点115美分，低点继续抬升，趋势仍旧向上。做多玉米的机会仍旧存在。价格继续走高，在前期高点的基础上上涨了25%和50%。

1920年5月，见到高点197美分，与前期高点199美分形成双重顶部。而且，第二个高点低于第一个高点。同时，5月是季节性高点出现频率较高的月份。

此后，价格下跌。当价格跌破低点150美分到高点199美分的50%点位时，进一步下跌的空间被打开了。

随着价格跌破115美分、108美分和103美分，以及100

美分，市场不断走低。

此前玉米已经维持高价多年，导致玉米产量持续增加。长期牛市使得投机者习惯于大量持有多头，一旦出现暴跌，则会引发多头恐慌性平仓。

因为大量的多头平仓离场，导致整个商品市场都出现了暴跌。当玉米合约的空头势力显著大于多头势力时，其价格下跌速度就会越快。

整个 1921 年，玉米的价格持续下跌，在这期间只出现过几次幅度较小的反弹。**1921 年 6 月的反弹高点为 67 美分，而 10 月见到低点 50.25 美分，两者的 50%点位为 58.625 美分。**

低点 50.25 美分低于前期许多低点，但是略高于 1911 年和 1912 年的低点 50 美分。从 199 美分下跌 6/8 为 49.75 美分，也就是 199 美分的 2/8 为 49.75 美分，所以这也是一个重要点位。总之，在 50.25 美分附近存在一些支撑，价格在此处止跌企稳，存在反弹需要。

如果价格能够突破 50%点位 58.625 美分，则存在进一步上涨的空间。

1922 年 4 月，玉米价格见到低点 55.5 美分，接近此前的低点。

1922 年 8 月，见到高点 64.5 美分。价格在重要阻力点位下方遭受抛压，附近还有低点 19.5 美分到高点 199 美分的 1/4 分割点位阻挡。价格回落随之而来。

1922 年 4 月和 11 月，玉米价格都见到了 55.5 美分这个低点。

接下来的 11 月，玉米价格见到低点 55.5 美分。一个双重底部形成了，这是一个做多的良机。**次级调整提供了逢低做多的机会。**

此后价格上涨将经历一系列考验：

60 美分，它是低点 50 美分到高点 70 美分的 50%点位；

64.5 美分，前期高点；

65.5 美分，前期高点；

70 美分，前期高点；

76.75 美分，1921 年 3 月的高点。

当价格逐一突破上述阻力点位时，上涨空间就逐步打开了。

1923 年 6 月，见到高点 84.5 美分，**前期高点和低点在这附近**。另外，低点 50 美分的 1.75 倍是 87.5 美分。从**时间周期的角度来看，6 月份容易出现季节性高点。因此，综合点位和周期来分析，这里应该做空。**

1923 年 7 月，见到低点 54.5 美分。与 1923 年 1 月见到低点后的操作一样，这里应该做多。毕竟价格已经跌至了强大的支撑点位附近。

此后，价格上涨，则我们应该关注的关键阻力水平是 74.5 美分，它是低点 64.5 美分到高点 84.5 美分的 50%点位。如果玉米价格能够向上突破这一水平，就意味着市场确立了强势，交易者应该加码做多。后期，当价格继续突破高点 84.5 美分，则表明进一步上涨的空间被打开了。

50%点位是江恩常用的牛熊分水岭线。除此之外，低点抬高和高点降低也常常被用来判断趋势。

1924 年 6 月，**见到高点 99.5 美分，相当于 199 美分的 50%点位**，阻力强劲。

日内交易可以采用前日中间线作为短期趋势分水岭。

1924 年 7 月，跌至低点 84 美分，这附近分布着众多的前期高点和低点，一个做多的位置。

随后，上涨趋势恢复，最终突破了 100 美分大关。接下来又突破了 **109 美分，它是低点 19.5 美分和高点 199 美分的 50%点位。**

接下来的 8 月，玉米价格见到高点 122 美分。附近有一个重要的点位 **124.5 美分，它是高点 199 美分到低点 19.5 美分的 50%点位。**

1924 年 10 月，见到低点 104 美分。价格维持在 100 美分大关之上，看涨意味浓厚。另外，这附近存在一个重要点位 105.875 美分，它是低点 50 美分到高点 199 美分的 3/8 分割点位。这附近存在强大的支撑，做多机会出现了。

1924 年 12 月，玉米价格见到高点 133 美分。从时间周期来讲，12 月容易出现季节性低点，但此时因为玉米严重歉收，使得价格反季节性运行，出现了高点。

这个时候需要关注做空的机会，因为技术特征出现了见顶信号。这附近存在一系列的关键点位构成了强大的阻力：

132.625 美分，它是高点 199 美分的 2/3 分割点位；

131.625 美分，它是低点 19.5 美分到高点 199 美分的 5/8 分割点位；

……

1924 年 10 月，见到低点 104 美分；1925 年 1 月，见到低点 103.5 美分。

1924 年 12 月，玉米价格见到高点 133 美分。

1925 年 1 月，见到低点 103.5 美分。一个双重底部形成了，交易者可以趁机做多，抓住下一波上涨。

1925 年 3 月，见到高点 137 美分。高出 1924 年 12 月高点不到 5 美分的幅度。

这附近存在一系列关键点位：

139.5 美分，它是低点 19.5 美分到高点 199 美分的 2/3 分割点位；

137 美分，它是 100 美分的 1.375 倍点位；

……

此后，市场下跌，交易者应该计算低点 103.5 美分到高点 137 美分之间的重要百分比分割点位。当市场首次从高点下跌 25%，则意味着价格会进一步走低，如果跌破 50%点位，则打开了进一步下跌的空间。最后，玉米价格跌破了 104 美分附近的双重底部，大跌态势无疑。

1925 年 4 月，玉米价格见到低点 92 美分。

价格止跌回升，接下来将面临的阻力点位有：

99.5 美分，它是高点 199 美分的 50%点位；

99.625 美分，它是低点 50 美分到高点 199 美分的 1/3 分割点位；

100 美分，天然阻力点位；

……

当价格越过上述阻力点位后，进一步上涨的空间就被打开了。

1925 年 6 月，见到高点 120 美分。价格并未触及 124.5 美分，它是低点 50 美分到高点 199 美分之前的 50%点位。这表明市场仍旧处于弱势之中。

在 120 美分附近还存在其他重要点位。例如，124.375 美分，它是高点 199 美分的 5/8 分割点位；114.5 美分，它是 92 美分到 137 美分的 50%点位。

当价格在高位受阻时，基本面也出现了重大变化，玉米由严重歉收变成了产量大增，这个时候应该做空。

技术面和基本面共振，是高胜算率和高报酬率结合的机会。

1926 年 3 月，见到高点 88 美分。附近的 87.25 美分是低点 50 美分到高点 199 美分的一个重要分割点位。阻力显著，顺势做空。

接下来的 5 月，玉米价格见到低点 67 美分。这个低点比 1923 年 1 月和 7 月的低点要高，同时这附近还存在一系列重要的支撑点位，因此适合做多。

当价格上行时，**交易者需要关注 78 美分这个关口，它是高点 88 美分到低点 67 美分的 50%点位。如果价格突破这一点位，则打开了进一步上涨的空间。**

1926 年 8 月，见到高点 97.5 美分。价格仍旧在 100 美分之下，弱势依旧。当然，高点也在 99.5 美分之下，这是高点 199 美分的 50%点位。**从时间周期来讲，8 月是见到高点频率较高的月份，**应该顺势做空。

1927 年 4 月，见到低点 69 美分。**底部抬升了，也形成了一个双重底部，一个可靠的做多机会出现了。**

上涨过程中首先要关注的阻力点位有两个：74.5 美分，它是最近低点 67 美分与最近高点 97.5 美分的 1/4 分割点位；82.5 美分，它是最近低点 67 美分与最近高点 97.5 美分的 50%分割点位。

价格向上突破上述两个阻力点位之后，迅速突破了 97.5 美分高点以及 100 美分大关，强势不言而喻。

1927 年 9 月，玉米合约见到高点 120 美分。这个高点位于低点 50 美分到高点 199 美分的 50%点位之下。199 美分的 5/8 分割点位恰好是 124.375 美分。除此之外，这附近还存在一系列其他历史高点，如 1924 年 8 月的高点等。一个双重顶

部形成了。

另外，从时间周期的角度来看，9 月是季节性高点出现频率较高的月份。综合空间点位和时间周期两个维度的结论，做空机会显现了。

1927 年 10 月，见到低点 87 美分。这附近存在大量的前期高点、低点。另外，附近还有一个关键点位 87.25 美分，它是低点 50 美分到高点 199 美分的 1/4 分割点位。玉米价格接下来出现了回升。

1928 年 6 月，见到高点 122 美分。与 1927 年 6 月的高点一致，做空机会出现了。季节性规律显示 6 月出现高点的频率较高。总之，做空机会显现了。

下跌过程中的重要支撑点位是 **109.25 美分，它是低点 19.5 美分与高点 199 美分的 50%点位。**一旦价格跌破这个点位，那么进一步下降的空间就被打开了。

1928 年 7 月，玉米价格见到低点 76.5 美分，附近存在众多前期低点和高点，支撑显著，做多机会出现了。

1929 年 3 月，玉米价格见到高点 103.5 美分。低于此前的众多高点和低点，抛压明显，这是一个做空位置。随后，价格下跌。

接下来的 4 月，跌至低点 78 美分。比 1928 年 7 月的低点高一些。底部抬高，做多信号。此后，价格恢复上涨。

1929 年 9 月，见到高点 109.5 美分，低于此前两个高点。这附近存在一个重要的点位 **109.25 美分，它是低点 19.5 美分与高点 199 美分的 50%点位。从时间周期来讲，9 月出现季节性高点的频率很高，因此这是一个胜算率较高的做空机会。**

1930 年 4 月，玉米价格见到低点 82 美分。低点出现了抬升，一个自然的做多机会出现了。

接下来的 6 月，见到高点 88 美分，附近存在众多点位，是天然的阻力点位。此后，玉米价格下跌。

1930 年 7 月，见到低点 72 美分。

接下来，玉米价格快速回升，涨至 103.5 美分。高点逐年

除了时间周期之外，还能利用什么指标来把握进场时机呢？震荡指标的效果不错。在《黄金高胜算交易》这本多次修订再版的教程中演示了许多种把握时机的具体技术，包括震荡指标和布林带等指标，可以到各大图书馆找到这本书参阅一下，落地具体操作思路。总的原则是利用均线把握趋势，利用震荡指标把握时机。虽有智慧，不如乘势；虽有镃基，不如待时。如何乘势？善用均线指标是也！如何待时，善用震荡指标是也！

降低特征明显：

1919 年的高点为 199 美分；

1920 年 5 月的高点为 197 美分；

1920 年 9 月的高点为 170 美分；

1925 年 3 月的高点为 136 美分；

1927 年 9 月的高点为 122 美分；

1928 年 6 月的高点为 112 美分；

1929 年 12 月的高点为 110 美分；

1930 年 7 月的高点为 103.5 美分。

高点越来越低，下跌大趋势明显。另外，105.875 美分是低点 50 美分到高点 199 美分的 3/8 分割点位。

不仅商品市场走熊，股票市场也在 1930 年进入恐慌性下跌中。

1930 年 10 月，玉米价格见到低点 66 美分。**稍高于 1923 年的低点，双重底部形成了。从时间周期来看，10 月是季节性低点出现频率较高的月份**。一个做多机会出现了。

1930 年 12 月，见到高点 89.5 美分。通常而言，12 月容易出现季节性低点。这附近存在许多前期高点与低点，阻力强大，做空机会出现了。下跌紧随而至，**最近上涨波段的 50%点位被跌破**，72 美分低点也被跌破。价格步入暴跌模式之中。

1931 年，美国经济整体衰退特征明显。股市暴跌。下跌期间，玉米价格出现了小幅反弹，向上突破了 64 美分和 65 美分附近的阻力，但很快恢复跌势。

1931 年 4 月，玉米价格见到低点 51.5 美分，低点比 1921 年低点高出 2 美分，位于天然支撑点位 50 美分以上。

1931 年 9 月，上涨至高点 61.5 美分，这附近存在大量高点和低点，做空态势明显。此后，玉米价格暴跌。最终跌破了前期低点 51.5 美分和 50 美分，疲态尽显。

1932 年 4 月，跌至极端低点 27.5 美分，1897 年的低点在此附近。一个强劲的支撑点位出现了，交易者应该趁机进场

学习完江恩这本商品期货交易教程之后，一定要在自己的交易策略中加入季节性的研判要件。不然，你就白学一场。

做多。

1932年8月，**玉米价格涨至高点40.5美分，相当于极端低点19.5美分的2倍点位。同时，从时间周期的维度来看，8月也是玉米出现季节性高点频率较高的月份。因此，此时应该做空操作。**

1932年12月，玉米12月合约在交割时触及极端低点20.75美分，比1896年低点19.5美分仅仅高出1.25美分。与1861年9月的极端低点20美分形成一个双重底部。**这些极端低点都显著低于玉米的生产成本，因此这个时期是建立并且持有玉米多头头寸的安全阶段。交易者应该大胆建仓，耐心持有到价格上涨到正常水平。**

商品的价值投资法，重点在于关注生产成本与价格的关系。

不过，**仅关注成本是不够的，还需要关注相应的技术走势，**特别是基于周度、月度和季度高低价走势图进行研究。如果出现底部特征，那么就应该大举做多。上涨趋势确立的第一个技术信号是价格向上突破30美分或者是站稳在5月合约低点27.5美分之上。

1933年2月，玉米5月合约跌至低点27.5美分。

1933年3月，罗斯福宣誓就任美国总统。

1933年4月，**美国宣布放弃金本位制，所有商品因此暴涨。**

货币制度和政策的巨大变化会带来资产市场的重大操作机会。思考一下“量化宽松”政策对金融市场的影响。

当玉米价格开始上涨时，交易者需要关注一下高点到低点27.5美分或者20.75美分的重要分割点位：137.5美分、122美分、112美分、104美分和1930年12月的高点89.5美分，以及1932年3月的高点43美分、1932年8月的高点40.5美分，等等。**交易者特别需要注意这些高点到低点的50%点位是否被跌破。**

1933年8月，见到高点82.5美分。**8月是季节性高点出现频率较高的月份。此前玉米价格已经出现了较大幅度的上涨，从某些低点计算已经上涨了3倍，同时附近存在大量的关键点位。**

当玉米价格开始下跌时，交易者要注意以下重要分割点位的支撑作用：

68.5 美分，它是高点 137 美分的 50%点位；

61 美分，它是高点 122 美分的 50%点位；

56 美分，它是高点 112 美分的 50%点位；

53.125 美分，它是低点 23.75 美分与高点 82.5 美分之间的 50%点位；

52 美分，它是高点 104 美分的 50%点位；

46.5 美分，它是低点 23.5 美分的 2 倍点位；

41.75 美分，它是高点 82.5 美分的 50%点位；

39.5 美分，它是低点 19.5 美分的 1.5 倍点位。

当价格处于高点和低点之间运动时，交易者应该关注上述所有点位。

1933 年 10 月，跌至低点 44 美分。这附近有一个重要点位 43 美分，它是低点 19.5 美分与高点 199 美分的 1/8 分割点位。价格在暴跌后，在此点位附近企稳。

1933 年 11 月，玉米价格上涨至高点 56 美分，附近存在许多前期高点和低点。随后，价格下跌。**趋势仍旧向下，因为价格在主要 50%点位之下。**

1934 年 4 月，玉米价格见到低点 40 美分。

从 1933 年 8 月的高点 82.5 美分跌下来，跌幅已经超过了 50%。这附近存在一些天然的支撑点位。暴涨之后暴跌，使得 40 美分成了一个胜算率较高的安全做多位置。

此后，当价格向上突破 50 美分之后和最近一波涨势的 50%点位之后，进一步上涨的空间被打开了。

1934 年 6 月，玉米价格涨至高点 63 美分。然后出现中等幅度的回调，7 月见到跌至低点 56.5 美分。这附近存在众多的前期高点和低点，支撑显著。

接下来，价格回升，**突破了 61 美分这个 50%点位。**不久，价格突破了 63 美分的高点，价格上涨的态势明显。

1934 年 12 月，**上涨见到高点 93.5 美分。**反季节性走势中出现了高点，做空信号明显。

如果你觉得分割点位太多，被弄得晕头转向，那么只关注极端高点和大波段的 50%点位即可。

61 美分，它是高点 122 美分的 50%点位。

1935 年 1 月，见到低点 76.25 美分。从时间周期来讲，这个月容易见到季节性低点。

1935 年 3 月见到高点 92.5 美分，此前的高点为 1934 年 12 月 93.5 美分。

1935 年 3 月，**见到高点 92.5 美分，高点降低了，做空信号出现。**

接下来的 4 月，见到高点 92 美分，高点再度降低。这个时点也临近季节性高点出现。因此这是一个做空时机。

下跌过程中需要注意低点 76 美分与高点 93.5 美分之间的 50%点位，当这一点位被击穿时，进一步下跌空间就被有效打开了。暴跌随之出现了。

1935 年 7 月，玉米价格见到低点 56.5 美分，跌至前期低点和高点附近。

这附近存在一个重要点位 58.5 美分，它是高点 93.5 美分与低点 23.25 美分之间的 50%点位。支撑显著，做多信号出现。

大牛市的前奏。

玉米价格持续窄幅盘整数月，低点不断抬升，支撑强劲。同时，从基本面来看当年出现严重的旱灾与沙尘暴天气导致玉米严重歉收，产量处于数年最低点。

玉米价格向上突破了高点 93.5 美分与低点 56 美分之间的 50%点位，最终突破了 93.5 美分的高点，上涨之势如火如荼。

1937 年 5 月，价格上涨到了高点 140 美分。与 1925 年 3 月的高点 137 美分构成一个双重顶部。这附近还存在其他关键点位：

139.5 美分，它是低点 19.5 美分与高点 199 美分的 2/3 分割点位；

133.125 美分，它是低点 50 美分与高点 199 美分的 5/8 分割点位；

……

再从时间周期的角度来分析。**这个高点出现在 5 月，而 5 月是季节性高点频繁出现的月份。**

因此，这个高点是一个安全的做空点位。交易者此时应该做空玉米 9 月合约或者是 12 月合约。这些合约现在正处于很高的价格水平。

在下跌过程中，交易者需要预先搞清楚那些关键的分割点位，其中最为重要的分割点位是以高点 140 美分为基准计算出来的：

70 美分，它是高点 140 美分的 50%点位；

35 美分，它是高点 140 美分的 2/8 点位；

17.5 美分，它是高点 140 美分的 1/8 点位；

……

除此之外，交易者还需要计算出 1932 年 12 月的低点 20.75 美分到高点 140 美分的重要分割点位。

1937 年 10 月，玉米价格见到低点 56.5 美分。与前期低点构成一个双重底部。另外这附近还存在一些关键点位：

52.5 美分，它是高点 140 美分的 3/8 分割点位；

50.75 美分，它是高点 140 美分到低点 20.75 美分的 2/8 分割点位；

……

同时，10 月也是季节性低点出现概率较高的月份。因此，综合空间点位与时间周期两个维度的信号，这是一个做多的良机。

1938 年 3 月，玉米见到高点 63 美分。这附近存在一个重要的点位 63.75 美分，它是高点 140 美分到低点 20.75 美分的 1/3 分割点位。另外还有大量的前期高点和低点分布在这周围。

下跌出现了，在这期间反弹幅度非常小。

1939 年 1 月，见到低点 47 美分。恰好在天然阻力点位 50 美分之下。

1939 年 3 月，见到高点 54 美分，在前期高点和低点之下，做空信号。

1939 年 4 月，见到低点 47 美分，市场在这个低点之上企稳了数月之久。

1939 年 5 月，见到高点 51.75 美分。这波反弹幅度较小，且未能突破前期高点，弱势特征明显。

1939 年 7 月，见到低点 42 美分，较 1934 年 4 月的低点高出 2 美分。这附近存在一系列重要点位：

43 美分，它是低点 19 美分和高点 199 美分之间的 1/8 分割点位；

46.625 美分，它是高点 140 美分的 1/3 分割点位；

41.5 美分，它是极端低点 20.75 美分的 1.5 倍点位；

……

因此，这附近存在强大的支撑力量。

1939年9月，玉米价格见到高点63.75美分，这附近存在前期高点和低点，**特别是与1938年3月的高点接近。**另外，63.75美分还是低点20.75美分与高点104美分之间的1/3分割点位。同时，按照季节性走势规律，9月容易出现高点。因此，这是一个做空良机。

1938年3月，玉米见到高点63美分。

1939年10月，见到低点51美分。价格跌至前期高点附近。这附近存在一个重要的点位53美分，它是低点42美分到高点63.5美分的50%点位。另外，**价格在50美分之上企稳也是一个强势的信号，表明价格后市走高的可能性很大。**

在江恩的研判体体系中，50和00结尾的价格是较为常用的牛熊分水岭。

接下来的12月，玉米价格见到高点61.25美分，一个较低的高点出现了。从时间周期角度来讲，12月见到高点是反季节走势。这是一个做空的良机。

1940年5月，玉米价格见到高点69美分，附近存在一些前期高点和低点。另外，**70美分是高点140美分的50%点位，阻力显著。再者，5月是高点频繁出现的月份。**总之，交易者应该趁机做空。

1940年7月，玉米价格见到低点55美分，较1939年10月的低点51美分有所抬升。此后，价格向上突破了69美分和50美分之间的50%点位61美分，价格进一步上涨的概率增强了。

1941年3月，玉米价格见到高点68.75美分，一个双重顶部形成了。随后，价格出现了中等幅度的回调，跌至63美分。

回调很快结束，随后向上突破了64美分。然后，向上突破了1937年8月的高点74美分。进一步上涨的空间被打开了。

1941年9月12日，玉米5月合约触及高点91.5美分。

这附近存在一系列重要点位：

93.25美分，它是高点140美分的2/3分割点位；

95.375美分，它是高点140美分到低点20.75美分的5/8

分割点位；

92 美分和 93.5 美分，它们是 1934 年出现的高点。

价格在高位窄幅盘整，转而下跌的迹象明显，交易者有充分的时间做空。

1941 年 10 月 16 日，玉米价格见到低点 72.75 美分。这一天的跌幅非常罕见，大幅跳空低开，跌至一些重要支撑点位附近。这附近存在一系列重要点位：

74 美分，它是高点 199 美分的 3/8 分割点位；

73 美分，它是低点 54 美分到高点 91.75 美分的 50%点位；

70 美分，它是高点 140 美分的 50%点位；

67 美分，它是低点 42 美分到高点 93.5 美分的 50%点位；

……

截止到 1941 年 10 月 30 日，玉米 5 月合约已经上涨到了 83 美分，相当于反弹了 50%。这附近存在一系列关键阻力点位：

87.25 美分，它是低点 50 美分到高点 199 美分的 1/4 分割点位；

87.5 美分，它是极端高点 140 美分的 5/8 分割点位；

……

从季节性规律来看，1941 年 12 月到 1942 年 1 月期间价格容易走低。

这个时候交易者就需要研究重要下跌关键点位了。

首先，玉米 5 月合约从各低点到极端高点的 140 美分的所有重要分割点位需要计算出来；其次，计算低点 42 美分到高点 91.5 美分的重要分割点位；最后，计算玉米 5 月合约从低点 23.5 美分到高点 91.75 美分的重要分割点位。

倘若玉米 5 月合约跌破了 67 美分，也就是低点 42 美分到高点 91.5 美分的 50%点位，那么进一步下跌的空间就被打开了。

当价格跌至低位时，从季节性规律来看，玉米价格在 1942 年 4 月到 5 月期间倾向于走高。

无论是走高还是走低，交易者都要密切关注 70 美分这个关键点位，它是高点 140 美分的 50%点位。价格稳定在其上方，则是强势特征；价格受阻于在 70 美分下方或者是跌破 70.375 美分，则是弱势特征。80.375 美分是低点 20.75 美分到高点 140 美分的 50%点位。

如果玉米交投非常活跃，那么就要重点绘制日度、周度和月度高低价走势图，这个时候也不要忘记了绘制季度高低价走势图。一个季度包含三个月，季度的高低点具有重要的提示价值，体现了季节性变化规律。

当然，在波动率较高的情况下，前面三种图表更为重要。不同时间框架的图表由于结合起来研判，时间框架越长的图表其对趋势的判断越准确。

一切从实际出发，不要犯了主观主义的错误。任何方法，没有经过充分的检验，都不可取！

永远不要忘记我给出的原则，不要乱猜一气，而要基于明确有效的规则来研判高点和低点。**不要受到情绪的驱使而冲动交易，从实际出发，恪守规则，交易者就能够持续盈利。**

第 13 节　黑麦价格的季节性变化
(Rye Seasonal Changes)

黑麦在芝加哥商品交易所挂牌交易，报价单位是“分/蒲式耳”。一个标准期货合约是 5000 蒲式耳，最小价格波动幅度是 1/8 美分。价格上涨或者下跌 1 美分，导致合约盈亏 50 美元。交易佣金是每手合约 12.5 美元，保证金 300 美元起，具体保证金数额取决于当时的价格。

黑麦期货的价格走势也存在显著的季节性规律，如表 4–8 所示。

表 4–8　1896~1941 年黑麦价格高低点的月度分布

月份	最高点出现次数	最低点出现次数
1	17	7
2	7	8
3	4	10
4	6	10
5	15	5
6	7	10
7	10	6
8	7	19
9	10	6
10	8	7
11	10	16
12	8	10

从表 4-8 中可以发现，黑麦价格高点出现频率最高的两个月份是 1 月和 5 月。查看历史行情数据，你会发现大部分飙升和极端高点出现在 5 月。交易者应该特别留意 1 月和 5 月逢高做空黑麦期货合约的机会，特别此前黑麦价格已经出现三个月，甚至更长时间上涨时。

接下来容易出现高点的月份是 7 月、9 月和 11 月。从 1896 年到 1941 年，高点在这三个月出现的频率都达到了 10 次。

10 月和 12 月份也出现了数次高点。在过去 45 年的当中，各有 8 次高点出现在这两个月中。

高点在 2 月、6 月和 8 月，各出现了 7 次；在 4 月，高点出现了 6 次，这是 45 年来的数据记录。

从历史数据可以看出一定规律，如黑麦价格在 3 月上涨，趋势向上，那么在 5 月之前不太可能见到顶部。如果黑麦价格在夏季处于上涨态势，那么大部分顶部是在 7 月份构筑的。

如果黑麦价格在 8 月见到低点，那么上涨后将在 9 月或者 10 月见顶，甚至 11 月才会见顶。

一般而言，**黑麦价格的季节性走势是从 1 月或者 2 月开始上涨，持续上涨到 5 月见到阶段性高点，然后下跌。持续跌至 8 月，然后回升，持续到 10 月或者 11 月。再度下跌，一直跌到 1 月或者 2 月。**

绝大多数金融品种都存在某种波动模式，比如外汇日内走势和商品季度走势存在特定的波动模式。

当然，**这种季节性规律很难连续 3 年有效**。例如，连续三年黑麦价格在 5 月见到高点，那么第四年的 5 月就不会出现高点，反而有可能出现低点。这就是反季节性。

同样的情况也可以在 8 月上面看到。如果连续三年黑麦的价格在 8 月见到低点，那么第四年就很难在 8 月见到低点，反而可能见到高点。通常而言，季节性规律持续两年，在第三年被打破，出现反季节走势。

从表 4-8 也可以看到最低点的季节性分布规律。**在过去的 45 年当中，大部分最低点出现在 8 月。所以，当黑麦价格连续下跌几个月后，在 8 月出现企稳迹象则是胜算率较高的**

做多信号。

第二个容易出现低点的月份是 11 月，这个月总共出现了 16 次最低点。所以，当黑麦价格连续下跌几个月，并且在 11 月有企稳迹象时，这也是一个可靠性较高的安全做多机会。这种情况下，黑麦价格往往会上涨到 1 月份。

在过去的 45 年当中，3 月、4 月、6 月和 12 月均出现了 10 次阶段性低点。2 月和 10 月也出现了一些低点。

但是，**5 月是黑麦价格低点出现次数最少的月份。**在过去 45 年当中，5 月仅仅出现了 5 次最低点。另外，5 月却非常容易出现高点，反季节性出现低点的频率自然就非常低了。

异常值意味着良机！

7 月和 9 月出现低点的频率也很低，各出现了 6 次低点。1 月份是出现高点频率最高的月份。对比之下，1 月在过去 45 年当中仅仅出现了 7 次低点。不过，如果黑麦价格在 9 月、10 月和 11 月见到高点，且在 1 月和 2 月出现下跌，那么就应该注意趋势的可能变化。

交易者要综合利用我给出的全部判市法则，注意市场给出的全部重要信号。如果交易者忽略掉了重要信号，就很可能错失趋势转折的时机，进而失去盈利的良机。

第 14 节　利用高低点百分比预判黑麦价格波动点位
(How to Forecast Rye by Percentage of Lowest Prices and Highest Prices)

黑麦价格与小麦等谷物的趋势趋同。黑麦价格的高低点受到前期高低点的显著影响，而高低点之间的时间间隔也受到与小麦等谷物类似的时间周期影响。因此，我们可以利用小麦等谷物所体现的空间点位和时间周期规律来研判黑麦的价格走势。

我们花费了太多时间来研究进出场，但却对于如何加码言之甚少。技术流赚大钱的密钥究竟是什么？是抓住近乎完美的进场时刻，还是拥有系统的加码方法呢？

交易者一定要将空间点位与时间周期结合起来确认趋势的变化，当价格在关键点位附近给出信号时，务必查看时间周期是否已经运行到了相应的节点。

交易者务必要重视黑麦价格的季节性规律，记住那些出现高点或者低点频率较高的月份。事实上，黑麦价格的季节性规律与小麦非常接近，通过查看历史行情数据你就会发现这一点。

1896 年 8 月，黑麦价格见到极端低点 28 美分，这是美国南北战争以来的最低点。

1897 年 4 月，见到低点 30 美分，低点抬升了，价格走强的征兆明显。

在价格上涨过程中，交易者应该以极端低点 28 美分为基准来计算接下来的关键阻力点位，例如：

42 美分，28 美分的 1.5 倍点位；

56 美分，28 美分的 2 倍点位；

84 美分，28 美分的 3 倍点位；

112 美分，28 美分的 4 倍点位；

140 美分，28 美分的 5 倍点位；

168 美分，28 美分的 6 倍点位；

196 美分，28 美分的 7 倍点位；

224 美分，28 美分的 8 倍点位。

其中，2 倍点位 56 美分是最为重要的阻力点位。而 1.5 倍点位 42 美分则是第二个比较重要的阻力点位。

除此之外，交易者还应该注意最低点的 1.5 倍点位、2.5 倍点位和 3.5 倍点位，以及最低点的 1.75 倍点位、2.75 倍点位和 3.75 倍点位。

太多点位以后，点位就失去了研判价值。化繁为简对于交易的实践非常重要，否则都是空中楼阁。

黑麦价格在 1896~1897 年形成了一个双重底部，此后开始回升，低点抬升。

1898 年 5 月，涨至高点 75 美分，这附近存在一系列重要点位。

1898 年 6 月，见到低点 41 美分。

1898 年 8 月，**再度见到低点 41 美分，与 6 月的低点构成了一个双重底部。**这附近存在一个关键点位 42 美分，它是极端低点 28 美分的 1.5 倍点位，支撑显著，是一个适合做多

的机会。

1899 年 3 月，回升后下跌见到低点 50 美分。

1899 年 5 月，见到高点 62 美分。这附近存在一个关键点位 63 美分，它是极端低点 28 美分的 2.25 倍点位。

1899 年 7 月，见到低点 51 美分，低点出现抬升。

1899 年 11 月，见到低点 49 美分，49 美分是 28 美分的 1.75 倍点位。另外，50 美分是 100 美分的 50%点位，也在发挥支撑作用。

1900 年 8 月，见到低点 48 美分。与 1899 年低点接近，支撑显著，反弹在即。

1901 年 1 月，见到高点 67 美分。这附近存在一系列重要的点位，比如 66 美分，它是 100 美分的 2/3 分割点位。

1903 年 1 月，见到低点 48 美分。

1903 年 4 月，见到低点 48 美分。

1903 年 9 月，见到高点 60 美分，恰好在高点 62 美分和 67 美分之下，做空迹象明显。

1903 年 12 月，见到低点 50.5 美分。数年来，黑麦价格都在 50 美分附近获得支撑，价格见底回升的概率大增。

1904 年 2 月，价格上涨见到高点 77 美分。

1904 年 4 月，上涨回落后见到低点 66 美分，趋势向上的特征明显。

1904 年 5 月，价格上涨到高点 78 美分。

1904 年 11 月，价格见到高点 81 美分。

在 1904 年一年当中，三个高点非常接近。当 2 月出现高点 77 美分之后，就需要留意这一价位附近的波动情况。77 美分是极端低点 28 美分的 2.75 倍点位。

1905 年 3 月，见到高点 78.5 美分。价格再次触及前期高点，做空机会出现了。随后价格出现了一定幅度的回调，接着恢复了上涨走势。

1905 年 5 月，见到高点 84 美分。84 美分是 28 美分的 3 倍，一个显著的阻力点位。从时间周期来讲，5 月是容易出现季节性高点的月份。此后，价格出现回落。

1905 年 8 月，见到低点 57.5 美分。这附近存在一系列重要点位：

53 美分，从高点 78 美分到低点 28 美分的 50%点位；

54.5 美分，从低点 28 美分到高点 81 美分的 50%点位；

58 美分，从低点 28 美分到高点 84 美分的 50%点位；

……

1906 年 8 月，见到低点 55.5 美分，**低于前期底部没有超过 3 美分，支撑迹象明显。**

1906 年 12 月，见到高点 65 美分，触及前期一系列高点和低点。

1907 年 1 月，见到低点 60 美分，低点抬升了。

1907 年 9 月，见到高点 91 美分，触及了数年的高点。当价格向上突破 65 美分和 80 美分时，价格会进一步上涨。这附近存在一些重要点位：

91 美分，极端低点 28 美分的 3.25 倍点位；

90 美分，低点 60 美分的 1.5 倍点位；

……

1907 年 10 月，见到低点 72 美分，回调了 19 美分。附近存在关键点位 70 美分，是极端高点 140 美分的 50%点位，也是 28 美分的 2.5 倍点位。

1908 年 1 月，见到高点 87 美分，比 1905 年的高点高出 3 美分。另外，附近存在一个关键点位 87.5 美分，是极端低点 28 美分的 3.25 倍点位。

1908 年 4 月，见到低点 74 美分，底部出现了抬升。这个低点比 1907 年的低点更高，支撑显著。

1908 年 5 月，见到高点 86 美分。一个双重高点出现了，做空机会出现了。

1908 年 11 月，见到低点 73 美分。与 4 月的低点构成双重底部，做多信号出现了。

另外，1908 年出现了三个高点，分别是 1 月的 84 美分、5 月的 86 美分和 7 月的 80 美分，构成一个双重或者三重顶部。第三个高点在降低。

1909 年 6 月，见到高点 91 美分，与 1908 年 9 月的高点构成一个双重顶部，做空信号出现了。

当价格下跌时，60 美分是一个重要的点位，因为它是高点 91 美分的 1/3 回撤点位。价格有可能在此附近企稳。

1909 年 11 月，跌至 67 美分企稳，然后回升。

除了突破幅度来确认关键点位的支撑阻力作用之外，还可以通过 K 线形态来确认关键点位的支撑阻力作用。这就是我反复强调的“位”与“态”的结合使用。但是，光注重这两个要素还不够，还需要注重“势”，将“势位态”结合起来使用。

1905 年 5 月，见到高点 84 美分。按照江恩设置的参数，3 美分的幅度意味着并未有效突破。

1910年1月，见到高点82美分。这附近存在一个关键点位79美分，它是高点91美分到低点67美分的50%点位。另外，82美分附近还存在许多历史高点和低点，抛压沉重。这是一个做空机会。

1910年5月，见到低点74美分，附近有前期低点和高点提供支撑。价格回升紧随而至。

1910年7月，见到高点80美分，顶部降低了，下行态势明显。这是一个做空机会。

1910年8月，跌至低点72美分，这是低点55美分与高点91美分的50%点位。在价格走势图上，交易者可以在这附近看到大量的高点和低点，支撑显著，一个胜算率较高的做多机会出现了。

另外，有一个非常重要的特征需要注意——**从1906年8月开始，低点在不断抬升：**

1907年8月形成的低点是69美分；

1909年8月形成的低点是67美分；

1910年8月形成的低点是72美分。

这三年的低点形成一个双重或者三重底部，而第三年的低点是在上升的。这是价格将会上涨的特征。

此后，当价格上涨突破了高点80美分和82美分时，进一步上涨的空间就被打开了，交易者应该顺势做多黑麦期货合约。

此后，当价格进一步突破91美分的双重顶部时，上涨趋势明显。那么价格容易在什么地方见顶呢？我认为是108美分，这是低点72美分的1.5倍点位。

1911年5月，黑麦价格见到高点113美分。这附近存在两个重要的点位：第一个点位是112美分，它是极端低点28美分的4倍点位；第二个点位是112.5美分，它是100美分的1.125倍点位。

见顶之后，交易者需要计算出下跌过程中的潜在支撑点位，存在如下计算基准：

从极端低点28美分到高点113美分的大波段；

低点48美分；

低点55美分；

低点60美分；

低点67美分；

低点72美分；

……

另外，低点72美分到高点113美分的50%点位也需要考虑进来。当价格回撤最近一波上涨波段的幅度达到25%时，下跌趋势开始的信号出现了，具体来讲就是跌破102.75美分，它是低点72美分到高点113美分的25%的回撤点位。当价格跌破这一点位，则进一步下跌的空间就打开了。

1911年7月，黑麦价格见到低点81美分。这附近存在一系列前期高点，**这些高点由此前的阻力变成了现在的支撑。**另外，这里还有一个关键点位81美分，它是低点28美分的2.875倍点位。支撑显著，做多机会出现了。

1911年11月，见到高点100美分，天然的阻力点位。此外，这附近存在其他两个重要点位：第一个点位是101.5美分，它是极端低点28美分的3.625倍点位；第二点位是97美分，它是50%反弹点位也是低点81美分到高点113美分的50%点位。因此，它是一个合理的做空机会。

下跌过程中，**交易者需要注意90.5美分，它是低点81美分与高点100美分的50%点位。当价格跌破这一点位时，进一步下跌的空间就被打开了。**随后，价格果然跌到了这一点位。

1912年2月，见到低点93美分。

接下来，弱势反弹出现了，4月上涨到了高点96.5美分。随后，价格跌破90美分，暴跌紧随而至。

1912年12月，黑麦价格见到低点58美分。这附近存在一个关键点位56.5美分，它是高点113美分的50%点位。此外，这附近还存在一系列前期高点和低点。总之，支撑显著，一个做多的良机。

1913年1月，黑麦价格见到高点65.5美分。

1913年2月，见到低点58美分。市场维持在高点的50%点位56.5美分之上，是强势特征。加上，一个双重底部形成，做多机会出现了。

1914年8月，见到高点70美分，但未能触及72美分的关口，这是弱势特征。另外，70美分是极端低点28美分的2.5倍点位，阻力明显，下跌如期而至。

1914年8月，见到高点70美分。1914年5月，见到高点67美分。高点降低了。

1914 年 1 月，见到低点 60 美分。

1914 年 2 月，见到低点 64 美分。

1914 年 3 月，见到低点 59 美分。

1914 年 5 月，见到高点 67 美分，在前期众多高点和低点之下，**且低于前一个高点。**另外，这附近有一个重要点位 66.5 美分，它是极端低点 28 美分的 2.375 倍点位。

1914 年 7 月，见到低点 55 美分。这附近存在一个关键点位，它是高点 111 美分的 50%点位。另外，1906 年 8 月的低点为 55 美分。一个双重底部形成了。世界大战即将开始。

随着战争爆发，黑麦与其他商品一样，出现了大幅的上涨。这时候交易者应该计算出低点 55 美分到高点 113 美分的关键分割点位。另外，50 美分的 1.125 倍点位 62.5 美分以及 1.25 倍点位 69.5 美分也是比较重要的上涨阻力。

当价格上涨突破 69.5 美分之上时，已经站在了 1914 年 5 月的高点之上。当价格向上突破 70 美分时，则站稳在了 1913 年 8 月的高点之上。黑麦市场呈现出强势特征，涨势迅猛。

1914 年 8 月，见到高点 101 美分，与 1911 年 11 月的高点构成双重顶部。附近存在 100 美分这个重大关口。

1914 年 10 月，见到低点 88 美分。附近存在一系列重要点位：

87.5 美分，它是低点 28 美分的 3.125 倍点位；

82.5 美分，它是低点 55 美分的 1.5 倍点位；

84 美分，它是高点 113 美分到低点 55 美分的 50%点位；

……

一旦价格升破 50%点位 84 美分，则进一步上涨的空间就被打开了。

1915 年 2 月，见到高点 131 美分。这附近存在许多关键点位，如重要的分割点位 129.5 美分和 133.66 美分，以及 132 美分。其中，132 美分是低点 88 美分的 1.5 倍点位。

交易者永远记住一点：**从高点下跌 50%或者是从低点上涨 50%都是比较重要的点位。回调 50%往往是做多的机会；反弹 50%往往是做空的机会。**

另外，从高点回调 25%，如从高点 131 美分回撤 88 美分到 131 美分这波走势的 25%，往往意味着下跌开始。具体来说就是跌破 120.5 美分。

如果跌破前一波涨势的 50%，也就是 109.5 美分，则表明下跌趋势完全确立。当然，第一波下跌之后会出现反弹，这是不应忽视的规律。

1915 年 3 月，见到低点 112 美分，接近 1911 年 5 月的高点，支撑出现了，一个做多信号。

1915 年 5 月，见到高点 122 美分，反弹了 50%，阻力显现。做空机会出现了。当价格跌破 112 美分和 109 美分后，价格会继续走低。

1915 年 9 月，见到低点 91 美分。跌至前期高点和低点附近获得天然支撑，做多机会出现了。

1915 年 10 月，见到高点 107 美分。这附近存在一个重要点位 106.5 美分，它是从高点 122 美分到低点 91 美分的 50% 点位。

1915 年 11 月，见到低点 94 美分，低点出现了抬升。做多机会出现了。

1915 年 9 月，见到低点 91 美分。1915 年 11 月，见到低点 94 美分，低点出现了抬升。

1916 年 1 月，涨至高点 105 美分，高点出现了下降。做空机会出现了。

1916 年 2 月，见到低点 90 美分，双重底部出现了。其实，更加准确地讲这是一个三重底部，因为 1915 年 10 月曾经出现一个低点 88 美分。

有一条规律交易者需要牢记，那就是三重底部出现后价格大概率会出现大幅上涨。另外，如果价格向上突破了 100 美分大关，那么进一步上涨的空间就被打开了。

接下来，黑麦价格连续突破了高点 105 美分和 107 美分，以及 110.5 美分，市场呈现强势特征。其中，110.5 美分是低点 90 美分与高点 131 美分的 50%点位。价格进一步上涨的空间完全被打开了。此后，黑麦价格向上突破了 131 美分高点，涨势迅猛。

1916 年 11 月，涨至高点 153 美分。

1916 年 12 月，**跌至低点 130 美分。附近存在前期高点，支撑明显，**这是一个做多良机。随后，价格快速上行，恢复涨势，突破了高点 153 美分。

“前期高点”为 131 美分。

1917 年 5 月，黑麦价格涨至高点 245 美分。这附近存在一个关键点位 250 美分，它是 100 美分的 2.5 倍点位，也是极

端低点 28 美分的 8 倍点位。暴跌紧随而至，跌势持续了 3 个月。

1917 年 8 月，黑麦价格跌至低点 165 美分。这附近存在一系列关键点位：

164.5 美分，它是极端低点 28 美分的 4.875 倍点位；

162.5 美分，它是 200 美分的 5/8 分割点位；

166.5 美分，它是低点 88 美分到高点 245 美分的 50%点位；

……

从高点 245 美分跌至低点 165 美分，跌幅为 80 美分。现在 165 美分成了一个做多的安全位置。

1917 年 9 月，反弹到了高点 192 美分。

1917 年 11 月，跌至低点 176 美分，跌幅为此前涨幅的 50%。

随后，价格恢复上涨，向上突破了高点 192 美分以及**200 美分大关**。价格进一步上涨的态势显著。接下来，黑麦价格继续上行，突破了高点 245 美分。

100 美分、200 美分和 300 美分等都属于“双零”价位，在江恩理论体系中属于非常重要的支撑阻力关口。

1918 年 3 月，涨至终极高点 295 美分。**需要注意的是，300 美分是一个天然关口**，阻力强大，抛压沉重。交易者应该在这个点位附近做空。

1918 年 8 月，见到低点 155 美分，这在高点下跌 50%点位附近。

1918 年 11 月，涨至高点 175 美分。跌至 1917 年 11 月的前期低点附近，一个做空位置。

此后，暴跌紧随而至，跌破 155 美分这个低点，也就是跌破了高点 295 美分的 50%点位。

1919 年 2 月，跌至低点 124 美分。这附近存在两个重要点位：第一个点位是 126 美分，它是极端低点 28 美分的 4.5 倍点位；第二个点位是 125 美分，它是 100 美分的 1.25 倍点位。

1919 年 4 月，涨至高点 181 美分。附近存在许多前期高

点和低点，同时关键点位 182 美分也在附近，它是极端低点 28 美分的 6.5 倍点位。

1919 年 6 月，黑麦价格跌至低点 138 美分。附近存在一个关键点位 140 美分，它是极端低点 28 美分的 5 倍点位。

1919 年 7 月，涨至高点 169 美分。高点出现了下降，下跌紧随而至。

1919 年 11 月，见到低点 133 美分。附近存在一些前期高点和低点，支撑显著，报复性反弹出现了。

1920 年 1 月，见到高点 185.5 美分，恰好位于 1919 年 4 月的高点附近，阻力显著。暴跌随后到来。

1920 年 2 月，跌至低点 144 美分。附近存在一个关键点位 147.5 美分，它是高点 295 美分的 50%点位。附近支撑显著，做多机会出现了。

1920 年 6 月，涨至高点 241 美分。这附近存在一个关键点位 245 美分，它是 1917 年 6 月的高点 245 美分。做空机会出现了。

1920 年 8 月，跌至低点 170 美分，附近存在前期高点。同时，低点 88 美分到高点 245 美分的 50%点位恰好也在附近。支撑显著，做多机会出现了。

1920 年 9 月，涨至高点 210 美分。附近存在一个关键点位 205.5 美分，它是高点 241 美分到低点 170 美分的 50%点位。做空机会出现了。

随后，黑麦价格跌破 200 美分关口，价格进一步下跌的空间被打开了。

1920 年 11 月，跌至低点 141 美分，与 1920 年 2 月低点形成双重底部。

1920 年 2 月，跌至低点 144 美分。

1921 年 1 月，涨至高点 173 美分，低点 88 美分到高点 245 美分的 50%点位在这附近。另外，一些前期高点和低点也在这附近。

下跌过程中要重点关注 161.5 美分是否被跌破，**因为它是极端低点 28 美分到高点 295 美分的 50%点位，对趋势具有清**

晰的指示作用。

1921 年 4 月，跌至低点 124 美分，与 1919 年 2 月低点共同构成双重底部，一个做多良机出现了。

1921 年 5 月，见到反弹高点 167 美分，附近存在许多前期高点和低点。另外，低点 88 美分到高点 245 美分的 50%点位 166.5 美分也在这附近。

下跌过程中关注 146.5 美分，它是低点 166.5 美分与高点 295 美分的 50%点位。如果价格跌破这一点位，就意味着下降趋势完全确立，暴跌随之会出现。

接下来，黑麦价格跌破了低点 124 美分。

再往后，跌破低点 90 美分和 88 美分，走势非常疲软。

1921 年 11 月，跌至低点 73 美分。从 65 美分到 75 美分，存在大量高点和低点，支撑效应明显。另外，极端低点 28 美分的 2.5 倍点位是 70 美分，也提供了不少支撑。

技术面点位受制于基本面和心理面因素。

1921 年 12 月，见到高点 90 美分，受制于一系列阻力点位，做空良机出现。

1922 年 1 月，见到低点 77 美分。低点出现了抬升，价格进入窄幅震荡走势。

此后，价格上涨，需要注意的一个关键阻力点位是 90.5 美分，它是低点 73 美分到高点 109 美分的 50%点位。当黑麦价格向上突破 90.5 美分时，价格将继续走高。

1922 年 5 月，黑麦价格涨至高点 111 美分，**与 1921 年 9 月的高点构成双重顶部，仅仅比第一个高点高出 2 美分，阻力明显。**

一个假突破，或者说空头陷阱，也就是“海龟汤”交易法擅长的操作机会。

暴跌接踵而来，价格跌破 101.25 美元后，走低的首个信号就出现了。101.25 美元是低点 73 美分到高点 111 美分的 25%回撤点位。

接着价格又跌破了 92.5 美分，这也是一个 50%点位。当价格跌破上述两个点位之后，下跌加速了。

1922 年 8 月，见到低点 69 美分，这是 1914 年以来的最低点，黑麦跌至前期低点和高点附近。附近还存在一个关键

点位 70 美分，它是极端低点 28 美分的 2.5 倍点位。

1922 年 11 月，涨至高点 93 美分，低于前期低点，一个做空机会出现了。

1922 年 12 月，见到低点 83 美分。

1923 年 2 月，见到高点 89 美分。

1923 年 3 月，见到低点 81 美分。

1923 年 4 月，涨至高点 88 美分，高点下降了，做空机会出现了。当价格跌破 81 美分时，就打开了进一步下跌的空间。如果进一步跌破涨幅的 50%点位，则弱势就非常明显了。

1923 年 6 月，见到低点 63.5 美分。这附近存在许多高点和低点，因此是一个做多机会点。黑麦价格步入低位窄幅震荡走势。

1923 年 9 月，涨至高点 74.5 美分。

1923 年 11 月，跌至低点 65.5 美分，低点升高了。

1924 年 1 月，见到高点 74 美分，双重顶部构成了，做空机会出现了。

1923 年 9 月高点 74.5 美分和 1924 年 1 月高点 74 美分构成了双重顶部。

1924 年 3 月，跌至低点 65 美分，低点进一步升高了，同时也形成了一个三重底部。上涨态势明显，交易者应该趁机做多，同时在 63 美分设定初始止损单。

上涨启动的第一个标志是价格向上突破 74 美分的双重顶高点。当黑麦价格向上突破这一点位后，交易者应该加码做多，因为进一步上涨的空间被打开了。

从基本面来讲，当年黑麦和玉米都歉收，驱动黑麦的价格飙升。

如何把握商品期货的大牛市？有什么领先指标吗？如何寻找商品期货的供求严重失衡机会？出现供求严重失衡之前会有什么信号？

涨势从 1924 年春季发动，快速突破了 88 美分和 92 美分，以及 112 美分。如何估计接下来上涨过程中的阻力点位呢？

第一个阻力点位是 118.5 美分，它是 1921 年 1 月高点 176 美分的 50%点位；

第二个阻力点位是 154.5 美分，它是高点 245 美分到低点 64 美分的 50%点位；

第三个阻力点位是 179.5 美分，它是极端高点 294 美分到低点 64 美分的 50%点位。

1925 年 1 月，黑麦价格涨到了 173 美分，与 1921 年 1 月的高点一致，间隔了 4 年左右时间。这附近还存在一个关键点位 175 美分，它是极端低点 28 美分的 6.25 倍点位。黑麦价格此前已经连续上涨 10 个月了，涨幅异常巨大。当价格回撤低点 64 美分到高点 173 美分这波涨幅的 12.5%时，下跌的第一个信号就出现了。接下来如果进一步回撤前期涨幅的 25%，甚至跌破 64 美分到 173 美分的 50%点位 118.5 美分，则跌势就完全确认了。

当交易者在双重顶部或者是前期高点等关键点位处做空时，应该设置 3~4 美分幅度的初始止损单。

1925 年 4 月，黑麦价格跌至低点 108 美分。附近存在一系列高点和低点，支撑显著，做多机会出现了。

1925 年 5 月，反弹见到高点 127 美分，幅度为 19 美分。125 美分是 100 美分的 1.25 倍点位；而 126 美分则是极端低点 28 美分的 4.5 倍点位。

下跌过程中，首先要关注的点位是 118.5 美分，它是低点 64 美分到高点 173 美分的 50%点位。当黑麦价格跌破这一点位时，进一步下跌的空间就被打开了。

1925 年 7 月，跌至低点 95 美分。附近存在一些关键点位，支撑显著。

1925 年 8 月，见到高点 115 美分。附近有一个关键点位 111 美分，它是高点 127 美分到低点 95 美分的 50%点位。价格跌到 111 美分之下，则表明市场疲软，如果跌破近期低点 95 美分，则表明市场非常疲弱。

1925 年 9 月，见到低点 79 美分，附近众多点位提供了显著支撑，黑麦价格迅速反弹。

1925 年 12 月，涨至高点 111 美分，高点降低，做空机会出现了。

93 美分是 1926 年 4 月的高点，也是双重底或者三重底的颈线。

1926 年 3 月，跌至低点 82 美分，低点升高了，上涨态势

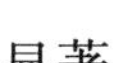

显著。

1926 年 4 月，见到高点 93 美分。

1926 年 5 月，跌至低点 82 美分。一个双重底部和一个三重底部出现了，做多机会明显。当价格向上突破 93 美分时，进一步上涨的空间打开了。

1926 年 7 月，黑麦价格涨至高点 110.5 美分，高点降低了。跌势如期而至。

1926 年 9 月，跌至低点 93 美分，前期高点在此附近，做多机会出现了。

1926 年 10 月，反弹见到高点 103 美分。不久，恢复跌势。

1926 年 11 月，跌至低点 91 美分。双重底部形成了，做多进场点出现了。除了在 1924 年出现了一个三重底部，1925~1926 年也出现了一个三重底部。

1927 年 1 月，上涨到了 109.5 美分，高点继续降低了。附近存在三个高点，抛压沉重。

1927 年 3 月，见到低点 96 美分，低点升高了，涨势显现，做多点出现了。

1927 年 5 月，涨至高点 121.5 美分。位于天然阻力 125 美分之下，做空点出现了。暴跌接踵而至。

125 美分是 100 美分的 1.25 倍点位。

1927 年 8 月，跌至低点 94 美分。一个双重底部出现了。价格处于低位横盘震荡当中。上涨的阻力可以通过低点 94 美分到高点 121.5 美分的分割得到。2/8 分割点位是 101 美分，50%分割点位是 107.75 美分。当市场向上突破 101 美分和 107.75 美分之后，涨势将不可遏制。

1928 年 5 月，涨至高点 139.5 美分，这附近存在许多关键点位：

140 美分，它是极端低点 28 美分的 5 倍点位；

137 美分，它是 1920 年 9 月高点 210 美分到低点 64 美分的 50%点位；

133 美分，它是 1927 年 8 月低点 106.4 美分的 1.25 倍点位。

当市场开始下跌后，需要注意的点位是128美分和117美分。128美分是低点64美分的2倍点位。117美分则是最近一波涨势的50%点位。如果黑麦价格跌破这两个点位，则进一步下跌的空间就被打开了。

1927年8月跌至低点94美分。

1928年9月，跌至低点93美分，附近存在系列低点和高点。**这个低点与1927年8月低点构成一个双重底部。**反弹在即，比较重要的阻力是116.5美分，它是低点93美分到高点140美分的50%点位。

1928年10月，涨到高点112.5美分，未能触及116.5美分，抛压沉重，跌势将恢复。

1928年12月，跌至低点99美分。100美分是一个关键点位，提供了强大的支撑。

1929年2月，见到高点115美分，与前期高点接近。暴跌紧随而至。

1929年5月，跌至低点85美分。与1926年3月和5月形成的低点82美分非常接近。从时间周期的角度来看，5月容易出现高点。此前一年的5月就出现了高点，现在是反季节走势，意味着接下来继续反季节波动的概率很大，这是做多机会。

1929年8月，涨至高点118美分，一个双重顶部形成了，市场已经连续上涨了3个月，8月是一个节点。

1929年11月，黑麦价格跌至96.5美分，附近存在许多前期低点和高点，支撑显著。

1929年12月，见到高点110.5美分，附近存在许多前期低点和高点，阻力显著。

当价格跌破这波上涨的50%点位后，进一步下跌的空间打开了。97美分、85美分和80美分相继被跌破。市场走势非常疲软。

1930年3月，跌至低点58美分。在跌破1923年和1924年的低点之后，价格企稳，做多良机出现了。

1930年4月，涨至高点70.5美分，阻力强大，做空机会出现。

1930 年 6 月，见到低点 52 美分，回到 1903 年低点附近，在 50 美分之上，意味着支撑强劲，做多点位出现了。

1930 年 8 月，见到高点 71.5 美分，一个双重顶部出现了。有大量的高点和低点在此之上，抛压沉重。这是一个做空的机会，价格接下来将走低。

1930 年 11 月，跌至低点 45 美分，触及 1900 年 11 月的低点。大势仍旧向下，不过存在反弹需要，可以抢一下反弹。

1930 年 12 月，反弹见到高点 56 美分，低于前期低点，一个做空机会出现了。

不过接下来的**反弹并未突破高点 71 美分到低点 45 美分的 50%点位，市场仍旧弱势。**

1931 年 4 月，跌至低点 35 美分，自从 1897 年以来价格首次跌至如此低的价位。高点在降低，低点也在降低，趋势仍旧向下，空头力量胜过多头。

大幅下跌之后，出现了中等幅度的反弹。

1931 年 5 月，涨至高点 45 美分。但是受阻于前期低点，做空点位出现了。

1931 年 7 月，跌至低点 36 美分。低点出现了抬升，支撑上移，**这是一个回调做多的安全机会。**

1931 年 11 月，反弹至高点 64 美元，受阻于前期低点，价格拐头下跌。跌破低点 35 美分到高点 64 美分的 50%点位，弱势毕露。

1931 年 12 月，跌至低点 35 美分，附近存在前期高点和低点，三重底部形成了，做多机会出现了。

1932 年 4 月，反弹到 51 美分，受制于前期低点，做空信号出现了。

1932 年 5 月，跌至低点 34.5 美分。一个双重底部出现了，价格随之回升。

1932 年 6 月，涨至高点 45.5 美分，附近存在前期高点，做空机会出现了。

1932 年 8 月，跌至低点 33 美分，恰好在 1932 年的低点之下不远处，趋势虽然向下，但是在关键点位的支撑下存在反弹需要。

1932 年 9 月，反弹到高点 38 美分。三重顶部出现了，做空点位出现了。

1932 年 11 月，黑麦 12 月合约见到低点 26 美分，恰好在 1896 年的低点之下不远处，这是一个长期价值投资的绝佳做多机会。从技术的角度来讲，更加安全的做多机会出现在前期高点被突破的时候。最近一波下跌的 2/8 点位被升破时，也是胜算率较高的做多机会。具体来讲，就是高点 45.5 美分到低点 26 美分的 25%分割点位。一旦价格向上突破关键点位，则向上趋势就确立了。

1933 年 1 月，见到高点 39 美分，突破了最近一波价格运动的 50%点位 36 美分，

趋势向上可以通过均线来定义，回调可以通过 KD 指标来定义。

同时也高于 3 个月之前的低点，这是趋势向上的特征。**趋势向上时，任何回调都是做多的机会。**

1933 年 2 月，黑麦价格跌至低点 32.5 美分。这个点位其实是低点 26 美分到高点 39 美分的 50%点位，这是上涨趋势中的次级折返。

1933 年 4 月，价格飙升。

1933 年 5 月，黑麦价格向上突破了 1931 年的高点，向上趋势表露无遗。价格不断突破历史高点，一扫此前的阴霾。

第 15 节 回顾历史上的双重底部形态
（Review Double Bottoms）

首先来回顾一下 1931 年低点与 1932 年低点形成的双重底部，两个低点分别是 31.5 美分和 31 美分。

1931 年 5 月，见到低点 31.5 美分。

1931 年 11 月，反弹见到高点 63 美分，做空机会出现了。

1932 年 11 月，见到低点 31 美分。一个双重底部形成了。

从高点 63 美分跌至低点 31 美分，这一波跌势的 50%点位是 47 美分。

市场在低点附近窄幅震荡了几个月，在这期间形成了另外一个低点 38 美分。低点升高了，趋势有转而向上的迹象。

从低点 31 美分上涨 25%是 39 美分，当价格向上突破这一点位后，进一步上涨的空间就被打开了。

黑麦价格向上突破了 40 美分，继续升势。接着继续向上突破了 63 美分的高点。

1928 年的高点 128.5 美分的 50%点位是 70 美分，突破这个价格后黑麦价格继续上扬。

1933 年春季，商品价格全线上涨。黑麦价格涨势犀利，在这期间回调幅度非常小。在涨势中，交易者应该持续做多。最终的多头离场点应该在 E.A.克劳福德（E.A.Crawford）博士

破产前，此后黑麦价格快速暴跌。

1933 年 7 月，涨至高点 111 美分。与 1924 年 4 月的高点一起构成了双重顶部，做空机会出现了。

低点 31 美分到高点 111 美分的 50%点位是 71 美分，而这一波段的 1/8 分割点位是 101 美分。当价格跌破 101 美分或者 100 美分时，下跌趋势就开始了。接着又跌破了 50%点位 71 美分。

1933 年 8 月，见到低点 64 美分。附近存在前期低点，支撑显著，做多信号出现了。

1933 年 9 月，见到高点 78 美分。这是一波熊市中的反弹，交易者应该逢高做空。

1933 年 10 月，见到低点 44 美分。附近存在许多高点和低点，以及一些关键分割点位：

49 美分，它是极端低点 26 美分的 1.5 倍点位；

45 美分，它是低点 30 美分的 1.5 倍点位；

……

因此，44 美分是一个做多机会。

1934 年 1 月，见到高点 65 美分，受阻于前期低点，做空点位出现了。这附近存在一个关键点位 63.5 美分。它是低点 26 美分到高点 111 美分的 50%点位。

1934 年 4 月，见到低点 49 美分，低点升高了，回调做多点位出现了。

57 美分是上涨过程中的一个重要阻力点位，它是高点 65 美分到低点 49 美分的 50%点位。一旦市场向上突破这一点位，则进一步上涨的空间打开了。

接下来，价格向上突破了高点 65 美分。这附近还有另外一个点位 63.5 美分，它是高点 111 美分到低点 26 美分的 50%点位。

低点 44 美分到高点 111 美分的 50%点位是 87.5 美分。

1934 年 8 月，涨至高点 91 美分，上涨到前期低点附近，抛压沉重，做空机会出现了。

江恩在多部作品中提到了这个投机家。

低点 44 美分到高点 91 美分的 50%点位是 67.5 美分，这是一条牛熊分界线。

1934 年 12 月，见到高点 82.5 美分，市场未能反弹突破低点 66 美分到高点 91 美分的 50%点位，阻力明显。此后，市场下跌，在这期间反弹乏力。

1935 年 5 月，跌至低点 42 美分。附近存在一个关键点位 41.75 美分，它是高点 82.5 美分到低点 41.75 美分的 50%点位。低点出现了升高，与 1933 年 10 月的最低点比起来只低了 2 美分。

通常而言，按照季节性规律 5 月容易出现高点。现在出现低点则是逆季节走势，反弹紧随而至。

1935 年 10 月，黑麦价格触及高点 57 美分，阻力显著，一个做空机会出现了。

1935 年 12 月，黑麦价格跌至低点 47 美分，低点抬升了，意味着做多良机出现了。

1936 年 2 月，反弹见到高点 59 美分，一个双重顶部形成了，做空良机出现了。

1936 年 5 月，跌至低点 50 美分。底部渐次抬高，做多机会出现了。5 月本来容易形成高点，但是现在却形成了低点。这是连续第二年形成低点了，也意味着下一年 5 月更容易形成高点。

另外，交易者应该关注极端高点或者低点间隔一年、二年和三年的时间节点，趋势容易发生变化。

1936 年 12 月，涨至高点 121 美分，这波涨势犀利，但是高点低于 1928 年 7 月的高点 122 美分。除此之外，附近还有一个关键点位 126 美分，它是低点 42 美分的 3 倍点位。

1937 年 2 月，跌至低点 102 美分，价格高于 100 美分关口表明支撑有效。此后，黑麦价格出现了回升。

1937 年 6 月，跌至低点 76 美分。附近存在一个关键点位 75 美分，它是一个前期低点，也是 100 美分的 75%点位。

75%点位就是 6/8 点位。

1937 年 7 月，涨至高点 95 美分，低于资金一波上涨的

50%点位，也在 100 美分关口之下。

接下来，黑麦价格出现了下跌，跌破了 86 美分，也就是低点 76 美分到高点 95 美分的 50%点位，进一步下跌的空间被打开了。

1937 年 11 月，跌至低点 64 美分。这附近存在一个关键点位 65 美分，它是高点 90 美分到低点 26 美分的 50%点位。支撑显著，逢低做多机会。

1938 年 1 月，涨至高点 73.75 美分，前期高点附近。市场未能突破高点 95 美分到低点 64 美分的 50%点位 79.5 美分，这表明趋势仍旧虚弱。另外，低点 64 美分到高点 77.75 美分的 50%点位是 70.75 美分，跌破这一点位表明市场极度疲弱。

1938 年 9 月，跌至低点 39.5 美分。比前期低点 42 美分，还要低 2.5 美分，跌到了 1935 年的最低点附近，距离最近低点 3 年时间。这附近存在一个关键点位 39 美分，它是低点 26 美分的 1.5 倍点位。

黑麦价格在此低点附近窄幅盘整了 3 个月时间，支撑显著，做多机会出现了。

1939 年 1 月，涨至高点 49 美分，仍旧受阻于前期低点。价格随后下跌。

1939 年 3 月，跌至低点 40.75 美分。低点抬升了，支撑更加显著，做多良机出现了。

接下来，黑麦价格向上突破了 49 美分高点，进一步上涨的空间被打开了。

1939 年 10 月，涨至高点 57.5 美分。注意，低点 39.5 美分上涨 50%是 59.25 美分，价格受阻于此。此后，价格下跌。

1939 年 11 月，跌至低点 40.5 美分，一个三重底部形成了，高于此前的低点，做多良机出现了。价格向上突破 49 美分和 50 美分两个点位，表明上行空间打开。

下一个需要注意的阻力点位是 81.5 美分，它是高点 123.5 美分到低点 39.5 美分的 50%点位。

1940 年 1 月，涨至高点 77.5 美分，与 1938 年 1 月的高点构成双重顶部，一个高胜算的做空机会出现了。

1940 年 3 月，跌至低点 63.5 美分，前期低点附近，做多信号出现了。

1940 年 4 月，涨至高点 73.5 美分，高点降低了。

随后，价格先是跌破低点 63.5 美分，然后又跌破了 58.5 美分，它是低点 39.5 美分到高点 77.5 美分的 50%点位。跌破这一点位表明走势非常疲弱。

1940 年 8 月，跌至低点 39.5 美分，支撑显著，做多机会出现了。

1940 年 10 月，涨至高点 57.5 美分。这附近存在一个重要点位 59.25 美分，它是低点 39.5 美分的 1.5 倍点位。

1940年8月，跌至低点39.5美分；1940年12月，跌至低点42美分；1941年2月，跌至低点40.5美分。三个低点构成一个三重底部。

1940年12月，跌至低点42美分。低点出现了抬升，市场获得了强大的支撑，做多机会出现了。

1941年1月，涨至高点49.5美分。

1941年2月，跌至低点40.5美分。一个三重底部形成了，做多良机出现了。

随后，价格向上突破了49.5美分的双重顶部。黑麦价格进一步上涨的空间打开了。

下一个关键阻力点位是58.5美分，它是低点39美分到高点77.5美分的50%点位。当价格向上突破这一点位时，交易者应该加码做多，同时设定止损单保护本金。

1941年9月，见到高点80.75美分。**从时间周期来讲，9月容易出现高点。从空间点位来讲，这附近存在一些关键阻力点位：**

81.25美分，它是高点123.5美分到低点49美分的50%点位；

77.5美分，它是1938年和1939年的高点；

……

抛压显著，当价格跌破75美分，也就是1/8回撤点位后，下跌的号角吹响了。接着，市场跌破70美分，也就是2/8回撤点位。此后，下跌加速了。

10月16日，黑麦价格跌幅高达10美分，触及跌停板。

10月17日，跌至低点57美分。附近存在一个关键点位59.75美分，它是低点39美分到高点80.75美分的50%点位。支撑显著，交易者应该逢低做多。

随后市场反弹。交易者需要注意的第一个阻力点位是68.75美分，它是高点80.75美分到低点57美分的50%点位。

10月29日，黑麦价格上涨到了70美分。

接下来的重要阻力点位依次为：

80.75美分，它是1941年9月的高点；

95美分；

100美分；

116 美分到 118 美分；

121 美分到 123 美分；

……

如果价格往下走，那么需要注意的支撑点位依次为：

59.75 美分，它是低点 39 美分到高点 80.75 美分的 50%点位；

50 美分到 48 美分；

……

交易者应该研究黑麦价格 1931 年、1932 年、1935 年、1938 年和 1941 年的底部形态，从中找出规律。

现在，价格窄幅盘整了数月，低点不断抬高。

1942 年 4 月到 5 月，距离 1937 年 4 月的极端高点刚好 5 年，这个节点很容易出现高点。同时，这个节点距离 1940 年 5 月的低点也刚好 2 年。

交易者应该认真观察黑麦的周度和月度走势图，分析关键点位，恪守全部规则，这样就能够确定趋势转折点。

第 16 节　燕麦期货
(Oats Futures)

燕麦期货在芝加哥商品交易所挂牌交易。一份标准燕麦合约为 5000 蒲式耳，报价单位为“美分/蒲式耳”，最小价格波动幅度为 1/8 美分。每份合约的交易佣金为 12.5 美元。一份合约的保证金最少为 250 美元，具体金额取决于燕麦的价格水平。

首先，我们来分析燕麦价格走势的季节性规律。从表 4–9 中你可以发现，1861~1941 年的 80 年，燕麦价格在 8 月出现了 19 次低点，在 10 月出现了 15 次低点。因此，如果季节性规律发挥效力，那么 8 月和 10 月是最容易出现低点的月份。为什么 8 月和 10 月容易出现低点呢？因为这两个月份燕麦大量上市交收。

表 4–9　1861~1941 年燕麦价格高低点的月度分布

月份	最高点出现次数	最低点出现次数
1	10	7
2	8	6
3	6	8

续表

月份	最高点出现次数	最低点出现次数
4	8	6
5	14	5
6	7	1
7	13	4
8	2	19
9	6	8
10	2	15
11	4	4
12	13	8

最低点出现次数接下来做多的三个月份是 3 月、9 月和 12 月，各出现了 8 次。最低点在 1 月出现了 7 次，在 2 月和 4 月各出现了 6 次，5 月出现了 5 次。5 月实际上是最高点出现次数最多的月份。

最低点在 11 月出现了 4 次，在 4 月出现了 4 次。

在 80 年的数据当中，6 月成了最低点出现次数最低的月份，只有 1 次。这表明 6 月出现最低点的概率最低。

倘若燕麦价格在 6 月份下跌，那么在 8 月之前，你就不要寄希望于最低点会出现。

倘若燕麦价格在 9 月份下跌，那么交易者就应该在 10 月这个节点下单，因为趋势容易出现转折。如果 10 月价格没有出现转折，则交易者应该注意 12 月和 1 月，底部大概率会在这两个月构筑。

接着，我们来看燕麦最高点的季节性分布规律。**最高点在 5 月出现了 14 次，在 7 月和 12 月各出现了 13 次。因此，燕麦价格容易在 5 月、7 月和 12 月见顶。**

如果燕麦价格此前已经上涨了一段时间，那么在这三个月份就要注意见顶的迹象。一旦出现见顶的迹象，则交易者应该平仓离场。**不管具体采用什么信号来研判，一定要恪守综合研判的原则。**

兼听则明，偏信则暗。

1月、2月和4月出现最高点的次数也比较多。在长达80年的数据当中，最高点在1月出现了10次，在2月和4月出现了各8次。由此看来，1月是仅次于12月需要重视的见顶月份，2月和4月次之。

最高点在6月出现了6次，在3月出现了6次，在6月出现了7次。在观察见顶迹象时，这些月份的重要性要低许多。

最高点在8月和10月出现的次数最少。最高点在8月仅仅出现过3次，在10月仅仅出现过2次。这两个月份出现低点的次数最多，通常是季节性低点出现的月份，而不是季节性高点出现的月份。

如果最高点出现在8月和10月，则燕麦市场处于反季节性走势当中。

另外，最高点仅有4次出现在11月。燕麦价格在这个月见顶的概率较低。所以，当燕麦价格在11月上涨时，在当月就见顶的可能性很小。交易者应该在12月或者次年1月寻找见顶迹象，因为这两个月份是见顶概率最高的月份。

江恩对商品期货交易的最大贡献在于提出空间点位与时间周期结合起来判市。

例如，**当市场从极端低点持续上涨数月后，你应该计算出上涨持续的时间长度，并且查看极端高点附近是否存在关键的阻力点位，同时你还需要注意是否处于容易见顶的月份。**

接下来，我们回顾一下燕麦价格极端高点和低点具体的历史分布。

1861年4月和7月，均见到最低点13美分。此后，燕麦期货合约再也没有见到这么低的价位了。

1896年9月，见到极端低点14.75美分。

1933年2月，燕麦5月期货合约见到极端低点16美分。

以最低点13美分为基准，计算出重要的上涨阻力点位：

19.5美分，1.5倍点位；

26美分，2倍点位；

32.5美分，2.5倍点位；

39美分，3倍点位；

45.5 美分，3.5 倍点位；

52 美分，4 倍点位；

58.5 美分，4.5 倍点位；

65 美分，5 倍点位；

71.5 美分，5.5 倍点位；

78 美分，6 倍点位；

84.5 美分，6.5 倍点位；

91 美分，7 倍点位；

97.5 美分，7.5 倍点位；

104 美分，8 倍点位；

110.5 美分，8.5 倍点位；

……

同时，还可以采用 1933 年的低点 16 美分作为基准价，计算上涨的潜在阻力点位：

32 美分，2 倍点位；

48 美分，3 倍点位；

64 美分，4 倍点位；

80 美分，5 倍点位；

96 美分，6 倍点位；

……

下跌过程中，交易者则需要注意高点和高点的百分比分割点位。

1867 年的高点为 97 美分，此后的高点逐渐降低：74 美分、71 美分、72.5 美分、62 美分、53.5 美分、38 美分和 35 美分。

直到 1887 年 5 月，高点才出现了抬升，见到了 38 美分。这是趋势转而向上的特征，交易者应该顺势做多，特别是在价格回调的时候。

1891 年 4 月，涨至高点 56.5 美分。

1896 年见到低点之后，低点和高点都在上升，慢牛来临了。

1909 年 5 月，见到高点 62.5 美分。

1910 年 2 月，见到高点 49 美分。

1912 年 4 月，见到高点 58.5 美分。

1915 年 3 月，见到高点 60.5 美分。

第一次世界大战期间，燕麦价格向上突破了 62 美分，这是 1882 年的高点。接下

来的阻力在 71 美分、72 美分、74 美分和 90 美分附近。

1916 年 11 月，见到高点 57 美分。

1917 年 6 月，见到高点 85 美分。

1918 年 2 月，见到高点 93 美分。进一步上涨的空间打开了。

1919 年 12 月，见到高点 89 美分，高点下降了。不过，此后回调的低点较前期低点升高了，向上趋势仍未结束。

1920 年 5 月，见到高点 109 美分，历史性高点出现了。以这个高点为基准，可以得出下跌过程中的重要支撑点位：

13.625 美分，109 美分的 1/8 分割点位；

27.25 美分，109 美分的 2/8 分割点位；

54.5 美分，109 美分的 4/8 分割点位；

36.375 美分，109 美分的 1/3 分割点位；

72.625 美分，109 美分的 2/3 分割点位；

81.75 美分，109 美分的 6/8 分割点位；

95.375 美分，109 美分的 7/8 分割点位；

……

当燕麦价格跌破 95.375 美分时，下跌就开始了。如果进一步跌破 81.75 美分则下跌就急剧了。当价格跌破 50%点位 54.5 美分时，熊市就完全确认了。

除了利用高点 109 美分作为基准计算下跌的支撑点位之外，交易者还可以利用低点 15 美分到高点 109 美分的波段来计算下跌的支撑点位：

26.75 美分，低点 15 美分到高点 109 美分的 1/8 分割点位；

38.5 美分，低点 15 美分到高点 109 美分的 2/8 分割点位；

46.375 美分，低点 15 美分到高点 109 美分的 1/3 分割点位；

50.25 美分，低点 15 美分到高点 109 美分的 3/8 分割点位；

62 美分，低点 15 美分到高点 109 美分的 1/2 分割点位；

73.75 美分，低点 15 美分到高点 109 美分的 5/8 分割点位；

77.75 美分，低点 15 美分到高点 109 美分的 2/3 分割点位；

85.5 美分，低点 15 美分到高点 109 美分的 6/8 分割点位；

97.25 美分，低点 15 美分到高点 109 美分的 7/8 分割点位；

……

除此之外，如下重要点位也容易成为下跌中的支撑：

66.75 美分，1924 年的高点；

68.25 美分，1928 年的高点；

85 美分，1917 年的高点；

89 美分，1919 年的高点；

93 美分，1918 年的高点。

另外，90 美分也是一个重要的高点，以其为基准的重要分割点位有：

11.25 美分，90 美分的 1/8 分割点位；

22.5 美分，90 美分的 2/8 分割点位；

30 美分，90 美分的 1/3 分割点位；

37.5 美分，90 美分的 3/8 分割点位；

45 美分，90 美分的 4/8 分割点位；

56.25 美分，90 美分的 5/8 分割点位；

67.5 美分，90 美分的 6/8 分割点位；

78.75 美分，90 美分的 7/8 分割点位；

……

另外，高点 90 美分到低点 13 美分的百分比分割点位以及 90 美分到低点 19 美分的百分比分割点位也是非常重要的。任何重要高点和低点的 50%回撤点位也很重要。

交易者要重视一个走势特征，**低点抬升，大势向上；高点下降，大势向下。将空间点位与季节性规律结合起来观察市场，你就能判断出市场的趋势来。鉴往以知来事，因为未来往往是过去的重演。**

下面，我们探究一下燕麦走势的底部特征。从 1896~1897 年，燕麦价格长时间处于窄幅盘整当中。最终，价格向上突破盘整高点，向上趋势就确立了。

交易者也应该研究燕麦在 1900~1901 年、1905~1906 年、1910~1911 年，以及 1914 年第一次世界大战爆发前的几个历史底部。这些底部形成过程中，低点逐渐抬升。1914 年这个底部通过数月的窄幅震荡才形成，此后向上趋势确立。

1921 年的底部也值得我们去探究。

1932~1933 年，市场花了很长时间来构筑一个窄幅震荡的底部。

这个底部起到了强大的支撑作用，此后燕麦价格并未跌到更低的水平，并未跌到 1896 年低点之下。当时，其他谷物期货的价格都跌到了 1896 年低点之下，如小麦、玉米等。

1933 年，燕麦从低点开始上涨，涨幅显著超过了小麦。

此后，1938~1939 年的底部也有其特点。燕麦期货 5 月合约在 1938 年 8 月的价格比 1933 年 2 月的低点高出 50%左右。

1939 年 7 月，燕麦价格比 1938 年高出 2 美分，而 1940 年 8 月的燕麦价格比 1939 年高出 2 美分，比 1938 年低点高出 4 美分。

市场已经企稳了 3 年时间了，下方支撑显著，走高的基础已经夯实了。

1941 年 2 月，燕麦价格见到低点 54 美分。附近存在两个关键点位：第一个是 50 美分，它是低点 25 美分的 2 倍点位；第二个是 58 美分，它是低点 29 美分的 2 倍点位。

1941 年 9 月，燕麦 5 月合约涨至高点 57.5 美分，这是一个做空点位。附近存在多个高点：1937 年高点 56.5 美分、1934 年高点 59.5 美分、1933 年高点 56.75 美分，一个双重或者三重底部形成了，做空信号出现了。

接下来，1941 年 10 月燕麦价格出现了暴跌。

第 17 节　大麦期货
(Barley Futures)

大麦期货在芝加哥商品交易所、德卢斯商品交易所（The Duluth Board of Trade）、明尼阿波利斯商会交易所（Minneapolis Chamber of Commerce Exchange）以及温尼伯格谷物交易所挂牌交易。一份标准合约为 5000 蒲式耳，最小波动单位为 1/8 美分。每份合约的佣金为 12.5 美元。

要想准确地预判大麦期货价格的未来走势，需要综合运用我给出的各种研判规则。就空间点位而言，需要采纳如下基准：极端低点、极端高点、极端低点到极端高点的波段等。基于空间点位，交易者就能更好地研判趋势，确定交易进出场时机。

大麦期货的走势与小麦或者其他谷物趋同，它们的高点和低点基本一致。当然，有些时候大麦的极端高点与低点与小麦、玉米和其他谷物的极端高点和低点会出现 1~2 个月的差别。

以明尼阿波利斯商会交易所的大麦报价为基础，我给出了大麦期货价格波动的数据，包括一些极端高点和低点。我将以它们为基准计算关键点位，通过它们你可以对价格未来波动进行预判。有了这些关键点位，交易者再结合时间周期，就可以有效地判断出可能出现的顶部和底部，包括双重顶部或者底部。

第 18 节 猪油期货价格的季节性变化
(Lard Seasonal Changes)

芝加哥商品交易所与芝加哥期货交易所合并成为全球最大的衍生品交易所——芝加哥商品交易所集团（CME Group Inc.），该所以上市大豆、玉米、小麦等农产品期货品种为主，这些品种是目前国际上最权威的期货品种，其价格也是最权威的期货价格。

猪油期货在芝加哥商品交易所（Chicago Board of Trade）挂牌交易。一份标准猪油期货合约为 50000 磅，交易佣金为 20 美元。

一份合约的保证金要求是 300 美元到 1000 美元，具体要求随着标的总价值变化而变化。

下面我们考察猪油期货价格的季节性变化规律，如表 4-10 所示。

表 4-10 1869~1941 年猪油期货价格高低点的月度分布

月份	最高点出现次数	最低点出现次数
1	24	13
2	13	8
3	9	4
4	7	6
5	6	7
6	4	6
7	5	4
8	7	6
9	9	4
10	8	9
11	6	7
12	5	21

如同其他商品一样，猪油价格的高低点分布也具有季节性规律。从表 4-10 可以看出，1869~1941 年的 72 年时间里面，**猪油价格最高点在 1 月出现了 24 次，在 2 月出现了 13 次，**在 3 月和 9 月各出现了 9 次，在 10 月出现了 8 次，在 4 月和 8 月各出现了 7 次，在 7 月和 12 月各出现了 5 次。**最高点出现在 6 月的次数最少，仅有 4 次。**

如果猪油价格在下半年处于涨势中，则交易者应该基于季节性变化规律，重点关注 1 月、2 月和 3 月，顶部极可能出现在这三个月，通常不会晚于 3 月。

如果猪油价格从夏天开始上涨，那么交易者需要注意趋势的变化，9 月和 10 月是重点关注的月份，顶部很可能在这两个月出现，因为大部分顶部都出现在这两个月份。

那么，哪些月份容易出现低点呢？**在 72 年的数据当中，最低点在 12 月出现了 21 次，在 1 月出现了 13 次。**

年末和年初是猪油价格容易变盘的节点。

因此，当猪油价格在下半年开始下跌，同时玉米供大于求价格便宜，那么猪油价格就容易在 12 月或者 1 月见到最低点。此后，趋势开始转而上涨，在季节性趋势发生变化前持续上涨到 3 月和 4 月。

除了 12 月和 1 月之外，还有一些月份也容易出现最低点。最低点在 10 月出现了 9 次，在 2 月出现了 8 次，在 5 月出现了 7 次，在 6 月和 8 月各出现了 6 次。

最低点在 3 月、7 月和 9 月各出现了 4 次，这是最低点出现次数最少的月份。这些月份出现季节性高点的概率要大得多，这些月份更适合做空。

交易者要谨慎地选择在 1 月或者 2 月做多，因为大部分顶部出现在这两个月份。**交易者应该在底部出现概率高的月份出现见顶技术特征时做多，在顶部出现概率高的月份出现见底技术特征时做空。交易者要学会运用空间点位与时间周期结合来判断市场的潜在顶部和底部。**

通过研究猪油期货的历史波动数据，特别是重要低点和高点，交易者能够利用这些点位来预测未来潜在的顶部或者

底部。同时与重要点位的间隔时间也可以用来推测未来价格的转折点。

下面是一些重要的历史高点和低点：

1869 年 2 月，最高点 20.75 美元；

1873 年 11 月，最低点 6.5 美元；

1875 年 4 月，最高点 16.75 美元；

1879 年 8 月，最低点 5.25 美元；

1882 年 10 月，最高点 13.10 美元；

1891 年 2 月，最低点 5.37 美元；

1893 年 3 月，最高点 13.25 美元；

1896 年 7 月，最低点 3.25 美元；

……

1896 年 7 月形成的低点，此后再也没有触及。交易者至少应该以极端低点 3.25 美元、极端高点 20.75 美元以及两者之差来计算百分比分割点位。当然，交易者尽量运用其他重要的高点和低点来计算更为完备的阻力支撑系统。

趋势在 1896 年见到最低点后转而上涨，持续几年向上，于 1902 年 9 月见到高点 11.6 美元，低于 1892 年和 1896 年的最高点。

12 美元是一个重要的点位，它是极端低点 3.25 美元到极端高点 20.75 美元的 50%点位。如果市场低于这个点位，则表明处于整体弱势之中。

猪油价格与生猪价格关系密切，我们对两者的价格走势进行比较就可以发现其中的一些规律。我们对比分析从 1898 年到 1941 年的两者数据，尤其是两者的极端高点和低点。

可以利用产业链上下游产品进行跨品种套利操作。

生猪的价格决定了猪油的成本，而生猪的价格又取决于作为饲料的玉米的价格。下面两者的报价均为“美分/磅”：

1898 年，猪油最低价为 450，生猪最低价为 325；

1902 年，猪油最高价为 1025，生猪最高价为 825；

1904 年，猪油最低价为 625，生猪最低价为为 425；

1910 年，猪油最高价为 1415，生猪最高价为 1125；

1914年，猪油最低价为750，生猪最低价为750；

1912~1913年，生猪最低价为550；

1915年，猪油最低价为750，生猪最低价为675；

1917年，猪油最高价为2850，生猪最高价为2000；

1919年，猪油最高价为3600，生猪最高价为2360；

1922年，猪油最低价为790，生猪最低价为500；

1925年，猪油最高价为1750，生猪最高价为1475；

1926年，猪油最高价为1710，生猪最低价为1525；

1932~1933年，猪油见到极端低价375，生猪见到极端低价200，这是生猪历史最低价，自从南北战争以来的最低价。

1935年，猪油见到最高价1750，猪油市场处于极端疯狂之中，8月见到最高点之后暴跌；

同年，生猪价格见到最高价1225；

1936年，猪油最低价为1000，生猪最低价为1225；

1937年，猪油最高价为1415，生猪最高价为1400；

1939年，猪油最低价为500，生猪最低价为400；

1940年，猪油最低价为410，生猪最低价为410；

1941年，猪油最高价为1160，生猪最高价为1240；

……

从上述数据可以发现，有时候生猪价格高于猪油价格，在另外一些时候生猪价格则要低于猪油价格。其中隐藏着一条规律：**当生猪价格跌至与猪油价格一样低，甚至更低的时候，往往是做多猪油期货的好时机**。因为此后猪油价格很容易步入大牛市。例如，1939~1940年，生猪与猪油价格跌至低位，而且生猪价格显著低于猪油，这是做多良机。当时，生猪的价格甚至比玉米价格还低。

利用上下游品种的价差来推断行业利润，可以很好地运用把握住商品的价值投资机会。

存在一条相反的规律可以运用。**当猪油价格大幅高于生猪价格时，往往是做空猪油期货的良机**。例如，1917~1919年，猪油价格比生猪价格高出8~13美分，这是做空猪油期货的时机。

当然，交易者也可以单纯地基于猪油走势图来判断机会。

图上的重要点位、时间周期可以提供非常有价值的信息。当你有了猪油的走势图，即便忽略掉生猪价格，也能够有效地预判猪油的价格走势。

空间点位和时间周期体现了供求关系变化的脉络，而供求关系决定了价格变化。当需求大于供给时，价格上涨；当需求小于供给时，价格下跌。

价格体现了大多数市场参与者的决策和行动。多空力量对比和平衡体现在了价格之中，当一方压倒另一方时，价格变化，直到力量对比扭转。这个力量对比变化的地方就是支撑阻力点位，趋势在此发生变化或者停顿。

价格变化本身也会改变供求关系。例如，价格上涨得越高，则卖压越大，需求也会减少。猪油价格在 20 美元时要比 10 美元时的需求量更低，当猪油价格涨至 36 美元时，那么需求量会比 20 美元时更低。因为人们的收入会限制消费量。

相反，如果价格下跌，那么需求量将会增加。当猪油价格跌至低位时，需求量会增加。这个时候期货市场会出现恐慌，库存开始变成供给，去库存行动放大了供给。

库存这个因素有时候站在供给一侧，有时候站在需求一侧。

当市场重新上涨后，大量的补库存行动放大了需求。这个阶段，价格越上涨，则投机和补库存的力量越强大。

价格高，是因为需要大于供给叠加了补库存和情绪乐观。例如，1919 年猪油价格飙升到了高点 3600 美分，当时需求大于供给，同时大众认为猪油价格会继续飙升，囤积行为增加。

任何商品大行情都可以分为两段：投资段和投机段。投资段由商品供求大格局决定，投机段由市场情绪和资金流动，以及持仓变化决定。

价格低，是因为供给大于需求叠加了去库存和悲观情绪。例如，1932~1933 年猪油价格跌至了 375 美分，当时供给大于需求，同时大众认为猪油价格会继续下跌，抛售库存行为增加。

人性不变，情绪会放大市场的波动，从一个极端到另外一个极端。当价格处于高位时，大众容易过于乐观；当价格跌至低位时，大众又容易过于悲观。

数千年以来，人性从未变化，可见的未来也应该会如此。新人总是犯下跟老人一样的错误，因为人永远被贪婪和恐惧所驱使，无法客观地面对现实。**大众在大多数时间里面都是错误的，正是他们提供了大量的盈利机会。**

人性与趋势相悖，趋势在疑惑中展开，在坚信中结束。当大众畏惧高点时，后必再有新高；当大众坚信底部已到时，后必再有新低。

我给出的商品交易法则是顺势而为，抓住趋势转折点介入。如此操作，你将持续盈利，而非持续亏损。当然，**人永远无法避免犯错**，因此需要保护。在商品交易中，止损单就是这样的保护。永远记得为自己的交易设置止损单，控制风险。只要本金无大碍，机会则永远都有。

任何领域都必须具备一个纠错机制。

保护本金是交易者的首要任务，如果不能限制风险，那么就不要入场冒险。利润可以照顾好自己，但是风险却需要交易者去管理。**通过跟进止损，交易者一方面可以限制风险，另一方面可以让利润自然扩大。**

当市场处于转折点，具体来讲就是顶部或者底部的时候，交易者很容易犯错。持仓过程中，如果交易者发现自己判断失误，则应该快速止损，以尽量小的亏损修正错误。

为什么交易者在顶部或者底部附近容易犯错呢？因为在这类位置市场情绪非常极端，交易者容易被传染。当市场位于顶部时，大众情绪极端乐观，持币的交易者容易追高，持票的交易者不愿落袋；当市场位于底部时，大众情绪极端悲观，持币的交易者倾向观望，持票的交易者在恐慌中仓促割肉。如何做好交易？第一，基本面重大变化要关注；第二，市场共识预期和整体情绪要关注；第三，做好仓位管理。

本小节的最后部分，我们回顾一下猪油期货价格的历史高低点。

1904 年 10 月，猪油期货合约价格见到低点 620 美分。

1905 年 5 月，见到低点 620 美分，一个双重底部形成了。向上趋势奠定了。

1907 年 2 月，见到高点 990 美分。低点 325 美分的 3 倍点位是 975 美分，这附近存在强大的卖压。另外，以 0 或者 00 结尾的价位往往是重要的支撑阻力点位，做空者会选择这些点位挂单。

1908 年 2 月，见到低点 700 美分。这个低点比 1904 年和 1905 年的低点更高，低点出现了抬升。这个低点也在关键点位 650 美分之上，一个做多机会出现了。

1910 年 3 月，见到高点 1460 美分。最近的低点为 700 美分，其 2 倍点位为 1400 美分。这是自 1882 年以来，猪油价

格首次涨到如此高位。这附近还存在其他一些历史高点，如1310美分和1325美分。

另外，**从时间周期来讲，3月是出现季节性高点的月份。**综合空间点位和时间周期两个维度来分析，高胜算的做空机会出现了。

1911年4月，见到低点850美分。这个月份出现季节性低点的概率非常高。低点出现了抬升，较前一个低点高出150美分。上升态势明显。

1912年10月，见到高点1190美分。较9月和6月的高点1160美分高出30美分。一个双重顶部形成了。另外，这个高点低于低点325美分到高点2075美分的50%点位，具体来讲低了12美分。上述种种迹象表明市场趋势向下。

1913年1月，见到低点950美分。附近有一个关键点位975美分，它是低点325美分的3倍点位。下方支撑显著，趋势转而向上。

1913年7月，见到高点1190美分，与1912年10月一同构成双重顶部，做空机会显现。

1911年4月，见到低点850美分。

1914年8月，见到低点850美分，与1911年4月的低点共同构成了双重底部。这个形态大概率是一个胜算率极高的做多点位，前提是严格设定保护性止损。

在交易猪油期货的时候，交易者应该时刻牢记止损。具体操作上，止损应该放置在低点之下30~50美分的地方。如果是做空的话，则止损应该放置在高点之上30~50美分的地方。

战争是大行情的主要驱动因素之一，确定性很强。

1914年8月初，第一次世界大战爆发了，猪油价格快速上涨。

1914年11月，猪油价格触及高点1150美分。此刻，价格位于前期高点1190美分之下。此后，价格转而下跌。

1915年7月，跌至低点750美分。比双重底部的低点850美分，还低了100美分，但在1908年2月的低点之上50美分处企稳。

这是一个天然的做多信号，因为以50或者00结尾的点位都是天然的支撑阻力点位，如500美分、750美分、1000美分、1250美分、1500美分、1750美分、2000美分、2250美分以及2500美分等。这些点位都是做多或者做空的密集位置。

外汇市场中的00或者50价位附近不超过5个点往往也是日内波动的高点或者低点，复盘一下就可以发现这个规律，非常有效。

当价格跌至750美分时，猪油期货市场构筑底部的迹象明显。趋势转而向上，此后价格向上突破950美分，**这是低点750美分到高点1190美分的50%点位，进一步上涨的空间被打开了。**

接下来，价格向上突破了1150~1190美分三重顶部的高点。当价格向上突破1200美分时，意味着突破了低点325美分到高点2075美分的50%点位。

此后，价格保持上涨态势，相继突破1500美分和1600美分，这还是1875年以来的历史性高点。

战争是驱动市场创出新高的关键因素。猪油价格向上突破了2075美分，这是1869年以来的最高点。

接下来的关键阻力点位在哪里呢？以2075美分为基准，得到2倍点位4150美分，这是一个潜在的顶部位置。

另外，市价上下存在一系列关键点位。如果以最近的低点750美分为基准，则可以得到2倍点位1500美分、3倍点位2250美分、4倍点位3000美分以及5倍点位3750美分。

1919年6月，见到高点3600美分。当这个顶部构筑后，交易者应该计算此前低点到这一高点为基准的一系列百分比点位。

1920年2月，猪油价格见到低点2225美分。如果价格进一步跌破这一低点，则表明进一步下跌的空间被打开了。

极端低点到极端高点的50%点位是1987美分，而2075美分到3600美分的50%点位则为2837美分。当价格跌破这些重要的50%点位后，则进一步下跌的空间被打开了。

还有一些重要点位也需要我们留意：

2675美分，它是低点1750美分到3600美分的50%点位；

2200美分，它是低点800美分到3600美分的50%点位；

大宗商品都受到经济周期，特别是通胀和风险情绪的影响。除了分析单个商品的供求大势之外，还需要注意整个商品市场的大势。

1800 美分，它是 3600 美分的 50%点位；

900 美分，它是 3600 美分的 25%点位；

450 美分，它是 3600 美分的 12.5%点位；

225 美分，它是 3600 美分的 6.25%点位。

倘若价格跌破 225 美分，那么存在继续下跌的空间。

1920 年，大宗商品市场全线下跌，猪油也无法独善其身。在此过程中，交易者应该顺势做空猪油期货。不要太过在意消息面上的短暂利多，当猪油期货价格跌破 2500 美分、2000 美分时，做空的时机就来临了。当猪油期货价格跌破 1800 美分之后，也就是极端高点的 50%点位时，弱势显露无疑。

1920~1921 年，猪油期货跌势强劲，在这期间只有弱势反弹。

1922 年 1 月，见到低点 790 美分，跌至前期高点和低点附近。不过有一个特征需要注意，790 美分较 1915 年 7 月的低点高 50 美分，表明下方承接有力，做多信号明显。

接下来，价格回升到了 900 美分，也就是 3600 美分的 25%或者说 2/8。价格进一步回升的态势明显。

1924 年 12 月，市场见到高点 1750 美分，比 1800 美分低了 50 美分，后者是极端高点 3600 美分的 50%点位，这是一个具有很高胜算率的做空点位。

1925 年 2 月，跌至低点 1460 美分，跌幅接近 300 美分，支撑显现，反弹紧随而至。

当年见到高点 1775 美分，与 1924 年 12 月的高点构成双重顶部。仍旧低于 1800 美分的高点，这是一个胜算率较高的做空机会。毕竟，从 1700 美分到 1775 美分附近存在 4 个顶部。

下跌过程中的关键点位是 1615 美分，它是低点 1460 美分到高点 1775 美分的 50%点位。当价格跌破这一点位后，则表明进一步下跌的空间打开了。

包括小麦和玉米在内的所有大宗商品的熊市正式开始于 1925 年，此后全线暴跌，在这期间只有小幅的反弹。因此，包括猪油在内的大宗商品其实都是极佳的做空标的。

有一个规律大家需要铭记在心，**那就是绝对价格水平越低，则市场越疲弱，反弹态势就越虚弱，直到超卖转势；相反，绝对价格水平越高，则市场越强劲，回调态势就越微弱，直到超买转势。**

商品投资与投机最大的不同在什么地方？上下游的盈亏平衡点是商品投资非常关注的一个参数，对于有商品投机而言，有无关注必要呢？

1928~1929 年，商品价格持续走低，在这期间反弹微弱，到了 1930 年和 1931 年，商品全线恐慌性暴跌。

1932 年 4 月，猪油价格见到低点 420 美分。

接下来，出现了反弹。同年 8 月，见到高点 540 美分。

随后的 10 月，见到低点 410 美分。

11 月，价格回升，见到高点 540 美分。

一个三重顶部形成了，1932 年 1 月、8 月和 11 月，价格三度在 540 美分附近构筑高点。

如果出现重大的持续性利好，则三重顶部就会向上突破。从这个角度来看，技术分析的结论都是以基本面不出现重大变化为前提的。

价格从 540 美分高点开始下跌。

1932 年 12 月，跌至低点 390 美分，这是 1896 年以来的最低点，下方出现了显著的承接力量。

1933 年 1 月，见到高点 460 美分。

1933 年 2 月，见到低点 375 美分。在 50 美分的范围内分布着 4 个低点，同时 375 美分也比极端低点 325 美分高出 50 美分，这些特征表明市场在构筑底部，这是一个良好的做多点位。商品投资者可以在此水平附近进场买入，投机者则可以在价格向上突破 540 美分、确立上涨趋势时进场做多。

1933 年 3 月，猪油价格见到高点 490 美分。

1933 年 4 月，见到低点 410 美分，低点出现了抬升，胜算率较高的逢低做多点位出现了。

接下来，当价格向上突破 500 美分和 540 美分时，这也是进场做多的信号。

到了 1933 年 5 月，见到高点 690 美分，前期低点之下，做空点位出现了。

如何更为有效地利用震荡指标呢？当更高的低点形成后，见到震荡指标超卖后金叉，则做多；当更低的高点形成后，见到震荡指标超买后死叉，则做空。

1933 年 12 月，见到低点 450 美分，显著高于前期的双重和三重底部，**这是上涨过程中的回调，**一个良好的做多点位。

1934 年 2 月，涨至高点 650 美分。

1934年5月，跌至低点585美分，这是回调做多的机会。

此后，当价格向上突破700美分，也就是1933年5月的高点时，胜算率较高的做多点位出现了。

一旦市场转而上涨，交易者就需要计算重要的阻力点位了。以1925年8月的高点1755美分以及低点375美分为基准，进行百分比分割，得到一系列关键阻力点位：

560美分，它是12.5%分割点位；

725美分，它是25%分割点位；

900美分，它是37.5%分割点位；

1075美分，它是50%分割点位；

1250美分，它是62.5%分割点位；

1425美分，它是75%分割点位；

1600美分，它是87.5%分割点位；

1775美分，它是100%分割点位。

当市场处于上涨态势时，这些阻力点位都是非常重要的，需要交易者留意。

当猪油价格向上突破700美分后，涨势一直持续到了1935年8月，在这期间没有出现跌幅超过100美分的回调。

1935年8月，见到高点1740美分，与1924年、1925年和1926年的高点接近，双重和三重顶部形成了，这是一个做空信号。

另外，这个高点在1800美分之下，低于3600美分的50%点位，因此这是一个做空机会。

从低点375美分到高点1740美分的50%回撤点位是1057美分。如果价格跌破这个低点，则进一步下跌空间就被打开了。极端情况下，如果当价格最终跌破375美分时，则市场就相当于崩盘了。

1936年6月，跌至低点1000美分，位于50%点位1057美分之下，不过支撑显著，可以抢反弹。

1000美分是一个关键的双零甚至三零价位。

1936年12月，反弹至高点1410美分。

需要留意的是1370美分，它是高点1740美分到低点

1000 美分的 50%点位。

1937 年 12 月，再度见到 1410 美分。与 1936 年 12 月的高点共同构成了双重顶部。另外，1410 美分仅仅比 50%点位高出不到 50 美分，抛压显著。

此后，价格下跌，跌破了 1125 美分附近的弱支撑。

1937 年 8 月，再度见到低点 1000 美分。中等级别的反弹随之出现了。

接下来的 9 月，见到高点 1160 美分，反弹结束。

当价格跌破 1000 美分时，可靠的杀跌信号出现了，这是市场继续下跌的信号。

1939 年 8 月，价格跌破 500 美分，相当于跌破了 1000 美分的 50%点位。

1939 年 9 月，见到高点 825 美分，受阻于前期低点和高点，做空信号出现了。接下来价格下跌，跌破 650 美分。650 美分其实是 500 美分到 825 美分的 50%点位，这意味着跌势将持续。

1940 年 12 月，见到低点 410 美分，附近存在 1932 年和 1933 年形成的底部，支撑效应显现，做多点位出现了。**前期下跌很快，现在反弹就很快，堪比 1939 年 8 月以来的最快上涨。**

顶部或者底部为中线，两边的走势具有一定的对称性。在大宗商品的日线走势上这种特点比较明显。

1941 年 1 月，升至高点 700 美分。这附近存在一系列历史高点和低点，价格受阻回落。

1941 年 2 月，跌至低点 612 美分，下跌到前期高点附近，获得支撑。上涨随之展开。

1941 年 6 月，涨至高点 1160 美分。这个高点与 1937 年 9 月的最后高点构成了一个双重顶部。1160 美分是 1740 美分的 2/3 点位。另外，1200 美分是 3600 美分的 1/3 点位，价格在 1200 美分之下，也意味着阻力强大，趋势转而向下的可能性较大。一个做空机会出现了。

1941 年 8 月，跌至低点 990 美分，在前期低点附近获得支撑，交易者可以逢低进场做多。

点位有许多，如果仅仅像江恩一样靠点位确定进场机会肯定是行不通的。重视点位，但不能只依赖点位，交易者在实践当中还需要结合其他因素，如持仓极端值、基差极端值、市场共识预期、K 线形态等。

1941 年 9 月，涨至高点 1150 美分，一个双重顶部形成了，做空机会出现了。当然，这也是一个三重顶部，因为 1937 年 9 月的高点为 1160 美分。如果此前交易者持有多头头寸，那么此刻应该平仓离场。

接下来，当价格跌破 1070 美分时，也就是最近上涨波动的 50%时，则进一步下跌的空间被打开了。1000 美分也是一个非常重要的关口，一旦跌破则市场弱势尽显，下跌走势还将持续。

当大众的市场观点高度一致时，趋势就要反转了。市场存在分歧时，价格大概率处于惯性运动过程中。

1941 年 10 月，猪油期货价格跌至低点 862 美分，这是恐慌性抛售触及的点位。**几乎每个人都在卖出，根本不管价格多少，是否跌破成本线。**

这附近还存在历史高点和低点，支撑比较显著。另外，875 美分这个关键点位也在附近，它是高点 1750 美分的 50%点位。

此后，价格反弹。最近的一个反弹目标是 1000 美分或者是高点 1160 美分到低点 862 美分的 50%点位。

随着 Python 等工具在金融界的广泛和深入使用，复盘历史顶部和底部数据的工作将变得越来越高效。

通过复盘 1896 年、1905 年、1914 年、1916 年、1921 年、1926 年以及 1932~1933 年、1939 年、1940 年的底部特征，交易者应该对如何判断猪油期货价格起涨点有一定的心得了。

同样，交易者通过复盘历史上的顶部形态，也会发现共同的一些特征，比如在绝大多数情形下顶部的持续时间都非常短。大多数中长期顶部的左侧是近乎垂直的上涨，而右侧则是快速下跌。

当猪油期货价格跌到极端低点时，底部却需要花费相当长的时间来形成。玩家们都经历了市场的大屠杀，失望和恐惧弥漫在整个市场，对于做多缺乏足够的信心。

底部在绝望中诞生了。价格企稳，在聪明资金的推动下开始上涨。随着上涨累计幅度变得显著，大众逐渐乐观起来，逐步进场做多。当市场极度乐观时，下跌风险开始累计。下跌会以猝不及防的形式降临，将亢奋的大众一网打尽。

商品期货交易者如果有足够精力的话，应该将参与品种的历史走势与基本面背景梳理一下。从中你可以知道什么样的驱动因素会导致什么样的行情。

交易者通过复盘过去的行情走势，能够得到一些具有普

遍性的统计特征，而这些特征可以帮助我们预判猪油等期货品种的未来走势。

第 19 节 棉花交易
(Cotton Trading)

在美国有如下几个交易所挂牌了棉花期货，它们是：纽约棉花交易所（New York Cotton Exchange）、新奥尔良棉花交易所（New Orleans Cotton Exchange）、孟菲斯棉花交易所（Memphis Cotton Exchange）。另外，在美国之外还有一些规模较大的棉花交易所，如利物浦棉花交易所（Liverpool Cotton Exchange）。

每个交易所的棉花合约规格并不完全一致，如纽约棉花标准合约就是 50000 磅或者 100 包（Bale），最小变动价格是 0.01 美分/磅。也就是说，报价变动 0.01 美分，则一份合约的价值变动 5 美元。如果报价上涨 100 个点，也就是 100×0.01=1 美分，那么一份合约的价值就变动了 500 美元。当然，如果交易者持仓正确，则意味着一手合约有 500 美元的利润，减去手续费和佣金，剩下的就是净利润。

在纽约棉花交易所，手续费最低为 25 美元一手，随着报价变化而变化。一手棉花期货合约的保证金最低为 500 美元，高的时候超过 1000 美元，具体保证金水平与报价挂钩。

新奥尔良棉花交易所的合约标准则是 50 包，报价最小波动单位与纽约棉花交易所一致。因此，当报价变动 0.01 美分时，新奥尔良交易所的一手棉花合约的价值变动 2.5 美元。

接下来将介绍的是棉花价格的季节性波动特征。以 1816 年到 1941 年的数据统计为基础，我会给出高点和低点的月度分布规律（见表 4-11），这样就可以大致掌握棉花的季节性规律，也就能够高效地预判未来行情的潜在转折时点。

表 4-11 1816~1941 年棉花期货价格高低点的月度分布

月份	最高点出现次数	最低点出现次数
1	19	27
2	5	12
3	14	9
4	11	6
5	11	8

续表

月份	最高点出现次数	最低点出现次数
6	7	5
7	5	4
8	11	4
9	15	11
10	14	11
11	8	8
12	19	31

做豆油粕、白糖和棉花等农产品期货的交易者必须关注美国农业部定期发布的相关报告，它们往往是行情的驱动因素或者是催化剂。

1816~1941 年，总计 125 年的棉花期货价格数据。从中可以看出在 1 月和 12 月最低点总计出现了 58 次。如果加上 2 月，最低点在三个月里总计出现了 70 次。

为什么最低点如此高频率地出现在上述这三个月呢？因为美国农业部一般会在 12 月底公布农产品的产销量预估值，这使低点容易出现在 12 月，有时会延迟出现在 1 月和 2 月。如果农作物出现严重歉收情况，则容易在 12 月或者 1 月形成高点，这就体现为反季节性走势。

接下来容易出现最低点的月份则是 9 月和 10 月，频率都为 11 次。最低点在 3 月出现了 9 次，在 5 月和 11 月各出现了 8 次。

最低点出现频率较低的月份是 6 月、7 月和 8 月，依次出现了 5 次、4 次和 4 次。最高点在这些月份的出现频率要高很多。因为农作物歉收引发的恐慌往往发生在 7 月、8 月和 9 月。

我们来具体看下棉花价格最高点的月度分布情况：

1 月出现了 19 次；

3 月出现了 14 次；

9 月出现了 15 次；

10 月出现了 14 次；

……

由此可见，1 月和 3 月是最高点出现频率最高的月份，也是趋势容易出现转折的月份。

就趋势转折点而言，9 月是最为重要的月份。为什么呢？因为政府会在每年 9 月公布一个农作物生长报告，大众由此得知当年的收成大体如何，因此 9 月成了趋势最容易变化的月份。如果此前价格已经显著上涨，那么 9 月可能是卖出或者做空的时点。

仔细看！8~10 月，最高点出现的频率高达 40 次，这段时期其实就是以 9 月为中心。抛开 8 月，9 月和 10 月一共出现了 29 次最高点。因此，如果棉花价格在初夏开始上涨，持续到 9~10 月时就需要注意见顶的迹象了。

另外，12 月到次年 1 月也出现了 38 次最高点，这时候通常是反季节性走势。因此，如果此前价格已经上涨了数月，那么在 12 月到 1 月见顶的概率就非常大了。

供大于求，且处于淡季，做空好时机；供不应求，且处于旺季，做多好时机。

3 月见顶的概率也不小，毕竟出现了 14 次最高点。如果棉花市场在 10 月或者 12 月构筑底部后上涨，持续涨到 3 月，这个时候交易者就需要注意见顶的迹象了。

见顶的迹象可以从心理面和技术面两个维度去把握：市场共识是否一致看涨？持仓是不是达到极致了？交易所有无推出打压措施，比如提高保证金要求？有没有出现顶部背离？有没有出现天量后拐头向下的走势？有没有出现流星叠加天量的技术形态？N 字顶出现了吗？2B 顶出现了吗？双重顶部出现了吗？如此等等。

4 月、5 月和 8 月各出现了 11 次最高点，它们也因此成了交易者需要注意的趋势转折点月份。

在 125 年的数据样本之内，2 月和 7 月仅仅出现了 5 次最高点，因此这两个月出现最高点的概率非常低，可以不予考虑。

交易者要学会综合研判，将周期与点位结合起来使用。季节性就属于周期的范畴，最高点到最低点的持续时间也属于周期的范畴。支撑和阻力就是所谓的点位。你需要将两者结合起来判断趋势。

有哪些时间周期特别值得注意呢？我个人给出的意见是从任何重要低点开始算起，第三个月或者第四个月有很大的可能出现趋势转折。如果上涨速率很大，那么第三个月或者第四个月就更容易出现趋势转折了。从低点算起的第六个月或者第七个月也容易出现趋势反转。

另外，**距离任何重要高点或者低点一年、二年和三年的地方也值得关注，趋势在这些节点发生变化的概率很大。**

周年日现象在 A 股出现的频率也不低，但是要运用于实际还是很难。

除此之外，距离任何重要高点或者低点 15 个月、18 个月、21 个月的节点也容易出现趋势变化。15 个月实际上就是一年加上一个季度；18 个月实际上是一年加上两个季度；21 个月实际上是一年加上三个季度。

还有一条经验法则，如果市场在上述重要时间节点出现了高点或者低点，那么接下来就很可能在随后的重要时间节点出现趋势变化。

回到棉花这个主题上。1844 年棉花报价 5 美分/磅。到了 1894 年和 1898 年，棉花报价也是 5 美分/磅。这是一个极端低点，交易者应该以此为基准计算出上涨过程中的重要点位：

6.25 美分，它是 5 美分的 1.25 倍点位；

7.5 美分，它是 5 美分的 1.5 倍点位；

8.75 美分，它是 5 美分的 1.75 倍点位；

10 美分，它是 5 美分的 2 倍点位；

以此类推，10 美分以上的重要点位有：

11.25 美分；

12.50 美分；

13.75 美分；

15 美分；

16.25 美分；

17.50 美分；

18.75 美分；

20 美分。

20 美分以上的重要点位有：

21.25 美分；

22.50 美分；

23.75 美分；

25 美分，它是 5 美分的 5 倍点位。

30 美分以上的重要点位有：

31.25 美分；

32.5 美分；

33.75 美分；

35 美分；

36.25 美分；

37.5 美分；

38.75 美分；

40 美分。

40 美分以上的重要点位有：

41.25 美分；

42.5 美分；

43.75 美分；

45 美分。

你可以复盘棉花的历史走势，看看有多少高点和低点是在上述重要点位附近形成的。从历史行情中你可以发现这些点位有多么重要。其中最为重要的点位是 50%点位和 2 倍点位，具体来讲就是从任何高点或者低点回撤 50%的点位，以及上涨或者下跌 1 倍的点位。

参考本教程列出的一系列百分比点位，你会发现大部分重要的点位已经计算出来了。它们起到了提醒作用，一旦市场触及这些点位，交易者很容易发现。当然，不要仅仅使用点位，交易者还应该将点位与周期结合起来研判。

牢记我给出的周期法则。毕竟，周期比点位更为重要，时间胜过价格。从重要高点或者低点出发的时间周期以及季节性规律是我强调的周期法则。价格的起涨或者起跌往往都是从时间节点开始的，时间周期没有到，下跌或者上涨是不会开始的。

接着我们探讨和回顾一下棉花的重要底部和顶部形态，它们是单重顶部、双重顶部和三重顶部，以及单重底部、双重底部和三重底部。**回顾和复盘历史是预判未来的唯一可靠方式。**因此，交易者需要追溯尽可能长的历史数据，这样才能透彻掌握市场波动的规律，从而为预判未来的走势打下坚实的基础。这就是我反复强调回顾历史行情的原因所在。

现在就来看看棉花历史的底部和顶部数据：

1828 年 5 月，见到低点 13.1 美分。

1830 年 10 月，见到高点 13.25 美分，一个双重顶部形成了。

1832 年 11 月，见到高点 12.9 美分，一个三重顶部形成了。

1835 年 6 月，见到高点 20 美分。

1836 年 6 月，见到高点 20 美分，一个双重顶部形成了，做空信号出现了。

1839 年 4 月，见到高点 17 美分，一个单重顶部形成了。

1841 年 1 月和 5 月，分别见到高点 11.4 美分，一个双重顶部形成了。

1844 年 12 月，见到低点 5 美分，极端低点出现了。

1845 年 1 月，再度见到极端低点 5 美分，一个双重底部出现了。

1847 年 5 月，见到高点 13.5 美分。

1847 年 7 月，见到高点 13.25 美分，一个双重顶部形成了。

1848 年 11 月，见到低点 6 美分，较极端低点 5 美分更高。低点抬高意味着棉花走势开始走强，一个胜算率更高的做多点位出现了。

1850 年 10 月，棉花价格见到高点 15 美分，一个单重顶部形成了。

1852 年 1 月，见到低点 8.25 美分。低点继续抬升，棉花趋势向上特征明显。

1853 年 3 月、4 月和 8 月，棉花价格见到高点 11.6 美分。一个三重顶部形成了，做空信号出现了。

1855 年 1 月，跌至低点 8.4 美分。一个双重底部形成了，做多信号出现了。

1855 年 5 月，见到高点 13 美分，形成了一个单重顶部，做空信号出现了。

1855 年 12 月，见到低点 9 美分。低点出现了抬升，做多信号出现了。

1857 年 9~10 月，见到高点 15.7 美分，一个双重顶部形成了。

1858 年 1 月，跌至低点 9.25 美分。这是第三高的低点，也是更加可靠的做多点位。

1858 年 9~10 月，见到高点 13.75 美分，一个双重顶部形成了，做空机会出现了。

1859 年 12 月，跌至低点 7.4 美分，这是第四高的低点，也是胜算率更高的做多点位。

1860 年 12 月，见到低点 7.25 美分，与一年前的低点构

你能否构建一个画线指标，自动标注出重要的双重底部？能不能借用“海龟汤策略”的思路？“海龟汤策略”其实就是对“周规则”的逆向思维和实践。后者专注于突破，前者则专注于假突破。现代金融市场的发展使我们需要与时俱进。

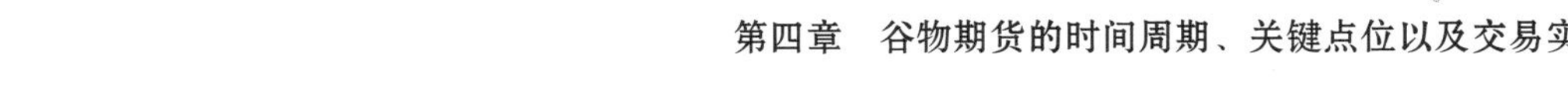

成了一个双重底部。

有一个趋势需要我们注意，那就是**从 1844 年到 1860 年的 16 年间，棉花价格的低点和高点在逐步升高，这是大势向上的显著特征。**

接下来，**内战在 1861 年爆发，这导致棉花价格飙升**，这就是战争的显著影响之一。无论是从价格走势，还是基本面因素来看，棉花市场都显示出了继续走高的迹象，更高的高点和低点将出现。

1863 年 2 月，见到高点 9.1 美分，一个单重顶部出现了，这是一个罕见的高点。

接下来的 6 月，见到低点 5.3 美分，这是一个单重底部。

同年 10 月，创出新高 9.2 美分，与 2 月的高点构成双重顶部，做空机会出现了。

1864 年 4 月，见到低点 7.1 美分，这是一个较前期低点抬升了的单重底部。

1864 年 9 月，触及极端高点 18.9 美分，陡直的单重顶部形成，下跌迅速展开。

1865 年 4 月，跌至低点 3.7 美分。

1865 年 10 月，升至高点 5.9 美分，单重顶部形成了。

1866 年 5 月，见到低点 3.3 美分，比 1865 年 4 月的最低点还低了 0.4 美分，这是一个陡峭的单重底部。

从上述历史数据可以看出，棉花市场的走势是战争结束的先行指标。重大事件总是会在比如棉花等商品走势上提前显示出来。因此，交易者通常应该在利空兑现时做多，利多兑现时做空。当然，任何市场法则都存在例外情形，不应该一概而论。不过，通常情形下周期和点位会告诉交易者利空或者利多消息是否会导致趋势反转。

题材、点位、周期和形态，你能否综合它们来构建一个市场分析框架？

1866 年 10 月，棉花价格反弹到一个高点 3.7 美分。它位于 1865 年低点之下，价格明显受到了前期低点的压制，因此这是一个做空信号。单重顶部形成了，价格随之下跌。

1867 年 12 月，价格快速飙升到了 15.7 美分，并且构筑

在中国期货市场上棉花也曾演绎过一次壮阔的行情，可以看看其顶部的技术特征。成交量有什么异常？价格形态有什么异常？监管当局出台了什么政策？现货商们有什么异常行动？

了一个非常陡峭的顶部，回调随后展开。

1868 年 5 月和 7 月，两度触及高点 32.5 美分，一个双重顶部形成了，做空信号出现了。回调紧随而至。

1869 年 8 月，创出新高 35 美分，一个大顶形成了，这是这波大牛市的最后高点。大跌随后展开。

1871 年 3 月和 4 月，两度跌至低点 13.5 美分，一个双重底部形成了。

1872 年 6 月，升至高点 27.4 美分，一个陡直的单重顶部，暴跌紧随其后。27 美分是一个重要的阻力点位，因为它是低点 13.5 美分的 2 倍点位。

1872 年 9 月，跌至低点 17.7 美分，这是一个单重顶部。

1873 年 2 月，回升见到高点 22.5 美分。

1873 年 4 月，跌至 18 美分，构成一个单重底部。

1873 年 6 月，再度见到低点 18 美分，构成一个双重底部。一个进场做多信号出现了。

1873 年 7 月，回升到了 21.9 美分。

1873 年 11 月和 12 月，棉花价格两度跌到 13.8 美分，形成了一个双重底部，情况与 1871 年类似。

1874 年 5 月，反弹到了 19 美分，一个单重顶部形成了，做空机会出现了。

1874 年 10 月，见到低点 14.4 美分。

1874 年 12 月，见到低点 14.1 美分，一个双重底部形成了，且高于 1873 年低点，这是一个做多信号。

1875 年 3 月和 4 月，棉花价格两度见到高点 17.4 美分，形成了一个低于 1874 年最高点的双重顶部，做空信号出现了。

1875 年 10 月，跌至低点 12.7 美分，一个单重底部出现了。

1875 年 12 月，见到高点 14.7 美分。

1876 年 3 月，再度升至 14.7 美分，一个标准的双重顶部形成了。

1876 年 5 月、6 月和 7 月，棉花价格都跌至 11.4 美分，形成了一个三重底部。

1877 年 1 月，见到高点 17.7 美分，与 1875 年和 1876 年的高点形成三重顶部，恰好在前期低点之下。因此，这是一个可靠性极高的做空点位。

1878 年 11 月见到低点 9.6 美分。

接下来的 12 月，见到低点 9.5 美分，一个双重底部形成了。

我们注意到 1866 年 10 月的高点是 3.7 美分，1869 年 8 月的高点是 35 美分。3.7 美分的 2.5 倍是 9.25 美分。1878 年年底形成的双重底部在 9.25 美分以上，这表明棉花价格走势还是比较强劲的。

1879 年 5 月，涨到高点 14.2 美分，一个单重顶部形成了。这个高点与 1875 年和 1876 年的高点比较接近，因此也可以看作是双重顶部或者说三重顶部。只不过目前这个高点更低一些。

1879 年 8 月，见到低点 10 美分，这是一个单重底部，比 1878 年低点有所抬升，筑底迹象明显。

1879 年 12 月，上涨到了高点 14.9 美分，一个单重顶部形成了，做空机会显现。

1880 年 9 月，跌至低点 10.5 美分，较 1878 年的低点更高。底部出现了抬升，表明价格存在继续上涨的动量。

1880 年 12 月，涨至高点 13.55 美分，较前高要低，做空信号出现了。

1881 年 5 月，跌至低点 10.35 美分，一个双重底部形成了，低点出现了抬升。

1881 年 8 月，见到高点 13 美分。一个双重顶部形成了，较前高更低，市场疲态显现。此后，持续下跌，在这期间只出现了弱势反弹。

1883 年 4 月，棉花价格跌至 9.8 美分。

接下来的 7 月，棉花价格跌至 9.7 美分。一个双重底部形成了，做多信号出现了。与 1878 年的走势类似，此后棉花价格进入升势。

1884 年 4 月，棉花价格见到高点 11.4 美分。

1884 年 7 月，棉花价格再度见到高点 11.4 美分，一个双重顶部形成了，一个做空信号出现了。

1884 年 10 月，跌至低点 9.65 美分，与 1883 年的低点一起构成双重底部。

1885 年 2 月，涨至高点 11.5 美分，与 1884 年的高点一起构成双重顶部，做空信号出现了。

1886 年 2 月，跌至低点 8.7 美分，一个单重底部形成了。

1887 年 6 月，涨至高点 10.5 美分，比前高更低，下跌特征。

1887 年 7 月，跌至低点 9.2 美分。

同年 10 月，再度跌至低点 9.2 美分，一个双重底部形成了。

1887 年 12 月，涨至高点 10.9 美分，一个双重顶部形成了，做空信号出现了。

1888 年 10 月，跌至低点 9.2 美分，与 1887 年的低点一起构成一个双重底部，接下来价格出现了缓慢上涨。

1890 年 3 月，回升见到高点 11.4 美分，与 1885 年的高点一起形成双重顶部，做空信号出现了。

1892 年 3 月，跌至低点 6.3 美分，一个单重底部形成了，下方支撑明显，可以抢一下反弹。

1893 年 7 月，见到高点 10.2 美分，一个单重顶部出现了，做空机会出现了。

1894 年 11 月，跌至低点 5.1 美分，这是一个极端低点，一个投资买入的良机到了。**因为此时棉花的价格已经跌到了生产成本之下。**

1895 年 10 月，涨至高点 9.25 美分。一个单重顶部形成了，这个高点比 1893 年高点更低。

1896 年 7 月，跌至低点 6.2 美分。这个低点比 1894 年的低点更高，低点出现了抬升迹象，表明上涨动量充足。一个做多信号出现了。

1896 年 9 月，涨至高点 8.7 美分。高点继续降低了，一个做空信号出现了。

1898 年 10 月，棉花价格跌至低点 5.15 美分。

接下来的 11 月，再度跌至低点 5.15 美分，与 1894 年的低点构成多重底部。一个高胜算的做多机会出现了。

棉花市场持续震荡了两年时间之后，于 1899 年选择向上突破，上涨趋势确立了。

1900 年 7 月，涨至 10 美分，这是一个整数点位，同时也是极端低点 5 美分的涨 100%点位。

1900 年 9 月，跌至低点 8.75 美分，支撑显著，做多机会。

接下来的 10 月，再度触及高点 10 美分，双重顶部形成了。

形态、点位和周期三要素综合研判得出的做多点位。你想过结合基本面吗？例如，题材或者是生产成本，甚至结合基差极端值？

1901 年 7 月，跌至低点 7.2 美分，比 1899 年 12 月的低点更高，做多机会。

1901 年 11 月，再度见到低点 7.2 美分，形成了一个双重底部，同时这也是季节性低点出现的月份，因此这是一个高胜算做多机会。

1902 年 5 月，见到高点 9.6 美分，高点降低了，做空信号明显。

1902 年 9 月，跌至低点 8.3 美分。

1902 年 12 月，跌至低点 8.2 美分。低点比 1901 年的低点更高，也就是低点出现了抬升，趋势向上。

1903 年出现了棉铃象鼻虫灾害（Boll Weevil Damage），导致当年棉花出现了显著减产。棉花价格大涨，丹尼尔·J.苏力（Daniel J.Sulley）大举做多棉花挣了大钱，引发了不少来自南部的跟风盘。

1903 年 7 月，见到高点 13.8 美分。13.8 美分是 1881 年以来的最高点，这是一个天然的做空点位。随后，棉花价格暴跌。

1903 年 10 月，跌至低点 9.3 美分。附近存在许多前期高点和低点，此后棉花严重减产主题发酵，价格暴涨。

1904 年 2 月，见到高点 17.55 美分，这是 1869 年 8 月以来的高点。1869 年 8 月创出的历史高点是 35 美分。**35 美分的 50%点位是 17.5 美分，因此这是一个潜在的阻力点位。**另外，17.5 美分也是低点 5 美分的 3.5 倍点位。

1904 年 3 月，丹尼尔·J. 苏力在棉花转势后破产，而这加速了下跌，最终导致棉花价格进一步暴跌。

1904 年 12 月，跌至低点 6.85 美分，与 1899 年和 1900 年的低点非常接近。**棉花窄幅波动，持续了五个月时间，交投清淡。市场非常悲观，没有人认为棉花价格会上涨。得克萨斯州的农民们开始焚烧棉花。**

1905 年 3 月，棉花价格见到低点 7 美分，低点抬升了，上涨信号出现了。**农民减少了种植面积，同时 3 月也是季节**

白糖存在六年产量和价格周期，棉花的周期你知道吗？当周期运行到减产阶段时叠加灾害，则会导致大行情。

实际发挥作用的点位应该是驱动面与潜在点位共同发挥效力时的那个唯一点位。

商品期货的价值投资怎么进行估值呢？生产成本、上下游厂商的盈亏平衡点、交割地注册仓单价格以及基差极端值都是商品期货价值投资的估值基准。国内有一位擅长商品投资的行家曾经说过一段很精辟的话：“等商品跌到成本附近或跌破成本后就会影响到它后期供求关系的变化。商品的生产周期或消费周期越短，它的价值变化就越大，或越频繁。商品的价值根源就是它的实际成本。价值投资就是考虑这个商品目前的价格离它成本的远近，越近价值投资性就越强。商品的成本可以分为浮动成本和固定成本。在价值投资中，浮动成本较难计算其合理价值投资区域。以螺纹钢为例，它的价值取决于铁矿石和煤炭的价格变化，二者的变化幅度会直接影响螺纹钢的价格变化，所以螺纹钢很难被确定在某个价位区间。固定成本就相对好理解了，因为它的成本是固定价格或在一个时间区域里是固定的。例如，农产品中的大豆、棉花，它们在春季播种，基本上就锁定了绝大部分成本（地租、种子、化肥、人工等），不管后期价格如何波动，其前期费用基本上锁定。”

性低点出现的月份。

1905年8月，见到高点12.6美分，从3月的最低点开始上涨，上涨幅度超过了5美分。8月也是季节性高点出现频率较高的月份。这个高点在1904年的前期低点之下。附近也存在一个重要点位11.85美分，它是低点5.1美分到高点17.55美分的50%点位。另外，12.5美分也是一个重要点位，它是极端低点5美分的2.5倍点位。

1906年8月，跌至低点9美分，从上一个最高点到此低点恰好一年。本来该见到高点的月份却出现了低点，这是反季节性运行，表明市场见底的可能性非常大。

10月，涨至高点11.65美分，较1905年的高点低。高点降低，趋势向下特征。

1907年1月，跌至低点9.3美分。

1907年4月，再度跌到9.3美分，一个双重底部形成，安全的做多点位出现了。

洪水对农产品影响很大，甚至不算农产品的橡胶都受到洪水的巨大影响。例如，2017年1月，当时是泰国南部产胶旺季，不过却碰到了百年一遇的洪水侵袭，割胶运输受阻令胶源供给紧张。

同时，中国国内新车产销数据超乎预期的好，极大提升了橡胶终端需求预期。

供求两端一起促进了沪胶期货呈现快速拉升模式，累计涨幅达到21%。

1907年，洪水驱动整个农产品市场出现减产忧虑。

1907年7月，涨至12.95美分，与1905年的高点共同构成了双重顶部，一个做空点位出现了。在接下来的8月和9月，市场高点出现了降低，而且9月本来就是转势的月份。此后，向下趋势确立。

1907年12月，跌至低点10美分，附近有1908年的最低点。

1908年1月，涨至高点11.5美分，附近存在一些前期高点和低点，阻力明显，做空机会出现了。

1908年4月，跌至低点8.5美分。

1908年5月，跌至低点8.5美分，一个双重底部形成了。

价格快速反弹到了11.4美分，与1908年1月的高点形成了双重顶部。当时，杰西·李默弗刚好在做多，形成多逼空的行情走势，做多者自然收获甚多。

1908年10月，跌至低点8.3美分。与4月和5月的低点非常接近，下方支撑明显，做多机会出现了。

接下来的数月，棉花处于震荡走势之中，波动散漫平缓。

1909 年 4 月，多空力量对比从均衡走向失衡。价格涨至了前期高点 9.6 美分附近，上升趋势明显。

价格快速上涨，迅速突破了 10.65 美分，它是高点 12.9 美分到低点 8.15 美分的 50%点位。一旦价格突破，那么快速获利的机会就出现了。

上涨行情强劲，尤金·斯凯尔斯（Eugene Scales）是多头的领袖人物，南部的做多者们跟风而动，其号召力如同此前提到的苏力一样。在任何多头行情中，一旦出现一个领军人物，那么大众的做多热情就会被完全激活。

上涨幅度很大，在这期间回调幅度很小。

1909 年 12 月，棉花价格涨至高点 16.5 美分，低于苏力大举参与的那次牛市的顶部。

上涨行情持续的时间已经超过了 14 个月。同时 12 月也是季节性低点出现频率较高的月份，市场似乎正在反季节性，本来早就该下跌了。

暴跌很快随之而来。

1910 年 1 月，跌至低点 13.4 美分。附近存在一个关键点位 13.75 美分，这是一个重要点位。另外，附近还存在前期高点和低点。

1910 年 2 月，涨至高点 15 美分，这波反弹仅仅持续了一个月，做空机会出现了。

1910 年 4 月，跌至低点 14 美分，低点出现了抬升，做多机会出现了。

1910 年 7 月，涨至高点 16.55 美分，一个双重顶部出现了，做空机会到来。

1910 年 9 月，跌至低点 12.9 美分。9 月是季节性变化节点，做多机会出现了。

1910 年 12 月，涨至高点 15.45 美分，一个较低的高点出现了。这波反弹持续了 3 个月，趋势变化的节点来临了。同时，这一高点距离 1909 年 12 月高点恰好一周年，市场很少会连续出现两个逆季节行动顶部。

下跌紧随而至。

1911 年 2 月，跌至低点 13.75 美分，附近存在前期低点，进场做多机会出现了。

1911 年 5 月，涨至高点 16.15 美分。高点出现了降低态势，一个是三重顶部出现了。**如果说最大的上涨出现于三重底部的话，那么最大的下跌则出现于三重顶部。**

从基本面来讲，1911 年是农产品的一个大丰年。从时间周期来讲，5 月是季节性高点出现频率较高的月份。

从低点 12.9 美分到高点 16.5 美分的 50%点位是 14.7 美分，当价格跌破这一点位则表明完全弱势。棉花价格快速下跌，在这期间反弹微弱。

1911 年 12 月，跌至低点 8.8 美分。这波下跌的速度非常迅速。跌至了 1908 年和 1909 年的最低点附近。从时间周期来讲，12 月是趋势变化的节点。此前两年，市场走出反季节性走势，在 12 月出现了高点。

根据我提出的判市法则，在与高点或者低点间隔 6~7 个月的时候，我们需要注意趋势变化。从 5 月市场见到高点下跌之后，并没有出现像样的反弹，因此 12 月是一个重要的节点。

1912 年 1 月，棉花走势正式反转，价格向上突破了前期高点，形成了一个较为安全的做多机会。

1912 年 7 月，涨至高点 13 美分。低于前期低点，这波上涨持续了 7 个月时间，时间节点出现了。了结多头头寸，开立空头头寸从时间周期来讲是明智之举。

1912 年 9 月，跌至低点 10.65 美分。9 月也是趋势变化频率较高的月份。

从低点 8.8 美分到高点 13 美分的 50%点位是 10.9 美分，市场跌了差不多 3 个月了。当价格再度向上突破 10.9 美分时，进一步上涨的空间就被打开了。

1912 年 12 月，涨至高点 13 美分，一个双重顶部形成了。市场再度呈现出反季节性走势，这个高点距离此前的低点恰好一周年。根据我给出的周期法则，这是一个重要的时间节点，趋势发生改变的概率很大。

1913 年 4 月，见到低点 11.25 美分。价格在此附近横盘震荡了 3 个月时间，做多机会出现了。

1913 年 9 月，涨至高点 13.85 美分，低于此前的低点。另外，9 月是季节性见到高点的月份，也是做空的良机。

1914 年 3 月，见到低点 11.5 美分，一个双重底部形成了，高于 1913 年的低点，做多机会出现了。

1914 年 7 月，见到高点 13.4 美分，这波反弹持续了 3 个多月时间。高点降低了，而且这是一个容易季节性见顶的月份。此后市场逐步下跌。**当战争在 7 月底来临时，棉花市场**

对比一下开战前后的黄金波动。

大幅跳空。

1914 年 7 月 30 日，棉花见到极端低价 10 美分。由于市场出现了恐慌，交易所被关闭了，直到 1914 年 11 月才重新开门。

当年 12 月，棉花 7 月合约的最低价为 7.5 美分，比 1904 年和 1905 年的最低价更高。

如果价格能够向上突破 8.25 美分，则做多更安全。8.25 美分是高点 16.5 美分的 50%点位，也是强弱分水岭。一旦价格站上这个点位，则上涨空间就被进一步打开了。

随着战争持续，棉花价格的走势变得越发强劲起来。

1915 年 4 月，涨至高点 10.5 美分，比前期低点更低，一个显著的做空信号。

1915 年 7 月，跌至低点 8.4 美分，这波下跌持续了 3 个月时间。这是一个升高的低点。低点 7.5 美分到高点 10 美分的 50%点位是 8.75 美分，当价格上涨超过这个点位时，做多的胜算率更高。

接下来，当价格向上突破 10.5 美分时，交易者应该大举做多。

1915 年 10 月，涨至高点 13.6 美分，与 1913 年和 1914 年的高点共同形成三重顶部。这是一个做空的良机。因为 10 月容易见到低点，现在却反季节运行，况且上涨已经持续了 3 个月时间。市场到了变盘的节点，现在应该做空。

1915 年 11 月，见到低点 11.8 美分。下跌仅仅持续了一个月时间，回升很快来临。

1915 年 12 月，涨至高点 13.25 美分，高点降低了。这个高点是反季节性的，并且距离极端低点刚好一周年时间，变盘点来临了。这个时候交易者应该以尝试小幅止损做空。

1916 年 2 月，跌至低点 11.4 美分，低点降低了。这波下跌仅仅持续了 2 个月。2 月是低点出现频率较高的月份。

1916 年 5 月，趋势开始转而上涨。

接下来的 6 月，涨至高点 13.5 美分，第四度触及前期高点。根据我给出的法则，当价格第四次触及同一价位时，那么反转的可能性就非常小了。现在价格继续上涨的可能性很大。

8 月，价格小幅回落，最终突破了 1904 年以来的最高点。进一步上涨的空间被打开了。

10 月，价格向上突破了 17.55 美分，1872 年以来绝大多数的高点都被突破。多头处于强势之中。

1916 年 11 月，涨至高点 21.5 美分。涨至了 1872 年和 1873 年的高点。21.25 美分

是以 5 美分为基准的一个关键点位。另外，22.5 美分也是一个关键点位，它是极端低点 7.5 美分的 3 倍点位。这波上涨持续了差不多 4 个月时间，变盘的节点到了。

如果市场波动活跃，那么交易者应该采用日度高低价走势图和周度高低价走势图来分析行情。在日度高低价走势图上，交易者应该综合运用我在这本教程中提出的各种工具和方法。第一，交易者需要时间节点，如极端高点或者低点过后的第三个月或者第四个月；第二，交易者需要留意重要点位被突破，特别是极端高点的 25%点位和 50%点位；第三，注意统计上涨趋势中正常回调的持续时间或者是下跌趋势中正常反弹的持续时间，较小幅度的修正一般持续 30~36 天。

如果市场极度活跃，那么交易者应该以 30 点为单位记录市场的波动。基于这样的走势图，观察和研判市场的低点和高点。当市场首次跌破低点时，通常表明趋势向下；当市场首次升破高点时，通常表明趋势向上。

上面讲的是区间突破的判市法则。在单边走势中，如果处于上行趋势，那么回调一般持续 2 天，少数时候是 3 天。如果回落时间超过这个天数，则往往表明趋势已经发生变化了。这时候应该考虑了结多头，同时开立空头。

相反，如果处于下跌趋势，那么反弹一般持续 2 天，少数时候是 3 天。如果反弹时间超过这个天数，则往往表明趋势已经发生了变化了。这个时候应该考虑了结空头，开立多头。

一定要记得一点，如果市况波动剧烈，则在研判市况时采用日度高低点走势图为主，如果市况波动平缓，则在研判市况时采用周度甚至月度高低点走势图为主。

1917 年 2 月 2 日，市场价格跌至低点 13.75 美分，回落到前期高点附近，一日之内暴跌了三四百点。消息面上，德国宣布无限制潜艇战（Unrestricted U-Boat Warfare），引发了市场的恐慌情绪，大众预期美国将要参战。13.75 美分是极端低点 5 美分的 2.75 倍点位。做多机会出现了。记住我的法则：一定要在恐慌下跌之后做多，一定要在狂热飙升之后做空。

要注意一个重要点位 14.4 美分，它是高点 21.6 美分的 1/3 分割点位。如果价格向上突破 14.4 美分，则表明进一步上涨的空间被打开了。

如果市场进一步上扬，那么下一个重要阻力点位就是 17.62 美分，它是高点 21.6 美分到低点 13.75 美分的 50%点位。

如果棉花价格最终能够向上突破 21.6 美分，则表明上涨趋势将变得更加强劲。

1917 年 7 月，股价涨至高点 27.5 美分。与 1872 年的高点一致。27.5 美分恰好是低点 13.75 美分的 2 倍点位。这表明这附近存在沉重的抛压。市场已经上涨了 5 个月，战争也已经持续三年了。从时间周期来看，变盘点来临了，做空机会来临了。

接下来的 9 月，价格跌至低点 20.05 美分。附近存在一个重要点位 20.62 美分，它是低点 13.75 美分到高点 27.5 美分的 50%点位。同时，20 美分也是极端低点 5 美分的 4 倍点位。下跌从 7 月开始，持续到了 9 月。

从时间周期来看，9 月是一个季节性变盘节点。此前市场急剧下跌，现在我预判趋势将转而向上，这是一个做多的机会。初始止损单应该放置在 20.05 美分下方大概 50 点的地方。

1917 年 12 月，棉花价格向上突破 27.5 美分，重上高位。这是美国内战以来的最高点。

世界范围内的战争引发了棉花的减产以及强大的需求，价格自然飙升。

1918 年 1 月，棉花价格飙升到了 31 美分。

1918 年 2 月，跌至低点 28.8 美分，这是牛市中的正常回调，仅仅持续了 1 个月时间，于是交易者应该趁机逢低做多。

1918 年 4 月，升至高点 33.9 美分，历史高点 33 美分就在附近，它是 1866 年 8 月的最高点。市场已经持续上涨了 14 个月了，变盘节点即将来临了。

如果市场下跌，那么我们需要关注几个重要点位：

32.65 美分，它是低点 28.8 美分到高点 33.9 美分的 25%回撤点位；

30.6 美分，它是 3 月的低点；

23.87 美分，它是高点 33.9 美分到低点 13.75 美分的 50%点位。

1918 年 5 月，棉花市场跌至低点 23.1 美分。在短短两个月时间内，市场下跌了 1070 点，跌幅巨大。

暴跌后棉花市场开始企稳，并且出现了低点抬升迹象。接着在 24 美分之上盘整了两个月，从 6 月震荡到了 7 月，一个胜算率较高的做多机会出现了。市场继续走高，飙升来临了。

7 月，棉花 9 月合约见到高点 35.5 美分。棉花 10 月合约见到高点 37.25 美分。

附近存在许多重要点位，如 1869 年 8 月的最高点 35 美分。又如 35.1 美分，它是 1904 年最高点 17.55 美分的 2 倍点位。这些重要点位对于预测行情的走势非常有意义。

1919 年 1 月，跌至低点 19.2 美分。这波下跌持续了 4 个月，从高点 35.5 美分到低点 19.2 美分，跌幅为 16.3 美分。这附近存在一些重要点位：

20.05 美分，它是 1917 年 9 月的最低价；

19.2 美分，它是 1917 年 4 月的最低价；

……

根据我的统计，暴跌很少能够持续4个月，同时1月也是棉花季节性低点出现频率最高的月份，一个做多机会出现了。

交易者应该在这附近进场做多，并且设定小幅度止损。

1919年7月，见到高点36美分，与1918年的高点构成了双重顶部，做空形态出现了。

1919年9月，跌至低点28.5美分，附近存在一些前期高点和低点。这波回调持续了两个月，算是正常修正。另外，9月也是季节性低点出现频率较高的月份，而且也距离1918年高点一年。市场恢复上涨的可能性很大。

接下来，棉花主力合约的价格第二次触及了37.25美分，双重顶部形成了，做空机会出现了。

下跌后出现了回升。1919年11月，棉花7月合约触及36.3美分，与1919年7月高点共同构成了双重顶部。

中继收敛三角形态出现了。

1919年12月，价格跌至了29.1美分，低点升高了。

1920年1月，涨至高点34美分，高点也降低了。

1920年2月，跌至低点29.4美分，低点继续抬升。

1920年4月，棉花7月合约涨到了40.3美分；棉花10月合约第三次来到了37.25美分附近，三重顶部形成了。根据我的法则，三重顶部会带来最大的下跌，特别是跨度三年的三重顶部更是如此。棉花的不同合约都在4月触及了高点，一些合约甚至涨到了43.2美分。

当然，棉花7月合约甚至在7月的时候触及了43.75美分的最高点。但是，从技术层面来分析4月应该是所有合约的最高点。交易者可以采用极端高点43.2美分到低点5美分的分割来计算重要点位。接下来的市场波动会围绕这些点位展开，你会发现准确度非常高。

1866年10月的高点是44美分，而1920年4月和7月的高点就在这附近。

1920年5月，棉花10月合约涨至高点36.8美分，同月跌至低点34.2美分。35.5美分是一个重要的50%点位，跌破

这一点位意味着价格将继续走低。

如果价格进一步跌破 5 月低点 34.2 美分，则表明市场走向了更加弱势的状态，暴跌紧随而至。

此后，价格跌破 29.4 美分，这是 1920 年 2 月形成的低点，接着大幅向下跳空。

低点 19.2 美分到高点 37.25 美分的 50%点位是 27.67 美分。当价格跌破这一关键点位后，继续大幅下行的特征就非常明显了。交易者应该紧随上述信号一路做空，这样就能在当年获得丰厚的收益。毕竟，**这样的暴利机会要好几年才能遇到一次。一旦这样的机会出现的话，交易者应该顺势操作，巨大的财富必将滚滚而来。**

每一个商品都存在大周期，往往是数年一波大行情，如果你错过了，那么就只能赚辛苦钱了。白糖、棉花和天然橡胶等都是大家应该仔细琢磨的暴利机会所在。

1920 年 12 月，棉花 10 月合约跌至低点 13.6 美分。从点位来讲，1917 年的最低点就在附近。**从时间周期来讲，12 月是季节性低点容易出现的月份，加上此前经历了暴跌，当然就是抄底的时间窗口了。**

1921 年 1 月，涨至高点 16.6 美分，反弹持续了 1 个月，幅度为 300 点。无论是幅度还是时间都属于正常范围。**趋势仍旧向下，这是做空的机会。毕竟市场仍旧位于低点 18.67 美分到高点 37.25 美分的 50%点位以下。**

1921 年 3 月，跌至低点 12.1 美分，位于 1916 年低点附近，下方支撑显著。反弹接踵而至。这里我强调一下一个经验：**每波暴跌之后，往往会出现一个快速的报复性反弹，反弹后形成一个抬高的底部，这是一个胜算率更高的做多机会。**这个经验也可以反过来用，判断顶部后的做空机会。

N 字底部的形成。

1921 年 5 月，涨至高点 15.2 美分。从低点 12.1 美分算起，上涨幅度为 320 点。这波反弹的幅度与 1920 年 12 月到 1921 年 1 月那波差不多，后者的反弹幅度为 300 点。做空机会出现了，随后价格下跌。

做实业的要十几年才能遇到一个大风口，但是做金融的一年就能遇到一个大风口。江恩沉醉于价格的局部波动，其实更为重要的应该是在把握趋势的前提下合理运用点位与周期的分析手段。

1921 年 6 月，跌至低点 11.25 美分，跌到了 1916 年 2 月的低点，这个点位只比 1921 年 3 月的低点低 60 个点。从时间周期来看，距离 1920 年 4 月低点已经 14 个月了，趋势变

化的节点来临了。

从高点 15.2 美分到低点 11.5 美分的 50%点位是 13.35 美分。当价格向上突破这一点位时，就确认了强势，进一步的上涨空间就被打开了。此后，价格进一步向上突破 15.2 美分，趋势非常强大，大举做多的机会到了，此后价格加速上扬。

1921 年 9 月，涨至高点 21.8 美分。

从空间点位来看，从低点 5.15 美分到高点 37.25 美分的 50%点位是 21.2 美分；1920 年高点的 50%点位是 21.6 美分。

从时间周期来看，9 月是趋势发生季节性转折的时点，此前市场已经出现了大幅上涨，持续了 3 个月时间。现在是了结棉花多头，开立空头头寸的机会。

此后，棉花价格下跌。**10 月，价格跌至低点 15.85 美分。**从低点 10.5 美分到高点 22.1 美分的 50%点位是 16.3 美分；高点 43.75 美分的 3/8 点位是 15.41 美分。由此可见，15.85 美分是一个抢反弹的点位。

同年 12 月，反弹到了高点 18.2 美分。这波反弹持续了两个月时间，一个双重顶部形成了，做空机会出现了。此时，市场处于反季节性的走势当中，转折点临近。

1922 年 1 月，跌至低点 15.5 美分，与 1921 年 10 月的低点一起构成了一个双重底部。同时，从时间周期的角度来看，1 月是季节性变化的高频月份，因此这是一个做多机会。

市场持续数月窄幅盘整，长时间低于 18 美分的关键水平。

1922 年 5 月，价格向上突破了 18 美分的半年盘整区间高点，上涨态势明显，交易者可以在此处加码做多。

上涨过程中，我们要注意的高点是 18.8 美分，它是低点 15.5 美分到高点 22.1 美分的 50%点位。当价格向上突破这一点位时，进一步上涨的空间就被打开了。

1922 年 6 月，涨至高点 23.1 美分，低于此前的低点，做空信号出现了。

附近存在一个关键点位 22.7 美分，它是低点 5.15 美分到

进场和加码并非在任何水平都有进行。在期货交易中，价格回落到前期高点附近或者是突破关键盘整区域都是进场做多或者加码的良机。正如一位国内的豆粕期货行家所言："不是所有的上升行情都能加仓，因为你很有可能加到高位，在我的系统里假如是一路大行情，它不是一气呵成的，无论是小时线还是日线都会有冲高回落或是横盘整理的时候，而浮赢加仓就是在这个时候，回落到前期高点位置是加仓点，或是横盘整理后在形成突破时的突破点是加仓点，这样加的仓位好设止损，也少了一些行情的蹂躏的时间。"

高点 40.3 美分的 50%点位，市场从低点到高点的上涨已经持续了 6 个月，趋势变化的节点临近了。

1922 年 8 月和 9 月，价格两度跌至低点 21.1 美分，双重底部形成了，做多机会来临了。从空间点位来看，20.15 美分是 1920 年 4 月高点 40.3 美分的 50%点位；21.6 美分是高点 43.2 美分的 50%点位。从时间周期来看，9 月是季节性变化的节点。

接下来看，价格向上突破了高点 23.1 美分，牛市的第三波展开了。

1923 年 3 月，价格涨至高点 30.7 美分，并未触及关键点位 31 美分和 31.5 美分。31 美分和 31.5 美分为什么这么重要呢？因为 31 美分是低点 15.5 美分的 2 倍点位，而 31.5 美分是低点 10.5 美分的 3 倍点位。未能触及 31.5 美分，表明市场遭受到了强大的抛压。

同时，从时间周期的角度来分析，这波上涨已经持续 6 个月了，交易者应该在第六个月或者七个月的时候注意变盘信号。另外，当下的低点距离 1921 年的低点 21 个月，距离 1921 年 12 月的低点 15 个月。

重要的时间周期有三个：第一个是季节性，这跟商品的年内供求变化有关，可靠性较高；第二个是斐波那契数列周期；第三个是基于卢卡斯数列的螺旋历法。对于实际交易而言，掌握第一个周期即可。

如果市场波动非常活跃，那么交易者应该采用日度高低点走势图和周度高低点走势图来分析行情走势，以便及时发现最初的趋势变化信号。从日度和周度走势图上来看，在 30.7 美分附近存在强大的抛压。

从低点 21.1 美分到高点 30.7 美分，上涨幅度为 960 点。20.1 的 1.5 倍点位是 30.15 美分，因此附近存在较强的卖压。从这一高点下跌 12.5%，跌破 29.3 美分就是明确的做空信号。当价格跌破此前的低点，就表明进一步下跌的空间被打开了。

1923 年 5 月，跌至低点 23.5 美分，附近存在前期高点和低点，这是一个持续了两个月的下跌。反弹随之展开。

1923 年 6 月，涨至高点 29 美分。这波反弹仅仅持续了一个月时间，高点降低了。暴跌紧随而至。

1923 年 8 月，跌至低点 22 美分。从空间点位来看，1921

无论是技术面的空间点位、时间周期，还是基本面的供求变化，都指出了棉花将要显著上涨。

年 9 月也有低点在其附近。另外，还有一个关键点位 21.88 美分在附近，它是高点 43.75 美分的 50%点位。从时间周期来看，8 月是季节性变化的节点，而且价格极端高点已经下跌了 5 个月了。**从基本面来看，8 月中旬的农作物报告指出由于频发的洪水和象鼻虫害使棉花出现了严重的减产。**

接下来的 9 月，价格向上突破了最近一波价格跌幅的 50%点位。随后，棉花价格继续挺进，向上突破了前期高点 30.7 美分，上涨态势强劲，暴利的大行情出现了。

1923 年 11 月 30 日，终极顶部出现了。棉花 3 月合约涨至高点 36.5 美分；棉花 12 月合约涨至高点 37.7 美分。

36.5 美分其实是极端低点 10.5 美分的 3.5 倍点位。由于严重歉收，使 11 月出现了反季节性走势。

这波暴涨已经持续了 4 个月，变盘节点临近了，原因是这样的暴涨很难超过 4 个月。另外，现在距离历史低点已经 30 个月了。从 1921 年 12 月的低点 15.5 美分到现在已经上涨了 24 个月。

江恩与艾略特，以及查尔斯·道其实都与市场大结构和周期具有基本一致的认识。

从牛熊大周期来看，目前已经到了牛市的第三波，也就是第五阶段，最后一波上涨已经完成了。无论市场如何看多，现在都是了结多头和开立空头的好时机。所有的利好已经“贴现”在了价格上，利好已经无法使价格进一步上涨了。暴跌很快就出现了。

现在我们以棉花 7 月合约为例来解构一下这波棉花的大牛市。

第一波上涨，从低点 10.5 美分涨到高点 22.1 美分，上涨幅度 1160 点；

第二波上涨，从低点 15.5 美分涨到了高点 23.1 美分，上涨幅度 860 点；

第三波上涨，从低点 22 美分涨到了 36.5 美分，上涨幅度为 1450 点。

需要注意的是，1918~1919 年在 35.5 美分到 36.3 美分之间形成了一系列的高点，因此这一区域阻力强大。

棉花 7 月合约从 10.5 美分上涨到了 36.5 美分，涨幅为 26 美分，也就是 2600 点。对这波涨势进行百分比分割，得到如下重要点位：

13.75 美分，它是 12.5%分割点位；

17 美分，它是 25%分割点位；

19.16 美分，它是 1/3 分割点位；

20.25 美分，它是 37.5%或者说 3/8 分割点位；

23.5 美分，它是 50%分割点位；

26.75 美分，它是 5/8 分割点位；

28.82 美分，它是 2/3 分割点位；

30 美分，它是 3/4 分割点位；

33.25 美分，它是 7/8 分割点位；

36.5 美分，它是 100%点位。

因此，当价格跌破 33.25 美分，也就是 12.5%分割点位时，意味价格将进一步下跌。此时，如果交易者仔细分析日度或者周度高低点走势图就会发现趋势变化的信号。

如果以棉花 7 月合约的极端高点 36.5 美分作为基准计算，那么重要的分割点位如下：

4.56 美分，1/8 分割点位；

9.12 美分，2/8 分割点位；

12.16 美分，1/3 分割点位；

13.68 美分，3/8 分割点位；

18.25 美分，4/8 或者 50%分割点位；

24.32 美分，2/3 分割点位；

27.37 美分，6/8 分割点位；

33 美分，7/8 分割点位；

36.5 美分，100%分割点位。

另外一个比较重要的点位是 26 美分，它是低点 15.5 美分到高点 36.5 美分的 50%点位。

价格显著上涨后波动率出现极大值，叠加大众高度一致地看多，这个时候往往会出现显著的下跌。

1923 年 11 月，当棉花价格涨至极端高点时，这波上涨已经持续了数日，**每日的最大波动幅度为 200 点。超买迹象明**

显，大众一致乐观看涨，市场热议棉花价格很可能涨到 50 美分。当这种极度乐观的情绪在市场上蔓延开来时，交易者应该逆向操作，做少数派。具体来讲，现在应该做空。

1924 年 3 月，跌至低点 25.9 美分。这波下跌的幅度为 10.6 美分。附近处在一个重要的点位 26.25 美分，它是低点 10.5 美分的 2.5 倍点位。市场距离 1923 年 3 月已经运行了 12 个月，变盘点来临了。

从时间周期的对称性来看，下跌 4 个月对应着上涨 4 个月，这样时间才能平衡。从高点 36.5 美分到低点 25.9 美分的 50%点位是 31.2 美分。这一波段从高点下跌 1/8 是 27.23 美分。但价格再度突破 27.23 美分时，意味着价格将继续上扬。

1924 年 4 月，涨至高点 30.5 美分。附近存在一些前期高点和低点，以及一个重要的点位 30 美分，它是从低点 10.5 美分到高点 36.5 美分的 6/8 分割点位。因此，30.5 美分是一个做空点位。

此后，棉花价格暴跌。接下来的 5 月，价格跌至了低点 27.6 美分。附近存在两个重要点位：

第一个点位是 26.75 美分，它是低点 10.5 美分到高点 36.5 美分的 62.5%分割点位；

第二个点位是 27.37 美分，它是高点 36.5 美分的 75%点位。

因此，27.6 美分是胜算率较高的做多位置。

1924 年 7 月，棉花价格突破 30.5 美分。突破历史高点表明进一步上涨的空间被打开了。这波上涨持续了 4 个月时间，与此前两波运动的时间周期一致，同时距离 1923 年 7 月刚好一年。一周年效应使变盘的可能性增加了，这是做空的机会。

接下来，我们以棉花 10 月合约为例来分析趋势变化和进场点。

1923 年 7 月 30 日，棉花 10 月合约跌至低点 20.9 美分。

1923 年 10 月，棉花 10 月合约涨至高点 30.3 美分。

1923 年 12 月，棉花 10 月合约在 31.3 美分交易。

点位容易找，但是要预先确认其有效性却并不容易。通过观察点位周围的 K 线和成交量形态可以大幅提高研判效力。但这远远不够，最好能够在价格触及点位时有题材或者说基本面催化剂出现。例如，当大豆价格上涨到前一波下跌的 50%点位时，出现了看跌吞没，同日美国农业部公布了利空消息，那么此时做空的胜算率就很高了。江恩在本书中非常强调点位，并未具体讲解预判点位有效性的方法，这就使点位分析的落地变得困难起来。仅仅利用时间周期来确认点位，显然是不够的。除了价量形态和题材之外，你还能想出哪些确认点位有效性的手段？提示一下：第一，基差；第二，震荡指标……

1924 年 8 月，10 月合约涨至高点 29.9 美分，一个双重甚至三重顶部形成了。另外，29.96 美分是高点 37.25 美分的 75%分割点位。做空机会出现了。

从低点 20.9 美分到高点 31.3 美分，可以得到如下重要分割点位：

30 美分，1/8 分割点位；

28.7 美分，2/8 分割点位；

27.84 美分，1/3 分割点位；

27.4 美分，3/8 分割点位；

26.1 美分，4/8 或者说 50%分割点位；

25.8 美分，5/8 分割点位；

24.3 美分，2/3 分割点位；

23.5 美分，6/8 分割点位；

20.2 美分，7/8 分割点位；

20.9 美分，100%分割点位。

由此可见，30 美分和 28.7 美分都是比较重要的点位，一旦被跌破则下降趋势确立。

1924 年 9 月 20 日，棉花 10 月合约跌至低点 21.5 美分，比 1923 年低点更高。

为什么价格会在 21.5 美分获得支撑呢？搞清楚这个问题的答案非常重要。因为附近存在两个重要的点位：

第一个重要的点位是 21.2 美分，它是低点 5.15 美分到高点 37.25 美分的 50%点位；

第二个重要的点位是 21.6 美分，它是 1920 年 4 月高点 43.2 美分的 50%点位。

因此，21.5 美分附近存在强大的支撑，这是一个能够很好设置止损保护的做多进场点。

1924 年 10 月 6 日，棉花 10 月合约涨至高点 26.6 美分，这波反弹持续了两个月的时间。附近存在一个重要点位 26.1 美分，它是低点 20.9 美分到高点 31.3 美分的 50%点位。

期货交易大家斯坦利·克罗就喜欢在回调 50%后进场做多或者是在反弹 50%后进场做空。

1924 年 11 月 1 日，棉花 10 月合约跌至低点 21.5 美分，

形成了一个双重底部，也在50%点位附近，做多良机出现了。

11月15日，价格反弹到了24.15美分，在前期低点之下。另外，附近存在一个重要点位24.05美分，它是高点26.6美分与低点21.5美分的50%点位。因此，24.15美分是一个重要的做多点位。

12月6日，棉花10月价格跌至低点22.55美分，**这是一波50%的回调，逢低做多机会出现了。**

接下来价格上涨，向上突破了24.15美分，进一步上涨空间打开了。

棉花价格分别于1925年3月7日、14日和21日所在三周触及高点25.6美分，形成一个显著的三重顶部。这个顶部附近存在一个重要的点位25.2美分，它是低点17.97美分到高点37.25美分的62.5%回撤点位。从时间周期来看，市场距离最低点已经过去4个月了，同时3月也是季节性高点出现频率较高的月份。因此，综合空间点位和时间周期两个角度来看，这里是一个很好的做空机会。

1925年4月4日，棉花价格跌至23.85美分，紧接着反弹出现了。

当月25日，反弹到高点25.15美分，一个较低的高点形成了，抛压沉重。随后，价格出现了下跌。市场在24美分以下徘徊了三周，然后盘整结束，向下趋势确立。

1925年5月16日，跌至低点21.55美分，这是价格第三次跌至这一重要的50%点位。三重底部出现了，在此做多，初始止损设置在21美分附近，随后上涨出现了。

1925年7月30日，棉花价格上涨到了25.6美分，与3月的高点一致，这是一个双重顶部，趋势转折点出现了。在此做空，止损单设置在25.9美分附近。

接下来，棉花价格出现了显著下跌。

1925年9月5日，跌至21.75美分，这是第四个抬升的低点，位于21.6美分之上，后者是高点43.2美分的50%点位。附近还存在另外一个重要点位21.2美分，它是低点5.15美分到高点37.25美分的50%点位。

随后，市场出现了连续两个星期的反弹。

9月19日，反弹见到高点24.75美分，附近高点重重，抛压沉重，市场疲态尽显。从时间周期来看，9月是季节性高点出现频率较高的月份，现在是做空的时候。

10月10日所在这周，**棉花10月合约的最低点是21.2美分，它是低点5.15美分到高点37.25美分的50%点位。**

此后，市场展开了反弹。

1924~1925年，棉花5月和7月合约都在21.6美分附近形成了三个低点，这就证明了21.2美分附近的支撑有效。由此看来，**50%点位是非常重要的。**

1925 年 10 月，棉花 5 月合约和 7 月合约都跌破了 21.6 美分，这是 1923 年以来第一次跌破这一关键点位。跌破伴随着巨大的向下跳空缺口，犹如洪水溃坝。这就是重要的 50%点位被击破后的价格表现。

下一个重要的支撑区域位于 18~18.62 美分，大概是 1923 年高点的 50%。这是一个非常重要的支撑区域。

很快，**价格就在 10 月结束前跌到了 18.5 美分，**并且跌至 1922 年的历史高点附近，支撑出现了，一个做多机会出现了。

1925 年 11 月，棉花涨至高点 20.4 美分，低于前期低点，并且刚好是高点 21.6 美分到低点 18.4 美分的 50%点位。从时间周期来看，11 月是趋势变化的节点。

1925 年 12 月，跌至低点 18.35 美分，一个双重底部出现了。这个双重底部恰好位于重要的 50%点位附近。从时间周期来看，12 月是季节性低点出现频率较高的月份。

除了 K 线形态之外，双顶和双底也能作为确认重要点位有效性的工具。

1926 年 1 月，涨至高点 20 美分，在前期低点之下。

同年 3 月，棉花 5 月合约跌至低点 18.3 美分，三重底部形成了，做多机会出现了。棉花 10 月合约跌至低点 17.25 美分，跌破了 18.62 美分，它是高点 37.25 美分的 50%点位。另外，17.17 美分也是一个支撑，它是低点 5.15 美分到高点 37.25 美分的 37.5%点位。因此，17.25 美分是一个做多机会。

4 月，棉花 10 月合约涨至高点 18.1 美分，位于关键点位 18.62 美分之下，这是一个做空信号。

接下来的 5 月，棉花 7 月合约价格反弹到了 19 美分，一个双重顶部形成了。这波反弹幅度不高，做空机会。

1926 年 6 月初，棉花 10 月合约跌至低点 17.25 美分。

6 月 19 日，棉花 10 月合约跌至低点 16.2 美分。

1926 年 7 月 10 日，跌至低点 16.1 美分，形成了一个双重底部。一个做多机会出现了。

7 月 30 日，棉花价格升至高点 18.1 美分，与 4 月高点一起形成了双重顶部。这波上涨持续了三周，现在出现了做空

信号。

1926 年 8 月 14 日，棉花 10 月合约价格在回落后再度触及 18.1 美分，这是价格第三次来到同一点位。但是仍旧低于此前下跌波段的 50%点位，接下来一周价格出现了下跌，跌至 17.5 美分。

1926 年 9 月 11 日，棉花价格涨至高点 18.05 美分，第四次来到同一价位附近，不过高点低了一些。从时间周期来讲，9 月是季节性高点出现频率较高的月份，因此是做空良机。

江恩一直主张四重顶被突破的概率很高，不过此处却并未有任何解释。

棉花价格已经在 18.6 美分之下盘整了 9 个月，仍旧未能有效突破，这表明市场非常疲态。

美国农业部公布了农作物报告，显示 1926 年将是数年以来的最大丰收年份。报告公布后，棉花期货的价格出现了暴跌。暴跌后市场基本消化了这个基本面的大利空，在最高点的 50%点位处企稳，盘整了数月。**这表明空间点位可以和基本面数据结合起来分析行情。**

从点位研究价格走势的空间性质，从题材性质研究基本面的催化剂特征。

1926 年 10 月 9 日，**棉花 10 月合约价格跌至低点 12.6 美分，这是一个关键的支撑点位。附近的 12.42 美分是高点 37.25 美分的 1/3 分割点位。**反弹如期而至。

10 月 13 日，涨至高点 13.75 美分。这波反弹持续了一周时间。

12 月 4 日，**价格跌至低点 12.5 美分，再度跌到关键支撑区域附近。**

一个双重底部形成了。

棉花丰收的利空消息从盘面来看已经被消化得差不多了。

从时间周期来看，12 月是季节性低点出现频率较高的月份。

综合分析，一个做空良机出现了。

随着价格回升，我们需要预判接下来的潜在重要阻力点位。21.9 美分是第一个需要注意的阻力点位，它是 1923 年棉花 10 月合约最高点 31.3 美分到最低点 12.5 美分的 50%点位。

以最高点 31.3 美分到最低点 12.5 美分这个下跌大波段作为单位一，则其 1/8 为 235 点，其 6.25%为 117 点。

如果价格从低点 12.5 美分上涨 117 点，则表明上涨将继续。如果价格从低点 12.5 美分上涨了 235 点，向上突破了 15.85 美分，则表明价格将继续上涨。

利空题材早就被市场消化了，因此最坏的情况已经体现在了价格波动当中。现在，市场已经对利空麻木了。

而利多因素，特别是棉花的需求已经升至了数年来的高点。因此，综合技术面和基本面的各个因素来看，现在是做多的绝佳时机。

棉花 10 月合约逐渐上涨，向上突破了 13.67 美分，进一步上涨的空间被打开了。

1927 年 1 月 15 日，价格继续上涨，这波上涨已经超过了 13 周，也就是 1/4 年，这表明上涨趋势强劲，并非反弹。

1927 年 3 月 5 日，价格涨至高点 14.9 美分，恰巧低于 15 美分。当价格在此附近显示出严重抛压时，那么回调甚至下跌就不可避免了。

回调接踵而至，持续了两周时间，跌到了低点 13.9 美分附近。如果下跌的幅度在 100 点左右，则表明上升趋势并未被破坏。价格并未跌破 50%点位，进一步表明上升趋势并未被破坏。

1927 年 7 月，美国农业部报告显示棉花歉收。棉花期货价格快速走高，并且向上突破了 18.62 美分。

7 月 30 日，棉花价格涨至高点 19.15 美分。这波上涨已经持续了 7 个月，变盘时点到了。

8 月 6 日，跌至低点 17 美分。这波下跌虽然仅仅持续了一周时间，但是跌势迅猛。附近存在一个关键点位 17.18 美分，它是低点 5.15 美分到高点 37.25 美分的 50%点位。

随着棉花价格上涨，我们需要计算出重要的阻力点位。比较重要的阻力点位是 18.75 美分，它是低点 12.5 美分的 1.5 倍点位。

8 月 8 日，美国农业部的报告表明棉花产量下降。棉花期货的价格开始飙升，很快就向上突破了 18.62 美分这一重要

按照艾略特波浪理论，三浪会加速上扬，五浪也会加速上扬，但是两者在价格比率和形态上还是有重要区别的。

点位。

接下来，棉花价格向上突破了前期高点 19.15 美分。进一步上涨的空间被打开了。

9 月 8 日，棉花价格涨至高点 24.4 美分。这波上涨持续了接近一个月时间，涨幅为 740 点。这是上涨行情的最后赶顶阶段。

棉花价格从 1926 年 12 月的低点开始上涨，涨势持续了 9 个月时间，其间的回调从来没有超过两周时间。

9 月是季节性高点出现频率很高的月份，一旦见顶则下跌幅度显著。这个高点距离 1926 年的高点恰好一年。因此，了结棉花多头和开立空头的时机成熟了。

现在的高点是 24.4 美分，附近存在多个重要点位，例如：

24.75 美分，它是 1925 年 9 月的高点；

24.77 美分，它是低点 5.15 美分到高点 37.25 美分的 75%点位；

……

因此，24.4 美分是一个胜算率较高的做空点位。

随着价格下跌超过三周，那么做空或者加码做空的信号就出现了。理由是这个时间长度已经超过了上涨趋势中最大回调持续的正常时间了。另外，当价格后回调幅度超过 100 点时，继续下跌的可能性很大。

1927 年 9 月 24 日，棉花价格跌至低点 19.8 美分。在短短两周时间里面，棉花价格暴跌了 460 点。**暴跌之后往往会出现报复性反弹，报复性反弹的幅度至少为前一波暴跌幅度的 50%左右。**

那么，这波反弹的高度具体可以达到什么高度呢？

22.1 美分，它是高点 24.4 美分到低点 19.8 美分的 50%点位。

10 月，棉花涨至高点 21.9 美分，低于 22.1 美分。这意味着逢高做空的机会出现了。接下来，棉花价格迅速恢复跌势，跌破了 19.8 美分，这表明市场处于极端疲软的状态。

此后，棉花价格继续下跌，跌破了 18.62 美分，这是一个 50%点位。进一步下跌的空间打开了。

12 月 17 日，棉花跌至低点 18 美分。市场明显企稳，反弹即将来临。

12 月 24 日和 31 日，棉花价格两度见到高点 19.1 美分，低于前期低点。这波反弹仅仅持续了两周时间，弱势显露无疑，做空机会出现了。

1928 年 2 月 4 日，跌至低点 17 美分，与 1927 年 8 月的低点一起构成了双重底部。

从时间周期来看，2 月容易出现季节性低点。而且棉花已经下跌了 5 个月，距离 1927 年 3 月的低点 11 个月。

做多机会出现了。

反弹紧随其后出现了，向上突破了 18.62 美分这一重要点位，上升趋势显著。

接下来的重要阻力有哪些呢?

第一个重要阻力是 20.7 美分，它是高点 24.4 美分到低点 17 美分的 50%点位。

第二个重要阻力是 22.58 美分，它是高点 31.3 美分到低点 5.15 美分的 1/3 点位。

1928 年 6 月 30 日，棉花价格触及 22.8 美分。

价格连续两周在 22 美分以上盘整，然后跌破了 22 美分。下降趋势确立了。

在这期间最大的一波下跌有 140 点，具体来讲是从 21.55 美分到 20.15 美分。当价格跌破 21.2 美分时，弱势已经很明显了。

9 月 15 日，跌至低点 17.3 美分。棉花价格第三度跌至这个点位。

从时间周期来看，9 月是季节性转折出现频率较高的月份。此时，已经距离 1927 年的高点一周年。做多机会出现了，接下来上涨出现了。

价格向上穿越了 18.62 美分，上升趋势确立了。

1929 年 3 月 16 日，升至高点 20.6 美分。附近有一个关键点位 20.05 美分，它是低点 17.3 美分到高点 22.8 美分的 50%点位。

但市场低于 21.2 美分时表明弱势。另外，从时间周期来看这个高点距离 6 月高点已经 9 个月时间了，也就是一年的 3/4。市场上涨乏力，高位弱势盘整，上涨动量不足。

3 月 30 日，跌至低点 19.4 美分，大的趋势已经转而向下了。市场出现了短短一周的反弹，然后恢复跌势。

7 月，价格跌至 18 美分。

8 月，价格跌至 17.85 美分。一个双重底部形成了，反弹一触即发。

“周年”是江恩用来计算时间周期的参见参数。

9月14日，涨至高点19.5美分，一个双重顶部形成了，做空信号出现了。

从时间周期来看，9月是季节性转折点的可能性很大。当月农业部公布的棉花报告性质上是显著利空的，因此导致棉花价格迅速下跌。下跌期间的反弹非常脆弱。

1930年3月8日，跌至低点14.4美分，暴跌的底部出现了。这个低点与1929年3月恰好一周年，变盘点临近了。

4月5日，涨至高点16.25美分。这波反弹持续了4周时间，涨幅为185点。从时间和空间特征来看，这是一波比较正常的反弹。附近有一个重要点位15.85美分，它是高点15.85美分到低点5.15美分的1/3分割点位。

此后股价进入持续时间较长的慢跌状态。

1930年10月11日，跌至低点9.75美分。从空间点位来讲，附近存在重要点位10美分，它是极端低点5美分的2倍点位。从时间周期来讲，10月是季节性变盘频率较高的月份。反弹的概率很高。

11月15日，棉花价格涨至高点12.35美分，差不多是高点37.25美分的1/3分割点位。这波反弹持续了5周时间，现在出现了滞涨见顶的迹象，做空信号出现了。

12月20日，跌至低点10.1美分。低点抬升了，胜算率较高的进场点出现了。从时间周期来讲，12月是容易出现季节性低点的月份。

1931年2月28日，涨至高点12.28美分。与1930年11月的高点构成了一个双重顶部。做空机会出现了。

此后，棉花市场价格出现了下跌，跌破了9.8美分，市场走势显著疲软。

1931年6月6日，跌至低点8.5美分，跌至前期低点附近。8.5美分是17美分的50%点位，也是高点12.4美分的1/3分割点位。

1931年6月27日，涨至高点10.75美分。这波反弹持续了3周时间，幅度为225点，属于正常反弹。这个高点低于前期高点，做空机会出现了。从基本面来看，当时棉花供过于求的情况显著，整个经济也不景气，股市处于下跌趋势中。因此，基本面整体上是利空棉花的。

1931年10月10日，跌至低点5.35美分。这是1898年以来的最低点，附近存在前期低点。当价格跌至底部之后，往往会进入长时间的横盘震荡，在狭窄的区域内波动。

从时间周期的角度分析，10月距离1930年低点恰好一周年，从10美分跌至目前差不多50%。

1931年11月，涨至高点7.7美分。从低点5.35美分算起，这波涨势的幅度并未超

过 50%，反弹时间也未能超过 5 周。种种迹象表明，棉花市场还未进入到长期的牛市中。

接下来市场进入到窄幅波动走势中。

1932 年 2 月 20 日，涨至高点 7.6 美分。一个双重顶部形成了，做空信号出现了。

1932 年 6 月 11 日，跌至低点 5.2 美分，与 1931 年 10 月的低点构成了双重底部。下跌到了 1894 年和 1898 年的历史低点。

基本面上有一个重大的特征，那就是棉花市价大幅低于其生产成本，因此这是一个战略性做多的机会。

1932 年 8 月 13 日，价格向上突破了最近 15 周的高点，穿越了 6.5 美分，上涨态势强劲。多空力量对比从均衡走向了失衡，加码做多的时机到来了。

1932 年 9 月 3 日，棉花价格涨至高点 9.45 美分，低于历史低点。现在，棉花价格已经从极端低点 5.2 美分上涨了近 1 倍。

在快速上涨之后，价格进入了持续 4 周的横盘状态，从成交量看出有大量的抛盘。从时间周期来看，9 月是频繁出现季节性高点的月份。

棉花价格随后出现了下跌。

1932 年 10 月，棉花价格跌至低点 6.05 美分。

11 月，棉花价格反弹到了高点 7.1 美分。

12 月 10 日，跌至低点 6 美分。大幅下跌之后，价格目前在前期高点附近企稳。同时，这个点位差不多是低点 5.2 美分到高点 9.45 美分的 75%点位。一个胜算率较高的做多机会出现了。

此后，一直到 1933 年 3 月之前，市场处于整理状态，交投清淡。

1933 年 3 月 4 日，罗斯福宣布就任美国总统。就任后，他立即宣布所有银行暂停营业，同时股票和期货交易所也暂时关闭了。刚开始这些举措造成了大众的恐慌，不过最坏的

江恩讲的东西，哪些有用，哪些没用，你要用小资金试了才知道。尽信书，不如无书。

什么是商品的价值投资？商品价值投资的关键因素是什么？

情况已经被大家预期到了。

当最大的利空被市场充分消化之后，情况开始好转。当股票和期货市场重新营业时，价格并未继续下跌，而是暴涨。

1933 年 3 月 18 日，棉花 10 月合约涨至高点 7.55 美分。这是 1932 年 11 月以来的最高价。上涨态势确立了，任何正常回调都是非常好的做多机会。

暴涨行情必然引发获利盘涌出，这导致价格迅速下跌。

1933 年 4 月 1 日，跌至低点 6.5 美分。这波回调仅仅持续了两周时间，下跌幅度为 105 点。显然，这是上涨趋势中的次级折返。理由之一是现在价格维持在去年 12 月 10 日最低点之上 50 点的位置。这表明上涨趋势完好，任何回落都是良好的做多机会。

1933 年 4 月 22 日，棉花价格向上突破了 7.5 美分。

当价格向上突破了 3 月 18 日的最高点 7.55 美分时，多头的优势就非常明显了，这是加码做多的信号。

供求缺口的出现和货币政策的大变化都会给商品带来牛市。

基本面上，罗斯福宣布美国放弃金本位制，这大大推升了通胀的预期，包括棉花在内的所有商品都出现了暴涨。

1933 年 7 月 17 日，棉花价格涨至高点 12 美分，这是 37.25 美分的 1/3 分割点位。附近存在一个重要点位 11.69 美分，它是低点 5.15 美分到高点 35.3 美分的 25%分割点位。这波上涨速度极快，从 5.2 美分算起几乎上涨了 1.5 倍，从 1932 年 12 月低点 6 美分算起则上涨了 1 倍。

此后，棉花等商品价格出现了剧烈下跌。

8 月 19 日，棉花价格跌到了 8.5 美分。这波下跌持续了 4 周时间，跌幅 350 点。下跌中，E.A.克劳福德博士由于持有重仓多头而破产。

8.42 美分是低点 5.15 美分到高点 37.25 美分的 1/8 分割点位，因此这附近存在强有力的支撑。从时间周期来讲，8 月是季节性低点出现频率较高的月份。

9 月，市场再度跌至 8.5 美分，双重底部形成了。同时 9 月也是一个季节性低点出现较为频繁的月份。

9 月 30 日，价格反弹到了 10.05 美分。价格从 5.05 美分上涨了 1 倍。做空信号出现了。

1933 年 10 月 18 日，跌至低点 8.55 美分。三重底部出现了，做多机会来临。

接下来，价格向上突破了 10.4 美分。它是低点 5.2 美分的 2 倍点位。市场持续上涨，在这期间回调幅度很小。

1934 年 8 月 11 日，涨至高点 13.9 美分。为什么市场会在这里筑顶呢?

第一，从空间点位来看，13.87 美分是低点 5.2 美分到高点 31.3 美分的 1/3 分割点位;

第二，从时间周期来看，8 月是季节性转折点出现频繁的月份。

1935 年 3 月 23 日，跌至低点 10.05 美分。附近存在一些前期低点和高点。另外，这个低点也恰好是低点 6 美分到高点 13.9 美分的 50%点位。因此，这是一个做多点位。

1935 年 8 月，跌至低点 10.35 美分，一个双重底部形成了，当然低点也抬高了。同时，**基本面显示棉花产量下降。**当然，当时的走势并不符合季节性规律。但是，整体上这是一个做多的机会。

技术形态上的双底叠加基本面的供不应求。

1935 年 12 月，涨至高点 11.6 美分。这是一个三重顶部，并且在前期低点之下。

1936 年 1 月 11 日，跌至低点 9.85 美分。

1936 年 2 月 29 日，再度跌至低点 9.85 美分。双重底部信号确立了，这是一个做多的信号。

1936 年 5 月 2 日，涨至高点 10.15 美分。低点出现了抬升，但仍旧是胜算率较高的做多点位。毕竟，趋势仍旧向上。

海龟交易法则是突破 4 周高点进场做多，但是后来这个方法流传甚广，以至于假突破越来越多，甚至导致了“海龟汤”等反向交易策略出现。所以，现在一些商品交易者开始采用 8 周，甚至 20 周突破策略。

1936 年 6 月 6 日，**价格向上突破了 10.5 美分，穿越了 20 周以来的所有高点。**多空力量对比失衡，多头确立优势。这是一个突破做多的机会。

1936 年 7 月 11 日，涨至高点 12.8 美分，与 1935 年的高点共同构成了双重顶部，而且两个点位恰好距离一周年。这

是一个做空信号。

1936年10月31日，跌至低点11.15美分。

11月14日，跌至低点11.05美分。

11月21日，再度跌至低点11.05美分。一个双重底部形成了。同时，附近存在两个关键点位：第一个是10月31日的低点11.15美分；第二个是11.4美分，它是低点9.85美分到高点12.95美分的50%点位。

1936年12月5日，棉花价格稍微反弹后再度下跌，跌至低点11.15美分。从技术的角度来看，低点抬升了，趋势向上的特征出现了。从时间周期来看，12月出现季节性低点的频率较高。因此，此时应该做多棉花10月合约，并且在10.9美分处设定初始止损单。

1937年2月27日，价格向上突破了半年以来的高点12美分，多头战胜空头，市场处于失衡状态。一个做多机会出现了。

1937年4月10日，棉花价格涨至高点14美分。这个高点与1934年8月的高点共同构成一个双重顶部。另外，13.87美分是低点5.2美分到高点37.25美分的25%点位。**此前，棉花价格已经大幅上涨，现在所有人一致强烈看涨。**因此，这是做空的机会。

技术分析叠加心理分析。

1937年4月17日，**价格跌破4周低点，向下趋势确立了。**下跌走势中的反弹微弱，都没有超过两周时间，表明市场确实处于下跌趋势中。

1937年10月9日，跌至低点7.85美分。附近存在一系列重要点位：

7.56美分，它是高点24.4美分到低点5.2美分的1/8分割点位；

7.37美分，它是高点22.9美分到低点5.2美分的1/8分割点位；

7.26美分，它是低点8.1美分到高点14美分的1/8分割点位；

7.72 美分，它是低点 5.15 美分的 1.5 倍点位。

因此，这是一个做多的机会。

1937 年 11 月 6 日，棉花价格跌至低点 7.9 美分。一个双重底部形成了，胜算率较高的做多机会出现。

1938 年 2 月 26 日，棉花价格涨至高点 9.45 美分，较前期低点低 1 美分。这波反弹持续了 4 个月时间，但是涨速缓慢，交投并不活跃。涨至这个高点附近后，滞涨更加明显，多头力量虚弱，做空时机来到了。

1938 年 6 月 4 日，跌至低点 7.6 美分。市场第三度在此附近筑底，因此这是一个胜算率较高的做多位置。

1938 年 7 月 9 日，涨至高点 8.1 美分，这波反弹持续了 5 周的时间。

1938 年 12 月 10 日，跌至低点 7.26 美分。从空间点位来看，1933 年的高点在附近。从时间周期来看，12 月是季节性低点出现频率较高的月份。因此，这是一个做多的机会。

此后，价格出现了一定程度的反弹。

1939 年 4 月 15 日，价格再度跌至 7.35 美分。低点出现了抬升，这意味着向上趋势确立了。根据我提出的判市法则，一旦市场形成更高的高点或者是更低的高点，则表明趋势向上。因此，这是胜算率更高的做多位置。

1939 年 5 月 27 日，价格向上突破了 8 美分的高点，进一步上涨的空间打开了，这意味着更好的做多机会。

1939 年 8 月，棉花价格跌至低点 8.25 美分。

1939 年 9 月 9 日，市场见到高点 10.15 美分。这个高点低于前期低点，与 5.15 美分的 2 倍点位接近。战争爆发的消息使棉花价格出现了一周的暴涨。当涨势动量不足时，就是做空机会了。**从时间周期来看，9 月是季节性高点出现较为频繁的月份，加上农业部报告利空，这些因素叠加起来使做空棉花的机会出现了。**

1939 年 11 月，棉花价格跌至低点 8.25 美分时，一个双重底部形成了。

见底之后，市场开始上涨。

1940 年 1 月 6 日，棉花价格涨至高点 10.15 美分。与 1939 年 9 月的高点一起形成了一个双重顶部。

1940 年 1 月 27 日，跌至低点 9.15 美分。这波下跌持续了 3 周时间，跌幅为 110 点。这是一次正常的回调。

1940 年 4 月 20 日，棉花价格涨至高点 10.25 美分。这是第三个高点，市场交投清

战争之前、爆发时、进行中和结束时，对大宗商品的影响是不同的。大家可以查看一下战争前后黄金和原油的走势特征。

淡，波动率很低，无法突破前期高点。做空的机会出现了。

1940年5月10日，希特勒领导下的纳粹德国开始进攻法国和比利时。股市哀鸿遍野，包括小麦在内的各种大宗商品价格暴跌，棉花也未能幸免。

1940年5月18日，跌至低点8.4美分。低点抬升了。

1940年6月8日，棉花价格再度跌至低点8.4美分。8.42美分是低点5.15美分到高点31.3美分的25%分割点位。附近支撑显著，价格并未进一步走低，这是一个较为安全的做多点位。

1940年7月，棉花价格反弹到了9.65美分。

1940年9月21日，棉花价格第二度触及9.65美分。一个双重顶部形成了，做空机会出现了。

1940年10月26日，跌至低点8.7美分。低点进一步抬升。价格开始缓慢爬升。

1941年1月，棉花价格涨至高点10.05美分，受阻于前期一系列高点。

1941年2月22日，跌至低点9.5美分。下方承接有力，底部坚实，进一步上涨的迹象明显。

1941年3月8日，价格向上突破了10.15美分，这是1937年8月以来价格首次向上穿越这一关键阻力水平。

进一步上涨的空间被打开了，长期盘整之后，棉花价格首次突破了10美分，也就是5美分的2倍点位。下一个目标将是15美分。

查看历史走势，交易者会发现1934年和1937年的高点在14美分附近。

这波上涨走势强劲，而此期间的回调幅度非常小。

1941年6月，棉花价格涨至15.25美分。价格终于突破了14美分这个长期压力点，干脆利落，并未出现任何回调。

价格触及15.25美分之后，出现了持续一周的回调，跌至14.48美分。回调在14美分以上企稳，这表明市道强劲。做多的机会出现了。

1941 年 7 月 28 日，棉花价格涨至高点 17.46 美分。这是 1929 年 12 月以来，棉花价格首次触及这一高点。但是，价格仍旧在许多前期高点和低点之下。

附近存在两个重要的点位：

第一个点位是 17.15 美分，它是 5 美分的 3.5 倍点位；

第二个点位是 17.4 美分，它是 1940 年棉花 10 月期货合约最低点 8.7 美分的 2 倍点位。

加上此前棉花价格出现了长时间的下跌，在这期间反弹微弱，意味着趋势仍旧向下。周度走势图上仍旧是下跌特征。这是一个进场做空的机会。

1941 年 8 月 13 日，棉花 12 月合约跌至低点 15.82 美分。这波下跌持续了 16 日，跌幅为 180 点，属于正常范围内的下跌。

接下来，行情转而向上。

1941 年 9 月 12 日，棉花 12 月合约最终触及高点 18.48 美分，棉花 10 月合约涨至高点 18.6 美分。市场已经涨到了极端高点 37.25 美分的 50%点位。季节性周期也表明此处变盘的可能性很大。绝佳的做空机会出现了。

棉花 12 月合约从 8 月 13 日的 15.82 美分涨至 18.48 美分，在这期间最大的回调仅仅持续了 3 日时间，最大回调幅度为 60 点。因此，一旦下跌时间超过 3 日，幅度超过 60 点，则趋势已经转而向下了。

这里可以多花一点笔墨来分析 9 月 12 日这天。这是一个典型的信号触发日。棉花 12 月合约在当日的最高价是 18.48 美分，当日的最低价是 18.02 美分，开盘价为 18.18 美分，收盘价接近当日低点。盘中的空头显著大于多头。**当日的成交量在 30 万包左右，属于天量。**

天量大阴线，如果不能在次日被迅速吞没，则见顶的概率很大。

9 月 13 日，价格跌破前几日的最低点，盘中没有像样的反弹，日内跌幅超过了 60 点，这表明趋势已经转而向下了。

接下来，价格持续下跌，仅仅出现了一日游反弹。

9 月 16 日，棉花价格跌至低点 17.65 美分，下跌趋势

明显。

9 月 27 日，继续下跌，跌至 16.55 美分。附近存在一系列前期高点。**暴跌之后，必然会出现反弹，高度一般是前一波下跌波段的 50%。**

1941 年 10 月 2 日，反弹至高点 17.57 美分。17.51 美分是高点 18.48 美分到低点 16.55 美分的 50%点位。这波反弹仅仅持续了 4 日就触及了 50%回撤点位。

反弹结束后，恢复下行走势，在这期间只有小幅反弹。

1941 年 10 月 16 日，价格跌破了 16.65 美分，**跌幅差不多 200 点**。棉花 12 月期货合约则跌至了 15.57 美分。

天量宽幅震荡日，转势的常见特征之一。

当日，**棉花市场极度恐慌，成交量刷新了历史，达到了惊人的 54.9 万包**。价格跌至了前期高点附近，同时 15.85 美分恰好是极端低点 5.15 美分到高点 37.25 美分的 1/3 分割点位，而 15.45 美分则是极端低点 5.15 美分的 3 倍点位。整个下跌持续了 34 日，差不多 5 周时间。

1941 年 10 月 24 日，棉花价格涨至高点 16.8 美分。这波反弹持续了 8 日，涨幅为 133 点。16.7 美分恰好是高点 17.8 美分到低点 15.57 美分的 50%点位。反弹 50%，一个逢高做空的机会出现了。

1941 年 10 月 27 日，棉花 12 月合约跌至低点 15.96 美分。与 10 月 16 日的低点形成了双重底部。

市场出现了小幅反弹。

1941 年 11 月 3 日，棉花价格涨至高点 16.31 美分。趋势仍旧向下。

1941 年 11 月 16 日，棉花价格跌至低点 16.06 美分。

但是，市场并未就此止跌，而是进一步下跌，跌破了 10 月 16 日的低点 15.57 美分。

下一个关键支撑点位是 1934 年和 1937 年的高点 14 美分。

12 月是一个季节性变盘的重要月份，如果价格在当月触及某个关键支撑点位的话，则趋势倾向于在 12 月或者 1942 年 1 月转而向上。

具体来讲，交易者应该关注 12 月 12 日和 1 月 12 日，这两天变盘的可能性很大。如果当时价格有止跌现象，则是进场做多的信号。

价格止跌后倘若进一步向上突破 18.6 美分，也就是 1941 年 9 月的高点，那么上涨空间就被打开了。倘若能够进一步突破 21.6 美分 50%这个点位，则上涨趋势完全确立。

那么，这波涨势能够持续到什么时候呢？棉花 12 月合约最近的低点 11 美分出现在 1941 年 4 月 23 日，间隔一周年后的 1942 年 4 月和 5 月则容易成为趋势转折节点，需要关注当时是否出现见顶技术特征。

如果第二次世界大战持续到 1942 年春季，则通胀会加剧，而棉花也会因此继续暴涨。

交易者需要平心静气地看待市场走势，客观地分析行情，不要被恐惧和贪婪所驱使。坚持绘制走势图，顺势而为，进场时牢记设定止损单。如此以往，赚钱是必然的。

下面，我专门探讨一下棉花牛市的主要阶段和波动（Long Swing and Sections of Bull Market）。

大家一定要重视趋势中高低点渐次变化的特征：棉花的极端低点出现在 1931 年 10 月和 1932 年 6 月，而次级低点则出现在 1932 年 11 月和 12 月，接下来 1933 年 3 月出现的低点进一步升高。总之，从 1932 年以来，低点越来越高，高点也越来越高。

牛市特征是低点渐次升高和高点渐次升高；熊市特征是高点渐次降低和低点渐次降低。

第一波牛市的阶段划分如下：

第一阶段从 1932 年 6 月到 1932 年 9 月；

第二阶段从 1932 年 9 月到 1933 年 7 月 17 日的 12 美分；

第三阶段从 1933 年 7 月到 1934 年 8 月的 14 美分；

第四阶段从 1934 年 8 月到 1937 年 4 月的 14 美分。

接着出现了一波熊市，从 1937 年 4 月开始，跌至 1938 年 2 月的 7.25 美分。1939 年 4 月低点为 7.35 美分。从那以后，低点越来越高，高点也越来越高。

第二波牛市的第一阶段从 1938 年 2 月到 1939 年 9 月的

10.15 美分。

第二阶段从 1939 年 9 月持续到了 1940 年 4 月的 10.25 美分，一个双重顶部形成了。

第三阶段从 1940 年 4 月持续到了 1941 年 9 月 12 日。这可能是这波牛市最后一段行情，但也可能再出现第四段行情，持续到 1942 年。

在确定行情阶段转折点的时候要注意时间周期：距离任何重要高点或者低点一年、两年、三年、四年、五年或者是一年半、两年半、三年半的月份容易出现高点或者低点。

据此原理，我们可以推断未来可能在如下时间节点出现转折点：

1941 年 12 月，距离 1938 年 12 月低点三年时间；

1942 年 4 月，距离 1939 年 4 月低点三年时间；

1942 年 9 月，距离 1939 年 9 月高点三年时间；

1942 年 4 月，距离 1940 年 4 月高点两年时间；

1942 年 10 月，距离 1940 年 10 月低点两年时间;

1942 年 2 月，距离 1941 年 2 月低点一年时间；

……

上面是时间周期的重要节点，我们也需要注意所有重要的空间点位。重要的计算基准如下：

低点 7.26 美分到高点 18.48 美分；

低点 5.15 美分到高点 18.48 美分；

1941 年 4 月 23 日低点 11 美分到 1941 年 9 月 12 日高点 18.48 美分；

……

从上述基准可以得出一系列重要的点位：

16.6 美分，它是高点 18.48 美分到低点 11 美分的 25%点位；

14.74 美分，它是高点 18.48 美分到低点 11 美分的 50%点位；

13.86 美分，它是高点 18.48 美分的 25%点位;

……

由此可见，14 美分附近存在大量的重要点位，与前期高点和低点相呼应。

接下来，我们分析一下从 1894~1941 年棉花的主要运动和相应的时间周期。

棉花的历史行情数据是能够帮助我们预判未来的工具之一。**掌握过去的行情统计特征，可以帮助我们更好地确认现在的走势性质。**

无论是棉花市场的牛市还是熊市，行情都不是直线发展的。上涨趋势中存在回调，

下跌趋势中存在反弹。大多数波段持续的时间都在一到两个月。通过回顾过去的历史行情，你可以发现这一点。

回顾过去 47 年棉花波段的时间周期，可以得到如下统计数据：

持续时间在一个月或者更短的波段为 102 个；

持续时间在两个月的波段为 52 个；

持续时间在三个月的波段为 27 个；

持续时间在四个月的波段为 16 个；

持续时间在五个月的波段为 12 个；

持续时间在六个月的波段为 7 个；

持续时间在七个月的波段为 0 个；

持续时间在八个月的波段为 2 个；

持续时间在九个月的波段为 3 个；

持续时间在十个月的波段为 2 个；

……

从上述统计数据可以发现，如果行情已经运行了两个月，那么可能会继续运行一个月；如果行情已经运行了三个月，那么反转的概率就很高了；如果行情已经运行了四个月，则反转的概率进一步提高了；暴涨或者暴跌行情很少能够持续四个月时间……

所以，**如果棉花市场交投活跃，涨跌幅巨大，那么当行情持续三四个月时需要注意行情反转的可能性。**

统计数据表明，在这期间持续六个月的行情出现了 7 次，而持续时间大于六个月的行情出现频率较低。这表明一旦行情走了半年，那么就要密切关注变盘迹象。

统计的 47 年当中，持续时间超过 10 个月的行情只出现过两次。第一次是 1909 年，最高点出现在了当年 10 月。第二次是 1941 年，最高点出现在了当年 9 月。第二次实际上是从 1940 年 11 月低点开始的，上涨了 10 个月，1941 年 9 月见顶，在这期间并未出现 1 个月的回调。这两次都是棉花牛市。根据统计数据，一旦行情持续 10 个月，那么接下来的下跌幅度会很大，而且时间会超过一个月。果然，1941 年 10 月出现了暴跌。

总之，从上述统计数据可以得出一个简单结论，一旦行情持续了三四个月，则趋势变盘点就来临了，下跌往往会持续一到两个月。无论是持续上涨了三四个月还是持续下跌了三四个月，都是同样的情况。

除了上述周期规律之外，我们还需要注意“周年”。通常而言，距离重要顶部或者

底部一年、两年和三年的节点也容易出现变盘。但是，这并不是说棉花价格会持续上涨或者下跌一年、两年或者三年后才出现变盘。

对于分段展开的棉花大牛市而言，整个牛市很少持续超过三年时间，一旦接近三年时就会出现一波熊市，整体下跌一年左右。同理，对于分段展开的棉花大熊市而言，整个熊市很少持续超过三年时间，一旦接近三年时就会出现一波牛市，整个上涨一年左右。

最后，交易者不要忘记了棉花的季节性规律和反季节性。在考虑棉花的季节性走势时，一旦要记录和查看最近的走势。**季节性走势与反季节性走势不会持续在三年中出现，它们会交替进行。**例如，如果棉花在容易出现季节性低点的 10 月或者 11 月出现了高点，那么下一年 10 月或者 11 月就容易出现低点。又如，棉花连续两年甚至三年在 12 月形成低点，那么下一年就容易出现反季节性走势，10 月到 12 月就容易出现高点。

特别是如果棉花储量出现显著下降时，就很容易出现反季节性走势。比如 1923 年棉花产量显著下降，它就上涨了 4 个月时间，并且反季节地在 11 月 30 日见到最高点。

交易者如果能够透彻地掌握过去的历史数据，就可以很好地研判未来的走势。

除了通过时间周期确定高低点和行情转折点之外，我们还可以通过成交量来确定高低点和行情转折点。

日成交量研究对于分析活跃的市况非常有效。价格的极端高点和低点具有鲜明的成交量特征，交易者可以从中获得有效的信息。除了日交易量之外，周交易量和月交易量也值得我们记录和研究，它们都有助于交易者确定价格的顶部和底部。

下面我就详细地理一下从 1941 年 2 月到 1941 年 11 月 10 日的成交量变化与价格的关系。

1941 年 2 月 1 日所在一周，棉花 10 月合约触及低点 9.9 美分，成交量较小，大概在 5 万~6 万包。

2 月 17 日所在一周，跌至低点 9.5 美分，日成交量为 7.5 万股。**低点附近有放量现象，表明有大量资金逢低吸纳。**

2 月 26 日，棉花价格涨至高点 10 美分，成交量为 4 万包。

3 月 10 日，见到高点 10.7 美分，成交量为 26 万包，单日成交创出数月内的天量。

3 月 13 日，跌至低点 10.5 美分，成交量 10 万包。当日虽然下跌，但成交量不大，表明抛压不大。

3 月 17 日，涨至高点 10.9 美分，成交量 20 万包。

3 月 22 日，跌至低点 10.55 美分，**回调幅度较小，成交量仅为 3.5 万包，几个月以来的地量，缩量下跌，上涨趋势不变。**

3 月 29 日，涨至新高 11.25 美分，成交量 22 万包，顶部特征模糊，高点可能逼近。

4 月 3 日，涨至高点 11.45 美分，成交量 17.5 万包。

4 月 8 日，跌至低点 10.9 美分，成交量 12.5 万包，缩量回调。

4 月 19 日，跌至低点 11.05 美分，成交量 5 万包，**成交量极度萎缩。**

4 月 23 日，跌至低点 11.1 美分，低点抬升，成交量 11 万包，**有低位放量迹象，上涨启动。**

4 月 26 日，再度触及低点 11.1 美分，成交量 4.5 万包。随着价格爬升，成交量增加，**价升量增特征明显。**

5 月 12 日，涨至高点 12.7 美分，成交量 17.5 万包。

5 月 13 日，成交量高达 31 万包，一年以来的天量。

5 月 14 日，涨至高点 13.25 美分，成交量 29.5 万包，价格回落。

5 月 19 日，跌至低点 12.95 美分，成交量 9.5 万包。

随着价格回升，成交回暖，仍有做多机会。

6 月 2 日，跌至低点 13.15 美分，成交量 3.5 万包。**随着成交量增加，价格也在上升，价涨量增特征明显。**

6 月 23 日，涨至高点 15 美分，成交量 29.5 万包。

6 月 27 日，涨至高点 15.25 美分，成交量 19 万包。见顶这天成交量小幅低于前一日。

6 月 30 日，回调到了低点 14.48 美分。成交量 17.5 万包，**跌时缩量。**

7 月 5 日，涨至高点 14.8 美分，成交量 2 万包，缩量反弹。

7 月 23 日，涨至高点 16.82 美分，成交量 30.5 万包。**这是 5 月 13 日以来的天量，**价格随之小幅下跌。

7 月 24 日，跌至低点 16.25 美分，成交量 17.5 万包，成交量萎缩。

7 月 25 日，涨至高点 17.1 美分，成交量 29.5 万包。

7 月 28 日，涨至高点 17.46 美分，成交量 20 万包。**在顶部形成前数日天量已经出现了。随后暴跌出现。**

7 月 31 日，跌至低点 16 美分，成交量 37.5 万包，这是数年以来的天量，在大众的恐慌抛售中有大资金抄了底。底部特征明显。

8 月 4 日，涨至高点 17.15 美分，成交量 15 万包，缩量反弹，做空机会。

8月12日，成交量30.5万包。

8月13日，跌至低点15.65美分，成交量21.5万包。**前一日成交量非常大，底部特征明显。**

地量见地价！

8月16日，跌至低点16美分，**成交量3.7万包。市场波动狭窄，成交量萎缩到极致**。这是进场做多的高胜算信号。

9月8日，成交量30.5万包，接近天量。

9月9日，成交量25万包。

9月10日，成交量21万包。

9月11日，成交量17.5万包。

天量、市场一致看多、其他商品有筑顶迹象，所有这些因素综合起来就可以得出有价值的预判。

9月12日，棉花12月合约涨至高点18.48美分。成交量26.5万包。**此前几日天量已经出现了，代表着市场的极度狂热。大众高度一致地看多，多头开始削弱。与此同时，大多数商品价格都出现了拐头向下的迹象。**

9月22日，成交量26万包。

9月27日，棉花价格跌至低点16.55美分，成交量14万包。

10月2日，涨至高点17.55美分，这是反弹的高点。对应的成交量为26.5万包，低于此前顶部的成交量。

棉花市场快速下跌，所有商品都在下跌。

除了地量见地价之外，天量也可能见地价，分析下背后的原因。

10月16日，跌至低点15.57美分，成交量达到了惊人的54万包，这是纽约棉花交易所单日最高成交量。市场非常恐慌。

从9月12日的极端高点算起，这波下跌的幅度为300点。

恐慌暴跌之后，报复性反弹紧随而至。

10月23日，成交量24.5万包。

10月24日，涨至高点16.75美分，成交量21.5万包。

10月25日，跌至低点16.05美分，成交量9.5万包，回落缩量。

接下来，**市场窄幅缩量盘整，波动区间只有30~40点，日成交量萎缩到了10万包，没有一天成交量超过14万包。**从最近高点下跌75点之后，多空出现均衡状态。除非驱动面

或者资金面出现新因素打破这种平衡，否则市场将一直处于震荡状态。

通过观察成交量的极端值，交易者可以更好地确认低点和高点，进而预判出波段的转折点。

前面主要是研究棉花走势的技术面特征和规律，接下来我将分析一下棉花基本面，也就是供求关系的规律。

统计数据表明，棉花连续两年大丰收的情况只出现过两次：第一次是 1898 年和 1899 年；第二次是 1925 年和 1926 年。

还有一次五年中三年出现大丰收，具体来讲是 1904 年、1906 年和 1908 年，三年的总收成为 396 万包。

除上述比较特殊的情况之外，两次大丰收的间隔时间数据统计如下：

1891~1894 年，两次大丰收间隔了 3 年；

1894~1898 年，两次大丰收间隔了 4 年；

1898~1904 年，两次大丰收间隔了 6 年；

1904~1911 年，两次大丰收间隔了 7 年；

1911~1914 年，两次大丰收间隔了 3 年；

1914~1926 年，两次大丰收间隔了 12 年；

1926~1931 年，两次大丰收间隔了 5 年；

1931~1937 年，两次大丰收间隔了 6 年。

大丰收年份与大减产年份的时间间隔则有如下统计数据：

1859~1864 年，大丰收到大减产间隔了 5 年；

1891~1892 年，大丰收到大减产间隔了 1 年；

1894~1895 年，大丰收到大减产间隔了 1 年；

1898~1899 年，大丰收到大减产间隔了 1 年；

1904~1905 年，大丰收到大减产间隔了 1 年；

1904~1909 年，大丰收到大减产间隔了 5 年，1909 年是 1904 年之后产量最小的一年；

1911~1912 年，大丰收到大减产间隔了 1 年；

1911~1921 年，大丰收到大减产间隔了 10 年，1921 年只有 1911 年产量的一半；

从 1921 年开始，一直到 1926 年，年年增产。

1926~1927 年，大丰收到大减产间隔了 1 年；

从 1927~1931 年的 4 年都在增产。

1926~1934 年，大丰收到大减产间隔了 8 年；

1934 年的产量较 1926 年少了 900 万包。

1931~1934 年，大丰收到大减产间隔了 3 年；

1937~1938 年，大丰收到大减产间隔了 1 年；

事实上 1938 年和 1939 年的产量都低于 1200 万包，而 1940 年的产量则低于 1300 万包。

根据美国农业部 9 月 8 日的统计，1941 年的棉花收获量大概在 1100 万包，这是 1937 年以来的最小产量，也是连续第四年减产。

1895~1921 年，间隔 26 年；

1921~1934 年，间隔 13 年；

1934~1941 年，间隔 7 年；

1921~1941 年，间隔 20 年；

1934~1941 年，间隔 7 年。

根据上述这些记录和周期，1942 年的棉花产量应该会比较大，到了 1944 年产量会更大。如果战争如政府首脑预计的那样持续到 1944 年，则棉花价格将维持在高位，那么棉花产量肯定会增加。

假设农民能够在 16~18 美分的价位上销售棉花，那么他会维持甚至增加产量，除非棉花价格跌到 8 美分，甚至 5 美分。

通过对过去商品价格和产量周期的研究，我认为现在正处于商品长期熊市之中。1941~1950 年的走势大概率会复制 1841~1859 年的走势，当时棉花、小麦、玉米等商品的价格处于持续走低的情形。

当然，交易者不能只盯着时间周期，还需要综合所有的因素，利用所有的工具进行研判，这样才能更有效地确认趋势，进而顺势而为。

供求大格局决定了商品的大行情。

在本小节的最后，我会给出棉花的两项关键数据：年度产量和价格波段的持续时间。

首先，我们来看美国棉花的年度产量数据。

美国从 1790 年开始小规模种植棉花，当年产量 6600 包；

1802 年，产量为 23.1 万包；

1808 年，产量为 33.4 万包；

1819 年，产量为 63.2 万包；

1826 年，产量为 105.7 万包，首次超过 100 万包；

1839 年，产量为 204.1 万包，首次超过 200 万包；

1842 年，产量为 237.9 万包，创历史新高；

1846 年，产量为 177.9 万包；

1852 年，产量为 341.6 万包；

1859 年，产量为 538.7 万包，首次超过 500 万包；

1860 年，产量为 384.9 万包；

1861 年，产量为 450 万包，南北战争爆发，棉花生产受到极大影响；

1864 年，产量为 30 万包，这是 1818 年以来最低的产量；

1866 年，产量为 210 万包，当年 9 月棉花价格创出历史新高，达到了 189 美分/磅。

南北战争结束后，产量开始逐步恢复。

1870 年，产量为 430 万包。

1871 年，产量为 278 万包。

1880 年，产量为 660 万包。

1881 年，产量为 547 万包。

1882 年，产量为 695 万包。

1883 年，产量为 560 万包。

1884 年，产量为 560 万包。

1891 年，产量为 903.5 万包。

1894 年，产量为 990.1 万包，创出历史新纪录，导致棉花跌至 5 美分的极端低位，这是 1844 年以来的最低价。

库存消费比与价格存在显著反比关系。

1895 年，产量为 715 万包。

1898 年，产量为 1118.7 万包，这是产量首次超过 1100 万包。棉花价格再度跌至 5 美分。

由于棉花价格处于非常低的水平，导致接下来 5 年棉花产量下降。减产时间超过了两年，这是 1864 年以来首次出现

这种情况。

1899 年，棉花产量为 950 万包，产量大减。

接下来的 4 年时间当中，棉花产量徘徊在 960 万到 1060 万包。

中国棉花期货上也有激荡的一年，成就了比如林广袤和傅海棠等的传奇人物。

1903 年，产量低于 1000 万包。**当年遭遇象鼻虫害，投机客丹尼尔·J. 苏力（Daniel J.Sulley）大举做多棉花，当年大赚，**因此 1903 年也被戏称为“苏力年”(Sulley Year)。但是，很快就在 1904 年破产。

1903 年 1 月，棉花跌至低点 8.1 美分。1904 年 2 月，棉花价格已经飙升到了 17.55 美分。高价导致农场主们大面积扩种棉花，而这为价格下跌埋下了伏笔。

1904 年 9 月，棉花价格已经跌到了 10.6 美分。

1904 年 3 月的时候，苏力就已经爆仓和破产了。此后，棉花价格加速下跌。1905 年 1 月，棉花跌至最低价。农场主不得不通过焚烧棉花来稳定价格。

1904 年，产量为 1345.1 万包，历史上首次超过 1200 万包和 1300 万包。

棉花价格持续走低，导致农场主们缩减了棉花种植面积。

1905 年，产量为 1040 万包。

1905 年 1 月，棉花 10 月合约跌至低点 7 美分。

1905 年 7 月，棉花 10 月合约小幅反弹至 11.39 美分。

1906 年，棉花产量为 1280 万包，当年 9 月棉花价格跌至 8.1 美分。

1907 年，棉花产量为 1110 万包，当年最高价为 12.6 美分。

1908 年，产量为 1315 万包。

1908 年，棉花价格处于低位。当年春天，杰西·李默坲大举做多，一波多逼空行情发动起来。

春季的高价导致农场主们大举种植棉花。

1908 年 5 月、9 月和 12 月，棉花价格三次跌至低点 8.25 美分。因为当年棉花产量第二次超过了 1300 万包，也是五年内第三次产量在1300万包附近。

1909年夏秋季，棉花价格跌至低点。当年1月的低点为8.4美分。

新的多头领袖尤金·斯科尔斯（Eugene Scales）以500美元资本进场抄底做多，利润高达数百万美元。**产量下降和虫害点燃了棉花价格的牛市，让斯科尔斯一战成名。**

1909年，产量为1010万包，这是1903年以来的最低产量。

1910年，产量为1160万包。

当年，斯科尔斯携手来自新奥尔良的W.P.布朗（W.P. Brown）大举做多，企图操纵市场。棉花价格在8月上涨到了20美分。高价导致农场主大举扩种棉花，种植面积显著扩大，棉花价格从高位暴跌。斯科尔斯破产了，而布朗也爆仓了。

1911年，产量为1555万包，美国棉花产量首次超过1500万包。丰收导致棉花价格秋季大跌，因为棉花的产量远远超过了需求量。

1911年6月，棉花价格的高点为13.8美分。到了11月，棉花价格已经跌到了8.85美分。

1912年，产量为1350万包。棉花供给显著收缩，价格回升。

1912年7月，棉花价格涨至高点13.2美分。

此后，跌至低点10美分。

1913年，产量为1390万包，供给仍然大于需求。当年5月和6月，价格两度跌至低点10.8美分。到了9月，价格回升到了高点14.2美分。

1914年，棉花产量为1673.8万包，首次超过1600万包。

当年，有些人想要操纵棉花市场，他们企图发动逼空行情，逼迫空头缴械投降。多头的领袖是J & S公司（John Hill and S.H.Pell & Co），当时许多人跟随他们大举做多。

为什么棉花在战争前期会跌？为什么在战争持续期间又会大涨？

1914年7月，欧洲爆发大战。欧洲投资者开始大举抛售股票，美国股市暴跌，期货市场也受恐慌情绪的影响，包括

棉花在内的大宗商品价格暴跌。J & S 公司在棉花价格暴跌中破产了，许多期货经纪商和交易者也遭受重创。

纽约和奥尔良的棉花交易所在 1914 年 7 月 30 日关闭，直到 11 月才重新开门。

当年棉花大丰收叠加金融市场恐慌情绪，导致棉花价格跌至了 6 美分的价格。棉农们不得不在低于 6 美分的价格抛售棉花，当时“救助南方和购买棉花”运动轰轰烈烈地开展了起来。棉花陈列在纽约城的酒店大厅里面，市场上的价格为一包棉花 30 美分，而一些人慷慨地支付了 50 美分一包。

棉花 10 月合约在 1914 年 7 月 30 日的最高价为 13 美分，在 7 月触及低点 9.4 美分，在 12 月跌至低点 7.75 美分。

在 1914 年 12 月跌至低点之后，战争的需求使棉花价格逐步上涨，不过供给量仍然不少。

1915 年 1 月，棉花价格跌至低点 8.4 美分，4 月涨至高点 10.9 美分，7 月跌至低点 8.8 美分。

1915 年的产量为 1111.91 万包。

1916 年的产量为 1141.5 万包。

1917 年的产量为 1130.2 万包。

1918 年的产量为 1214.1 万包。

1919 年的产量为 1142.1 万包。

这五年的产量都出现了下降，南北战争期间也出现了类似时间长度的产量减少走势。这些产量显著下降的年份导致了棉花价格大涨。

1916 年棉花价格涨到了 1872 年以来的最高点。

1916 年 10 月，棉花涨至高点 19.5 美分。此后，棉花价格从这一高点开始下跌。

1917 年 2 月，跌至低点 13.75 美分。当时，德国宣布进行无限制潜艇战，引发了美国参战的忧虑，美国金融市场的恐慌情绪陡增，导致大宗商品市场也遭到了抛售。

什么样的缺口是启动缺口，什么样的缺口是度量缺口，什么样的缺口是衰竭缺口？技术面上有什么差异？基本面背景又有什么不同？

2 月 2 日，利空消息传来之后，棉花开盘大幅向下调，跳空了 400 点，也就是开盘下跌了 4~5 美分。极度恐慌引发了

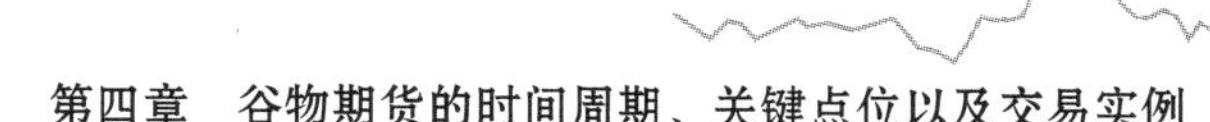

市场见底，这是进场做多的绝佳时刻。

1918 年 9 月，棉花 10 月合约涨到了 37.25 美分。

1919 年 1 月，棉花价格回落到了 18.1 美分。

1919 年 10 月，棉花价格再度涨到了 37.25 美分。

1919 年 12 月，回落到了 27 美分。

1920 年 4 月，棉花价格涨至高点 37.25 美分，这是棉花连续三年第三度涨至同一高点。一个三重顶部形成了，即将暴跌的迹象非常明显。

4 月的时候，所有棉花合约都涨到了最高价：一些合约的最高点为 42.9 美分，另外一些合约的最高点为 43.2 美分。7 月合约则在 1920 年 7 月末涨至最高点 43.75 美分，这是南北战争以来所有合约的最高价。

第一次世界大战结束之后，美国士兵回国，棉花产量开始增加。

1920 年，棉花产量为 1344 万包。

很快，象鼻虫害来袭，加上天气条件恶化，使棉花产量出现了显著的下跌。

1921 年 3 月，棉花 10 月合约跌到了 12.1 美分。

1921 年 6 月，触及极端低点 11.3 美分。

1921 年 9 月，**棉花产量下降的消息开始在市场上传播，价格暴涨，涨到了 21 美分。**

1921 年，棉花产量为 795.4 万包，这是 1895 年以来的最低产量。

1922 年，棉花产量为 976.2 万包。

1923 年，棉花产量仍旧较低，为 1013 万包。**这一年的天气状况不佳。祸不单行，象鼻虫害再度来袭。供给缺口巨大，市场对棉花的需求无法满足，价格快速飙升。**

棉花期货的暴涨行情一般会在什么样的基本面背景下出现？

事实上，历史上上涨速度最快的棉花行情就是从 1923 年 8 月到 11 月这段。以棉花 10 月合约为例，在 8 月初报价 20.85 美分，在政府发布显著减产报告之后，棉花价格出现了暴涨，在这期间价格回调幅度非常小。这是和平时期棉花涨

蛛网周期是农产品期货暴涨暴跌的根源之一，掌握了这一规律就能做到“守株待兔”。

速最快的一个例子，直到1923年11月上涨才结束。

1923年11月30日，棉花涨至高点。棉花的几个合约，包括7月合约在11月30日的报价在36.9~37.25美分。此后，价格大幅下跌。

1923年棉花的价格位于非常高的水平，由此导致棉农们大举扩张种植面积，而这导致了产量暴增。

1924年棉花产量为1362.8万包。

1925年棉花产量为1560.3万包。

1926年棉花产量为1362.8万包。

1927年棉花产量为1610.4万包。

从1924年到1925年，棉花10月合约在21.6美分附近形成了数个低点，而高点大概在30美分附近。

1925年10月，棉花跌至21.6美分的价格，暴跌开始了。

1926年，棉花产量大增，这导致棉花价格从1926年秋季开始加速下跌，并且在当年12月触及到了30美分的低点。当时的棉花10月合约跌至12.5美分。

1927年，雨水泛滥叠加其他自然灾害导致棉花显著减产。棉花价格大幅上涨，在这期间回调幅度很小。

1927年9月6日，棉花10月合约触及高点24.4美分。而这引发了种植面积扩大。

1928年，棉花产量为1455.5万包。

1929年，棉花产量为1471.8万包。

这两年棉花的供给量显著超过了其需求量。

1929~1932年，美国经济整体不佳，导致棉花的需求量下降。

1930年，美国棉花产量下降，而全球棉花产量上升。当年美国棉花的产量大概为1387.3万包，叠加全球产量上升，超过了棉纺厂的整体需求。从1926年以来累计的大量库存，加剧了这种供需失衡状态。

1931年，美国棉花产量为1687.7万包，这是记录中产量第四大的年份。当年，棉花价格跌到了1895年以来最低点5

美分。棉花 7 月合约在当时跌到了 4.92 美分，这是纽约棉花交易所的价格首次跌至 5 美分以下。

1933 年 3 月，罗斯福就任美国总统，宣布“新政”（New Deal）。其推行的政策包括了降低棉花产量以便稳定价格的措施。除了削减棉花产量之外，新政还推行宰杀猪牛的产量削减措施。

1933 年，美国棉花产量为 1271.2 万包。当年 2 月到 3 月，棉花的售价仅比 5 美分高一点。

1933 年 7 月，棉花价格上涨到了 12 美分，上涨速度很快。

1933 年 8 月，棉花价格出现了暴跌。当时，棉花 10 月合约跌到了 8.7 美分。

1934 年，政府颁布了《农作物管控计划》（*Government Crop Control Plan*）。这个计划的实施成功地减少了棉花的种植面积和产量。但是，巴西却在同一时期增加了棉花产量，由此导致其售价比美国市场要低 3~4 美分。这项政策实施的整体效果无非是帮助南美国家抢夺了美国棉农的市场份额而已。

1935 年，美国棉花产量为 1049.5 万包。

1936 年，美国棉花产量为 1237.8 万包。

新政并未有效地支撑美国棉花的价格。

1937 年，美国棉花产量为 1841.2 万包，这是有记录以来产量第二大的一年。同 1926 年的产量相当。

供给大增，需求不济，使棉花价格持续走低。当年，棉花 10 月合约的价格高点只有 14 美分，与 1934 年 8 月的价格差不多。

股票市场在 1937 年暴跌，大宗商品也不能幸免。尽管政府制定了所谓的“农作物管控计划”，但是 1937 年棉花仍旧是大丰收年。

真正抑制住产量增加的是棉花价格的下跌，低价发挥了更加重要的作用，在这个价位棉农是亏损的，这促使他们的棉花种植面积显著下降了。

1938 年，美国棉花产量为 1166.5 万包。不过，因为全球

波动率持续收缩后容易出现大行情。

棉花库存巨大，因此美国棉花的价格并未显著上涨。当年 3 月，棉花价格涨至高点 9.5 美分。当年末，棉花 10 月合约的价格为 7.25 美分。接下来，**棉花价格进入持续数月的窄幅横盘走势，波动区间只有 50 点。**

1939 年，美国棉花产量为 1151.6 万包。**产量连续两年下降，叠加政府采购和国储，棉花价格上涨。**

1939 年 9 月，棉花 10 月合约涨到了 10.5 美分，接下来出现了下跌。

1939 年 9 月，大战爆发。

1939 年 11 月，**棉花价格跌到了 8 美分低点，这是棉花大牛市来临之前的最低点。**

1940 年，美国棉花产量为 1228.7 万包。战争使棉花消费量上升了，全球的棉花产量却下降了。政府开始鼓励棉花生产。

以年度为基础审视商品的基本面和价格，大局观就建立起来了。大行情的脉络跃然于纸上。

1941 年春季，棉花价格上涨超过 10 美分，这是 1939 年以来的最高价。

接下来，棉花价格飞速上涨，很快就突破了 1933 年和 1934 年的最高点。

1941 年 9 月，价格达到极端高点，大部分棉花合约的报价在 18.5 美分左右，这是 1926 年以来的最高价。当时国储持有超过 1000 万包棉花，不过政府却拒绝放出储备棉。

如果棉花能够按照自由市场的规则来销售，那么当时的棉花价格不可能这么高。

当罗斯福的新政结束后，欧洲国家也恢复了生产。拥有丰富而廉价劳动力的南美大量倾销各种农产品：棉花报价在每磅 5 美分；玉米报价在每蒲式耳 20 美分；小麦的报价在每蒲式耳 40 美分。市场重回主导，供求关系使暴涨的农产品价格持续下降。

在本节的最后，我给出一个重要的表格（见表 4-12）。

表 4–12 棉花价格的高低点波段和时间周期

时间	价格（美分）	涨跌幅度（点）	持续时间（月）
1864 年 9 月	189		
1865 年 4 月	36	1530	8
1865 年 10 月	39.9	390	6
1866 年 8 月	32.8	710	2
1866 年 10 月	37.1	430	8
1867 年 12 月	17.6	1950	13
1869 年 8 月	35	1740	20
1871 年 4 月	13.3	2170	8
任何一波反弹都未能超过两个月 第三小阶段			
1871 年 7 月	20.5	720	3
1871 年 8 月	16	360	1
1872 年 6 月	27.5	1060	10
两波上涨			
1872 年 9 月	17.75	975	3
1873 年 2 月	22.6	485	5
一波上涨			
1873 年 4 月	18	460	2
1873 年 7 月	21.8	380	3
1873 年 11 月	13.8	800	3
两波下跌			
1874 年 5 月	19.1	530	6
1874 年 10 月	14.4	470	5
1875 年 4 月	17.7	330	6
1875 年 10 月	12.5	520	6
1876 年 3 月	14.7	220	5
1876 年 5 月	11.5	320	2
1877 年 1 月	14.7	320	8
1877 年 4 月	10.9	380	3
1877 年 7 月	12.4	150	3
1877 年 8 月	10.6	180	1
1877 年 12 月	12.3	170	4
1878 年 4 月	10.8	150	4

续表

时间	价格（美分）	涨跌幅度（点）	持续时间（月）
1878 年 7 月	11.75	95	3
1878 年 12 月	9.4	235	5
1879 年 5 月	14.2	480	5
1879 年 8 月	10	420	3
1879 年 12 月	14.9	490	4
1880 年 9 月	10.5	440	9
1880 年 12 月	13.25	275	3
1881 年 5 月	10.4	295	5
1881 年 8 月	12.95	255	3
1881 年 9 月	11.6	145	1
1881 年 12 月	12.8	120	3
1882 年 2 月	11.4	140	2
1882 年 4 月	12.4	100	2
1883 年 7 月	9.7	270	3
1884 年 4 月和 6 月	11.4	170	9~11
1884 年 10 月	9.7	270	6
1885 年 2 月	11.5	180	4
1886 年 2 月	8.7	280	12
1887 年 6 月	10.6	190	4
1887 年 7 月、8 月和 9 月	9.2	140	2~3
1887 年 12 月	10.9	170	4
1888 年 10 月	9.2	170	10
1888 年 11 月	10.1	90	1
1888 年 12 月	9.6	50	1
1889 年 11 月	11	140	13
1889 年 12 月	10.1	90	1
1890 年 3 月	11.4	130	3
1891 年 7 月	7.75	365	16
1891 年 9 月	9	125	2
1891 年 11 月	6.3	270	2
1892 年 6 月	8.1	180	7
1892 年 9 月	7.1	100	3
1892 年 11 月	10.2	310	2

续表

时间	价格（美分）	涨跌幅度（点）	持续时间（月）
1893 年 8 月	7.15	305	9
1893 年 11 月	8.65	150	3
1894 年 11 月	5.35	530	12
1895 年 2 月	5.35	0	3
1895 年 10 月	9.3	395	8
1896 年 7 月	6.2	310	9
1896 年 9 月	8.65	245	2
1897 年 4 月	6.6	205	7
1897 年 8 月	7.2	60	4
1897 年 11 月	6.6	60	3
1898 年 1 月	5.5	110	2
1898 年 4 月	6.4	190	3
1898 年 11 月	5.35	105	7
1899 年 2 月	6.35	100	3
1899 年 6 月	5.7	65	4
1900 年 4 月	9.9	420	10
1900 年 5 月	8.25	165	1
1900 年 7 月	10.2	195	2
1900 年 9 月	8.8	140	2
1900 年 10 月	10.15	135	1
1901 年 5 月	7.5	265	7
1901 年 6 月	9	150	1
1901 年 7~8 月	9.15	185	2
1901 年 9 月	8	85	2
1901 年 11 月	7.2	80	2
1902 年 5 月	9.6	240	6
1902 年 9 月	8.1	150	4
1902 年 10 月	8.7	60	1
1902 年 11 月	8	70	1
1903 年 7 月	9.2	575	8
1903 年 10 月	12.75	455	3
1904 年 2 月	17.55	835	4
1904 年 3 月	12.75	480	1

续表

时间	价格（美分）	涨跌幅度（点）	持续时间（月）
1904 年 4 月	15.6	285	1
1904 年 8 月	9.8	580	4
1904 年 9 月	11	220	1
1904 年 12 月	6.9	410	3
1905 年 1 月	6.85	5	1
1905 年 3 月	8	115	2
1905 年 4 月	7.05	95	1
1905 年 7 月	11.1	405	3
1905 年 8 月	9.9	120	1
1905 年 9 月	11.2	130	1
1905 年 10 月	10	120	1
1905 年 12 月	12.6	260	2
1906 年 4 月	10.3	230	4
1906 年 5 月	11.4	110	1
1906 年 8 月	9	240	3
1906 年 10 月	11.6	260	2
1907 年 2 月	9.2	240	4
1907 年 7 月	11.25	330	5
1907 年 11 月	10	250	4
1908 年 1 月	11.5	150	2
1908 年 5 月	8.1	340	4
1908 年 6 月	11.4	330	1
1908 年 10 月	8.3	310	5
1909 年 1 月	9.7	140	3
1909 年 3 月	9	70	2
1909 年 12 月	16.45	745	9
1910 年 1 月	13.5	295	1
1910 年 2 月	14.95	145	1
1910 年 4 月	13.9	105	2
1910 年 5 月	15.7	180	1
1910 年 6 月	14.1	160	1
1910 年 7 月	16.55	245	1
1910 年 9 月	12.99	365	2

续表

时间	价格（美分）	涨跌幅度（点）	持续时间（月）
1910 年 12 月	15.4	250	3
1911 年 2 月	13.7	170	2
1911 年 5 月	16.1	240	3
1911 年 12 月	8.85	725	7
1912 年 7 月	13	415	7
1912 年 10 月	10.7	230	3
1912 年 12 月	13	230	2
1913 年 1 月	11.6	140	1
1913 年 2 月	12.4	80	1
1913 年 4 月	11.2	120	2
1913 年 9 月	13.85	265	5
1914 年 3 月	11.5	235	6
1914 年 6 月	13.4	190	3
1914 年 12 月	7.5	590	6
1915 年 4 月	10.5	300	4
1915 年 7 月	8.4	210	3
1915 年 10 月	13.6	520	4
第一阶段			
1915 年 11 月	11.85	175	1
1915 年 12 月	13.3	145	1
1916 年 2 月	11.45	185	2
1916 年 6 月	13.5	205	4
1916 年 7 月	12.7	80	1
1916 年 11 月	21.5	880	4
第二阶段			
1916 年 12 月	16.5	500	1
1917 年 1 月	19.1	260	1
1917 年 2 月	13.75	535	1
1917 年 7 月	27.5	1375	5
第三阶段			
1917 年 9 月	20.1	740	2
1918 年 1 月	31.3	1120	4
1918 年 2 月	28.8	250	1

续表

时间	价格（美分）	涨跌幅度（点）	持续时间（月）
1918 年 4 月	33.8	500	2
1918 年 5 月	23.1	1070	1
1918 年 9 月	33.5	1240	4
第四阶段			
1919 年 1 月	19.2	1630	4
1919 年 7 月	36	1680	6
1919 年 9 月	28.5	750	2
1919 年 11 月	36.3	780	2
1919 年 12 月	29.2	710	1
1920 年 1 月	34	480	1
1920 年 2 月	29.5	450	1
第五阶段			
1920 年 4 月	40.4	1090	2
1920 年 12 月	13.5	2690	8
一波显著下跌（第一阶段）			
1921 年 1 月	16.6	310	1
1921 年 3 月	11.2	640	2
第二阶段			
1921 年 4 月	13.5	230	1
1921 年 5 月	10.5	300	1
第三阶段			
1921 年 9 月	20.2	970	4
第一阶段（以 5 月合约为准）			
1921 年 9 月	22.4		
1921 年 11 月	16	640	2
1921 年 12 月	18.6	260	1
1922 年 1 月	15.8	280	1
1922 年 4 月	22.7	690	3
1922 年 5 月	20	270	1
1923 年 3 月	31.55	1155	10
第二阶段			
1923 年 7 月	20.75	1080	4
1923 年 11 月	37.25	1650	4

续表

时间	价格（美分）	涨跌幅度（点）	持续时间（月）
第三阶段（终极顶部）			
1924 年 3 月	26.25	1075	4
第一阶段（下跌）			
1924 年 5 月	32.3	580	2
1924 年 7 月	23.3	900	2
1924 年 8 月	29.1	580	1
1924 年 9 月	21.75	735	1
第二阶段			
1924 年 10 月	26.4	465	2
1925 年 1 月	23.4	300	2
1925 年 3 月	26.25	285	2
1925 年 5 月	21.7	455	2
1925 年 7 月	25.7	400	1
1925 年 8 月	22	370	1
1925 年 9 月	25	300	1
1925 年 10 月	18.5	650	1
1925 年 11 月	20.4	190	1
1925 年 12 月	18.3	210	1
第三阶段			
1926 年 1 月	20	170	1
1926 年 3 月	18.3	170	2
1926 年 5 月	19.1	80	2
1926 年 6 月	16.3	280	1
1926 年 9 月	18.65	235	3
1926 年 12 月	12.1	655	3
第四阶段（结束）			
1927 年 9 月	24.4	1230	9
1928 年 2 月	17.1	730	5
1928 年 6 月	22.88	578	4
1928 年 9 月	17.2	568	3
1928 年 10 月	20.1	290	1
1928 年 11 月	18	210	1
1929 年 3 月	20.7	270	4

续表

时间	价格（美分）	涨跌幅度（点）	持续时间（月）
1929 年 6 月	18	270	3
1929 年 7 月	19.5	150	1
1929 年 8 月	17.85	165	1
1929 年 9 月	19.6	175	1
1930 年 3 月	14	560	6
1930 年 4 月	16.15	215	1
1930 年 10 月	10	615	6
1930 年 11 月	12.3	230	1
1930 年 12 月	10.1	220	1
1931 年 3 月	12.25	215	3
1931 年 6 月	8.5	375	3
1931 年 7 月	10.78	225	1
1931 年 10 月	5.4	535	4
1931 年 11 月	7.8	240	1
1931 年 12 月	6.8	100	1
1932 年 2 月	7.55	75	2
1932 年 6 月	5.15	240	4
1932 年 9 月	9.5	435	3
1932 年 12 月	5.85	365	3
1933 年 1 月	6.9	105	1
1933 年 2 月	6.15	75	1
1933 年 7 月	12	585	5
1933 年 8 月	8.4	360	1
1933 年 9 月	10.4	200	1
1933 年 10 月	8.6	180	1
1934 年 2 月	12.9	430	4
1934 年 5 月	10.85	205	3
1934 年 8 月	13.95	310	3
1934 年 11 月	11.7	220	3
1935 年 1 月	12.7	100	2
1935 年 3 月	10	270	2
1935 年 5 月	11.9	190	2
1935 年 9 月	10.3	160	4

续表

时间	价格（美分）	涨跌幅度（点）	持续时间（月）
1935 年 11 月	11.45	115	2
1936 年 1 月	9.85	160	2
1936 年 2 月	10.6	75	1
1936 年 3 月	9.9	70	1
1936 年 7 月	12.75	285	4
1936 年 9 月	11.3	145	2
1936 年 10 月	12.4	110	1
1936 年 11 月	11.1	130	1
1937 年 4 月	13.95	285	5
1937 年 10 月	7.8	615	6
1938 年 3 月	9.5	170	5
1938 年 6 月	7.7	180	3
1938 年 7 月	9.15	145	1
1938 年 12 月	7.05	210	5
1939 年 9 月	10.15	310	9
1939 年 11 月	7.95	220	2
1940 年 1 月	10.15	220	2
1940 年 2 月	9.1	105	1
1940 年 4 月	10.25	115	2
1940 年 5 月	8.45	180	1
1940 年 6 月	9.65	120	1
1940 年 7 月	9	65	1
1940 年 10 月	9.8	80	3
1940 年 11 月	8.7	110	1
1941 年 7 月 28 日	17.6	890	8
1941 年 8 月 13 日	15.82	178	16 日
1941 年 9 月 12 日	18.46	264	30 日
1941 年 10 月 16 日	15.57	289	34 日

第 20 节 棉籽油期货价格波动的规律

(The Regular Pattern on Cotton Seed Oils Futures Prices)

棉籽油期货合约在纽约农产品交易所（New York Produce Exchange）和新奥尔良棉花交易所（New Orleans Cotton Exchange）挂牌交易。一个标准合约为 3 万磅，报价的最小波动单位是 0.01 美分/磅，因此一个标准和合约的最小波动为 3 美元。报价波动 100 点，也就是 1 美分，则一手合约的浮动盈亏波动 300 美元。净利润的计划还要减去佣金和手续费。开立或者平掉一手棉籽油合约的佣金和手续费为 15 美元。保证金要求是合约价值的 10%。

棉籽油从棉籽当中提取后压榨获得，其主要用途与猪油相同，进场与猪油混合在一起作为烹饪用油。因此，它也是猪油的主要替代品之一。

棉籽油的价格波动与棉花的价格并不完全一致。从历史走势图上你可以发现棉籽油和棉花的高低点并未在同一个月当中产生。**归根结底，供求格局决定了棉籽油的价格水平。**

当棉花丰收时，棉籽油供给会增加，价格往往会走低。当棉花歉收时，其他条件不变的情况下，价格往往会走高。

替代品分析思路，产业链分析思路，这些都是可以迁移到其他商品的研究上的。

替代商品价格的变化也会影响棉籽油的价格。当猪油、大豆油等油脂的价格变动时，会影响棉籽油价格。

为什么棉籽油与棉花价格的高低点并不一致呢？棉花的价格在棉花产量下降的传闻出现时就会上涨，而棉籽油属于产业链下游，因此在消息明朗之前，棉籽油的价格往往不会出现大幅上涨。当棉花产量大增的传闻出现时，棉花价格就会出现下跌。等到这个传闻得到证实后，棉籽油的价格才会出现下跌。

如何利用商品之间的领先滞后关系进行套利？

不过，总体而言，棉籽油的价格趋势与棉花是基本一致的，而棉花的走势要领先一些。通过回顾历史走势图，你会

发现这一规律。请看表 4–13，它显示了 1904~1941 年棉籽油价格高低点的季节性规律。

表 4–13 1904~1941 年棉籽油期货价格高低点的月度分布

月份	最高点出现次数	最低点出现次数
1	8	7
2	4	5
3	3	2
4	1	3
5	2	5
6	1	1
7	4	4
8	3	6
9	3	3
10	4	3
11	2	3
12	5	6

从表 4–13 可以看出，1 月、8 月和 12 月出现最低点的频率最高。为什么会这样呢？因为这是一年当中确定棉花收成的时候。如果当年的产量比较高，那么棉籽油的价格会在 8 月见到季节性低点。当然与 8 月间隔半年的 2 月也是一个出现低点频率较高的月份。

棉籽油最低价在 4 月、9 月、10 月和 11 月各出现了 3 次，在 7 月出现了 4 次。最低价在 3 月和 6 月出现的次数最少，分别是 2 次和 1 次。

如果棉花产量下降，那么棉籽油会跟随棉花的趋势出现逆季节性走势，在 12 月和 1 月出现高点。

棉籽油最高价在 1 月、5 月和 12 月出现的次数最多。如果棉花产量显著增加，农业部的夏季和初秋报告透露出产量增加的预期，那么棉籽油的价格就会下跌。这就是为什么最高点很少出现在 4 月和 6 月的原因。

价格根据“预期”和“意外”在变化。

如果趋势向下，那么最高点容易在夏季之前出现。如果

趋势向上，那么最高点容易在 8 月和 9 月之后出现。正如数据显示的那样，最高点在 11 月只出现了两次。

当然，除了 11 月之外，4 月和 6 月出现最高点的频率也很低。

但是，如果出现反季节性走势呢，那么出现最低点频率最高的月份则会出现最高点，而在出现最高点频率最高的月份则会出现最低点。

我们浏览一下棉籽油的一些重要高点和低点（见表 4–14）。

表 4–14 棉籽油的重要高低点

时间	性质	价格（美分）
1904 年 12 月	低点	225
1919 年 7 月	高点	1407
1921 年 4 月	低点	575
1921 年 9 月	高点	1420
1926 年 5 月	高点	1675
1932 年 5 月	低点	315
1935 年 2 月	高点	1190
1936 年 5 月	低点	865
1937 年 1 月	高点	1185
1939 年 8 月	低点	520
1940 年 8 月	低点	530
1941 年 9 月	高点	1415

接着我们计算出棉籽油价格的一些重要分割点位，它们是潜在的重要支撑或者阻力（见表 4–15）。当价格在极端高点和低点之前波动时，这些分割点位将成为潜在的支撑阻力点位。

表 4–15 棉籽油的重要分割基准和点位

基准 / 分割点位	极端低点 225 到极端高点 2815	极端高点 2815	极端高点 2815 到极端低点 315	极端高点 1675 到极端低点 520
1/8	548	351	627	664
2/8	872	703	940	808
1/3	1088	938	1148	902
3/8	1195	1055	1152	952
4/8	1520	1407	1575	1097
5/8	1843	1758	1888	1241

续表

基准 分割点位	极端低点 225 到极端高点 2815	极端高点 2815	极端高点 2815 到极端低点 315	极端高点 1675 到极端低点 520
2/3	1951	1876	1981	1284
6/8	2167	2109	2200	1385
7/8	2490	2460	2513	1530
1	2815	2815	2815	1675

交易者应该仔细观察市场在这些关键点位附近的表现。当棉籽油某个合约上涨或者下跌到这些点位附近，持续数日或者数周维持在这些点位之上 30 点或者之下 30 点，那么你可以认为市场正在构筑底部或者顶部。这个时候交易者可以做多或者做空。因为这是高胜算的交易机会，初始止损的幅度大概在 30~50 点，具体取决于进场点与关键点位之间的距离。

如果棉籽油的报价高于 2000 点，或者说 20 美分，则止损单应该设定在高于或者低于关键点位之上或者之下 50 点；如果棉籽油的报价等于或低于 10 美分，则止损单应该设定在高于或者低于关键点位之上或者之下 30 点。

交易者在分析行情的时候一定要牢记两点：第一点是空间点位，也就是说从前期高点下跌了多少或者从前期低点上涨了多少；第二点是时间周期，也就是从前期高点或者低点运行了多长时间。

为了更好地预判棉籽油未来的走势，掌握顶部和底部形成的规律，我们有必要回顾一下历史顶部和底部的数据。

1904 年 12 月，棉籽油跌至低点 225 点，这是一个单重底部。

1905 年 4 月和 9 月，第一个双重底部形成了，第二个底部比第一个底部更高，趋势向上特征明显。

1907 年 5 月，见到最高点，构成了一个近乎垂直的单重顶部。

1908 年 3 月和 8 月，两度触及同一低点，一个双重底部形成了，做多机会出现了。

1910 年 8 月，涨至高点，这是一个近乎垂直的单重顶部。

1911 年 8 月和 9 月，两度跌至同一水平的低点，一个双重底部形成了，做多机会出现了。

1913 年 7 月，见到最高价，形成了一个陡峭的单重顶部。这个高点比 1910 年 8 月的高点更低，意味着趋势向下的特征明显起来。

1914 年 10 月，跌至最低价，一个单重底部形成，做多机会出现了。

1915 年 8 月，跌至最低价，一个双重底部形成了，胜算率更高的做多进场点。

1916 年 3 月，涨至高点，构成一个陡峭的单重顶部。

1916 年 7 月，跌至低点，构成一个 V 字底部，做多机会出现了。

1919 年 6 月和 7 月，见到极端高点，形成了一个双重顶部，一个胜算率较高的做空机会出现了。

1921 年 4 月，一个陡峭的单重底部形成了，做多机会出现了。

1922 年 3 月和 5 月，见到高点，一个双重顶部形成了，做空机会出现了。

1922 年 9 月，跌至低点，一个单重底部形成了。

1923 年 10 月，涨至高点，构成了一个单重顶部，较 1920 年 9 月的高点更低。

1924 年 8 月，涨至高点，高点继续下降，趋势向下特征明显。

高点接连下降，趋势向下特征。但最好能够结合低点的排列一块分析。

1924 年 12 月，涨至高点，高点继续下降，趋势向下迹象显著。

1925 年 3 月，涨至高点，这是第三个降低的顶部，也是胜算率最高的做空机会之一。

1926 年 5 月，涨至高点，形成了一个陡峭的单重顶部。这是截至 1941 年 11 月 1 日，最高的顶部。

1926 年 11 月，跌至低点，这是陡峭的单重底部。

1927 年 4 月，跌至低点，较前一个低点更高，这是趋势转而向上的特征。

1927 年 10 月，见到高点，构成了一个单重顶部。

1928 年 5 月，两度见到同一高点，形成一个双重顶部。

1929 年 2 月，两度见到同一高点，形成一个双重顶部。

1932 年 5 月，见到极端低点。需要注意的一点是棉花价格在此之前已经见到了极端低点，领先了 7 个月。这表明两者的高低点并不一致。

1932年8月，见到高点，与1931年11月的高点形成双重顶部。

1932年12月，见到低点，这是一个上涨中的次级折返，也就是回调。这个低点比1932年5月的低点更高，而棉花价格在当月形成了极端低点。因此，这是一个胜算率较高的做多机会。

1933年2月和3月，两度见到低点，形成一个不那么标准的双重底部，第二个低点有所抬升。一个胜算率较高的做多机会出现了。

1933年7月，涨至高点，形成了一个陡峭的单重顶部，在前期低点之下。

1933年10月和12月，见到低点，一个双重底部形成了。重要的是，第二个底部比第一个底部更高，因此是安全的做多点位。

1934年4月，见到低点，第三高底部形成了，向上趋势强劲无疑。

1935年2月，涨至高点1195点，与1927年10月的高点构成了一个双重顶部。

1936年5月，跌至低点865点，构成一个单重底部。

1937年1月，见到高点1185点，与1936年2月的高点一起构成双重顶部。

1939年8月，跌至低点520点。

1940年8月，跌至低点530点，与一年前的低点构成一个双重底部，胜算率较高的做多机会出现了。

两个低点的间隔时间就是江恩所谓的“周年”。

很快，趋势转而向上。当价格向上突破最近一波下跌行情的50%点位时，我们应该加码做多，因为上涨趋势完全确立了。

1941年3月和4月，价格向上穿越了1938年、1939年和1940年的高点，向上趋势明显，交易者可以继续加码做多。

1941年6月，棉籽油价格向上突破了1935年和1937年

的高点，但是滞涨的迹象明显。6月见顶后，6月底和7月出现了暴跌。快速回调后下方承接有力，很快又恢复上涨运动。

1941年9月，涨至高点1415点，这恰好是1919年7月极端高点的50%。这是1926年以来的最高点。

1941年10月，棉籽油价格暴跌。

简而言之，交易者应该坚持绘制和观察周度和月度，甚至季度高低价走势图，这样就能确定趋势的转折点以及交易的时机。

第21节 黄油期货价格波动的规律
(The Regular Pattern on Butter Futures Prices)

黄油期货在芝加哥商业交易所（Chicago Mercantile Exchange）和纽约商业交易所（New York Mercantile Exchange）挂牌交易。一个标准黄油合约为19200磅，最小报价单位是0.05美分，因此一个合约的最小价值波动为9.6美元。交易佣金为50美元。

鸡蛋期货的季节性规律也非常强，大家可以观察一下。

同其他大宗商品比起来，**黄油价格的季节性规律很强。因此，如果你能够把握住其季节性趋势，那么就很容易赚钱。**

绝大多数商品都容易受到战争的影响，黄油也不例外。战争总是会驱动黄油价格上涨，而且价格的最高点基本上都在战争期间出现。高价导致生产扩大，其后遗症就是战争之后黄油价格会跌到非常低的位置。

黄油期货的活跃合约是10月合约、11月合约和12月合约。不过11月合约作为主力合约的时间较短，因此10月合约是最好的交易标的，它作为主力合约的时间较长。下面我就回顾一下10月合约的历史高低点。

1860年，黄油价格见到高点50美分。

1895年和1899年，两度见到20美分。

1919年，见到极端高点73美分。

1921 年 6 月，见到低点 31.25 美分。

1921 年 7 月，见到高点 45.25 美分。

1921 年 12 月，见到低点 34.25 美分。

1923 年 12 月，见到高点 50.5 美分。

1924 年 10 月，见到低点 32.25 美分。

1925 年 9 月，见到高点 48.5 美分，较 1923 年的高点更低，做空机会出现了。

1926 年 4 月，见到低点 40 美分。

1926 年 12 月，见到高点 47.5 美分，高点降低了，做空机会出现了。

1927 年 8 月，见到低点 40.5 美分。与 1926 年 4 月的低点构成了一个双重底部，做多机会出现了。8 月是季节性转折月份。

1928 年 12 月，见到高点 48.375 美分。价格第四度触及这一区域，比 1929 年 12 月的极端高点更低。此后，价格暴跌。

大家可以回顾一下黄油价格在 12 月的变化规律。

1933 年 12 月，见到极端低点 14 美分。

1936 年 8 月，见到极端高点 36.25 美分。

1937 年 5 月，见到极端低点 29.5 美分。

1937 年 9 月和 12 月，见到高点 34.5 美分。

1938 年 8 月，见到低点 23.25 美分。

1939 年 2 月，见到低点 23 美分。

1939 年 12 月，见到低点 23 美分。这一点位附近存在三个低点，构筑了一个三重底部。这表明大幅上涨即将来临。

几乎所有大宗商品都在 1938~1940 年形成了三重底部。此后，它们都出现了大幅上扬。因此，当商品出现三重底部时，交易者应该特别关注。当然，三重顶部也值得我们关注，如 1923 年、1925 年和 1926 年以及 1928 年曾出现过三重顶部，此后价格暴跌。

1940 年 12 月，见到低点 34.5 美分。

1941 年 2 月，见到低点 28.5 美分。

1941 年 6 月，见到高点 38.25 美分。

1941 年 7 月，见到低点 34.5 美分。

1941 年 9 月，见到高点 37 美分。

1941 年 10 月，见到低点 32.5 美分。需要注意的是，黄油价格并未回升到 1928 年

12 月的高点，仅仅比 1936 年 8 月的高点高一些。抛压沉重，1941 年 9 月的高点比前期高点更低。

接着，我们回顾分析一下黄油的重要阻力支撑点位。极端高点和低点之间的分割点位是最为重要的，如极端高点 69 美分到极端低点 14 美分之间的分割点位、极端高点 50.5 美分到极端低点 14 美分之间的分割点位、极端低点 23 美分到极端高点 38.25 美分之间的分割点位等。

最近的极端低点 28.5 美分与极端高点 38.25 美分之间的分割点位也值得我们关注，如 33 美分。1941 年 10 月的价格稍微低于这一点位，如果价格有效跌破这一点位，那么下跌空间将完全打开。诸多迹象表明，黄油价格现在应见顶了。如果它能够向上突破 38.25 美分，则趋势转而向上，则接下来的重要阻力点位将是 40 美分，以及 47 美分到 50 美分之间的众多高点。

回顾和总结一下黄油价格的季节性规律更有价值。表 4–16 显示了黄油期货从 1921~1941 年的高低点季节性分布数据。

表 4–16　1921~1941 年黄油期货价格高低点的月度分布

月份	最高点出现次数	最低点出现次数
1	0	0
2	1	3
3	1	1
4	1	3
5	1	1
6	1	4
7	2	1
8	3	3
9	4	0
10	0	2
11	1	0
12	8	5

从表 4–16 可以看出，低点出现频率最高的月份是 12 月，接着是 6 月，出现了 4 次的低点。再往下是 2 月、4 月和 8 月，这些月份各出现了 3 次最低点。而 3 月、5 月和 7 月则各出现一次最低点。

在 1 月、9 月和 11 月，并未出现最低点。

最高点出现频率最高的月份是 12 月，在 20 年的数据当中 12 月出现了 8 次最高点。接着是 9 月和 8 月，9 月出现了 4 次最高点，8 月出现了 3 次最高点。再往下是 7 月，出现了 2 次。

而 2 月、3 月、4 月、5 月、6 月和 11 月各出现了 1 次最高点，1 月和 10 月则并未出现过最高点。

从上述统计数据可以看出，如果供不应求那么最高点容易出现在 12 月，如果供过于求则最低点容易出现在 12 月。如果需求在圣诞期间爆发并且得到了满足，那么最低点容易出现在 2 月和 4 月。如果年中需求很小，那么 6 月就容易出现低点，或者是 8 月。8 月是季节性变化的重要月份。

当然，某些时候需要在 8 月增加，以至于 8 月和 9 月容易见到高点。

季节性与反季节性交替出现，如果高点连续 2 年或者 3 年出现在 12 月，那么下一年的 12 月就容易出现低点。也就是说**如果连续三年符合季节性走势，那么接下来一年就容易出现反季节性走势。**

除了季节性规律之外，还有其他类型的时间周期体现在黄油价格走势上。与重要高点或者低点间隔 6 个月容易出现新的高点或者低点，当然也可能在间隔 3 个月或者 4 个月时出现。更为重要的时间周期，是间隔 6 个月或者 12 个月。

交易者对黄油的历史数据研究得越多，则越能准确地预判未来的价格走势。

在本小节的最后，我们复盘一下黄油双重和三重顶底部的历史数据和相应的交易机会。

1921 年 6 月，跌至低点 34.5 美分。高点 69 美分到低点 14 美分的 1/3 点位是 33.375 美分，因此这是一个做多机会。

1921 年 7 月，涨至高点 45.25 美分。高点 50.5 美分到低点 14 美分的 7/8 点位是 46 美分，因此这是一个做空机会。

1921 年 12 月，跌至低点 34.5 美分，这是一个较高的底部，12 月也是季节性趋势转折频率较高的月份，因此这是一个进场做多的机会。

1922 年 6 月，见到高点 40.75 美分，它恰好是低点 14 美分到高点 50.5 美分的 3/4 点位。

1922 年 8 月，见到低点 34.75 美分，一个双重底部形成了，加上 8 月是季节性转折频率较高的月份，因此这是一个做多的良机。

1922 年 12 月，涨至高点 47.5 美分，价格随后下跌。

1923 年 6 月，跌至低点 38.5 美分。从空间点位来讲，它是低点 14 美分到高点

50.5 美分的 2/3 点位；从时间周期来讲，6 月是季节性转折容易出现的月份。

1923 年 12 月，涨至高点 50.5 美分。50 美分是一个非常重要的点位，因为它是 100 美分的 50%点位。

随后，价格跌破了低点 38.5 美分到 50.5 美分之间的 50%点位，进一步下跌的空间打开了。

1924 年 10 月，跌至低点 32.25 美分，与 1921 年的低点一起构成双重底部。另外，33.3 美分是 1 美元的 1/3 点位。

1925 年 9 月，涨至高点 48.5 美分，前期高点在这附近。从时间周期来讲，9 月是季节性转折点。

1926 年 4 月，涨至高点 40 美分。附近存在一个重要点位 41.375 美分，它是低点 14 美分到高点 50.5 美分的 3/4 点位。

1926 年 12 月，涨至高点 47.5 美分。低点出现了下降。另外，12 月是季节性转折点，出现高点的频率很高，因此这是一个绝佳的做空机会。

1927 年 8 月，跌至低点 40.25 美分，与 1926 年 4 月的低点形成了双重底部。从时间周期来讲，8 月是季节性转折节点。因此，综合空间点位和时间周期两方面因素来看，这是一个做多机会。

1928 年 12 月，涨至高点 48.5 美分，这是第三个高点，且在 50 美分之下。从季节性来讲，12 月容易出现转折。因此，这是一个胜算率较高的做空机会。

1929 年 2 月，跌至低点 43 美分。

1929 年 5 月，涨至高点 44.5 美分。

1929 年 7 月，跌至低点 43 美分，一个双重底部形成了，做多机会出现了。

1929 年 9 月，涨至高点 44.75 美分。同时，9 月是季节性变盘点。因此，这是一个做空的良机。

随后，价格击穿 43 美分的双重底部，进一步下跌空间被打开了。

1929 年 12 月，跌至低点 33.5 美分。低点较 1921 年和 1924 年的低点有所抬升。另外，33.375 美分是低点 14 美分到高点 69 美分之间的重要分割点位。

1930 年 4 月，涨至高点 41.5 美分，在前期低点之下，抛压明显，做空机会出现了。

1930 年 5 月，跌至低点 35.25 美分，市场在此低点之上窄幅盘整，有企稳迹象。价格随后出现了回升。

1930 年 8 月，涨至高点 42 美分，在前期低点之下。另外，41.5 美分是高点 69 美分到低点 14 美分的重要分割点位。从时间周期来讲，8 月是季节性变盘节点，因此这是一个做空良机。

随后，价格跌破了35.25美分，进一步下跌空间打开了。

1930年12月，价格跌至低点25.25美分，这是一个天然的支撑点位，从50.5美分下跌了50%。另外，25美分是1美元的1/4分割点位。因此，这是一个胜算率较高的做多机会出现了。

1931年3月，涨至高点32.5美分，在前期低点之下，做空机会出现了。

1931年6月，跌至低点24美分，恰好在1930年12月的低点之下，两者间隔6个月。另外，6月是季节性反转的月份。

价格在此水平上盘整了3个月，下方承接有力。

1931年10月，涨至高点30.5美分，恰好在低点14美分到高点50.5美分的50%之下，做空机会出现了。

1932年6月，跌至低点16.25美分。16.875美分是高点50.5美分的1/3点位。因此，这是一个潜在的做多点位。

1932年11月，涨至高点24美分，在前期低点之下。**只要价格在50.5美分的50%点位以下就应该做空。**

1933年3月，跌至低点16.75美分，低点抬升，形成了一个双重底部。

随后，价格回升，突破了最近的高点24美分。

1933年7月，涨至高点27.625美分，这是高点69美分到低点14美分之间的1/4点位。一个陡峭的单重顶部形成了，做空机会出现了。

1933年12月，跌至低点14美分。从高点27.625美分下跌了50%，属于恐慌性抛售。另外，12月是季节性变盘点。综合考虑上述因素，这是一个可靠性很高的做多机会。

1934年8月，涨至高点28.5美分，与1933年7月的高点构成了一个双重顶部，因此是一个做空点位。

1934年10月，见到低点25美分，做多机会出现了。

1934年12月，涨至高点28.5美分，**构成一个双重顶部。同时，12月是季节性变盘节点，距离最近极端低点恰好一周年时间。**

1935年6月，跌至低点23.625美分，附近存在前期低点。高点50.5美分到低点14美分的1/4点位是23.125美分。

1935年12月，涨至高点33美分，与1931年3月的高点齐平，做空机会出现了。

1936年3月，跌至低点25.5美分，也就是高点50.5美分的50%点位附近。低点出

现了抬升，一个胜算率更高的做多机会出现了。

1936 年 8 月，涨至高点 36.25 美分，这是高点 50.5 美分到低点 14 美分的 2/3 分割点位。8 月是季节性变盘月份，做空机会出现了。

1936 年 10 月，跌至低点 30 美分，附近存在一个关键点位 31.5 美分，它是高点 50.5 美分的 5/8 分割点位。

1937 年 2 月，跌至低点 29.5 美分，一个双重底部形成了，这是一个更加安全的做多机会。

1937 年 9 月和 12 月，两度见到高点 34.5 美分，恰好是高点 69 美分到低点 14 美分的 3/8 点位。另外，12 月是季节新变盘点，它是出现高点次数最多的月份，叠加双重顶部，做空良机出现了。

1938 年 1 月，击穿所有支撑水平，疲态尽显，进一步下跌的动能充足。

1938 年 8 月，跌至低点 23 美分，与 1930 年 4 月的低点相同。

1938 年 11 月，涨至高点 28 美分。

1939 年 2 月，跌至低点 23 美分，长时间横盘整理，多空处于平衡状态。

1939 年 8 月，跌至低点 23 美分，三重底部形成了。胜算率较高的做多机会。

战争在 9 月爆发，黄油价格上涨，突破了 25 美分的高点，进一步上涨的空间被打开了。

1939 年 9 月，涨至高点 28 美分，与 1938 年 11 月的高点构成双重顶部。

1939 年 12 月，跌至低点 26.5 美分。低点抬升，趋势向上特征明显。

1940 年 1 月，涨至高点 28.125 美分，三重顶部形成了。叠加季节性变盘节点，做空良机出现了。

杰西·李默坲强调的枢纽点突破进场，于此处是否一致？

1940 年 6 月，跌至低点 25.875 美分，差不多是高点 50.5 美分到低点 14 美分的 1/3 分割点位。价格在此水平徘徊了 3

个月时间，胜算率较高的做多机会出现了。

1940 年 9 月，价格向上突破 28 美分，多空失去平衡。前期众多高点被突破，加码做多的机会出现了。

1940 年 12 月，涨至高点 34.5 美分，这是 1937 年的前期高点。12 月是季节性变盘节点。

1941 年 2 月，跌至低点 28.25 美分，前期高点之上，做多机会出现了。

随后，价格恢复上涨，逐步上扬。

1941 年 6 月，涨至高点 38.25 美分，涨幅为 10 美分。距离 1940 年 6 月低点恰好一周年时间，趋势容易变盘。

另外，1930 年 9 月的高点是 38.5 美分，而高点 50.5 美分到低点 14 美分的 2/3 分割点位为 38.375 美分。因此，这是一个极佳的做空机会。

1941 年 7 月，跌至低点 34.25 美分，前期高点附近，这是一个进场做多机会。

1941 年 9 月，涨至高点 37.25 美分，高点降低了。同时，9 月是季节性变盘月份，因此这是一个做空机会。

1941 年 10 月，跌到低点 32.25 美分。附近存在一个关键点位，最低点 28.25 美分到高点 38.25 美分的 50%点位是 33.25 美分。

如果价格跌破 32 美分，那么进一步下跌空间打开了，下一个支撑点是 28 美分，再下一个支撑点则是 25 美分。

相反，如果黄油价格向上突破 38.5 美分，那么下一个阻力在 42 美分左右，再下一个阻力区域在 47~48 美分。

从时间周期来讲，1941 年 12 月是一个变盘关键节点。当然，也可能持续到 1 月才会出现变盘。如果市场上涨，在 12 月或者 1 月形成高点，那将是做空的机会。相反，如果市场下跌，在 12 月或者 1 月形成低点，那将是做多的机会。

交易者应该学会综合分析，基于极端高点和低点计算空间点位和时间周期，这样就能很好地预判未来的走势。

第 22 节 可可豆期货价格波动的规律
(The Regular Pattern on Cocoa Futures Prices)

可可豆期货在纽约可可交易所（New York Cocoa Exchange）挂牌交易。一个标准

合约涉及22000磅可可豆，最小报价波动是0.125美分，也就是说一个最小报价波动会导致一手标准合约的价值波动27.5美分。交易佣金和手续费为25美元一手。具体的保证金则是根据价格变化而变动的；如果可可豆的报价在每磅6~8美分，则一手标准合约的保证金要求在600~700美元；如果可可豆的报价在每磅4美分，则一手标准合约的保证金要求在400美元左右。

可可豆的主产国主要分布在南美洲和非洲，英国的部分属地也有种植。大多数出产地的收获季节从10月持续到次年3月，部分国家要到次年5月或者7月才收获。总体来讲，绝大部分国家8月到9月的时候就已经收割结束了。美国是可可豆的消费大国，大部分可可豆在美国销售。

首先，我们来看可可豆期货的高低点月度分布情况，表4-17显示了可可豆期货价格高低点的月度分布规律。

表4-17　1925~1941年可可豆期货价格高低点的月度分布

月份	最高点出现次数	最低点出现次数
1	5	1
2	4	0
3	3	1
4	0	2
5	3	3
6	3	2
7	1	2
8	0	2
9	3	2
10	2	1
11	1	2
12	1	2

从表4-17可以看出，最低点在5月出现的次数最多。原因是大部分国家在5月收获可可豆，此时的销售压力很大。4月、6月、7月、8月、9月、11月和12月出现最低点的频率是差不多的。

3月和10月出现最低点的频率差不多，比较少。而最低点没有在2月出现过。相反，2月是可可豆出现季节性高点次数较多的月份。

价格最高点出现频率最多的月份是1月，其次是2月。接下来是3月、5月、6月和9月，都出现了3次。为什么会这样呢？因为此刻新可可豆还未上市。9月是出现价格高点比较重要的月份，因为此刻收获已经结束了。

在预估下一个高点或者低点什么时候出现时，时间周期方面需要考虑两个因素：第一个因素是最近的极端高点和低点是什么时候出现的？第二个因素是市场已经持续上涨或者下跌几个月了？这将有助于你确定趋势的转折点。

季节性讲完了，我们接着介绍可可豆期货价格的空间点位。比较重要的点位有两类，第一类是极端高点和极端低点为基准计算出来的重要分割位（见表4–18）；第二类是历史走势中的重要高点和低点。

表4–18中价格数字都是"点"，1点等于0.01美分。

表4–18　可可豆期货的重要分割点位

分割点位＼基准	1927年3月极端高点1785到1933年4月极端低点335	1927年3月极端高点1785	1937年1月极端高点1310到1933年4月极端低点335	1937年1月极端高点1310
1/8	516	223	457	164
2/8	697	446	579	328
1/3	818	595	660	437
3/8	878	669	701	492
4/8	1059	892	823	655
5/8	1240	1115	945	819
2/3	1301	1190	985	874
6/8	1421	1338	1067	983
7/8	1602	1561	1189	1147
1	1785	1785	1310	1310

接下来，我们回顾一下可可豆现货走势的重要高点和低点：

1865年，高点32美分；

1874年，低点12美分；

1879年，高点23美分；

1890年，低点13美分；

1893年，高点16美分；

1896 年，低点 12 美分，这是南北战争以来最低价，几乎所有商品都在 1894~1898 年跌至最低价；

1900 年，高点 17 美分；

1910 年，低点 11 美分；

1915 年，高点 16.75 美分；

1917 年，高点 17 美分；

1919 年，高点 23.25 美分，极端高点；

1921 年，低点 7 美分；

1922 年，高点 10.5 美分；

1923 年，低点 6 美分。

从 1925 年起，我采用可可豆期货 9 月合约的价格来继续回顾高点，一直到 1941 年。同时，我会注明顶部和底部的形态类型。

1925 年 11 月，低点 9.05 美分，其两倍点位是 18.1 美分；

1926 年 3 月，高点 17.85 美分；

17.85 美分附近存在三个高点，且市场已经从低点上涨了 2 倍。当价格跌至 16.85 美分，也就是从 17.85 下跌 1/8 之后，下跌趋势就已接近开始显露了。价格进一步走跌的迹象明显。

1927 年，低点 12.9 美分，与极端高点间隔 14 个月。根据我提出的时间周期法则，市场容易在第 15 个月变盘。

1928 年 5 月，涨至高点 15.6 美分，在前期高点和低点之下受阻，做空机会出现了。

不久之后，**价格跌破了最近一波上涨的 50%点位，**继而跌至极端低点 12.9 美分，价格进一步走低态势明显。

1928 年 8 月，低点 10.2 美分。与 1926 年 10 月的低点一起构成了一个双重底部，抄底机会出现了。

1928 年 10 月，高点 11.4 美分。这波上涨持续了 2 个月时间。

1928 年 11 月，跌至低点 10.35 美分，低点出现了抬升，并且构成了一个双重底部。做多时机出现了。

1929 年 2 月，高点 12.1 美分。从时间周期来讲，2 月是季节性趋势变盘的月份，逢高做空的信号出现了。

1929 年 5 月，**低点 10.3 美分，三重底部出现了。**同时，5 月也是季节性变盘的月份。

1929 年 9 月，高点 11.1 美分。这是一波持续时间相对较长的上涨。9 月是季节性变盘的月份，此后价格下跌，期间反弹幅度很小。

1930 年 9 月，低点 5.25 美分。与 1929 年 8 月间隔一年时间，5.95 美分是高点 17.85 美分的 2/3 回撤点位。从季节性来讲，9 月容易变盘。综合考虑空间点位和时间周期，这是一个进场做多的机会。

1930 年 11 月，高点 7.65 美分。这波反弹持续了 2 个月时间，上涨幅度为 140 点，属于正常反弹。趋势仍旧向下，因此这是逢高做空的良机。

逢高做空的"逢高"如何确定呢？第一，从技术面/行为面来讲，可以从成交量阶段性高点、斐波那契回撤点位、超买死叉、顶背离等特征把握；第二，从心理面来讲，可以从市场预期一致、利好滞涨等特征把握；第三，从基本面/驱动面来讲，可以从一次性利多题材兑现、利空题材出现、最后一次利多题材兑现等特征把握。

1932 年 5~7 月，低点 3.9 美分。这是一个重要的支撑点位，价格在此企稳了 3 个月长的时间，做多机会。

1932 年 9 月，低点 5.1 美分，与 3 月的高点一致，构成一个双重顶部，做空机会出现了。

1933 年 4 月，低点 3.3 美分，价格盘整了一段时间。

1933 年 4 月下旬，价格开始上涨，向上突破了 4.2 美分。4.2 美分是高点 5.1 美分到低点 3.3 美分的 50%点位。突破这一点位，预示着市场有进一步上行的空间。

1933 年 7 月，高点 6.8 美分，与 1931 年 1 月的高点相同。需要注意的是 6.6 美分是极端低点 3.3 美分的 2 倍点位。这意味着附近的抛压强大，应该趁机做空。

随后价格暴跌。

1933 年 9 月，跌至低点 4 美分。这是一波次级折返走势，跌到了与 1932 年 6 月低点相同的水平。下方支撑有力，做多机会出现了。

1934 年 2~7 月，三度见到高点 6 美分，构成一个三重顶部，做空机会出现了。

1934 年 8 月，低点 4.5 美分。

1935 年 2 月，高点 5.6 美分，距离最近高点 6 个月时间，而且 2 月也是变盘频发的月份。而且高点出现了降低，这是一个做空机会。

1935 年 7 月，低点 4.3 美分，一个双重底部形成了，做多机会出现了。

1936 年 1 月，高点 5.6 美分，与 1935 年 2 月的高点一同构成了双重顶部，做空机会出现了。

1936 年 3 月，低点 5.05 美分。在支撑水平之上，窄幅盘整了 2 个月，交投清淡，下跌动能消失，做多的迹象明显。

1936 年 5 月，向上突破了 1934 年 6 月以来的所有高点。

除了价格之外，还可以从哪些角度分析和评估多空的力量对比变化?

接着多空力量对比的平衡被彻底打破了。

1936 年 8 月，向上突破了 6.6 美分。相当于从极端低点 3.3 美分上涨了 1 倍。上行态势明显，这是多空平衡被打破后的加码做多良机。当价格快速突破前期高点时，往往意味着进一步上行的空间被打开了。

1936 年 9 月，价格向上突破了 6.8 美分，也就是 1932 年 7 月的高点。市场继续上扬，在这期间回调幅度很小。

再度强调一点：当市场突破前期高点上涨时，这就是突破进场点，可以带来丰厚的利润。

1937 年 1 月，见到极端高点 13.1 美分，在 1928 年的前期高点之下。

从空间点位来看，附近存在一个关键点位 13.6 美分，它是低点 6.8 美分的 2 倍点位。另外，关键点位 13.2 美分则是极端低点 3.3 美分的 4 倍点位。

从时间周期来看，1 月是季节性见顶比较频繁的月份，而且市场已经连续上涨了 19 个月，在突破前期高点后也上涨了 9 个月。

因此，这是一个做空的良机。

此后，价格跌到 11.88 美分之下，从高点下跌了 1/8，价格将继续走低的信号明显。

1937 年 2 月，跌至低点 9.4 美分，下跌了一个月，但是幅度巨大。暴跌之后必然有报复性反弹。

1937 年 3 月，反弹到了高点 12.45 美分，高点降低了，做空机会出现了。

从高点 13.1 美分到低点 9.4 美分的 50%点位是 11.25 美分。当市场价格跌破 11.25 美分时，进一步下跌的空间打开了。

市场价格跌破了 11.25 美分的关键支撑，弱势尽显。

1937 年 5 月，跌至低点 6.95 美分，跌到前期高点之上。从 1937 年 1 月的高点算起，这波下跌已经持续了 4 个月时间，而 5 月也是季节性变盘高发的月份。

1937 年 8 月，见到高点 8.5 美分。从空间点位来看，附近存在一个关键点位 8.4 美分，它是高点 13.1 美分到低点 3.3 美分的 50%点位。从时间周期来看，这波反弹已经持续了 3 个月。因此，这是一个做空机会。

1938 年 5 月，跌至低点 4.1 美分，一个双重底部形成了。从时间周期来看，**这个低点与 1937 年 5 月恰好相距一周年。**

1938 年 9 月，见到高点 5.5 美分，高位滞涨特征明显。做空机会来临了。

高位滞涨的具体特征有哪些呢？第一，利多不涨；第二，放量不涨；第三，顶背离；第四，流星线和高开大阴线；等等。

随后，价格持续下跌。

1939 年 8 月，跌至低点 3.9 美分，一个双重底部形成了。跌至了 1933 年 9 月的低点。

1939 年 9 月，涨至高点 6.7 美分。从空间形态而言，与 1938 年 1 月的高点构成了一个双重顶部。同时，6.6 美分是极端低点 3.3 美分的 2 倍点位。从时间周期而言，9 月是季节性变盘频繁的月份。

1939 年 10 月，跌至低点 4.9 美分。附近存在一个关键点位 4.95 美分，它恰好是极端低点 3.3 美分的 1.5 倍点位。这是一个逢低做多的机会。

逢低做多的“逢低”如何具体实现呢？题材与点位，还有周期，如何将它们结合起来判断“低位”？

1940 年 5 月，见到高点 6.5 美分，一个双重顶部形成了。做空信号出现了。

1940 年 7 月，低点 3.95 美分。一个三重底部出现了，胜算率较高的做多机会出现了。

接下来，趋势上行。当价格突破高点 6.7 美分与低点 3.9 美分的 50%点位时，也就是突破 5.3 美分时，进一步上涨的空间被打开了。

1941 年 5 月，高点 8.1 美分。这是极端低点 3.3 美分的 2.5 倍点位，也是一个双重顶部。做空特征不言而喻。

1941 年 7 月，高点 7.15 美分，这波下跌持续了 2 个月时间，属于正常范围内的回调走势。

1941 年 9 月，高点 8.5 美分，与 1937 年 8 月的高点相同。另外，9 月也是季节性见顶频率较高的月份。

接下来的 10 月，可可豆期货的价格出现了下跌。

到了 1941 年 11 月 6 日，走势转而向上。如果价格能够向上突破 8.5 美分，并且能够站稳，则有望进一步上涨到 13.1 美分之上。如果跌破 7.8 美分，则表明进一步下跌的空间被打开了。如果进一步跌破 6.5 美分，也就是高点 13.1 美分的 50%点位，则疲态明显。

综合运用空间点位和时间周期的所有法则，你就能更加有效地预判可可豆未来的走势情况。

第 23 节　咖啡期货价格波动的规律
(The Regular Pattern on Coffee Futures Prices)

咖啡期货在纽约咖啡和糖交易所（New York Coffee and Sugar Exchange）挂牌交易。一个标准合约涉及 32.5 万磅咖啡，报价最小波动单位是 0.01 美分/磅。这意味着报价每波动 0.01 美分，也就是 1 个点，则一手合约的价值波动 3.25 美元。如果波动 1 美分，则一手合约的价值波动 325 美元。

表 4–19　1901~1941 年咖啡期货价格高低点的月度分布

月份	最高点出现次数	最低点出现次数
1	10	2
2	6	0
3	0	6
4	2	5
5	3	3
6	3	4
7	3	6
8	3	4

续表

月份	最高点出现次数	最低点出现次数
9	2	2
10	4	4
11	3	1
12	4	3

当咖啡报价低于 10 美分时，一份合约的交易佣金是 25 美元；当咖啡报价在 10~19.99 美分时，一份合约的交易佣金是 30 美元；当咖啡报价高于 20 美分时，一份合约的交易佣金是 40 美元。

全球种植咖啡的地方很多，但是南美洲的产量最大，巴西是主要代表。美国是最大的咖啡消费国，大量交易经由纽约咖啡和糖交易所完成。

首先，我们来看咖啡价格高低点的月度分布情况（见表 4–19）。

从表 4–19，我们可以发现，最高点在 1 月和 2 月出现频率最高，1 月出现了 10 次，2 月出现了 6 次。加上 12 月的话，则过去 40 年间有 20 次最高点出现在这三个月。所以，这三个月是观察季节性高点和变盘点最为重要的时间窗口。

接下来比较重要的是 10 月和 12 月，各出现了 4 次最高价。

再往下是 5 月、6 月、7 月、8 月和 11 月，这些月份各出现了 3 次最高价。

排名比较靠后的是 4 月和 9 月。4 月和 9 月各出现了 2 次最高价。

1901~1941 年，3 月没有出现过 1 次最高价。绝大部分最高价都在 1 月和 2 月，等到 3 月的时候价格已开始走低了。

最低价在 3 月和 7 月出现频率最高，各出现了 6 次。再者是 4 月，出现了 5 次。

接下去是 6 月、8 月和 10 月，各出现了 4 次。

再往下是 5 月、9 月和 12 月，各出现了 3 次。

最后是 1 月和 9 月，各出现了 2 次。

而最低价 40 年当中从未出现在 2 月。

从统计数据可以看出，最低点出现频率最高的月份是 3 月和 4 月，接着是 6 月和 7 月，以及 10 月、11 月和 12 月。

在分析和交易咖啡期货时，运用我此前提出的各项法则和规律，特别是综合利用空间点位和时间周期来预判咖啡的趋势，进而确定进出的良机。如此操作，利润自然丰厚。

最佳的做空机会是极端高点附近，最佳的做多机会是极端低点附近。空间点位和

时间周期的相关法则和规律可以帮助你确认极端高点和极端低点。商品投机和投资能够赚取比银行存款更加丰厚的收益，但前提是你能够很好地管理风险，识别机会。

任何商品期货的交易都无法消除所有不确定性。风险是必然存在的一部分，因此务必设定止损和恰当地管理仓位。亏损是交易事业的一部分，这就是商业活动的成本。任何人也无法做到每笔交易都赚钱，**忽略风险是不明智的，限制风险才是务实的做法。**良好的风险报酬比可以让你从交易中赚取远胜于其他生意和工作的收入。

要想在金融交易中成功，你必须专注于此，将其当作真正的商业活动，而非赌博。恪守客观规律，利用有效法则，那么你就是市场的赢家，而非赌棍。

当大众在商品期货交易中遭受亏损时，他们怨天尤人，将一切归咎于市场和庄家。但事实上，他们应该从自己身上寻找一切问题的根源。如果交易者能够顺应市场趋势，那么获利是水到渠成的事情；相反，如果你不能判断趋势，那么就不要入场交易。

在本书当中，江恩探讨了各种百分比点位、季节性规律、基本面供求大格局、高低点的间隔周期等领域，这些都是趋势的判断方法。就商品期货的趋势交易策略而言，最为有用的趋势判断方法往往具有以下要素：第一，均线或者周规则为基础的技术框架；第二，年度供求格局演变；第三，价格的季节性走势规律。

其实，无论何时，只要你对趋势心存疑惑，那么就不要轻易进入市场。只有你拥有客观的事实和理由时，才可以大胆进场买卖。

在本小节的最后，我想回顾一下咖啡期货的历史走势，特别是其中的高低点。我以两个合约为基础：第一个在纽约交易的里约咖啡 5 月合约（Coffee May Futures Rio），涵盖从 1901~1939 年的行情数据；第二个是桑托斯咖啡 5 月合约（May Coffee Santos）。

我们先来看第一个合约的历史走势。

1901 年 4 月，见到低点 5 美分，单重底部。

1901 年 11 月，见到高点 7.7 美分，单重顶部。

1902 年 4 月，见到低点 4.8 美分，与 1901 年 4 月的低点构成双重底部，两者恰好相距一年。

1902 年 8 月和 10 月，价格分别触及高点 6 美分和 5.9 美

分，形成了一个双重顶部，做空机会出现了。

1903 年 4 月，见到低点 4.65 美分，与 1902 年 4 月恰好相距一年。趋势转折点已经来临了。

1904 年 1 月和 2 月两度见到高点 8.5 美分，形成一个双重顶部。此后，价格暴跌。

1904 年 3 月，跌至低点 5.2 美分，这是一个单重底部。

1904 年 4 月，涨至高点 6.2 美分。这波反弹仅仅持续了一个月，形成了一个单重顶部。

1904 年 5 月，跌至低点 5.3 美分，形成一个双重底部。

1904 年 12 月，见到高点 8.2 美分，形成了一个三重顶部。

1905 年 3 月和 4 月，咖啡价格两度跌至低点 6.1 美分，形成了一个双重底部，做多机会出现了。

1905 年 12 月，**涨至高点 8.2 美分，形成了一个双重顶部，与 1904 年 12 月高点一致，且恰好相距一年。**做空机会出现了。

1906 年 5 月，跌至低点 6.25 美分，低点抬升了，形成了一个不标准的双重底部，做多机会出现了。

1906 年 8 月，涨至高点 8 美分，这是第三个较低的高点，做空机会出现了。从时间周期来讲，8 月是季节性变盘点。

1907 年 1 月，跌至低点 5.3 美分。构筑了一个不标准的双重底部。1 月是季节性变盘点。

1907 年 3 月，涨至高点 6.7 美分，在前期低点之下，做空机会出现了。

1907 年 4 月，跌至低点 5.3 美分，构成一个三重底部，进场做多的信号出现了。

1907 年 8 月，涨至高点 7.8 美分，构成一个三重顶部。同时，从季节性来讲 8 月容易见顶，趋势变盘点来临了。

1907 年 12 月，跌至低点 5.55 美分，低点抬升了。且 12 月是季节性变盘点，此时应该进场做多。

1908 年 2 月，涨至高点 6.2 美分。

1908 年 4 月，跌至低点 5.6 美分，低点抬升了，构成一个不标准的双重底部。

1908 年 5 月，涨至高点 6.2 美分，与 2 月高度一样。做空信号出现了。

1908 年 7 月，跌至低点 5.4 美分，构筑一个三重底部，胜算率较高的做多机会出现了。

1908 年 10 月，涨至高点 6.5 美分，在前期低点之下。上方抛压沉重。

1908 年 11 月，跌至低点 5.6 美分，形成一个双重底部。

1909 年 1 月，跌至低点 5.65 美分，低点出现了抬升，形成了一个胜算率较高的做多信号。

1909 年 5 月，涨至高点 7.25 美分。一个双重顶部形成了，做空机会出现了。

1909 年 10 月，跌至低点 5.1 美分，与 1901 年和 1904 年的低点接近。从时间周期来看，10 月是季节性变盘点。因此，这是一个可靠的做多机会。

1910 年 1 月和 2 月，价格两度涨至高点 7.15 美分，构成一个双重顶部。趋势变化在即。1 月出现季节性高点的概率很高。

1910 年 8 月，跌至低点 5.3 美分，低点出现了抬升。同时，8 月是季节性变盘点，因此这是一个可靠的做多机会。

随后，价格向上突破了 1909 年和 1910 年的高点，上涨趋势强劲。不久，又向上突破了 1904 年的高点。

1911 年 1 月，见到高点 11.95 美分，价格很快出现了 V 字反转。

1911 年 2 月，跌至低点 9.6 美分，这波下跌仅仅持续了一个月时间。接下来，价格回升。

1911 年 5 月，涨至高点 10.75 美分。10.75 美分恰好是高点 11.85 美分到低点 10.75 美分的 50%反弹位置。因此，这是逢高做空机会。

1911 年 7 月，跌至低点 6.85 美分，附近有前期高点。这是一个抄底的位置。

价格随后快速反弹，向上突破 8.1 美分，也就是高点 11.85 美分到低点 6.85 美分的 25%点位。接下来又进一步突破了 9.35 美分，它是高点 11.85 美分到低点 6.85 美分的 50%点位。上涨趋势非常显著，多头完全战胜空头，交易者应该持续做多。

1912 年 4 月，见到高点 14.05 美分。这波上涨从 1911 年 7 月算起的话，已经持续了 8 个月。

1912 年 4 月，跌至低点 13.1 美分。这波下跌仅仅持续了一个月，属于正常范围，接着价格恢复了上涨走势。

1912 年 6 月，涨至高点 14.15 美分，形成一个双重顶部。做空机会出现了。

1912 年 7 月，跌至低点 10.55 美分。这波下跌仅仅持续了一个月时间，跌到了前期高点附近。另外，7 月恰好是季节性变盘点。因此，这是一个良好的做多点位。

1912 年 10 月，涨至高点 14.4 美分，第三个高点出现了。价格从 1911 年 7 月的低点上涨超过了 1 倍。另外，10 月是出现季节性高点概率较高的月份。从 1912 年 7 月开始，这波上涨已经持续了 3 个月。最近的极端低点出现在 1909 年 10 月，第三年年末

是重要变盘点。因此这是做空良机。

接下来，价格暴跌。

1912 年 11 月，跌至低点 11.8 美分。附近存在一个重要的点位 11.71 美分，它是低点 3.65 美分到高点 14.4 美分的 75%点位。同时，1911 年 1 月的高点也在附近。

大涨后的第一波暴跌之后，肯定会出现一个反弹，其幅度可能达到下跌第一波的 50%。具体来讲就是 13.1 美分，它是高点 14.4 美分到低点 11.8 美分的 50%。

反弹 50%后逢高做空，是江恩经常用到的策略，这个策略也是期货大师斯坦利·克罗的常用招数。

1912 年 12 月，涨至高点 13.5 美分。这波反弹仅仅持续了一个月，属于正常情况。同时，12 月也是季节性变盘概率较高的月份，逢高做空的机会来了。

1913 年 3 月，跌至低点 8.25 美分。3 月是季节性变盘概率较高的月份。市场交投清淡，窄幅盘整两个月后开始上涨。

1914 年 6 月，涨至高点 9.75 美分。附近存在一个关键点位 9.6 美分，它是高点 14.4 美分的 2/3 点位。

1913 年 7 月，跌至低点 9 美分。它是高点 14.4 美分的 5/8 点位。而 9.03 美分则是高点 14.4 美分到低点 3.64 美分的 50%点位。因此，这是一个回调做多的机会。

价格随后上涨，突破了三个月盘整的高点 9.8 美分，上涨趋势显著。

1913 年 10 月，涨至高点 11.5 美分。附近存在一个关键点位 11.32 美分，它是高点 14.4 美分到低点 8.25 美分的 50%点位。从时间周期的角度来讲有两点：第一，这个高点距离极端高点恰好一周年；第二，10 月是季节性变盘点。

1913 年 12 月，跌至低点 9.1 美分。低点出现了抬升。这波下跌持续了两个月时间，属于正常范围，因此这是一个逢低做多的机会。

此后，价格快速上涨。

1914 年 1 月，涨至高点 13.8 美分，较 1912 年 12 月的高点更高，但是低于 1912 年 10 月的高点。另外，1 月是出现季节性变盘点概率较高的月份，因此这是做空机会。

接下来价格暴跌。

1914 年 6 月，跌至低点 9.75 美分，跌到前期低点附近，做多机会出现了。

1914 年 7 月，涨至高点 14.1 美分。在前期高点附近。

随后价格下跌。

1914 年 8 月，跌至低点 12.6 美分，恰好是高点 14.4 美分的 7/8 分割点位。这波下跌仅仅持续了一个月时间，随后上涨恢复。

1914 年 10 月，涨至高点 14.65 美分，一个双重顶部形成了，且第二个高点更高。**从时间周期来看：第一，这个高点距离 1912 年 10 月的高点恰好两周年；第二，10 月是季节性变盘节点。**

价格很快跌破了上涨波段的 50%点位，以及其他重要支撑点位。下跌趋势完全确立了。

1915 年 4 月，跌至低点 8.3 美分，与 1913 年 3 月低点共同构成了一个双重底部。第二个低点有所抬升，价格随后出现了回升。

1915 年 6 月，涨至高点 9.75 美分。这个高点位于前期低点之下，同时附近存在一个重要点位 9.6 美分，它是高点 14.4 美分的 2/3 回撤点位。从时间周期来看，这个高点与 1914 年 6 月低点恰好相距一周年。变盘点即将来临了。

1915 年 7 月，跌至低点 7.2 美分。附近存在一个重要点位 7.23 美分，它是高点 14.4 美分到低点 3.65 美分的 1/3 点位。

接下来，市场快速回升，但仅仅是反弹而已，随后恢复下跌走势。

1915 年 12 月，跌至低点 5.8 美分，较 1910 年的低点更高。从时间周期来看：第一，12 月是季节性变盘节点；第二，这个低点距离 1913 年 12 月的低点恰好两周年时间。比较重要的支撑点位是 5.4 美分，它是高点 14.4 美分的 3/8 点位。但是价格并未跌至这一水平，表明下方支撑有力。

1916 年 5 月，涨至高点 9.2 美分，在前期低点之下。这波上涨持续了 6 个月，变盘点临近了。

1916 年 9 月，跌至低点 6.2 美分，较 1915 年的低点更高。另外，附近存在一个重要点位 6.33 美分，它是高点 14.4 美分到低点 3.65 美分的 25%点位。同时，9 月是季节性变盘节点。

市场窄幅整理数月后，继而上扬。

1917 年 1 月，涨至高点 9.1 美分，恰好处在极端高点和极端低点的 50%点位处。

1917 年 3 月，跌至低点 7.25 美分，这是第三高的低点。附近存在一个关键点位

7.2 美分，它是高点 14.4 美分的 50%点位。这是一个安全的做多点位。此后，上涨展开。

1917 年 9 月，涨至高点 9.8 美分。与 1915 年 6 月的低点一起构成双重底部。另外，9 月是季节性变盘节点。因此，这是一个做空良机。

1917 年 12 月，价格跌至低点 8.25 美分，跌至前期低点附近，支撑有效。

1918 年 1 月，涨至高点 9.1 美分，前期高点附近。这个点位恰好在极端高点和低点之间 50%点位附近。另外，1 月是季节性变盘节点。暴跌紧随而至。

1918 年 2 月，跌至低点 9.5 美分，这是 1915 年 12 月极端点位之后的第四高低点。

此后，反弹持续了一个月时间。

1918 年 3 月，涨至高点 8.8 美分，高点降低了。

1918 年 4 月，跌至低点 8.1 美分，前期低点附近。

1918 年 6 月，涨至高点 8.8 美分，形成了一个双重顶部。这是从 1917 年 9 月以来极端高点以来第三低的高点。同时，6 月是季节性变盘节点。

1918 年 11 月，跌至低点 7.1 美分，与 1917 年 3 月低点一起构成了双重底部。附近存在一个关键点位 7.2 美分，它是极端高点 14.4 美分的 50%点位。

价格开始上涨了，很快突破了 9.8 美分附近的高点，意味着进一步上涨的空间打开了。

从 1915 年以来，低点越来越高。当 1915 年 6 月和 1917 年 9 月的双重顶部被突破后，价格进一步走高的特征就明显了。

当价格向上突破 10.1 美分，也就是高点 14.4 美分到低点 5.8 美分的 50%点位时，价格很可能涨至 14.4 美分甚至更高水平。价格继续上涨，突破了 14.4 美分附近所有的高点。

1919 年 1 月，升至高点 16 美分，这是 1918 年 12 月低点的 2 倍点位。1 月是季节性变盘节点，很快 V 字反转出现了。

价格暴跌。

1919 年 2 月，跌至低点 13.95 美分，跌至前期低点附近，一个月的回调之后出现了进场做多的机会。暴涨紧随而至。

1919 年 6 月，涨至高点 23.75 美分，它比天然阻力点位 25 美分低了 1.25 美分，又恰好是高点 14.4 美分的 1.5 倍点位。阻力强大，价格快速下跌，然后反弹。

1919 年 12 月，反弹见到高点 17.5 美分。同时，12 月是季节性变盘节点。下跌随后出现了。

1920 年 2 月，跌至低点 13.76 美分，跌至前期高点附近。这波下跌持续了两个月时间，抄底的机会来临了。

1920 年 3 月，涨至高点 15.35 美分。随后出现回调。

1920 年 4 月，回调到了 14.25 美分，前期高点之上，较 2 月低点更高。下方支撑有力，价格很快恢复上涨趋势。

1920 年 5 月，涨至高点 15.45 美分。附近存在两个关键点位：第一个是 14.85 美分，它是极端高点 23.75 美分的 5/8 点位；第二个是 15.84 美分，它是极端高点 23.75 美分的 2/3 高点。从时间周期来看，这个高点距离极端高点一周年时间。因此，这一个做空机会。

在商品期货的交易中，最重要的阻力和支撑点位有哪些？不超过三个！

1920 年 6 月，咖啡价格暴跌到了 12 美分。这波下跌从极端高点算起已经持续了一年时间。附近存在一个关键点位 11.88 美分，它是高点 23.75 美分的 50%点位。价格在此之上，确实是做多良机。此后，市场暴涨，接连突破了一系列重要阻力。

1920 年 7 月，咖啡价格涨至高点 22.6 美分。同月，棉花价格涨到了 43.5 美分的历史高点。

从 1920 年 7 月开始，商品期货的价格全线下跌，咖啡价格暴跌。

1920 年 11 月，咖啡价格涨到了 17.6 美分，前期低点之下，也是 1919 年 12 月高点附近。另外，附近存在一个关键点位 17.82 美分，它是高点 23.75 美分的 6/8 分割点位。这波反弹持续了两个月时间，属于熊市中反弹。反弹幅度正常，趋势仍旧向下。

1921 年 3 月，跌至低点 5.1 美分。附近有 1909 年 10 月的高点。而且这个高点距离极端高点 21 个月，距离最近的重要高点 8 个月，距离 1920 年 11 月的高点 4 个月，因此这是一个胜算率较高的做多机会。

咖啡、棉花等所有大宗商品在这期间都经历了暴跌。

1921 年 4 月，回升到了高点 6.45 美分，这是第一波上涨，回调随之而来。

1921 年 5 月，跌至低点 5.6 美分。低点抬升了，这是一个逢低做多的高胜算机会。

附近存在一个重要的点位 5.95 美分，它是高点 23.75 美分的 25%回撤点位，价格上涨突破了这一点位。上涨期间的回调从未超过两三周。

1921 年 12 月，涨至高点 9 美分。附近存在一些前期高点和低点。同时，12 月还是季节性变盘节点。因此，这是一个做空的良机。

1922 年 1 月，回调到了低点 8.3 美分。这波回调仅仅持续了一个月时间，并未跌破 12 月的最低点。价格很快恢复了上涨走势。

1922 年 3 月，涨至高点 10.5 美分。距离此前的极端低点 14 个月，到 15 个月的时候容易出现变盘。市场在此高位附近盘整了两个月，此后出现了暴跌。

1922 年 12 月，跌至低点 9 美分，回到了 1921 年 12 月的高点。附近存在一个重要点位 8.81 美分，它是极端高点 23.75 美分的 3/8 点位。同时，12 月是季节性变盘节点。因此，这是一个良好的做多机会。此后，价格快速上涨。

1923 年 2 月，涨至高点 12.1 美分，低于 1920 年 6 月的最低点，也低于过往的许多低点。附近存在一个关键点位 11.88 美分，它是极端高点 23.75 美分的 50%点位，因此是一个做空机会。

当价格跌到 11.88 美分之下时，只出现过一次持续一个月的反弹。

1923 年 7 月，跌至低点 6.8 美分。这个低点比 1921 年 6 月的低点更高。

如果价格上涨，那么第一个重要阻力是 7.65 美分，它是低点 5.1 美分的 1.5 倍点位。当价格向上突破 7.65 美分时，进一步上涨的空间就打开了。此后没有回调到低点。

1923 年 10~11 月，价格在 7.6 美分附近构筑阶段性底部。完成整固之后，价格快速上涨到高点 23.75 美分的 50%点位 11.88 美分，以及高点 12.1 美分到低点 6.8 美分的 50%点位。上涨趋势非常强劲。

1924 年 3 月，价格涨至高点 14.5 美分。附近分布着 1911~1913 年的高点。另外，14.85 美分是高点 23.75 美分的 5/8 点位；14.37 美分是高点 23.75 美分到低点 5.1 美分的 50%点位。

从时间周期来讲，3 月是季节性变盘点，也是 1923 年 2 月后的第 13 个月，且与 1921 年的极端低点正好三周年。根据我提出的规则，第三年年末通常是趋势重要转折节点。

此后，价格暴跌。

1924 年 6 月，跌至低点 11.1 美分，这是一个持续 3 个月的季节性下跌，而 6 月本身则是季节性变盘节点。另外，这个低点距离 1923 年 7 月的极端低点 11 个月。

13属于斐波那契数字。

接下来，价格暴涨，突破了许多重要的关口。

1924年10月，涨至这波牛市的顶部22.05美分。算得上是历史第二高点。

根据我给出的法则，与极端低点或者高点距离6个月、15个月时需要注意变盘征兆。现在距离1923年7月的极端点位恰好15个月。另外，10月本身就是季节性变盘节点。

附近还存在一个关键点位22.2美分，它是低点11.1美分的1.5倍点位。因此，附近存在强大的抛压。

此后，价格出现了暴跌。

1924年12月，跌至低点16.5美分。暴跌之后，必然出现报复性反弹。

1925年1月，涨至高点20.7美分。附近存在一个重要点位20.79美分，它是高点23.75美分的7/8点位。同时，1月还是季节性高点出现频率较高的月份。

1925年4月，跌至低点17.5美分。**这波下跌持续了3个月时间。**

反弹在4月底和5月初出现了。

1925年5月，涨至高点20美分。附近存在三个高点，阻力强大。随后，价格暴跌，持续下挫。

1925年7月，跌至低点12.35美分。附近存在大量的前期低点和高点。**这波下跌已经持续了6个月，变盘节点来临了。**

价格快速上扬，突破了第一个重要阻力点位，也就是高点22.05美分到低点12.35美分的25%点位，后来又突破了50%点位17.22美分。

1925年10月，涨至高点17.25美分，临近17.22美分，价格一直高位横盘震荡到了11月上旬，然后跌破横盘区间下跌。

1925年11月，跌至低点15.6美分，这是一个主力点位。因为15.84美分是高点23.75美分的2/3分割点位。

市场转而上涨，突破50%点位，最终在17.25美分见到阶段性高点，高位整固3个月后继续上涨。

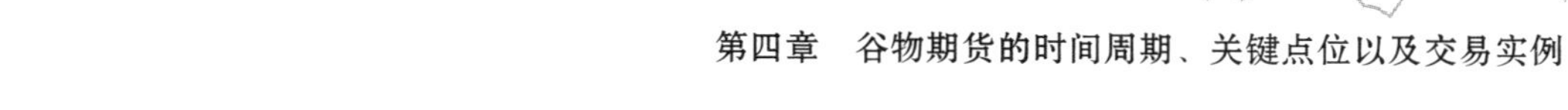

1926 年 1 月，见到高点 18.5 美分。附近存在一个关键点位 18.25 美分，它是高点 22.1 美分到低点 12.35 美分的 2/3 点位。

从时间周期来看，这个高点距离 1925 年 1 月的高点一周年，距离 1925 年 7 月的低点 6 个月。变盘节点临近了。

市场进入到窄幅震荡走势中，高点越来越低。整个 2 月，市场在 17.8 美分到 18.25 美分之间盘整。做空时机成熟了。

1926 年 3 月，咖啡价格跌至 2 月的低点之下，交易者应该加码做空。此后，价格继续下跌。

1926 年 5 月，跌至低点 14.75 美分。附近存在重要的点位 14.85 美分，它是高点 23.75 美分的 5/8 点位。市场持续下跌了 4 个月，上涨时机已经快到了。

上涨过程中，需要关注的第一目标为 15.45 美分，它是低点 12.35 美分到高点 18.5 美分的 50%点位。当价格向上突破这一阻力时，进一步上涨的空间就打开了。

1926 年 8 月，涨至高点 16.45 美分。8 月是季节性变盘节点。另外，从 1925 年 7 月的低点以来，上涨已经持续一年了。

下跌过程中，我们需要关注 15.84 美分，它是极端高点 23.75 美分的 2/3 阻力点位。价格一路下滑。

1926 年 10 月，跌至低点 13 美分。跌至前期高点附近。这波下跌持续了两个月时间，一波反弹应该快到了。

1926 年 11 月，涨至高点 15.5 美分，在前期低点之下。这波反弹的幅度大概等于最近一波下跌的 50%。因此，这个高点是一个做空点位。

江恩给出的一些理由在实际操作中并不可靠，或许他省略了一些判断的理由。

1927 年 2 月，跌至低点 12.85 美分，较 1925 年 7 月低点更高。从 1926 年 1 月的最近高点开始下跌，这波下跌持续了超过 12 个月时间，价格已经到了回升的节点。

1927 年 3 月，涨至高点 14.4 美分，较 1 月的高点更低。做空机会来临了。此后，价格继续走低。

1927 年 5 月，跌至低点 11 美分，与 1924 年 6 月的低点一起形成了双重底部。

1927 年 7 月，涨至高点 11.75 美分。附近存在一个关键点位 11.88 美分，它是高点 23.75 美分的 50%点位。另外，这波上涨持续了两个月时间，因此很难判断出是反转还是反弹。

1927 年 8 月，跌至低点 11.95 美分，与 1924 年 6 月的低点一起构成一个双重底部和三重底部。这波下跌从 1926 年 8 月的高点开始，已经持续了一年时间。这个地方可以做多，初始止损放置低点之下不远处，设置一个小幅度的止损。

1927 年 9 月，价格向上突破了 7 月的最高点，并且向上突破了高点 23.75 美分的 50%点位。市场处于强势状态，上涨期间的回调并未超过三到四周。

价格从高点下跌。

1928 年 4 月，跌至低点 14.05 美分。4 月本身就是趋势性变盘点，而 5 月距离最近的极端低点一周年时间。这两个月出现了回调走势。

1928 年 8 月，涨至高点 15.95 美分，恰好距离最近低点一周年，距离 1926 年 8 月高点两周年。同时，8 月是季节性高点出现频率较高的月份。从空间点位来看，附近的 15.84 美分是高点 23.75 美分的 2/3 点位。综合来看，这是一个做空机会。

下跌紧随而至。

1928 年 12 月，跌至低点 13.45 美分。13.45 美分恰好是高点 15.95 美分的 50%点位。从时间周期来讲，12 月是季节性见底频率较高的月份；这波下跌已经持续了 4 个月，市场从最近低点上涨已经一年时间了。因此，这是一个安全的做多机会。

1929 年 2 月，涨至高点 16.65 美分，与 1926 年 8 月的高点一起构成双重顶部。

从时间周期来看，有如下三个理由确认阶段性顶部：第一，这个高点距离 1928 年 2 月的高点差不多一周年；第二，这个高点距离 1927 年 2 月的低点差不多两周年；第三，2 月是季节性变盘概率较高的月份。因此，这是一个做空的机会。

价格很快跌破了 15.84 美分，它是低点 15.84 美分到高点 23.75 美分的 2/3 点位。进一步下跌的空间被打开了。

1929 年 3 月和 4 月，价格两度跌至低点 15.6 美分，形成一个双重底部。

1929 年 5 月，涨至高点 16.4 美分。高点降低了，胜算率更高的做空机会出现了。

1929 年是金融市场大恐慌的一年，秋季时股票市场持续暴跌。咖啡 5 月合约在 13.4~13.5 美分形成了三个高点，都位于 1928 年 12 月的低点之下。1928 年 12 月低点是上涨波段的 50%点位，市场无法超越它代表着弱势。

1929 年 7 月，下跌开始了。

1929 年 8 月，跌至低点 12.5 美分。

1929 年 9 月，价格小幅反弹到了 12.9 美分。

1929 年 10 月，咖啡价格暴跌，跌破了 1927 年的最低点。跌势迅猛，在前期高点附近才获得支撑，接着出现了小幅反弹。

1929 年 11 月，涨至高点 9 美分。这波上涨仅仅持续了一个月时间，附近存在一个重要点位 8.91 美分，它是高点 23.75 美分的 3/8 分割点位，而 1923 年的最低点也在目前高点上方。

1929 年 12 月，跌至低点 7 美分，回到了 1923 年的低点。这是一个双重底部，比 1923 年的低点要高一些。接下来市场出现了回升。

1930 年 4 月，涨至高点 9 美分，与 1929 年 11 月的高点一起形成了一个双重顶部。从时间周期来看：第一，4 月是季节性变盘节点；第二，最近的高点在 1929 年 5 月，距离目前的高点差不多一周年时间；第三，距离 1927 年 5 月的低点差不多三周年时间。

当价格跌破 8 美分，或者是上涨波段的 50%点位时，做空机会出现了。

1930 年 8 月，跌至低点 5.25 美分。

1930 年 9 月，价格反弹 6.4 美分。很快暴跌来了。

1930 年 10 月，跌至低点 5.25 美分，与 1930 年 8 月低点共同构成了一个双重底部。

1930 年 11 月，涨至高点 6 美分，反弹微弱。

1930 年 12 月，小幅下跌后反弹到 5.85 美分。

1931 年 1 月，小幅下跌后反弹到 5.9 美分。附近存在一个关键点位 5.94 美分，它是极端高点 23.75 美分的 25%点位。更为重要的是，低点和高点在不断走低，只有一波上涨突破了此前月份的高点。趋势仍旧向下，交易者应该做空。

1931 年 4 月，跌至低点 4.35 美分，这是 1903 年以来的最低点。4 月是季节性变盘点，此刻距离 1930 年高点恰好一周年时间，距离 1929 年高点恰好两周年时间。现在是抄底的时候，应该做多咖啡合约。

价格很快上涨。

1931 年 6 月，涨至高点 6.9 美分，仍旧受到前期低点的压制。7 美分在最近高点 16.6 美分的 50%点位以下，市场也没能在 4 月极端低点基础上上涨 1 倍。从时间周期来讲：第一，6 月是季节性变盘的节点；第二，这高点距离 1929 年 5 月的高点差不多两年时间。

这波上涨已经持续两个月时间了，回调迹象明显。

1931 年 9 月，跌至低点 4.75 美分。低点有所抬升，而 5 美分也是一个关键点位。从时间周期来讲，9 月是季节性变盘节点。

1932 年 5 月，涨至高点 6.85 美分，与 1931 年 6 月的高点一起形成双重顶部。

从时间周期来看：第一，这个高点距离 1929 年 5 月的高点差不多三周年，重要的趋势变盘点常常出现在一个三年周期的末尾阶段；第二，1927 年的低点出现在 5 月，从这个低点算起则存在一个五年周期；第三，从 1931 年 4 月的低点算起，这波上涨恰好一周年时间。因此，这是一个做空的机会。

1932 年 9 月初，跌至低点 5.3 美分，一个较高的低点出现了。

1932 年 9 月，价格迅速反弹到了 6.35 美分，高点降低了。附近存在一个重要阻力 6.6 美分，它是极端低点 4.4 美分的 1.5 倍点位。趋势向下的特征明显。

1933 年 4 月，跌至低点 5.15 美分，这是 1931 年低点以来的第三个较高低点，低点出现了抬升。价格从 4 月到 5 月期间处于盘整筑底状态。从时间周期来看：第一，4 月是季节性变盘月份；第二，这个低点距离 1931 年 4 月恰好两周年；第三，1933 年 5 月距离 1932 年 5 月的高点差不多一周年时间；第四，1933 年 5 月距离 1931 年 6 月的高点差不多两周时间。

价格从 1933 年 6 月开始上扬，上涨势头强劲。7 月加速上涨。

1933 年 7 月，涨至高点 8 美分。附近存在两个关键点位：第一个是 7.92 美分，它是高点 23.75 美分的 3/8 点位；第二个是 8.35 美分，它是高点 16.65 美分的 50%点位。因此，这是一个做空机会。

此后，价格暴跌。

1933 年 8 月，咖啡价格跌至 5.6 美分。

1933 年 9 月，咖啡价格涨至高点 6.5 美分，这波反弹的幅度大概 100 点，仅仅持续了一个月时间。

1933 年 10 月，跌至低点 5.4 美分，这是 1931 年以来的第三个较高低点。从时间周期来看：第一，10 月是季节性变盘概率较高的月份；第二，当前低点距离 1930 年 10 月的高点恰好是三周年时间；第三，目前低点距离 1924 年 10 月大顶部刚好 9 年，9 年是 3 年的 3 倍。

因此，交易者应该趁机做多，将初始止损设定在 5.4 美分之下。

接下来，价格快速向上突破了 1933 年 9 月的高点 6.5 美分，市场处于强劲状态之中。

1934 年 2 月，涨至高点 8.9 美分。恰好在 1929 年 11 月和 1930 年 4 月的高点之下，这些高点在 9 美分。另外，9.25 美分恰好是 1926 年 1 月高点的 50%点位。因此，交易者应该趁机做空，初始止损设置在 9 美分之上一点。

接下来，价格出现了回调。

1934 年 5 月，跌至低点 7.9 美分，回调到了 1933 年 7 月的高点。

1934 年 6 月，涨至高点 8.8 美分，与 2 月的高点一起形成了一个双重顶部。同时，6 月是季节性变盘节点。交易者应该逢高做空。

1934 年 7 月，跌至低点 7.7 美分。这波下跌持续了一个月时间，跌破了低点，趋势仍旧向下。

1934 年 8 月，小幅反弹到了 8.6 美分。高点出现了下降，趋势向下。从时间周期来看：第一，8 月本身是季节性变盘概率较高的月份；第二，这个高点距离 1933 年 8 月的高点恰好一周年时间。因此，这是一个正常的反弹走势。交易者应该逢高做空，在高点之上放置初始止损单。

此后，下跌继续，跌破了关键支撑点位，如低点 4.35 美分到高点 9 美分的 50%点位。市场疲态尽显。

1935 年，跌至低点 4.6 美分。恰好位于 1931 年 9 月的低点之下，但是高于 1931 年 4 月的低点，这是一个抄底机会。

1935 年 5 月，价格回升到了 5.6 美分。附近存在一个关键点位 5.94 美分，它是极端高点 23.75 美分的 25%点位。只要价格在 5.94 美分之下，则市场就是弱势状态。从 5 月到 7 月，咖啡价格的高点都低于 5.6 美分。

1935 年 12 月，跌至低点 4.75 美分，比 1935 年 4 月低点更高。从时间周期来看，12 月是季节性变盘节点。

接下来，价格出现了回升。

1936 年 1 月，涨至高点 5.55 美分。与 1935 年 5 月的高点构成了一个双重顶部。1 月是一个季节性变盘节点。同时，当前高点距离 1935 年高点恰好一周年时间。

5.94 美分是高点 23.75 美分的 25%点位，除非市场能够突破这个高点，否则仍旧按照弱势来定义。

1936 年 7 月，跌至低点 4.25 美分。市场跌破了前期所有低点，一个新低出现了。接下来价格出现了小幅反弹。

1936 年 8 月，涨至高点 5 美分。这一点位附近存在许多高点。且这个高点较前期低点更低，**反弹不过前低，做空机会。**

市场处于持续下跌走势中。

1936 年 10 月，咖啡 5 月合约跌至低点 3 美分。这个点位几乎是从最近高点下跌 50%，也是从 9 美分下跌了 2/3。附近存在一个关键点位 2.97 美分，它是高点 23.75 美

分的 1/8 分割点位。

从时间周期来看：第一，10 月季节性变盘节点；第二，距离 1933 年 10 月的低点刚好三周年时间。

从基本面来看，咖啡价格已经跌到成本线之下，巴西的咖啡农场主烧掉了许多咖啡。咖啡的投资机会已经出现了。

我们需要预估出上涨过程中的关键点位，主要以高点 23.75 美分到低点 3 美分或者是以 3 美分本身为基准计算重要的分割点位。

如果以 3 美分本身为基础计算，则存在如下关键点位：

4.5 美分，1.5 倍点位；

6 美分，2 倍点位；

7.5 美分，2.5 倍点位；

9 美分，3 倍点位；

10.5 美分，3.5 倍点位；

12 美分，4 倍点位。

1936 年 11 月，价格上涨，并且向上突破了 4.5 美分。

接下来，价格突破了 5 美分附近的所有高点。

当价格向上突破 5.6 美分时，多头完全占据了优势，这是一个胜算率极高的做多机会。

1937 年 2 月，涨至高点 8.15 美分。附近存在许多前期低点。另外，8.18 美分是高点 23.75 美分到低点 3 美分的 25%点位。

从时间周期来讲：第一，2 月是季节性变盘概率较高的月份；第二，这个高点距离 1934 年极端高点刚好三周年；第三，这波上涨已经持续了 4 个月，在这期间并未出现像样的回调。因此，这是一个做空机会。

1937 年 4 月，跌至低点 6.45 美分。4 月是季节性变盘节点。这波下跌已经持续了两个月时间，反弹应该很快到来。

1937 年 5 月，涨至高点 7.35 美分。这波反弹仅仅持续了一个月时间，未能突破 7.5 美分，也就是极端低点 3 美分的 2.5 倍点位。这表明市场的涨势并不强劲。下跌将继续。

1937 年 11 月，跌至低点 4 美分。价格跌破了极端低点 3 美分的 1.5 倍点位 4.5 美分。

从时间周期来看：第一，11 月是季节性变盘节点；第二，当前低点距离低点已经一周年时间；第三，市场从 5 月高点下跌了 6 个月。

市场在低位窄幅盘整。

1938 年 1 月，涨至高点 4.35 美分。

1938 年 3 月，跌至低点 3.95 美分，与 11 月低点构成形成了一个双重底部。这是缓慢上行的市场。

1938 年 8 月，价格上涨到了 4.75 美分，突破了 4.5 美分这个 3 美分的 1.5 倍点位。同时，附近还有 1937 年 11 月的高点。抛压沉重，趋势仍旧向下。

从时间周期来看：第一，8 月本身是季节性变盘节点；第二，距离 1935 年 8 月的低点恰好三周年；第三，距离 1934 年高点恰好三周年。从趋势来看，价格继续走低。

1939 年 3 月，跌至低点 4.05 美分，跌到前期一系列的低点附近，而且价格是第三次跌至这个点位。因此，这是一个抄底机会。

1939 年 9 月，涨至高点 4.45 美分。附近存在一个关键点位 4.5 美分，它是极端低点 3 美分的 1.5 倍点位。价格未能突破 4.5 美分，表明走势不强劲。此后，价格拐头向下。

1939 年 10 月，跌至低点 3.45 美分，只比极端低点高出 45 点。两者相距恰好三周年。

接下来，我们复盘一下桑托斯咖啡 5 月合约的历史高低点。

1928 年 5 月，涨至高点 23 美分。

1929 年 2 月，涨至高点 22.95 美分。

1929 年 4 月，涨至高点 22.8 美分。高点接连降低，趋势向下，做空机会出现了。

1931 年 10 月，跌至低点 7.5 美分。

1932 年 9 月，跌至低点 7 美分。

1933 年 6 月，跌至低点 7.5 美分，构成了一个双重或者三重底部，并且低点抬升了一些。

1934 年 6 月，涨至高点 11.7 美分，这是极端低点出现之前的最后一个极端高点。

1935 年 5 月，见到高点 7.3 美分。

1935 年 8 月，见到高点 7.35 美分，一个双重底部形成了。从时间周期来看：第一，8 月本身是季节性变盘的节点；第二，距离 1934 年 8 月的高点刚好一周年时间。

1937 年 2 月，涨至高点 11.55 美分。

1937 年 5 月，涨至高点 11.6 美分。与 1934 年 6 月高点一起形成了双重顶部两者相距恰好三周年时间，这是一个变盘节点。

1937 年 6 月，价格开始下跌。

接下来的一系列低点，从 1937 年到 1940 年的低点都非常重要。因为这段时期是大萧条时期，研究这段时期的底部特征可以更好地在未来确认抄大底的暴利机会。

1937 年 11 月，跌至低点 5.65 美分。

1938 年 1 月，涨至高点 6 美分。

1938 年 5 月，跌至低点 5.55 美分，这是一个双重底部。另外，5 月是季节性变盘节点，最近的高点就出现在 1937 年 5 月。

1938 年 8 月，涨至高点 7.2 美分，受制于一系列前期低点。8 月是季节性变盘节点，最近的显著低点出现在 1935 年 8 月，也就是间隔了三周年。按照我反复提到的规律，在三周年末尾的时候，价格容易出现低点和高点。接下来，价格下跌。

1939 年 4 月，跌至低点 5.65 美分，附近存在三个低点，是一个做多机会。

1939 年 9 月，涨至高点 6.85 美分。大战爆发作为催化剂，推动价格上涨。价格在 1938 年 8 月的高点之下 30 点止步，显示上涨态势并不强劲。上行趋势还未完全确立。

1940 年 5 月，跌至低点 5.45 美分。比 1938 年 5 月的极端低点恰好低了 10 点，30 个月内价格连续四次在此区域附近筑底。最近的一次低点恰好在 1939 年 4 月。价格接下来出现了回升。

1940 年 6 月，涨至高点 6.45 美分，与 1939 年 11 月的高点齐平。但是，低于 1938 年和 1939 年秋季的若干高点。市场大幅走高的倾向并不显著。

低点 5.45 美分的 1.5 倍点位是 7.17 美分，与 1938 年 8 月的高点 7.2 美分接近。如果价格能够向上突破这两个阻力价位，就打开了进一步上涨的空间。

1940 年 8 月，价格跌至低点 5.55 美分。低点出现了抬升，四年内在此价格水平附近出现了五个低点。从时间周期来看，8 月是重要的季节性变盘节点。价格长期在此筑底，提供了投资买入的良机。

1940 年 9 月，咖啡价格开始上涨了。

1941 年 1 月，价格向上突破了 7.17 美分和 7.21 美分。超越了 1938 年以来四年的所有高点。市场朝着多头占据优势的态势发展，交易者应该顺势做多。

这波上涨非常强劲，期间并无任何回调持续超过两周时间。

1941 年 9 月，涨至高点 13.05 美分。这个高点之上不远处压力重重：

13.37 美分，它是高点 23.75 美分到低点 3 美分的 50%点位；

13.95 美分，它是高点 20.05 美分到低点 3 美分的 5/8 点位；

13.25 美分，它是高点 16.65 美分到低点 3 美分的 6/8 点位；

13.45 美分，它是 1939 年 5 月的高点；

14.2 美分，它是高点 23.75 美分到低点 5.25 美分的 50%点位；

13.32 美分，它是极端低点 5.35 美分的 2.5 倍点位。

从时间周期来看：

第一，9 月是季节性变盘节点；

第二，这波上涨开始于 1940 年 8 月，这波涨势已经持续了 13 个月；

第三，与 1939 年 8 月的高点相距差不多三年时间；

第四，从 1940 年 5 月算起，现在是 15 个月；

……

上述线索叠加起来表明 1941 年 9 月咖啡价格将出现顶部。事实上，不仅是咖啡，基本上所有商品价格都在这一个月见顶，然后在 10 月暴跌。

1941 年 10 月，咖啡价格跌至低点 11.8 美分，跌回到了 1937 年和 1934 年的前期高点。附近存在一个关键点位 11.8 美分，它是高点 23.75 美分的 50%点位。

站在现在，前瞻未来。1941 年 11 月或者是 12 月将是变盘节点，因为 11 月距离 1940 年 5 月恰好 18 个月，距离 1937 年的低点恰好四周年。桑托斯咖啡 5 月合约有四个极端高点：第一个是在 1928 年 5 月出现的；第二个是在 1929 年 2 月出现的；第三个是在 1929 年 4 月出现的；第四个则是在 1930 年 5 月出现的。到目前（1941 年 11 月）为止，第四个高点并未被市场突破。

历史高点或者低点应该成为我们重点观察的点位，或者说是我们的重要决策线。一旦价格来到这些点位，无论是真突破还是假突破，都是极其有价值的机会。

1942 年 5 月、6 月和 8 月是我们重点观察的变盘节点。

上涨过程中的重要阻力有：

13.5 美分，如果价格突破这一点位，则将打开上涨空间；

14.85 美分，它是高点 14.85 美分到高点 23.75 美分的 5/8 点位；

15.96 美分，它是高点 23.75 美分到低点 3 美分的 5/8 点位。

下跌过程中的重要支撑有：

11.6 美分，前期高点；

11.08 美分，它是 10 月的低点；

9.2 美分。它是低点 5.35 美分到高点 13.05 美分的 50%点位。

如果价格跌破上述支撑点位，则价格将进一步走低。

如果波动活跃，则交易者应该偏重于绘制和分析日度和周度高低点走势图。当然，季度高低点走势图也能提供许多有价值的线索。因为它能够提供未来大行情的信号。如同其他商品一样，咖啡会在低位长期盘整，一旦突破形成暴涨之势，会以单重顶部的形式结束。咖啡价格很少构筑双重顶部。上涨趋势中的回调幅度大多数时候是 50%。

从时间周期来讲，最重要的周期是与前期极端高点或者低点的间隔，特别是三年间隔。历史数据显示，咖啡的极端高点与低点之间大多数存在三年的周期。除了三年周期之外，季节性规律也很重要。

总之，交易者对咖啡价格波动研究投入的时间越多，则对高点和低点的空间和时间分布规律就掌握得越深。

第 24 节 鸡蛋期货价格波动的规律
(The Regular Pattern on Eggs Futures Prices)

鸡蛋期货在芝加哥商业交易所（Chicago Mercantile Exchange）以及纽约商业交易所（New York Mercantile Exchange）挂牌交易。一份标准鸡蛋合约为 12000 打（Dozen）。报价单位为“美分/打”。最小价格变动为 0.05 美分。因此，一份标准合约的最小价值变动为 6 美元。

国内期货交易者有专门从事鸡蛋期货趋势交易的，收益比较稳定。

无论合约价值如何变化，一份合约的买卖佣金是 30 美元。鸡蛋价格的波动幅度很大，因此交易利润丰厚。**鸡蛋的季节性变化规律显著**，如果你能够恪守这种规律进行操作的

话，那么潜在收益绝不逊于其他商品。

从根本上讲，鸡蛋的价格趋势是由供求关系决定的。夏季，产蛋率低，需求量也低；秋季，产蛋率高，需求也增加了。

当然，成本也对蛋价有支撑作用。玉米等饲料对鸡蛋价格有影响。

首先，我们来分析下鸡蛋价格高低点的月度分布规律，表 4–20 的数据是基于鸡蛋 10 月合约和 12 月合约的历史价格波动。

表 4–20　1929~1941 年鸡蛋期货价格高低点的月度分布

月份	最高点出现次数	最低点出现次数
1	2	1
2	0	0
3	1	1
4	0	1
5	1	1
6	0	0
7	1	1
8	0	1
9	3	0
10	0	1
11	3	1
12	2	7

从表 4–20，你看到的最显著的一个特征是最低价出现在 12 月的次数最多。换句来讲，12 月是季节性低点出现概率最大的一个月。为什么会这样呢？因为圣诞节前备货导致鸡蛋价格上涨，而 12 月则会出现需求的显著下降。

中国的鸡蛋季节性规律有独特之处。

另外一项特征是大多数高点都出现在 9 月和 11 月，因为这个时间点上，母鸡产蛋率会阶段性下降，而需求增加，因此存在季节性供求缺口。另外，11 月是圣诞节备货阶段，因此鸡蛋价格容易因为需求季节性爆发而上涨。

因此，9月、11月和12月是观察鸡蛋价格季节性变化的重要时间窗口。1月份也是一个重要的观察窗口。

除了季节性之外，极端高点和低点之间的间隔时间也是非常重要的，特别是3个月、6个月和7个月。

鸡蛋价格的波动幅度也存在一定的规律性，其上涨或者下跌的趋势走势中，次级折返波段很少超过1美分。上涨趋势中的回调不会超过1个月；下跌趋势中的反弹不会超过1个月，直到完全见底之后。

接下来，我们回顾一下鸡蛋现货价格的高低点和波动幅度数据。这些数据是以波士顿和纽约的鸡蛋现货市场报价为基础的，单位是“美分/打”。

1858年，鸡蛋均价16美分。

1859年，鸡蛋均价21美分。

1861年，鸡蛋均价14.625美分，这是南北战争爆发前的最低点。

1865年，极端高点，29.5美分。

1867年，价格低点，27.5美分。

1868年，价格高点，37.5美分。

1871年，价格低点，25美分。

1873年和1874年，28美分。

1878年，17美分。

1879年，18美分。

1880年，14.5美分，跌至与1861年相同的价位。

1883年，23.5美分。

1885年和1886年，价格低点，19.25美分。

1887年，价格高点，21美分。

此后，包括鸡蛋在内的大宗商品均出现了价格持续下跌。

1896年和1897年，纽约市场上新鲜鸡蛋的售价为12美分，农场批发价则只有5美分。

接下来，包括鸡蛋在内的大宗商品价格均持续上涨。

1899年，价格高点，20美分。

1900年和1901年，价格低点12美分。

1909年和1910年，再度上升到了25美分。

1911年，20美分左右。

1919 年，极端高点，73 美分。

1933 年 12 月，跌至低点，13 美分。

就鸡蛋价格而言，比较重要的点位是 1929 年 11 月的极端高点 42 美分，以及 1933 年 12 月的极端低点 13 美分。计算它们两者之间的百分比点位是非常有价值的。

另外，还有一些百分比点位计算基准是重要的：

1919 年极端高点 73 美分到 1921 年低点 20.5 美分；

1919 年极端高点 73 美分到 1933 年极端低点 13 美分；

1919 年极端高点 73 美分。

当价格波动时，你可以采纳上述基准计算潜在的支撑阻力点位。如果价格高于 42 美分，则 73 美分是很好的基准。如果鸡蛋价格在 13 美分之上，则 13 美分可以作为一个很好的基准。

在本节最后，我们一起回顾一下鸡蛋期货的历史波动数据。这些数据以芝加哥商业交易所挂牌的鸡蛋 10 月合约和 12 月合约报价为准。

1929 年 9 月，见到低点 36.5 美分。

1929 年 11 月，见到高点 42 美分。附近存在一个关键点位 41 美分，它是低点 20.5 美分的 1.5 倍点位。

1929 年 12 月，跌至低点 31.5 美分，趋势向下。

1930 年 9 月，见到低点 29 美分，低于 73 美分的 50%点位，市场处于弱势状态。

1930 年 12 月，跌至低点 13 美分，相当于是 1 美元的 1/8 点位。

鸡蛋价格跌至了 1901 年以来的最低点，而且 12 月也是最低点出现频率最高的月份。因此，这是一个做多良机。

1931 年 10 月，涨至高点 20.5 美分。附近存在一个关键点位 19.5 美分，它是 13 美分的 1.5 倍点位。

1931 年 12 月，跌至低点 13.25 美分，与 1930 年 12 月的低点 13 美分一起构成了一个双重底部。两个低点恰好相距一周年，因此这是一个做多机会。

1932 年 3 月，反弹后跌至低点 15 美分，较前一个低点显著抬升。向上趋势显著。

1932 年 12 月，涨至高点 28.5 美分。附近存在两个关键点位：第一个是 27.5 美分，它是高点 42 美分到低点 13 美分的 50%点位；第二个是 28 美分，它是高点 73 美分到低点 13 美分的 2/8 点位。

从时间周期来看，12 月是季节性变盘节点，现在属于反季节走势。同时，目前距离上一个低点恰好一周年时间，因此是做空良机。

1933 年 3 月，跌至低点 15 美分，与 1932 年的低点构成双重底部，做多机会出现了。

1933 年 7 月，涨至高点 23 美分。附近存在一个关键点位 22.625 美分，它是高点 42 美分到低点 13 美分的 1/3 点位。

1933 年 12 月，跌至低点 13 美分。鸡蛋价格第三次跌至这个低点，且 12 月是见底概率最高的月份。因此，这是一个胜算率极高的做多良机。

需要补充一点的是 12 月时，如果鸡蛋价格处于低位，则是做多时机；如果鸡蛋价格处于高位，则是做空时机。

1934 年 2 月，涨至高点 20.75 美分，一个前期低点。附近存在一个关键点位 20.25 美分，它是高点 42 美分到低点 13 美分的 2/8 点位。

1934 年 3 月，跌至低点 17.5 美分。低点出现了抬升，附近存在两个重要点位：第一个是 18.25 美分，它是极端高点 73 美分的 2/8 点位；第二个是 19.5 美分，它是极端低点 13 美分的 1.5 倍点位。

1934 年 11 月，涨至高点 23.75 美分。

1934 年 12 月，跌至低点 19 美分。同时，12 月是季节性见底概率很大的月份。

1935 年 5 月，涨至高点 26.75 美分，这是极端高点 42 美分到极端低点 13 美分的 50%点位。做空机会出现了。

接下来，市场窄幅波动，交投清淡。

1935 年 6 月，跌至低点 24.75 美分。

1935 年 9 月，涨至高点 26.5 美分，构成一个双重顶部。

接下来，价格跌破保持 4 个月的低点 24.75 美分。顺势做空是一个可靠的操作。

暴跌紧随而至。

1935 年 12 月，价格跌至低点 17.75 美分。与 1934 年的低点形成了一个双重底部，这是一个做多的机会。从时间周期来讲，12 月是季节性变盘节点，距离 1933 年的低点恰好两年时间，距离 1934 年的低点恰好一年时间。

3 个月，也就是大概 12 周。如果现在想要有效地运用海龟交易法则，有以下几点需要注意：第一，提高参数，比如从 4 周提高到 12 周；第二，引入驱动分析/心理分析；第三，将周规则与均线规则结合起来，进一步过滤；等等。

1936 年 4 月，多头占据显著优势。此刻，**价格向上突破了 3 个月的高点，上涨态势强劲。**这是一个加码做多的机会。因为向上突破 22 美分之后，进一步上涨的空间被打开了。

1936 年 7 月，涨至高点 27.5 美分，与 1935 年 5 月的高点一起构成了双重顶部，低于低点 13 美分到高点 42 美分的 50%点位，这是个回调做多机会。

1936 年 8 月，跌至低点 24 美分。这波下跌仅仅持续一个月，属于正常回调。附近存在一个重要点位 24.25 美分，它是高点 42 美分的 62.5%点位。另外，25 美分也是一个天然支撑，它是 100 美分的 2/8 点位。从时间周期来看，8 月是季节性变盘节点。因此，这是一个做多机会。

1936 年 11 月，涨至高点 30.75 美分，附近存在一些关键阻力点位：

32.5 美分，它是低点 13 美分的 2.5 倍点位；

31.5 美分，它是高点 42 美分到低点 13 美分的 5/8 点位；

……

从时间周期来看，市场已经持续上涨了 11 月，而且 12 月是季节性变盘节点。因此，这是一个做空机会。

接下来，价格暴跌。

1937 年 2 月，跌至低点 24.5 美分，形成一个双重顶部，逢低做多机会出现了。

1937 年 3 月，反弹到了高点 26.75 美分，触及前期高点，逢高做空机会出现了。

1937 年 6 月，跌至低点 23 美分。附近有一个重要支撑 22.625 美分，它是高点 42 美分到低点 13 美分的 1/3 点位。

1937 年 7 月，见到高点 25.5 美分，高点降低了，做空机会出现了。

1937 年 10 月，跌至低点 17 美分。附近存在一些重要点位。

16.625 美分，它是低点 13 美分到高点 42 美分的 1/8 点位。

15.375 美分，它是高点 30.75 美分的 50%点位。

市场在这些点位之上表明支撑强劲，做多良机出现了。

随后，价格逐步上扬。

1938 年 9 月，涨至高点 25.625 美分，与 1937 年 7 月高点构成了一个双重顶部。从时间周期来看，9 月是季节性变盘节点，是季节性高点出现频率较高的月份。

见顶后价格迅速下跌，跌势较为持续。

1939 年 5 月，跌至低点 18.25 美分，低点出现了抬升。另外，附近存在一个关键点位 18.25 美分，它是高点 73 美分的 2/8。

1939 年 7 月，涨至高点 19.5 美分，这波反弹持续了两个月时间。反弹未能突破前期低点，因此是一个做空机会。

1939 年 8 月，跌至低点 16 美分，在高点 30.75 美分的 50%点位之上。从时间周期来讲，8 月是季节性变盘节点。所以，此处是做多机会。

1939 年 9 月，涨至高点 18.5 美分，低于前期低点，上方抛压沉重。所以，这是一个做空机会。

1939 年 10 月，跌至低点 16.75 美分，低点出现了抬升，这是逢低做多的机会。

1939 年 11 月，涨至高点 18.5 美分，一个双重顶部形成了。同时，11 月也经常出现季节性高点。因此，这是一个做空机会。

1939 年 12 月，见到低点 13 美分。与 1931 年和 1933 年的低点一起构成了三重底部。同时，12 月是季节性变盘节点。因此，这是一个做多机会。第二次世界大战爆发了，战争会导致鸡蛋等商品的价格上涨，因此这也是一个高胜算率的做多机会。

1940 年 4 月，涨至高点 19.75 美分，低于前期低点和高点，与 1939 年 7 月的高点相同，形成了一个双重顶部。因此，这是一个做空机会。

1940 年 5 月，跌至低点 17.625 美分。

1940 年 8 月，跌至低点 17.625 美分。

1940 年 10 月，跌至低点 17.625 美分。

一个标准的三重底部出现了。当然是一个做多良机了。

1940 年 12 月，涨至高点 23.5 美分。附近存在一个关键点位 23.875 美分，它是高点 42 美分与低点 13 美分的 3/8 点位。同时，12 月还是季节性变盘节点。

1941 年 2 月，跌至低点 18.625 美分，低点出现了抬升。做多信号出现了。

实际交易中，光看点位和周期是绝对不行的，最好能够结合 K 线形态和题材催化剂来判断反转点。

1941 年 3 月，价格向上突破两个月以来的高点 20.5 美分，接着向上突破了 21 美分，它是高点 42 美分的 50%点位，

预示着进一步上涨的空间被打开了。

1941 年 9 月，涨至高点 31.625 美分。附近存在一个重要点位 32.5 美分，它是低点 13 美分的 2.5 倍点位。同时，9 月是季节性变盘节点。目前的高点距离 2 月高点差不多 7 个月时间，距离 1938 年 9 月的高点则是三周年时间。

1941 年 10 月，跌至低点 28 美分，在低点 13 美分到高点 42 美分的 50%点位之上。

1941 年 12 月是马上要到来的变盘节点，因为它距离 1939 年 12 月的关键点位恰好两周年时间。

如果价格向上突破 32.5 美分，则下一个关键阻力是最近的高点 42 美分。

如果价格向下跌破 27.5 美分，则下一个关键支撑是 22 美分。

将此前我提出的那些法则运用到鸡蛋走势的研判上，就能确定未来的趋势方向。

第 25 节　毛皮期货价格波动的规律
(The Regular Pattern on Hides Futures Prices)

毛皮期货在纽约商品交易所（New York Commodity Exchange Inc）和芝加哥商业交易所（Chicago Mercantile Exchange）挂牌交易。1 份标准期货合约涉及 40000 磅重的毛皮。报价单位是“美分/磅”，最小波动幅度为 0.01 美分。报价波动 1 美分，意味着一手合约的价值会波动 400 美元。

当价格低于 10 美分/磅时，纽约商品交易所一手毛皮合约的佣金是 30 美元；当价格高于 10 美分/磅时，一手合约的佣金是 40 美元。

而芝加哥商业交易所的佣金固定在 30 美元一手合约不变。

合约所要求的保证金是变化的。报价较低时，保证金为 300~700 美元；报价较高时，保证金为 1000 美元。

毛皮合约的利润是丰厚的，因为它的波动幅度大，机会多。通过复盘历史走势和分析高低点的规律，你就会认同这一点。交易者所要做的就是恪守有效的交易法则，这样就能够从保证金交易中获取丰厚利润。

通常而言，毛皮期货的活跃合约是 6 月合约、9 月合约和 12 月合约，它们的成交量很大，波动幅度很大，适合作为交易标的。

首先，我们来检视一下毛皮期货价格的季节性规律（见表 4-21）。

表 4–21　1924~1941 年毛皮期货价格高低点的月度分布

月份	最高点出现次数	最低点出现次数
1	2	0
2	0	3
3	2	4
4	2	1
5	1	0
6	1	2
7	4	1
8	3	5
9	2	0
10	3	0
11	1	2
12	1	0

从表 4–21 中的数据可以看出，8 月是最低点出现次数最为频繁的月份，出现了 5 次。接下去是 2 月和 3 月，2 月出现了 3 次最低点，而 3 月则出现了 4 次最低点。因此，我们会在 8 月、2 月和 3 月密切关注见底的迹象。

另外，6 月和 11 月各出现了两次最低点；4 月和 7 月各出现了一次最低点；1 月、5 月、9 月、10 月和 12 月并未出现最低点。这些没有出现最低点的月份通常都是出现最高点的月份。

7 月是出现最高点次数最多的月份，出现了 4 次。8 月、10 月仅次于 7 月，各出现了 3 次最高点。接下来是 1 月、3 月、4 月和 9 月，各出现了两次最高点。2 月并未出现最高点。因为 2 月和 3 月容易出现最低点。

最后，5 月、6 月、11 月和 12 月各出现了 1 次最高点。

不过，市场有时候也会反季节性运动，比如在容易出现最低点的月份出现最高点，在容易出现最高点的月份出现最低点。因此，除了季节性规律之外，我们还需要掌握其他时间周期方面的规律。

极端高点或者低点出现后的第 6 个月、第 12 个月、第 18 个月、第 21 个月、第 24 个月都是变盘节点。除此之外，任何极端高点或者低点出现后的周年也是变盘节点。

波段的持续时间也是有规律的。符合趋势的波段一般持续 30~60 日，而修正走势一般持续 30~36 日。

另外，极端高点或者低点出现之后的 3 个月也是非常重要的变盘节点。

下面我们从两个方面回顾一下毛皮期货价格的历史数据，一方面是从时间周期的角度分析价格高低点出现的时间特征；另一方面是从空间点位的角度分析价格在高低点的形态特征。

先来看时间周期的历史数据。

1924 年 4 月，跌至低点 9 美分。

11 月，涨至高点 16 美分。

1925 年 3 月，跌至低点 13 美分。

7 月，涨至高点 16.3 美分。

1926 年 3 月，跌至低点 11 美分。

10 月，涨至高点 15 美分。

12 月，跌至低点 13.3 美分。

1927 年 1 月，涨至高点 14.5 美分。

2 月，跌至低点 13 美分。

7 月，涨至高点 24 美分。

8 月，跌至低点 20 美分。

1928 年 1 月，涨至高点 22.5 美分。

3 月，跌至低点 22 美分。

4 月，涨至高点 26.5 美分，这是一个极端高点。这波上涨从 1924 年 4 月持续到了 1928 年 4 月，也就是 4 年时间。这体现了周年日的规律。另外，季节性规律也体现在其中，大部分价格高点都在 3 月和 4 月出现。综合其他规则，你会发现价格见顶了。

见顶后暴跌展开了，一轮熊市就此展开了。

6 月，跌至低点 22.4 美分。

7 月，涨至高点 25 美分。

10 月，跌至 18.5 美分。

11 月，涨至高点 20 美分。

1929 年 2 月，跌至低点 13.5 美分。

3 月，涨至高点 19 美分。

5 月，跌至低点 14 美分。

8 月，涨至高点 17.15 美分。

10 月，涨至高点 18.3 美分。

11 月，跌至低点 12.9 美分。

1930 年 1 月，涨至高点 16.8 美分。

2 月，跌至低点 14.8 美分。

3 月，涨至高点 15.1 美分。

8 月，跌至低点 9.9 美分。

10 月，涨至高点 14.5 美分。

1931 年 2 月，跌至低点 9.5 美分。

3 月，涨至高点 13.4 美分。

5 月，跌至低点 9.9 美分。

7 月，涨至高点 12.1 美分。

8 月，跌至低点 7.2 美分。

11 月，涨至高点 10.7 美分。

1932 年 6 月，跌至极端低点 7.2 美分。

9 月，涨至高点 8 美分。

12 月，跌至低点 4.1 美分。

1933 年 1 月，涨至高点 7.1 美分。

2 月，跌至低点 6 美分。

7 月，涨至高点 14.9 美分。

10 月，跌至低点 8 美分。

1934 年 1 月，涨至高点 12.1 美分。

3 月，跌至低点 11.2 美分。

4 月，涨至高点 12.9 美分。

8 月，跌至低点 5.6 美分。

9 月，涨至高点 8.1 美分。

10 月，跌至低点 6.35 美分。

1935 年 1 月，涨至高点 10.95 美分。

3 月，跌至低点 9.3 美分。

5 月，涨至高点 11.5 美分。

6 月，跌至低点 10 美分。

10 月，涨至高点 12.35 美分。

11 月，跌至低点 11.1 美分。

1936 年 1 月，涨至高点 12.95 美分。

3 月，跌至低点 12 美分。

4 月，涨至高点 12.5 美分。

7 月，跌至低点 10.9 美分。

9 月，涨至高点 12.1 美分。

10 月，跌至低点 11.4 美分。

1937 年 3 月，涨至高点 19 美分。这个高点比 1929 年 6 月的高点更低，因此是一个非常好的做空机会。

6 月，跌至低点 15.5 美分。

7 月，涨至高点 17.75 美分，这是一个较低的高点，也是一个可考虑较高的做空机会。

11 月，跌至低点 7.9 美分。

12 月，涨至高点 12 美分。

1938 年 3 月，跌至低点 8.35 美分。

4 月，涨至高点 11 美分。

6 月，跌至低点 8.75 美分。

7 月，涨至高点 11.75 美分。

9 月，跌至低点 10.5 美分。

10 月，涨至高点 12.95 美分。

11 月，跌至低点 10.5 美分。

1939 年 1 月，涨至高点 14 美分。

4 月，跌至低点 10.1 美分。

7 月，涨至高点 12.2 美分。

8 月，跌至低点 9.75 美分。

9 月，涨至高点 15 美分。

11 月，跌至低点 12.5 美分。

1940 年 1 月，涨至高点 15.85 美分，这是最近的极端高点。

4 月，跌至低点 13.7 美分。

5 月，涨至高点 14.9 美分。

5 月末，跌至低点 9.4 美分，当时希特勒领导下的纳粹德

如何快速提高把握大势的能力？有一个非常有效的方法是在极端高点和低点附近标注出基本面大背景。江恩此处只是给出了时间和空间的坐标，如果能够给出当时的基本面大格局，则可以迅速提高对行情的理解和预判能力。

国入侵比利时和法国。

6 月，涨至高点 10 美分。

8 月，跌至低点 7.8 美分。

11 月，涨至高点 13.5 美分。

1941 年 2 月，跌至低点 12.15 美分。

5 月，涨至高点 15.7 美分。

7 月，跌至低点 14.1 美分。

10 月，涨至高点 14.95 美分。

1941 年 6 月，政府限定了毛皮的最高价，在某种程度上抑制了正常交易，由此导致从 7 月到 10 月价格处于窄幅横盘走势中。

一旦战争结束，那么限价政策会被取消，毛皮市场会恢复活力，提供更多的交易机会。

下面我们复盘一下毛皮历史走势中高点和低点的具体形态。这些形态包括双重顶部、底部以及三重顶部和底部等。我们以毛皮 9 月合约为例来回顾。

1924 年 1 月，见到高点 12 美分。

1924 年 4 月，见到低点 9 美分。下跌幅度为 2/8，做多机会出现了。

1924 年 11 月，涨至高点 16 美分，相当于 12 美分基础上上涨了 1/3。这是一个做空机会。

1925 年 3 月，跌至低点 13 美分。附近存在一个重要点位 12.5 美分，它是低点 9 美分与高点 16 美分的 50%点位。做多机会出现了。

1925 年 7 月，见到高点 16.25 美分，一个双重顶部形成了。这是一个做空机会。

1926 年 3 月，跌至低点 11 美分。附近有一个关键点位 11.25 美分，它是低点 9 美分的 1.25 倍点位。

1926 年 10 月，涨至高点 15 美分，高点降低了。做空信号出现了。

1927 年 2 月，跌至低点 13 美分。低点抬升了。附近有一个关键点位 12.62 美分，它是低点 9 美分到 16.25 美分的 50%点位。

接下来，价格向上突破了 15 美分，上涨趋势强劲。当价格向上突破 16.25 美分时，进一步上涨的空间被打开了。加码做多的机会出现了。

1928 年 4 月，涨至高点 26.5 美分。26 美分是低点 13 美分的 2 倍点位。这个历史高点是一个绝佳的做空机会。

1928 年 6 月，跌至低点 22.5 美分，下方支撑显著。暴跌之后，**必然有报复性反**

弹，这是一个做多的机会。

1928 年 7 月，涨至高点 25 美分，这是一个较低的高点，距离 1927 年 7 月 1 日恰好一周年时间。因此，这是一个做空信号。

接下来，价格暴跌，接连跌破 22.5 美分和 22 美分两道关口，趋势向下，在这期间只有小幅反弹。

1929 年 2 月，跌至低点 13.5 美分，距离 1927 年 2 月低点恰好两周年。这里有关键点位 13.25 美分，它是高点 26.5 美分的 50%点位。因此，这是一个做多机会。

1929 年 3 月，涨至高点 19 美分。这是一个较低的高点，且低于前期低点。从高点下跌了 11 个月，同时 4 月也是一个变盘节点。

1929 年 5 月，跌至低点 14 美分。低点上升了，反弹紧随而至。

1929 年 10 月，涨至高点 18.3 美分，高点下降了，低于前期低点。这是一个做空机会。

1929 年 11 月，跌至低点 12.9 美分，形成了一个双重底部。附近有一个关键点位 13.25 美分，它是高点 26.5 美分的 50%点位。随后，金融市场出现了恐慌性暴跌，无论是股市还是商品市场都是如此。

我给出的规则是一旦市场出现恐慌性暴跌，那么应该在此时趁机逢低买入或者做多。报复性反弹很快就会出现。

1930 年 1 月，涨至高点 16.8 美分。附近的 16.25 美分是高点 26.5 美分的 5/8 点位。

价格转而下跌，跌破了 13.25 美分这个 50%点位。走势疲软至极。

1930 年 8 月，跌至低点 9.9 美分，附近的 9.98 美分是高点 26.5 美分的 3/8 点位，因此这是一个做多机会。

1930 年 10 月，涨至高点 14.5 美分，低于前期低点，因此是一个做空机会。价格再度低于 13.25 美分这个 50%点位，表明弱势依旧。

如何把握报复性反弹的进场时机？底部的技术特征有哪些？心理面特征有哪些？基本面有些什么催化剂？对于商品而言，成交量、市场情绪和成本线是非常关键的参考基准。

抄底不是不可，只是绝不是凭江恩此处寥寥几句可以把握的。

大多数回撤都停留在0.382和 0.618 之间。

1931 年 2 月，跌至低点 9.5 美分。**9.5 美分恰好是 1929 年 3 月高点的 50%点位，因此是一个做多机会。**

1931 年 3 月，涨至高点 13.4 美分。附近的 13.25 美分是 50%点位。因此，这是一个做空机会。

1931 年 5 月，跌至低点 9.9 美分。一个三重底部形成了，这是一个做多信号。

1931 年 7 月，涨至高点 13.1 美分。这波反弹持续了两个月时间，交易者可以逢高做空。

1931 年 8 月，跌至低点 7.25 美分。附近有一个重要点位 7.4 美分，它是 1930 年 10 月高点 14.8 美分的 50%点位。另外，8 月恰好是季节性变盘的月份。

1931 年 11 月，涨至高点 10.75 美分，低于前期低点。

此后，价格跌破了一系列低点，在这期间反弹幅度很小，下跌趋势不变。价格跌得越低，反弹越小，则遭受亏损的人和持币的人就不愿进场买入，市场变得悲观。当几乎所有人都绝望地想要逃离时，底部就出现了，报复性反弹就出现了。

1932 年 6 月，跌至极端低点 3.15 美分。附近的 3.31 美分恰好是极端高点 26.5 美分的 7/8 回调点位。这波下跌属于熊市第四阶段，整个下跌持续了 50 个月时间，趋势变盘点即将来临。

1932 年 9 月，涨至高点 8.1 美分。附近有一个关键点位 8.43 美分，它是高点 19 美分到低点 3.15 美分的 1/3 点位。暴涨之后，市场肯定会出现下跌。

1932 年 12 月，跌至低点 3.25 美分。低点升高了，趋势向上。

价格很快突破了前一波下跌的 50%点位，同时突破了 9 月的高点 8.1 美分，市场处于持续上行状态，做多的时机很好。

1933 年 7 月，涨至高点 14.9 美分。附近有一个关键点位 14.82 美分，它是高点 26.5 美分到低点 3.15 美分的 50%点位。同时，7 月还是季节性变盘节点。所以，此处是做空机会。

1933 年 10 月，跌至低点 8 美分，与前期低点构成形成了双重底部。所以，这是一个做多机会。

1934 年 4 月，涨至高点 12.8 美分，低于 13.25 美分，后者是高点 19 美分到低点 3.15 美分的 5/8 点位。从时间周期来讲，4 月容易见到高点，因此这是一个做空机会。

随后，市场跌破了 11.2 美分，下降趋势明显，价格将走向更低的水平，在这期间反弹微弱。

1934 年 8 月，跌至低点 5.6 美分。高点 14.9 美分的 2/3 回撤点位是 6.07 美分，而

5.13 美分则是高点 19 美分的 7/8 点位。同时，8 月是季节性变盘月份，因此这是做多机会。

1936 年 1 月，涨至高点 13 美分，构成一个双重顶部。这个高点在 13.25 美分以下，因此是做空机会。

1936 年 7 月，跌至低点 10.9 美分。附近分布着一系列高点和低点，另外 10.93 美分是高点 26.5 美分到低点 3.15 美分的 1/3 点位，因此这是一个非常强大的支撑所在。

接下来，价格上行，突破了 13 美分以及 50%点位 13.25 美分，上涨趋势确立，交易者可以加码做多。

1937 年 3 月，涨至高点 19 美分，与 1929 年 3 月的高点形成了一个双重顶部。同时，3 月是季节性变盘节点。因此，交易者可以在此处进场做空，初始止损设置在 19.4 美分附近。

1937 年 6 月，跌至低点 15.4 美分，与 1937 年 2 月的低点构成一个双重底部。第一波下跌之后，市场往往会有反弹，这就是抢反弹的机会。

1937 年 7 月，涨至高点 17.7 美分，位于低点 3.15 美分到高点 26.5 美分之间的 5/8 点位处。这是反弹高点抛空的机会。

接下来，将跌破了 2 月低点，趋势向下，交易者应该加码做空。

1937 年 11 月，跌至低点 7.85 美分，附近有一系列高点和低点。整个金融市场都处于恐慌下跌中，从 7 月开始下跌，跌了 4 个月时间。**恐慌到极致时，就是做多的机会。**

1937 年 12 月，涨至高点 12 美分。附近有两个关键点位：第一个点位是 11.9 美分，它是高点 26.5 美分的 3/8 点位；第二个点位是 11.87 美分，它是高点 19 美分到低点 3.15 美分的 5/8 点位。这波上涨仅仅持续了一个月时间，属于熊市中的自然反弹。

1938 年 3 月，跌至低点 8.35 美分。附近的 8.43 美分是高点 19 美分到低点 3.15 美分的 1/3 点位。低点附近盘整了 3 个月时间，低点逐步升高，这是一个胜算率较高的做多机会。

此后，价格向上突破了 10 美分的高点。接着又突破了 12 美分的高点，这些都是加码做多的机会。

1939 年 1 月，涨至高点 14 美分，附近的 13.71 美分恰好是高点 19 美分到低点 3.15 美分的 2/3 点位。另外，14.25 美分是高点 19 美分的 6/8 点位，因此这是一个做空机会。

1939 年 4 月，跌至低点 10.1 美分，附近有一系列低点和高点。另外，4 月是季节性变盘节点。随后，价格回升。

1939 年 7 月，涨至高点 12.2 美分。上方阻力显著，价格承压下行。

1939 年 8 月，跌至低点 9.8 美分，形成了一个双重底部。这波下跌持续了仅仅一个月时间。

1939 年 9 月，第二次世界大战爆发了，商品全线上涨。涨至高点 16 美分。附近有两个关键阻力：第一个是 16.2 美分，它是高点 19 美分到低点 7.8 美分的 6/8 点位；第二个是 16.36 美分，它是高点 26.5 美分的 5/8 点位。急剧上行后出现滞涨迹象，此处是做空机会。

1939 年 11 月，跌至低点 13.5 美分，附近的 13.25 美分是高点 26.5 美分的 50%点位。下方承接有力，做多胜算率较高。

随后市场回升。

1940 年 1 月，涨至高点 15.85 美分。高点降低了，上涨也仅仅持续了两个月时间，应该逢高做空并且设定止损。

1940 年 4 月，跌至低点 13.6 美分，与 1939 年 11 月的低点构成形成了一个双重底部。

当月，市场快速反弹到了 14.8 美分，附近有一个三重顶部，因而可以做空。

1940 年 5 月，希特勒领导下的纳粹德国开始进攻法国和比利时，包括商品期货在内的金融市场全线恐慌性下跌。

当月，跌至低点 9.4 美分，恰好是高点 19 美分的 50%点位。这是一个做多机会。

1940 年 6 月，涨至高点 11 美分。这波反弹持续了一个月时间，趋势仍旧向下，因此是逢高做空的机会。

1940 年 8 月，跌至低点 7.8 美分，与 1937 年 11 月低点构成了一个双重底部，因此是一个可靠性很高的做多机会，止损点放置在低点下方 30~40 点附近。这波下跌已经持续了 11 个月时间，而且 9 月是季节性变盘节点。

随后，价格上扬，突破了关键阻力点位。

1940 年 11 月，涨至高点 13.5 美分，而 13.25 美分是高点 26.5 美分的 50%点位。

1941 年 2 月，跌至低点 12.1 美分。

1941 年 3 月，价格向上突破了 13.25 美分，它是高点 26.5 美分的 50%点位。这是加码做多的良机。

1941 年 5 月，涨至高点 15.7 美分。形成了一个三重顶部，距离 1940 年低点也刚好一周年时间。

1941 年 7 月，跌至低点 14.1 美分。

1941 年 10 月，涨至高点 14.95 美分。

美国政府在 7 月设定了毛皮最高限价，实际上是暂停了市场交易。不过，在第二次世界大战结束之后，这个市场又热络起来了，大把的机会存在其中。

未来行情需要关注三个点位：第一个点位是低点 9.8 美分到高点 16 美分的 50%点位 12.9 美分；第二个点位是下跌 25%点位 14.2 美分；第三个点位是 16.2 美分。

如果价格跌破前面两个点位，则进一步下跌空间打开了。如果价格升破第三个点位，则进一步上涨的空间就被打开了。

交易者应该遵循我给出的有效规则，研究重要的高点和低点，考虑它们的时间和空间特征，这样就能很好地确定潜在的交易机会。

利用斐波那契点位和前期高点和低点可以很好地确定空间点位，在此基础上我建议大家在走势图上标注出如下三个信息：第一，前期重要高点和低点的驱动面/基本面大背景；第二，重要波段，特别是最近两个波段的驱动面/基本面逻辑；第三，接下来一段时间的重要事件和主题。如果你能够将价量形态、点位和题材结合起来分析市场，那么可以达到令人叹为观止的境界。再具体一点，如何将点位与题材催化剂结合在一起来判断？当价格跌至 38.2%点位时，出现一则新利好，且 K 线出现看涨吞没，那么这个点位止跌回升的概率大吗？

第 26 节　黑胡椒期货价格波动的规律
(The Regular Pattern on Black Pepper Futures Prices)

黑胡椒现货交易在英格兰等地区很早就展开了，而期货交易几十年前才在纽约发展起来。黑胡椒期货在纽约农产品交易所挂牌交易，一份标准合约涉及 33600 磅重的黑胡椒。最小报价单位是 1 个点，也就是 0.01 美分。因此，报价每跌 1 美分，则一手合约损失 336 美元；报价每涨 1 美分，则一手合约盈利 336 美元。

交易佣金是 25 美元一手合约。一手合约的保证金大概在 250~500 美元，取决于市价。

首先我们来看一下黑胡椒现货价格的重要高点和低点：

1895~1896 年，低点 5 美分；

1900 年，高点 13.5 美分；

1903 年，高点 15 美分；

1909 年，低点 7.5 美分；

1912 年，高点 12 美分；

1913 年，低点 10 美分；

1918 年，高点 26.5 美分；

1921 年，低点 8.5 美分；

1928 年，极端高点 41.5 美分；

1932 年，低点 7 美分；

1933 年，低点 6 美分；

1933 年 7 月，高点 10 美分；

1934 年，高点 14 美分；

1936 年，低点 4.25 美分；

1937 年，高点 7.5 美分；

1938 年，低点 4.25 美分；

1939 年，低点 3 美分；

1940 年，低点 3.5 美分；

1941 年，高点 7.5 美分。

交易者可以计算从极端高点 41.5 美分到极端低点 3 美分的所有重要分割点位，也可以分别以 41.5 美分和 3 美分计算各自的百分比点位。

除了空间点位之外，你还需要统计出黑胡椒价格的季节性规律，看看高点和低点在各月分布的情况。不要忘记我提出的其他规则，你可以将它们运用到黑胡椒价格走势上面。

接着，我们来看黑胡椒 7 月合约和 12 月合约的月度高低点统计数据（见表 4–22 和表 4–23）。

表 4–22 黑胡椒 7 月合约的月度高低点数据

时间	1937 年	1938 年	1939 年	1940 年	1941 年
1 月		高点 5.65 美分； 低点 5.3 美分	高点 5 美分； 低点 3.95 美分	高点 4.55 美分； 低点 4.05 美分	高点 4.45 美分； 低点 4.25 美分
2 月		高点 6.75 美分； 低点 5.65 美分	高点 4.25 美分； 低点 3.85 美分	高点 4.25 美分； 低点 4.05 美分	高点 5.1 美分； 低点 4.25 美分
3 月		高点 5.6 美分； 低点 5.45 美分	高点 4.05 美分； 低点 3.25 美分	高点 4.2 美分； 低点 3.9 美分	高点 6.95 美分； 低点 5.05 美分
4 月		高点 5.55 美分； 低点 5.2 美分	高点 3.45 美分； 低点 3.2 美分	高点 4.1 美分； 低点 3.75 美分	高点 6.7 美分； 低点 5.95 美分
5 月		高点 5.4 美分； 低点 5.05 美分	高点 3.45 美分； 低点 2.95 美分	高点 4.15 美分； 低点 3.25 美分	高点 7.6 美分； 低点 5.95 美分

续表

时间	1937 年	1938 年	1939 年	1940 年	1941 年
6 月	高点 6.8 美分； 低点 6.3 美分	高点 5.3 美分； 低点 4.75 美分	高点 3.2 美分； 低点 2.95 美分	高点 3.4 美分； 低点 3.2 美分	高点 6.05 美分； 低点 5 美分
7 月	高点 6.7 美分； 低点 6.2 美分	高点 5.15 美分； 低点 4.75 美分	高点 3.35 美分； 低点 3.05 美分	高点 3.6 美分； 低点 3.5 美分	高点 6.65 美分； 低点 6.15 美分
8 月	高点 7.2 美分； 低点 6.55 美分	高点 5.4 美分； 低点 4.85 美分	高点 3.65 美分； 低点 3.35 美分	高点 3.95 美分； 低点 3.75 美分	高点 6.65 美分； 低点 6.15 美分
9 月	高点 7.1 美分； 低点 6.1 美分	高点 5.25 美分； 低点 4.85 美分	高点 4.8 美分； 低点 3.8 美分	高点 4.15 美分； 低点 3.85 美分	高点 6.75 美分； 低点 6 美分
10 月	高点 6.05 美分； 低点 5.1 美分	高点 5.5 美分； 低点 4.95 美分	高点 4.4 美分； 低点 3.95 美分	高点 4.25 美分； 低点 4.05 美分	高点 6.35 美分； 低点 5.85 美分
11 月	高点 5.55 美分； 低点 5.1 美分	高点 5.35 美分； 低点 4.75 美分	高点 4.2 美分； 低点 3.9 美分	高点 4.2 美分； 低点 4.05 美分	
12 月	高点 5.5 美分； 低点 5.2 美分	高点 4.9 美分； 低点 4.4 美分	高点 4.55 美分； 低点 4.25 美分	高点 4.4 美分； 低点 4.15 美分	

表 4–23　黑胡椒 12 月合约的月度高低点数据

时间	1937 年	1938 年	1939 年	1940 年	1941 年
1 月		高点 5.6 美分； 低点 5.55 美分	高点 5.25 美分； 低点 4.1 美分	高点 4.65 美分； 低点 4.25 美分	高点 4.65 美分； 低点 4.45 美分
2 月		高点 7.05 美分； 低点 5.9 美分	高点 4.5 美分； 低点 4.05 美分	高点 4.4 美分； 低点 4.15 美分	高点 5.25 美分； 低点 4.45 美分
3 月		高点 6.8 美分； 低点 5.9 美分	高点 4.45 美分； 低点 3.4 美分	高点 4.35 美分； 低点 4.05 美分	高点 7.05 美分； 低点 5.15 美分
4 月		高点 6.05 美分； 低点 5.45 美分	高点 3.7 美分； 低点 3.4 美分	高点 4.2 美分； 低点 4 美分	高点 6.85 美分； 低点 6.15 美分
5 月		高点 5.75 美分； 低点 5.05 美分	高点 3.65 美分； 低点 3.1 美分	高点 4.3 美分； 低点 3.45 美分	高点 7.85 美分； 低点 6.05 美分
6 月	高点 6.3 美分； 低点 5.87 美分	高点 5.65 美分； 低点 5.05 美分	高点 3.4 美分； 低点 3.15 美分	高点 3.6 美分； 低点 3.45 美分	高点 6.4 美分； 低点 5.15 美分
7 月	高点 6.35 美分； 低点 5.85 美分	高点 6.75 美分； 低点 5.75 美分	高点 3.55 美分； 低点 3.27 美分	高点 3.6 美分； 低点 3.3 美分	高点 6.65 美分； 低点 5.45 美分
8 月	高点 6.9 美分； 低点 6.25 美分	高点 4.95 美分； 低点 4.5 美分	高点 3.4 美分； 低点 3.02 美分	高点 3.65 美分； 低点 3.5 美分	高点 6.4 美分； 低点 5.9 美分
9 月	高点 6.75 美分； 低点 5.75 美分	高点 4.75 美分； 低点 4.5 美分	高点 4.45 美分； 低点 3.02 美分	高点 3.85 美分； 低点 3.65 美分	高点 6.5 美分； 低点 5.6 美分
10 月	高点 5.55 美分； 低点 4.65 美分	高点 5.15 美分； 低点 4.85 美分	高点 4.1 美分； 低点 3.65 美分	高点 3.95 美分； 低点 3.8 美分	高点 6.1 美分； 低点 5.55 美分
11 月	高点 5.15 美分； 低点 4.75 美分	高点 4.95 美分； 低点 4.45 美分	高点 3.85 美分； 低点 3.45 美分	高点 3.9 美分； 低点 3.8 美分	
12 月	高点 5.1 美分； 低点 5 美分	高点 4.55 美分； 低点 4.1 美分	高点 4.25 美分； 低点 4 美分	高点 4.15 美分； 低点 3.85 美分	

第 27 节　马铃薯期货价格波动的规律
(The Regular Pattern on Potato Futures Prices)

马铃薯期货在芝加哥商业交易所挂牌交易，一个标准合约涉及 36000 磅重的马铃薯。标准合约的波动幅度是每蒲式耳 0.01 美分，因此一份合约价值的最小波动幅度为 3.6 美元。

马铃薯合约的买卖佣金是固定的，一手合约的交易佣金是 12.5 美元。标准合约的具体保证金取决于价格，在 250~500 美元。

首先，我们回顾一下纽约市场上现货马铃薯的价格波动：

1914 年，跌至低点 42 美分；

1919 年，涨至高点 300 美分；

1920 年，跌至低点 90 美分；

1921 年，涨至高点 125 美分；

1922 年，跌至低点 85 美分；

1923 年，涨至高点 125 美分；

1924 年，跌至低点 70 美分；

1925 年，涨至高点 270 美分；

1928 年，跌至低点 80 美分；

1929 年，涨至高点 200 美分；

1932 年，跌至低点 57 美分；

1933 年，涨至高点 125 美分；

1934 年，跌至低点 50 美分；

1936 年，涨至高点 145 美分；

1937 年，跌至低点 68 美分；

1940 年，涨至高点 125 美分。

马铃薯期货上市的时间很短，因此只有有限的价格波动数据，我们以马铃薯 11 月合约的数据为准，下面是 1941 年的价格波动数据，截止时间为 1941 年 11 月 10 日：

1941 年 6 月，高点 245 美分，低点 190 美分；

1941 年 7 月，高点 220 美分，低点 205 美分；

1941 年 8 月，高点 220 美分，低点 202 美分；

1941 年 9 月，高点 275 美分，低点 215 美分；

1941 年 10 月，高点 239 美分，低点 203 美分；

1941 年 11 月，高点 253 美分，低点 219 美分。

下面是 1942 年交割的马铃薯 1 月合约截止到 1941 年 11 月 10 日的数据：

1941 年 9 月，高点 375 美分，低点 257 美分；

1941 年 10 月，高点 314 美分，低点 260 美分；

1941 年 11 月，高点 315 美分，低点 301 美分。

从上述的数据可以看出，期货价格在 1941 年 9 月见到最高点，当时 11 月合约见到高点 275 美分，而 1 月合约见到高点 375 美分。所以，如果交易者要计算马铃薯重要的支撑阻力点位，那么应该以 1940 年的极端低点 50 美分以及高点 275 美分或者 375 美分为基准。

在采纳走势图来估算趋势的时候，我们应该绘制周度和月度高低价走势图。如果马铃薯的交投特别热络，那么应该绘制日度高低价走势图。

当前的马铃薯价格很高，主要是因为战争的因素。不仅是马铃薯，当时几乎所有的商品价格都在上涨。因此，一旦战争结束，则包括马铃薯在内的所有商品的价格都会暴跌。其下行速度之快、幅度之大，堪比 1925 年和 1929 年见顶后的情形。

马铃薯在全美各地的收获时间是存在差异的，夏秋两季时候收获量最大的。所以，马铃薯的价格存在季节性规律。在夏秋两季，马铃薯的价格往往处于低位，此时大部分马铃薯已经上市了。当然，马铃薯价格的高点往往处于 9 月和 10 月。

通过研究过去的历史，我们可以更加直观清晰地认识到马铃薯走势的季节性规律。

第 28 节　橡胶期货价格波动的规律
(The Regular Pattern on Rubber Futures Prices)

橡胶期货不仅在纽约商品交易所挂票交易，也在伦敦和新加坡挂牌交易。在纽约商品交易所，一手标准合约是 22400 磅。最小报价波动幅度为 0.01 美分，也就是 1 个点。价格波动 1 个点，则一手合约的价值波动 2.24 美元。

在纽约商品交易所挂牌的橡胶期货，一手交易的佣金并非固定的：

当报价低于 10 美分时，交易的佣金是 25 美元；

当报价为 10~14.99 美分时，交易的佣金是 30 美元；

当报价为 15~19.99 美分时，交易的佣金是 35 美元；

当报价为 20~29.99 美分时，交易的佣金是 40 美元；

当报价在 30 美分以上时，交易的佣金是 50 美元。

橡胶交易的保证金则是根据合约价值变化而变化的。如果价格较低，处于 3~5 美分时，则一手合约的保证金大概为 200~300 美元；如果报价超过 10 美分，则一手合约的保证金大概为 750 美元；如果报价在 15~25 美分，则一手合约的保证金大概为 1000 美元。总之，保证金会根据市况的变化而变化，具体的数额应该询问拥有交易所会员资格的经纪商。

短线交易就适合做波动率大的品种。

橡胶的价格波动率是所有商品中最大的，下面是 1890~1941 年的数据，从中可以体会到这个品种的波动幅度有多大。

1890 年 9 月，涨至高点 95 美分。

1892 年和 1893 年，两度跌至低点 65 美分，然后趋势转而向上。

1898 年和 1899 年，以及 1900 年，橡胶价格三度涨至高点 105 美分。

1902 年，跌至低点 65 美分，与 1892 年和 1893 年的低点一致。

接下来，橡胶价格逐年走高。

1904 年，涨至高点 125 美分；

1905 年，涨至高点 135 美分；

1907 年，跌至低点 90 美分；

1908 年，跌至极端低点 67 美分；

此后，价格开始走高。

1909 年，涨至高点 195 美分。

1910 年 4 月，涨至高点 305 美分。这是纽约烟片胶现货价格的极端高点，当时还没有期货交易。当时几乎很难预测到 22 年后，也就是 1932 年，价格还停留在 2.625 美分。一旦价格停留在非常高的位置，生产利润丰厚，必然造成供给过剩，价格反而会暴跌。

1914 年，跌至低点 45 美分。

1916 年，涨至高点 102 美分。

接下来，价格持续走低。

1920 年，跌至低点 15 美分。

1921 年，跌至极端低点 11.75 美分，这是历史低点。

1923 年，涨至高点 32 美分。

1924 年，跌至低点 15 美分。形成了一个双重底部，且有抬升之势。

暴涨紧随而至。

1925 年，涨至高点 125 美分。

1926 年，橡胶期货在纽约挂牌交易，后来纽约橡胶交易所（New York Rubber Exchange）和纽约商业交易所合并。

1926 年 2 月，橡胶 9 月合约涨至高点 64.5 美分，这是所有橡胶合约中的最高报价。

1926 年 8 月，跌至低点 36.7 美分。

1927 年 3 月，涨至高点 42.8 美分。

1927 年 6 月，跌至低点 33.8 美分。

1927 年 11 月，涨至高点 43.4 美分。

接下来，价格暴跌。

1928 年 4 月，跌至低点 17 美分。

1928 年 5 月，涨至高点 20.3 美分。

1928 年 9 月，跌至低点 17.5 美分。

1929 年 2 月，涨至高点 27.7 美分。

1929 年 9 月，跌至低点 19.3 美分。

1929 年 10 月，涨至高点 23.5 美分，此后橡胶期货价格一路下跌。

1930 年 9 月，跌至低点 7.8 美分。

1930 年 12 月，涨至高点 10.5 美分。

1931 年 9 月，跌至低点 4.7 美分。

1932 年 6 月，橡胶 9 月合约跌至极端低点 2.65 美分。

1933 年 7 月，涨至高点 11.25 美分。

1933 年 9 月，跌至低点 6.6 美分。

1934 年 9 月，涨至高点 15.9 美分。

1935 年 3 月，跌至低点 10.7 美分。

1936 年 12 月，涨至高点 22.5 美分，这是 1929 年 10 月以来的高点。

1937 年 1 月，跌至低点 20.1 美分。

1937 年 3 月，涨至高点 27.45 美分，这是个极端高点，截止到 1941 年 11 月 5 日，价格都没有超越这一高点。

1938 年 3 月，跌至低点 10.5 美分，此后价格持续上扬。

1938 年 10 月，涨至高点 17.5 美分。

1939 年 1 月，跌至低点 15 美分。

1939 年 9 月，涨至高点 23.9 美分。

1940 年 3 月，跌至低点 17.5 美分。

1940 年 5 月，涨至高点 21.85 美分。

1940 年 6 月，跌至低点 18.7 美分。

1941 年 5 月，涨至高点 24.1 美分。

1941 年 6 月，跌至低点 20.6 美分。

1941 年 7 月，涨至高点 23 美分。

1941 年 8 月，跌至低点 22.25 美分。

接着，我们开始分析橡胶期货 1890~1941 年的季节性变化规律。请看表 4–24，高低点在每个月的分布情况。

表 4–24　1890~1941 年橡胶期货价格高低点的月度分布

月份	最高点出现次数	最低点出现次数
1	6	7
2	9	7
3	3	4
4	6	1
5	5	2
6	3	5
7	2	4
8	2	4
9	3	6
10	3	3
11	3	5
12	9	5

从表 4-24 可以看出最低价在 1 月和 2 月出现次数最多。其次是 9 月，再者是 6 月、11 月和 12 月，各出现了 5 次。

最低价在 5 月出现了 2 次，在 4 月仅仅出现了 1 次，是最低价出现次数最少的月份。

根据上述规律，我们可以推测：如果橡胶价格从夏季开始下跌，那么最低点可能出现在 11 月到次年 2 月之间，但最大的可能性是 1 月与 2 月，还有 9 月。

橡胶最高价出现次数最多的月份是 2 月和 12 月，各有 9 次。接下来是 1 月和 4 月。总之，最容易出现最高价的月份是 12 月、2 月、1 月和 4 月。

最高价在 5 月出现了 5 次。最高价在 6 月、9 月、10 月和 11 月各出现了 3 次。最高价出现在 7 月和 8 月的次数最少，各有 2 次。7 月到 9 月，出现最低价的次数较多。

除了分析季节性之外，我们还应该注意重要高点和低点之间的时间间隔。重要顶部或者底部出现之后的第 3 个月或者第 4 个月容易变盘，特别是暴涨或者暴跌之后。还有一些比较重要的变盘点：第 6 个月或者第 7 个月、第 12 个月、第 15 个月、第 18 个月、第 21 个月以及第 24 个月，还有极端高点或者低点出现后的任何偶数周年。

回顾橡胶价格的历史走势，你会发现在一个强劲的牛市中，价格很少回调超过 1 个月时间，也从来没有下跌超过两个月。同样，如果大势向下，那么期间的反弹很少超过 1 个月时间，偶尔会有持续两个月的反弹。

橡胶牛市或者熊市一般分为 2~4 个驱动波段，大牛市或者大熊市往往会有 4 个驱动波段。**在牛市中，如果已经有 3 个上涨波段了，那么你需要密切关注上涨趋势结束的信号；在熊市中，如果已经有了 3 个下跌波段了，那么你需要密切关注下跌趋势结束的信号。**

再者，交易者应该关注“周年日”（Anniversary Dates）。例如，如果底部在 6 月出现过，那么下一个 6 月时你需要关注趋势变化的信号。所谓的周年日，就是趋势转折点相距 12 个月的现象。通过回顾过去的高低点数据模，你能够发现周年日的现象频繁出现。

橡胶的底部和顶部形态主要有单重、双重和三重。橡胶常常形成倒 V 字顶部，陡直地上涨接着暴跌。当然，单重顶部有时候会在下跌后反弹，然后恢复下跌；单重底部有时候会在上涨后回调，然后恢复上涨。双重顶部和底部比较常见，我们要注意价格再度触及前期高点或者低点的情形，因为可能会形成双重顶部或者底部。

上涨幅度最大的行情往往是从三重底部开始的；下跌幅度最大的行情往往是从三重顶部开始的。因此，交易者必须格外注重三重顶部和底部。

我们已经谈了季节性规律、高低点时间间隔、周年日以及各种顶底部形态，最不能忽略的一点是空间点位。橡胶期货比较重要的点位计算基准如下所示：

从 1921 年 6 月低点 11.75 美分到高点 64.5 美分；

从高点 64.5 美分到低点 2.65 美分；

从高点 43.4 美分到低点 2.65 美分；

从高点 27.7 美分到低点 2.75 美分；

从高点 64.5 美分到低点 27.7 美分；

极端低点 2.65 美分；

……

通过计算上述基准的百分比分割点位，我们可以确定重要的支撑和阻力点位。最近的极端高点和低点是非常重要的基准，而 50%点位则是最为重要的阻力支撑水平。

最后，我觉得有必要回顾一下橡胶 9 月合约的历史走势，看看其空间点位的分布规律。

1926 年 2 月，涨至高点 64.5 美分，这是橡胶期货上市后的极端高点。此后，价格持续暴跌。

9/16 这个点位其实江恩本人都极少使用，与 50%点位接近。

1926 年 8 月，跌至低点 36.7 美分，这是短期内的暴跌。附近有一个重要的点位 36.28 美分，它是高点 64.5 美分的 9/16 点位，因此这是一个重要的支撑点位。

1926 年 11 月，涨至高点 44.2 美分。附近的 44 美分其实是 64.5 美分的 2/3 点位，抛压显著。

1927 年 9 月，跌至低点 32.8 美分，在高点 64.5 美分的 50%点位之上。这是一个做多机会。

1927 年 12 月，涨至高点 43.4 美分，高点降低了，一个做空机会出现了。

1928 年 2 月，价格跌破低点 32.25 美分，也就是高点 64.5 美分的 50%点位。截止到 1941 年 11 月 5 日，橡胶价格再也未能上涨到 32.25 美分。跌破 50%点位后，市场打开了进一步下跌的空间，暴跌持续。

当月跌至低点 17.4 美分。附近的 16.13 美分是高点 64.5

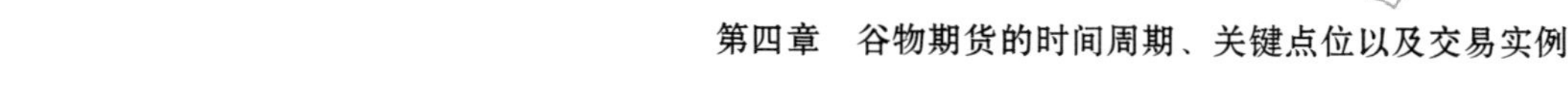

美分的 6/8 点位，而 17.32 美分是高点 27.7 美分的 5/8 点位。

1928 年 5 月，涨至高点 20.3 美分。

1928 年 9 月，跌至低点 17.5 美分。一个双重底部形成了，做多机会出现。

1929 年 2 月，涨至高点 27.7 美分，与 1928 年 4 月的高点一样。一个双重顶部形成了，做空机会出现。

下跌趋势确立了。

1929 年 4 月，跌至低点 20.1 美分。前期高点在此附近，反弹接踵而至。

1929 年 5 月，涨至高点 24.5 美分。附近有两个关键点位：第一个关键点位是 24.25 美分，它是高点 27.7 美分的 7/8 点位；第二个关键点位是 24.93 美分，它是低点 11.75 美分到高点 64.5 美分的 23.6%点位。

23.6%和 76.4%这两个点位用得也较少，主要与 2/8 和 6/8 点位接近。

21.7 美分是高点 43.4 美分的 50%点位，市场跌破这一点位意味着打开了下跌空间。

1929 年 9 月，跌至低点 19.3 美分。附近存在前期低点，9 月也是一个季节性变盘节点。此后，价格回升了。

1929 年 10 月，涨至高点 22.5 美分。高点降低了。

橡胶价格很快跌破了一系列低点，包括 17.49 美分。疲态尽显，此后的反弹都非常小，没有超过 2 个月。

1930 年 1 月，跌至低点 15.7 美分。

1930 年 2 月，涨至高点 17.85 美分。这波反弹仅仅持续了一个月时间，接着恢复跌势。

1930 年 9 月，跌至低点 7.8 美分。自从跌破 1921 年的低点 11.75 美分之后，价格迅速下跌，在这期间没有像样的反弹。

1930 年 12 月，涨至高点 10.5 美分。这波反弹持续了 2 个月时间，幅度达到了 220 点。但仍旧属于熊市中的正常反弹而已。趋势仍旧向下。

1932 年 6 月，跌至低点 2.65 美分。从高点 64.5 美分步入熊市以来，现在已经处在第四波下跌过程中，创造了历史性

跌破成本线后长时间盘整，突破之日就是战略性做多的信号，利润不可限量！

的低点。

价格进入窄幅波动区间，成交量萎缩。盘整了两个月时间，最高不超过 3.2 美分。

1932 年 8 月，价格向上突破了 3.2 美分。

1932 年 9 月，涨至高点 4.65 美分，在前期低点之下。第一波上涨之后价格往往会回调。同时，9 月是季节性变盘节点。

1933 年 2 月，回调至低点 3 美分。低点抬升了。市场窄幅整固了 3 个月时间。

1933 年 4 月，价格突破 3 个月的高点，加码做多的机会到了。很快价格突破了 1932 年的高点 4.65 美分，上涨态势迅猛。

当价格突破 4.8 美分时，上涨开始了。

1933 年 7 月，涨至高点 11.25 美分。附近有两个阻力点位：第一个点位是 11.25 美分本身，它是极端低点 2.65 美分的 3.5 倍点位；第二个点位是 11.63 美分，它是高点 27.7 美分到低点 2.65 美分的 1/3 点位。价格随后下跌。

牛市第一波上涨结束了。

1933 年 9 月，跌至低点 6.5 美分。附近的 6.62 美分是极端低点 2.65 美分的 2.5 倍点位。这波下跌仅仅持续了两个月时间，是牛市中的正常回调。

1934 年 5 月，涨至高点 16.05 美分。附近的 16.23 美分是高点 43.3 美分到低点 2.65 美分的 1/3 点位。牛市第二波上涨结束了。

1934 年 6 月，跌至低点 12.8 美分。6 月是季节性变盘节点，因此应该做多。

1934 年 9 月，涨至高点 15.9 美分，与 1934 年 5 月高点构成了一个双重顶部。

1935 年 3 月，跌至低点 10.65 美分，附近有前期高点。

1935 年 6 月，涨至高点 13.1 美分。距离 1934 年 6 月低点恰好一周年，距离 1932 年 6 月低点恰好三周年。趋势变盘节点临近了。

1935 年 9 月，跌至低点 11.2 美分，低点升高了。同时，9 月是季节性变盘节点，因此应该做多。

接下来，价格出现了上涨，突破了 16 美分高点，后来又穿过了 43.4 美分到低点 2.65 美分的 50%点位，上涨态势显著。

1937 年 3 月，涨至高点 27.45 美分，与 1925 年 2 月的高点 27.7 美分构成一个双重顶部。见顶之前的数周时间行情暴涨，从 1935 年 9 月的低点 11.2 美分开始，在这期间回调没有超过一个月时间。这是牛市第四波上涨。

见顶之后，价格从 27.45 美分开始暴跌，在这期间任何反弹都没有超过一个月时间。需要牢记一个规律，只有一波上涨不能持续到第二个月，则市场趋势就是向下。交易者应该选择那些反弹了 2~3 周的市场做空。

1938 年 3 月，跌至低点 10.5 美分。一个双重底部形成了。附近的 10.6 美分是极端低点 2.65 美分的 3 倍点位。从时间周期来讲，这个低点距离极端高点恰好一周年时间。因此，这是一个做多机会。

1938 年 11 月，涨至高点 17.5 美分。附近的 17.88 美分恰好是低点 2.65 美分到高点 27.7 美分的 3/8 点位；而 17.22 美分恰好是极端低点 2.65 美分的 6.5 倍点位。随后，价格下跌。

1939 年 1 月，跌至低点 15 美分。附近的 15.17 美分是极端低点 2.65 美分到高点 27.7 美分的 50%点位。

市场在低点附近窄幅盘整了 8 个月时间。

最后，价格向上突破了 8 个月震荡区间的顶部时，暴涨开始了。这一波上涨幅度高达 8 美分。

1939 年 9 月，涨至高点 23.9 美分，形成一个 V 字顶。

1939 年 10 月，跌至低点 17.3 美分，前期高点附近，做空机会出现了。

1939 年 12 月，涨至高点 18.9 美分。

1939 年 4 月，跌至低点 17.4 美分，在 17.6 美分附近形成了一个三重底部。

暴涨如期而至。

1940 年 5 月，涨至高点 21.85 美分，附近的 21.7 美分是高点 43.4 美分的 50%点位。上方抛压沉重，随后大跌。

这波下跌也有基本面的因素，当时希特勒领导下的纳粹德国入侵了比利时和法国，商品市场全线大跌。

1940 年 6 月，跌至低点 18.5 美分。

1940 年 8 月，涨至高点 19.8 美分。

1940 年 9 月，跌至低点 18.8 美分。一个双重底部形成了，低点抬升，做多机会出现了。附近的 18.46 美分是高点 27.7 美分的 2/3 点位。

1940 年 11 月，涨至高点 27.1 美分。

1941 年 1 月，跌至低点 18.8 美分，形成了一个三重底部。大胆进场做多，将初始止损幅度控制在 30~50 个点。

1941 年 5 月，涨至高点 24.1 美分，与 1939 年 9 月的高点一起构成双重顶部。

不看基本面和心理面，只靠分析空间点位和时间周期就能高抛低吸，江恩把市场想得太简单了一点。吸取江恩理论的有效部分，去伪存真，去粗存精，才能真正进步。时间周期和空间点位是江恩理论的精髓，但实际上江恩也提到了供求分析，只不过浅尝辄止，未能深入，这就靠本书的读者去超越了。

1941 年 6 月，跌至低点 20.6 美分，附近的 20.78 美分恰好是高点 27.7 美分的 6/8 点位。反弹如期而至。

1941 年 7 月，涨至高点 23 美分，附近的 23.02 美分是高点 43.4 美分的 50%点位。

战争期间，政府对橡胶实现了最高限价政策，期货交易被限制了。当战争结束后，橡胶期货重新正常交易，则它的高波动率将恢复，从而为交易者提供更加丰富的利润。

回顾橡胶价格的历史数据，基于我提出的法则进行研判，你就能获利甚多。前提是知道犯错不可避免，因此需要设定止损来截短亏损，保护本金。

第 29 节　丝绸期货价格波动的规律

(The Regular Pattern on Silk Futures Prices)

日本几乎掌控了全球的丝绸市场，而美国则是日本丝绸的最大消费者。丝绸在美国纽约商品交易公司（New York Commodity Exchange Inc）买卖，一个标准合约涉及 1300 磅丝绸。最小波动幅度为 0.5 美分，一个合约价值的最小波动是 6.5 美元。

丝绸期货的佣金并不固定：如果价格低于 175 美分，则佣金为 26 美元；如果价格在 175~224.5 美分，则佣金为 29 美元；如果价格在 225~274.5 美分，则佣金为 32 美元；如果价格在 275 美分以上，则佣金为 34 美元。

丝绸期货也在日本的横滨交易股份有限公司（Yokohama Exchange Ltd）以及神户交易股份有限公司（Kobe Exchange Ltd）挂票交易。第二次世界大战导致丝绸期货的交易中断了。

回顾过去，第一次世界大战期间，丝绸价格出现了大幅波动，涨至极端高点。

丝绸期货的价格波动幅度很大，即便在和平时期也是如此。通过运用我提出的判市法则，你可以更好地预判丝绸期货的价格波动。

丝绸价格在第一次世界大战期间剧烈波动，涨至极端高点。

1919 年 12 月，价格飙升到了 17.5 美元。

1920 年，跌至低点 5 美元。

1933 年 2 月，丝绸价格跌至战后低点 1.1 美元。

1934 年 8 月，丝绸价格跌至低点 1.07 美元。

交易者在确定丝绸价格趋势的时候首先要定位时间周期，因为时间周期是决定趋势的关键。

从 1919 年 12 月的高点到 1933 年 2 月和 4 月的低点，时间周期分别是 13 年 2 个月和 13 年 4 个月。将这些时间周期叠加到极端高点对应的时间上，我们就能得到未来的重要变盘节点，它们分别是 1939 年 9 月和 1939 年 11 月。在这些时间节点上容易出现顶部。

跟估计的差不多，丝绸价格在 1939 年 12 月涨至高点 4.39 美元。由此可见，时间周期的实际价值是非常大。

如果将 13 年 2 个月这个时间周期叠加到极端低点对应的时间上，则我们就能够得到未来的重要变盘节点，1946 年 2 月到 4 月，它们容易出现低点。

在采用时间周期推演未来的变盘节点时，除了采用时间周期本身之外，我们还可以采用时间周期的百分比，比如 1/8、2/8、4/8、6/8 等。

从盘后回顾来看，任何高点和低点之间都存在特定的斐波那契或者江恩比率，任何高点和低点之间也都符合特定的时间周期。但真正要做到预判特定的空间比率和时间周期是非常困难的，除非你结合非价格因素来综合研判，如结合形态、题材和成交量等因素。

例如，从 1919 年的高点到 1934 年 8 月的极端低点，时间周期为 14 年 9 个月。将这一时间周期叠加到 1934 年 8 月之上，得到潜在变盘节点为 1942 年 1 月。1 月本身就是季节性变盘节点。

你大可采用同样的方式来叠加时间周期本身或者是时间周期的百分比，通过这些方式你可以很好地预判趋势的转折点。

例如，从 1934 年 8 月的低点到 1939 年 12 月的高点，时间周期为 64 个月。这个周期的 4/8 是 32 个月，2/8 是 16 个月，1/8 是 8 个月。

1939 年 12 月加上 8 个月得到了 1940 年 8 月，这是一个低点，价格见底后开始上涨。

1939 年 12 月加上 16 个月得到了 1941 年 4 月，价格从 1941 年 1 月开始上涨。

1939 年 12 月加上周期的 50%，也就是 32 个月，得到 1942 年 8 月，这是观察未来趋势变化的重要时间窗口。

通常而言小顶部或者底部叠加周期参数得到的转折点往往是小顶部或者底部。例如，1932 年 1 月叠加 5 个月，得到 1932 年 6 月；1932 年 1 月叠加 13 个月，得到 1933 年 2 月；1932 年 1 月叠加 15 个月，得到 1933 年 4 月。

根据我提出的规则，常用的周期参数有 12 个月、15 个月、18 个月、21 个月和 24 个月。在这些时间节点需要注意趋势的变化。

根据我提出的规则，暴涨通常发生在第 8 个月和第 14 个月。

例如，1934 年 8 月的暴涨就出现在 1933 年 6 月之后的第 14 个月。又如，1935 年 11 月的暴涨就出现在 1934 年 8 月之后的第 15 个月。当然，趋势也容易在第 15 个月出现转折，比如 1934 年 1 月到 1938 年 3 月，间隔 14 个月。

回顾历史数据你可以发现，市场的波动是符合我提出的时间周期法则的。

丝绸价格的季节性变化也属于时间周期的一部分，下面我们就来介绍这一规律。

丝绸的历史价格数据并不多，因此很难回顾足够长的时间跨度，当然也就无法给出足够的样本来支持关于季节性的假设。

从 1932 年到 1941 年，最低点出现次数最多的月份是 3 月、4 月和 6 月。而 5 月、9 月、10 月和 12 月则并未出现最低点。

最高点出现次数最多的月份是 1 月，总共出现了 4 次。接下来是 2 月、6 月、7 月、8 月、10 月、11 月和 12 月，各出现了 1 次最高点。而 3 月、4 月、5 月和 9 月则并未出现最高点。

从上述数据得出的假设如果正确的话，则丝绸期货交易者应该在 3 月、4 月、5 月

和 6 月关注趋势的季节性变化。如果样本更加充足，覆盖的时间跨度更大，可能得出不同的结论，不过，我们还是应该重视现在得到的初步结论。

就丝绸的季节性而言，我想给出一个最简单的可靠结论，那就是 12 月和 1 月容易出现季节性变化。

我们已经剖析了丝绸价格的时间周期，接下来我们研究一下丝绸价格波动的空间点位规律。

要计算丝绸价格波动的重要阻力支撑点位，有三个重要的基准：第一个基准是 1919 年高点 17.5 美元到 1920 年低点 5 美元；第二个基准是高点 17.5 美元本身；第三个基准是 1934 年 8 月极端低点 1.07 美元到 1939 年 12 月极端高点 4.39 美元；第四个基准是高点 4.39 美元本身。

接下来，我们以丝绸 3 月合约和 9 月合约为例来复盘过去的高点和低点。

1932 年 1 月，涨至高点 1.88 美元。受制于 2 美元，做空机会出现了。

1932 年 6 月，跌至低点 1.15 美元，从极端高点 27.5 美元下跌了 93.25%。价格维持在支撑点 1.095 美元之上，下方承接有力。从时间周期来看，下跌已经持续了 3 个月时间了，变盘点来临。

1932 年 8 月，涨至高点 1.96 美元，受阻于 2 美元，做空机会出现了。

1933 年 2 月到 4 月，三次跌至低点 1.1 美元，形成一个三重底部。附近存在一个关键点位 1.125 美元，它是 1 美元的 1.125 倍点位。做多信号出现了。

1933 年 6 月，涨至高点 2.25 美元。附近存在两个关键点位：第一个点位是 2.19 美元，它是高点 17.5 美元的 1/8 点位；第二个点位是 2.2 美元，它是低点 1.1 美元的 2 倍点位。从时间周期来看，现在距离 1932 年 8 月的高点已经 10 个月了。

1933 年 11 月，跌至低点 1.32 美元。市场窄幅盘整了两个月时间。这是一个逢低做多的位置。

1934 年 2 月，涨至高点 1.57 美元，附近有一个关键点位 1.575 美元，它是低点 1.1 美元到高点 2.25 美元的 50%点位。因此，这是一个逢高做空机会。

1934 年 7 月到 9 月，两度跌至 1.07 美元，恰好位于 1933 年最低点之下。市场盘整了 3 个月时间，形成了一个双重底部，恰好是一个做多机会。

接下来，价格向上突破了 1.125 美元，它是高点 2.25 美元的 50%点位。价格进一步上涨的空间打开了。

1933 年 1 月，涨至高点 1.43 美元，这波上涨持续了 3 个月时间，变盘节点临近了。

1933 年 3 月，跌至低点 1.25 美元，它是 1 美元的 1.25 倍点位，属于天然支撑。价

格窄幅盘整了 2 个月时间，筑底迹象明显，现在是做多时机。

1933 年 7 月，价格向上突破了高点 1.43 美元，上涨态势明显。接着突破了 1.61 美元，它是高点 2.25 美元到低点 1.07 美元的 50%。

1935 年 11 月，涨至高点 2.1 美元。附近的 2.14 美元恰好是低点 1.07 美元的 2 倍点位。

价格转而下跌。

1936 年 2 月，跌至低点 1.48 美元。这波下跌持续了 4 个月时间，距离 1933 年的低点恰好三周年时间。趋势变盘节点即将来临了。

1936 年 3 月，涨至高点 1.73 美元。附近的 1.79 美元是低点 1.48 美元到高点 2.1 美元的 50%点位。当价格低于这一点位时，下跌特征明显。

1936 年 6 月，跌至低点 1.39 美元。附近的 1.35 美元是低点 1.07 美元到高点 2.25 美元的 1/8 点位。价格维持在此之上表明趋势强劲。

1936 年 8 月，涨至高点 1.77 美元，做空机会出现了。

1936 年 9 月，跌至低点 1.55 美元，下跌持续了一个月时间。

接下来，价格向上突破了 1.62 美元，它是低点 1.07 美元和高点 2.25 美元的 50%点位。进一步上涨的空间打开了。

1936 年 10 月，价格向上突破了 8 月和 9 月的高点，上涨态势明显。

1937 年 1 月，涨至高点 2.19 美元，恰好是 17.5 美元的 1.125 倍点位。同时，价格低于 2.25 美元表明上方抛压沉重。

1937 年 2 月，跌至低点 1.79 美元，在前期高点附近。反弹紧随而至。

1937 年 3 月，跌至低点 2.07 美元，高点降低了。逢高做空机会出现了。

1937 年 6 月，跌至低点 1.73 美元。附近存在一系列前期高点和低点，支撑显著。接着，市场就筑底回升了。

1937 年 7 月，涨至高点 1.95 美元，低于 2 美元。上涨仅仅持续了一个月时间，属于下跌趋势中的正常反弹。价格很快跌破了 1.73 美元，市场走弱。很快出现了加速下跌。

1937 年 11 月，跌至低点 1.43 美元。附近有大量前期低点和高点，支撑显著，逢低做多。

1938 年 2 月，涨至高点 1.62 美元。附近的 1.61 美元是高点 2.25 美元到低点 1.07 美元的 50%点位。

1938 年 3 月，跌至低点 1.39 美元，与 1936 年 6 月的低点构成了双重底部。此处应该进场做多。

1938 年 6 月，跌至大底部 1.45 美元。止跌上涨，很快突破了高点 1.62 美元。上涨趋势确立了。

1938 年 7 月，涨至高点 1.77 美元，受制于前期高点，价格拐头下跌。

1938 年 8 月，跌至低点 1.6 美元。价格窄幅盘整了 4 个月时间，整理区间的低点为 1.68 美元，高点为 1.7 美元。

1939 年 1 月，价格向上突破了 1.78 美元，上涨态势强劲。

1939 年 5 月，继续上涨，突破了 1933 年高点 2.25 美元。

1939 年 8 月，涨至高点 2.8 美元。

1939 年 9 月，跌至低点 2.16 美元，附近的 2.19 美元是前期高点。大战在当月爆发了，丝绸价格暴涨。

1939 年 12 月，涨至高点 4.39 美元。附近的 4.38 美元是极端高点 17.5 美元的 2/8 点位。

1940 年 4 月，跌至低点 2.25 美元。附近的 2.195 美元是高点 4.39 美元的 50%点位。

1940 年 5 月，涨至高点 2.81 美元。附近的 2.75 美元是低点 1.07 美元和 4.39 美元的 3/8 点位。

1940 年 10 月，涨至高点 2.91 美元。附近的 2.92 美元是高点 4.39 美元的 2/3 点位。从时间周期来看，10 月是季节性变盘节点。

1941 年 1 月，跌至低点 2.47 美元。低点抬升了。**价格在狭窄的区间内盘整了两个月时间，筑底迹象明显。**

1941 年 2 月，价格向上突破了两个月的高点。破位后大幅上涨。

1941 年 3 月，涨至高点 2.99 美元，恰好低于 3 美元。3 美元是一个天然阻力位。

1941 年 4 月，跌至低点 2.76 美元。附近的 2.75 美元是高点 4.39 美元的 5/8 点位，同时也是高点 4.39 美元到低点 1.07 美元的 50%点位。

1941 年 7 月，涨至高点 3.55 美元。附近的 3.59 美元是高

持续三个月以上在生产成本线之下或者附近盘整，一旦向上突破应该战略性做多，暴利机会就在这一波操作中。

点 4.39 美元到低点 1.07 美元的 6/8 点位。战争导致美日两国的运输中断了，丝绸交易也中止了。

下跌的速率往往比上涨时更高，从最高价下跌的运动快于从最低价上涨的运动。筑底往往要花费很长时间，而顶部则往往很快就形成了。**一旦价格在低点附近长时间盘整，那么一旦向上突破则会有很大的行情。**

为了捕捉到趋势的启动点，交易者应该坚持绘制周度高低点走势图。当丝绸价格波动剧烈时，交易者应该绘制日度高低点走势图，以便及时跟踪趋势的变化。在交易丝绸期货的时候，牢记要设定保护性止损单。一旦判断失误，交易者可以迅速离场，避免本金遭受重创。

交易者一旦学会利用我提出的所有法则，就能够高效地预判丝绸的走势。

第 30 节 白糖期货价格波动的规律
(The Regular Pattern on Sugar Futures Prices)

白糖期货在纽约咖啡和白糖交易所挂牌交易。一手标准合约涉及 112000 磅白糖，报价单位是“美分/磅”。一手合约的最小价值波动是 5.6 美元。交易佣金是合约价值的 1.5%。

另外，还有一个合约被称为“世界糖 4 号”（World sugar No.4）。这个合约与纽约上市的合约存在差别，报价的最小单位是 0.005 美分。它的波动幅度也很大，因此也像纽约白糖一样可以提供丰厚的盈利机会。

要想从白糖期货中盈利，就必须捕捉到趋势变化的端倪。如果交易者能够把握到行情的启动点，那么利润就会非常丰厚。通过观察空间点位和时间周期，你可以确定趋势变化的节点，进而在高点附近做空，在低点附近做多。

下面我们看一下从 1915~1941 年白糖高价格高低点的变化。

1915 年 8 月，跌至低点 3 美分。

1920 年 5 月，涨至高点 23.35 美分。

1921 年 11 月和 12 月，两度跌至低点 2.35 美分。

1923 年 4 月，涨至高点 6.85 美分。

1924 年 2 月，跌至低点 5.8 美分。

1925 年 9 月，跌至低点 2.35 美分，与 1921 年的低点一致。形成了一个双重或者

三重底部。

1927 年 1 月，涨至高点 3.55 美分。1924 年 9 月的最后高点是 3.65 美分，高点下降了。见顶迹象明显，做空机会出现了。

1932 年，跌至低点 0.6 美分，虽然高于 0.5 美分，但是毫无疑问是极端低点。

1933 年 2 月，跌至低点 0.72 美分。

1937 年 1 月，涨至高点 3.1 美分。

1938 年 5 月，跌至低点 1.72 美分。

1939 年 9 月，涨至高点 2.95 美分。

1939 年 10 月，跌至低点 1.72 美分。

1940 年 6 月，再度跌至低点 1.72 美分。

1941 年 9 月，涨至高点 3.05 美分。

从中可以看出一些价格波动的季节性规律，不过我觉得应该详细地整理一下。表 4–25 展示了 1915~1941 年高点和低点的月度分布数据。

表 4–25　1915~1941 年白糖期货价格高低点的月度分布

月份	最高点出现次数	最低点出现次数
1	5	7
2	3	3
3	2	0
4	2	0
5	2	3
6	0	6
7	1	1
8	2	2
9	4	2
10	0	1
11	1	0
12	4	7

从表 4–25 可以发现，大部分的最高点都出现在 1 月和 12 月，再者是 9 月。9 月是季节性变盘的重要月份。通常而言，糖的榨季开始于 10 月，持续到次年 2 月，这期间糖上市量是非常大的，因此价格容易下跌。

2 月也是一个容易出现最高点的月份，统计期间一共出现了三次。3 月、4 月、5

关于中国白糖市场的季节性规律，请参阅《白糖期货交易的24堂精品课》一书的相关章节。

月和8月，各出现了两次最高价。6月和10月并未出现最高价，因为在这两个月价格呈现季节性走低的倾向。在10月和12月容易出现最低价而不是最高价。7月和11月各出现了一次最高价。

从表4–25你还会发现最低价出现次数最多的月份是12月和1月，各出现了7次，共计14次最低价。为什么会这样呢？因为在这些月份的新糖上市量很大，导致市价受到压力。

接下来，6月出现了六次最低价。这个月容易出现趋势性变化。

2月和5月则各出现了三次最低价。

8月和9月各出现了两次最低价。通常而言，8月和9月容易出现最高价。

最低价并未出现在3月、4月和11月，因为这些月份，特别是春季的月份容易出现最高价。此外，如果11月时市场仍旧下跌，那么最低价容易出现在12月和1月，而非11月。

7月和10月，各出现了一次最低价。

通过观察极端高点和极端低点出现的月份，以及大部分季节性高点和低点出现的月份，你就能总结出用以判断趋势的规律。

上面探讨了白糖期货价格的时间周期，接下来我们探讨白糖期货的空间点位（见表4–26）。

表4–26　白糖期货的重要分割点位

基准 / 分割点位	高点23.25美分	高点23.25美分到低点0.6美分	高点6.85美分到低点0.6美分	高点6.85美分
1/8	2.90美分	2.83美分	1.38美分	0.86美分
2/8	5.85美分	5.66美分	2.16美分	1.71美分
1/3	7.75美分	8.15美分	2.68美分	2.28美分
3/8	8.71美分	8.49美分	2.94美分	2.57美分
4/8	11.625美分	11.92美分	3.72美分	3.425美分
5/8	14.52美分	14.75美分	4.5美分	4.285美分
2/3	15.5美分	15.7美分	4.76美分	4.57美分
6/8	17.42美分	17.58美分	5.28美分	5.14美分

续表

分割点位 \ 基准	高点 23.25 美分	高点 23.25 美分到低点 0.6 美分	高点 6.85 美分到低点 0.6 美分	高点 6.85 美分
7/8	20.82 美分	20.41 美分	6.06 美分	6.09 美分
1	23.25 美分	23.25 美分	6.85 美分	6.85 美分

另外，以 1932 年 6 月的极端低点 0.6 美分为基准，可以得出一系列重要的倍数点位：

1.5 倍点位，0.9 美分；

2 倍点位，1.2 美分；

2.5 倍点位，1.5 美分；

3 倍点位，1.8 美分；

3.5 倍点位，2.1 美分；

4 倍点位，2.4 美分；

4.5 倍点位，2.7 美分；

5 倍点位，3 美分；

5.5 倍点位，3.3 美分；

6 倍点位，3.6 美分；

6.5 倍点位，3.9 美分；

7 倍点位，4.2 美分。

在本节的最后部分我们回顾一下白糖期货的顶部形态和底部形态。

1915 年 1 月，跌至低点 3.15 美分。

1915 年 2 月，涨至高点 4.3 美分。

1915 年 8 月，跌至低点 3 美分。这是第一次世界大战期间的极端低点，可以用这个价格作为基准计算倍数点位。例如，3 美分的 1.5 倍点位是 4.5 美分，而 2 倍点位是 6 美分。

价格在 3 美分附近形成了双重底部，趋势转而上涨，持续走高，在这期间只有小幅回调。

1916 年 1 月，涨至高点 5.75 美分，并未涨至 6 美分，价格随后下跌。

1916 年 8 月，跌至低点 3.9 美分。

1916 年 9 月，跌至低点 3.85 美分。

1917 年 2 月，跌至低点 3.85 美分，形成一个双重底部。做多机会出现了。3 美分上涨 2/8 是 3.75 美分，这个点位比 3.75 美分高出 0.1 美分，表明市场将进一步上涨。

1917 年 4 月，涨至高点 5.75 美分，与 1916 年 1 月的高点形成了双重顶部。做空机会出现了。

1917 年 8 月 17 日到 1920 年 2 月 15 日，交易所停止营业。因此，没有这段时间的报价数据。

1920 年 2 月，报价为 9.6 美分，相当于是高点 5.75 美分的 1.5 倍，也超过了 6 美分这个关键点位。大涨期间，白糖供不应求，价格迅速上涨。

1920 年 5 月，涨至高点 23.35 美分，这是极端高点。高价导致白糖产量大增，此后价格暴跌。

1920 年 6 月，跌至低点 15.5 美分。

1920 年 7 月，涨至高点 18.1 美分。这是反弹高点。

1920 年 12 月，跌至低点 4.35 美分，附近有前期低点，反弹随之出现了。

1921 年 1 月，涨至高点 5.1 美分。

1921 年 2 月，跌至低点 4.15 美分，价格第三次探底，下方支撑显著。接下来价格回升。

1921 年 3 月，涨至高点 5.8 美分，与 1916 年 1 月和 1917 年 4 月的高点一致，形成一个双重和三重顶部。接下来，价格暴跌，在这期间反弹幅度很小。

1921 年 12 月，跌至低点 2.35 美分。

附近存在一个关键点位 2.85 美分，它是高点 5.7 美分的 50%。

1922 年 3 月，涨至高点 2.85 美分，受阻于 50%点位后回落。

1922 年 5 月，跌至低点 2.45 美分。

1922 年 6 月，价格向上突破了 6 个月的高点，突破 50%点位 2.85 美分。进一步上涨的空间打开了。

当价格突破 3.6 美分时，也就是 2.35 美分的 1.5 倍点位时，继续上涨的动量更加充足了。

1923 年初价格快速上扬，在这期间只有小幅回调。

1923 年 4 月，涨至高点 6.85 美分。附近的 6.6 美分是低点 2.35 美分的 2.75 倍点位。

交易者可以计算从高点 6.85 美分到低点 2.35 美分的百分比点位。

此后，价格暴跌。

1923 年 6 月，跌至低点 4.6 美分。这个点位其实是低点 2.35 美分到高点 6.85 美分的 50%点位。支撑有效，价格随机回升。

1923 年 7 月，涨至高点 5.5 美分。趋势转而向下，价格跌破了 50%点位。

1923 年 11 月，跌至低点 4.05 美分。附近有一个关键点位 4.15 美分，它是极端低点的 2.75 倍点位。从时间周期来看，11 月是季节性见底概率较高的月份。市场随后回升。

1924 年 2 月，涨至高点 5.85 美分。附近有前期高点。这波上涨已经持续了四个月时间，而且是反季节性运行，因此变盘节点临近了。

不久之后，价格下跌，跌破了低点 2.35 美分到高点 6.85 美分的 50%点位。市场疲态尽显，下跌空间进一步打开了。

1924 年 6 月，跌至低点 3.05 美分。跌至前期低点和高点附近，反弹将至。

1924 年 9 月，反弹到了高点 3.65 美分。9 月是季节性变盘节点。

价格很快跌到了 3.42 美分之下，也就是高点 6.85 美分的 50%点位。进一步下跌的迹象明显。

1925 年 6 月，跌至低点 2.35 美分，附近有前期低点。做多机会出现了。

1925 年 7 月，涨至高点 2.95 美分。这波反弹仅仅持续了一个月时间。

1925 年 8 月，交投清淡，市场窄幅盘整，然后趋势转而向下。

1925 年 9 月，跌至低点 2.35 美分，形成一个双重底部。

1925 年 10 月，价格持续盘整。

1925 年 12 月，回升到了高点 2.8 美分。

1926 年 6 月，跌至低点 2.3 美分，与 1925 年和 1926 年的低点构成了三重底部。做多机会出现了。

1927 年 1 月，涨至高点 3.55 美分，附近有 6.85 美分的 50%点位，同时与 1924 年 9 月的高点构成双重顶部。随后价格下跌，反弹幅度很小。

1929 年 6 月，跌至低点 1.65 美分，这是白糖期货的历史新低。从时间周期来讲，6 月容易出现季节性低点。价格上涨如期而至。

1929 年 9 月，涨至高点 3.1 美分，低于前期低点。附近的 3.3 美分是 1.65 美分的 2 倍点位。

1929 年 10 月，跌破三个月盘整的低点。市场非常疲软。

1930 年 7 月，跌至低点 1.2 美分。相当于从低点 2.4 美分又下跌了 50%。

1930 年 9 月和 10 月，在 1.2 美分附近筑底。

1930 年 10 月末，见到高点 1.72 美分。

1930 年 12 月，跌至低点 1.25 美分。低点稍微抬高了。

但是，接下来的反弹幅度并不高。

1931年1月，涨至高点1.5美分，趋势继续向下。

1931年5月，跌至低点1.18美分，创出新低。

接下来，市场反弹了两个月时间。

1931年7月，涨至高点1.6美分。

1931年8月，触及高点1.65美分。前期低点之下，空头仍旧主导着市场。接下来，价格继续下跌。

1932年6月，跌至低点0.6美分。比0.5美分稍高。从2.4美分到0.6美分的下跌持续了三个月时间，跌幅为75%。

1932年9月，涨至高点1.2美分，相当于0.6美分的2倍点位。**从最低点开始的第一波上涨后，总会出现次级折返，也就是上涨趋势中的回调。**

N字顶部的构建。

1933年2月，跌至低点0.72美分。低点升高了，市场窄幅整理了两个月时间，波动幅度只有30个点不到。

接下来，价格向上突破1.2美分的高点，上涨幅度为1倍。

1933年7月，涨至高点1.85美分，上涨幅度为200%。低于前期低点和高点，阻力明显。

1933年10月，跌至低点1.25美分，附近有一些前期低点。

1934年2月，涨至高点1.72美分。高点降低了，做空机会出现了。

1934年4月，跌至低点1.4美分。这波回调持续了两个月时间，低点抬升了。**当然，无论是低点还是高点都在升高。**

1935年5月，涨至高点2.55美分。附近的2.4美分是极端低点的4倍点位。接下来，价格转而下跌。

1936年初，跌至低点2.95美分。

1936年6月，在2.9美分附近横盘整理了四个月时间。附近的3美分是天然阻力点位，也是极端低点的5倍点位。

白糖价格随后下跌。

1936年10月，跌至低点2.35美分，形成了一个三重底部，可以进场做多。

1937年1月，涨至高点3.05美分，差不多是极端低点

0.6 美分的 5 倍点位。1 月是季节性变盘节点，但现在是反季节性走势。趋势向下，价格随后跌破了最近的低点 2.35 美分，市场走势疲软。

1938 年 5 月，跌至低点 1.75 美分。相当于是在极端低点的 3 倍点位。1934 年低点在此附近，双重底部和支撑点也在附近。

价格在低点附近盘整了三个月时间，提供了众多做多机会。

1938 年 12 月，涨至高点 2.2 美分。这是反季节性走势。

12 月底，价格跌破了三个月低点，进一步下跌空间打开了。

接下来的 1939 年，大部分时间市场都处于窄幅盘整走势中。

1939 年 6 月，跌至低点 1.8 美分。这是极端低点 0.6 美分的 3 倍点位。构成了一个双重底部。

价格处于窄幅盘整走势中，交投清淡，直到 1939 年 9 月战争爆发，价格向上突破了 12 个月的高点，暴涨行情降临了。

1939 年 9 月，涨至高点 2.95 美分，与 1937 年 1 月一起构成了双重顶部，做空机会出现了。2.95 美分差不多是极端低点 0.6 美分的 5 倍点位，阻力显著，此后价格暴跌。

1939 年 10 月，跌至低点 1.75 美分，形成了一个三重底部。这是一个良好的做多进场点位。此后，价格回升。

1940 年 2 月，涨至高点 2.05 美分。市场窄幅盘整后逐渐走低。

1940 年 6 月，跌至上涨前的最后低点 1.7 美分，附近存在三重底部。战争仍旧在继续，白糖价格有良好的需求支撑，因此这是一个投资点位。

1941 年，白糖价格开始显著上涨，突破了 1.75 美分，接着又突破了 2.4 美分，相当于是极端低点的 4 倍点位。

1941 年 9 月，涨至高点 3.05 美分，与 1937 年和 1939 年的低点一起构成三重底部，相当于极端低点的 5 倍点位。

未来的糖价怎么走，需要观察价格在重要点位的表现，看看价格在这些极端低点和高点，以及重要百分比点位附近的形态，注意双重和三重顶底部的出现。除了注意空间点位和形态之外，还需要注意时间周期，如季节性规律。通过运用我提出的所有判市法则，你能够高效地确定白糖的趋势和进出场点。

交易者应该绘制白糖活跃合约的周度高低点走势图，这样可以更好地追踪趋势变化。

最后，我需要强调的是分析并不能保证操作一定盈利，因此止损单是必须的。如果你错误地判断了市场趋势，或者趋势发生了变化，那么止损可以避免你铸下大错，

限制亏损。

市场总是存在这样或者那样的机会，如果你能及时退出错误的交易，等待那些有把握的交易，那么此前的亏损总是很容易就弥补回来了。但是，如果你因为没有及时离场而遭受了巨大亏损，那么要弥补起来就非常困难了。一旦遭受了巨大亏损，你的判断就变得不再客观，你可能一蹶不振。当获利的良机出现时，你可能畏首畏尾，不敢介入。

在本节我想要说的是无论你交易何种商品，都应该全面和系统地研究它的历史。只有对过去的走势烂熟于心，你才能更好地预判未来的趋势。

第 31 节　羊毛期货价格波动的规律
(The Regular Pattern on Wool Futures Prices)

羊毛期货在纽约棉花交易所（New York Cotton Exchange）挂牌交易，也在安特卫普羊毛市场（Antwerp Wool Market）等国外市场交易。

纽约棉花交易所的标准羊毛合约涉及 5000 磅羊毛，报价的最小波动单位是 0.1 美分。这意味着报价的最小波动会带来一份标准合约价值 5 美元的波动。无论报价如何，交易佣金都是 30 美元一手合约。

羊毛在世界上许多国家出产，美国本土也出产羊毛，同时也进口了大量羊毛满足国内消费。最好的羊毛产自澳大利亚和印度，中国生产的羊毛也不错。

羊毛价格与棉花、小麦等商品价格的走势大致相同，特别是棉花。下面我们会给出从 1850 年到 1941 年的一系列价格高点和低点，以便让大家从中计算出一些潜在的关键点位，看看比如双重底部和顶部之类的形态出现在什么位置。

如果你计划交易羊毛期货，那么首先应该绘制出活跃羊毛合约的月度和周度高低点走势图。如果市场极度活跃，那么应该绘制日度高低点走势图。羊毛期货的价格波动总体而言是非常迅速的。

战争对羊毛价格的影响很大，基本上会导致羊毛价格暴涨。因此，我们可以看到羊毛价格的极端高点往往出现在战争期间。通过复盘羊毛价格历史高点和低点所处的月份，我们可以得出羊毛价格波动的季节性规律。

由于羊毛价格与棉花价格存在联动关系，因此我们在研判羊毛市场的时候应该跟踪和比较两者的价格高低点。

1918年，羊毛价格达到最高点。1919年，羊毛价格形成降低的次高点。1920年，羊毛价格的高点继续下降。

1932年7月，羊毛价格达到最低点。1932年6月，棉花价格达到最低点。

1933年1月和2月，羊毛价格达到次低点，稍高于前年7月的最低点。同年2月，棉花价格也达到了次低点。

1937年1~2月，羊毛价格达到最高点，棉花价格也在同年4月达到最高点。

1938~1941年，棉花与羊毛形成的一系列高低点基本一致。

这段时期内，羊毛价格逐渐走高。

1938年6月，羊毛价格跌至极端低点65美分。

1939年4月，羊毛价格跌至低点69美分。

1940年7月，羊毛价格跌至低点88美分。从1938年的最低点开始，羊毛价格年年走高。在1940年11月到12月间创出新高。

1941年，羊毛与其他商品一起全面上涨，不断创出数年以来的新高。

接下来，我们回顾一下1913~1941年的羊毛价格波动。通过了解历史上的主要波段和重要高低点，我们可以更好地确定未来潜在的支撑阻力点位。

1913年，跌至低点50美分。

1920年，涨至高点205美分。

1921年，跌至低点81美分。

1924年，涨至高点169美分。

1932年，跌至低点47.5美分。回落到了与1913年相同的最低点。做多机会出现了。

1934年，涨至高点111美分。

1935年，跌至低点71美分。

1941年，涨至高点130美分。

在本教程的附录部分，你可以看到羊毛1912~1941年的季度走势图。

做商品期货一定要有联动和比价的概念在里面。

本章原著金句

1. You should study and watch the comparisons between wheat and corn at extreme high and low levels.

2. Always trade with the main trend.

3. A bull market will only react two months, before the main trend is resumed, and a bear market or declining market will often run for many months, or for one year or more, and never rally more than two months against the main trend.

4. Always apply the rules and don't overlook the fact of how many years or months corn has advanced or declined from a previous extreme high or low.

5. Watch the cycles on crops and this will help you to determine when extreme high or low prices should be reached.

6. If I can throw a single ray of light across the darkened pathway of another; If I can aid some soul to clearer sight of life and duty, and thus bless my brother; If I can wipe from any human cheek a tear, I shall not then have lived in vain while here.

商品交易的新法则
（New Ruels for Trading in Commodities）

第 1 节　超买和超卖后的短期快速修正走势
（Fast Moves Correct Position in Short Time Periods）

市场长时间上涨之后会出现超买状态。当空头在恐慌中回补空头，而多头加码到极致时，超买状态就出现了。此时，价格处于高位滞涨状态。前期的持续上涨，使多头盈利异常丰厚。回调成了接下来自然而然的走势。

回调可能持续数周甚至数月。但是，如果市场能够在较短时间内快速下跌完成修正的话，那么上涨的动量就会再度被聚集起来，恢复强劲的上行趋势。

我们来看一些黄豆 5 月合约的例子。从 1943 年 1 月到 1947 年 10 月黄豆交易停止了。在 1947 年 10 月的时候，黄豆见到低点 334 美分。到了 1948 年 1 月 15 日的时候，黄豆价格上涨到了 436.75 美分，这是黄豆价格的历史新高。这波上涨持续了三个月时间，幅度为 127.75 美分。市场处于极端超买状态，回调一触即发。

回调持续到了 1948 年 2 月 14 日，见到低点 320.5 美分。跌势最猛的三天，跌幅高达 116.25 美分，跌幅超过了此前三个月的涨幅。一旦这种暴跌出现，那么报复性反弹就会接踵而至。然后又要经过数月才能最终跌破低点。反弹从 1948 年 2 月 14 日持续到了 5 月 19 日，见到高点 325 美分，5 月合约到期了。

在下跌趋势中也有类似的情况。如果市场已经持续下跌了很长时间，多头在恐慌中缴械投降，而空头也极端自信，那么市场就处于超卖状态。这个时候市场容易快速回升。

我们还是以黄豆 5 月合约为例来说明。1948 年 11 月 13 日，见到高点 276.75 美分，由此开始下跌之路。有一段下跌走势从 1949 年 1 月 21 日的高点 247.5 美分跌至 1949 年 2 月 9 日的低点 201.5 美分。这波下跌持续了 12 个自然日，时间很短，跌幅却高达 46 美分。暴跌导致报复性上涨很快来临。第一波快速上涨于 2 月 16 日见到高点 228.5 美分。接着，市场回落到 3 月 22 日，见到低点 210.5 美分，见到次低点。接下来，黄豆 5 月合约持续走高，到交割时已经涨到了 243 美元。

翻阅过去的历史走势图，你可以发现短期内的暴跌或者暴涨经常会引发快速的修正走势。这种修正走势会持续很长时间，然后市场才会恢复此前的走势，跌破低点或者升破高点。

第 2 节　N 字顶部和底部
（N-Shape Top and Bottom）

趋势发生改变时，往往会出现 N 字顶部或者底部。例如，长期上涨之后，价格会形成顶部，然后下跌 1~3 日，甚至更长时间的下跌，这是下跌第一波。接着，价格会反弹，向上波动，形成一个较低的高点。从次高点下跌，并且跌破第一波下跌的低点或者说反弹的起点。无论是第一波下跌，还是后面的反弹，重要的是持续时间，而不是绝对幅度。因此，持续的时间决定了趋势是否发生了变化。当然，第一波下跌的低点如果被跌破，则说明下跌趋势确立了。

我们以黄豆 5 月合约为例来说明。1947 年 10 月 28 日，黄豆价格跌至低点 334 美分，此后一路上涨，于 1948 年 1 月 15 日涨至高点 436.75 美分。这波趋势性上涨中，从未跌破任何波段的低点。

1948 年 1 月 15 日当日见顶后出现回调，跌至 433.25 美分，这是第一波下跌。接着开始反弹，于 1948 年 1 月 17 日见到高点 436.25 美分。反弹形成了一个次高点，反弹结束后，

N 字顶部形成了。

价格快速下跌，跌破了 1 月 15 日的低点 433.25 美分，向下趋势就确立了。

接下来，市场持续下跌，一直跌到了 2 月 14 日，降到低点 320.5 美分。下跌区间的反弹从未超过一天。

交易者应该在 1 月 15 日的低点被跌破时进场做空，初始止损设定在这个低点上方不远处。如果市场回升，那么就应该止损离场。空头可以一直持有到 2 月 14 日之前。从 2 月 14 日到 2 月 17 日，价格出现了为期三天的上涨，下跌趋势可能已经变化了。

当然，市场的顶部未必一定以 N 字的形式出现。有时候市场会形成倒 V 字顶部反转，也就是单重顶部。例如，黄豆 11 月合约在 1950 年 6 月 6 日降到低点 208 美分后开始上涨。6 月 26 日是周一，朝鲜战争爆发，多头加码，空头回补，引发黄豆价格暴涨。7 月 26 日，见到高点 272 美分。从 6 月 24 日加速上涨开始算起，涨幅高达 62.375 美分。此后，价格暴跌，到了 8 月 2 日已经跌到了 256 美分。这就形成了单重顶部。

直到 8 月 3 日才出现一日反弹行情，见到高点 261.5 美分。接下来，低点 256 美分被跌破。此刻整个下跌的幅度高达 16 美分，如果等到跌破第一波低点才进场做空，则时机比较晚了。这种顶部的形成并非是双重顶部或者 N 字顶部，因此最好利用其他信号确立做空点位，如跳空缺口、反转日以及关键点位，等等。后面这些信号能够让你更加及时地在顶部形成第二天就进场做空。

我们来看两个实例，以便更加清楚地掌握顶部和底部的特征及其操作要领。1951 年 2 月 8 日，黄豆 11 月合约以 329 美分开盘，当日触及高点 334 美分。附近存在一个关键点位 335 美分，它是极端高点 383 美分到极端低点 191.25 美分的 6/8 点位。这是一个天然的阻力点位，交易者可以在这个位置做空，并且将初始止损放置在 338 美分附近。当然，交易者也可以保守地等待 N 字顶部形成后才进场做空。

根据单日或者两三日的 K 线形态和空间点位进场，属于见位进场；根据 N 字结构进场，属于破位进场。N 字结构简单，但是要理解透彻并不容易。可以到图书馆参阅《短线法宝：神奇 N 字结构盘口操作法》一书，作深入研习。

2月10日，跌至低点326.5美分，这是第一波下跌形成的低点。2月13日，反弹到331.5美分。2月15日，跌至低点325美分，也就是了第一波下跌的低点326.5美分。N字顶部完成了，下跌趋势确立了。交易者应该在破位时进场做空，跌势迅猛，到了3月15日才见到低点286.5美分。反弹后继续走低。

来看第二个例子，还是以黄豆11月合约为例。1950年6月25日，见到高点230美分，与3月3日高点一致，形成了一个双重顶部。随后，下跌开始，于6月16日见到低点208美分。6月21日回升到了215美分，这是第一波上涨。6月24日，价格回调到了低点209.625美分。6月26日，战争爆发，价格向上突破了215美分，触及了216美分，这就是N字底部形成了的信号。这个时候交易者应该顺势进场做多。

上述N字顶部做空和N字底部做多的法则可以用到其他商品之上。

第3节　价格波动的空间和时间常态
（The Normal Price Movement）

波动率是现代金融学的主题之一。无论是分析者还是操作者，都绕不开这个主题。

我们先来讲价格运动的空间常态。**当交易标的处于低价位时，波动往往很慢；相反，当交易标的处于高价位时，波动往往很快。交易者应该大致清楚不同价位区间内的波动幅度分布，才能有利于更好地管理风险报酬率。**

包括黄豆在内的谷物期货如果在100美分附近波动时，则一个波段的正常幅度为6.25美分左右；如果在200美分附近波动时，则一个波段的正常幅度为12.5美分左右；如果在300美分附近波动时，则一个波段的正常范围为18.75美分。如果一波上涨或者下跌的幅度超过了18.75美分，则很可能进入到37.5美分的波幅范围内。

接下来，我介绍价格运动的时间常态，也就是一个波段持续的时间通常情况下是多长。

在常态市场上，价格缓慢上涨，持续上涨数周或者数月后，正常的回调一般持续 10~14 日。如果回调时间超过了这个范围，则下一个可能的范围是 28~30 日。交易者如果想要抄底的话，应该关注回调持续的时间是不是临近结束了。

在常态市场上，价格缓慢下跌，持续下跌数周或者数月后，正常的反弹一般持续 10~14 日。如果反弹时间超过了这个范围，则下一个可能的范围是 28~30 日。如果一波走势持续了超过 30 日，那么很可能会持续 60 日。

如何具体运用这里的规律呢？首先交易者应该对日度高低点、周度高低点和月度高低点走势图了然于心。**当价格已经反弹 14 日，且第 14 日的收盘价在最低价附近，那就意味着反弹已经结束了。**

将时间周期与 K 线形态结合起来使用。

高点和低点之间的时间间隔也存在一些统计规律，这就是我反复提到的时间周期，它们也存在一些正态分布。交易者应该经常计算显著高点之间的时间间隔、显著低点之间的时间间隔、显著高点和显著低点之间的时间间隔。这样就可以预知一些潜在的趋势转折点。

时间间隔存在正态分布，这就是时间的平衡。运用这种知识可以帮助我们更好地确定下一波行情的运行时间。

看一个例子。黄豆期货 11 月合约在 1947 年 7 月 7 日的时候见到低点 265 美分。11 月 22 日，见到高点 383 美分，这是该合约当时的最高价。接下来价格下跌。

1948 年 6 月 15 日，涨至高点 347.5 美分，高点价格降低了。

1950 年 2 月 6 日，见到高点 334 美分。

上述三个重要高点 383 美分、347.5 美分、334 美分到极端低点 191.25 美分的幅度可以作为计算百分比分割点位的基准。这些高低点之间的时间间隔也是重要的时间周期。波段持续的常见时间周期有 6.5~7 周、13 周、17 周、20 周、26 周、32.5 周、35 周、42~45 周和 52 周。交易者应该利用这些

周期去分析未来的走势。另外，所谓的周年日也是比较重要的时间周期，也就是距离任何极端高点或者低点一周年的日子。

我还有一个经验：**之前的高点或者低点被突破之前维持的时间越长，则突破后运行的幅度也就越大。**

1925 年 1 月，小麦 5 月合约涨至高点 205.875 美分，此后一路下跌，于 1932 年 12 月 26 日见到低点 43.625 美分。直到 1947 年才向上突破了 205.875 美分这个高点。突破后的下一个目标带点位是 308.625 美分，它是 205.875 美分的 1.5 倍点位。

1948 年 1 月，小麦 5 月合约涨到了 306.875 美分，这是 1945 年战争结束后小麦达到的最高价位。

第 4 节　甄别趋势的变化
(Identifying Change on Trend)

甄别趋势的变化有很多方法，这里我会介绍一些行之有效的策略。

第一个策略是**关注反向波段幅度的异常变化。**我们以上涨趋势的变化为例。价格此前已经持续上涨了很长一段时间，在这期间也回调了数次。当某一次的下跌超过此前的下跌的幅度时，趋势很可能已经发生了变化。当然，最稳妥的办法不是从幅度进行比较，而是从持续时间进行比较。例如，在长期上涨趋势中每次回调持续的时间不过 5~7 天，如果某次下跌的持续时间超出了 7 天，那么趋势很可能就发生了变化。倘若幅度和持续时间都超出了此前的反向波段，那么趋势转折的概率就非常大了。

技术分析的对象是表象，因此绝不可当作本质和规律来理解。

上面讲了如何识别牛市的结束，那么如何识别熊市的结束呢？在熊市中，交易者应该认真记录市场每波反向运动的幅度和持续时间。如果某波上涨运动的幅度和持续时间都超过了此前，那么下跌趋势很可能已经结束了。

这里强调一点：**我给出的所有判市法则最适合在波动活跃且价格接近极端高点或者低点时采用。如果价格在极端低点和高点之间波动，则判市法则的效力将低很多。**

由此延伸出我判断趋势变化的第二个策略：利用商品价格的极端低点和极端高点作为基准研判趋势的变化。这些极端高低点不仅可以作为趋势变化的参照系，也可以作为进出场的点位。

除了期货价格的高低点之外，现货价格的高低点也可以作为推测未来价格变化的重要信号。**现货价格与期货价格的差值的极端值也可以作为趋势变化的重要信号。**不过，我认为期货价格本身的高低点应该作为趋势变化的重要信号。

现货价格与期货价格的差值被称为"基差"。基差使极大值和极小值具有转折点指示意义，如果能够结合技术指标来分析则更好。

除此之外，我们还应该基于极端高点和低点计算百分比分割点位。那些次级高点和低点也值得我们重视，不过重要性要远逊于极端高点和低点。

例如，从1936年10月5日开始到现在，黄豆期货5月合约价格的极端低点是67美分，出现在1939年7月。极端高点是436.75美分，出现在1948年1月15日。如果你要观察趋势的变化，那么就要关注价格在这两个点位附近的表现。另外，你还应该以它们为基准计算重要的阻力和支撑点位。

比如，我们可以利用67美分计算一些关键百分比点位：

368.5美分，它是67的5.5倍点位；

435.5美分，它是67的6.5倍点位；

……

注意435.5美分与极端高点436.75美分非常接近。

以极端高点436.75美分为基准也可以得到一系列关键点位：

251.875美分，它是极端低点67美分到极端高点436.75美分的50%点位；

240.375美分，它是现货极端低点44美分到期货极端高点436.75美分的50%点位；

218.375美分，它是极端高点436.75美分的50%点位。

当然，我们可以在分析中加入现货价格的极端点。

1920 年 2 月 15 日，黄豆现货价格触及高点 405 美分，这是当时的历史最高点。

1932 年 12 月 28 日，现货跌至低点 44 美分。以这个极端低点为基准可以得出一些关键点位。

5.5 美分，它是 44 美分的 1/8 点位；

11 美分，它是 44 美分的 2/8 点位；

16.5 美分，它是 44 美分的 3/8 点位；

22 美分，它是 44 美分的 4/8 点位；

66 美分，它是 44 美分的 1.5 倍点位；

440 美分，它是 44 美分的 10 倍点位；

……

需要注意的是，67 美分是 1939 年 7 月黄豆期货 5 月合约的最低点，与 66 美分很接近。同理，436.75 美分是黄豆期货的极端高点，它与 440 美分很接近。

当期货价格突破这些点位时，趋势就被确认了。回顾一下历史走势，看看这些点位附近的价格波动情况。

例如，1948 年 10 月，黄豆期货 5 月合约跌到了 239 美分，恰好处在现货低点 44 美分到期货高点 436.75 美分的 50%点位附近。这是一个做多机会。接下来，价格向上突破了 251.875 美分，进一步上涨的空间打开了。1948 年 11 月，价格涨至高点 276.75 美分。

此后，价格转而下跌，接连跌破了 251.875 美分、240.375 美分和 218.375 美分。每一次跌破关键点位都意味着更低的价格水平。

1949 年 2 月，价格跌至最后低点 201.5 美分。

价格从高点 436.75 美分下跌之后，为什么会在 201.5 美分附近止跌见底？

第一，这是 1941~1942 年的高点所在，前期阻力变成了这里的支撑。

第二，附近的 202.5 美分是高点 405 美分的 50%点位。

第三，67 美分的 3 倍点位是 201 美分。

第四，200 美分是双零价位，存在天然阻力。当价格达到诸如 100 美分、200 美分和 300 美分等关口时，许多进出场单子挂在附近。

黄豆期货 5 月合约从 1949 年的低点 201.5 美分开始上涨，到了 1951 年 2 月见到高点 344.5 美分。当时政府最高限价为 333 美分。

而 344.375 美分是低点 67 美分到高点 436.75 美分的 6/8 点位。这再度表明了期货价格极端高点和低点的重要性。

1950 年 10 月 16 日，黄豆期货 5 月合约跌至低点 232.5 美分。这是涨至 344.5 美分之前的最后低点。

为什么 232.5 美分有如此强的支撑呢？

因为极端低点 67 美分的 3.5 倍点位是 234.5 美分。

除了高点和低点之外，第三重要的点位是高点和低点之间的 50%点位。例如，1950 年 10 月 16 日见底之后，黄豆期货 5 月合约向上突破了 240.375 美分，它是低点 44 美分到高点 436.75 美分的 50%点位。此后，继续上涨，突破了 251.875 美分，它是低点 67 美分到高点 436.75 美分的 50%点位。一旦价格向上突破了 50%点位，那么上涨空间就被打开了。接下来的重要阻力可能在 344.375 美分，它是低点 67 美分到高点 436.75 美分的 6/8 点位。最后实际形成的高点是 344.5 美分，与计算出来的目标点位非常接近。

黄豆期货 11 月合约于 1937 年 11 月达到极端高点 383 美分，于 1950 年 2 月 5 日达到极端低点 191.25 美分。而 383 美分的 50%点位恰好是 191.5 美分，因此一旦价格跌至 191.5 美分附近，则可以大胆进场做多，并将初始止损设置在 188 美分附近。

1951 年 2 月 8 日，涨到了 334 美分。从 191.5 美分到 383 美分，3/4 分割恰好是 335 美分。**通过空间点位确认顶部后，还应该接受时间周期的考量，**一旦综合分析后认为见顶的概率很大，则应该大胆在 334 美分附近做空，这是一个胜算率较高的做空点位。

黄豆期货 11 月合约的极端低点出现在 1950 年 2 月 6 日，次高点出现在 1951 年 2 月 8 日，**两者差不多相距一周年。**空间点位加上时间周期，能够更加准确地确定趋势转折点。因此，两个手段都是非常重要的。

在本小节最后，我们探讨一下重要消息驱动趋势变化（Important News Causes Trend Changes）。在第三章，我们探讨了“周年日效应”和“季节性规律”，这两个规律都是关于时

重要消息公布前的最近高点和低点可以作为一个观察市场反应的参考点。

间周期的，涉及不同年度的价格高点和低点。然而，**当战争等重要事件或者突发消息被公布时，最近的最低点和最高点对于计算时间周期和空间点位非常重要。**

1941 年 12 月 7 日，日本偷袭珍珠港，这个突发的消息对市场有很大的影响。下一个比较重要的突发事件是 1950 年 6 月 25 日的朝鲜战争爆发，导致包括谷物在内的所有大宗商品的价格暴涨。朝鲜战争爆发时的最近低点在 6 月 24 日，这个低点对于计算时间周期以及空间点位非常重要。

以黄豆 11 月合约为例，1950 年 6 月 24 日见到低点 209.375 美分。这个低点是计算空间点位的关键基准。

7 月 26 日，见到高点 272 美分。这波上涨持续了大概 30 天时间，幅度为 62.375 美分。

从 7 月 26 日到 10 月 16 日，价格下跌到了 226.75 美分，跌幅为低点 209.625 美分到高点 272 美分的 6/8 点位。

10 月 16 日，价格上涨突破了 249.375 美分，这是一个 50%点位，意味着进一步上涨的空间被打开了。接下来，价格向上突破了 7 月 26 日的高点 272 美分，这意味着上涨动能充足。

如果将第一波上涨的幅度叠加到 272 美分之上，则我们可以得到 334.375 美分。

1951 年 2 月 89 日，黄豆价格上涨到了 334 美分。

在出现高点 334 美分之后，交易者应该计算从这一高点到极端低点 191.25 美分的关键分割点位。191.25 美分是 1950 年 2 月 6 日出现的低点，也是黄豆 11 月合约历史最高点的 50%点位。

极端低点 191.25 美分到高点 383 美分的 50%点位是 287.125 美分。1951 年 3 月 15 日，黄豆 11 月合约跌至 286.5 美分，企稳后回升到 305.5 美分，随后恢复下跌走势。

上面主要讲的是如何计算空间点位，下面我们讲解如何利用重大消息发布时的最近关键点位计算时间周期。1950 年 6 月 24 日是朝鲜战争爆发前的最近低点所在日，而 1950 年 6 月 26 日则是朝鲜战争爆发当日。从这两个日期开始计算一周年、二周年和三周年，可以得到一系列变盘节点。

总之，一些重要事件所在日期的周年效应是需要交易者关注的。

第 5 节　最具盈利性的波段交易和波段走势图
（The Most Profitable Swing Trading and Swing Charts）

很多交易者在选择了恰当的进场点后，获取了幅度为 7~15 美分的利润，然后就迅速离场了。如果他们有明确的离场点，遵循波段交易的有效法则，则他们可以在波段反转之前才离场，这样可以赚取 60~100 美分的利润。

交易者如果仅仅靠超短线交易为生，那么就会失去非常多的盈利机会，这样的操作得不偿失。交易者应该努力进行波段交易。

我们以黄豆 7 月合约为例来说明。1950 年 2 月 6 日，跌至低点 219 美分。5 月 8 日，涨至高点 321 美分。黄豆价格在 3 个月内的时间内上涨了 102 美分。上涨过程中，没有任何一次下跌超过 3 天时间，没有任何低点被跌破。在这次波段交易中，10000 蒲式耳黄豆合约的利润是 10200 美元。

10 月 16 日，见到低点 233.5 美分。1951 年 2 月 8 日，见到高点 334 美分。这波上涨的幅度为 110 美分。在这期间的最大回调仅仅持续了 5 天时间，并未跌破任何低点。在这次波段交易中，10000 蒲式耳黄豆合约的利润是 11050 美元。

如果交易者能够抓住这两拨行情的 75%，那么就可以赚取 15936 美元的利润。交易者可以凭借 3000 美元的本金开始进行波段交易，每次亏损额不要超过 300 美元。每蒲式耳浮盈 20 美分后加码，**通过金字塔顺势加码的方式扩大利润**。最终，你的盈利总额将会超过 4 万美元。

对此抱有疑问的读者可以回顾任何一段时间的行情走势，从中你会发现波段交易的盈利能力最强。

接下来，我们介绍一下波段走势图。波段走势图非常有实际价值，对于波段交易非常重要。波段交易图是记录每日价格运动的最佳方式，只有持续 2~3 日的运动才会被记录下来。在持续上涨后，如果价格跌破最近 3 日低点，那么上涨趋势可能改变了；在持续下跌后，如果价格涨破最近 3 日高点，那么下跌趋势可能改变了。

3 日波段走势图是最为基础的波段走势图，接着我们介绍一下周度波段走势图。记录 7 日（一周）甚至更长时间反向运动的波段走势图比三日波段走势图更为重要。如果市场已经持续上涨了 4 周时间，同时并未跌破先前任何一周的最低点，接下来下跌了一周甚至更长时间，那么周度波段走势图上就应该绘制出下跌的走势段。

简单来讲，就是要求了具体波动天数的N字法则而已。

又比如，价格突破持续4周上涨的高点之后，可能会继续上涨7~8周，甚至上涨13~14周，在这期间没有跌破任何一周的低点。接着，价格下跌一周甚至更长时间，接着又出现一周上涨。最后，如果价格跌破此前下跌一周的低点，那么趋势就已经发生改变了。

可以将同样的规则用来判断下跌趋势的变化。当熊市中出现第一波突破前期高点的回升时，这就是趋势转而向上的迹象了。

我认为7日（一周）波段走势图是最有价值的趋势甄别工具之一。交易者可以从任何极端高点或者低点计算时间周期。当反向运动天数持续了7天或者更长时间时，则应该绘制一段新的走势线。

以大豆11月合约为例，1950年7月16日的低点是208美分。到了7月26日时，已经出现了4个向上波段，最高点为272美分。在这期间的反向运动并未持续超过4天时间，因此当价格第一次下跌超过4天时，意味着趋势转而向下。

第一波下跌持续了7天时间，跌幅为16美分，于1950年8月2日跌至低点256美分。此后出现了一日反弹，接着恢复跌势，一直跌到了8月15日，跌至低点236.25美分。

8月29日，价格反弹到了254.5美分，这是一波持续14日的上涨，接着价格再度下跌。10月16日，跌至低点226.5美分。

最长时间的回升从9月25日持续到了10月3日，总计8天时间，这使周度波段走势图自8月29日之后首次绘制一条新的向上走势线。

接下来，市场从10月16日到23日，持续上涨了7日，突破了最近的三个高点，这个三个高点都低于240美分。此后，上涨加速。11月20日，见到最高点299美分。上涨期间并未出现任何下跌超过7天。

总之，波段走势图对于交易而言具有长期价值。

第6节 确定极端价位的三个法则
(3 Rules for Determing Extreme Prices)

在上涨和下跌速度很快的活跃市场中，我更倾向于采用日度高低点走势图来确定趋势变化的初始信号。趋势变化的初始信号其实就是极端价位的确认，也就是顶部和底部的确认。**我有三个法则或者说信号来确认极端价位，它们分别是反转信号日（Reverse Signal Day）、缺口日（Gap Days）、涨跌停日（Limit Days）。**

首先，我们来看反转信号日。**所谓的上涨反转信号日是指开盘价高于前一日的最高价，创出新高后下跌，在当日最低价附近收盘。**这表明上涨趋势已经成了强弩之末，趋势转而向下信号出现了。如果当日同时是缺口日和涨跌停日，那么转势的概率就更高了。

上涨反转信号日类似于K线的看跌吞没形态，但是不尽相同。

下跌反转信号日则是市场长时间下跌之后出现了暴跌，市场以低于前日最低价的价格开盘，创出新低，收盘前反弹，并且在接近当日最高价附近收盘，有时以高于前一天价格区间收盘。

下跌反转信号日类似于K线的看涨吞没形态，但是不尽相同。

反转信号日可能与缺口日或者涨跌停日同时出现，但也可能单独出现。

在上涨市场中，如果价格已经持续下跌了7~10天时间，甚至长达14天时间，在这期间并未突破前一天的高点。反转当日，前一天的高点被升破，且市场收盘于该高点之上，这表明趋势可能发生变化了。

在下跌市场中，如果价格已经持续上涨超过7~10天时间，甚至长达14天时间，在这期间并未跌破前一天低点。反转单日，前一天的低点被跌破，且市场收盘于该低点之上，这表明趋势可能发生变化了。无论当日是否同时是缺口日或者是跌停日都具有显著的趋势转折意义。

其次，要介绍的第二个趋势转折信号是缺口日。许多交易新手可能并不熟悉缺口的含义，我首先来解释什么是缺口。所谓的缺口指的是谷物等商品期货合约次日以高于前一日收盘价 1~3 美分，甚至更高的价格开盘，或者是次日以低于前一日收盘价 1~3 美分，甚至更低的价格开盘，并且当日价格并未在此区域内交易。

缺口分为两种基本类型，分别是向上缺口（Gap on the Upside）和向下缺口（Gap on the Downside）。

向上缺口是在前一天最高价和当日开盘价之间没有交易，当日所有的交易都发生在当日开盘价之上。这就是我们所谓的向上缺口。例如，周一的最高价为 124 美分，周二的开盘价为 127 美分，盘中并未跌破 127 美分，那么 124 美分和 127 美分之间就存在一个向上缺口。一旦缺口形成，可能在 3 天、3 周或者 3 个月内都不会回补。在某些极端情况下，甚至数年内这些缺口都不会回补。

对于向下缺口，我们举例来说明。假设某种商品合约正在下跌，周三的价格低点是 154 美分，周四以 150 美分开盘，开盘后继续下跌。当日盘中价格未能超过 150 美分，也就是说 154 美分和 150 美分之间没有交易，这就是向下缺口。

重大消息导致的缺口也被称为“公告缺口”。在股市上如果公告缺口对应着倍量，那么是极好追买机会，行情往往会继续上涨。

那么，导致缺口形成的直接原因什么呢？隔夜出现突发事件和预期之外的重大消息会导致缺口出现。如果是意外的重大利好消息，那多头会加码做多，而空头则会拼命回补。当多头远远大于空头时，则会形成向上缺口。

如果是意外的重大利空消息，那么空头会加码做空，而多头则会平明回补。当空头远远大于多头时，则会形成向下缺口。

在确定波段的起点或者终点时，缺口是非常有用的信号。下面我会给出一些实例，用来说明缺口在甄别趋势变化时的作用。

向上衰竭缺口（Exhaust Gap on Upside）。当某个期货合约上涨很长一段时间后，突然向上跳空，形成缺口。这一天有时恰好是反转信号日。

向上衰竭缺口很多时候出现在50%点位处。当这种缺口出现时，第二日价格就会下跌，回补缺口，这就是向上衰竭缺口。如果这同时是一个反转信号日，则应该在次日开盘时大胆做空，或者是盘中出现反弹时做空。也可以在缺口当日最低价下方1美分处挂出做空订单，当市场下跌触及订单时进场做空。

来看具体的例子。以黄豆11月合约为例，1950年7月15日，涨至高点250.5美分，收盘价为249美分。

7月17日，周一，大量的多单进场，开盘价为254美分，当日最低价为253美分，最高价为257.5美分，收盘价为255美分。这是一个上行缺口日，但却不是反转信号日。当日最低价比前一日最高价高出2.5美分价位。交易者可以在7月17日低点之下1美分的252美分处设置止损并反手做空订单。当价格触及252美分时，多头离场并开立空头。此后，价格暴跌。

7月19日，跌至低点240美分，它是低点44美分到高点436.75美分的50%点位。

7月21日，涨至高点253美分，见到低点249美分，收盘价为253美分。缺口在247.5美分处形成，止损并反手订单应该设置在246.5美分处，也就是比缺口日最低单低1美分的价位。

7月22日，跌至低点258美分，未能触及订单。

7月25日，跌至低点253.5美分，最高价为263美分，收盘价为263美分。

7月26日，向上跳空开盘于266美分，较前一日收盘价高3美分，形成3美分跳空缺口。当日最低价为266美分，最高价为272美分，收盘价为268美分，这也是一个反转信号日。269.375美分是低点191.25美分到高点347.5美分的50%点位。你们应该在7月26日做空黄豆11月合约，理由有两点：第一，这是一个反转信号日，且处在50%点位；第二，

什么样的题材容易导致衰竭缺口？最后一次利多题材的兑现容易导致向上衰竭缺口；最后一次利空题材的兑现容易导致向下衰竭缺口。题材的性质与缺口的性质有什么对应关系？这个问题留给大家去思考。

价格已经暴涨。如果你不做空的话，那么应该将多头的止损单向上移动到 265 美分，也就是比 7 月 26 日最低价还低 1 美分的位置。

7 月 27 日，缺口回补，合约收盘于 264 美分，下跌走势持续。

突破缺口、度量缺口、逃逸缺口和衰竭缺口，关于缺口理论和类型非常多，有兴趣的读者可以在网上检索一下相关概念。

向下衰竭缺口（Exhaust Gap on Downside）。当市场持续下跌很长一段时间后如果出现向下缺口，则有可能是重要的趋势反转信号。

如果说向上衰竭缺口出现在最高点附近，那么向下衰竭缺口则出现在最低点附近。下跌中的衰竭缺口通常是由于大量空单导致的开盘大跌，形成向下跳空。如果这个缺口在次日就被回补，则算得上是一个上行衰竭缺口和反转信号日。这样的缺口往往出现在 50%点位。

如果你持有空头头寸，而市场已经长时间下跌。现在出现了向下缺口，伴随着巨大的成交量，那么你应该下移止损单，放置在缺口当日最高价上方 1 美分的地方，当价格触及空头止损单时离场。

我们来看一些具体的例子，还是以黄豆 11 月合约为例。

1950 年 9 月 16 日，当日最高价为 241.5 美分，最低价为 239.25 美分，收盘价为 240 美分。需要提醒的一点是 240 美分是一个重要的 50%点位。关键点位附近伴随着更多的交易量。当时市场已经从最高价 254 美分和极端高点 272 美分下跌一段时间了。

9 月 18 日，当日最高价为 238 美分，最低价为 233.5 美分，收盘价为 236 美分。当日在 238 美分与前一日最低价 239.25 美分之间形成了向下缺口。这个缺口此后并未很快回补，而是维持了一段时间。交易者应该将黄豆空头的止损单向下移动到 239 美分，这是一个比 9 月 18 日最高价高 1 美分的点位。

9 月 25 日，价格跌至低点 231.25 美分。这是低点 191.25 美分到高点 272 美分的 50%点位。附近存在天然的支撑，可

以做多。

10 月 4 日，单日最高价为 239.25 美分，缺口被填补了。上涨到了 9 月 16 日最低价，但是没能触及收盘价。原因是 240.375 美分是一个重要的 50%点位。因此，在这个点位上你应该做空，并且将止损单放置在 241.375 美分附近。

10 月 16 日，跌至低点 226.5 美分。这是一个反转信号日，开盘价仅仅比 9 月 14 日最低价下跌了 0.5 美分。接下来，价格反弹，收盘价接近当日最高价，且在 9 月 15 日收盘价之上。这是一个反转信号日，尽管没有出现缺口，但却是平掉空头进场做多的机会。倘若没有了结空头，那么应该在当日接近收盘时将止损单设置在比 9 月 16 日最高价高出 1 美分的价位，也就是 230.75 美分。

在大波段或者是长期走势中，缺口出现的次数也是非常重要的信息。通常来讲存在如下规律：

在持续上涨的走势中，在新高价位接连出现 3~4 个向上缺口，则行情见顶的可能性很大；

在持续下跌的走势中，在新低价位接连出现 3~4 个向下缺口，则行情见底的可能性很大。

但实际上，在极端的上涨行情中，见顶之前可能出现 6~7 个向上缺口，极端情况下什么可能出现 10 个向上缺口。其中一些缺口可能在持续 2~3 天的回调中被回补，但是大多数缺口在趋势反转之前都不会被回补。

为了更好地判断缺口给出的信息，我给出如下法则：

在极端高点附近形成向上衰竭缺口之后，价格开始下跌，并且持续了 3 天时间，那么这就是趋势改变，至少是暂时改变的信号，下跌趋势很可能出现了；

在极端低点附近形成向下衰竭缺口之后，价格开始上涨，并且持续了 3 天时间，那么这就是趋势改变，至少是暂时改变的信号，上涨趋势很可能出现了。

缺口的性质不能单凭价格形态来判断，最好能够结合题材性质和成交量特征来判断。

我们还是以黄豆 11 月合约为例来说明。

1950 年 6 月 24~26 日，上行缺口出现，这是战争引发的

行情。

7 月 3 日，价格向上跳空，创出新高。

7 月 5 日，缺口被回补，但仅仅下跌了一天时间。

接下来，向上突破 7 月 3 日高点，继续上扬。

7 月 17 日，新高价位上继续形成向上缺口。当日最高价为 257.5 美分，当日最低价为 253 美分。

次日，向上缺口被回补了。

7 月 19 日，见到低点 240 美分。市场下跌了 2 天，跌幅为 17.5 美分。市场从超买状态中修正。240 美分是一个重要的 50%点位，因此存在强大的支撑。从 6 月 16 日以来，这波下跌的幅度是最大的，见顶迹象明显。

7 月 25 日，当日涨停。当日涨幅高达 10 美分，以单日最高价收盘。

7 月 26 日，价格差 1 美分涨停，当日向上跳空形成缺口。这是 6 月 24 日以来的第四个向上缺口，也是一个反转信号日。这波行情持续 30 天上涨，涨幅为 64 美分。现在见顶迹象明显，此刻交易者应该在最低价之下 1 美分的价位处设定多头止损单。

7 月 27 日，回补了 7 月 26 日形成了的向上缺口。这个时候多头应该离场，最好同时做空。空单的初始止损可以设置在 7 月 26 日最高价上方 1~2 美分的位置处。

接着，我讲解内部缺口（Inside Gaps）的相关理论和操作。当市场见顶后持续数日下跌，某日向上形成跳空缺口，但是并未创出新高，这就是向上内部缺口；当市场见底后持续数日上涨，某日形成了向下跳空缺口，但是并未创出新低，这就是向下内部缺口。这类缺口与极端高点或者低点附近的缺口相比，意义就不那么重要了。

新合约的开盘缺口是另外值得关注的现象。比如某期货品种 5 月合约到期，下一年度的 5 月新合约以远远低于交割合约最低价或者最高价的价格开盘。这类缺口比日度高低价走势图和周度高低价走势图的缺口更为重要。

新合约形成向上开盘缺口，则表明价格继续上涨的可能性很大；新合约形成向下开盘缺口，则表明价格继续下跌的可能性很大。

仍旧以黄豆 5 月合约为例说明。

1948 年 1 月 15 日，涨至高点 436.75 美分。

2 月 9 日，见到低点 320.5 美分。

此后在交割月 1948 年 5 月反弹到了 425 美分。

1949 年 5 月交割的合约在 1948 年 10 月开始交易，开盘价在 245 美分附近。相对于旧合约最低价 320.5 美分形成向下缺口。

1949年合约在1948年10月跌至239美分，这是一个强支撑点位。因为它是1932年12月极端低点44美分到1948年1月极端高点436.75美分的50%点位。

1948年11月23日，该合约见到最后高点276.5美分，与旧合约最低价320.5美分仍存在44美分的缺口。

1949年，跌势持续到了1949年2月14日，形成最低价201.5美分。附近存在1941年和1942年的低点，同时202.5美分是1920年最高价405美分的50%点位。

1949年5月合约交割价格为241美分。而1950年5月交割的合约在1949年11月见到低点220.5美分。附近的218.375美分是高点436.75美分的50%点位。此后，合约价格上涨。

1950年3月，价格线上突破了240美分、243美分和244美分，它们在50%点位附近。进一步上涨的空间打开了。

1950年5月，向上突破了1948年11月的最高点276.5美分，涨到了缺口区域。我推测价格可能继续上涨，回补320.5美分的缺口。

1950年5月8日，价格涨到了323.5美分。

从1948年的低点到1950年5月的高点，在新旧合约的缺口被回补之前，市场运行了27个月时间。向下大幅跳空，形成向下缺口表明这是个熊市，在缺口回补前价格会走得更低。

我提出第三个趋势转折信号是涨跌停板。事实上，这个信号与缺口经常一同出现。

在写作这本教程的时候，黄豆期货合约的涨跌停幅度为10美分。具体来讲就是价格比前一日收盘价上涨或者下跌10美分时，报价限制在这一价位水平。小麦的涨跌停板幅度则为8美分。

当价格出现涨停板，表明需求大幅增加，多头加码，空头回补；当价格出现跌停板，表明供给大幅增加，空头加码，多头回补。

涨停跌停板经常与缺口或者是反转信号日伴随出现，这三种信号都出现在关键点位附近，价格处于极端低点或者高点附近。

当市场交投活跃且波幅巨大时，会出现3~4个连板。例如，1939年9月，希特勒发动战争，小麦合约连续4个涨停板。最终在第5个交易日见顶。接下来就是暴跌。

常态市况下，很少会出现2~3日的连板。正常市况下，连板往往是反向操作的机会：在上涨走势中，连续两个涨停板，则可以次日开盘做空，初始止损设置在2~3美分之上的位置；在下跌走势中，连续两个跌停板，则可以次日开盘做多，初始止损设置在2~3美分之下的位置。这样的操作具有极高的胜算率。

本书前面部分都在讲空间点位和时间周期，本小节则讲了三种重要的微观价格形态。如果说空间点位和时间周期涉及“位”，那么反转信号日、缺口日和涨跌停板则涉及“态”。我一直主张“势位态”作为技术分析的三要素，那么江恩如何研判“势”呢？

如果在当日上涨到涨停，且出现反转信号日，同时前一日最高价上留下向上缺口，这就是见顶的迹象。如果次日开盘下跌，回补前一日缺口，那么趋势转变已经确信无疑了。价格将持续走低。如果再综合空间点位和时间周期，则可以更好地确认趋势转变。**空间点位上常用的比率是 50%。熊市中反弹 50%后出现反转信号日、缺口和涨停则是上涨见顶的特征；牛市中回调 50%后出现了反转信号日、缺口和跌停则是下跌见底的特征。**

我们以黄豆 11 合约为例来说明。

1950 年 7 月 25 日，价格涨停，以极端最高价收盘。

7 月 26 日，向上跳空开盘，形成一个反转信号日。6 个交易日内涨幅高达 32 美分，并且出现了一个缺口和反转信号日。从时间周期来看，距离 5 月 25 日 60 天，距离 3 月 27 日 4 个月时间也就是 1/3 年。从空间点位来看，附近恰好存在一个 50%点位。从形态来看，出现了衰竭缺口和反转信号日，以及涨停板。

10 月 16 日，跌至低点 226.5 美分。根据 7~10 天统计规律以及空间点位，应该平掉空仓，并且进场做多。

10 月 18 日，以更高价格开盘，留下一个向上缺口，并触及涨停板，以当日最高价收盘。此后，价格回落的幅度很小。

10 月 25 日，大幅跳空高开，留下了一个向上缺口。上涨 10 美分，触及涨停。最后，比最高价低 1 美分收盘。这是 10 月 16 日价格第二次涨停。

10 月 27 日，创出这波行情的新高，距离该合约的最高价不到 8 美分。价格并未跌破 10 月 16 日低点以来任何一天的最低价超过 1 美分。

交易者在利用缺口分析趋势的时候，需要注意要点：

第一，无论缺口以什么形式回补，只表明趋势很可能发生了转折，需要进一步确认；

第二，持续上涨或者下跌后，需要随时注意缺口的出现，除此之外还应该同时注意反转信号日和涨跌停的出现；

第三，当价格持续上涨，低点不断抬升时，或者当价格持续下跌，高点不断下降时，要学会利用 7~10 天法则判断趋势是否转变。

第 7 节　商品期货的长期投资
(Long Term Investments in Commodities)

我经常收到读者和交易者们的来信："我想要从事商品期货交易，因为它是暴利职业。但是商品期货交易缴纳的税率要远远高于股票投资的税率。"还有一些来信认为期货交易就是赌博，风险极高。

事实上，商品期货交易与股票投资都是合法的行当，因为无论是商品还是股票都与经济发展密切相关。期货也可以像股票一样进行长期投资，这样就可以减少资本利得税。

商品期货的价值投资应该注意商品生产的成本线。

如何进行商品期货的长期投资呢？比如 1950 年 2 月 6 日，黄豆 11 月合约的报价为最高价格的 50%，筑底迹象明显。这个时候你可以进场做多，也可以在 2 月 20 日才做多，因为那时黄豆 11 月合约的上涨特征更加明显了。

1950 年 7 月 26 日，黄豆 11 月合约在 272 美分形成了最高价，出现了前面小节提到的三个信号。这个时候你的多头头寸已经获利甚丰了。但是，因为持有期限少于 6 个月，因此需要缴纳更高的利得税。那么现在该怎么做呢？你可以在黄豆 5 月合约上做空来锁仓。黄豆 11 月合约的报价为 272 美分时，5 月合约的报价则为 279.5 美分。你可以等量做空黄豆 5 月合约，同时继续持有 11 月合约多头头寸，直到 6 个月期限达成。

就算此后的市场波动，你基本上锁定了绝大部分利润，相当于是在顶部了结了 11 月合约的多头头寸。如果价格下跌超过了 6 个月期限，那么在你平掉 11 月合约多头后，应该继续持有 5 月合约空头，直到后者有见底的特征出现。

1950年10月16日当天或者后来几天，市场发出了5月合约见底的信号，这个时候应该平掉空头头寸了，并且进场做多。这部分空头头寸带来短期盈利，可以抵补一些亏损出现的小额亏损。

从1950年10月16日到1951年2月，所有黄豆合约都出现了上涨。1951年2月8日，黄豆11月合约在344美分附近出现见顶特征，这时候应该进场做空，同时继续持有5月合约的多头头寸，直到4月，那时6个月持有期限就满足了。到了那时，你可以了结5月合约的多头，同时在11月黄豆合约斩获40美分幅度的盈利。你应该继续持有11月合约，直到见底迹象出现。

通常来讲，做多黄豆期货适合选择5月和7月合约，原因是春节到夏季期间，黄豆的供应量日趋减少；做空黄豆期货适合选择11月合约，因为新黄豆上市的时间是11月，因此这个月交割的合约跌幅远大于其他合约。

合约的价差，合约的季节性特征都是我们选择合约时需要考虑的问题。

上述规则不仅适用于黄豆，也适用于任何谷物、鸡蛋、棉花和其他任何商品。恪守我提出的波段交易法则，你也可以从商品期货的长期投资中获益。

好了，是时候对本书进行总结了。1941年，我在本书第一版说黄豆是商品之王。而在此之前，棉花是商品之王，因为棉花提供了商品期货交易中的最大盈利机会。

从最近十年的行情来看，黄豆仍然是所有商品中盈利机会最大的品种。从长期而言，黄豆比其他品种提供的机会更大。本书的读者如果能够综合利用本书的法则，则可以在包括黄豆在内的商品合约上斩获巨大的利润。

黄豆在短期内也会出现巨大的波动。黄豆的用途广泛，大量的商贸机构参与到黄豆期货的交易中，大量的投资者和投机者都介入其中。黄豆的趋势明显，容易甄别。**只有交易者坚持利用跟进止损单，那么就可以在限制风险的同时追逐暴利。**

黄豆价格在战争时期由于需求剧增而暴涨。在战争时期，黄豆的供需缺口远远大于其他商品。

1941 年美国参战，全部商品的价格都在上涨，涨幅巨大。美国政府在 1943 年 1 月停止了黄豆期货交易，直到 1947 年 7 月才重启。黄豆最大的波段出现在 1947~1951 年。本书后面附录提供的黄豆波段走势图还原了这段时期的行情，从中你会发现暴利的机会无处不在。

除了黄豆之外，还有一些商品也非常活跃，如小麦、玉米、棉花、棉籽油、鸡蛋、橡胶和咖啡，等等。棉籽油期货挂牌交易较晚，在 1947~1948 年创出新高，而棉花则在 1946 年创出新高。到了 1951 年 3 月，棉花价格创出极端高点。商品之间的波动既有同步性，也有差异性，如某些商品形成顶部或者底部之后一段时间，另外一些商品才形成顶部或者底部。

咖啡在 1950 年经历了有史以来最大的牛市，参考附录的走势图。而橡胶期货也在 1950 年经历了挂牌以来的最大上涨，重要的催化剂之一是 1950 年 6 月朝鲜战争的爆发。

最近的七年时间里面，大众偏好棉花、棉籽油、咖啡、豆油和橡胶等期货品种的交易。当然，小麦、玉米、燕麦和黑麦等传统品种也有一定的参与人气。这些商品都提供了丰富的盈利机会，不过我还是坚持认为未来很长一段时间内，黄豆仍旧是当之无愧的商品之王，能够提供一些真正的暴利机会。

在本书中我已经将自己的主要思想和策略和盘托出，希望大家能够从中获益。能够全心服务于他者的人，自己的人生也会得意顺利；能够诚意助力他者的人，自己的生活也会快乐幸福。正是这样的观点和看法促使我写作了这本教程，帮助那些有志于投机和投资的人士更有效地追踪商品的趋势，避免误入歧途，懂得保护资本。

我已经从事期货交易长达 40 年时间了，经历了许多事情。我相信这些事情也会发生在你身上，因此我有必要给出自己的建议，提供我多年总结得出的经验与法则。

我希望本书的读者们能够恪守法则，谨慎对待交易，学会保护本金，避免鲁莽地投机和赌博。交易者应该学会基于事实和逻辑来进行交易，避免重大亏损的出现。

对于本书的读者而言，我衷心地提出如下建议：希望你不要只读了一遍就将本书放在一边了。我写作本书的目的是让你能够利用它，从中获得启发，反复阅读才能起到这样的作用。读者应该坚持绘制走势图，基于本书提出的判市法则去研究高低点和时间周期。

成功从来没有坦途和捷径，最聪明的头脑很少铸就最成功的人生。努力与成功的关系更大一些。要想在金融交易中出类拔萃，刻苦研究和恪守法则是唯一的道路。

我已经将平生积累的经验传授于你，接下来的消化和运用就完全靠你自己了。

遇到挫折永远不要放弃，牢记一点：**当众人放弃时，就是你拔得头筹的时机。真正的努力体现在最后阶段，而真正的赢家是在冲刺阶段脱颖而出的。我之所以能够获得成功，是因为我永不放弃。我从未失去勇气，因为知识给了我这样的勇气！**

知识带来利润！

最后，我给出如下一些忠告：进场冒险之前，一定要先绘制和研究走势图，运用我给出的有效法则和策略；不要冲动行事，不要被贪婪和恐惧所奴役，不要胡乱猜测和乱赌一气。如果你能够恪守我提出的各种法则，那么我的努力不会付诸东流，你也能够得到真正的提高。只有你真正在期货交易中成功，我才算帮助到你了，并因此获得丰厚的回报。

本章原著金句

1. By going over charts of past records, you can see how often these sharp advances and sharp declines in a short period of time correct the technical position of the market and a long period of time then occurs before high levels are crossed or low levels are broken.

2. Prices always move slower at low levels and faster at high levels.

3. It is important to remember that the closing price on a daily high and low chart, a weekly high and low chart, or a monthly high and low chart is very important.

4. You should always figure the time from any top or high level to the next top or high point. Also figure the time from any low level to the next top or high level. Then figure the time from a low level to a high level and the time from the last high level down to the low level.By doing this, you will know when time periods balance or come out about the same as a previous move. This is Balancing of Time!

5. Remember that all rules work best when markets are very active and near extreme high or exteme low levels.

价格的敛散特性

价格的敛散性，其实也就是波动率的问题，这里我们将具体介绍下K线交易技术中所折射出来的波动率思想，将日本的K线技术与美国的布林带技术贯通起来。

基本面分析，或者说驱动分析的主要目的是找出资金流动趋向，量子基金前合伙人、独立投资人吉姆·罗杰斯就是主要从全球资金流向的角度分析投资机会的。而资金流向的一个主要规则就是“趋利避害”，何谓“趋利”，就是追求高收益，所谓“避害”，就是规避高风险。**“趋利避害”简而言之就是追求风险调整后的高收益。**所以，驱动分析的主要对象是收益率。而技术面分析，或者说行为分析的主要目的是找出市场参与者的意愿持续性，市场情绪是坚决还是犹豫，因为这涉及交易策略是见位进场，还是破位进场，是继续持仓，让利润奔腾，还是截短亏损，迅速止损。所以，行为分析的主要对象是波动率，也就是本节要阐述的主题。附表1-1列

风险偏好决定黄金的主导属性。

附表1-1　两大分析流派的代表人物

分析方式	基本面分析	技术面分析
分析内容	驱动因素	行为因素
分析对象	收益率	波动率
主要代表人物	吉姆·罗杰斯	理查德·丹尼斯
代表人物的具体分析策略	全球资金流动分析法	周规则
代表人物的资历	量子基金创始人	海龟交易计划发起者

出了驱动分析和行为分析的对象差别。

理查德·丹尼斯是除杰西·李默坲之外最出名的技术交易大师，是实战大师而不是理论大师，其大师的称号源自辉煌的战绩：从 2000 美元到上亿美元的神话！他的主要操作策略是周规则，也就是创出 4 周新高做多，创出 4 周新低做空，这套方法主要用于期货市场（因为期货市场每个品种每年都有 1~3 波的中级单边市）。这套方法之所以能够成功是因为其中包括了波动率分析，也就是说以 20 个交易日（4 周）作为波动率分析的时间段，考察交易当日的波动率是否超出之前 20 日的波动率，创出新高和创出新低就是波动率扩大，也就是发散的信号，这时候意味着市场在某一特定方向确立了坚决的市场情绪，市场处于失衡状态，必须在失衡方向上寻找新的均衡，如附图 1-1 所示。全美技术分析师协会考察了 50 年来所有著名的交易策略，周规则绩效名列第一。当然，这是一个以日为单位的考察。不过，其中蕴含的哲学性概念值得我们深思。

附图 1-1　周规则

K 线能够在市场分析中发挥显著作用和日益繁荣翻新的一个原因是它表征了宇宙的对立统一规律。而周规则能够如此有效就是因为它是基于行为因素的波动率特征。那么 K 线是否也表征了波动率特征呢？回答是肯定。

K 线，也就是蜡烛线构成波动率分析的微观层面，如附表 1-2 所示。收敛就是既定时间内的运动范围缩小，发散就是既定时间内的运动范围扩大。附表 1-2 将市场的波动性二元化了，波动性划分为收敛和发散，对应于蜡烛线的两种类型。

附表 1-2　波动二元性

敛散性（波动率）	蜡烛线（微观层面）	价格密集度（中观层面）	走向特征（宏观层面）	市场情绪	市场状态	交易含义
收敛	小实体蜡烛线	成交密集区	区间震荡市场	犹豫	均衡	提醒信号
发散	大实体蜡烛线	成交稀疏区	趋势单边市场	坚决	失衡	确认信号

收敛之后的发散往往意味着很好的交易机会，有可能是见位交易的机会，也有可能是破位交易的机会。小实体 K 线提醒你交易机会随时可能出现，而大实体 K 线则表明交易机会已经出现，并且帮你确认了交易的方向和具体进场位置。

首先我们以见位做多进场为例。上升趋势中蜡烛线跌到某一支撑线之后出现小实体 K 线，意味着市场在此支撑线出现了犹豫，市场状态处于暂时均衡，这时候我们要随时等候机会的出现。在短暂的均衡之后，如果市场以大实体阳线远离此支撑线，则我们可以在此大实体阳线形成之后立即进场交易，如附图 1-2 所示。

附图 1-2　收敛之后的发散往往意味着很好的交易机会（1）

其次以破位做多进场为例。上升趋势中的回调完成之后，黄金价格向上突破前期高点，创出新高的蜡烛线是大实体阳线，这表明市场向上运动的大众情绪是坚决的，这是一个发散状态，相对于调整处的收敛状态而言，突破处的波动性提高了，这是一个确认进场的信号，如附图 1-3 所示。

附图 1-3　收敛之后的发散往往意味着很好的交易机会（2）

上面以做多交易为例，分别演示了敛散形态信号在见位做多交易和破位做多交易中的实战应用。对于做空交易而言，读者可以反向推得，如果哪里不是很明白可以通过本书后面章节逐步掌握其中的具体操作和实战策略。下面我们将经典的 K 线形态分别从敛散性或者说波动性的角度予以剖析（见附图 1-4），将原本复杂的 K 线形态组合简化为两种最基本的结构，通常而言我们以发散形态作为破位和见位进场的确认形态，而以收敛形态作为确认信号之前的提醒信号。

不少使用 K 线失败的交易者，包括黄金交易者都是因为混淆了提醒信号和确认信号。收敛形态是提醒信号，但是往往被当作确认信号，比如一个十字星，只是一个提醒信号，提醒你进场机会可能出现，而不能将十字星当作反转确认信号，只有当十字星之后出现了较大实体的 K 线，才能据此确认交易方向，然后在此根较大的蜡烛线之后的一根蜡烛线入场。当然，有的市场不会给出提醒信号，而是直接给出确认信号，然后就是进场信号。这种情况往往与 K 线形态中的乌云盖顶、看跌吞没、刺透形态和看涨吞没有关。

不同的 K 线具有不同的职能和含义，除了与它们的形态有关外，还与基本面背景有关。

K 线是波动性的微观载体，波动性的中观载体则是价格

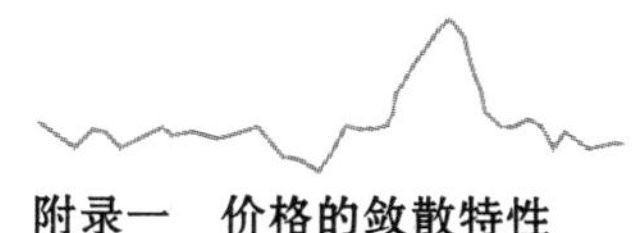

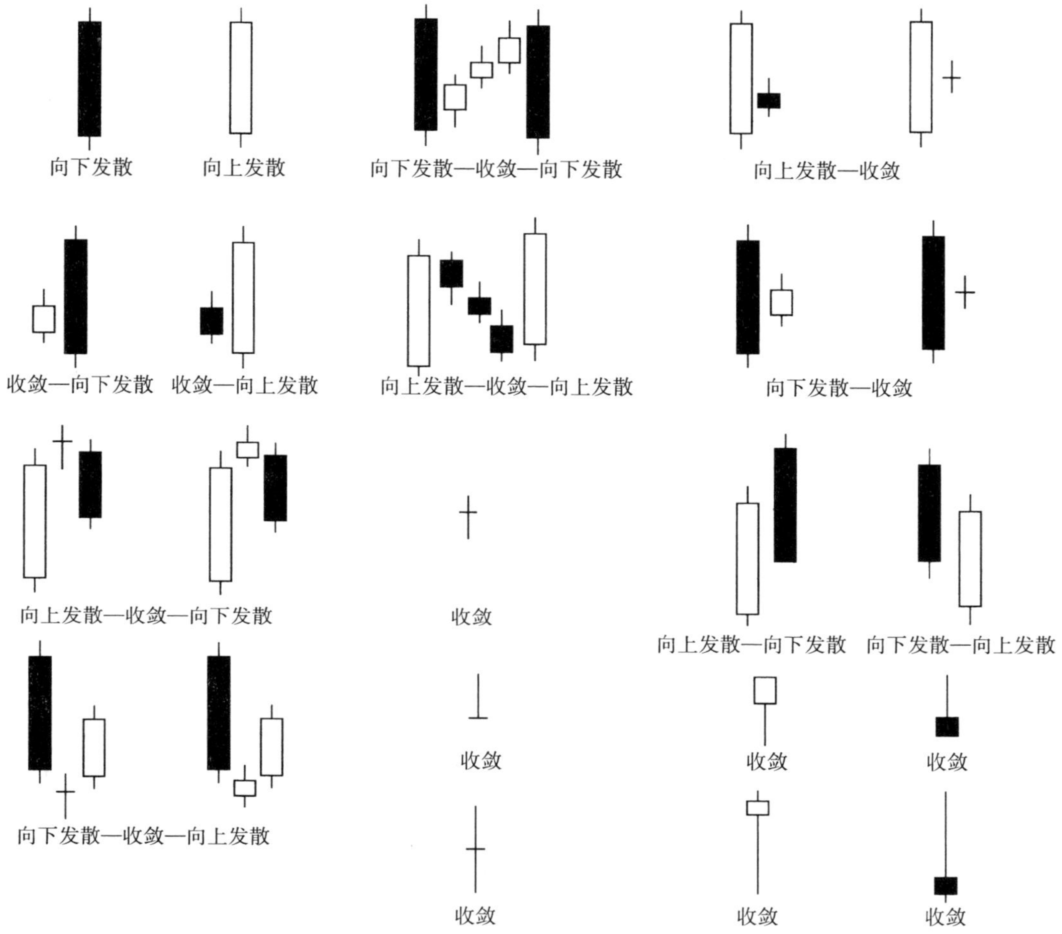

向下发散　向上发散　向下发散—收敛—向下发散　向上发散—收敛

收敛—向下发散　收敛—向上发散　向上发散—收敛—向上发散　向下发散—收敛

向上发散—收敛—向下发散　收敛　向上发散—向下发散　向下发散—向上发散

收敛　收敛　收敛

向下发散—收敛—向上发散

收敛　收敛　收敛

附图 1-4　K 线的波动二元性

注：发散是确认进场的信号，收敛是提醒进场即将到来的信号。

的波段走势，可以通过 ATR（平均真实波幅）来刻画，但是最好的中观波动率观察工具是布林带。布林带被认为是唯一一个符合统计科学的技术指标，它主要是利用了均值和离差的思想。

布林带的发明人是布林格，他专门撰写了一本书来解释布林带的用法。布林带的主要用法有两种：第一种用法是利用价格的统计收敛特征，将布林带的上下轨作为支撑阻力，当然中轨有时候也有这样的用处，不少黄金走势评论中出现的波动区间就是利用布林带的上下轨得出的；第二种用法是利用布林带标准差的移动变化来表征市场波动率的变化，波动率的急剧降低意味着单边行情随时可能来临，而波动率的突然增加往往是单边行情开启的时间窗口。

与 K 线的敛散一样，布林带也有敛散，从中观层面来看，价格成交密集区，也就是布林带收敛区，是波动率降低的区域，也就是收敛形态，这是提醒信号，你需要密切关注即将到来的交易机会；而价格成交稀疏区，也即是布林带扩展区，是波动率升高的区域，也就是发散形态，这是确认信号，接下来你可以扣动扳机了。当然，发散形态出现之后，你需要根据市态迅速估计大致的风险报酬结构，并制订后进场和出场的计划，然后才是扣动扳机，一旦熟练这个过程两分钟左右就能完成。

附图 1–5 是没有叠加布林带的黄金小时走势图，你能迅速地区分其中的波动率状况吗？找出其中的成交密集区和成交稀疏区，你能迅速地识别出波动率的异常吗？如果你能够的话，我们恭喜你有这样敏锐的直观度量能力。但是，绝大多数人都需要借助布林带这样的工具才能迅速地识别出中观层次的波动率的变动。如附图 1–6 所示，这张图与第一张图没有太大的不同，唯一的差别在于第二幅图叠加了布林带。你是不是可以迅速地识别出波动率的异常动静呢？请注意，在该图的最左边，K 线开始出现大量的小实体类型，这些都是微观层面的收敛形态，表明市场处于犹豫和均衡之中，提醒你交易机会随时可能来临，你需要像猎豹一样静待时机。从中观层面来看，你看到布林带在图左边迅速收口，这是中观层面发出的收敛—提醒信号。在图的中部，大实体 K 线出现了，布林带张口了，微观和中观层次同时出现了发散—确认信号，确认进场做空。

K 线开始出现大量的小实体类型，这些都是微观层面的收敛形态，表明市场处于犹豫和均衡之中，提醒你交易机会随时可能来临，你需要像猎豹一样静待时机。

市场行为总是表现为敛散两种形态，这种形态可以从一种市场最基本的运动结构中得到理解，这就是 N 字结构，如附图 1–7 所示。

这种敛散形态可以从 K 线中得出，然后反用之于 K 线的具体实践，方便 K 线学习者在短期内掌握应付复杂情况的简单技术，同时我们也可以把蕴涵于 K 线中的微观敛散形态放大到中观层面，这时候我们就需要借助布林带的威力了。市

布林带直观地展示了中观层面的波动率。

附图 1–5　没有叠加布林带的黄金小时走势

附图 1–6　叠加布林带的黄金小时走势

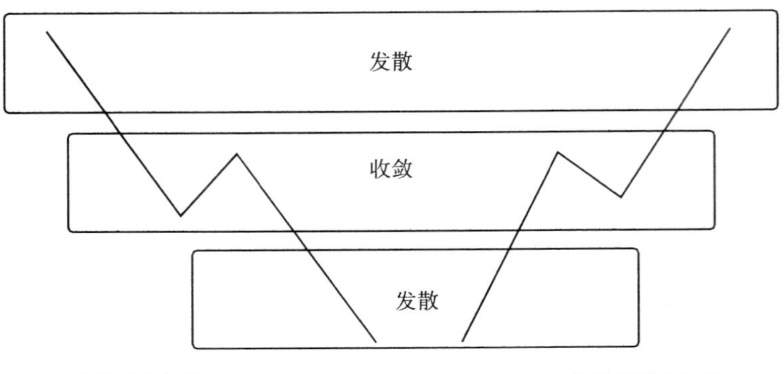

附图 1-7　市场的根本结构——N 字

场主要的进场方式不过两种，这就是见位交易和破位交易，而这两种进场方式要求交易者必须能够确认关键水平的阻挡和支撑是否有效，敛散形态恰好是解决这个问题的最有效和简捷手段。

三角形是一种收敛形态。

三角形是一种收敛形态，之后价格突破三角形边缘的行为这是发散形态，这种突破就是一个确认交易进场的信号，准确而言是一个破位信号。这些东西具有很好的普适性，同时又能兼顾具体行情走势的特殊性，所以是非常好的分析工具。本节的主要目的是让大家认识到进场之前的警觉和确认措施，这就是收敛形态和发散形态。能够利用 K 线和布林带分别把握微观和中观层面的市场敛散表现，则你的交易进出场将变得更加理性和可操作化。这里的思想和策略可以用于所有交易标的，而不仅仅是黄金，但是我们在此处列举的例子都是与黄金有关的。

（本文摘选改编自《黄金短线交易的 24 堂精品课：超越 K 线战法和斐波那契技术》）

原油价格的驱动分析框架

如何搞懂原油期货？这个问题看起来简单，但恐怕很少有人问过自己，更不用说去认真地思考和解答这个问题。我们不是化工和原油上的产业链专家，因此我们的重点是搞清楚原油价格波动的决定性因素。多年来的交易实践告诉我们——原油的二重属性是分析和预判其价格趋势的关键（见附图 2–1）。

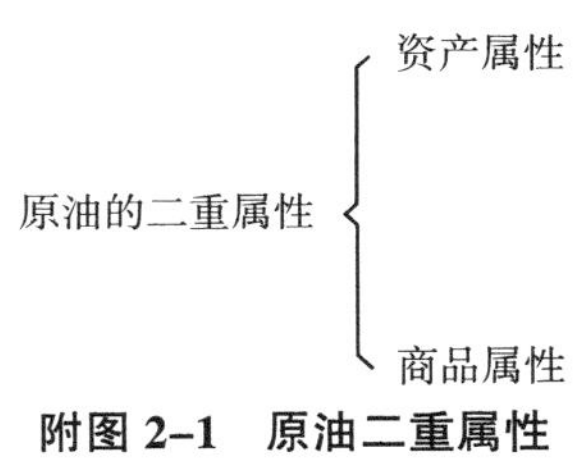

附图 2–1　原油二重属性

2005 年夏天的时候认识了上海某个财经日报的记者 L 君。他刚大学毕业不久，金融专业出身的他虽然身在媒体行业但是对金融交易本身非常感兴趣，那时上海黄金交易所好像还处于筹办阶段，但是他已经迫不及待地通过伦敦市场参与国际黄金的买卖。同时，他也感到原油与经济周期的关系更加密切，所以也时不时地参与国际原油期货的买卖。虽然他是小打小闹类型，但是也做得十分认真，时不时会和我电话沟通，经常一次聊上一两个小时。那时候我做外汇比较多，负责离岸对冲基金的外汇交易为主，但是像加元、英镑和日元还是与原油价格有密切关系的，所以也比较关注原油走势。在这样的交流和学习当中，我逐渐形成了原油期货的系统分析框架，并且不断完善。

从 2005 年之前，我对原油的分析还停留在一些局部因素上，比如美国汽油和取暖油消费的季节性规律，中东的地缘政治等，那几年才开始逐渐关注中国经济对原油市场的巨大影响。这本讲义最初是在 2008 年次贷危机前后形成的，一直是交易员的内训

教程，其实也是我分析原油走势的案头手册和必备指南。在交易和教学的过程中，我不断将新的分析工具与成败经验教训写进这本手册当中。直到2014年秋季在贝加尔湖的利斯特维扬卡小住几日时才意识到整个手册的核心是什么，十来年积攒和完善的各类工具和理论最终浮现出了一个统一的框架。

2015年初开始，除了收市后的复盘和阅读研报之外，我往往会留出两三个小时的时间整理下这么多年来形成的一些文字材料，并且会对此前正式出版的书籍进行修改和完善，将新的经验和教训纳入其中。在这过程中，我最终形成了对原油期货分析和交易的框架，而且随着资金规模增加我也开始降低杠杆，通过降低仓位来降低杠杆。

常年复盘的结晶就是这本讲义，或者说操作手册。

多年之前给交易员做培训的时候，我注重原油供需和技术走势的分析，以及仓位的管理，但最近几年我已经开始围绕原油的二重属性来引导初级交易员理解原油市场。理论框架的建立和最新的实践都是围绕原油二重属性展开的，本书后面的课程基本上就是对二重属性的具体展开。

上述就是我从注重原油供需和技术走势上升到基于原油二重属性观察一切波动的心路历程。L君曾经跟我说打算进入上海黄金交易所，后来大家因为工作繁忙的缘故也逐渐失去了联系，但是与他的谈话确实打开了我对原油深入研究的大门。今天，任何负责人的交易员和交易员导师都会认同一点，那就是，只有对单个品种的理解做到极致才能真正在市场上取胜，不论你是什么类型的交易者。

要想在原油市场上攫取利润，必然要具有相对优势，你比其他玩家更厉害吗？厉害在什么地方？撇开那些过于抽象和空洞的老话，就自己的经验和对周围成功交易者的观察而言，能不能从根子上吃透一个品种的方方面面是真正的关键。技术分析水平的高低绝不是区分高手与韭菜的关键，这点我可以拍着胸脯向你保证。无论是郑商所的炒单高手，还是江浙一带的趋势交易大户，都不是纯粹的技术指标粉丝。

从根子上吃透原油的方方面面，什么是原油的根子？那就是原油的二重属性。原油的第一重属性是商品属性，这是大家最熟悉的。原油的第二重属性是资产属性，这是大家这十来年，特别是“9·11 事件”之后随着美联储货币政策不断“超常规”发挥而清晰的。科索沃战争之后，美国连续打了几次大战，黄金与美元的关系逐渐清晰起来，在这个过程中，黄金的三重属性也被我提了出来。在同样的时期内，由于中国加入 WTO 后不断占据国际贸易的更大份额，出口激增，对原油的进口需要也在激增，自然这就是原油的商品属性。另外，由于美国连年用兵，双赤字扩大，美元的信用降低，加上美联储不断宽松，这就使原油的资产属性开始显现（见附图 2-2）。

房地产也是有两重以上属性的，你搞清楚了吗？某些专家老是在房地产问题上走眼，就是忽略了多重属性。同理，如果你忽略了原油的双重属性，也会看走眼。

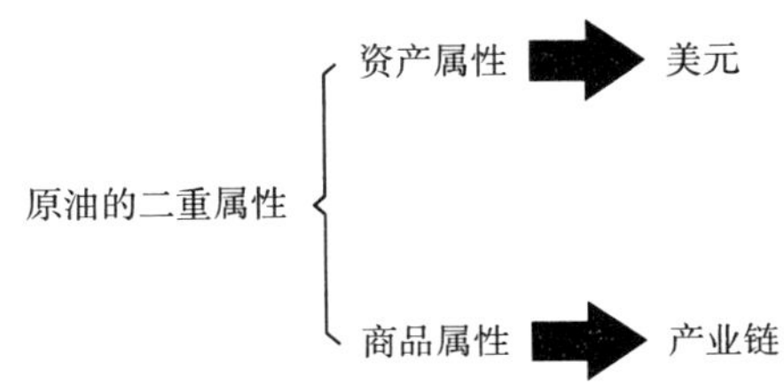

附图 2-2 原油二重属性与美元以及产业链的映射关系

国际原油价格主要是布伦特价格和 WTI 价格两个标准，我们要分析和预判的就是这两者的未来趋势。要看清楚未来的趋势，一是分析原油的商品属性，这决定了原油的中级别趋势，二是分析原油的资产属性，这决定了原油的大级别趋势（见附图 2-3）。

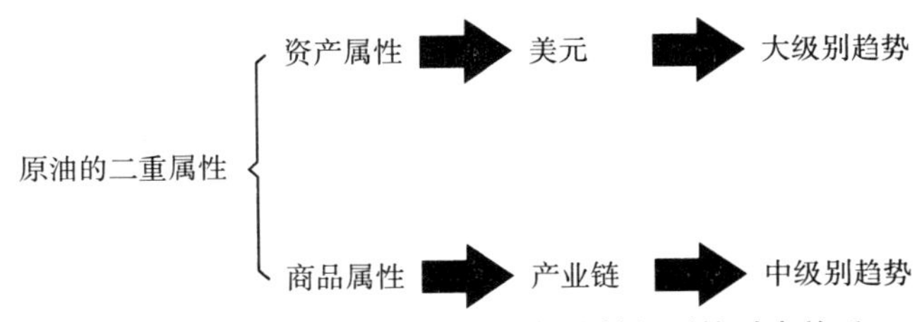

附图 2-3 原油二重属性与趋势级别的对应关系

资产属性与美元走势关系密切，美元作为国际货币其实是美国国家信用的体现，美国国力强弱，美国的避险地位和

战争也是一门生意，但是往往是赔本的生意，国家做了赔本的生意，在"生意场"上的信誉度肯定大幅下降，那么打出来的白条也会贬值。可以去看下美元购买力和美元指数两者的走势与美国发动战争之间的关系。

货币政策都决定了美元的强弱。原油的资产属性主要从美元角度分析，而分析美元则主要从主权信用，经济周期和信贷周期的角度去剖析（见附图 2-4）。

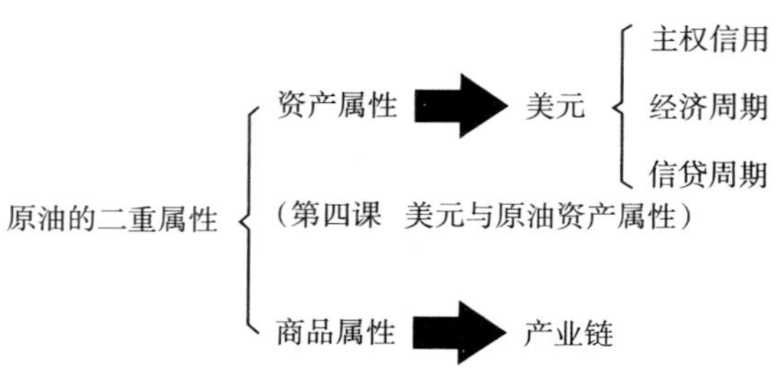

附图 2-4　原油资产属性与美元

原油的商品属性主要与原油产业链关系密切，产业链可以简单地分为上游的供给，中游的库存，以及下游的需求（见附图 2-5）。

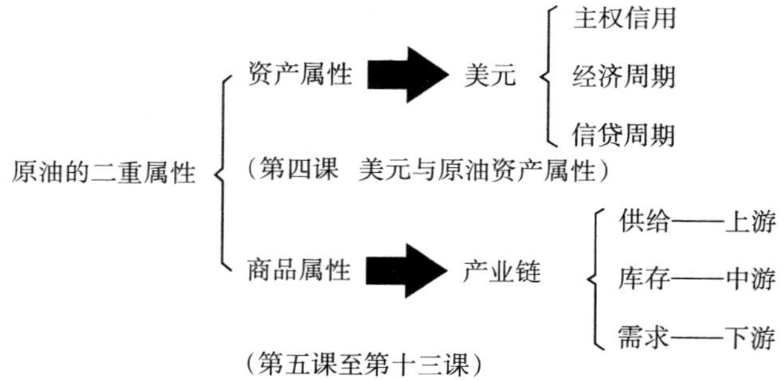

附图 2-5　原油商品属性与产业链

美国三大利益集团你知道吗？军火商利益集团、原油商利益集团、华尔街—犹太人利益集团。军火商利益集团的代表力量有洛克希德马丁、波音、雷神、通用动力、Northrop、Gmnnan、Corp、联合科技企业、TWR。美国十大财团中就有五大财团涉及军火领域（如第一花旗银行财团、杜邦财团、梅隆财团、得克萨斯财团、加利福尼亚财团），大发战争财。

产业链上游如何去分析？比如 Rig Count/油田投资数据，三湾地缘政治，产油国国内政治，产油和炼油地区天气，生产成本/利率润，供给衰竭点，产油国的财政状况，原油公司资产负债表状况，新能源发展，等等。其中每一个项目下面又有很多子项目，比如产油国的国内政治又涉及内战，动乱和罢工，以及利益集团分析，等等（见附图 2-6）。

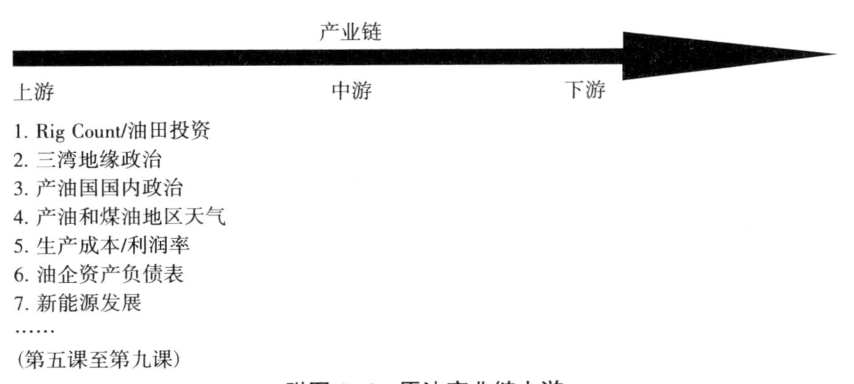

附图 2-6　原油产业链上游

产业链中游分析的主要指标主要包括裂解价差、API 库存、库欣库存、布—德价差、管道和海上运输状况等（见附图 2-7）。

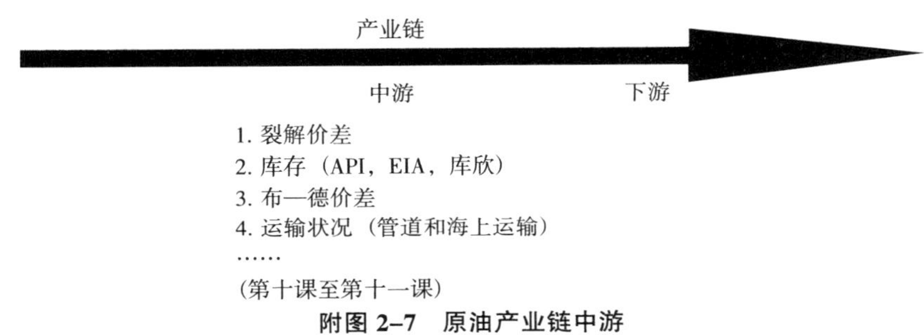

附图 2-7　原油产业链中游

产业链下游分析的主要指标包括大国汽车销量、OECD 领先指标、中国工业增加值、印度工业增加值、重要经济体所处的经济阶段、原油消费季节性规律等（见附图 2-8）。

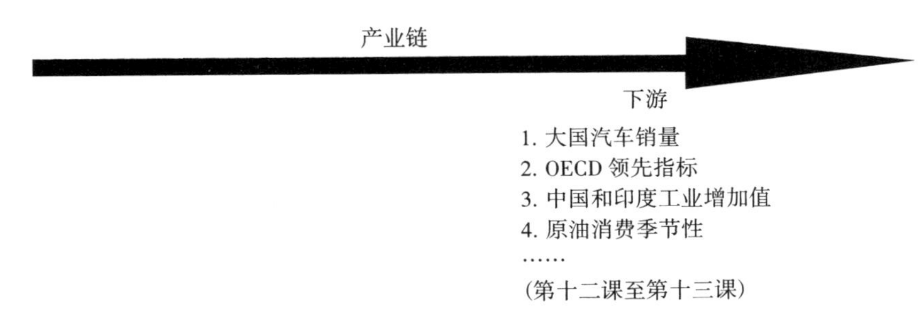

附图 2-8　原油产业链下游

为什么没有供需分析？其实，供需分析属于芝加哥学派的风格，我更倾向于从经济过程来分析问题，因此产业链是更好的剖析和预判工具。产业链就是一个格局，产

业链的上游可以看成是供给，下游可以看成是需求，当然这只是为了让你好理解，真正的供给和需求发生在产业链的每一个环节（见附图 2-9）。

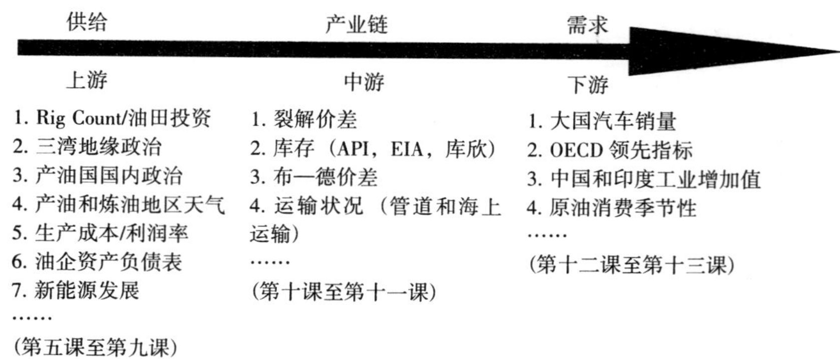

附图 2-9　原油供求与产业链的关系

原油的资产属性基于美元来分析，原油的商品属性基于产业链来分析，这对于分析师可能是足够了，但是对于交易者而言，特别是投机客而言，远远不够，因为二重属性只是属性驱动分析的环节，这只不过是分析了格局而已，我们还要分析玩家，这就需要心理分析登场了。

原油的心理分析对象和工具有哪些呢？比如 COT 报告、共识预期、原油期权、风险情绪、市场间分析/资金流动、基差等（见附图 2-10）。

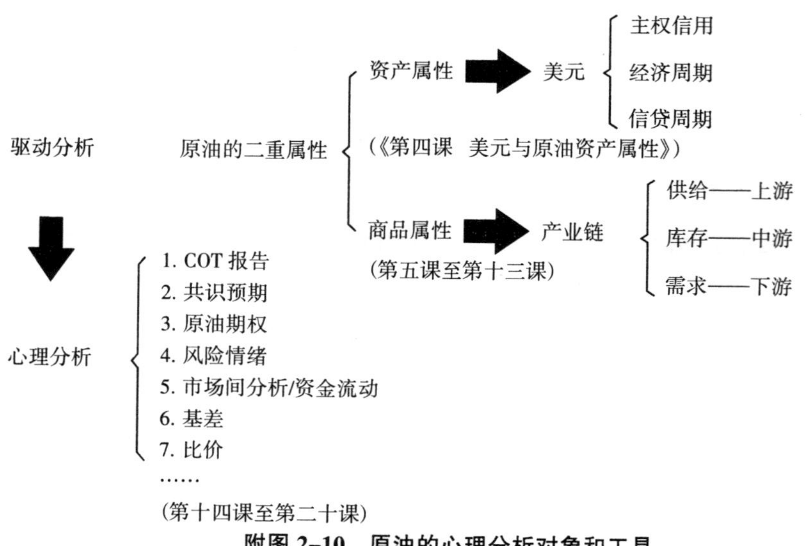

附图 2-10　原油的心理分析对象和工具

技术分析在交易中的价值贡献比重应该不会超过 25%。2009 年长沙的一个聚会当

中，当时有不少投机高手和投资高手，有做股票的，有做期货的，十几个人一致都认为驱动分析和心理分析比纯粹地看图表有用。当然，你也或许不这么认为，很好！有自己的独立见解，那就至少花一年按照纯技术分析的那套去实践一下。

如果你计划按照本指南的脉络去展开自己的学习和实践，需要我给你一些建议，很好！不过你也不能盲从，这只是我个人经验的总结（见附图 2-11），也只是我个人分析和交易原油的指南，你可以在此基础上发展出符合自己特点和需要的更好框架，也可以另起炉灶。

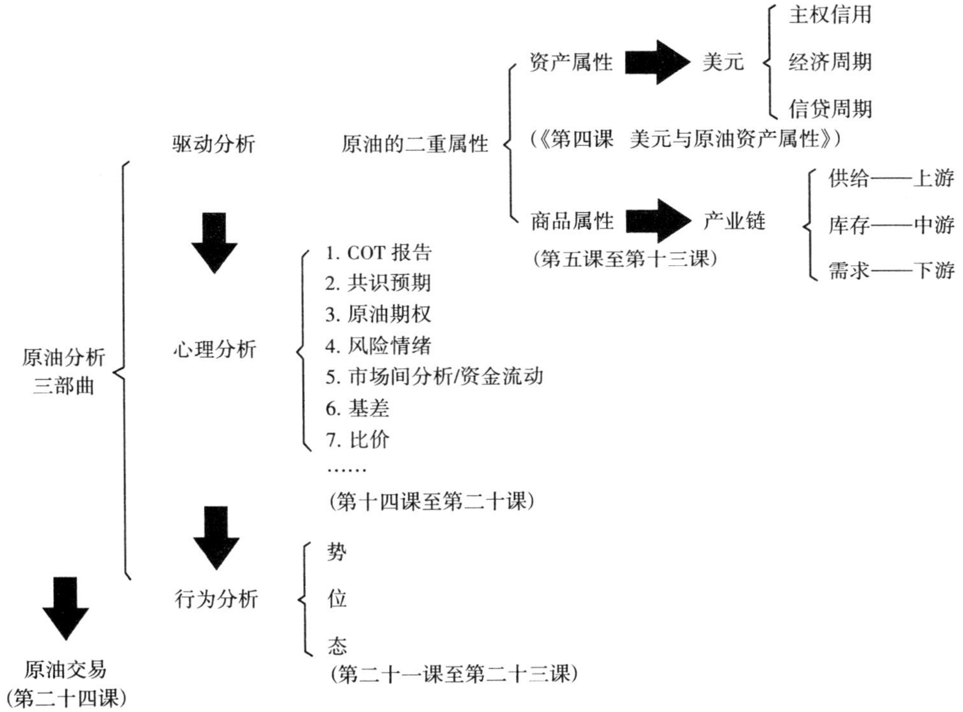

附图 2-11　行为分析要素及其在原油分析和交易框架中的位置

（本文摘选改编自《原油期货交易的 24 堂精品课：顶级交易员的分析框架》）

黄金价格的驱动分析框架

框架是我们思考推演的沙盘，如何推演则涉及具体的步骤（见附图 3–1）。简单来讲，第一步确定当下和未来一段时间的市场风险偏好，第二步通过风险偏好确定相应的主导属性，第三步属性层次内的收益率比较，第四步确定资金流向和金价走势。第四步已经是从驱动分析走到了心理分析和行为分析，当然也算得上是驱动分析的自然延伸。

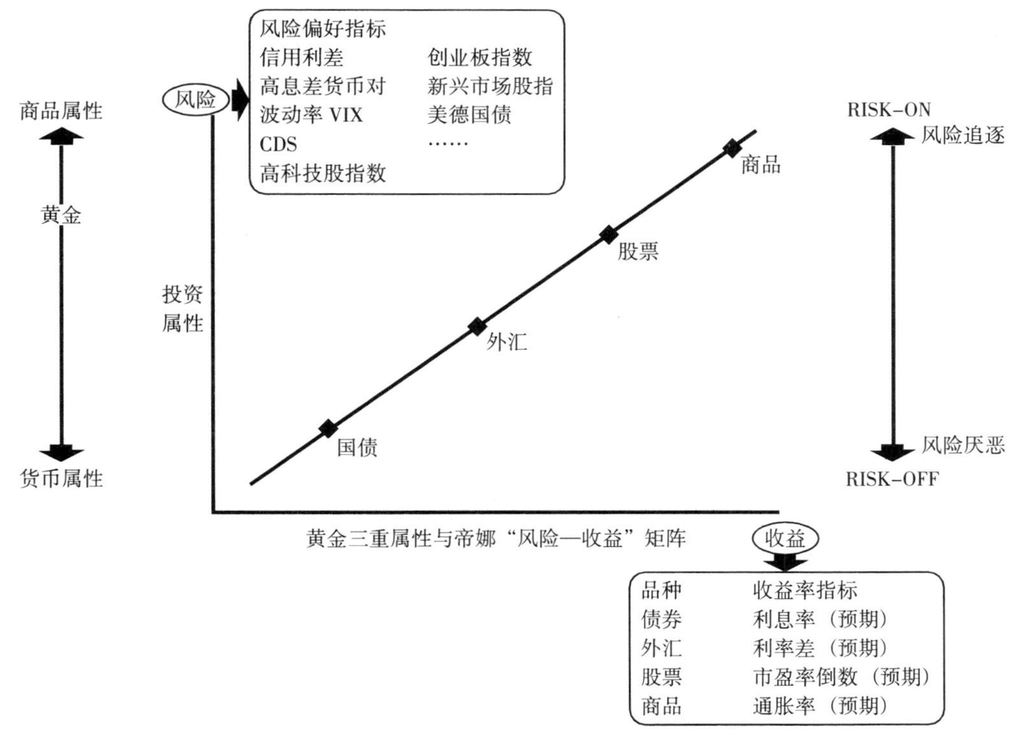

附图 3–1 黄金驱动分析步骤涉及的范畴和指标

第一步确定当下和未来一段时间的市场风险偏好，这就是附图 3-1 中最右边的纵轴。这是风险偏好轴，最上面是风险追逐状态，财经媒体通常称之为“RISK-ON”，最下面是风险厌恶状态，财经媒体通常称之为“RISK-OFF”。

当下的市场情绪是可以直接观察到的，某些情况下则可以通过一些特定的风险指标来识别，比如波动率指标和国债违约掉期。

指标可以度量当下的市场情绪，这就是温度计的作用。但是温度计却不能够告诉我们未来温度会怎么样，而未来的温度对我们的意义更大。

黄金驱动分析中如何去把握未来的风险偏好呢？这个就涉及黄金驱动层次的问题了，前面讲了六类驱动事件，哪些事件容易导致风险追逐情绪出现，哪些事件容易导致风险厌恶情绪出现。

情景规划这门学科大家有兴趣可以下去了解和琢磨一下，驱动分析中这门学科大有可为。

未来会持续哪些事件呢？一方面我们可以查看事件和数据日历表，另一方面我们需要根据目前事情的发展做出一些推断，判断事情接下来最有可能往哪个方面发展。决定未来情绪氛围的是未来的事件，一部分是确定了时间的，至少在预期中是确定的，另一部分则需要依靠推理，而突发事件则很难被推导出来。

如果我们保持阅读市场的各种分析和消息，那么对于市场的预期是能够把握的，而这个预期往往决定了接下来的风险情绪，这就是窍门。比如 2014 年下半年到 2015 年年初，美元持续走强，这是由于美国经济走好的数据导致美联储加息的预期越来越强，这就相当于宣告了“美元的成色”越来越好。美国这个全球金融中心的稳定性越来越强，风险偏好情绪上升，RISK-ON 模式占据主导，可以看到这个市场 A 股市场也是上涨的。为什么呢？风险追逐情绪在全球起来了。这个时候黄金的货币属性又被逐渐“雪藏”了，黄金的投资属性和商品属性显现。

第二步通过风险偏好确定相应的主导属性，分析图中的最左边是“属性轴”。风险厌恶主导市场的时候，那么黄金的主导属性应该是偏向货币属性的，风险追逐主导市场的时候，黄金的主导属性则是投资属性和商品属性。现在有一种非常普遍的误区，那就是根本不管属性，“风险厌恶则黄金涨，风险追逐则黄金跌”。这就是忽略了风险轴要转换成属性轴，找到了黄金的主导属性之后才能准确判断黄金的涨跌，而不是机械简单地将黄金一贯认为是“避险资产”，这种形而上学的思维在绝大多数分析师脑袋里存在。

第三步是属性层次内的收益率比较，这个可以进一步确定黄金的趋势方向和大致的幅度。收益率和风险偏好是一对孪生姐妹，收益率相对高的资产标的，其风险就相对高，因为波动率更高，收益率相对低的资产标的，其风险就相对低，因为波动率更低。

风险厌恶的时候，货币属性主导，对应的相关市场是外汇市场和国债市场，这个时候市场会选择哪些标的呢？低息货币和低息国债会受到追捧，比如日元这种低息货币往往受到追捧，美国国债和德国国债容易受到追捧。这是一般情况，如果日本本身出现重大危机，那么日元有可能因为国内投资者收回国外投资而走强，比如“3·11”大地震后日元走强，也又可能因为国际投资者抛售日元相关资产而导致日元走弱，所以要具体问题具体分析。

为什么会追逐低息的债券呢？债券的利息高低体现了久期和信用等级，除此之外还受流动性和通胀预期等因素影响。假设其他因素不变，那么信用等级越高的债券其利息越低，所以风险厌恶的时候，市场会追逐低息债券，其根本原因在在于其之所以能够做到低息是因为其信用等级高。

货币属性主导的时候，黄金相当于最低利息的债券，也相当于最低利息的货币，严格来讲黄金这个时候属于零息国债或者货币。**风险厌恶的时候，谁的信用等级越高，谁的利息越低，所以这个时候属性内的收益率比较，是比较谁的最低，因为越低代表越安全，自然越受市场的追捧。**

风险厌恶的时候比谁安全，喜好风险的时候比谁的收益率高。

如果风险追逐情绪主导市场，则投资属性和商品属性主导黄金，其中商品属性主导时相应的风险情绪更乐观。投资属性主导的时候，黄金相当于每股收益为零的股票。

当业绩驱动股市上涨时，黄金作为业绩为零的“个股”是最后的选择，当估值驱动股市上涨时，黄金仍旧是业绩为零的个股，不过却可以享受价值重估的盛宴。

什么情况下大众会选择每股收益为零的股票呢？如果实体经济有很多赚钱的机会，那么预期每股收益越高的股票越容易受到追捧。这种情况下，黄金就会被冷落，相当于是垃圾股。如果实体经济缺乏赚钱机会，利率降到很低也不容易找到好的实业机会，这个时候流动性过剩就会出现。由于利率是贴现公式的分母，因此这个时候所有资产都面临重估，利率下去，资产价格就会普涨，这个时候黄金也会涨，股票也会涨。

什么时候风险情绪特别亢奋，那就是炒大宗商品的时候，经济繁荣中后期和滞涨早期是市场情绪较高的时候。这个时候物价上涨特别明显，央行的加息往往追不上通胀水平，这个时候所有的商品价格都会上涨，商品属性主导黄金，黄金这个时候价格能够上涨基本上都是因为其抗通胀的属性。

普涨格局下，如果你仅仅交易黄金的话，那就没有必要找出其他比黄金涨幅更大的商品了。经济通胀的时候，工业品比农业品的弹性要大很多，越上游的商品波动率往往越多，这是一般规律，如果想要找出比黄金更牛的抗通胀标的，可以参考我们的期货品种基本面分析教材和课程。

第四步确定资金流向和金价走势。前面三步基本上都是驱动分析，最后这一步就是要根据此前的分析确定整个资产市场的资金流向了。角色扮演可以很好地改善交易者的知觉能力，想想如果你是一个手握重金的国际对冲基金经理，在前面分析的背景下你会怎么选择资产标的，再想想如果你是一个普通的散户，你又会怎么选择标的。

站在那些典型参与者的角度考虑一下，你就能对资金流向有特定的感觉。当然，这是一个主观的方式，你还需要客观的数据，比如查看下各大市场的走势，CFTC 各大品种的持仓报告，甚至经常观察下相关论坛和群组的舆情。

资金往哪里走？这个问题是高手经常问的，无论是做股票，还是做外汇，做贵金属，做期货，都需要问这个问题，哪怕你做的是企业债，难道就不用问这个问题了吗？所以，搞清楚资金往哪里走，这个时候跨市场分析就派上用场了，同时关注国债、外汇、股票和商品市场，你就可以知道风险偏好，主导属性和相应的资金流向了，这是一个有机整体，只是为了方便大家掌握和运用才拆开来讲。

（本文摘选改编自《黄金短线交易的24堂精品课：超越K线战法和斐波那契技术》）

商品走势图

本附录源自原著附录中江恩手绘的图片。

CHART NO.1—BUTTER

November and December Swing Chart—1930 to 1941

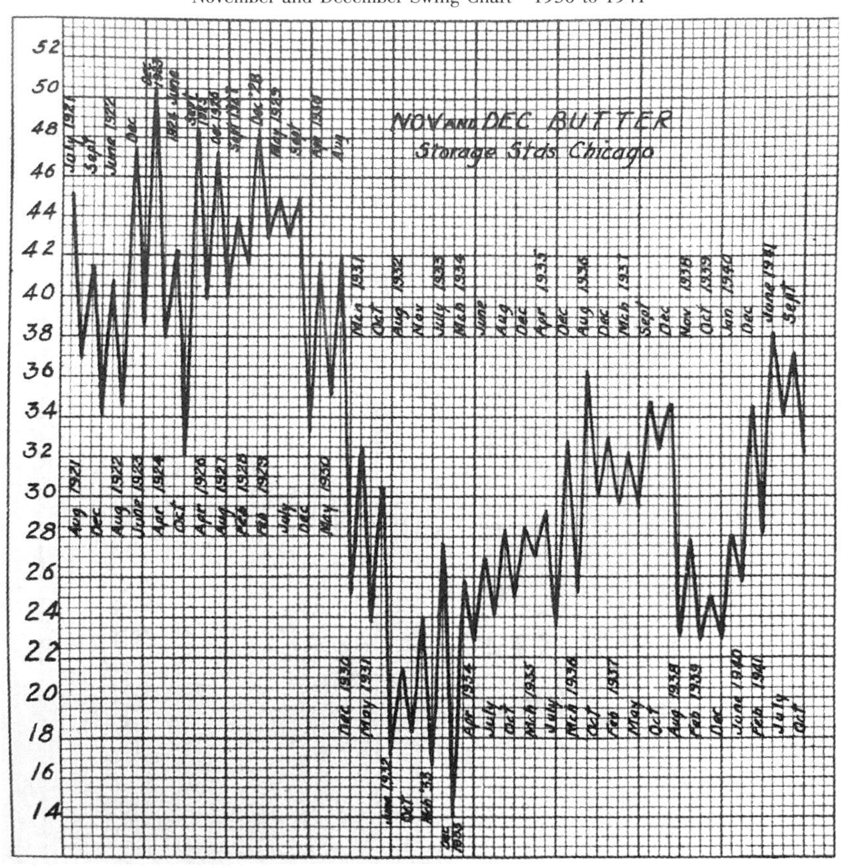

附图 4-1　黄油期货波段走势（1930~1941 年）

CHART NO.2—COCOA

September Swing Chart—1925 to 1941

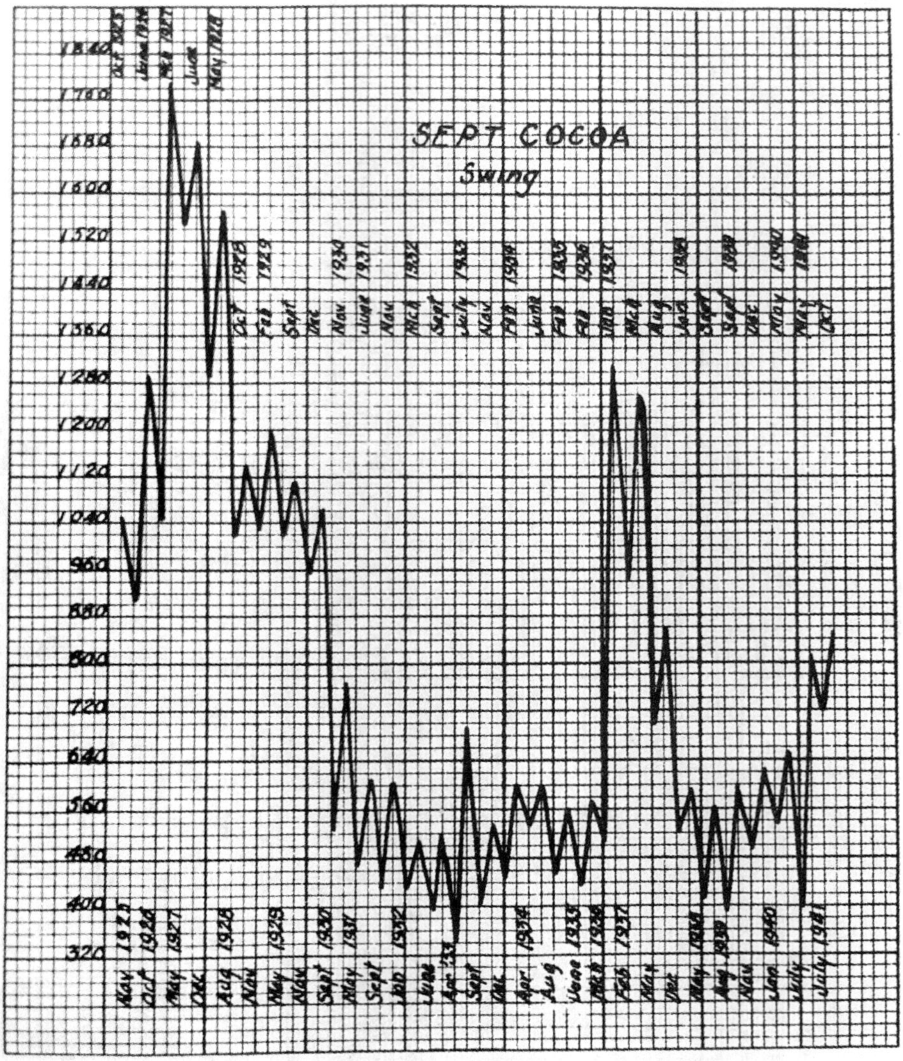

附图 4-2　可可豆 12 月合约波段走势（1925~1941 年）

CHART NO.3—COFFEE—SANTOS

May D—Swing Chart—1928 to 1941

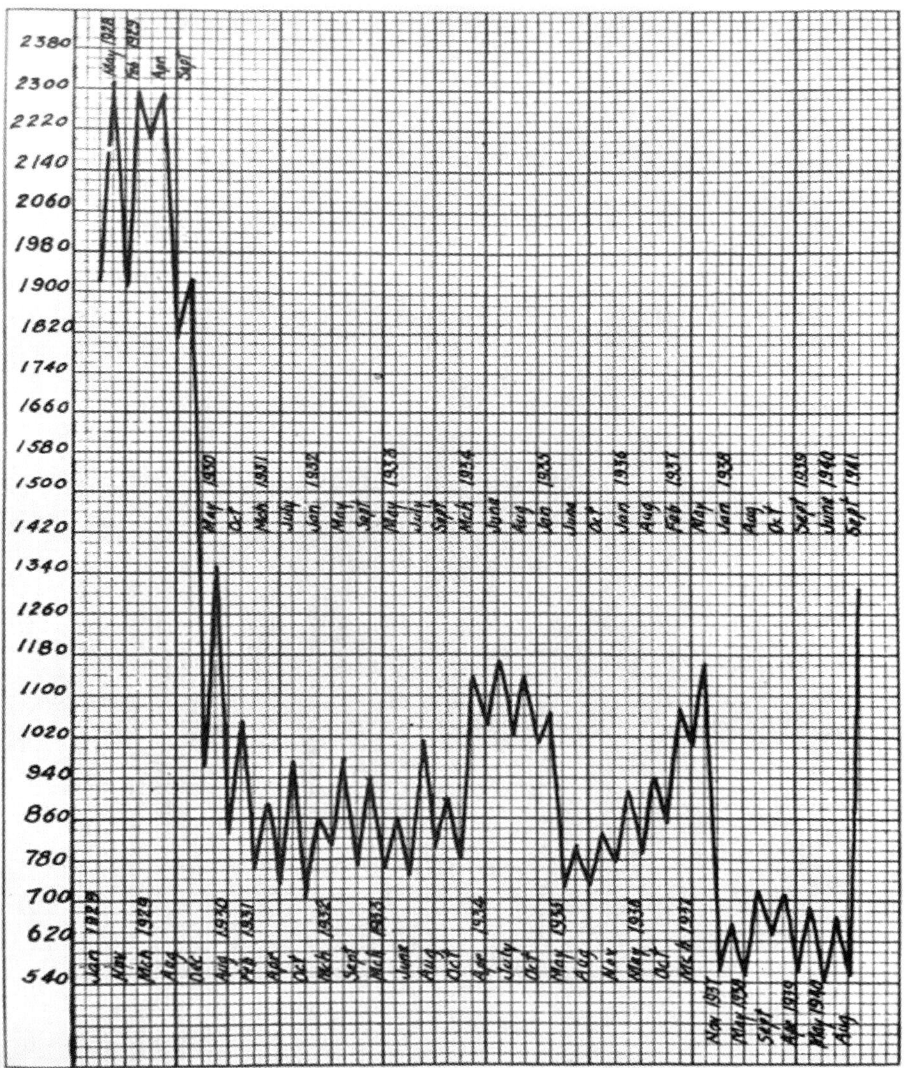

附图 4-3　桑托斯咖啡期货波段走势（1928~1941 年）

CHART NO.4—COFFEE—RIO

May—Swing Chart—1901 to 1941

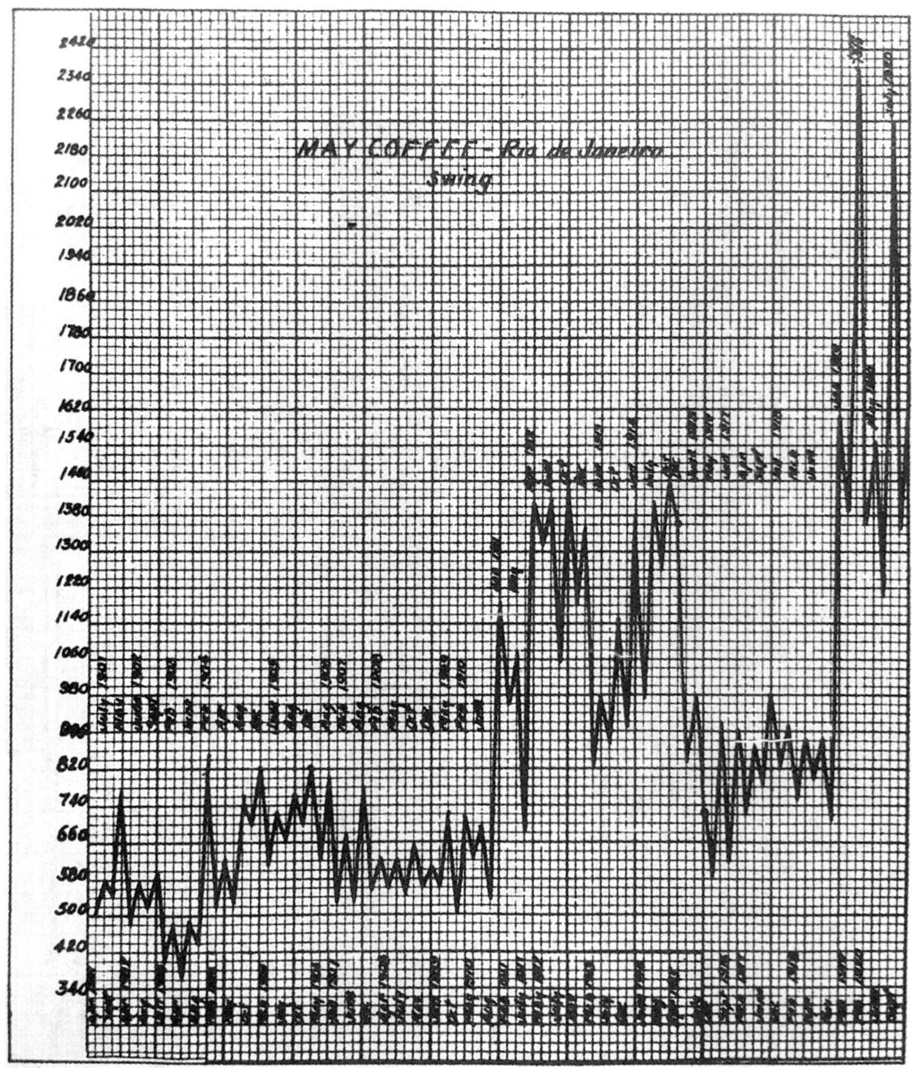

附图 4-4 里约咖啡 5 月合约波段走势（1）（1901~1941 年）

CHART NO.4—COFFEE—RIO

May—Swing Chart—1901 to 1941

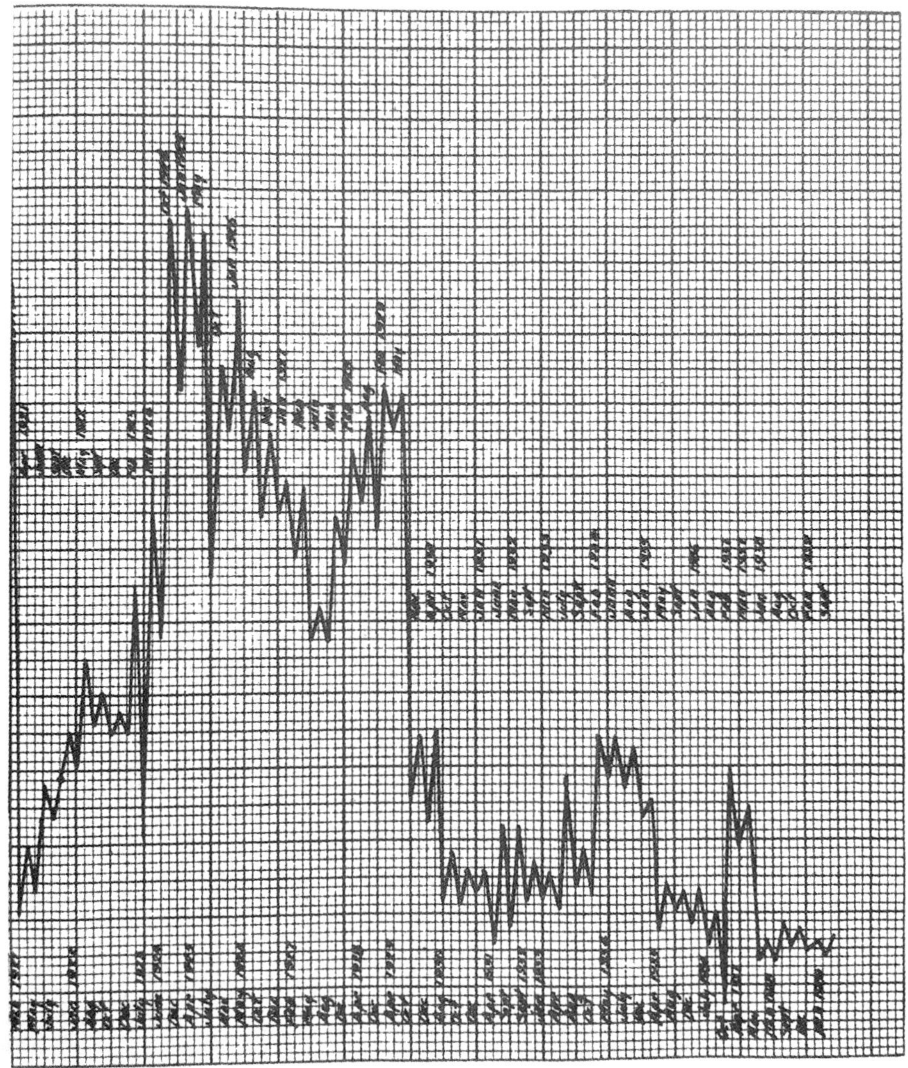

附图 4-5 里约咖啡 5 月合约波段走势（2）（1901~1941 年）

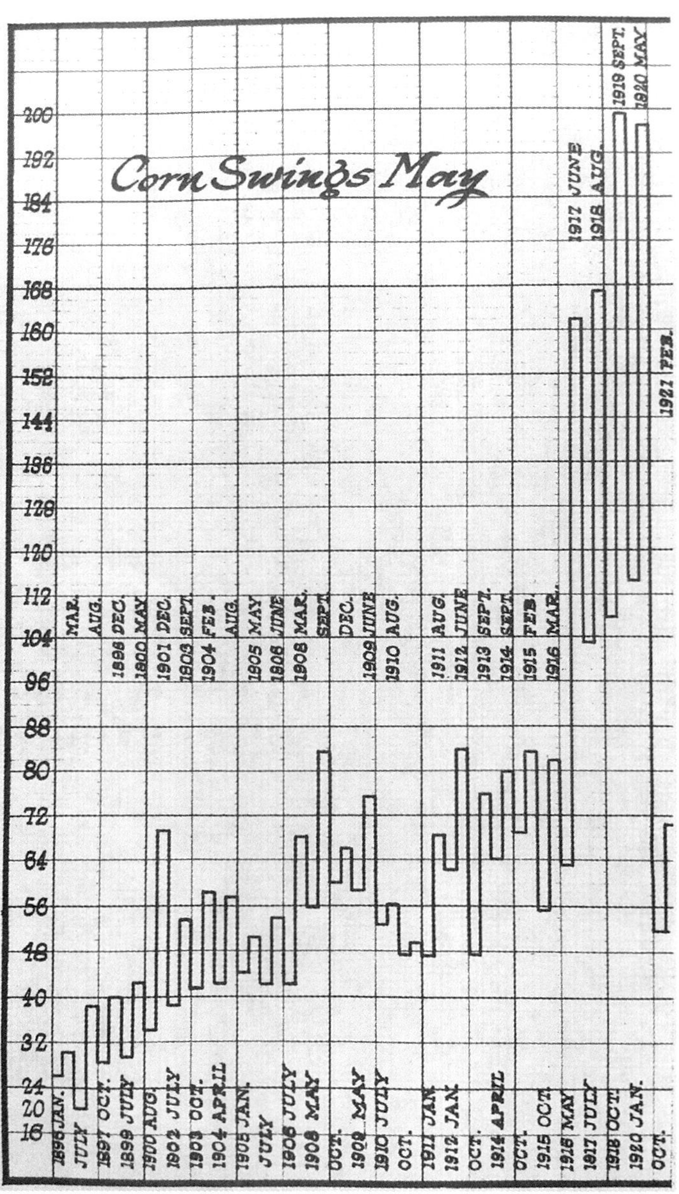

附图 4–6 玉米 5 月合约走势（1）

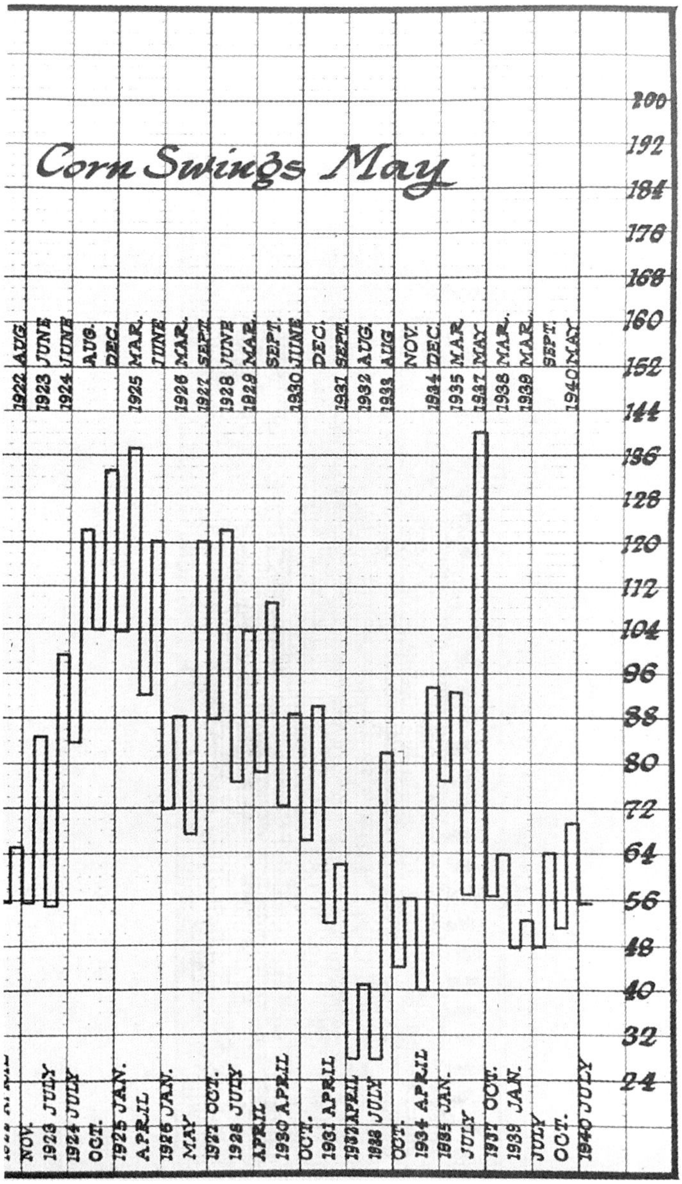

附图 4–7　玉米 5 月合约走势（2）

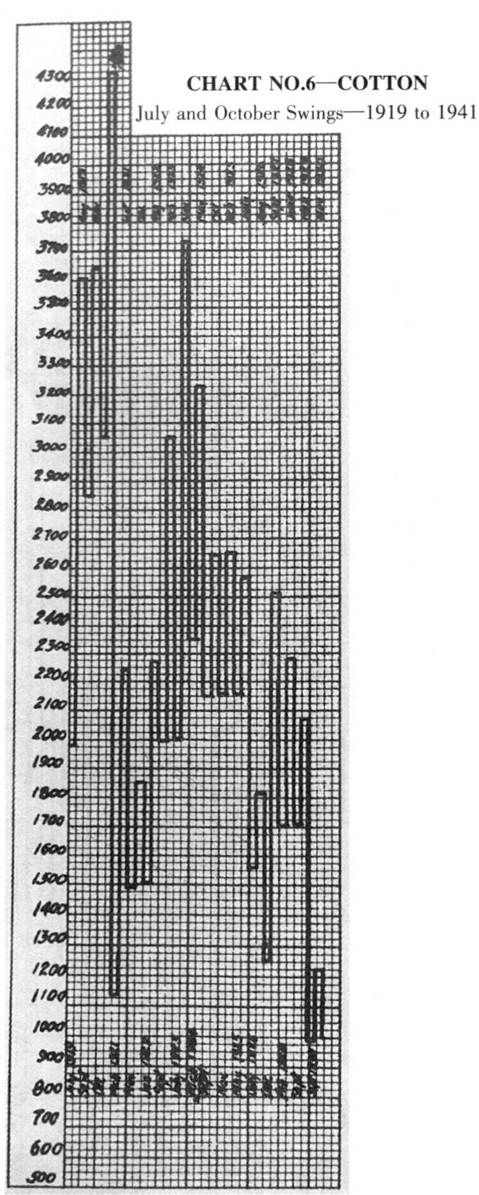

附图 4-8　棉花期货合约波段走势（1）（1919~1941 年）

CHART NO.6—COTTON

July and October Swings—1919 to 1941

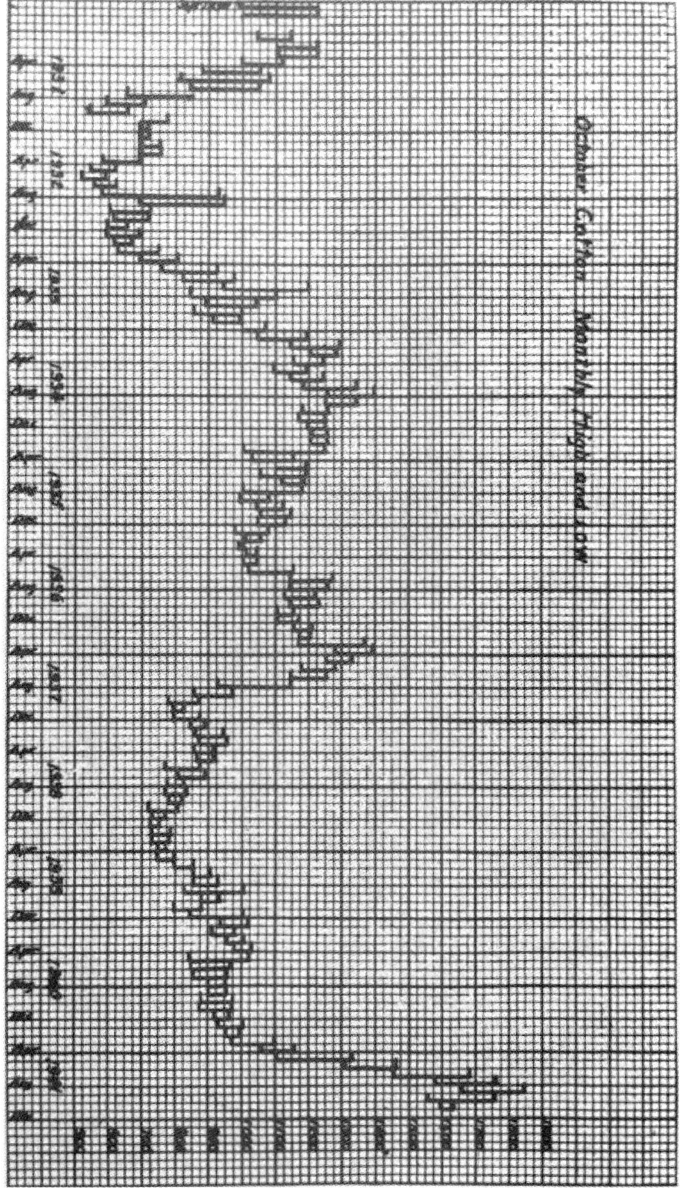

附图 **4-9** 棉花期货合约波段走势（2）（**1919~1941** 年）

CHART NO.7—COTTON SPOTS

July and October—Yearly—1816 to 1941

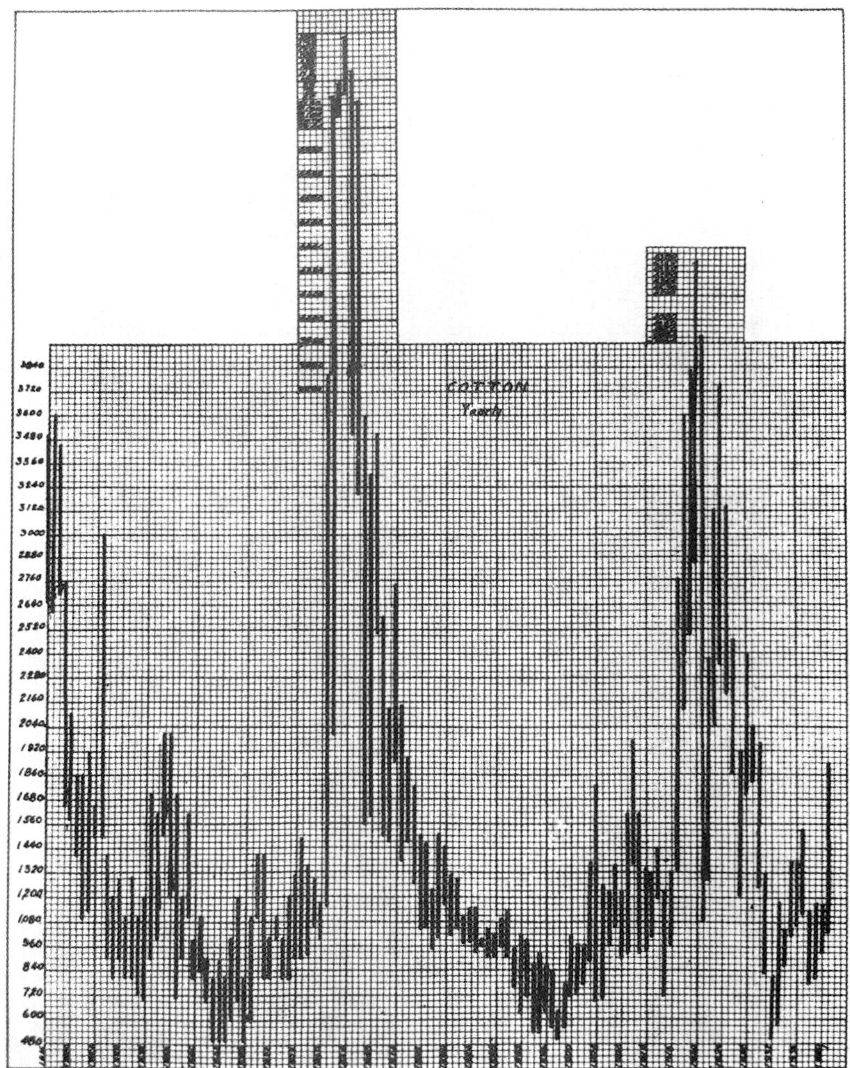

附图 4-10　棉花现货价格走势（1816~1941 年）

CHART NO.8—COTTON SEED OIL

May and October Swings—1904 to 1941

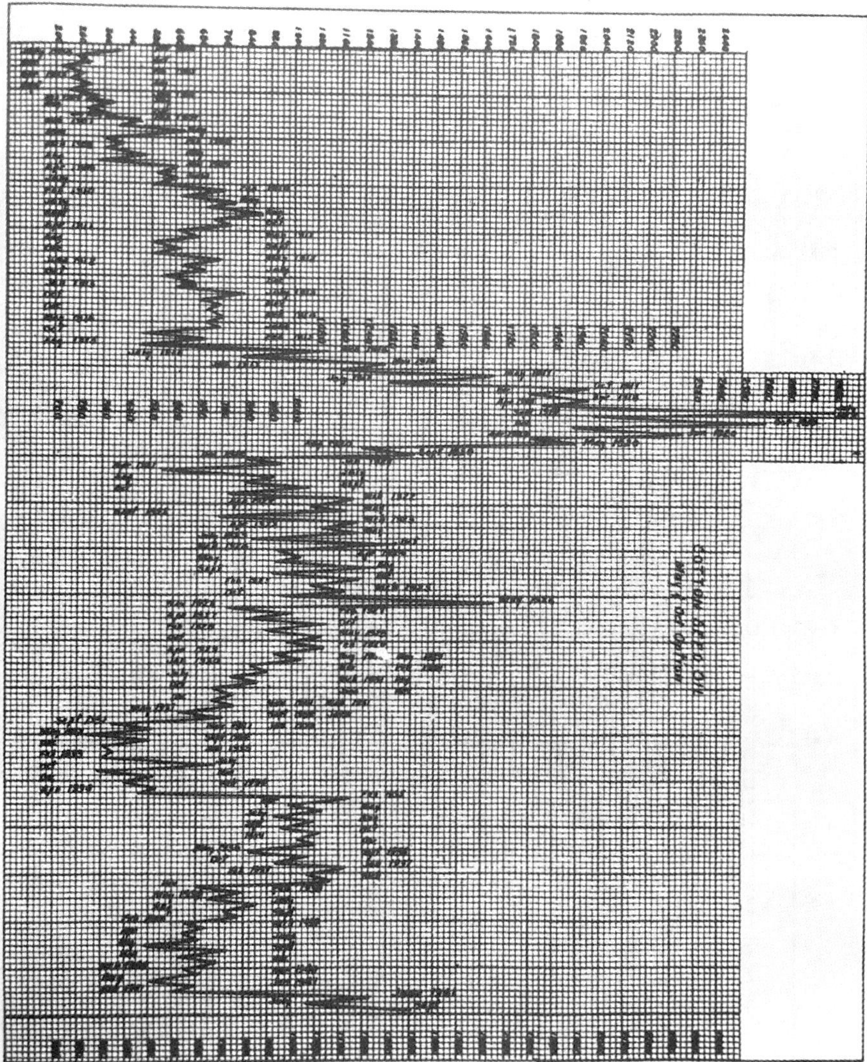

附图 4-11　棉籽油期货波段走势（1904~1941 年）

CHART NO.9—EGGS

October and December Swings—1930 to 1941

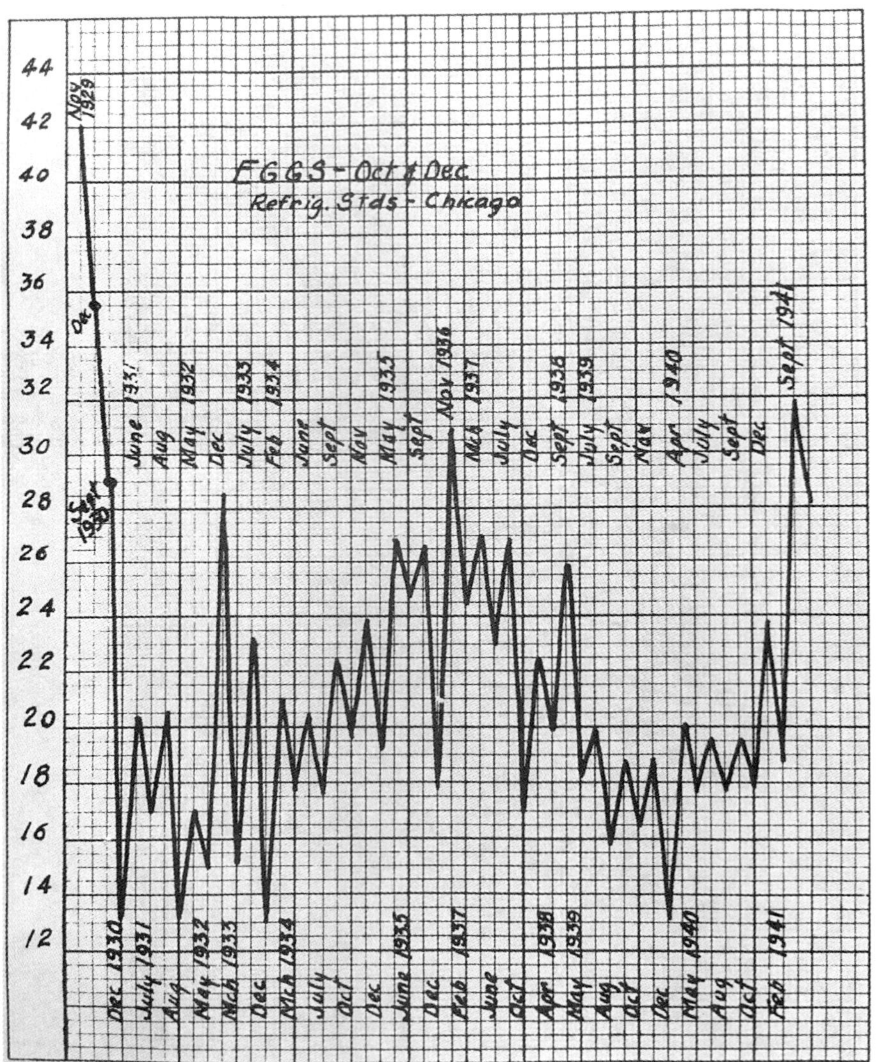

附图 4–12　鸡蛋期货波段走势（1930~1941 年）

CHART NO.10—HIDES

September and December Swings—1924 to 1941

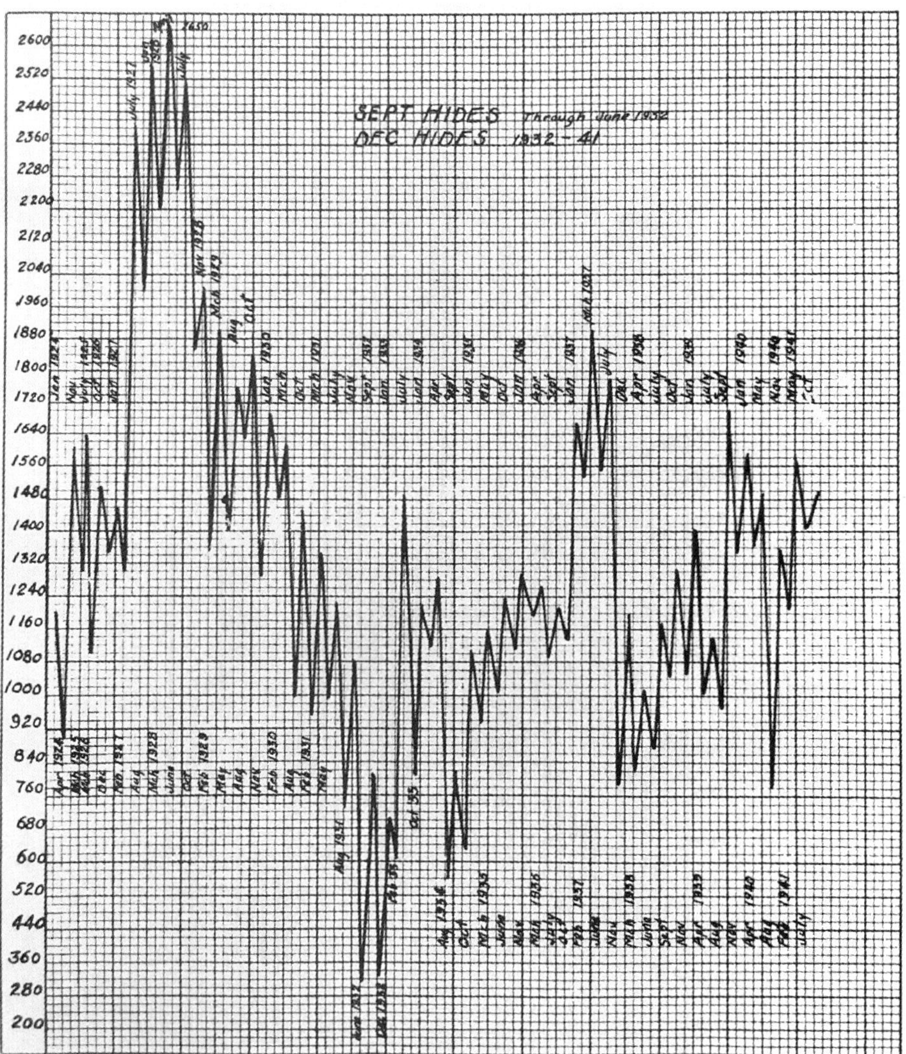

附图 4–13　毛皮期货波段走势（1924~1941 年）

CHART NO.11—HOGS—LIVE

Chicago—Yearly—1898 to 1941

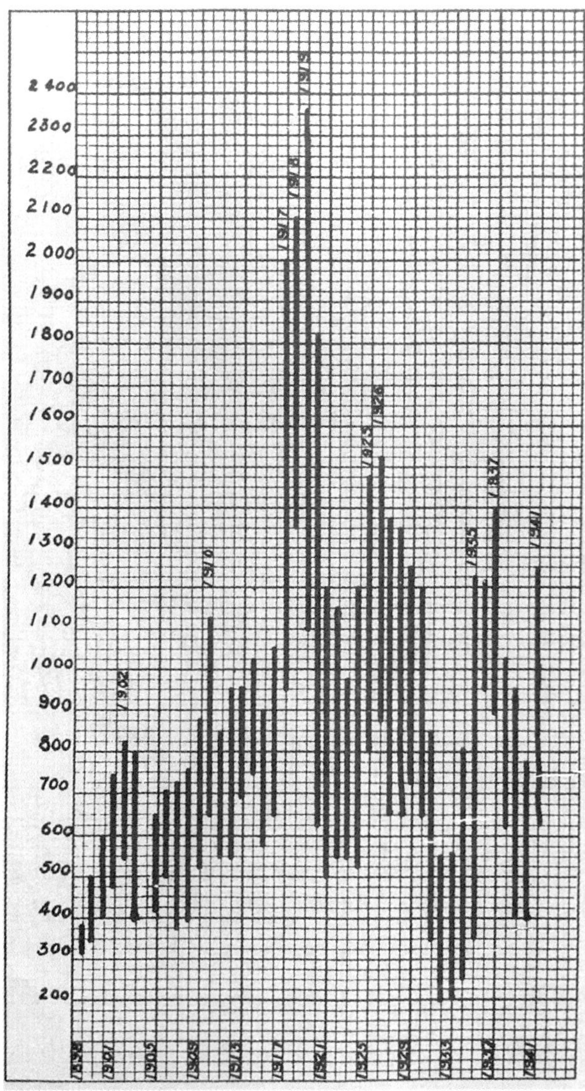

附图 4-14　芝加哥活猪期货年度走势（1898~1941 年）

CHART NO.12—PYE—CASH

May Swings—1914 to 1941

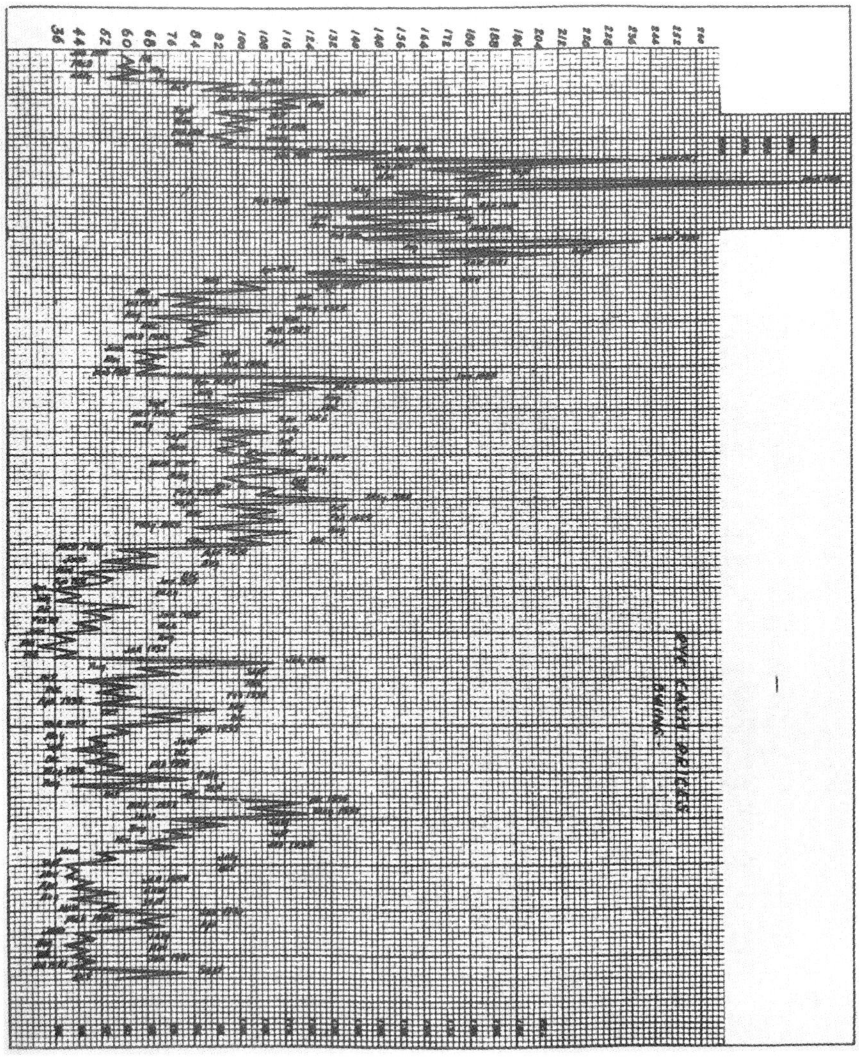

附图 4-15　黑麦现货走势（1914~1941 年）

CHART NO.13—LARD—CASH

May，October and December Swings—1868 to 1941

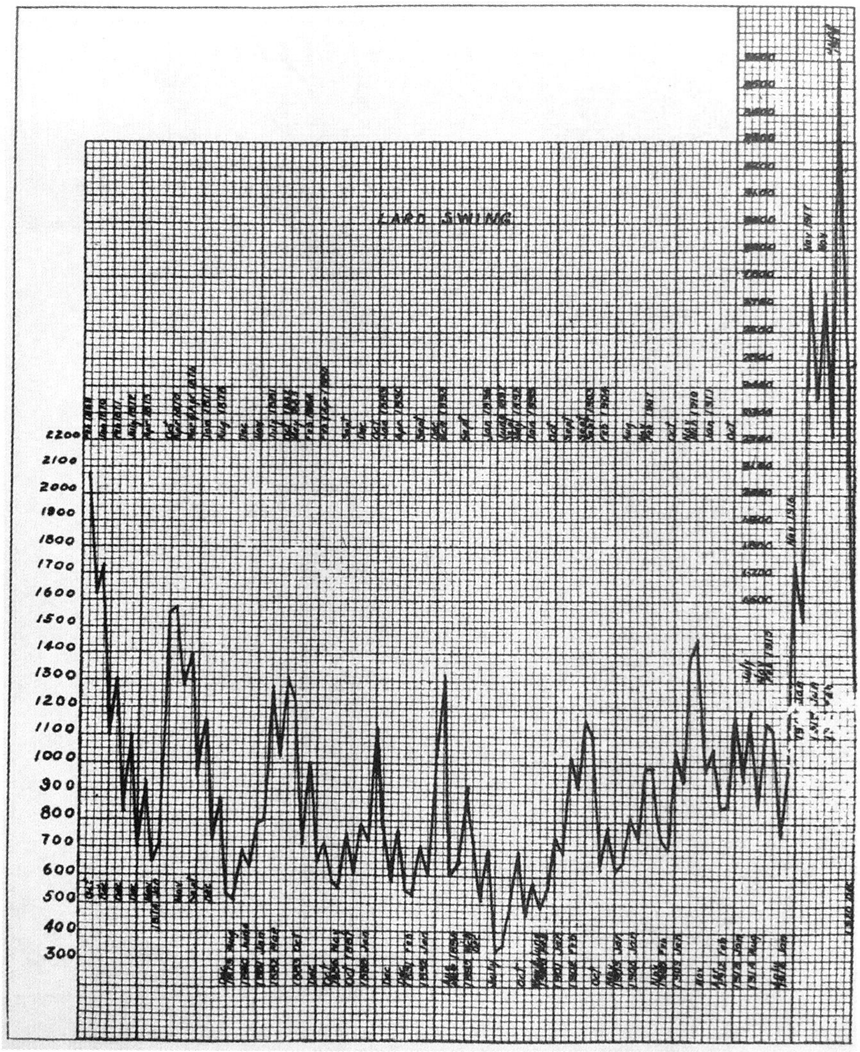

附图 4–16　猪油现货波段走势（1）（1868~1941 年）

CHART NO.13—LARD—CASH

May，October and December Swings—1868 to 1941

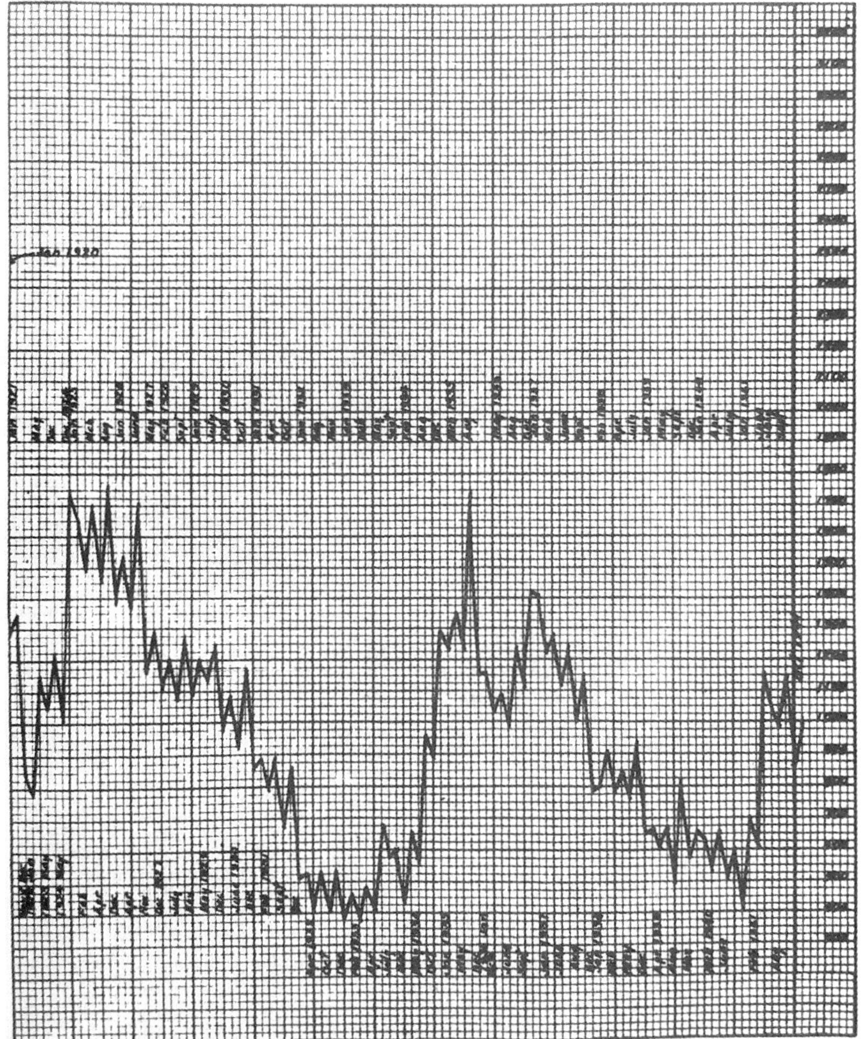

附图 4-17　猪油现货波段走势（2）（1868~1941 年）

CHART NO.14—OATS—CASH

May and December Swings—1888 to 1941

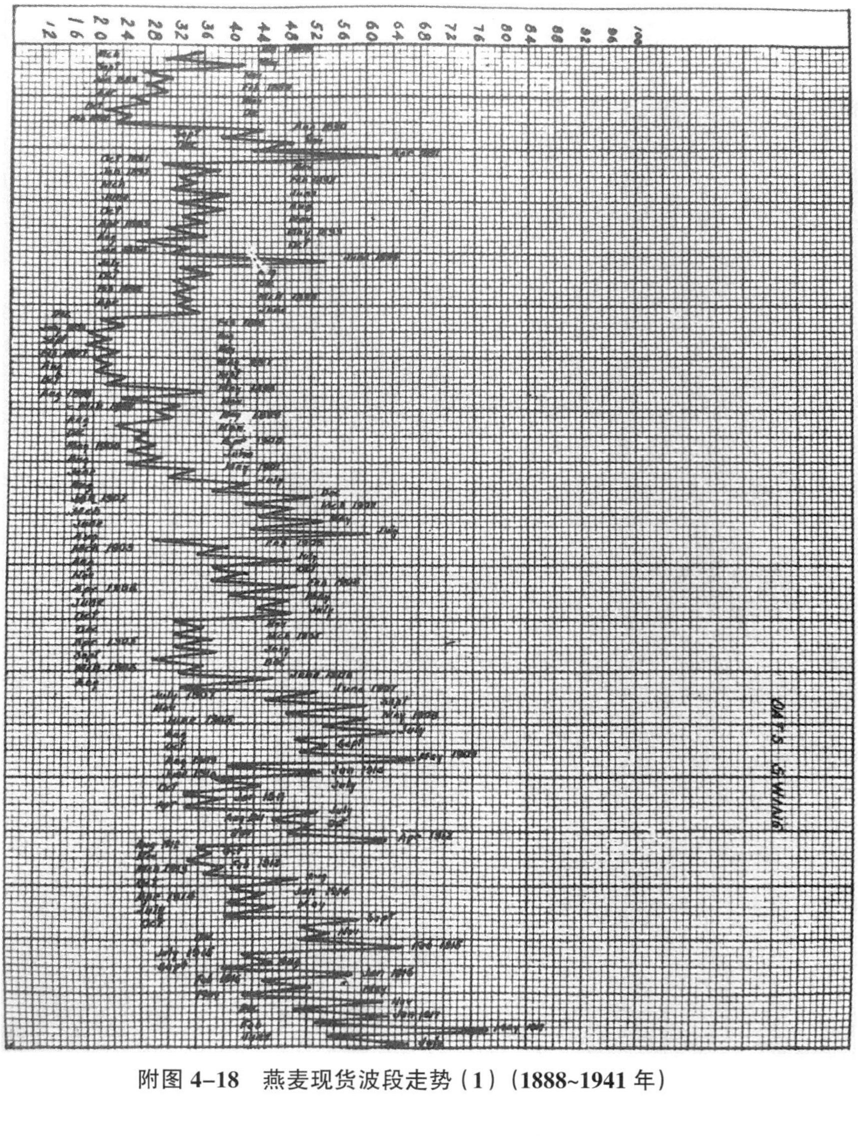

附图 4-18　燕麦现货波段走势（1）（1888~1941 年）

CHART NO.14—OATS—CASH

May and December Swings—1888 to 1941

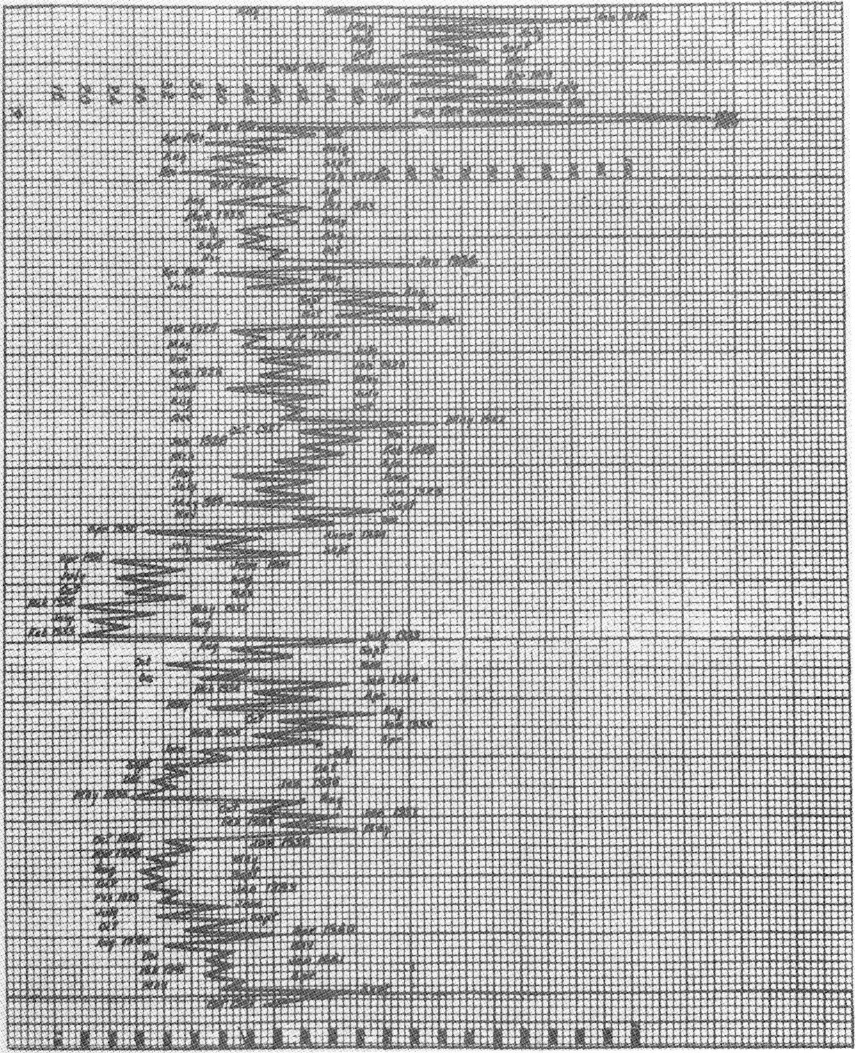

附图 4-19　燕麦现货波段走势（2）（1888~1941 年）

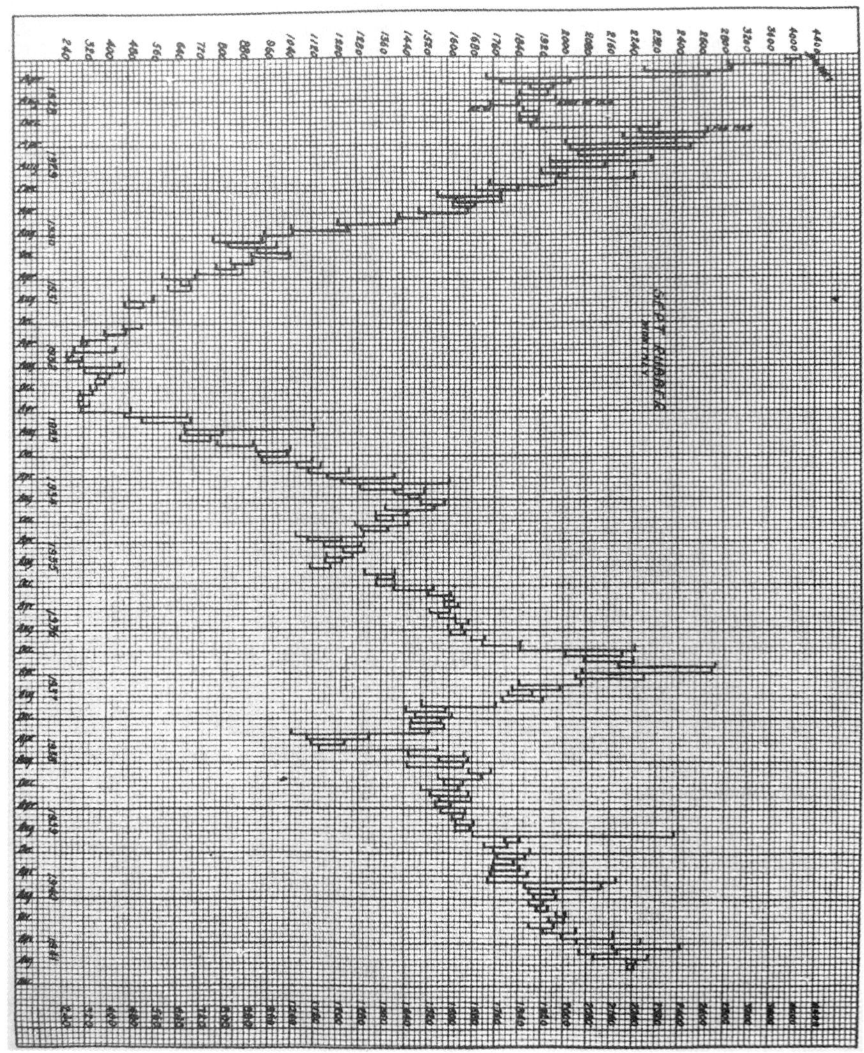

附图 4-20　橡胶期货 9 月合约月度走势（1928~1941 年）

CHART NO.16—SILK

March and September Swings—1932 to 1941

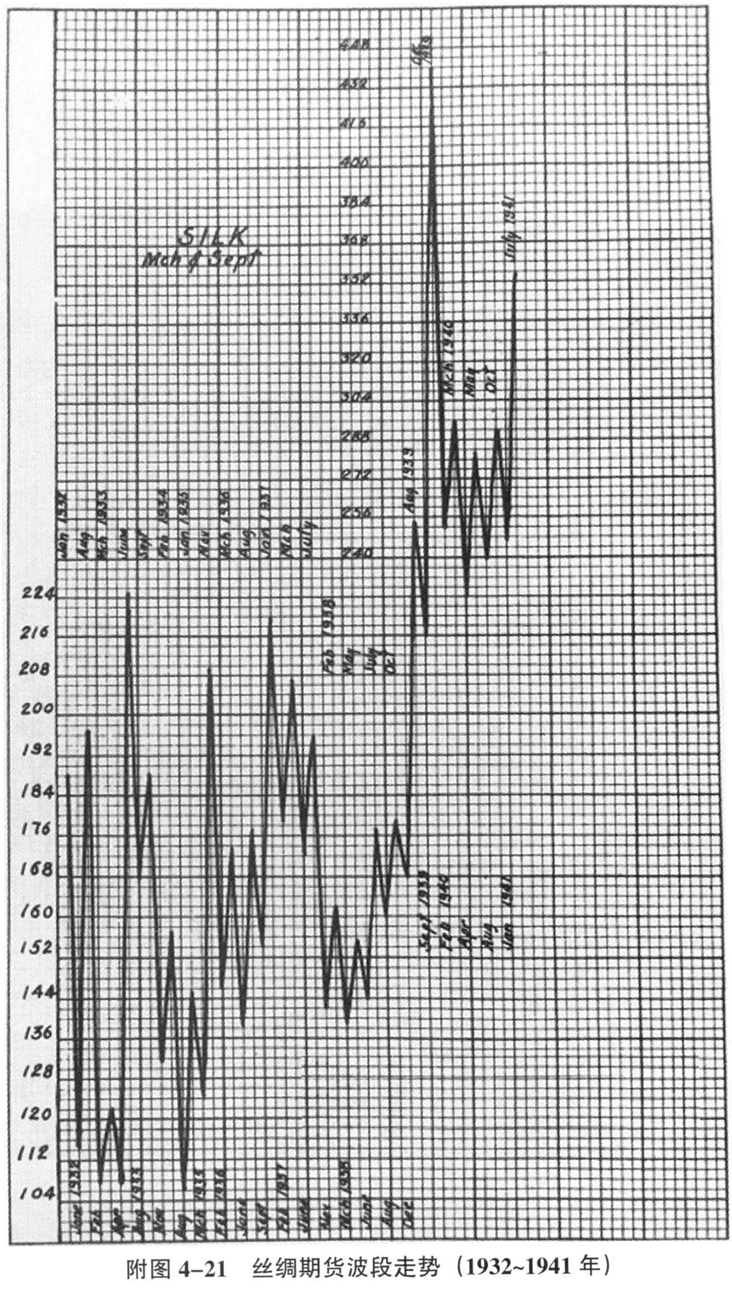

附图 4-21　丝绸期货波段走势（1932~1941 年）

CHART NO.17—SOY BEANS

QUARTERLY—1920 to 1941

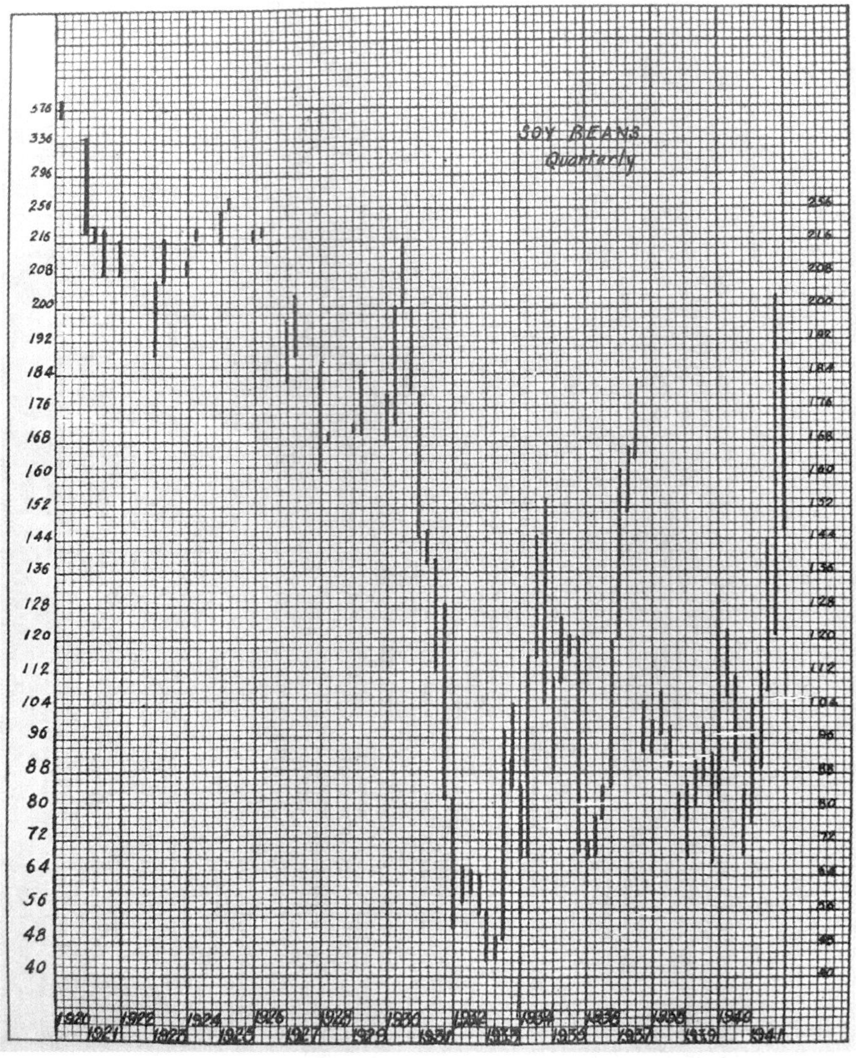

附图 4–22　大豆价格季度走势（1920~1941 年）

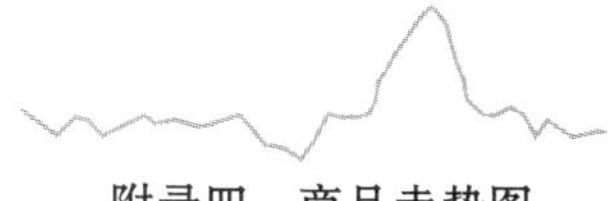

CHART NO.18—SOY BEANS

One to Three-Day Moves—1940 to 1941

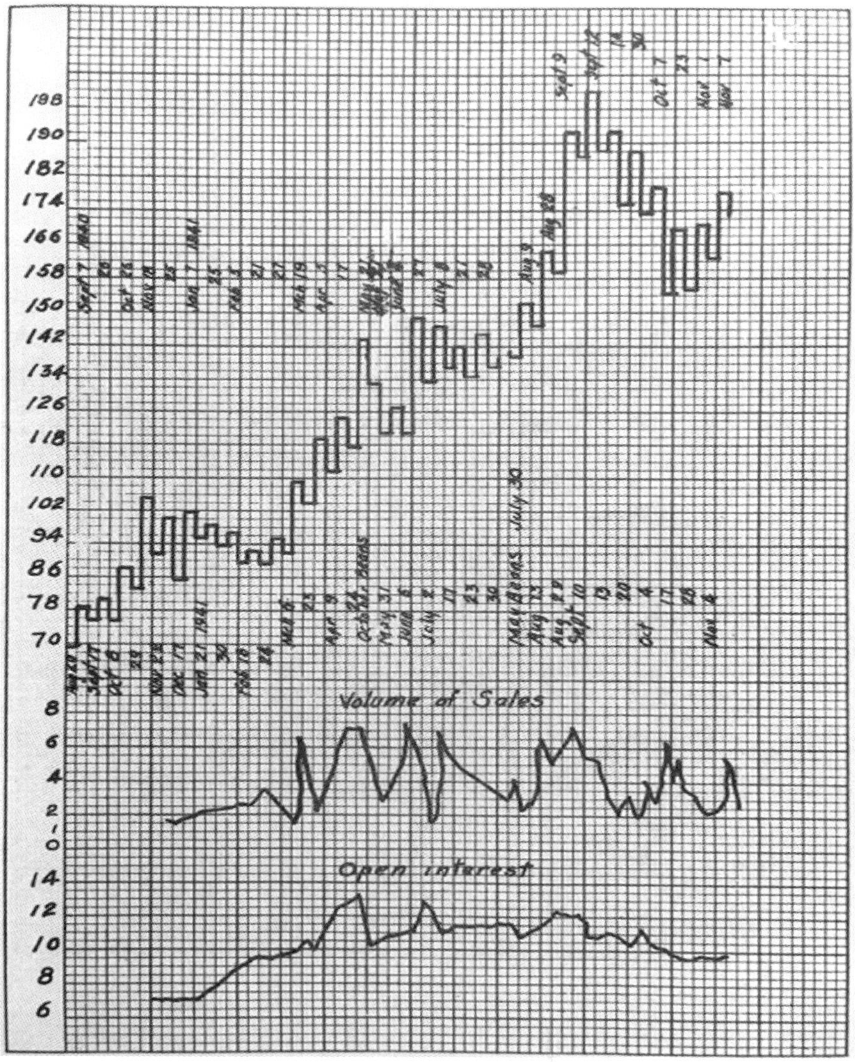

附图 4-23　大豆 1~3 日波动走势（1940~1941 年）

CHART NO.19—SUGAR

July Swing—1915 to 1941

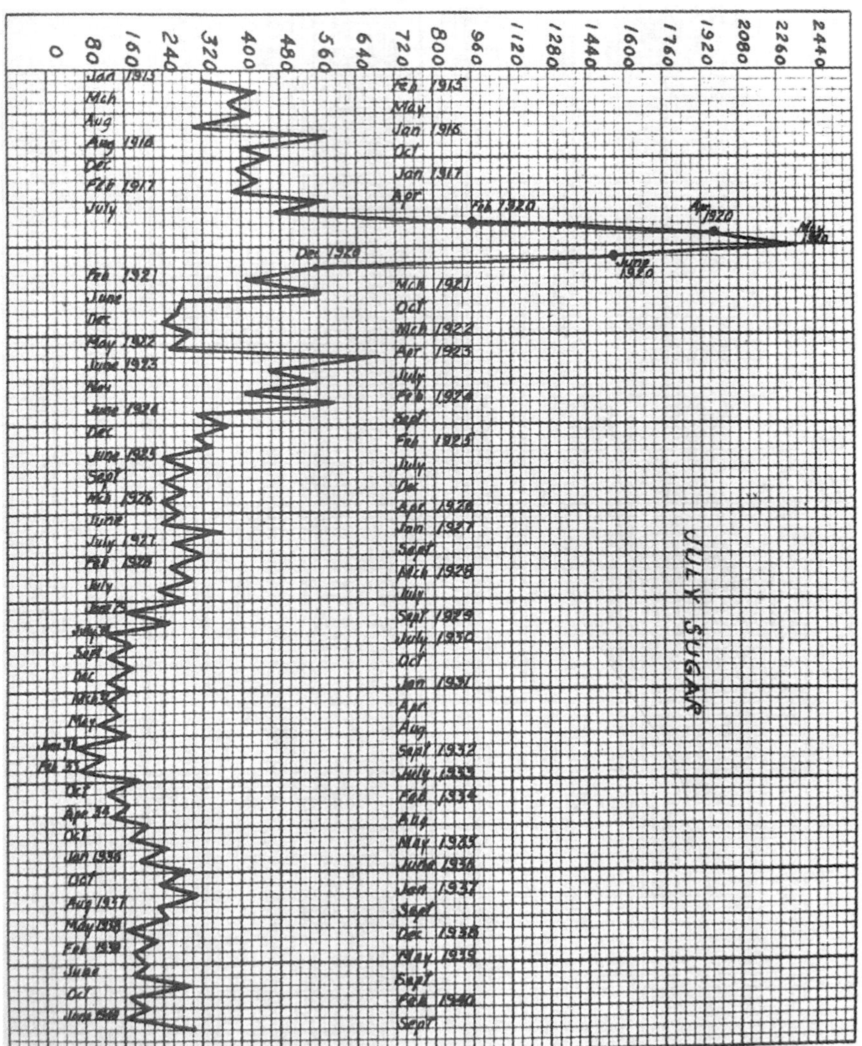

附图 4–24　白糖期货 7 月合约波段走势（1915~1941 年）

CHART NO.20—SUGAR

May Monthly—1938 to 1941

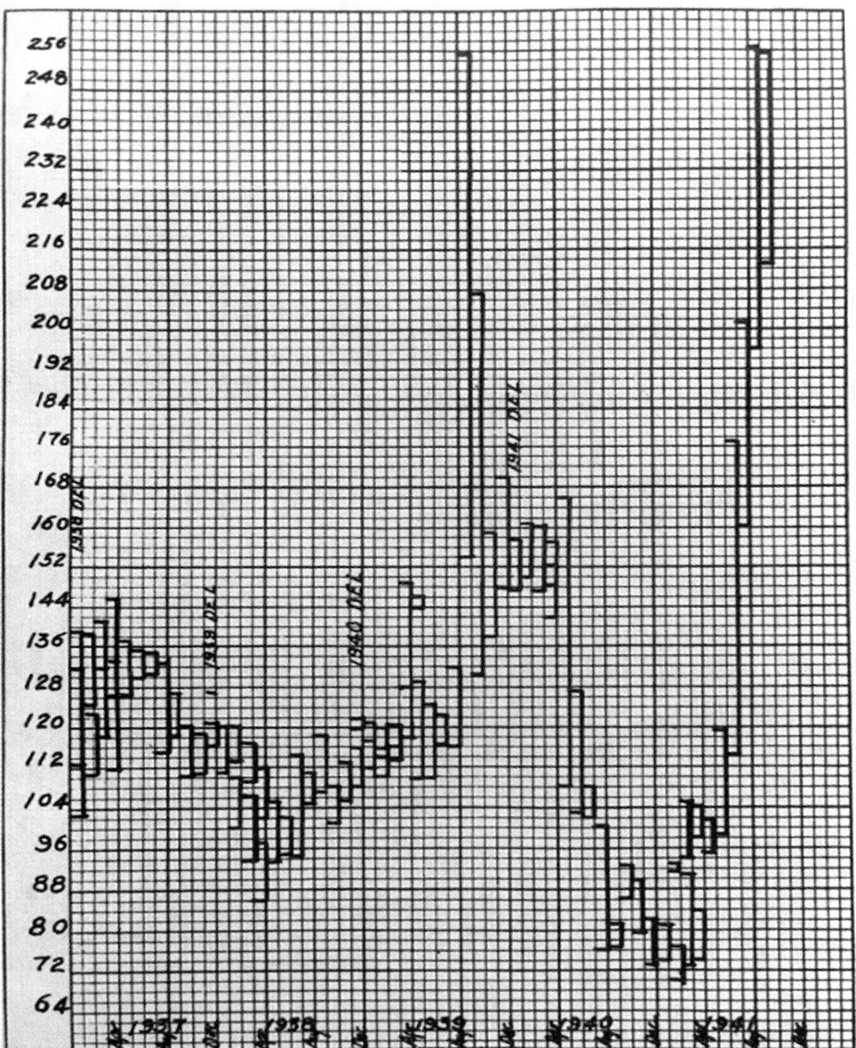

附图 4–25　白糖期货 5 月合约月度走势（1938~1941 年）

CHART NO.21—WHEAT

Swings—1841 to 1914

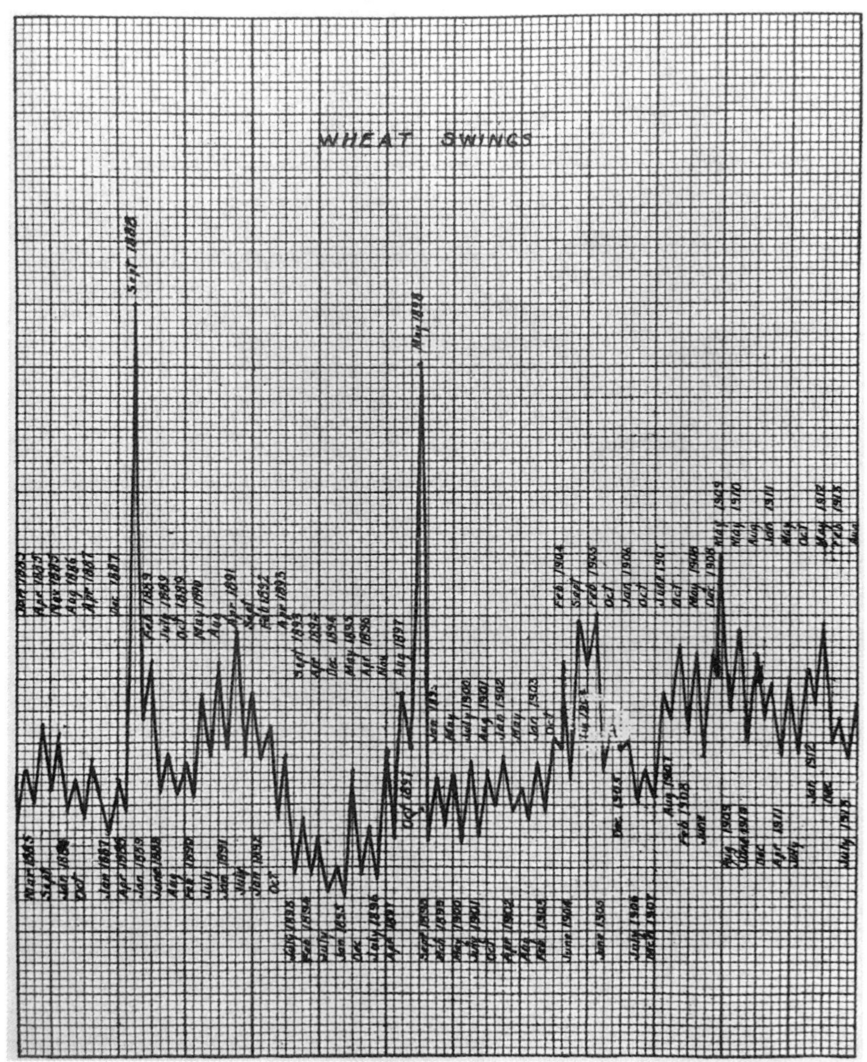

附图 4-26　小麦价格波段走势（1）（1841~1914 年）

CHART NO.22—WHEAT

War Swings—1914 to 1941

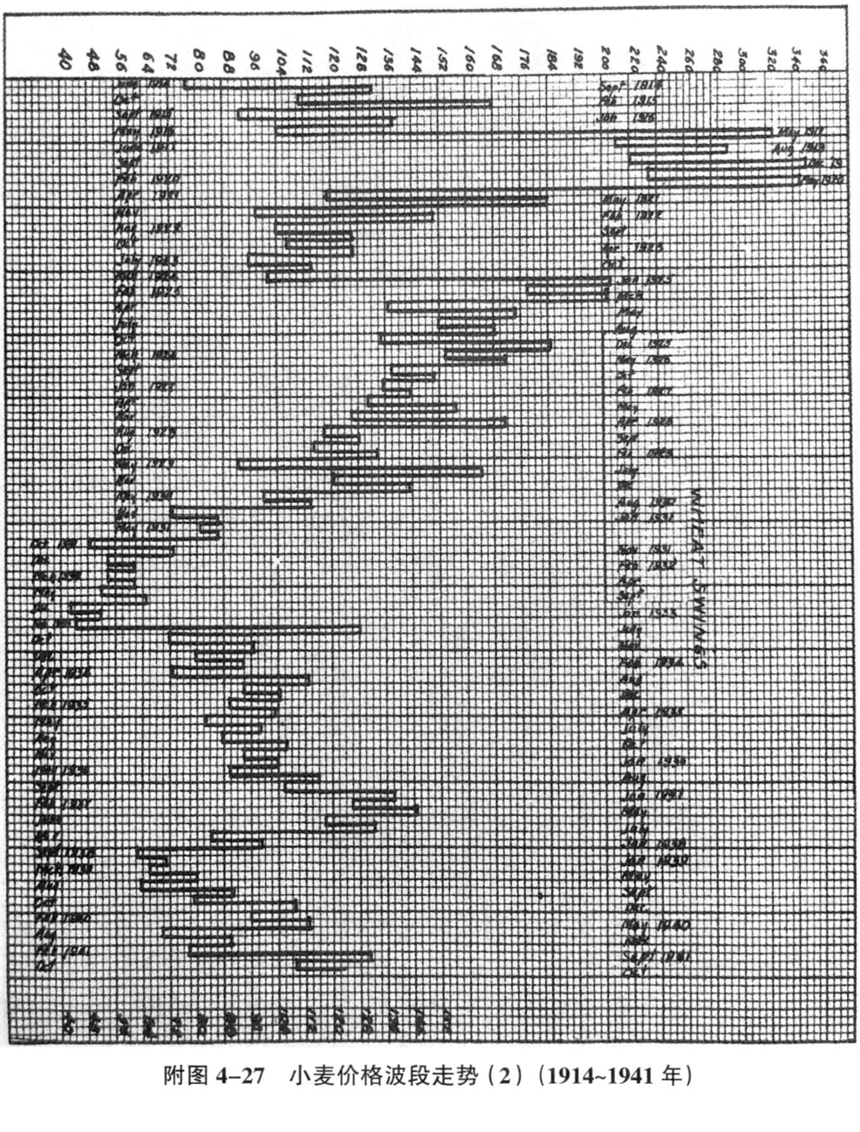

附图 4–27　小麦价格波段走势（2）（1914~1941 年）

CHART NO.23—WHEAT

Cash and May Swings—1841 to 1941

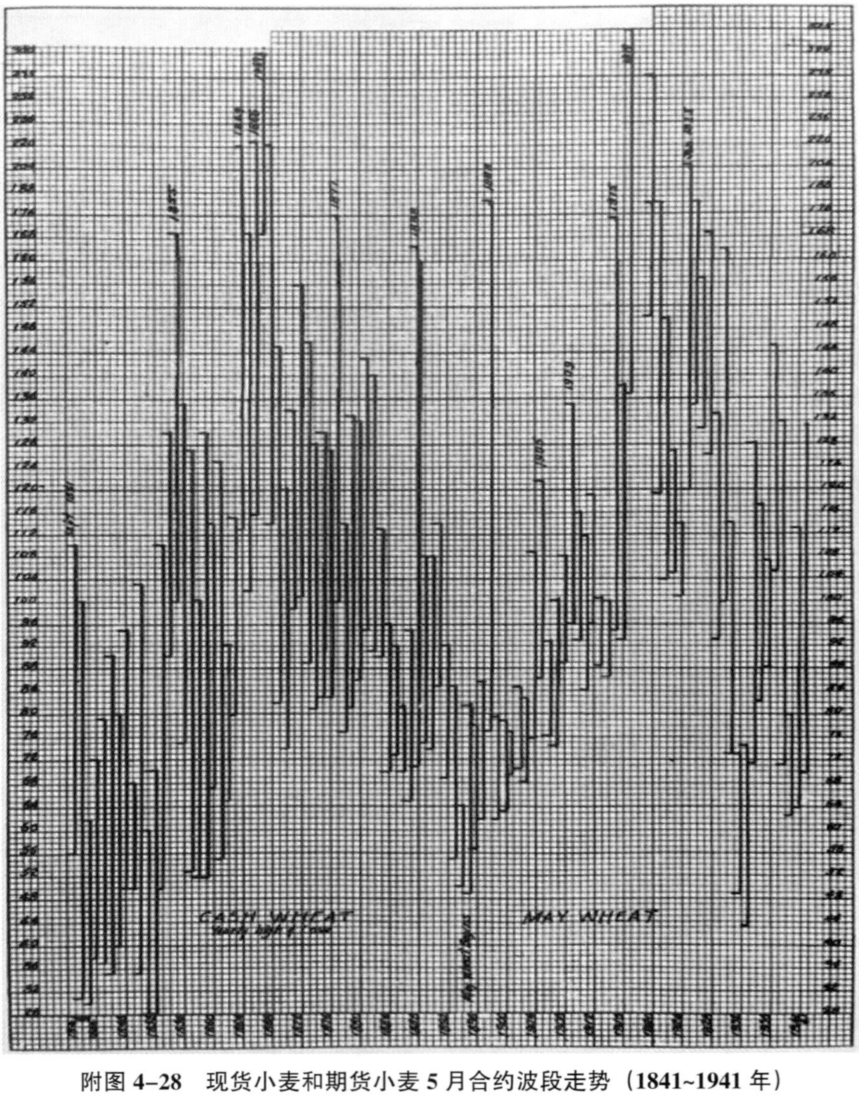

CASH WHEAT

MAY WHEAT

附图 **4–28** 现货小麦和期货小麦 **5** 月合约波段走势（**1841~1941** 年）

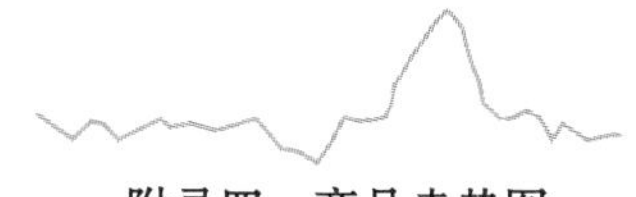

CHART NO.24—WOOL

Quarterly—1912 to 1941

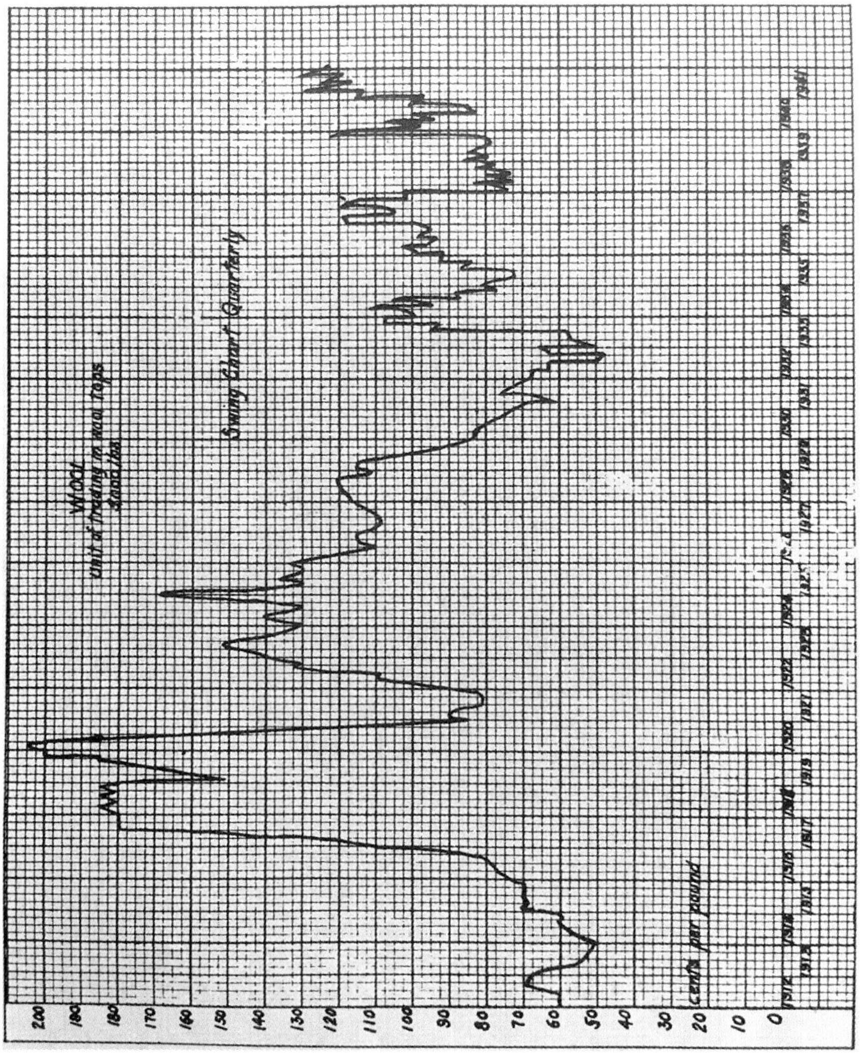

附图 4-29　羊毛月度价格走势（1912~1941 年）

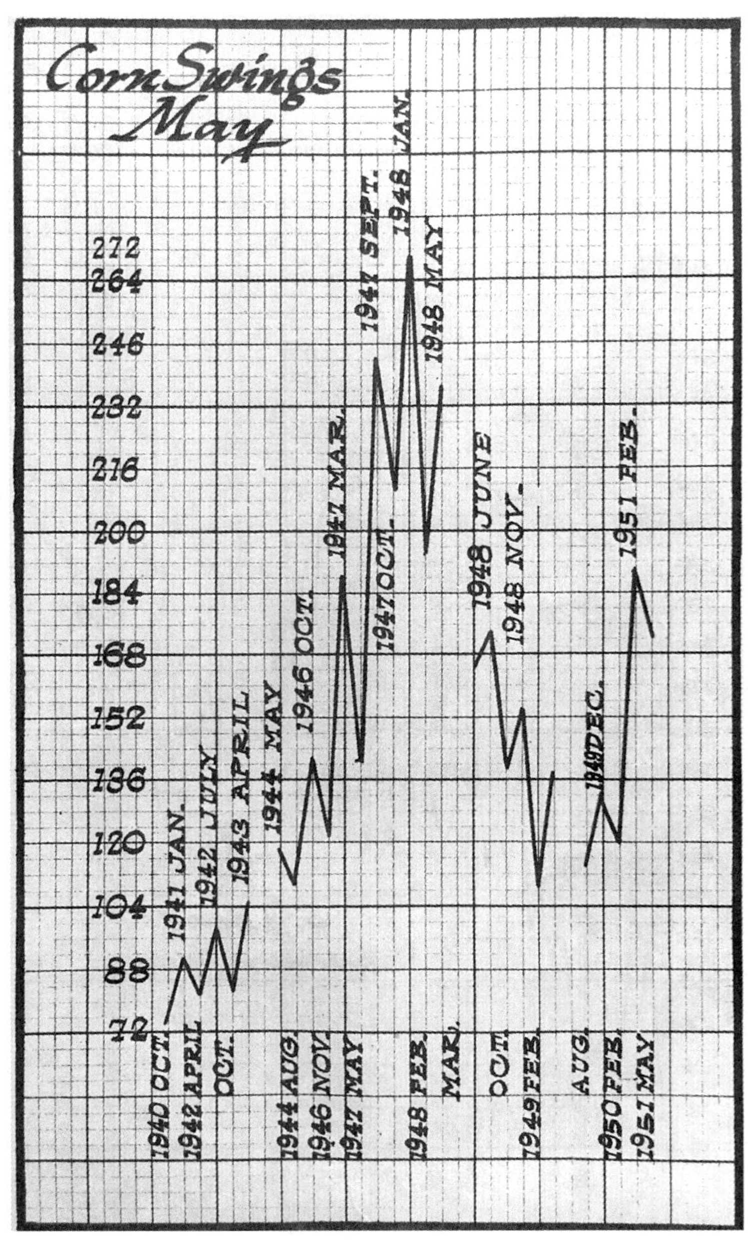

附图 4–30　玉米期货 5 月合约波段走势

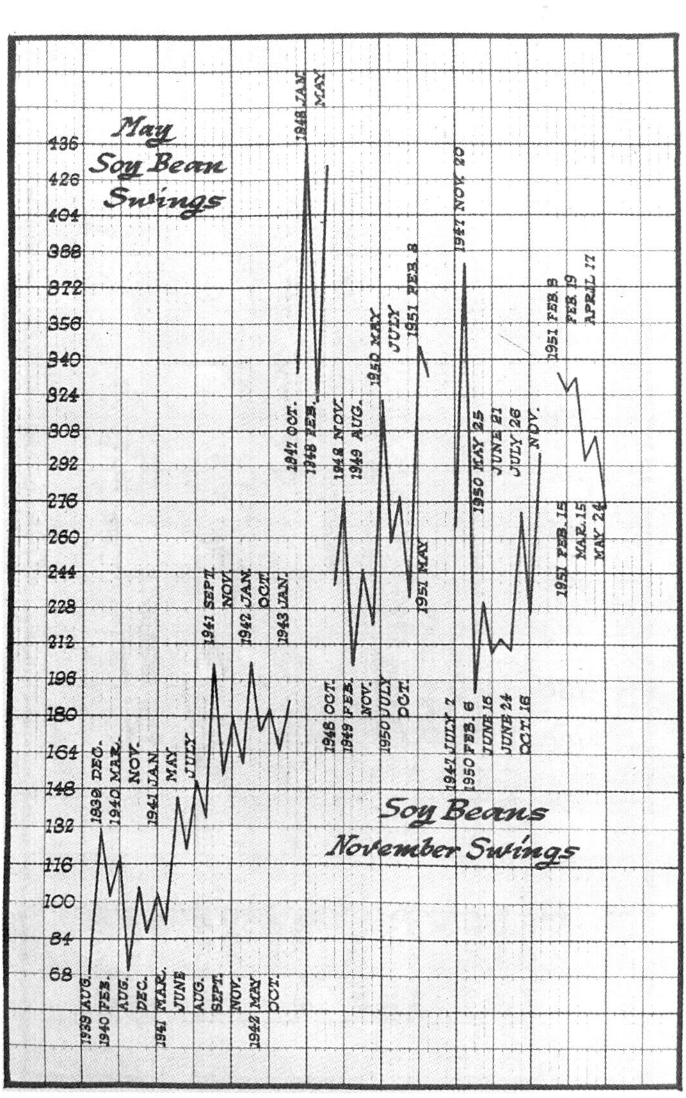

附图 4–31 大豆期货 5 月合约波段走势

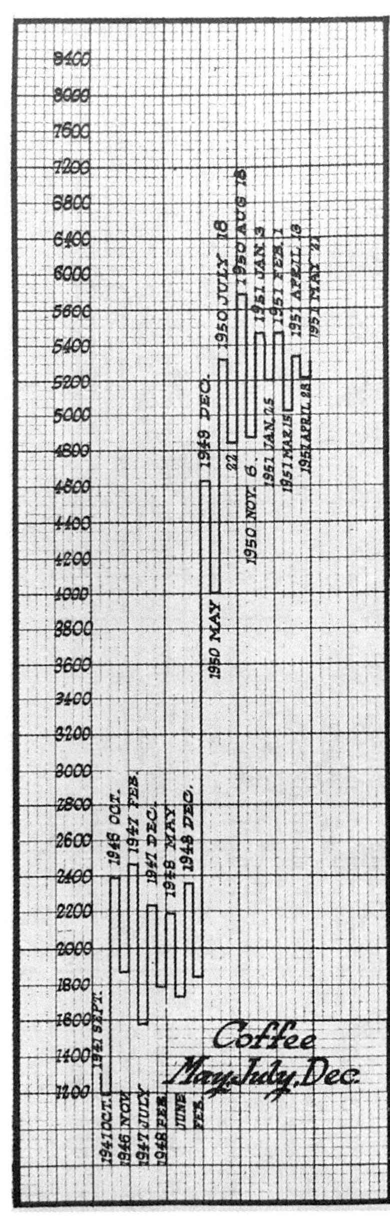

附图 4–32　咖啡期货 5 月、7 月、12 月合约走势

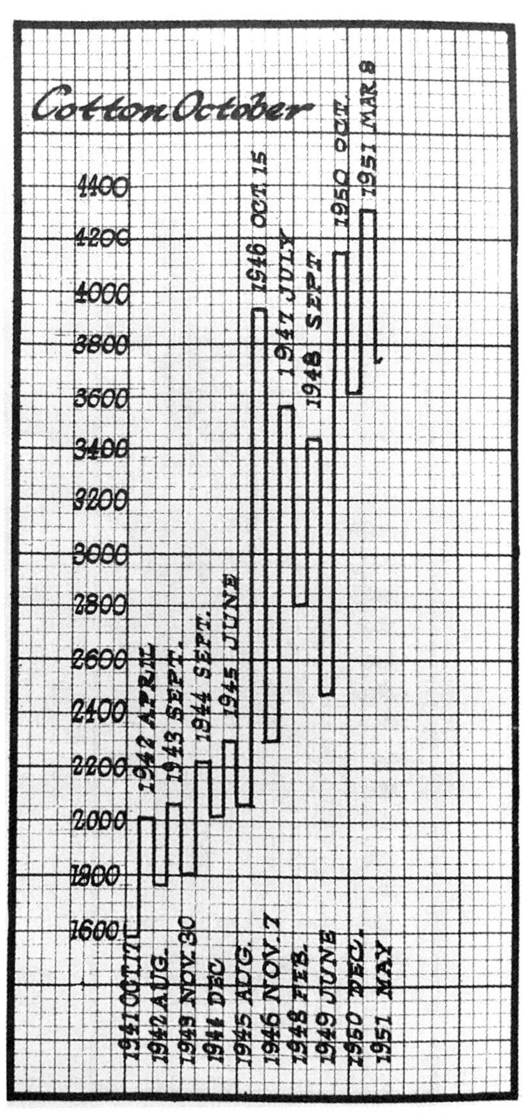

附图 4-33 棉花期货 10 月合约走势

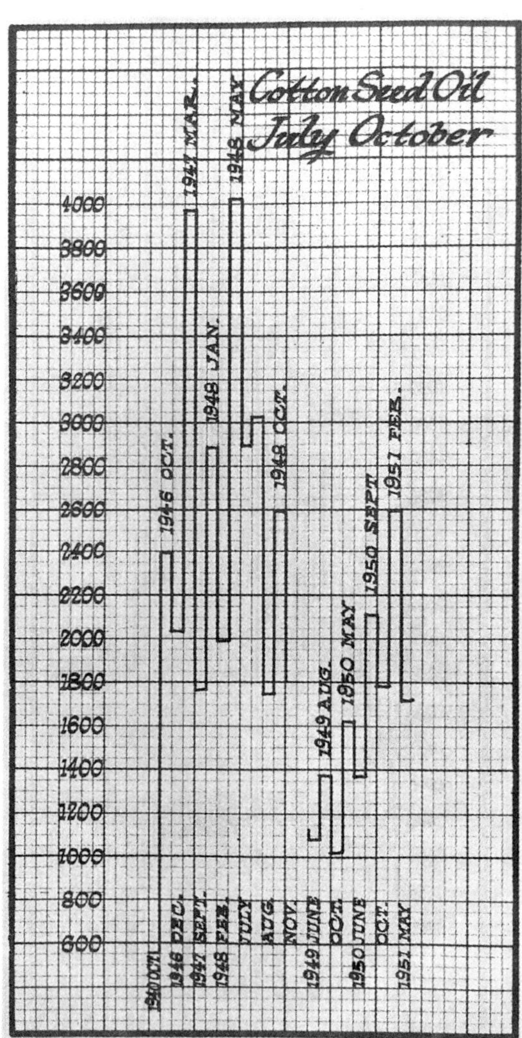

附图 4–34　棉籽油期货 7 月和 10 月合约走势

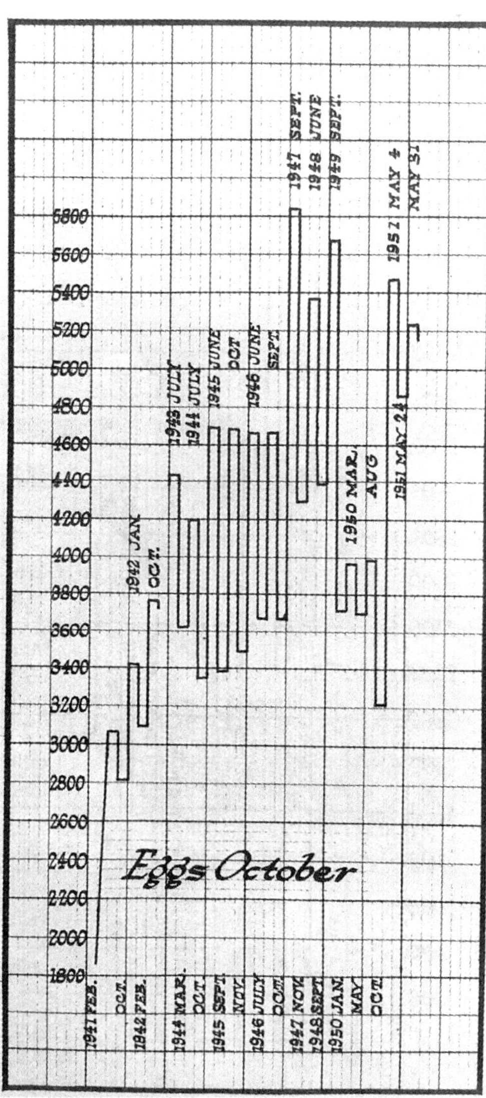

附图 4-35　鸡蛋期货 10 月合约走势

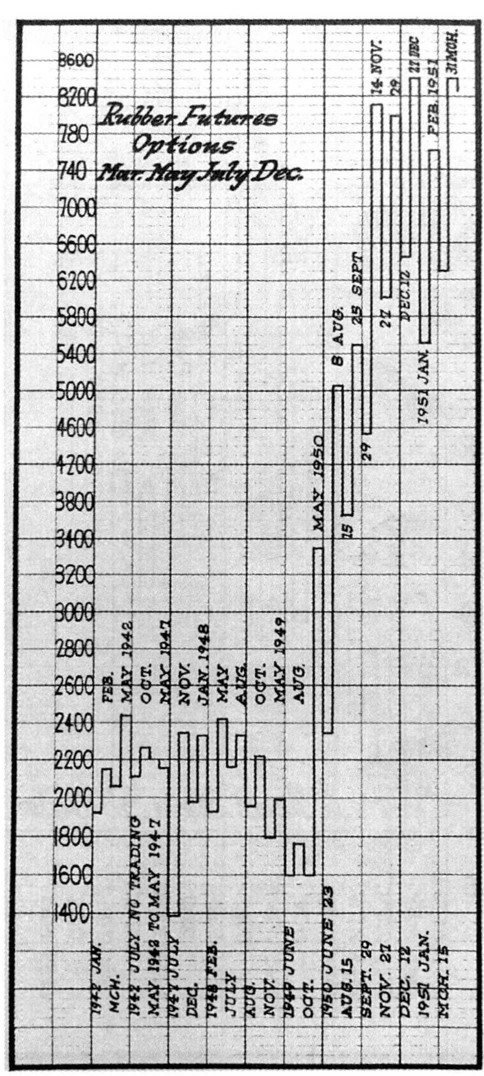

附图 4–36　橡胶期货 3 月、5 月、7 月、12 月合约走势

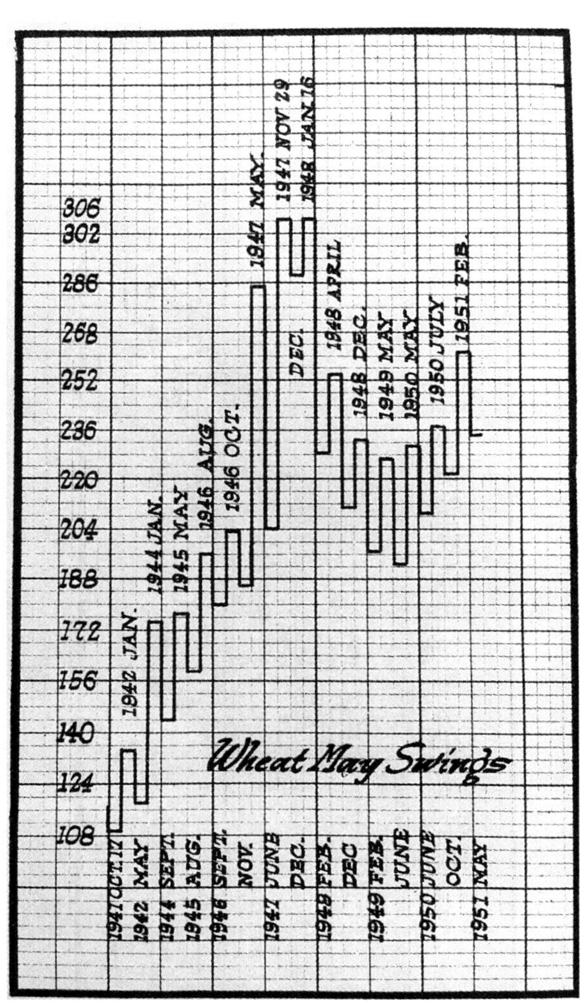

附图 4–37　小麦期货 5 月合约走势